Hannoversches Forum der Rechtswissenschaften

herausgegeben von der Juristischen Fakultät
der Gottfried Wilhelm Leibniz Universität Hannover
durch Bernd-Dieter Meier, Stephan Meder, Hubert Treiber
und Bernd H. Oppermann

Band 42

Patrick Christian Otto

Die verbindliche Auskunft im allgemeinen Verwaltungsrecht

Nomos

Die Deutsche Nationalbibliothek verzeichnet diese Publikation in der Deutschen Nationalbibliografie; detaillierte bibliografische Daten sind im Internet über http://dnb.d-nb.de abrufbar.

Zugl.: Leibniz, Univ., Diss., 2018

ISBN 978-3-8487-5201-0 (Print)

ISBN 978-3-8452-9395-0 (ePDF)

1. Auflage 2019

Vorwort

Die vorliegende Arbeit wurde im Sommersemester 2018 von der Juristischen Fakultät der Gottfried Wilhelm Leibniz Universität Hannover als Dissertation angenommen. Rechtsprechung und Literatur konnten bis Dezember 2018 berücksichtigt werden.

Für mich war die Anfertigung dieser Arbeit eine wissenschaftliche Herausforderung und persönlich bereichernde Erfahrung zugleich. Den zahlreichen Personen, die mich in vielfältiger Art und Weise unterstützt haben, sowie den Weggefährten, die mich während der Doktorandenzeit begleitet und mir Rückhalt gegeben haben, möchte ich an dieser Stelle ganz herzlich für ihren unermüdlichen Einsatz danken.

Mein besonderer Dank gilt zunächst meinem Doktorvater Prof. Dr. *Veith Mehde* für seine hervorragende Unterstützung und sein persönliches Engagement bei der Betreuung. Durch seine konstruktiven Anmerkungen und Hinweise sowie nicht zuletzt seine jederzeitige und kurzfristige Diskussionsbereitschaft hat er entscheidend zum Gelingen meiner Arbeit beigetragen. Ebenfalls herzlich bedanken möchte ich mich bei Prof. Dr. *Hermann Butzer* für die freundliche Übernahme und zügige Erstellung des Zweitgutachtens sowie bei Prof. Dr. *Tina Krügel* für ihr Mitwirken als Vorsitzende der Prüfungskommission.

Dank gebührt ferner der Kanzlei KSB INTAX, bei der ich während der Doktorandenzeit als Wissenschaftlicher Mitarbeiter arbeiten durfte und so zahlreiche praktische Anregungen für meine Arbeit erhalten habe. Vorgesetze und Kollegen hatten stets ein offenes Ohr und haben mir in den entscheidenden Momenten die nötigen Freiräume gegeben. Namentlich bedanken möchte ich mich insbesondere bei den Mitarbeitern des Geschäftsbereiches 10, *Sabine Burghardt*, *Mathias Dietrich*, *Jan Dodenhoff*, *Kristina Elvers*, *Annika Engel*, *Miriam Henschel*, *Jessica Kim*, *Rüdiger Stöbling* und *Anna Sutorius*. Mein außerordentlicher Dank gilt hierbei Dr. *Nicolas Penner*, der die erste Anregung zur Wahl meiner Themenstellung gegeben hat und den Fortgang der Arbeit stets mit großem Interesse und zahlreichen wertvollen Ideen begleitet hat.

Für die tatkräftige Unterstützung und die keinesfalls selbstverständlichen Freundschaftsdienste bei der Durchsicht der Arbeit vor der Abgabe, der Vorbereitung auf die Disputation sowie der Veröffentlichung bedanke ich mich zudem bei *Raffael Barg*, *Caroline Gentgen*, *Martin Jäger*, Dr. *Thomas Keß* und Dr. *Johannes von Zastrow*.

Weiterhin gebührt besonderer Dank dem Verein zur Förderung der Steuerrechtswissenschaft an der Leibniz Universität Hannover (VFS Hannover e. V.) für die großzügige Druckkostenförderung sowie die intensive Begleitung während des gesamten Promotionsvorhabens.

Abschließend gilt der größte Dank meinen Eltern, *Carsten und Sylvia Otto*. Ich bin Ihnen von Herzen dankbar, dass sie mir ein Vollzeitstudium mit anschließender Promotion ermöglicht und mich auf meinem bisherigen Lebensweg vorbehaltlos unterstützt, gefördert und gefordert haben. Dadurch haben sie mir die Basis für meine persönliche und berufliche Entwicklung ermöglicht. Durch ihren steten Rückhalt und ihren Zuspruch haben sie im wesentlichen Maße zum Gelingen der Arbeit beigetragen. Ihnen widme ich sie.

Hannover, im Januar 2019 *Patrick Christian Otto*

Inhaltsverzeichnis

Abkürzungsverzeichnis

a.A.	anderer Ansicht
a. a. O.	am angegebenen Ort
ABl.	Amtsblatt
Abs.	Absatz
a.E.	am Ende
AEAO	Anwendungserlass zur Abgabenordnung
a.F.	alte Fassung
AGebV	Allgemeine Gebührenverordnung
AktStR	Aktuelles Steuerrecht (Zeitschrift)
Allg.	Allgemein(es)
Alt.	Alternative
Amtl.	Amtlich
Anm.	Anmerkung
AnwBl	Anwaltsblatt (Zeitschrift)
AO	Abgabenordnung
AO-StB	Der AO-Steuerberater (Zeitschrift)
AöR	Archiv des öffentlichen Rechts (Zeitschrift)
Art.	Artikel
AtG	Atomgesetz
Aufl.	Auflage
BAG	Bundesarbeitsgericht
BayBO	Bayerische Bauordnung
BayVBl	Bayerische Verwaltungsblätter (Zeitschrift)
BauGO	Baugebührenordnung
BauO Bln	Bauordnung Berlin
BauO LSA	Bauordnung des Landes Sachsen-Anhalt
BauO NRW	Bauordnung Nordrhein-Westfalen

BauPrüfVO	Verordnung über die bautechnische Prüfung von Baumaßnahmen (Bauprüfverordnung)
BauR	Baurecht (Zeitschrift)
BauVorlVO	Verordnung über Bauvorlagen und die Einrichtung von automatisierten Abrufverfahren für Aufgaben der Bauaufsichtsbehörden (Bauvorlagenverordnung)
BayObLG	Bayerisches Oberstes Landesgericht
BB	Der Betriebsberater (Zeitschrift)
BbgBO	Brandenburgische Bauordnung
BBK	Buchführung, Bilanzierung (Zeitschrift)
Bd.	Band
BDSG	Bundesdatenschutzgesetz
BeckRS	Elektronische Entscheidungsdatenbank in beck-online
BeckVerw	Verwaltungsanweisungen Datenbank beck-online
Beschl.	Beschluss
BFH	Bundesfinanzhof
BFHE	Entscheidungen des Bundesfinanzhofs
BGBl	Bundesgesetzblatt
BGebG	Bundesgebührengesetz
BGH	Bundesgerichtshof
BGHZ	Entscheidungen des BGH in Zivilsachen
BImSchG	Bundesimmissionsschutzgesetz
BImSchV	Bundesimmissionsschutzverordnung
BLJ	Bucerius Law Journal (Zeitschrift)
BR	Bundesrat
BReg	Bundesregierung
BremLBO	Bremische Landesbauordnung
BSG	Bundessozialgericht
BSGE	Entscheidungen des Bundessozialgerichts
bspw.	beispielsweise

BStBl	Bundessteuerblatt
BT	Bundestag
BT-Drs.	Bundestags-Drucksache
BVerfG	Bundesverfassungsgericht
BVerfGE	Entscheidungen des Bundesverfassungsgerichts
BVerfGG	Bundesverfassungsgerichtsgesetz
BVerwG	Bundesverwaltungsgericht
BVerwGE	Entscheidungen des Bundesverwaltungsgerichts
bzgl.	bezüglich
BZSt	Bundeszentralamt für Steuern
bzw.	beziehungsweise
CDU	Christliche Demokratische Union Deutschlands
CSU	Christlich-Soziale Union in Bayern e.V.
d.	der/die/des
DAngVers	Die Angestelltenversicherung (Zeitschrift)
DB	Der Betrieb (Zeitschrift)
ders.	derselbe
d.h.	das heißt
dies.	dieselben
DJT	Deutscher Juristentag
DÖV	Die Öffentliche Verwaltung (Zeitschrift)
Drs.	Drucksache
DStJG	Deutsche Steuerjuristische Gesellschaft (Tagungsband)
DStR	Deutsches Steuerrecht (Zeitschrift)
DStRE	Deutsches Steuerrecht (Entscheidungen)
DStZ	Deutsche Steuerzeitung (Zeitschrift)
DuD	Datenschutz und Datensicherheit (Zeitschrift)
DVBl	Deutsches Verwaltungsblatt (Zeitschrift)

EFG	Entscheidungen der Finanzgerichte (Zeitschrift)
EStG	Einkommenssteuergesetz
ET	Energiewirtschaftliche Tagesfragen (Zeitschrift)
etc.	et cetera
EuGRZ	Europäische Grundrechte Zeitschrift
f., ff.	folgende, fortfolgende (Seite(n))
FAGO	Geschäftsordnung für die Finanzämter
FBA	Folgenbeseitigungsanspruch
FDP	Freie Demokratische Partei
FG	Festgabe, Finanzgericht
FGO	Finanzgerichtsordnung
Fn.	Fußnote
FR	Finanz-Rundschau (Zeitschrift)
FS	Festschrift
FVG	Finanzverwaltungsgesetz
GastG	Gaststättengesetz
gem.	gemäß
GewArch	Gewerbearchiv (Zeitschrift)
GG	Grundgesetz
ggf.	gegebenenfalls
gl. A.	gleicher Ansicht
GmbHR	GmbH-Rundschau (Zeitschrift)
GmbH-StB	GmbH-Steuerberater (Zeitschrift)
GRCh	Grundrechte-Charta
Grundl.	Grundlagen
GWB	Gesetz gegen Wettbewerbsbeschränkungen
HBauO	Hamburgische Bauordnung
HBO	Hessische Bauordnung
h.M.	herrschende Meinung

HmbJVBl	Hamburgisches Justizverwaltungsblatt
Hs.	Halbsatz
Hrsg.	Herausgeber
HStR	Handbuch des Staatsrechts der Bundesrepublik Deutschland (Sammelwerk)
i.d.F.	in der Fassung
i.d.R.	in der Regel
IFG	Informationsfreiheitsgesetz
INF	Die Information für Steuerberater und Wirtschaftsprüfer (Zeitschrift)
insb.	insbesondere
i.S.e.	im Sinne einer/s
IStR	Internationales Steuerrecht (Zeitschrift)
i.V.m.	in Verbindung mit
IWB	Internationales Wirtschafts- und Steuerrecht (Zeitschrift)
IWG	Informationsweiterverwendungsgesetz
JR	Juristische Rundschau (Zeitschrift)
JStG	Jahressteuergesetz
Jura	Juristische Ausbildung (Zeitschrift)
JurionRS	Elektronische Entscheidungsdatenbank Jurion
JuS	Juristische Schulungen (Zeitschrift)
JZ	Juristenzeitung
Kösdi	Kölner Steuerdialog (Zeitschrift)
KommJur	Kommunaljurist (Zeitschrift)
LBauO M-V	Landesbauordnung Mecklenburg-Vorpommern
LBauO	Landesbauordnung Rheinland-Pfalz
LBO-BW	Landesbauordnung Baden-Württemberg
LBO	Landesbauordnung Schleswig-Holstein

LBO SL	Landesbauordnung Saarland
LfSt	Landesamt für Steuern
lit.	litera (Buchstabe)
LKRZ	Zeitschrift für Landes- und Kommunalrecht Hessen, Rheinland-Pfalz, Saarland
LKV	Landes- und Kommunalverwaltung (Zeitschrift)
m.a.W.	mit anderen Worten
MedR	Medizinrecht (Zeitschrift)
MBO	Musterbauordnung
MMR	Multimedia und Recht (Zeitschrift)
m.w.N.	mit weiteren Nachweisen
NBauO	Niedersächsische Bauordnung
NdsVBl	Niedersächsische Verwaltungsblätter (Zeitschrift)
n.F.	neue Fassung
NJG	Niedersächsisches Justizgesetz
NJW	Neue Juristische Wochenschrift (Zeitschrift)
NordÖR	Zeitschrift für Öffentliches Recht in Norddeutschland
Nr(n).	Nummer(n)
NuR	Natur und Recht (Zeitschrift)
NVwZ	Neue Zeitschrift für Verwaltungsrecht
NVwZ-RR	Neue Zeitschrift für Verwaltungsrecht Rechtsprechungsreport
NWVBl	Nordrhein-Westfälische Verwaltungsblätter (Zeitschrift)
NZS	Neue Zeitschrift für Sozialrecht
OFD	Oberfinanzdirektion
OGK	Online-Großkommentar
OK	Online-Kommentar

OVG(e)	Oberverwaltungsgericht(e)
OLG	Oberlandesgericht
PersBefG	Personenbeförderungsgesetz
PrOVGE	Entscheidungen des Preußischen Oberverwaltungsgerichts
RAO	Reichsabgabenordnung
RMF	Reichsministerium der Finanzen
RFH	Reichsfinanzhof
RL	Richtlinie
Rn.	Randnummer
Rspr.	Rechtsprechung
RVG	Rechtsanwaltsvergütungsgesetz
S., s.	Satz/Seite, siehe
SächsBO	Sächsische Bauordnung
SG	Sozialgericht
SGB I	Sozialgesetzbuch – Allgemeiner Teil (I. Buch)
SGB X	Sozialgesetzbuch – Verwaltungsverfahren (X. Buch)
SGG	Sozialgerichtsgesetz
Sonderlfg.	Sonderlieferung
StÄndG	Steueränderungsgesetz
StAuskV	Steuer-Auskunftsverordnung
StBerG	Steuerberatungsgesetz
StbJb	Steuerberater-Jahrbuch (Tagungsband)
SteuK	Steuerrecht kurzgefasst (Zeitschrift)
StB	Der Steuerberater (Zeitschrift)
StBGebV	Steuerberatergebührenverordnung
StBp	Die steuerliche Betriebsprüfung (Zeitschrift)
Stbg	Die Steuerberatung (Zeitschrift)

StBVV	Vergütungsordnung für Steuerberater, Steuerbevollmächtigte und Steuerberatungsgesellschaften
SteuerStud	Steuer und Studium (Zeitschrift)
StPO	Strafprozessordnung
st. Rspr.	ständige Rechtsprechung
StuB	Unternehmenssteuern und Bilanzen (Zeitschrift)
StuW	Steuer und Wirtschaft (Zeitschrift)
StW	Steuer-Warte (Zeitschrift)
ThürBO	Thüringer Bauordnung
TKG	Telekommunikationsgesetz
Tz.	Textziffer
u.a.	unter anderem
Ubg	Die Unternehmensbesteuerung (Zeitschrift)
UIG	Umweltinformationsgesetz
UmwG	Umwandlungsgesetz
UmwStG	Umwandlungssteuergesetz
UPR	Umwelt- und Planungsrecht (Zeitschrift)
Urt.	Urteil
UStG	Umsatzsteuergesetz
u.s.w.	und so weiter
u.U.	unter Umständen
v.	von, vom
VA	Verwaltungsakt
Var.	Variante
VBlBW	Verwaltungsblätter für Baden-Württemberg (Zeitschrift)
verb.	verbindlich(e)
VerwArch	Verwaltungsarchiv (Zeitschrift)

VG	Verwaltungsgericht
vGA	verdeckte Gewinnausschüttung
VGH	Verwaltungsgerichtshof
vgl.	vergleiche
VIG	Verbraucherinformationsgesetz
Vorb.	Vorbemerkung(en)
VSSR	Vierteljahresschrift für Sozialrecht (Zeitschrift)
VuR	Verbraucher und Recht (Zeitschrift)
VwGO	Verwaltungsgerichtsordnung
VwKostG	Verwaltungskostengesetz
VwR	Verwaltungsrecht
VwVfG	Verwaltungsverfahrensgesetz
VVDStRL	Veröffentlichungen der Vereinigung der Deutschen Staatsrechtslehrer (Tagungsband)
vZTA	verbindliche Zolltarifauskunft
WiVerw	Wirtschaft und Verwaltung (Zeitschrift)
WM	Wertpapier-Mitteilungen (Zeitschrift)
WPO	Gesetz über eine Berufsordnung der Wirtschaftsprüfer (Wirtschaftsprüferordnung)
z.B.	zum Beispiel
ZfBR	Zeitschrift für deutsches und internationales Bau- und Vergaberecht
ZfW	Zeitschrift für Wasserrecht
ZIP	Zeitschrift für Wirtschaftsrecht
ZK	Zollkodex
ZPO	Zivilprozessordnung
ZSteu	Zeitschrift für Steuern und Recht
zugl.	zugleich
ZUR	Zeitschrift für Umweltrecht
zutr.	zutreffend

Weitere Abkürzungen nach Kirchner, Hildebert, Abkürzungsverzeichnis der Rechtssprache, 9. Auflage 2018.

Erstes Kapitel: Einführung in das Thema und Problemaufriss

A. Anlass der Untersuchung

Das Rechtssystem des 21. Jahrhunderts zeichnet sich durch ein hohes Maß an Komplexität aus. Es besteht nicht nur ein ständiger Anpassungsbedarf für bereits bestehende gesetzliche Vorschriften, sondern der gesellschaftliche Wandel bringt es auch mit sich, dass neue Materien erschlossen und in ein gesetzliches Fundament gegossen werden müssen. Adressat all dieser Regelungen ist der Bürger[1], der sich fortlaufend auf neue Anforderungen einstellen muss, damit jedoch häufig überfordert ist. Ihm fehlt als Laie vor allem die eigene Expertise, um zuverlässig einschätzen zu können, welche Rechtsfolgen sein Handeln hat. Um sich daher nicht mit jedem Anliegen an einen rechtlichen Berater wenden zu müssen, konsultiert er regelmäßig die Verwaltung und bittet sie um eine rechtliche Einschätzung zu einem bestimmten Gesamtkomplex, in Bezug auf eine spezielle Frage oder Informationen über tatsächliche Vorgänge. Aus dieser Ausgangssituation heraus hat sich mittlerweile ein mannigfaltiges Panorama an Interaktionsmöglichkeiten zwischen Verwaltung und Bürger entwickelt, damit Letzterer zu seinem Ziel gelangt und sein eigenes Handeln rechtssicher gestalten kann.

Ein bedeutsames Instrument in diesem Zusammenhang ist vor allem auch die Auskunft der Verwaltung an den Bürger. Hierbei kann jedoch nicht von „der Auskunft schlechthin“ gesprochen werden, sondern auch diese weist viele Facetten auf. So wurden diesem Themenkomplex auch schon unzählige Untersuchungen gewidmet, dessen Schar jährlich weiter zunimmt und die kaum noch zu überblicken ist. Exemplarisch seien hier die bereits allesamt aus dem letzten Jahrhundert stammenden Arbeiten

1 Aus Gründen der besseren Lesbarkeit sowie Zeichenbegrenzung wird in dieser Arbeit auf eine Differenzierung zwischen den Geschlechtern verzichtet und insoweit alleine die männliche Form verwendet. Angesprochen sind jedoch selbstverständlich stets alle Geschlechter.

von Klingler[2], H. Kellner[3], Krieger[4], Müller-Waack[5] sowie Kamphausen[6] genannt. Zudem hat sich auch der 44. Deutsche Juristentag 1962 in Hannover unter der Fragestellung „Empfiehlt es sich, die bestehenden Grundsätze über Auskünfte und Zusagen in der Öffentlichen Verwaltung beizubehalten?" intensiv mit Rechts- und Tatsachenauskünften beschäftigt. Das dazu angefertigten Gutachten von Zeidler ist umfassend und behandelt auch viele Probleme der heutigen Zeit. Arrondierend zu den vorgenannten Werken und Abhandlungen untersucht die etwas jüngere Arbeit von Hattstein die verwaltungsrechtlichen Betreuungspflichten.[7] Damit erscheint es prima facie so, als seien schon alle Argumente zu diesem Themenkomplex ausgetauscht, weshalb auch der Bedarf nicht vorhanden sei, das Thema erneut zum Gegenstand einer Dissertation zu machen. Doch der Schein trügt, denn die besondere Weite dieses Themenfeldes führt zwangsläufig dazu, dass sich mit der Weiterentwicklung der gesellschaftlichen Anforderungen an das Recht auch immer neue Herausforderungen ergeben, die der wissenschaftlichen Erforschung bedürfen.

B. Die verbindliche Auskunft als Kernstück dieser Arbeit

Die vorliegende Arbeit widmet sich durch die Untersuchung der verbindlichen Auskunft einem solchen bislang noch mit Forschungslücken versehenen Rechtsinstitut, zu deren Schließung sie einen Beitrag leisten möchte.[8] Hierzu gilt es zuvorderst, die Wesensmerkmale und die Erforderlichkeit einer verbindlichen Auskunft darzustellen (I. und II.). Ausgehend hiervon sind die Vorzüge näher zu entfalten (III.), wobei diese in einem engen Zusammenhang mit der Erforderlichkeit stehen. Sodann folgen eine Betrachtung des status quo in Rechtsprechung und Literatur (IV.) sowie eine Einengung und Fokussierung des Untersuchungsgegenstands (V.), in dessen

---

2 *Klingler*, Rat und Beratung in der deutschen öffentlichen Verwaltung, 1966.

3 *H. Kellner*, Auskünfte und Zusagen über zukünftige Verwaltungsakte, 1966.

4 *Krieger*, Das Recht des Bürgers auf behördliche Information, 1972.

5 *Müller-Waack*, Die Auskunftspflicht der Verwaltungsbehörden im Zusammenhang mit Verwaltungsverfahren, 1980.

6 *Kamphausen*, Rechtsprobleme bei Auskünften von Verwaltungsbehörden, 1983.

7 *Hattstein*, Verwaltungsrechtliche Betreuungspflichten, 1999.

8 In diesem Sinne auch *von Bombard*, Auskunft und Zusage im Steuerrecht, 1988, S. 25, der es aber bei der Feststellung bewenden lässt, dass im allgemeinen Verwaltungsrecht hinsichtlich der verbindlichen Auskunft eine Lücke besteht. Er unterbreitet jedoch keinerlei Vorschläge, wie diese genau zu schließen ist.

Rahmen die zunächst pauschal behaupteten Forschungslücken vertieft dargestellt werden und somit auch eine eingehende Rechtfertigung des Themas dieser Arbeit stattfindet.

I. Die Wesensmerkmale einer verbindlichen Auskunft

Kennzeichen der verbindlichen Auskunft ist, dass der Bürger eine konkrete Rechtsfrage an eine Behörde richtet und von dieser – ggf. gegen Bezahlung einer Gebühr[9] – eine Auskunft darüber erhält, wie sie diese Rechtsfrage beurteilt.[10] Damit ist zugleich gesagt, dass die verbindliche Auskunft nicht auf die reine Information als solche ausgerichtet ist, sondern auf die Einengung von Entscheidungsspielräumen, in dem sich die Verwaltung auf eine von mehreren möglichen Entscheidungen festlegt.[11] Sie trägt damit dem Informationsbedürfnis des Bürgers in der konkreten Situation Rechnung. Gegenstand der verbindlichen Auskunft ist ein zukünftiger, noch nicht verwirklichter Sachverhalt[12], sodass die verbindliche Auskunft ein Institut prospektiver Art ist, die den mit der nachfolgenden Verwaltungshandlung verbundenen Grundrechtseingriff „erträglicher“[13] macht. Um dem Bürger dabei auch die Verminderung des eigenen Haftungsrisikos

9 Zu der Frage der Gebührenpflichtigkeit von verbindlichen Auskünften siehe u.a. unten Kapitel 2 D. sowie Kapitel 5 D. II.

10 Anhand dieser Definition lässt sich die verbindliche Auskunft auch bereits von dem grundsätzlichen unzulässigen Vorausverzicht abgrenzen, vgl. BVerwG, NJW 1984, 2113. Dieser muss daher unten in § 3 nicht mehr abgegrenzt werden.

11 *Hey*, Steuerplanungssicherheit als Rechtsproblem, 2002, S. 703.

12 Besonders das Zukünftigkeitskriterium ist hierbei maßgeblich, da der Bürger Rechtssicherheit im Zeitpunkt des Handelns (also im Zeitpunkt der Verwirklichung des zukünftigen Sachverhalts) benötigt und nicht erst im Nachhinein, vgl. überzeugend *Birk*, Die Finanzverwaltung als steuerlicher Berater – Die verbindliche Auskunft als kostenpflichtige Hilfestellung bei der Steuerplanung, in: Transaktionen, Vermögen, Pro Bono, Festschrift zum zehnjährigen Bestehen von P+P Pöllath + Partners, 2008, S. 161 (164). A.A. war bereits frühzeitig *Kaatz*, BStBl III 1957, 173 ff., der die verbindliche Auskunft auch auf bereits verwirklichte und zurückliegende Sachverhalte erstrecken wollte. Ihm folgend auch *G. Mayer*, Die Zusage nach der Abgabenordnung 1977, 1991, S. 37 sowie *Seer*, Verständigungen im Steuerverfahren, 1996, S. 59 m.w.N., die ihre Sichtweise vor allem damit begründen, dass jedenfalls im Steuerrecht zwischen dem Eintritt des Lebenssachverhalts und der rechtlichen Würdigung eine erhebliche Zeitspanne liegen könne.

13 So jedenfalls das Dogma von *Seer*, Verständigungen, S. 476.

(eine Risikovorsorge[14]) und die erhoffte Rechtssicherheit[15] als Ausprägung des allgemeinen Vertrauensschutzgedankens[16] zu verschaffen, ist die erteilende Behörde im Gegensatz zu einfachen Auskünften (Erlass ohne Selbstbindungswillen)[17] grundsätzlich an diese Auskunft gebunden (Erlass mit Selbstbindungswillen)[18] und darf später nur unter engen Voraussetzungen von ihr abweichen, sodass die verbindliche Auskunft insofern für das nach-

---

14 Zum Begriff der Risikovorsorge im Rahmen von verbindlichen Auskünften *Roser*, GmbH-StB 2016, 244.

15 Zur Rechtssicherheit (auch als Planungs- und Entscheidungssicherheit bezeic net) als Dreh- und Angelpunkt der verbindlichen Auskunft siehe statt vieler BFHE 225, 50 (55) sowie *Rätke*, in: Klein, AO, 14. Aufl. 2018, § 89 Rn. 14. Zu den weiteren Nebenzwecken der Übersichtlichkeit, Verfahrensklarheit sowie Transparenz im gestuften Verwaltungsverfahren siehe *Reichelt*, Der Vorbescheid im Verwaltungsverfahren, 1989, S. 47 ff. Zum Wettbewerbsinteresse von Unternehmen dagegen *Dalichau*, Auskünfte und Zusagen der Finanzverwaltung, 2003, S. 48.

16 Gl. A. *Reichelt*, Vorbescheid, S. 155. Zudem ist Vertrauensschutz kein Selbstzweck, sondern Dispositionsschutz, vgl. hierzu *Seer*, Verständigungen, S. 458.

17 Zur Unverbindlichkeit von allgemeinen Auskünften (daher auch als schlichte Auskünfte bezeichnet) siehe BFHE 233, 18 ff. sowie OVG Münster, NVwZ-RR 1990, 435 f. Die Verbindlichkeit hat bei schlichten Auskünften daher allenfalls eine „moralische“, jedoch keine juristische Dimension. Eine Bindungswirkung kann bei diesen nur ausnahmsweise auf Grundlage von Treu und Glauben eintreten, wenn die Behörde eine bestimmte rechtliche Beurteilung verbindlich zusagt und dadurch ein Vertrauenstatbestand geschaffen wird, vgl. BFHE 221, 136 ff.; GmbHR 2010, 607 (609). In aller Regel werden schlichte Auskünfte diese Bindungswirkung nicht erreichen können. Sie sind vielmehr in der überwiegenden Anzahl der Fälle lediglich als erläuternde Darstellung der vom Erklärenden vertretenen Rechtsauffassung zu verstehen (vgl. OVG Münster, NVwZ-RR 1990, 435 f.), welche zur Vorbereitung etwaiger Verwaltungsrechtsverhältnisse dient (VG Kassel, NVwZ-RR 2000, 557). Siehe hierzu auch noch umfangreich unten C. II. und III.

18 Mit dem Institut der verbindlichen Auskunft wird indes gewissermaßen „verwaltungsrechtliches Neuland“ betreten, da jedenfalls im letzten Jahrhundert die Auskunft stets entweder als Tatsachenmitteilung oder als unverbindliche Rechtsauskunft definiert wurde. Eine verbindliche Auskunft erschien hingegen als Novum, vgl. nur *Laubinger*, Die Verwaltung als Helfer des Bürgers – Gedanken zur behördlichen Betreuungspflicht, in: Demokratie und Verwaltung – 25 Jahre Hochschule für Verwaltungswissenschaften Speyer, 1972, S. 439 (445). Damit ist es ein Ansinnen dieser Arbeit, die verbindliche Auskunft auch für das allgemeine Verwaltungsrecht zu öffnen. Fortan sollte also die Definition Laubingers dahingehend erweitert werden, dass individuelle Tatsachenmitteilungen, unverbindliche Rechtsmitteilungen sowie verbindliche Rechtsmitteilungen vom Begriff der Auskunft umfasst sind.

gelagerte Verwaltungsverfahren Vorwirkungen entfaltet.[19] Damit versteht sie sich als erweiterte Form der einfachen Auskunft[20] und erhebt anders als diese den Anspruch, zur Vorabklärung eines Falls beizutragen und damit eine Stabilisierung zu gewährleisten.[21] Die verbindliche Auskunft entfaltet damit die sehr begrüßenswerte Präventivfunktion im Hinblick auf zukünftige Sachverhalte, die de lege lata in einigen Rechtsgebieten des besonderen Verwaltungsrechts von der Genehmigung ausgeht.[22] Damit vertauscht sie die Reihenfolge zwischen privater Disposition (der Bürger in der Rolle des „Erstentscheiders“[23]) und behördlicher Entscheidung mit Rechtswirkung.[24] In den Worten des BFH handelt es sich daher um eine Leistung an den Bürger, mit der dieser bei der Planung künftiger Gestaltungen unterstützt wird, insbesondere indem er eine Risikoeinschätzung erhält.[25] Damit ist zugleich gesagt, dass die verbindliche Auskunft ausschließlich ein Vorverfahrensrecht ist. Besonders deutlich wird dies bei der verbindlichen Auskunft nach § 89 Abs. 2 AO, denn ein wesentliches Merkmal des Steuerrechts ist es, dass die Veranlagung nach dem Veranlagungszeitraum erfolgt. Insofern ist in dem Moment, in dem in das Steuerfestsetzungsverfahren eingetreten wird, der Sachverhalt bereits vollendet, sodass im laufenden Steuerfestsetzungsverfahren – was in Kapitel 2 noch näher begründet wird – ein Antrag auf Erteilung einer verbindlichen Auskunft nicht mehr möglich ist. Mit dem Charakter als ausschließliches Vorverfahrensrecht trägt die verbindliche Auskunft auch dem Umstand Rechnung, dass der Bürger ein Recht darauf hat, Härten zu vermeiden und mögliche Vergünstigungen

19 So auch BVerfG, DStR 2015, 2237. Eine Abweichung ist demnach nur über die Regelungen zur Durchbrechung der Bestandskraft eines VA möglich, vgl. *Martens*, NVwZ 1983, 717 (718). Hierzu wird im weiteren Verlauf der Arbeit noch umfassend Stellung zu beziehen sein. *G. Mayer*, Zusage, S. 57 betont außerdem zu Recht, dass nur die verbindliche Auskunft ein wirksames Instrument zur Reduktion von Planungsrisiken darstellt und nur sie eine echte Dispositionssicherheit schaffen kann.

20 Vgl. auch *Horst*, Verbindliche Auskunft, S. 35.

21 Zur fehlenden Erwartung an eine vollumfassende Klärung bei der einfachen Auskunft siehe auch *Hase*, in: BeckOK Sozialrecht, § 15 SGB I Rn. 1 m.w.N.

22 *Hey*, Steuerplanungssicherheit, S. 706.

23 So die Formulierung des Wissenschaftlichen Arbeitskreises „Steuerrecht“ (DWS), Recht auf Information und Auskunft im Besteuerungsverfahren, 2017, S. 8 im Hinblick auf die verbindliche Auskunft nach § 89 Abs. 2 AO.

24 So auch *P. Kirchhof*, Verwalten und Zeit, 1975, S. 5 für die Zusage.

25 BFHE 237, 9 ff.

zu erlangen[26], was in besonderem Maße im Verhältnis zwischen Verwaltung und Bürger gilt, denn anders als in Privatrechtsverhältnissen, in denen jeder Akteur primär auf seinen eigenen Vorteil bedacht ist, hat die Verwaltung als Teil der Exekutive neben dem öffentlichen Interesse auch das private Interesse des Bürgers in den Mittelpunkt zu rücken.[27]

Die verbindliche Auskunft gehört ausgehend hiervon zu den „harten“ Kooperationsformen, die sich von den „weichen“ Kooperationsformen dadurch unterscheiden, dass sie mit Selbstbindungscharakter erfolgen.[28] Insofern stellt die verbindliche Auskunft eine Auskunft mit Garantie dar, sodass sie sich auch in den Kanon der Versprechungen der Verwaltung einfügt.[29] Diese Garantie gilt gleichwohl ausschließlich für Rechtsfragen, während tatsächliche Ungewissheiten (die sog. bloße Subsumtionsunsicherheit) nicht Gegenstand einer verbindlichen Auskunft sein können.[30] In Bezug auf Rechtsfragen ist die verbindliche Auskunft dementsprechend auch kein bloßes „nobile officium“, sondern vielmehr eine echte Amtspflicht i.S.d. § 839 BGB i.V.m. Art. 34 GG, worauf auch noch im weiteren Verlauf der Arbeit rekurriert wird.[31]

---

26 *Hartz*, StbJb 1955/56, 83 (94). So führt auch das BVerfG in seiner Entscheidung zur getrennten Veranlagung von Ehegatten (BVerfGE 9, 237 (250)) aus, dass es jedem Steuerpflichtigen freistehe, seine Angelegenheiten so einzurichten, dass er möglichst wenig Steuern zahlen müsse. Dem BVerfG folgend auch *G. Mayer*, Zusage, S. 108 m.w.N. Übertragen auf das allgemeine Verwaltungsrecht ist damit zugleich gesagt, dass der Bürger alle seine Gestaltungen rechtsideal durchführen darf. Mit *Drüen*, FR 2011, 101 (105) darf er um seine rechtlichen Vorteile verfahrensrechtlich „kämpfen“. Besonders hierzu bedarf er jedoch häufig der Hilfe der Verwaltung, ohne die er mögliche Vergünstigungen überhaupt nicht oder jedenfalls kaum in Anspruch nehmen kann.

27 *Laubinger*, in: 25 Jahre Speyer, S. 439 (441).

28 Zur Einordnung der verbindlichen Auskunft als Teil der kooperativen Verwaltung siehe *Joisten/Bergmann*, FR 2014, 923 (926). Eingehend zu den „harten“ und „weichen“ Kooperationsformen sei verwiesen auf *Hannig*, NWB 2015, 2166 ff.

29 *G. Mayer*, Zusage, S. 19; Zu den Versprechungen der Verwaltung siehe auch *Hebeler/Schäfer*, Jura 2010, 881 ff. Dieser Begriff ist jedoch nicht rechtstechnisch, sondern rein deskriptiv zu verstehen, umschreibt aber zutreffend den Kern der verbindlichen Auskunft. Mit dieser sagt die Verwaltung zugleich zu (verspricht gewissermaßen), später im Sinne der Auskunft zu handeln.

30 *Horst*, Verbindliche Auskunft, S. 53; *Hey*, Steuerplanungssicherheit, S. 703. In den Worten von Horst ist die verbindliche Auskunft damit ein geeignetes Mittel zur „Beseitigung von Norminterpretationsrisiken“ (S. 54 a. a. O.).

31 A.A. *Klingler*, Rat und Beratung, S. 99, der davon ausgeht, dass bei Auskünften ohne Bezug zu einem konkreten Verwaltungsverfahren keine echten Rechtspflichten entstehen können. Ihm folgend *Obermayer*, NJW 1962, 1465 (1472) so-

Die verbindliche Auskunft ist zudem Ausdruck eines rechtsstaatlichen, fairen Verfahrens (Art. 6 EMRK) sowie des Rechts auf eine gute Verwaltung (Art. 41 GRCh). Ferner entspricht es ihrem Wesen, einerseits die streng gesetzesgebundene Verwaltung in ihren Gründzügen beizubehalten, aber andererseits die Flexibilität und praktische Vernunft der Erteilung von Vorabauskünften für die Bewältigung komplizierter Verwaltungsaufgaben und Rechtsfragen zu nutzen.[32] Sie stellt damit eine Kombination zwischen kooperativer und hoheitlicher Verwaltung dar.[33] Außerdem soll sie spätere Rechtsstreitigkeiten vermeiden und stellt damit eine Art „antizipierten Rechtsschutz"[34] dar.

Antragsteller einer verbindlichen Auskunft können neben dem Bürger als natürlicher Person vor allem juristische Personen (Unternehmen) sein[35], die aufgrund ihrer strategischen Planung Rechtssicherheit benötigen.[36] Damit ist die verbindliche Auskunft ein allgemeines Rechtsinstitut, welches nicht auf einen bestimmten Antragstellerkreis (natürliche oder juristische Personen) begrenzt ist.[37] Stellt danach ein befugter Antragsteller den Auskunftsantrag und wird dieser beschieden, so wird damit als eigenständige Entscheidung der Behörde ein selbstständiges Verwaltungsverfah-

---

wie *Kamphausen*, Die Erteilung von Rechtsauskünften, S. 23 f. In diesem Zusammenhang war auch noch mitunter von „reinen Kulanzleistungen" die Rede.

32 Letzteres wird als Erfordernis für eine funktionierende und vitale Verwaltung vor allem von *Pitschas*, Verwaltungsverantwortung und Verwaltungsverfahren, 1990, S. 51 sowie *Eberle*, Die Verwaltung 17 (1984), 439 ff. nachdrücklich betont.

33 *Drüen*, FR 2011, 101 (107).

34 So die Formulierung von *Seer*, in: Tipke/Kruse, AO/FGO, Loseblatt, § 89 AO Rn. 68.

35 Gleichwohl kann nur derjenige Antragsteller sein, der auch ein berechtigtes Interesse an der Auskunft hat. Entscheidend ist damit, dass der Antragsteller von der vorgelegten Rechtsfrage auch selbst betroffen ist. Verbundauskünfte, Gruppenauskünfte sowie verbindliche Auskünfte an gänzlich unbeteiligte Dritte können folglich nicht erteilt werden, vgl. auch *Horst*, Verbindliche Auskunft, S. 97.

36 Die mannigfaltigen Gründe, die zum Erfordernis einer Rechts- und Planungssicherheit führen, listet *Hey*, Steuerplanungssicherheit, S. 63 allesamt auf. Sie zeigt dabei, dass von der hohen Komplexität der jeweiligen Rechtsmaterie bis hin zu Instabilitäten und Schwebezuständen zahlreiche Gründe dazu führen können, dass der Bürger ein gesteigertes, von der Verwaltung zu befriedigendes Informationsbedürfnis aufweist.

37 So auch für die verbindliche Auskunft nach § 89 Abs. 2 AO *Söhn*, in: Hübschmann/Hepp/Spitaler, AO/FGO, Loseblatt, § 89 AO Rn. 194 ff.

ren i.S.d. § 9 VwVfG abgeschlossen[38], sodass die verbindliche Auskunft den ersten Teil eines gestuften Verwaltungsverfahrens darstellt.[39]

II. Die Erforderlichkeit einer verbindlichen Auskunft

Bevor ein näherer Rekurs auf die wesentlichen Vorzüge einer verbindlichen Auskunft erfolgen kann, ist für ein besseres Verständnis hiervon zunächst die Erforderlichkeit für eine solche noch genauer zu benennen.

1. Die zunehmende Komplexität der Rechtsordnung als Ausgangspunkt

Im Ausgangspunkt ensteht ein Bedürfnis für eine verbindliche Auskunft dadurch, dass der Bürger auf der einen Seite – besonders in existenziellen Fragen – Rechtssicherheit benötigt[40] und auf der anderen Seite – wie be-

---

38 Für viele FG Kassel, EFG 2011, 1938 (1939) m. Anm. *Korte*. Dieses selbstständige Verwaltungsverfahren lässt sich aus Gründen der besseren Klarstellung und Abgrenzung daher als Auskunftsverfahren bezeichnen. Die von *Reichelt*, Vorbescheid, S. 65 verwendete Bezeichnung als „Vorbescheidsverfahren" stellt insoweit ein Synonym dar, verdeutlicht jedoch, dass die verbindliche Auskunft von der späteren Endentscheidung zwingend zu unterscheiden ist.

39 *Reichelt*, Vorbescheid, S. 65; *Jakobs*, Jura 1985, 234. Zum Begriff des gestuften Verwaltungsverfahrens siehe *Ders.*, Vorbescheid, S. 41 sowie *Ipsen*, Allgemeines Verwaltungsrecht, 10. Aufl. 2017, Rn. 971. Reichelt grenzt es dabei vom mehrstufigen Verwaltungsverfahren ab, welches etwa dann vorliegt, wenn vor der Entscheidung in Bausachen ein gemeindliches Einvernehmen gem. § 36 Abs. 1 BauGB erforderlich ist. Insofern könnte mit ihm auch davon gesprochen werden, dass mehrstufige Verwaltungsverfahren eine unechte Stufung beinhalten, während gestufte Verwaltungsverfahren als echte Stufung anzusehen sind. Zu den durchaus vorhandenen Gefahren der Stufung vgl. *Schmidt-Assmann*, Institute gestufter Verwaltungsverfahren: Vorbescheid und Teilgenehmigung, in: Verwaltungsrecht zwischen Freiheit, Teilhabe und Bindung, Festgabe aus Anlaß des 25-jährigen Bestehens des Bundesverwaltungsgerichts, 1978, S. 569 (572 ff.). Für weitere Ausführungen zum mehrstufigen Verwaltungsakt sei auch auf seinen „Schöpfer" Menger verwiesen (*Menger*, VerwArch 50 (1959), 387 (397 ff.)). Eine Abgrenzung zum Begriff der Parallelverfahren findet sich bei *Mann*, Das gestufte Verwaltungsverfahren im Baurecht, 1992, S. 19 f.

40 *Selmer/Schulze-Osterloh*, JuS 1981, 393 (395). Als Referenzgebiet für die existenzielle Notwendigkeit von Rechtssicherheit sei an dieser Stelle bereits das Sozialrecht genannt. Dieses vermittelt im Regelfall lebensstandardsichernde Leistungen, für die der Bürger eine frühzeitige und langfristige Planungssicherheit benötigt, vgl. insoweit auch *Merten*, VVSR 1 (1973), 66 (67).

reits oben unter A. erwähnt – das immer dichter werdende Instrumentarium von Regelungsmitteln vom Bürger als Nichtfachmann kaum noch zu übersehen ist[41], obgleich sich vielfach auch ausgebildete Fachleute sehr schwer damit tun, den Überblick zu behalten.[42] Dies liegt vor allem daran, dass es gesetzliche und untergesetzliche Regelungen auf verschiedensten Ebenen gibt. Zu nennen ist zunächst der föderale Verwaltungsaufbau, der – so sehr er im Grundsatz auch zu begrüßen ist – dazu führt, dass neben der Bundesebene auch auf Landesebene mitunter sehr unterschiedliche Vorschriften Anwendung finden.[43] Im Ernstfall muss sich der Bürger darauf einstellen, in den sechzehn Bundesländern auch sechzehn verschiedene Regelungskonzepte vorzufinden. Hinzu tritt die immer bedeutsamer werdende europäische Gesetzgebung, die dazu führt, dass viele bislang rein nationale Materien europarechtlich überformt werden.

Neben dem breiten Normenpanorama erhöht sich die Unsicherheit des Bürgers auch dadurch, dass viele gesetzliche Regelungen wie auch Verwaltungsvorschriften nur „grobmaschig“[44] vorgeformt oder gar „mangelhaft“[45] sind. Die gesetzliche Programmierung ist demzufolge teilweise nur schwach ausgeprägt, sodass insoweit eine nachlassende Exaktheit gesetzli-

---

41 So auch *Hey*, Steuerplanungssicherheit, S. 94, die eine zunehmende Ohnmacht des Bürgers angesichts des immer komplizierter werdenden Rechtsregimes beobachtet, die gerade dazu zwingt, professionelle Hilfe in Anspruch zu nehmen.

42 *Kamphausen*, Rechtsprobleme, S. 3 sowie *Laubinger*, in: 25 Jahre Speyer, S. 439 (440) stellten fernerhin bereits vor Jahrzehnten fest, dass es schon zu den damaligen Zeiten nur noch einer ausgewählten Zahl von Experten möglich war, das Instrumentarium staatlicher Regelungsmittel zu überblicken. Diese Erkenntnis dürfte sich heute angesichts der Regulierungsfreudigkeit des Gesetzgebers nur noch weiter verschärft haben, zumal plastische Begriffe wie „Gesetzesflut“ oder „Gesetzgebungshysterie“ mittlerweile regelmäßig verwendet werden und den Rechtsalltag bestimmen. Zu den Folgen dieser fehlenden Rechtssicherheit siehe statt vieler auch *Hey*, Steuerplanungssicherheit, S. 94 ff.

43 Hierzu mit deutlicher Kritik *Hey*, Steuerplanungssicherheit, S. 78.

44 Dieser Befund manifestiert sich par excellence im Steuerrecht, in dem Begriffe wie „Teilwert“, „gemeiner Wert“ oder „unangemessene Betriebsausgaben“ vorherrschen. Begriffe, die sich der Laie ohne fachkundige Hilfe entweder nie oder zumindest nur in sehr seltenen Ausnahmefällen wird selbst erschließen können. *Dalichau*, Auskünfte und Zusagen, S. 49 betont daher mit Recht, dass dadurch der Verwaltung eine rechtsschöpferische Tätigkeit einerseits aufoktroyiert, aber andererseits auch gerade ermöglicht wird.

45 *Horst*, Verbindliche Auskunft, S. 12 listet Mängel etwa auf Ebene der Systematik, der Abstraktionshöhe oder der uneinheitlichen Begriffsbestimmung auf. *Papier*, DÖV 1986, 621 (622) spricht pointierter gar von einem „Versagen der modernen Gesetzgebung“.

cher Steuerung zu beobachten ist.[46] Des Weiteren eröffnen viele generalklauselartige Normen der Behörde weite Entscheidungsspielräume, die für den Bürger kaum vorherzusagen sind.[47] Als besonders intrikat erweisen sich Koppelungsvorschriften, bei denen auf Tatbestandsseite ein unbestimmter Rechtsbegriff steht („erhebliche Bedeutung“, „Gefährdung der freiheitlich demokratischen Grundordnung“) und auf Rechtsfolgenseite Ermessen angeordnet ist.[48] Horst bezeichnet dieses Problem anschaulich mit den Begriffen „Norminterpretationsrisiko“ sowie „Subsumtionsrisiko“.[49]

2. Die Folgen der zunehmenden Komplexität

Die Folge des zunehmenden Normenpanoramas sowie der mitunter kaum handhabbaren oder sogar gänzlich unverständlichen Rechtsvorschriften ist häufig grassierende Ratlosigkeit, die wiederum wirtschaftliche Gestaltungen und Fortentwicklungen hemmt.[50] Wie Merten zutreffend betont, besteht hierdurch die erhöhte Gefahr, dass Dispositionschancen in ihr Gegenteil umschlagen und zu einer Belastung des Bürgers werden.[51] Zur Bewältigung der Rechtsunsicherheit und zur effektiven Wahrnehmung seiner Dispositionschancen ist der Bürger daher zunehmend auf die Verwaltung angewiesen, denn die Gerichte schaffen hier häufig nicht adäquat Abhilfe.

---

46 *Roser*, GmbH-StB 2016, 644 (648); in diesem Sinne bereits *R. Steinberg*, DÖV 1982, 619 ff.; *Ossenbühl*, NVwZ 1982, 465 (466); *Schmidt*, NJW 1978, 1769 (1770).

47 Wie hier auch *Olgemöller*, AG 2014, 393 ff. Ein weiteres in der Praxis zu beobachtendes Phänomen ist, dass die Verwaltung Ausnahmevorschriften oftmals extensiv auslegt und subjektive Verfahrensrechte demgegenüber durch restriktive Auslegung beschneidet, vgl. *Pünder*, in: Ehlers/Ders., Allgemeines Verwaltungsrecht, 15. Aufl. 2015, § 13 Rn. 8 m.w.N.

48 Der gemeinsame Senat der obersten Gerichtshöfe hat mit Entscheidung v. 19.10.1971 (BStBl II 1972, 603 ff.) für Kopplungsvorschriften judiziert, dass der unbestimmte Rechtsbegriff die Ermessensbetätigung nicht gänzlich ausschließe, allerdings dergestalt Vorwirkungen entfalte, dass er Inhalt und Grenzen des Ermessens präzisiere. Damit bestehe zwischen Tatbestand und Rechtsfolge ein unlösbarer Zusammenhang, sodass die Behörde eine einheitliche Ermessensentscheidung zu treffen habe, vgl. *Birk*, NJW 2007, 1325 (1326) m.w.N. Eingehend zu den Kopplungsvorschriften auch *Maurer/Waldhoff*, Allgemeines Verwaltungsrecht, 19. Aufl. 2017, § 7 Rn. 48 ff., die insbesondere auch die soeben beschriebenen Wechselwirkungen zwischen Tatbestand und Ermessen aufzeigen.

49 *Horst*, Verbindliche Auskunft, S. 11.

50 Gl. A. *Birk*, NJW 2007, 1325.

51 *Merten*, VSSR 1 (1973), 65 (72).

So stellt sich insbesondere die verfassungsgerichtliche Rechtsprechung nicht protektionistisch vor den Bürger, denn kaum eine noch so komplizierte und diffuse Regelung wird von dem BVerfG wegen Verstoßes gegen das Bestimmtheitsgebot für verfassungswidrig erklärt.[52] Der Bürger gerät damit zunehmend in eine jedenfalls faktisch entmündigte Lage, denn Mündigkeit des Bürgers bedeutet, dass dieser in der Lage ist, selbst und eigenständig entscheiden zu können.[53] Eine freie und eigene Entscheidung ist ohne Informationen sowie das Wissen um die eigenen Rechte und Pflichten aber nicht möglich.[54] So ist der Bürger nur dann als mündig anzusehen, wenn die Informationen „wahr, klar und vollständig“[55] erteilt werden. Erhält er die erforderlichen Informationen nicht, unterliegt er bezogen auf seine von der Rechtsordnung bewusst vorgesehenen Rechte häufig einer „faktischen Ausübungssperre“[56], denn Partizipation setzt im Zeitalter der Informationstechnologie notwendig Information voraus.[57] Rationales Handeln ist nur durch verstehbare Informationen möglich.[58] Das Informationsbedürfnis steigt hierbei graduell mit der Komplexität der betroffenen Materie an[59], sodass gerade bei außergewöhnlich komplizierten Fragestellungen, die selbst ein ausgebildeter Rechtsberater nur unzureichend beantworten kann, das Informationsbedürfnis des Bürgers auf andere Weise abgedeckt werden muss. Dieser Befund entspricht auch dem der Recht-

---

52 Siehe zu diesem Untätigkeitsproblem des BVerfG auch *Hey*, Steuerplanungssicherheit, S. 68 m.w.N. sowie *Tipke*, Zu Gerd Roses Bemühen um mehr Steuerplanungssicherheit – ein Beitrag aus juristischer Sicht, in: Betriebswirtschaftliche Steuerlehre und Steuerberatung, Festschrift für Gerd Rose, 1991, S. 92 (97). Allgemein zum Bestimmtheitsgebot und seiner Rezeption der verfassungsgerichtlichen Rechtsprechung vgl. auch *Schulze-Fielitz*, in: Dreier, GG, Art. 20 (Rechtsstaat), 3. Aufl. 2015, Rn. 129 ff.

53 BSGE 51, 89 (93); *A. Jochum*, NVwZ 1987, 460 ff.

54 *Hattstein*, Betreuungspflichten, S. 41; *Merten*, VSSR 1 (1973), 66 (68).

55 BGHZ 92, 302 ff.; *Grunning*, VR 1991, 8 (10); *Hase*, in: BeckOK Sozialrecht, § 15 SGB I Rn. 1.

56 In diesem Sinne auch VGH München, NJW 1981, 2076 ff.

57 *Pieroth*, JuS 1981, 625 (626). Siehe darüber hinaus *Schenke*, DÖV 1989, 365 (369), der recht resignativ davon ausgeht, dass der Bürger schon längst seine Autarkie verloren habe. Die verbindliche Auskunft dient insoweit dazu, dem Bürger wenigstens in Ansätzen diese verloren gegangene Autarkie zurückzugeben.

58 So auch *Di Fabio*, JZ 1993, 689 (692).

59 *Dalichau*, Auskünfte und Zusagen, S. 57, 101. Dalichau betont allerdings, dass der Effekt in umgekehrter Weise auch in der Verwaltung einsetze. Je komplexer Rechtsfragen werden, desto weniger sei der jeweilige Sachbearbeiter dazu in der Lage, diese ohne höchstrichterliche Rechtsprechung oder eine entsprechende Verwaltungsvorschrift zu beantworten.

sprechung, die ausgehend hiervon schon frühzeitig darauf hingewiesen und aktiv eingefordert hat, dass der einzelne Bürger besonders bei Rechtsfragen auf schwierigen Spezialgebieten der Hilfe und Unterstützung der Verwaltung zwingend bedarf.[60] In den Worten von Reichelt bedarf es für die Folgenbewältigung der zunehmenden Komplexität der Rechtsordnung einer Lösung, „die im Interesse der Beteiligten an Transparenz, Übersichtlichkeit und Kontrollierbarkeit nicht erst am „Endprodukt“ der Entscheidungsfindung ansetzt“[61].

III. Die Vorzüge einer verbindlichen Auskunft

Die verbindliche Auskunft kann – wie noch im Detail darzulegen sein wird – eine solche Lösung i.S.d. Forderung von Reichelt sein. Sie eignet sich als „Machete zur Lichtung des Normendschungel[s]“[62]. Daneben hat sie auch eine Ausgleichsfunktion[63], denn gerade bei komplexen Verfahren, in denen häufig nicht alle Einzelheiten der gerichtlichen Nachprüfung zugänglich sind, muss das Verwaltungsverfahren den Rechtsschutz erhöhen. Ein Effekt, der einer verbindlichen Auskunft als vorgeschaltete Anfrage an die Verwaltung immanent ist. Zudem hat sie auch den Vorteil, dass sie eine rationelle Verwaltungsarbeit ermöglicht und fördert, sodass auch die Verwaltung ein Eigeninteresse an ihr hat.[64] Darüber hinaus wirkt sie auch in vielen Fällen entlastend, indem sie unnötige spätere Prüfarbeiten vermeidet[65] und einen aktiven Beitrag zur Missbrauchsbekämpfung leistet.[66] Ein weiterer vorteilhafter Aspekt ist der, dass eine aktive Auskunftskultur zu einer besseren Moral gegenüber der Verwaltung beitragen kann und inso-

---

60 BGHZ 25, 318 ff.; NJW 1965, 1226 (1227).

61 *Reichelt*, Vorbescheid, S. 41.

62 *Dalichau*, Auskünfte und Zusagen, S. 277.

63 Hierzu und zur Grundrechtssicherung bei mehrstufigen Verwaltungsverfahren *Reichelt*, Vorbescheid, S. 54 ff. m.w.N.

64 So auch *Zeidler*, Gutachten, S. 12, der generell bei der Erteilung von Zusagen und Auskünften die Vorteile auf beiden Seiten betont. Zudem kann die verbindliche Auskunft auch ein wirksames Vehikel dafür sein, die von *Schwarze*, DÖV 1980, 584 ff. in den Blick genommene administrative Leistungsfähigkeit sicherzustellen und nicht noch weiter zu gefährden. Umfassend zum Interesse der Verwaltung an verbindlichen Auskünften auch *Dalichau*, Auskünfte und Zusagen, S. 55 ff.

65 Diesen Aspekt stellt vor allem das OVG Lüneburg, NuR 1981, 211 heraus. In dieser Entscheidung hat es einen Vorbescheid im Genehmigungsverfahren nach dem Niedersächsischen Bodenabbaugesetz anerkannt.

66 So auch *Roser*, in: Beermann/Gosch, AO/FGO, Loseblatt, § 89 AO Rn. 28.1.

fern einen proaktiven Beitrag leistet, die Bereitschaft des Bürgers an anderer Stelle zu erhöhen, der Verwaltung entgegenzukommen.[67] Somit ist sie auch anders als Billigkeitsmaßnahmen nicht bloß auf eine „Abmilderung ungerechten Rechts"[68] ausgerichtet, sondern auf die Schaffung allseitiger Rechts- und Planungssicherheit, sodass sie die Grundsteinlegung für eine intensive Folgekooperation zwischen Verwaltung und Bürger ermöglicht. Während das Institut der Billigkeitsmaßnahme damit völlig überlastet wäre, hat die verbindliche Auskunft den breiteren Ansatz, mit dem auch effektiv auf Diskontinuitäten im Recht reagiert werden kann.

Einen besonderen Vorteil bietet sie zudem für Rechtsanwälte und Steuerberater, die zwar durch das Studium von Gesetzen, Kommentierungen, Verwaltungsvorschriften und Gerichtsentscheidungen einen ersten Zugang auf eine bestimmte Rechtsfrage erhalten, diese aber niemals dem Mandanten im Sinne einer Garantie beantworten können.[69]

Des Weiteren kann eine verbindliche Auskunft auch für Dritte von Vorteil sein. Während diese üblicherweise erst einmal auf die Endentscheidung warten müssen, können sie bei verbindlichen Auskünften direkt gegen diese entweder gegenüber der Behörde im Wege des Einspruchs- oder Widerspruchsverfahrens oder auch gerichtlich im Wege der Klage oder des Eilantrags vorgehen. Damit können Einwände häufig schon vorgebracht werden, bevor vollendete Tatsachen geschaffen werden, was auch im Interesse des Antragstellers einer verbindlichen Auskunft sein dürfte. Dies vermeidet insbesondere komplizierte, kostenintensive und langwierige Verwaltungs- und/oder Gerichtsverfahren.[70] Zudem erhält der Betroffene durch eine ggf. sogar gerichtliche Abschichtung der Fragestellung eine zusätzliche Dispositionssicherheit und gewissermaßen eine Bestätigung, dass seine Gestaltung so möglich oder auch nicht möglich ist, wie er diese gerne hätte.[71]

Zuletzt ist auch die grundrechtliche Dimension des Verwaltungsverfahrens in die Betrachtung einzustellen („Grundrechtsverwirklichung durch Organisation und Verfahren"[72]), die neben die Gewährleistung effektiven gerichtlichen Rechtsschutzes aus Art. 19 Abs. 4 GG tritt. So folgt aus Art. 1

---

67 Gl. A. *Birk*, in: FS Pöllath, S. 161 (164), der in einer verbindlichen Auskunft den Vorteil erblickt, die Steuermoral zu verbessern.

68 *Von Bomhard*, Auskunft und Zusage, S. 245.

69 Demgemäß auch *Horst*, Verbindliche Auskunft, S. 2 f. m.w.N.

70 *Engel*, Planungssicherheit für Unternehmen durch Verwaltungsakt, 1992, S. 73.

71 Diesen Aspekt betont auch *Reichelt*, Vorbescheid, S. 297 in besonderer Weise.

72 Zur Grundrechtsrelevanz des Verwaltungsverfahrens sei an dieser Stelle auf die auch in dieser Arbeit an mehreren Stellen noch näher zu betrachtende und weg-

Abs. 3 GG, dass die grundrechtlichen Garantien für die vollziehende Gewalt unmittelbar geltendes Recht sind, mithin muss sich jedes Verwaltungshandeln an den Grundrechten ausrichten, womit in dieser Hinsicht ein lückenloser Schutz des Bürgers gewährleistet ist.[73] In diesem Zusammenhang stellt die verbindliche Auskunft ein probates Mittel dar, um insbesondere die aus Art. 12 Abs. 1, 14 Abs. 1 S. 2, Abs. 2 GG folgende vermögensrechtliche Handlungsfreiheit des Einzelnen abzusichern[74], denn seine Rechts- und Planungssicherheit hat vor allem eine finanzielle Dimension, sodass er insoweit eines Dispositionsschutzes bedarf.[75] Die rechtlichen Folgen des Handelns müssen damit für den Einzelnen planbar und kalkulierbar sein[76], um der „Ausstrahlungswirkung“[77] der Grundrechte auf das Verwaltungsverfahren gerecht zu werden. Dabei steigen die Anforderungen an die Verfahrensgestaltung graduell mit der Schwierigkeit und Komplexität der Sachentscheidung an.[78] Dies gilt vor allem im 21. Jahrhundert, in dem

weisende Mülheim-Kärlich-Entscheidung des BVerfG verwiesen (BVerfGE 53, 30 (66)). Weitere Ausführungen dazu auch bei *Seer*, SteuerStud 2016, 601 ff., *Ders.*, Chancen und Risiken von verbindlichen Auskünften, StbJb. 2012/13, 557 (558 f.); *Maurer/Waldhoff*, Allg. VwR, § 19 Rn. 9 sowie *Papier*, DÖV 1986, 621 (623).

73 Zur besonderen Wirkung von Art. 1 Abs. 3 GG auf die Verwaltung und ihre Tätigkeit siehe insoweit auch *Herdegen*, in: Maunz/Dürig, GG, Loseblatt, Art. 1 Abs. 3 Rn. 94 ff. Art. 1 Abs. 3 GG ist seinerseits eine besondere Erscheinungsform des Rechtsstaatsprinzips aus Art. 20 Abs. 3 GG, vgl. *Antoni*, in: Hömig/Wolff, GG, 12. Aufl. 2018, Art. 20 Rn. 10. Aus besagtem Rechtsstaatsprinzip folgt auch der Grundsatz der Gesetzmäßigkeit der Verwaltung, welcher unter anderem besagt, dass die Verwaltung an die gesamte Verfassung gebunden ist, vgl. *Schmidt-Assmann*, Der Rechtsstaat, in: HStR II, § 26 Rn. 42 ff. sowie *Huster/Rux*, in: BeckOK GG, Art. 20 Rn. 169.

74 Wissenschaftlicher Arbeitskreis „Steuerrecht“ (DWS), Recht auf Information und Auskunft im Besteuerungsverfahren, S. 8; *Schmitz*, in: Schwarz/Pahlke, AO/FGO, Loseblatt, § 89 AO Rn. 39; *Stemplewski*, BB 2012, 2220 ff.; *Hey*, Steuerplanungssicherheit, S. 133. Ebenfalls ist in diesem Kontext zu erwähnen, dass auch die Selbstbestimmung und Selbstverwirklichung des Bürgers bei der verbindlichen Auskunft eine Rolle spielen. Beide sind Demokratiegebote und von verfassungswegen vorgegeben, vgl. *Walter/Schmitt-Glaeser*, VVDStRL 31 (1973), 180 (189).

75 So auch *Dalichau*, Auskünfte und Zusagen, S. 45 f., die die so essentiellen Business- und Finanzpläne vor allem für Wirtschaftsunternehmen betont und die Wertigkeit der Komponente Steuer hervorhebt. Nach ihrer Sichtweise wirken sich die Planungssicherheit prospektiv und der Dispositionsschutz retrospektiv aus, sodass die Interessenlage einerseits auf eine Erhaltung des status quo und andererseits auf Sicherheit für die Zukunft gerichtet sei.

76 Grundlegend dazu *Hey*, Steuerplanungssicherheit, S. 103 ff.

77 *Reichelt*, Vorbescheid, S. 276 m.w.N., der auch darlegt, dass diese insoweit vor allem hinsichtlich der Anerkennung von Beteiligungsrechten zur Geltung kommt.

78 *Maurer/Waldhoff*, Allg. VwR, § 19 Rn. 9; *Laubinger*, VerwArch 73 (1982), 60 (76).

das Gesellschafts- und Wirtschaftsleben von immer schneller werdenden Prozessen dominiert wird. Um dieser Schnelligkeit gewachsen zu sein, bedarf der Bürger insoweit ein größtmögliches Maß an Verlässlichkeit und Beständigkeit.[79] Eine Verlässlichkeit, die er durch die Diskontinuität der Legislaturperioden und die ständig ändernden gesetzlichen Normierungen von der Legislative nicht erhält und auch die Judikative nur in Ansätzen darauf reagieren kann. Auch der (steuer-)rechtliche Berater kann – wie bereits oben angeklungen ist – diese Sicherheit nicht geben, denn seine Aufgabe besteht vor allem darin, anhand der vorhandene Erkenntnismöglichkeiten (Gesetz, Rechtsprechung, Verwaltungsvorschriften) die Rechtslage zu klären[80], was ihm gerade in hochspezialisierten Teilgebieten des Rechts nahezu unmöglich sein dürfte.[81] Damit ist die Exekutive der einzige Akteur im Gewaltenteilungssystem, der dazu einen adäquaten Beitrag leisten kann.[82] Die verbindliche Auskunft ist hierbei das geeignete Instrument der Verwaltung, um die in einem Rechtsstaat so unverzichtbare Rechtssicherheit zu schaffen.[83]

Alles in allem trägt die verbindliche Auskunft den Interessen aller Beteiligten adäquat Rechnung und führt auch gesamtwirtschaftlich zu einer Stärkung des Investitionsstandorts Deutschland.[84] Somit kann bereits an dieser Stelle konstatiert werden, dass die verbindliche Auskunft ein „hohes und wertvolles wirtschaftliches Gut“[85] ist und eine „optimale Kombination aus Dispositionsfreiheit und Dispositionssicherheit“[86] darstellt.

IV. Die bisherige Behandlung der Thematik in Rechtsprechung und Literatur

Die verbindliche Auskunft wurde bislang in der Literatur nahezu ausschließlich als Ausprägung ausgewählter Gebiete des besonderen Verwal-

79 Wie hier auch *Dalichau*, Auskünfte und Zusagen, S. 277.

80 *Birk*, in: FS Pöllath, S. 161 (167).

81 Davon geht *von Bombard*, Auskunft und Zusage im Steuerrecht, S. 246 sicher aus.

82 Dem folgt wohl im Ergebnis auch *Hartz*, StbJb 1955/56, 83 (107 f.), der vehement betont, dass die Verwaltung keine Angst haben solle, verbindliche Auskünfte zu erteilen, sondern sich vielmehr seiner Verantwortung bewusst sein müsse. Siehe hierzu auch *Niemann*, StbJb 1987/88, 391 (397).

83 *Birk*, NJW 2007, 1325; *Hey*, Steuerplanungssicherheit, S. 695.

84 *Rapp*, FR 2017, 520 (521).

85 *Birk*, NJW 2007, 1325 (1328).

86 *Horst*, Verbindliche Auskunft, S. 170.

tungsrechts behandelt. Sedes materiae ist insofern vor allem das Steuerrecht, in welchem die verbindliche Auskunft in § 89 Abs. 2 AO normiert ist. Auch wenn er nicht ausdrücklich so benannt wird, aber in der Sache ist auch der Bauvorbescheid nach § 73 Abs. 1 S. 1 NBauO eine Ausprägung verbindlicher Auskünfte.[87] Vergleichbare Regelungen kennen expressis verbis außerdem das Immissionsschutzrecht (§ 9 BImSchG i.V.m. § 23 der 9. BImSchV) sowie das Atomrecht (§ 7a AtG).[88] Es handelt sich hier um zwei Gebiete des besonderen Verwaltungsrechts, in denen traditionellerweise aufgrund der hohen Komplexität zahlreiche Rechtsunsicherheiten bestehen, die eine Systematisierung und Stufung des Verfahrens erforderlich werden lassen.[89] Zudem ist ein Anspruch auf Erteilung eines Vorbescheids auch im Gewerberecht von der Rechtsprechung anerkannt[90], im Wasserrecht zumindest in der Literatur[91] und im Gentechnikrecht vom Gesetzgeber diskutiert worden.[92] Hinzu kommen die Ansätze von Reichelt im Abfallrecht[93] sowie von Scholz im Vertragsarztrecht.[94] Darüber hinausgehende Vorbescheide im besonderen Verwaltungsrecht werden ebenso als möglich erachtet[95] und sind jedenfalls teilweise im Landesrecht auch expressis

87 Diese hier pauschal behauptete Aussage wird unten in Kapitel 3 anhand einer instruktiven Darstellung des Bauvorbescheids sowie durch einen Vergleich zwischen verbindlicher Auskunft nach § 89 Abs. 2 AO und Bauvorbescheid nach § 73 Abs. 1 S. 1 NBauO in Kapitel 4 dezidiert belegt werden.

88 Zur historischen Entwicklung und der praktischen Bedeutung siehe *Reichelt*, Vorbescheid, S. 12 f., 26 ff. Alle drei „großen" Vorbescheide im besonderen Verwaltungsrecht (Baurecht, Immissionsschutzrecht, Atomrecht) werden auch als Trias ausdrücklich geregelter Vorbescheide bezeichnet, vgl. hierzu nur *Drescher*, Rechtsprobleme des baurechtlichen Vorbescheids, 1993, S. 1.

89 *Henneke*, DÖV 1997, 768 (773). Bei beiden Rechtsinstituten ist die Konturengebung freilich – ebenso wie bei der verbindlichen Auskunft nach § 89 Abs. 2 AO – vor allem Literatur und Rechtsprechung zu verdanken, vgl. *Kutscheidt*, Das gestufte Genehmigungsverfahren – Glanz und Elend eines Rechtsinstituts, in: Festschrift für Horst Sendler, 1991, S. 303.

90 Grundlegend dazu BVerwGE 24, 23 ff. Diese Entscheidung diente dem Gesetzgeber als Vorlage dazu, die Vorbescheidsregelungen im Immissionsschutz- und Atomrecht zu schaffen, vgl. *Selmer/Schulze-Osterloh*, JuS 1981, 393 (394 f.) sowie *Kutscheidt*, in: FS Sendler, S. 303 (304), jeweils m.w.N.

91 *Wernicke*, DVBl 1977, 914 ff.

92 Vgl. die Einzelnachweise bei *Drescher*, Rechtsprobleme des Bauvorbescheids, S. 2.

93 *Reichelt*, Vorbescheid, S. 89 f.

94 *Scholz*, MedR 2015, 572 ff.

95 OVG Lüneburg, NuR 1981, 211 ff.; *Selmer/Schulze-Osterloh*, JuS 1981, 393 (396 f.).

verbis vorgesehen.[96] Alle diese Rechtsinstitute sind mit der verbindlichen Auskunft nach § 89 Abs. 2 AO wesensverwandt, da sie dieselbe Ausgangskonstellation betreffen und demselben Bedürfnis nach Rechts- und Planungssicherheit entstammen.

Die Behandlung im allgemeinen Verwaltungsrecht erfolgte hingegen nur unter ausgewählten Blickwinkeln, die sich – wie sogleich aufzuzeigen ist – von der hiesigen Betrachtung unterscheiden. Damit bedarf das Desiderat der verbindlichen Auskunft weiterer Erforschung. Eine Erforschung, die die verbindliche Auskunft im Steuerrecht nach § 89 Abs. 2 AO als Ausgangspunkt für ein allgemeingültiges Prinzip des allgemeinen Verwaltungsrechts hat, sodass es diese auch in instruktiver und gegenüber den anderen Instituten des besonderen Verwaltungsrechts umfangreicherer Weise darzustellen gilt.

Die verbindliche Auskunft im Steuerrecht ist zwar bereits ausschließlicher Untersuchungsgegenstand der Monographie von Horst[97] gewesen, welcher diese auch sehr facettenreich darstellt, allerdings fehlt dieser Arbeit der Blick auf das allgemeine Verwaltungsrecht. Seine Ausführungen sind vielfach nicht verallgemeinerungsfähig, sondern exklusiv auf das Steuerrecht zugeschnitten. Selbiges trifft auch auf die Arbeit von G. Mayer[98] zu, die die verbindliche Zusage nach § 204 AO und die – seinerzeit noch nicht gesetzlich normierte – verbindliche Auskunft nach § 89 Abs. 2 AO vergleicht und die gemeinsamen Schnittmengen aufzeigt. Die in beiden Arbeiten formulierten Hypothesen bilden zwar den Ausgangspunkt der Untersuchung auch für diese Arbeit, jedoch wird sich der Fokus nach einer zwar umfangreichen, aber nicht vollumfassenden Betrachtung des Steuerverfahrensrechts von diesem wieder entfernen und hin zum allgemeinen Verwaltungsrecht wenden, in dem gesetzlich normierte verbindliche Auskünfte bislang lediglich in Gestalt der Zusicherung nach § 38 VwVfG vorhanden sind.

Ferner sind aus jüngerer Zeit die Arbeiten von Heimpel[99] und Kolbeck[100] zu nennen. Diese befassen sich jedoch ausschließlich mit Fragen des Bauvorbescheids. Während der Arbeit von Kolbeck ein eher allgemei-

---

96 Siehe hierzu die Einzelnachweise bei *Dietlein/Thiel*, DV 38 (2005), 211 f. sowie speziell zu einem Beispiel zum Gewerberecht *Kutscheidt*, in: FS Sendler, S. 304 (305).

97 *Horst*, Die verbindliche Auskunft nach § 89 Abgabenordnung, 2010.

98 *G. Mayer*, Die Zusage nach der Abgabenordnung 1977, 1991.

99 *Heimpel*, Der Bauvorbescheid – zur Zukunftsfähigkeit eines Rechtsinstituts, 2012.

100 *Kolbeck*, Bauvoranfrage und Bauvorbescheid, 2010.

nerer Ansatz zugrunde liegt, legt die Arbeit von Heimpel einen besonderen Fokus auf die Zukunftsfähigkeit des Bauvorbescheids, insbesondere mit Blick auf den scheinbar kleiner werdenden Anwendungsbereich durch den voranschreitenden Abbau von baurechtlichen Genehmigungserfordernissen. Daher versucht insbesondere Heimpel auch rechtspolitische Vorschläge für eine Neuausrichtung oder zumindest eine bessere Feinjustierung des Bauvorbescheids zu präsentieren. Beide Arbeiten unterscheiden sich – ähnlich wie die Arbeit von Horst – dadurch von dieser Arbeit, dass sie nur ein einzelnes Institut (hier ein solches des Baurechts) beleuchten, allerdings nicht die übergreifende und vergleichende Perspektive einnehmen. Dementsprechend fehlen auch Ausführungen zu einer Verallgemeinerungsfähigkeit der Grundsätze des Bauvorbescheids.

Soweit ersichtlich verfolgt bislang jedenfalls in monographischer Form einzig die Arbeit von Reichelt einen anderen allgemeineren Ansatz, der der hiesigen Untersuchung sehr nahesteht.[101] So befasst sich dieser damit, den Vorbescheid als Rechtsinstitut für das gestufte Verwaltungsverfahren zu erschließen und sodann verallgemeinerungsfähige Aussagen zu treffen. Sie bewegt sich insofern auf einer Wellenlänge mit dieser Arbeit, als auch die verbindliche Auskunft – wie noch unten in Kapitel 5 B. zu zeigen sein wird – zur Maximierung ihrer Wirkkraft im allgemeinen Verwaltungsrecht als Vorbescheid ergehen muss und damit auch immer der erste Teil eines gestuften Verwaltungsverfahrens ist. Insofern werden die Erkenntnisse von Reichelt auch an vielen Stellen in diese Arbeit Eingang finden, da viele Grundfragen des Vorbescheids durch ihn bereits einer anschaulichen Lösung zugeführt wurden.

Gleichwohl unterscheidet sich der Ansatz dieser Arbeit in mehreren Aspekten von dem in Reichelts Dissertation.

Erstens differiert der Ausgangspunkt der Untersuchung. Während Reichelt diesen vor allem in den seinerzeit bereits vorhandenen Vorbescheiden im Baurecht und im Immissionsschutzrecht sowie der zunehmenden Tendenz zur Verfahrensstufung sieht, geht diese Arbeit primär von der verbindlichen Auskunft nach § 89 Abs. 2 AO aus, welche hier umfassend analysiert wird, in der Arbeit Reichelts hingegen überhaupt keine Erwähnung findet. So war diese zum Zeitpunkt des Erscheinens seiner Arbeit 1989 auch noch nicht gesetzlich kodifiziert, sondern wurde von der Rechtspraxis auf Grundlage von Verwaltungsvorschriften anerkannt. Erst mit der Einführung der verbindlichen Auskunft in § 89 Abs. 2 AO hat der Gesetzgeber zu dieser erstmals eine eigene umfassende Stellungnahme abgege-

101 *Reichelt*, Der Vorbescheid im Verwaltungsverfahren, 1989.

ben, welche den Beginn der heute intensiven wissenschaftlichen und praktischen Diskussion darstellt. Insofern ergeben sich mittlerweile im Vergleich zu der Zeit, in der Reichelts Arbeit erschienen ist, völlig neuartige Rechtsprobleme, die einer ausführlichen Behandlung bedürfen.

Zweitens geht es bei der vorliegenden Bearbeitung nicht darum, alleine den Vorbescheid umfassend dogmatisch zu untersuchen, sondern vielmehr um verbindliche Auskunftsansprüche des Bürgers gegenüber der Verwaltung. Diese stellen – wie noch zu zeigen sein wird – nicht immer Vorbescheide dar, sondern können auch die Rechtsnatur der Zusicherung nach § 38 VwVfG annehmen, sodass sich dann auch andere Rechtsprobleme ergeben, die jedoch nicht Gegenstand der Arbeit von Reichelt sind. Somit liegt der Fokus dieser Arbeit auch darauf, zu ergründen, welche Rechtsnatur für eine verbindliche Auskunft im allgemeinen Verwaltungsrecht am effektivsten und sinnvollsten wäre, sodass ihr im Hinblick auf die Rechtsnatur der deutlich breitere Ansatz zugrunde liegt, mithin also anders als bei Reichelt nicht bloß eine Abgrenzung des Vorbescheids zur Zusicherung erfolgt, sondern auch eine umfassende Betrachtung der Zusicherung selbst. Dies geschieht hier dadurch, dass die verbindliche Auskunft nach § 89 Abs. 2 AO, die – wie noch unten in Kapitel 2 B. zu zeigen sein wird – an die Zusicherung i.S.d. § 38 VwVfG angelehnt ist, umfassend und in allen ihren besonderen (rechtsnaturspezifischen) Facetten dargestellt wird.

Drittens versucht die Arbeit von Reichelt vor allem mithilfe der Methode der Verallgemeinerung ausgehend vom Sinn und Zweck gestufter Verwaltungsverfahren Erkenntnisse zu gewinnen. Der Ansatz dieser Arbeit ist zwar auch einer Verallgemeinerung zugewandt und zielt sogar darauf ab, jedoch ist sie stärker darauf bedacht, die bereits vorhandenen Institute im geschriebenen Fachrecht konkret zu betrachten und aus der vergleichenden Darstellung einen Erkenntnisgewinn zu Verallgemeinerungszwecken zu ziehen.

So werden in dieser Arbeit in drei separaten Kapiteln zunächst die verbindliche Auskunft nach § 89 Abs. 2 AO und der Bauvorbescheid nach § 73 Abs. 1 S. 1 NBauO umfassend dargestellt, sodann miteinander verglichen und dezidiert die Gemeinsamkeiten und Unterschiede hervorgehoben. Reichelt vergleicht zwar auch die bestehehenden Institute im Baurecht und im Immissionsschutzrecht, jedoch widmet er der Darstellung der bereits kodifizierten Institute sowie dem Vergleich zwischen diesen lediglich ein Kapitel, wobei seine Untersuchung in dieser Hinsicht auch deutlich kürzer ausfällt als in dieser Arbeit.

Viertens untersucht Reichelt den Vorbescheid auch lediglich für den bislang ungeregelten Bereich im allgemeinen Verwaltungsrecht, mithin also außerhalb gesetzlicher Normierung. Dies wird diese Arbeit auch zunächst tun, jedoch liegt der Fokus sodann deutlich stärker auf den rechtspolitischen Erwägungen hin zur Schaffung einer gesetzlichen Grundlage. Hierbei gilt es, umfassend darzustellen, welche Tatbestandsmerkmale eine geschriebene Rechtsgrundlage der verbindlichen Auskunft normieren sollte und wie die Ausgestaltung der Rechtsfolgenseite sowie der Gebührenpflicht aussehen könnte. Insofern mündet die Darstellung in dieser Arbeit auch in die Präsentation eines Gesetzesentwurfs für das Verwaltungsverfahrensgesetz (VwVfG) des Bundes. Hierzu stellt Reichelt keinerlei Erwägungen an, sodass seine Darstellung weniger auf eine Fortentwicklung des VwVfG ausgerichtet ist, sondern vielmehr versucht, die bestehenden Regelungen entsprechend auf einen Vorbescheid im allgemeinen Verwaltungsrecht anzuwenden.

V. Einengung und Fokussierung des Untersuchungsgegenstands

Wie die Betrachtung der schon vorhandenen Literatur zeigt, sind zahlreiche grundlegende Fragen der verbindlichen Auskunft bislang weitestgehend ungeklärt, nur angerissen oder jedenfalls nicht vollauf befriedigend gelöst worden.

Existiert ein verfassungsunmittelbarer Anspruch auf Erteilung einer verbindlichen Auskunft? Bedarf sie im Falle der Negierung der ersten Frage einer geschriebenen Ermächtigungsgrundlage oder unterliegt sie nicht dem Vorbehalt des Gesetzes? Gebietet das Rechtsstaatsprinzip, dass eine verbindliche Auskunft gebührenfrei ist? Wenn ja, ist dies rechtsgebietsübergreifend der Fall oder existieren lediglich vereinzelte Spezialmaterien, in denen verbindliche Auskünfte nicht gebührenpflichtig sein dürfen? Hat der Bürger vor dem Hintergrund von Art. 19 Abs. 4 GG einen Anspruch auf volle gerichtliche Überprüfbarkeit der verbindlichen Auskunft? Dies ist nur eine Auswahl von zentralen Fragestellungen.

Ziel der vorliegenden Untersuchung ist damit, die verbindliche Auskunft aus ihren spezialgesetzlichen Verankerungen herauszulösen, sie als allgemeines verwaltungsverfahrensrechtliches Institut zu präsentieren und ihr damit weitere Anwendungsbereiche außerhalb der bisherigen spezialgesetzlichen Anerkennung zu erschließen. Damit soll zugleich ein Beitrag dazu erbracht werden, Tendenzen einer hermetischen Abriegelung der spezialgesetzlichen Regelungen entgegenzuwirken, sondern diese vielmehr hinsichtlich ihrer verallgemeinerungsfähigen Grundannahmen darzustellen.

C. Abgrenzungen

Um zum Kern der verbindlichen Auskunft als eigenständiges Rechtsinstitut zu gelangen, ist zunächst eine Abgrenzung zu vergleichbaren Rechtsinstituten vorzunehmen.[102] Die vergleichbaren Institute wurden indes allesamt bereits umfassend sowohl in der Rechtsprechung als auch in der Literatur erörtert, sodass nur kursorisch die Grundlagen darzustellen sind, sodann jedoch der Fokus allein auf den verbindenden und trennenden Merkmalen zur verbindlichen Auskunft liegt. Zudem existiert inzwischen eine derartige Fülle und Variation an Auskunftsansprüchen, dass nicht alle in ihrer gesamten Breite dargestellt werden können.[103] Vielmehr erfolgte eine Vorselektion der wesentlichen Auskunftsansprüche, zumal auch die Lehre von den Rechts- und Handlungsformen der Verwaltung nie eine fertige, sondern immer eine zu reformierende Lehre ist[104], sodass eine alles umfas-

---

102 Nicht Teil der nachfolgenden Ausführungen wird die Frage sein, was eine Auskunft ist und wie man sie rein vom juristischen Sprachgebrauch etwa von der Zusage, der Information oder der Tatsache abgrenzt bzw. verbindet. Hierzu herrscht auch nach wie vor Uneinigkeit, wie den Ausführungen von *Dalichau*, Auskünfte und Zusagen, S. 73 ff., 107 ff. und *von Bomhard*, Auskunft und Zusage im Steuerrecht, S. 75 ff. zu entnehmen ist.

103 Dies betrifft u.a. die Lohnsteueranrufungsauskunft sowie die Zolltarifauskunft. Beide Institute zeitigen im Steuerverfahrensrecht eine große Bedeutung, sind allerdings aufgrund ihrer Normierung im Fachrecht exklusiv auf ebendieses zugeschnitten, sodass sie für das allgemeine Verwaltungsrecht keine Bedeutung haben. Zudem sind sie auch mit der – noch darzustellenden – verbindlichen Auskunft im Steuerrecht nach § 89 Abs. 2 AO nicht vergleichbar. So bezieht sich die Zolltarifauskunft lediglich auf die potenzielle Zahlung von Zöllen und die Lohnsteueranrufungsauskunft hat nur die Folge, dass der Arbeitgeber von der Haftung frei wird, vgl. hierzu auch *Koch/Kohlrust*, DB 1962, 649 ff. Daneben sei an dieser Stelle auch noch zu Komplettierungszwecken auf die Vorabverständigung zu internationalen Verrechnungspreisen nach § 178a AO (sog. APA), auf das Statusfeststellungsverfahren zur sozialversicherungsrechtlichen Arbeitnehmerstellung nach § 7a SGB IV sowie die verbindlichen Auskünfte für Steuerberater nach § 38a StBerG und für Wirtschaftsprüfer nach § 6 WPO hingewiesen. Dieser Befund zeigt, dass der Gesetzgeber durchaus Auskünfte und Verständigungen in mehreren Facetten betrachtet und normiert hat, eine „Auskunftskultur" in Deutschland aber noch nicht entstanden ist, was sich wohl vor allem darauf zurückführen lässt, dass den Verwaltungsbehörden keine Rechts- und Steuerberatungsfunktion zukommt, vgl. *Jochum*, in: FS Fiedler, S. 793.

104 *Kunig*, DVBl 1992, 1193 m.w.N. *Seer*, Verständigungen, S. 49 spricht insoweit auch davon, dass es keinen numerus clausus der Handlungsformen im Verwaltungsrecht gibt.

sende Darstellung generell nicht möglich ist.[105] Zudem wird nur eine Abgrenzung zu vergleichbaren hoheitlichen Instituten vorgenommen, nicht jedoch zu solchen, die keinen hoheitlichen Charakter haben.[106] Vorwegzuschicken ist ferner, dass die Grenzen der einzelnen Institute fließend sind, sodass im Einzelfall keine völlig trennscharfe Unterscheidung möglich ist.[107] Dies ist u.a. dem Umstand geschuldet, dass die einzelnen Begriffe auch in der Praxis häufig verwechselt werden[108], da sie keine „scharf umgrenzten Fachausdrücke der verwaltungsrechtlichen Nomenklatur“[109] darstellen, sondern teilweise bloße Schlagwörter sind oder lediglich heuristische Bedeutung haben.[110] Damit fehlt es auch bisweilen an einer eindeutigen und sicher handhabbaren Terminologie.[111] Hinzu kommt, dass sie in vielen Abhandlungen je nach Belieben des Autors Verwendung finden. Insofern ist eine Systematisierung und Strukturierung erforderlich, wozu die nachfolgende Darstellung einen Beitrag leisten möchte.

I. Die öffentliche Einsicht in Dokumente und Akten zur Erlangung vorhandener Informationen (sog. Tatsachenauskunft)

An erster Stelle ist eine Abgrenzung zur öffentlichen Einsicht in Dokumente und Akten vorzunehmen, die sich nach den Informationsfreiheits-

---

105 So auch *von Bomhard*, Auskunft und Zusage im Steuerrecht, S. 238: „ein Ding der Unmöglichkeit“.

106 Angesprochen ist damit vor allem die privatrechtliche Rechts- und Steuerberatung, die häufig interessante Parallelen zur Rechtsberatung der Verwaltung aufweist. Hierzu sei auf die Darstellung von *Horst*, Verbindliche Auskunft, S. 22 verwiesen.

107 *Kamphausen*, Rechtsprobleme, S. 14 f.; *Merten*, VSSR 1 (1973), 66 (67); So im Ergebnis wohl auch *Dalichau*, Auskünfte und Zusagen, S. 107 f. Zu den einzelnen Vorrangregelungen bei einer Kollision der verschiedenen bestehenden Auskunftsinstitute siehe dennoch statt vieler nur *Horst*, Verbindliche Auskunft, S. 89 ff.

108 *Dalichau*, Auskünfte und Zusagen, S. 132 f.; *Burmeister*, VVDStRL 52 (1993), 190 (203) sowie *Osterloh*, JuS 1991, 160 (161). Erstere kritisiert mit Recht, dass durch die häufige Begriffsverwechslung manche Rechtsprobleme auch hausgemacht sind und durch eine präzise Terminologie erst gar nicht entstehen oder sich schnell lösen lassen würden.

109 So die treffende Formulierung von *Obermayer*, NJW 1962, 1465. Siehe hierzu auch *Tipke*, StuW 1962, 699 (702); *Koch/Kohlrust*, BB 1962, 649 (650).

110 *Seer*, StuW 1995, 213 (214).

111 *Jakobs*, Jura 1985, 234.

gesetzen von Bund und Ländern sowie weiteren Spezialgesetzen richtet.[112] Obgleich es sich dabei auch um eine besondere Art der Auskunft handelt[113], bezieht sie sich als formelle Auskunft nur auf Tatsachen und kann schon rein vom Begriffsverständnis einer verbindlichen Auskunft nicht von dieser umfasst sein.[114] Vielmehr ist sie als materielle Auskunft eine Rechtsauskunft, bei der die angefragte Behörde nicht bloß Einsicht in laufende Vorgänge zu erteilen hat, sondern vielmehr ihre eigene Rechtsauffassung äußert, mithin eine rechtliche Stellungnahme in einem konkreten Fall abgeben muss.[115] Damit muss sie nicht nur eine vorgehaltene Information bereitstellen, sondern sie vielmehr gesondert aufbereiten.[116] Der Gehalt der verbindlichen Auskunft geht damit weit über die Tatsachenauskunft hinaus.[117] Die verbindliche Auskunft orientiert sich des Weiteren anders als die Tatsachenauskunft nicht an den Kategorien „richtig" und

---

112 Generell zu den Informationsfreiheitsgesetzen *Troidl*, Akteneinsicht im Verwaltungsverfahren, 2013 sowie *Wehner*, Informationszugangsfreiheit zu staatlichen Quellen, 2012. Speziell zu Informationsansprüchen gegenüber dem Staat zuzurechnenden Unternehmen *Dörr*, Informationsansprüche gegenüber dem Staat zuzurechnenden Unternehmen, 2015.

113 A.A. *Dalichau*, Auskünfte und Zusagen, S. 74 f., die davon ausgeht, dass die Akteneinsicht keine Auskunft im eigentlich Sinne sei, da es an einer Äußerung der Behörde fehle, sodass sich der Einsichtnehmende selbst informiere. Im Sinne von Dalichau auch bereits *von Bombard*, Auskunft und Zusage im Steuerrecht, S. 86 m.w.N.

114 *Zeidler*, Gutachten, S. 49. Letztlich scheitert es bereits auf Wortlautebene an dem Wort „verbindlich". Eine Tatsache ist stets verbindlich, da sie einen sinnlich wahrnehmbaren oder feststellbaren Zustand oder Vorgang beinhaltet, der dem Beweis zugänglich ist (vgl. *Creifelds/K. Weber*, Rechtswörterbuch, 22. Aufl. 2017). Eine Rechtsauskunft kann hingegen sowohl unverbindlich als auch verbindlich sein, sodass es insofern zur korrekten Einordnung des zusätzlichen Wortes „verbindlich" bedarf. Zur Abgrenzung von *Tatsachen*auskunften, *Tatbestands*auskünften und Rechtsauskünften siehe auch *Ders.*, Gutachten, S. 15 f. sowie *Müller-Waack*, Auskunftspflicht, S. 7 ff., jeweils m.w.N.

115 Damit ist zugleich gesagt, dass sich eine Auskunft sowohl auf Tatsachen als auch die materielle Rechtslage beziehen kann. Anders ist dies hingegen bei den wesensverwandten und noch darzustellenden Zusagen, bei denen eine Aufspaltung in Tatsachen- und Rechtszusagen nicht möglich ist, sondern nur über die rechtliche Behandlung eines feststehenden Sachverhalts eine Zusage erteilt werden kann, vgl. *von Bombard*, Auskunft und Zusage im Steuerrecht, S. 93.

116 *Dalichau*, Auskünfte und Zusagen, S. 73.

117 Der weitgehende Gehalt einer Rechtsauskunft ist auch der Grund dafür, weshalb sie in der Rechtspraxis Anlass für unzählige Rechtsstreitigkeiten ist, vgl. *Dalichau*, Auskünfte und Zusagen, S. 91.

„falsch“, sondern „rechtmäßig“ und „rechtswidrig“, denn ihr Inhalt wird am Gesetz gemessen.[118]

Gleichwohl soll zum besseren Verständnis ein Blick auf die Auskunftsansprüche nach dem Informationsfreiheitsgesetz (IFG) des Bundes sowie nach dem Umweltinformationsgesetz (UIG) geworfen werden. Das daneben kodifizierte Informationsweiterverwendungsgesetz (IWG)[119] sowie das Verbraucherinformationsgesetz (VIG)[120] sowie alle weiteren Gesetze zur Erteilung von Tatsachenauskünften bleiben hingegen außer Betracht, da sie für die Abgrenzung nicht zielführend sind und zu sehr ins Detail des Rechts der Informationsfreiheit gehen.

1. Informationsfreiheitsgesetze von Bund und Ländern

Mit Einführung des Informationsfreiheitsgesetzes des Bundes im Jahre 2005[121] hat die Informationsfreiheit in Gestalt der Informations*zugangs*freiheit erstmalig eine gesetzliche Kodifikation erfahren, sodass ein Paradigmenwechsel im deutschen Recht von der alten Arkantradition[122] hin zu Transparenz und Öffentlichkeit eingeleitet wurde.[123] Gab es zuvor nur be-

---

118 *Von Bombard*, Auskunft und Zusage im Steuerrecht, S. 90 m.w.N. A.A. *Tipke*, StuW 1962, 699 (711), der Auskünfte unabhängig davon, ob sie sich auf Tatsachen oder Rechtsfragen beziehen nach den Kategorien „richtig“ oder „falsch“ bewertet. Dem liegt allerdings noch die Annahme zugrunde, dass Auskünfte stets unverbindlich sind.

119 Informationsweiterverwendungsgesetz (IWG) vom 13.12.2006 (BGBl. I S. 2913); zuletzt geändert durch Artikel 1 des Gesetzes vom 8.7.2015 (BGBl. I S. 1162). Zu weiteren Einzelheiten siehe etwa *Dix*, DuD 2006, 678 ff., *Altmeppen/Kahlen*, MMR 2006, 499 ff. sowie *Schoch*, NVwZ 2006, 872 ff.

120 Gesetz zur Verbesserung der gesundheitsbezogenen Verbraucherinformation (Verbraucherinformationsgesetz – VIG) vom 5.11.2007 (BGBl. I S. 2558), zuletzt geändert durch Gesetz vom 7.8.2013 (BGBl. I S. 3154). Vertiefende Beiträge existieren hierzu beispielsweise von *Wustmann*, BayVBl 2015, 181 ff., *Leisner*, GewArch 2014, 57 ff. und *Metz*, VuR 2013, 41 ff.

121 Gesetz zur Regelung des Zugangs zu Informationen des Bundes (Informationsfreiheitsgesetz – IFG) vom 5.9.2005 (BGBl. I S. 2722); zuletzt geändert durch Gesetz vom 7.8.2013 (BGBl. I S. 3154).

122 Nukleus der Arkantradition ist vor allem, dass Informationen nur einem ausgewählten Personenkreis zugänglich gemacht werden, sodass diese bezogen auf das Verwaltungsverfahren vom Grundsatz der Nichtöffentlichkeit ausgeht. Siehe instruktiv zu dieser statt vieler *Haueisen*, NJW 1967, 2291 (2292) m.w.N.

123 *Hong*, NVwZ 2016, 953 ff.; *Troidl*, Akteneinsicht, S. 2. Einen Blick auch auf die kritischen Töne aus der Verwaltung zum IFG wirft *Wehner*, Informationszu-

reichsspezifische Ausnahmevorschriften[124], so wurde mit dem IFG ein Gesetz zur umfassenden Informationsfreiheit geschaffen. Zugleich avancierte die Informationsfreiheit damit zu einem selbstständigen Teilgebiet des Verwaltungsrechts. Dieses Teilgebiet hat auch durch die Einführung der Informationsfreiheit in zwölf Bundesländern[125] eine weitere Extension erfahren.[126] Die gemeinsamen Ziele waren einerseits die Schaffung einer publikumsoffenen, transparenten Verwaltung[127] und andererseits hierzu korrespondierend auch die Ermöglichung des aktiven Grundrechtsgebrauchs.[128] Damit einher geht die Stärkung demokratischer Beteiligungsrechte, denn der freie Zugang zu Informationen ist die Grundlage für demokratische Publizität.[129] Bevor allerdings näher auf die Spezifika des IFG des Bundes eingegangen werden kann, ist dieses zunächst vom Akteneinsichtsrecht nach § 29 Abs. 1 VwVfG abzugrenzen, wobei § 29 Abs. 1 VwVfG die „Grundnorm des Verwaltungsrechts"[130] bzgl. der Akteneinsicht darstellt. Diese ist zwar auch eine Art des Akteneinsichtsrechts und daher in der Sache identisch mit dem Akteneinsichtsrecht, welches das IFG gewährt, jedoch knüpfen die Vorschriften des VwVfG explizit an das Innehaben der formellen Beteiligtenstellung i.S.d. § 13 VwVfG an und erfordern zudem,

---

gangsfreiheit, S. 23. Die Historie der Arkantradition sowie die Geheimhaltungsvorstellung in ihrem geschichtlichen Kontext bereitet *Wegener*, Der geheime Staat, 2006 auf.

124 Die bereichsspezifischen Ausnahmevorschriften werden in der Monographie von Wehner nacheinander anschaulich dargestellt. Anhand seiner Ausführungen wird auch deutlich, weshalb vor dem IFG allenfalls von sektoralen, d.h. bereichsspezifischen Auskunftsansprüchen gesprochen werden konnte. Dies stellt er auch selbst in seinem Fazit fest, vgl. S. 151 a. a. O.

125 Ein eigenes Informationsfreiheitsgesetz haben die Bundesländer Baden-Württemberg, Berlin, Brandenburg, Bremen, Hamburg, Hessen, Mecklenburg-Vorpommern, Nordrhein-Westfalen, Rheinland-Pfalz, Saarland, Thüringen, Sachsen-Anhalt und Schleswig-Holstein. Bislang vom Erlass eines solchen Gesetzes abgesehen haben lediglich Bayern, Niedersachsen und Sachsen, obschon teilweise auch dort bereits an einer Einführung gearbeitet wird.

126 Von einer eingehenden Darstellung der LIFG wird hier aus Gründen der Stoffbegrenzung abgesehen, vielmehr beziehen sich sämtliche der nachstehenden Ausführungen ausschließlich auf das IFG des Bundes.

127 *Rossi*, DVBl 2010, 554 ff.

128 BT-Drs. 15/4493, 6.

129 *Wehner*, Informationszugangsfreiheit, S. 28.

130 *Ritgen*, in: Knack/Henneke, VwVfG, 10. Aufl. 2014, § 29 Rn. 6; *Gusy*, in: HStR II, 2004, § 23 Rn. 44. Das Pendant im Sozialrecht findet sich in § 25 SGB X. Ein weiterer Tatsachenauskunftsanspruch in Bezug auf personenbezogene Daten findet sich in dem datenschutzrechtlichen Tatsachenauskunftsanspruch in § 19 Abs. 1 BDSG. Vertiefend zu diesem siehe nur *Knemeyer*, JZ 1992, 348 ff.

dass die Kenntnis des Akteninhalts zur Geltendmachung oder Verteidigung rechtlicher, nicht bloß berechtigter Interessen erforderlich ist.[131] Demnach ist § 29 Abs. 1 VwVfG kein voraussetzungsloser Anspruch auf Information.[132] § 29 Abs. 1 VwVfG sowie die anderen gesetzlichen Regelungen im VwVfG folgen vielmehr noch der bereits eben erwähnten alten Arkantradition, nach der die Nicht-Öffentlichkeit der Grundsatz und die Öffentlichkeit die Ausnahme war[133], obschon sie zumindest dem Prinzip der beschränkten Aktenöffentlichkeit folgen.[134] Gleichwohl ergänzen sich beide Ansprüche, da Informationsansprüche häufig einen *weiteren* Blick auf viele Akten und Akteneinsichtsrechte nach VwVfG einen *tieferen* Blick in ausgewählte Akten ermöglichen.[135]

Das IFG selbst gewährt *Jedermann* einen Anspruch auf Informationszugang, soweit der Anwendungsbereich des IFG eröffnet ist, der Antrag an die richtige Stelle übermittelt wurde und auf einen geeigneten Informationsanspruch gerichtet ist. Die Geltendmachung eines berechtigen Interesses ist hingegen nicht erforderlich.[136] Der Anwendungsbereich des IFG ist immer dann eröffnet, wenn kein spezielleres Gesetz für die Erlangung der Information einschlägig ist. Dies können neben den oben benannten besonderen Informationsfreiheitsgesetzen auch prozessuale Bestimmungen aus der ZPO oder StPO sein. "Konkurrenzfragen [sind] in jedem konkreten Einzelfall durch eine systematische, an Sinn und Zweck des Gesetzes orientierter Auslegung der jeweiligen Informationszugangsrechte zu klären“[137]. Ist demnach der Anwendungsbereich des IFG eröffnet, so kann der Antrag nur an eine originäre Verwaltungsbehörde des Bundes[138] oder an solche Organe, Einrichtungen und Private gerichtet werden, die Verwal-

---

131 *Wegener*, Staat, S. 9.

132 Zur Unterscheidung von § 29 Abs. 1 VwVfG und dem IFG eingehend *Wegener*, Staat, S. 8 ff. Siehe außerdem statt vieler *Masing*, VVDStRL 63 (2004), 388 (382). Zu seinen praktischen Problemen *Bohl*, NVwZ 2005, 133 ff.

133 Aus diesem Grund geht *Scherer*, Verwaltung und Öffentlichkeit, 1978, S. 21 davon aus, dass § 29 VwVfG das Geheimhaltungsprinzip fortschreibt und damit in keiner Weise beseitigt.

134 *Thiele*, DÖD 1978, 65 (66) m.w.N.

135 *Rossi*, DVBl 2010, 554 ff.

136 Gleichwohl versuchen die Gerichte für Ausnahmefälle doch – gesetzeswidrig – ein berechtigtes Interesse einzufordern, vgl. pars pro toto VGH München, DVBl 2009, 323 (324).

137 OVG Münster, ZIP 2008, 1542 m.w.N. auf die einschlägige Rechtsprechung der anderen Obergerichte.

138 Für entsprechende Auskunftsersuchen an Landesbehörden oder Kommunen sind insofern die IFG der Länder heranzuziehen, jedenfalls soweit sie im betref-

tungstätigkeit ausüben.[139] Es wird damit ein funktionaler Ansatz zugrunde gelegt. Hinsichtlich des Anspruchsgegenstands muss es sich wiederum um amtliche Informationen handeln. Dieser Begriff wird von der Rechtsprechung restriktiv ausgelegt, sodass etwa der Terminkalender des Regierenden Bürgermeisters von Berlin nicht als Akte anzusehen und damit nicht herauszugeben sei.[140] Diese Rechtsprechung dürfte auch für das IFG des Bundes entsprechend gelten, sodass an dieser Stelle bereits die erste Stellschraube zum Vorenthalten von Informationen gesetzt werden kann. Die zweite Stellschraube ist die Tatsache, dass es sich nur um einen Informations*zugangs*- nicht jedoch um einen Informations*beschaffungs*anspruch handelt.[141] Der Anspruch kann sich daher nur auf die Form der Information beziehen, die der Behörde tatsächlich vorliegt. Insofern besteht nicht die Möglichkeit, sich die Informationen vorher nach einem gewünschten Muster umfassend und anschaulich aufbereiten zu lassen.[142]

Hier wird auch der Unterschied zur verbindlichen Auskunft besonders deutlich. Während bei Ansprüchen nach dem IFG umgangssprachlich nur eine Papierakte auf den Tisch gelegt wird oder per E-Mail ein Downloadlink für eine bestimmte elektronisch verfügbare Akte verschickt wird, ist Gegenstand der verbindlichen Auskunft gerade die umfassende Prüfung eines Antrags in rechtlicher Hinsicht, an dessen Ende – wie noch zu zeigen sein wird – ein feststellender VA mit einer umfangreichen Begründung der eigenen Rechtauffassung steht. Damit hat die betreffende Behörde jedenfalls beim ersten Mal einen erheblich höheren Arbeitsaufwand, soweit sie sich zu dem betreffenden Einzelfall vorher noch nicht geäußert hat. Sie muss dem Bürger die Lösung der Rechtsfrage umfassend und hinreichend verständlich aufarbeiten. Die Akteneinsicht nach IFG ist dagegen ein weitestgehend standardisiertes Verfahren, welches stets nach einem bestimmten Schema abläuft und sich der Verwaltungsaufwand nur nach dem Um-

---

fenden Bundesland erlassen wurden. Ist dies wie in Bayern, Niedersachsen und Sachsen (noch) nicht geschehen, so kann aber nicht auf das IFG des Bundes zurückgegriffen werden, denn eine entsprechende Auskunftserteilung ist gegenüber Landesbehörden und Kommunen nicht möglich.

139 *Rossi*, IFG, 1. Aufl. 2006, § 1 Rn. 35 ff. sowie *Schoch*, IFG, 2. Aufl. 2016, § 1 Rn. 72 ff.

140 So OVG Berlin-Brandenburg, Urt. v. 14.12.2006, OVG 7 B 9.05, JURIS, Rn. 16 zum Berliner Informationsfreiheitsgesetz. Näher zum Begriff der amtlichen Information auch *Schoch*, IFG, § 1 Rn. 37 ff.

141 *Debus*, in: BeckOK Informations- und Medienrecht, § 1 IFG Rn. 156.

142 Gleichwohl ist die Behörde zu einer Wiederbeschaffung einer Akte verpflichtet, wenn sie sich erst nach Antragstellung aus ihrem Herrschaftsbereich entfernt, vgl. *Debus*, in: BeckOK Informations- und Medienrecht, § 2 IFG Rn. 24 ff.

fang des Auskunftsantrags bestimmt, nicht hingegen nach der Komplexität bestimmter Rechtsfragen.

Kann nach alledem eine Information grundsätzlich von einer Behörde in der vorhandenen Form bereitgestellt werden, steht die Entscheidung, ob die Information bereitgestellt wird, einerseits im Ermessen der Behörde (§ 1 Abs. 2 S. 2 IFG) und andererseits ist noch eine Ausnahme nach § 3 IFG möglich. Dies betrifft unter anderem den Schutz internationaler Beziehungen (Nr. 1a), Kontroll- und Aufsichtsaufgaben der Finanzaufsicht (Nr. 1d) sowie besondere Geheimhaltungspflichten (Nr. 4). Den normierten Ausnahmen gemein ist, dass in allen Variationen das öffentliche Interesse an der Geheimhaltung (vermeintlich) das private Auskunftsinteresse überwiegt.

Diese Ausnahmen sind nach h.M. eng auszulegen, sodass ein Gebot der zugangsfreundlichen Auslegung der Ausnahmen und ein Verbot der Ausweitung der Ausnahmen durch Analogie oder durch ungeschriebenes Recht besteht.[143] Folglich haben sich Gesetzgebung und Rechtsprechung beim IFG für eine bürgerfreundliche Regelung entschieden, die die Verwaltung als Dienstleister des Bürgers in den Mittelpunkt rückt.[144] Das IFG verdeutlicht daher den Trend hin zu mehr Bürgerfreundlichkeit der Verwaltung.

Zuletzt – und dies ist besonders interessant – sei noch darauf hingewiesen, dass die Kodifikation von Tatsachenauskunftsansprüchen auf Grundlage des IFG bislang zu keiner Arbeitsüberlastung der Verwaltung geführt hat. So wurden im ersten Jahr der Geltung des IFG 2.278 Anträge gestellt, von denen lediglich 410 Anträge vollständig und 186 Anträge teilweise abgelehnt wurden.[145] Damit kann in diesem Bereich von einer Arbeitsüberlastung der Verwaltung keine Rede sein, wodurch auch bereits im Hinblick auf die verbindliche Auskunft im allgemeinen Verwaltungsrecht mögliche Bedenken dahingehend, dass diese zu einer Übeforderung der Verwaltung führt, etwas abgemildert werden können. Jedenfalls führen zusätzliche Auskunftsansprüche offenbar nicht dazu, dass diese vom Bürger inflationär in Anspruch genommen wird, sondern vielmehr maßvoll und zielgerichtet.

---

143 Statt vieler siehe nur *Schoch*, IFG, Vorb. §§ 3-6, Rn. 16 ff. und 65 ff. m.w.N.

144 Hong bezeichnet das IFG daher zu Recht zu seinem 10-jährigen Geburtstag als „wegweisende Kodifikation“, vgl. *Hong*, NVwZ 2016, 953 (959).

145 Vgl. die Antwort der Bundesregierung auf eine kleine Anfrage mehrerer einzelner Abgeordneter sowie der Fraktion BÜNDNIS 90/DIE GRÜNEN, BT-Drs. 16/4042, S. 2.

2. Umweltinformationsgesetze von Bund und Ländern

Bereits vor Einführung der Informationsfreiheitsgesetze von Bund und Ländern regelte der Gesetzgeber durch das Umweltinformationsgesetz[146] erstmals spezialgesetzlich einen Anspruch auf Tatsachenauskunft. Dem schlossen sich in der Folgezeit alle sechzehn Bundesländer an und erließen eigene Landesumweltinformationsgesetze. Bei den Umweltinformationsgesetzen handelt es sich jedoch – anders als bei den Informationsfreiheitsgesetzen – nicht um eine autark getroffene Entscheidung des deutschen Gesetzgebers, sondern um eine Umsetzung der Umweltinformationsrichtlinie[147] bzw. der Aarhus-Konvention.[148] Daher waren auch die Bundesländer zu einer Regelung verpflichtet, sodass – anders als beim IFG – kein Bundesland von dem Erlass eines Landesumweltinformationsgesetzes absehen konnte.[149] Das UIG selbst ist von seiner Funktionsweise her mit dem IFG nahezu identisch, sodass insoweit auf die obigen Ausführungen verwiesen werden kann. Die Besonderheit besteht allerdings darin, dass es den Zugang zu Umweltinformationen abschließend regelt, weswegen – anders als beim IFG – ein Rückgriff selbst auf § 29 VwVfG nicht möglich ist.[150]

---

146 Umweltinformationsgesetz (UIG) vom 8.7.1994 (BGBl. I S. 1490); in Umsetzung der RL 2003/4/EG ersetzt durch das Umweltinformationsgesetz vom 22.12.2004 (BGBl. I S. 3704) und neugefasst durch Bekanntmachung vom 27.10.2014 (BGBl. I S. 1643); zuletzt geändert durch Gesetz vom 20.7.2017 (BGBl. I S. 2808).

147 RL 90/313/EWG des Rates vom 7.6.1990, ersetzt durch die RL 2003/4/EG des Europäischen Parlaments und des Rates vom 28.1.2003.

148 Die Aarhus-Konvention über den Zugang zu Informationen, der Öffentlichkeitsbeteiligung an Entscheidungsverfahren und den Zugang zu Gerichten in Umweltangelegenheiten vom 25.6.1998 wurde von der Bundesrepublik Deutschland am 21.12.1998 im dänischen Aarhus unterzeichnet und mit Gesetz vom 9.12.2006 (BGBl. II S. 1251) ratifiziert.

149 Sieben Bundesländer (Bayern, Hessen, Rheinland-Pfalz, Saarland, Sachsen, Schleswig-Holstein und Thüringen) haben sich für eine Volltext-Version entschieden, während die übrigen Bundesländer mit weitreichenden Verweisen arbeiten. Berlin geht einen Sonderweg und hat den Zugang zu Umweltinformationen in sein IFG implementiert.

150 BVerwG, ZUR 2009, 368 ff.

II. Die Auskunfts- und Beratungspflicht der Verwaltung nach § 25 Abs. 1 VwVfG

§ 25 Abs. 1 VwVfG regelt die Auskunfts- und Beratungspflicht der Verwaltung, die unter die behördliche Betreuungs- und Fürsorgepflicht fällt[151] und Ausfluss des Rechts- und Sozialstaatsprinzips ist.[152] Die Norm konkretisiert und erweitert die bereits vor Inkrafttreten des VwVfG ergangene Amtshaftungsrechtsprechung der ordentlichen Gerichte zu Auskunfts- und Beratungspflichten[153] und bringt in besonderer Weise das kooperative Verhältnis zwischen Verwaltung und Bürger zum Ausdruck. Zudem stellt sie auch eine Reaktion auf die Rechtsprechung zu den Fürsorgepflichten des Staates gegenüber dem von der legislativen Regelungsflut überforderten Bürger dar.[154] So ist die Verwaltung gehalten, dem nicht ausreichend rechtskundigen Bürger Hilfestellungen zu geben[155], denn der Betroffene soll und darf nicht aus Unkenntnis einen Rechtsverlust erleiden.[156] Die Norm gilt anders als IFG und UIG nicht für Tatsachenauskünfte, sondern ausschließlich für Rechtsauskünfte und kommt damit der verbindlichen Auskunft schon deutlicher näher.[157] Eine Auskunftspflicht im Sinne dieser Norm ist die Pflicht, einem Bürger auf dessen Antrag hin eine Rechtsmitteilung zu machen, wobei eine allgemeine Auskunftspflicht außerhalb ei-

---

151 *Laubinger*, in: 25 Jahre Speyer, S. 439 (442) m.w.N. sowie *Kamphausen*, Rechtsprobleme, S. 15. Zu den weiteren von der Rechtsprechung entwickelten Betreuungspflichten siehe *Hattstein*, Verwaltungsrechtliche Betreuungspflichten, S. 43, der eindrucksvoll aufzeigt, dass die Betreuungspflichten im geschrieben Recht nur rudimentär geregelt sind, was allerdings auf den ausdrücklichen Willen des Gesetzgebers zurückzuführen ist, siehe dazu auch die Begründung zu § 21 VwVfG in der Entwurfsfassung 1973, BT-Drs. 7/910, S. 49. Es wurde dabei lange Zeit und sogar teilweise bis in die heutige Zeit hinein der Rechtsprechung überlassen, die Betreuungspflichten der Verwaltung zu entwickeln und zu konkretisieren. Zum selben Ergebnis kam auch schon *Laubinger*, in: 25 Jahre Speyer, S. 439 (458).

152 VGH Mannheim, NVwZ 2006, 1305; VG Wiesbaden, NVwZ 2008, 110; *Kluth*, NVwZ 1990, 608 (611) m.w.N.

153 Zur Amtshaftungsrechtsprechung siehe BGH, NJW 1957, 1873 (1874); NJW 1965, 1226 (1227); DVBl 1971, 319 ff. sowie die Ausführungen bei *Krieger*, Das Recht des Bürgers auf behördliche Auskunft, S. 53 ff.

154 So auch *Borggreve*, AO-StB 2007, 77 (79) m.w.N. für das im Vergleich zu § 25 Abs. 1 VwVfG inhaltsgleiche Pendant des § 89 Abs. 1 AO im Steuerrecht.

155 *Oebbecke*, DVBl 1994, 147 ff.; *A. Jochum*, NVwZ 1987, 460 ff.

156 VGH Mannheim, VBlBW 2009, 115 (116) m.w.N.

157 Zur grundlegenden Kritik an dieser Konzeption siehe *Grünning*, VR 1991, 8 (14).

nes bereits bestehenden Verwaltungsverfahrens nach h.M. und ständiger höchstrichterlicher Rechtsprechung jedenfalls nach der jetzigen Ausgestaltung des § 25 Abs. 1 S. 2 VwVfG auf einfachgesetzlicher Basis nicht besteht.[158]

Die Beratungspflicht ist dadurch gekennzeichnet, dass die Behörde sich nicht allein auf die Weitergabe der erfragten Rechts- und Tatsacheninformationen beschränken darf, sondern darüber hinaus Ratschläge und Empfehlungen für das Verhalten des Bürgers zu erteilen hat.[159] Die Norm schafft aber auch keine allgemeine behördliche Beratungspflicht.[160] Ihr Anwendungsbereich ist zudem auf die im Verwaltungsverfahren i.S.d. § 9 VwVfG abzugebenden Erklärungen beschränkt.[161] Deshalb umfasst der Begriff der Auskunft in Abs. 1 S. 2 auch nur die Rechte der Beteiligten im bzw. vor Beginn des Verwaltungsverfahrens im Sinne einer Verfahrensauskunft.[162] Die Vorschrift dient mithin dazu, dass sich der Bürger nicht in den „Fußangeln von Form- und Fristvorschriften [verfängt]“[163]. Hier ist die

158 BVerwGE 61, 15 (24); 69, 278 (279); 84, 375 (376); BGH, NJW 1965, 1226 (1227); NJW 1985, 1135 (1337); *Ziekow*, VwVfG, 3. Aufl. 2016, § 25 Rn. 4; *W. Thiele*, DÖD 1978, 65 (67); *Ritgen*, in: Knack/Henneke, VwVfG, § 25 Rn. 68; *Müller-Waack*, Auskunftspflicht, S. 91 m.w.N. Selbiges gilt auch für § 89 Abs. 1 AO; vgl. BFHE 174, 197 (200) sowie *Hagen*, StW 2007, 219 (225).

159 *Von Bombard*, Auskunft und Zusage im Steuerrecht, S. 89. Von einer allgemeinen Rechtsberatung kann gleichwohl nicht gesprochen werden, sondern die Beratungspflicht ist eher als eine Pflicht zur Belehrung bzw. zu einem Hinweis zu verstehen. Weitere Einzelheiten zur Beratung durch Behörden finden sich im gleichnamigen Aufsatz von *Oebbecke*, DVBl 1994, 147 ff.

160 *Ritgen/Schink*, in: Knack/Henneke, VwVfG, § 25 Rn. 38 sowie *Birk*, in: FS Pöllath, S. 161 (163) für die Korrespondenznorm des § 89 Abs. 1 AO. Gleichwohl ist rechtspolitisch durchaus in der Diskussion, inwieweit eine Erweiterung der Norm hin zu einer allgemeinen behördlichen Beratungspflicht sinnvoll wäre, vgl. hierzu den Bericht der Enquete-Kommission „Zukunft des Bürgerschaftlichen Engagements“, BT-Drs. 14/8900.

161 *Kallerhoff*, in: Stelkens/Bonk/Sachs, VwVfG, 9. Aufl. 2018, § 25 Rn. 6 ff.

162 So auch BFHE 174, 197 (200) für § 89 Abs. 1 AO; a.A. BVerwGE 69, 278 (279), *Herrmann*, in: BeckOK VwVfG, § 25 Rn. 14 sowie *Pünder*, in: Ehlers/Ders., Allg. VwR, § 14 Rn. 51, die jedenfalls ein partielles Auskunftsrecht über den Wortlaut zulassen. Obschon man mit der Gegenansicht auch die Auskunft über materielle Rechtsfragen anerkennen mag, so muss die Auskunft doch nur erteilt werden, wenn sie erforderlich ist, der Antragsteller mithin ein berechtigtes Interesse aufweist, vgl. BVerwGE 69, 278 (279). Daher besteht wohl in vielen Fällen ein Grund zur Verweigerung, insbesondere dann, wenn der Beteiligte anwaltlich vertreten ist. Weitere Ablehnungsgründe finden sich auch bei *Pünder*, in: Ehlers/Ders., Allg. VwR, § 14 Rn. 51.

163 *Schallmoser*, in: Hübschmann/Hepp/Spitaler, AO/FGO, Vor §§ 204 ff. AO Rn. 7.

Behörde in besonderer Weise in der Pflicht, da sie es ist, die das Verfahren durchführt. Zu den auskunftspflichtigen Verfahrensrechten zählen etwa Fragen zur Fristberechnung, zur Wiedereinsetzung in den vorigen Stand oder zur Aussetzung der Vollziehung. Darüber hinausgehende Auskunfts- und Beratungspflichten lassen sich auf Grundlage von § 25 Abs. 1 VwVfG aber nicht konstruieren, werden durch diese aber auch nicht ausgeschlossen.[164] Die Norm folgt damit eher der Akzentuierung des VwVfG auf der Konfrontation statt der Kooperation mit dem Bürger. Dies wird auch dadurch deutlich, dass sich der Gesetzgeber durch die Wahl der Begrifflichkeiten „soll" und „soweit erforderlich" bewusst zurückhält und jedenfalls keine eindeutig judizierbaren Rechtsansprüche schafft.[165] Zudem beinhalten alle erteilten Auskünfte immer das Element der Vorläufigkeit, sodass – anders als bei der noch darzustellenden verbindlichen Zusage nach § 204 AO[166] – keine endgültige Stellungnahme abgegeben wird.[167] Gleichwohl wird der Bürger durch § 25 Abs. 1 VwVfG im Verwaltungsverfahren geschützt, insbesondere durch die aus § 25 Abs. 1 VwVfG hergeleitete Belehrungspflicht als Unterfall der Beratungspflicht.[168] Ergänzend zu § 25 Abs. 1 VwVfG finden sich zudem auch über das gesamte VwVfG verteilt sowie in Sondergesetzen zahlreiche weitere wichtige Belehrungspflichten.[169]

Der bekannteste Fall der Belehrungspflicht außerhalb von § 25 VwVfG ist die Pflicht zur Erteilung einer Rechtsbehelfsbelehrung nach § 37 Abs. 6 VwVfG, dessen positivrechtliche Normierung sich u.a. aus der Rechtspre-

---

164 Siehe hierzu nur *Göttker*, in: juris Lexikon Steuerrecht, Verbindliche Auskunft nach § 89 Abs. 2 AO, Rn. 7.

165 Zur Kritik an der Korrespondenznorm des § 89 Abs. 1 AO im Steuerrecht *Borggreve*, AO-StB 2007, 77 (80). Borggreve äußert im Rahmen seiner Abhandlung sogar verfassungsrechtliche Bedenken.

166 Unter C. V.

167 Hierzu auch *von Bomhard*, Auskunft und Zusage im Steuerrecht, S. 77, der instruktiv die Lesart der Finanzverwaltung rezipiert.

168 A.A. *Hattstein*, Betreuungspflichten, S. 54 ff., welcher die Regelung des § 25 VwVfG insgesamt massiv kritisiert und mehrere Verbesserungsvorschläge unterbreitet. Ihm ist insoweit zuzustimmen, dass allein durch § 25 VwVfG in der Tat eine latente Gefahr besteht, dass sich die Betreuungspflicht auf eine „Abwendungspflicht besonders empfindlicher und damit unzumutbarer Schäden" reduziert. Eine Restriktion, die dem Sinn und Zweck des § 25 VwVfG an sich zuwiderläuft.

169 Exemplarisch sei hierbei vor allem auf das Sozialrecht hingewiesen, in dem umfassende behördliche Betreuungspflichten seit jeher normativ verankert sind, vgl. etwa § 13 SGB I, § 7 Abs. 1 SGB XI, § 14 SGB I, § 7 Abs. 2 SGB XI, um nur einen Ausschnitt zu erwähnen.

chung des BVerwG entwickelt hat.[170] Genau wie bei der Beratungspflicht gibt es aber auch keine allgemeine Belehrungspflicht, sondern ihre Intensität bemisst sich nach den konkreten Verhältnissen des Einzelfalls.[171] Gleichwohl sind gesetzlich normierte Belehrungspflichten nicht als „Flickenteppich" anzusehen, sondern passen sich in ein einheitliches System ein. So ist immer dann eine allgemeine Verpflichtung zur Belehrung anzunehmen, wenn der beteiligte Bürger über „wesentliche, tatsächliche oder rechtliche Umstände nicht im Bilde ist und die Behörde dies erkennt".[172] Der Bürger darf damit nicht zu einem bloßen Objekt des Verwaltungsverfahrens werden[173], obgleich die Belehrung und Betreuung nicht so weit gehen darf, dass sie zur Rechtsberatung führt. Denn die Rechtsberatung bleibt den originär dafür vorgesehenen rechtsberatenden Berufen vorbehalten.[174] Die Belehrungspflicht ist somit als Gebot eines fairen Verfahrens zu verstehen.[175]

§ 25 Abs. 1 VwVfG unterscheidet sich demnach in mehrfacher Hinsicht von der verbindlichen Auskunft.

---

170 BVerwGE 16, 156 ff.; 16, 323 ff.; 20, 136 ff.; 25, 191 ff.

171 *Kallerhoff*, in: Stelkens/Bonk/Sachs, VwVfG, § 25 Rn. 12.

172 BGH, VersR 1970, 1104 (1106); *Kamphausen*, Rechtsprobleme, S. 17. Der BGH fasst dies treffend so auf, dass der Verwaltungsbeamte nicht „sehenden Auges" zulassen dürfe, dass beim Bürger ein Schaden eintrete, der durch einen kurzen Hinweis oder eine entsprechende Aufklärung vermeidbar wäre.

173 *Kallerhoff*, in: Stelkens/Bonk/Sachs, VwVfG, § 25 Rn. 5.

174 OLG Zweibrücken, NVwZ-RR 2001, 79 (80). Ebenso stellt *H. Jochum*, Verbindliche Auskunft in Steuersachen – Bestandskraft und Korrektur, in: Verfassung – Völkerrecht – Kulturgüterschutz, Festschrift für Wilfried Fiedler zum 70. Geburtstag, 2011, S. 793 fest, dass dies auch für die Finanzbehörden in Bezug auf ihre fehlende Steuerberatungsfunktion gilt. Obgleich *Zeidler*, Gutachten, S. 92 völlig zu Recht den Hinweis gibt, dass die rechtsberatenden Berufe kein „unabdingbares Monopol auf Rechtsberatung" haben, sodass keine generellen rechtlichen Bedenken gegen eine beratende Tätigkeit der Verwaltung bestehen. Dies gilt auch für die Finanzbehörden in Bezug auf das Steuerrecht. Mit Recht betont *Söhn*, in: Hübschmann/Hepp/Spitaler, AO/FGO, § 89 AO Rn. 17 aber auch, dass eine umfassende Beratung der Verwaltung das Verwaltungsverfahren verzögert und die Gefahr von Amtshaftungsprozessen potenziert, denn auch eine über die allgemeine Beratungspflicht hinausgehende Beratung der Verwaltung entbindet nicht davon, im Einzelfall *richtig* zu beraten, vgl. OLG Zweibrücken, NVwZ-RR 2011, 79 (80). Die Wahrheit liegt damit wohl im salomonischen Mittelweg zwischen rechtlicher Hilfestellung und rechtlicher Beratung.

175 BVerfG, NVwZ 2007, 807; BVerwG, NJW 2007, 2936 unter 2. im Tenor; VGH Mannheim, VBlBW 2009, 115 (116); OVG Greifswald, NordÖR 2008, 540; *Kopp/Ramsauer*, VwVfG, 19. Aufl. 2018, § 25 Rn. 13a.

Der erste Unterschied zur verbindlichen Auskunft ist, dass er sich nur auf die Wahrnehmung der Rechte der Beteiligten im Verwaltungsverfahren beschränkt und mit wenigen Ausnahmen nicht vor Verfahrenseröffnung Anwendung findet.[176] Die verbindliche Auskunft ist demgegenüber nicht auf den Ablauf und die Spezifika eines Verwaltungsverfahrens ausgerichtet, sondern dient vielmehr dazu, die Rechtsauffassung der Verwaltung zu einer konkreten Rechtsfrage im Vorfeld eines nachgelagerten Verwaltungsverfahrens zu erfahren, wodurch zugleich ein eigenständiges Verwaltungsverfahren eröffnet wird. Diese Rechtsfrage wird auch in den meisten Fällen keine des Verfahrensablaufs oder der Verfahrensdurchführung sein, sondern vielmehr eine solche des materiellen Rechts.

Der zweite Unterschied ist, dass eine Belehrung oder Betreuung des Bürgers bei § 25 Abs. 1 VwVfG auch gegen seinen Willen möglich ist.[177] Zuzugeben ist dabei aber, dass die Behörde dies wohl äußerst selten tun wird und es außerdem einen konkreten Anlass geben muss, sodass die Behörde nicht willkürlich handeln darf, sondern stets nur mit Augenmaß.[178] So ist sie nicht gehalten, einem Beteiligten ihre Hinweise aufzudrängen.[179] Eine verbindliche Auskunft ist hingegen aufgrund von § 22 S. 2 Nr. 2 VwVfG gegen den Willen des Bürgers nicht möglich. So wird sie auch nur auf Antrag erteilt, der später wieder zurückgezogen werden kann, sodass der Bürger als Antragsteller stets den weiteren Verlauf – wenn auch mit für ihn ungünstigen Rechtsfolgen – bestimmen kann, bis über den Antrag rechtswirksam entschieden wurde (Dispositionsprinzip).[180] Erlässt die Behörde daher ohne einen vorherigen Antrag des Bürgers eine verbindliche Auskunft, so ist diese nach den allgemeinen verwaltungsverfahrensrechtlichen Regeln im Grundsatz zunächst einmal rechtswidrig und anfechtbar, in besonders schwerwiegenden Fällen gar als nichtig anzusehen.[181] Hierauf wird

---

176 OLG Zweibrücken, NVwZ-RR 2011, 79 (80). Zum Diskussionsstand zur Anwendung von § 25 Abs. 1 VwVfG vor Verfahrenseröffnung siehe *Ritgen*, in: Knack/Henneke, VwVfG, § 25 Rn. 42 ff.

177 Anders dagegen bei der verbindlichen Auskunft, bei der eine „aufgedrängte Bereicherung" unzulässig ist, vgl. auch allgemein für aufdrängende VAe *F. Kirchhof*, DVBl 1985, 651 (657).

178 BVerwG, LKV 2009, 564 (565); *VGH Mannheim*, NVwZ 2006, 1305.

179 VGH Mannheim, NVwZ 2006, 1305.

180 Zum Inhalt des Dispositionsprinzips in Abgrenzung zum Offizialprinzip siehe auch *Pünder*, in: Ehlers/Ders., Allg. VwR, § 14 Rn. 18 ff.

181 Hierzu *G. Mayer*, Zusage, S. 80 für die verbindliche Zusage nach § 204 AO, dessen Ausführungen genauso für die verbindliche Auskunft gelten. Gleichwohl ist eine Heilung bei beiden Instituten durch Antragsnachholung möglich.

im Detail im weiteren Verlauf der Arbeit noch einzugehen sein, dies sei an dieser Stelle nur bereits zu Abgrenzungszwecken erwähnt.

Der dritte Unterschied ist, dass die Anwendungsfälle des § 25 Abs. 1 VwVfG zumeist auf einfache Rechtsfragen ausgelegt sein werden.[182] So darf der Verwaltungsbeamte nicht sehenden Auges zulassen, dass ein Antragsteller Schäden erleidet, die der Verwaltungbeamte durch einen kurzen Hinweis, eine Beratung mit wenigen Worten oder eine entsprechende Auskunft zu vermeiden in der Lage ist.[183] Für schwierige Rechtsfragen wird § 25 Abs. 1 VwVfG dagegen nicht weiterhelfen. In diesen Fällen konsultiert der Bürger auch in aller Regel zunächst seinen rechtlichen Berater. Gegenstand einer verbindlichen Auskunft hingegen werden solche „kleinen" Anfragen in Form von einfachen Rechtsfragen nicht sein.[184] So wird wohl niemand einen förmlichen Antrag auf verbindliche Auskunft stellen, um bloß die Zuständigkeit einer Behörde zu erfragen, die sich schon aus dem Gesetz oder einer konkretisierenden Verordnung ergibt, zumal ein solcher Antrag i.d.R. bereits unzulässig sein dürfte. Denn genau für solche Fälle ist § 25 Abs. 1 VwVfG normiert worden. Wäre dasselbe Ergebnis auch über eine Anwendung von diesem möglich, bräuchte es keine zusätzliche verbindliche Auskunft, da der Mehrwert fehlt. Genau deshalb wird es auch – was im Verlauf dieser Arbeit noch näher begründet wird – allgemein abgelehnt, solche Rechtsfragen zum Gegenstand einer verbindlichen Auskunft zu machen.[185] Vielmehr ist die verbindliche Auskunft auf kompliziertere Rechtsfragen zugeschnitten, die sich nicht direkt aus dem Gesetz ergeben und auch nicht höchstrichterlich geklärt sind. Dafür braucht man sie auch primär: um diejenigen Rechtsfragen zu erörtern, bei denen für alle Beteiligten eine Rechtsunsicherheit besteht, die auch nicht durch Beauftragung eines Beraters gelöst werden kann.

Der vierte Unterschied ist schlussendlich der Umfang der Beratung. Während sich dies bei § 25 Abs. 1 VwVfG am Adressaten orientiert, sodass der Beratungsbedarf bei einem anwaltlich vertretenen Antragsteller gerin-

---

182 In diesem Sinne auch *Borggreve*, AO-StB 2007, 77 (79) für § 89 Abs. 1 AO.

183 BGH, NJW 1994, 2415 (2417); NVwZ 1996, 512 (514); OVG Greifswald, NordÖR 2008, 540.

184 So auch *Söhn*, in: Hübschmann/Hepp/Spitaler, AO/FGO, § 89 AO, der von „ungewissen Rechtsfragen" spricht. Einfache Rechtsfragen sind jedoch nicht allgemein ungewiss, sondern in der Regel nur dem konkreten Bürger nicht bekannt.

185 *Bruschke*, DStZ 2007, 267 (270).

ger ist[186], da der Anwalt selbst rechtskundig zu sein hat, können bei der verbindlichen Auskunft keine Abstufungen gemacht werden. Vielmehr ist auch der durch einen Rechtsanwalt oder Steuerberater gestellte Antrag auf verbindliche Auskunft in vollem Umfang und mit derselben Präzision und Genauigkeit wie bei einem juristischen Laien als Antragsteller zu behandeln. Eine Besonderheit, die gerade der Tatsache geschuldet ist, dass Gegenstand der verbindlichen Auskunft zumeist komplizierte Rechtsfragen sind, die auch die Angehörigen der rechts- und steuerberatenden Berufe anhand der vorhandenen Rechtsprechung und Literatur nicht alleine zweifelsfrei lösen können.

Summa summarum stehen sich § 25 Abs. 1 VwVfG und die verbindliche Auskunft von ihrer inhaltlichen Ausrichtung entgegen, ergänzen sich aber dennoch gegenseitig. So geht die verbindliche Auskunft lediglich über § 25 Abs. 1 VwVfG in den Fällen hinaus, soweit es erforderlich ist. Daher wäre sie im Verhältnis zu § 25 Abs. 1 VwVfG auch stets lex specialis.[187]

III. Die erweiterte Beratungspflicht der Verwaltung nach § 25 Abs. 2 VwVfG

§ 25 Abs. 2 VwVfG[188] versteht sich als Ergänzung respektive Erweiterung zu § 25 Abs. 1 VwVfG und sieht daher eine verstärkte Beratungspflicht der Verwaltung vor. Diese Vorschrift ist vor allem deshalb eine Besonderheit, da sie erstmalig die bundesgesetzliche Anerkennung von informellen Verfahrenshandlungen bereits vor Beginn des Verwaltungsverfahrens positiv normiert. Bürger und Verwaltung treten in einen wechselseitigen Gedankenaustausch ein.[189] Sie konkretisiert damit die schon vorher ausgeübte Behördenpraxis einer Erörterung von Verfahrensfragen vor Verfahrensbe-

---

186 BVerwG, NJW 1968, 1842 (1844) m.w.N.; dem folgend auch VG Berlin, DVBl 1981, 196 im Leitsatz sowie *Müller-Waack*, Auskunftspflicht, S. 60. Im Umkehrschluss ist das Bedürfnis nach staatlicher Fürsorge daher bei mit Rechtsvorschriften und Verwaltungsanweisungen nicht vertrauten Bürgern umso größer, vgl. *W. Steinberg*, Die Selbstbindung der Finanzverwaltung, 1981, S. 56.

187 Dem entspricht insofern auch die systematische Verortung der verbindlichen Auskunft im Steuerrecht in § 89 Abs. 2 AO, die unmittelbar hinter den allgemeinen Auskunfts- und Beratungspflichten in § 89 Abs. 1 AO normiert ist.

188 Nachträglich eingeführt worden durch das 4. Gesetz zur Änderung verwaltungsverfahrensrechtlicher Vorschriften (4. VwVfÄndG) vom 11.12.2008 (BGBl. I, 2418).

189 *Ritgen*, in: Knack/Henneke, VwVfG, § 25 Rn. 89.

ginn und sichert Vorverfahrensrechte ab. Außerdem trägt sie zu einer Stärkung der Kommunikation zwischen Verwaltung und Bürger bei und ist daher ein erfreulicher Ansatz von verstärkten kooperativen Handlungsformen im allgemeinen Verwaltungsrecht.[190] Vor dessen Einführung gab es in § 71c VwVfG a.F. nur eine solche Pflicht bei Beteiligung wirtschaftlicher Unternehmen hinsichtlich beizubringender Unterlagen und Möglichkeiten der Verfahrensbeschleunigung.[191]

Inhalt von § 25 Abs. 2 VwVfG ist eine Erörterung, in der der Beteiligte von der Verwaltung eine Auskunft darüber verlangen kann, welche Nachweise und Unterlagen beizubringen sind, um eine Verzögerung des Verfahrens zu vermeiden und dem Antragsteller eine bessere Planung zu ermöglichen.[192] Davon umfasst sind insbesondere auch abseits des standardisierten Verfahrens liegende Möglichkeiten.[193] Hier ist auch die eigentliche Neuerung zu § 25 Abs. 1 VwVfG eingetreten. Während dieser den Ablauf des Regelverfahrens unberührt lässt und die Behörde insofern lediglich innerhalb von diesem die betreffende Auskunft erteilt, ist § 25 Abs. 2 VwVfG die flexiblere Norm und ermöglicht damit sämtliche vom Regelverfahren abweichende Vorgehensweisen, die der Beschleunigung des Verfahrens zuträglich sind.[194]

Zentraler Unterschied zur verbindlichen Auskunft ist jedoch, dass Letztere nicht auf Verfahrensbeschleunigung, sondern auf Rechtssicherheit ausgelegt ist. Der Antragsteller wird im Zweifel die nötige Zeit für die Durchführung des Verfahrens haben (müssen), wenn er einen Antrag auf verbindliche Auskunft stellt. Ihn interessieren dann aber primär die materiellrechtlichen Fragen. Im Falle einer negativen Beantwortung einer Frage wäre es sogar möglich, dass er von einem zukünftigen Vorhaben und damit der Einleitung des nachgelagerten Verwaltungsverfahrens ganz oder zum Teil Abstand nimmt. Trotzdem ergibt sich die Gemeinsamkeit mit der verbindlichen Auskunft, dass § 25 Abs. 2 VwVfG auch im Vorfeld eines Verwaltungsverfahrens greift und damit zugleich *auch* Vorverfahrensrecht ist.[195] Die verbindliche Auskunft ist dagegen – wie bereits oben unter B. I. dargestellt – *ausschließlich* ein Vorverfahrensrecht. Außerdem ist ein weiterer prägender Unterschied, dass die Erörterungspflicht nach § 25 Abs. 2

190 So auch *Kallerhoff*, in: Stelkens/Bonk/Sachs, VwVfG, § 25 Rn. 3.
191 Siehe dazu *Huck*, in: BeckOK VwVfG, § 71c a.F. Rn. 1 ff.
192 *Herrmann*, in: BeckOK VwVfG, § 25 Rn. 17.
193 *Herrmann*, in: BeckOK VwVfG, § 25 Rn. 18.
194 *Herrmann*, in: BeckOK VwVfG, § 25 Rn. 18.
195 *Ritgen*, in: Knack/Henneke, VwVfG, § 25 Rn. 94.

VwVfG inhaltlich nur allgemeiner Art sein kann, sodass weder konkrete Erfolgsaussichten der verschiedenen Verfahrensformen mitgeteilt werden noch eine in diesem Rahmen erteilte Auskunft in den Erlass eines inhaltlich bindenden (Vor-)bescheids einmündet.[196] Die verbindliche Auskunft hingegen ist schon rein vom Wortlautverständnis her gerade auf Verbindlichkeit ausgelegt, sodass jede erteilte Auskunft auch die Behörde aufgrund ihres Selbstbindungswillens verpflichtet.[197]

IV. Der Auskunftsanspruch im Sozialverwaltungsrecht nach § 15 SGB I

Das Sozialverwaltungsrecht ist wie kaum ein anderes Rechtsgebiet in seinen zwölf Büchern des SGB von Auskunftsansprüchen des Bürgers gegenüber dem Staat geprägt, vor allem im SGB I, SGB X und SGB IX.[198] Diese blicken in ihrer spezialgesetzlichen Verankerung auch auf eine lange Historie zurück. So war bereits in der Reichsversicherungsordnung in § 37 ein übergreifender Auskunftsanspruch vorhanden. Parallel zu dieser Entwicklung entstand frühzeitig die Forderung nach umfassenden Auskunftsansprüchen des Bürgers im Sinne eines allgemeinen Auskunftsanspruchs für das Verwaltungsverfahren im Sozialrecht. Hintergrund ist, dass der Bürger ein Maximum an Sozialleistungen erhalten möchte und zu der Verwirklichung dieses Begehrens auch Auskunftsansprüche existieren müssen. Dies gilt umso mehr, als insbesondere im Rentenversicherungsrecht die nach dem aktiven Berufsleben bezogene Rente die finanzielle Lebensgrundlage darstellt. Im Krankenversicherungsrecht verhält es sich ähnlich, insbesondere, wenn besonders teure Operationen anstehen, die eine ruinöse Wirkung hätten, wenn der Versicherte sie privat zahlen müsste. Diese Liste lässt sich im Sozialrecht beinahe beliebig fortsetzen, sodass hier die

---

196 *Ritgen*, in: Knack/Henneke, VwVfG, § 25 Rn. 108. Zur Kritik siehe *Bonk*, NVwZ 1997, 327 ff., der im Ergebnis zutreffend darlegt, dass unter dieser Lesart der Zweck der Norm leidet. Es ist insofern auch nicht von der Hand zu weisen, dass die Verwaltung ein breit angelegtes Rechtsinstitut in ihrer eigenen Praxis wieder restriktiv auslegt.

197 Zur noch näher zu vertiefenden Frage der Bindungswirkung von verbindlichen Auskünften siehe vor allem unten Kapitel 2 C. VI.

198 Eine beispielhafte, aber nicht abschließende Auflistung findet sich bei *Dörr/Groß*, DAngVers 1997, 581 (582) sowie *Greiner*, in: Knickrehm/Kreikebohm/Waltermann, Kommentar zum Sozialrecht, 5. Aufl. 2017, § 15 SGB I Rn. 3.

Abhängigkeit des Einzelnen vom Staat besonders deutlich in Erscheinung tritt.[199]

Der Gesetzgeber hat auf diesen seit Anbeginn vorhandenen Wunsch nach Rechts- und Planungssicherheit lange Zeit nur zögerlich reagiert und insbesondere davon abgesehen, einen allgemeinen Auskunftsanspruch zu formulieren.[200] Vielmehr war es die Aufgabe der Rechtsprechung, Ansprüche auf Grundlage von Treu und Glauben auszuformen.[201] Diese betrafen gleichwohl ausschließlich das laufende Verwaltungsverfahren, während Vorverfahrensauskünfte nicht anerkannt wurden. Diese lange Zeit unbefriedigende Rechtsentwicklung hat sich erst in den 1970-er Jahren gewandelt, dann jedoch überraschend zügig zu einer gesetzlichen Grundlage geführt. Ein Pionier dieser Entwicklung ist Merten, der den Versuch unternahm, einen sozialrechtlichen Auskunftsbescheid auch für die Zeit vor dem offiziellen Beginn des Verwaltungsverfahrens zu entwickeln.[202] Als Reaktion auf diese Forderung sowie das breite gesellschaftliche Echo wurde dann erstmalig 1976 mit § 15 SGB I ein allgemeiner Auskunftsanspruch[203] für alle Bereiche des Sozialrechts geschaffen, der in diesem eine Wegweiserfunktion innehat.[204] Daneben nimmt § 15 SGB I auch eine Scharnierfunktion zwischen der für eine bestimmte Sozialleistung zuständigen Stelle und dem Bürger ein. Erklärtes Ziel ist es, zu vermeiden, dass der Bürger von einer Stelle zur anderen geschickt wird[205] und damit soll auch die weitgehende Verwirklichung der Rechte aus den allgemeinen und besonderen Bereichen des Sozialrechts sichergestellt werden.[206] Der Fokus liegt damit auf der Durchschaubarkeit und Nutzbarkeit des Sozialrechts.[207] Die Vorschrift ist folglich Ausdruck der zunehmenden Bürgernähe der Ver-

---

199 Hierzu auch *Merten*, VSSR 1 (1973), 65 (72).

200 Zu der Entwicklung der Auskunftsansprüche im Sozialrecht siehe *Merten*, VSSR 1 (1973), 65 (68 ff.).

201 *Merten*, VSSR 1 (1973), 65 (70). Aus der Rechtsprechung siehe BSG, MDR 1962, 1022 ff. sowie BGH, VersR 1970, 1114 ff., jeweils m.w.N.

202 Vgl. zu seiner Konstruktion VSSR 1 (1973), 65 (76 ff.).

203 Zum Charakter von § 15 SGB I als Anspruchsnorm statt vieler nur *Greiner*, in: Knickrehm/Kreikebohm/Waltermann, Kommentar zum Sozialrecht, § 15 SGB I Rn. 1.

204 BT-Drs. 7/868, S. 25; *Hase*, in: BeckOK Sozialrecht, § 15 SGB I, im Vorspann; *Dörr/Groß*, DAngVers 1997, 581 (583).

205 BT-Drs. 7/868, S. 25.

206 *Sauer*, in: Ehmann/Karmanski/Kuhn-Zuber, Gesamtkommentar Sozialberatung, 2. Aufl. 2018, § 15 SGB I Rn. 1.

207 *Reinhardt*, in: Krahmer/Trenk-Hinterberger, Sozialgesetzbuch I, Allgemeiner Teil, 3. Aufl. 2014, § 15 Rn. 5.

waltung.[208] Die Auskunft bleibt gleichwohl nach § 15 Abs. 1 SGB I auf Normen des SGB beschränkt, während etwa beamtenrechtliche Beihilfefragen nicht Gegenstand der Auskunft sein können.[209] Zudem könnte man § 15 Abs. 1 SGB I gewissermaßen als Vorstufe zu der der Auskunft zeitlich nachfolgenden Beratung nach § 14 SGB I ansehen.

Anders als bei der verbindlichen Auskunft ist die Auskunft nach § 15 SGB I nicht *zur Regelung* gedacht und trifft damit keine Rechtsfolgenbestimmung.[210] Sie ist vielmehr *zur Information* bestimmt. Hiermit ist zugleich gesagt, dass die Auskunft nach § 15 SGB I lediglich einen Realakt darstellt.[211] Folglich weist die Auskunftsstelle zu keinem Zeitpunkt einen irgendwie gearteten Bindungswillen auf.[212] Dementsprechend ist § 15 SGB I als unverbindliche Auskunft zu verstehen, die letztlich nur eine Wissens- und keine Willenserklärung der Auskunftsstelle enthält.[213] Auch für den Fall der Ablehnung der Auskunftserteilung gilt nichts Anderes.[214]

Ein weiterer elementarer Unterschied zur verbindlichen Auskunft zeigt sich auch in der konkret gestellten Rechtsfrage. Während bei der verbindlichen Auskunft stets auf die individuelle Situation des Antragstellers eingegangen wird, erteilt die Auskunftsstelle die Auskunft nach § 15 SGB I nur abstrakt und losgelöst vom konkreten Einzelfall.[215] Damit wird deutlich, dass § 15 SGB I sehr starke Ähnlichkeiten zu § 89 Abs. 1 AO sowie § 25 Abs. 1 VwVfG aufweist, jedoch zur verbindlichen Auskunft grundverschieden ist.

---

208 Hierzu anschaulich *Seewald*, in: Kasseler Kommentar zum Sozialversicherungsrecht, Loseblatt, § 15 SGB I Rn. 1.

209 *Sauer*, in: Ehmann/Karmanski/Kuhn-Zuber, Gesamtkommentar Sozialrechtsberatung, § 15 SGB I Rn. 6.

210 *Dörr/Groß*, DAngVers 1997, 581 (584).

211 BSG, NVwZ 1994, 830.

212 *Warschull*, in: Krauskopf, Soziale Krankenversicherung, Pflegeversicherung, Loseblatt, § 15 SGB I Rn. 20.

213 BSG, NVwZ 1994, 830; in diesem Sinne auch *Seewald*, in: Kasseler Kommentar zum Sozialversicherungsrecht, § 15 SGB I Rn. 3.

214 A.A. *Mrozynski*, in: Ders., SGB I, § 15 Rn. 3, der zumindest die Ablehnung der Auskunftserteilung als VA i.S.d. § 31 SGB X ansieht.

215 *Warschull*, in: Krauskopf, Soziale Krankenversicherung, Pflegeversicherung, § 15 SGB I Rn. 11. Dieser verdeutlicht auch überzeugend, dass es insofern auf eine „typisierende, lebenslagenorientierte Betrachtungsweise“ ankommen muss.

V. Die verbindliche Zusage nach § 204 AO

Ein ähnlich klingendes, aber doch in Sache zur verbindlichen Auskunft andersartiges Rechtsinstitut ist die verbindliche Zusage nach § 204 AO.[216] Diese ist als spezielles Auskunftsinstrument im Anschluss an eine steuerliche Außenprüfung (früher Betriebsprüfung) seit 1977 normiert[217], also – wie noch zu zeigen sein wird – auf gesetzlicher Basis schon weitaus älter ist als die verbindliche Auskunft. Ihr Anwendungsbereich erstreckt sich ausschließlich auf Dauersachverhalte, die in die Zukunft fortwirken oder sich wiederholen werden, sodass sie nur einen begrenzten Teilausschnitt der steuerrechtlichen Zusageproblematik abdecken kann[218] und in der praktischen Relevanz weit hinter der verbindlichen Auskunft nach § 89 Abs. 2

---

216 Weitere Einzelheiten zur verbindlichen Zusage finden sich auch bei *Kottke*, DB 1999, 820 ff., der dieses Institut mit der tatsächlichen Verständigung vergleicht. Colorandi causa sei an dieser Stelle auch darauf hingewiesen, dass es sich bei der verbindlichen Zusage anders als bei der verbindlichen Auskunft schon rein begrifflich um einen Pleonasmus handelt, da der Zusage die Bindungswirkung immanent ist, vgl. *Kottke*, DB 1999, 820 ff. sowie *W. Steinberg*, Selbstbindung, S. 108. Sie ist damit terminologisch missglückt. Zudem zeitigt die verbindliche Zusage auch, wie die Monographie von *Dalichau*, Auskünfte und Zusagen, S. 30 anhand von Zahlenmaterial eindrucksvoll belegt, keine überragende Bedeutung. Vielmehr kam sie seit Anbeginn nie wirklich über das Stadium der Bedeutungslosigkeit hinaus. An diesem Befund dürfte sich bis heute nicht allzu viel geändert haben, da sie in ihrem (engen) Anwendungsbereich seit Anbeginn verharrt.

217 Weitere Zusagen im Steuerrecht stellen die Lohnsteueranrufungsauskunft nach § 42e EStG, die verbindliche Zolltarifauskunft (vZTA) nach Art. 12 ZK sowie die Vorabzusagen über Verrechnungspreise (sog. Advanced Price Agreements (APA)) dar, die nicht in vertiefter Betrachtungsweise Gegenstand dieser Arbeit sind. Gerade Erstere zeitigt jedoch in der Praxis eine erhebliche Bedeutung, denn rein quantitativ werden mehr Lohnsteueranrufungsauskünfte als verbindliche Auskünfte beantragt, vgl. *Borggreve*, AO-StB 2007, 77. Die vZTA ist zudem das älteste Auskunftsinstitut des deutschen Steuerrechts und hat seine Wurzeln bereits im Jahr 1898, vgl. *von Bomhard*, Auskunft und Zusage im Steuerrecht, S. 54.

218 *G. Mayer*, Zusage, S. 21. Deshalb wird sie mitunter auch massiv kritisiert. Allen voran *W. Steinberg*, Selbstbindung, S. 107 f. hält sie gar für in der Sache nicht notwendig und als ein unvollständiges Zugeständnis des Gesetzgebers. Dies zeigt bereits anschaulich, dass nur bruchstückhafte und eng umgrenzte Tatbestände nicht zielführend sind, sondern die Lösung vor allem in allgemeinen Instituten liegt.

AO zurücksteht.[219] Die verbindliche Zusage ist dabei einerseits retrospektiv, da sie sich an einem in der Vergangenheit verwirklichten Sachverhalt orientiert (im Sinne einer Nachschau[220]) und andererseits prospektiv, da sie die Zukunft anhand des in der Vergangenheit verwirklichten Sachverhalts bewertet.[221] Zudem wird sie genauso wie die verbindliche Auskunft nur auf schriftlichen Antrag erteilt und stellt einen VA über die Selbstbindung der Verwaltung nach § 206 Abs. 1 AO dar.[222] Dabei ist eine Erteilung nur dann möglich, wenn ein in der Vergangenheit geprüfter Sachverhalt betroffen ist, der im Betriebsprüfungsbericht dargestellt ist und die Kenntnis der künftigen steuerlichen Behandlung genau dieses Sachverhalts für geschäftliche Maßnahmen des Steuerpflichtigen von Bedeutung ist.[223] Nicht unter § 204 Abs. 1 AO fallen damit ausschließlich zukunftsgerichtete Sachverhalte, die keinen Anknüpfungspunkt in der Vergangenheit haben, sodass die verbindliche Zusage für die vorausschauende Planung kein probates Institut ist.[224] Wird sie unter diesen Prämissen erteilt, so entfaltet sie gem. § 206 Abs. 1 AO Bindungswirkung für die Finanzbehörde, wenn der später verwirklichte Sachverhalt dem der verbindlichen Zusage zugrunde gelegten Sachverhalt entspricht und zwischenzeitlich keine Änderung der Rechtslage eingetreten ist. Die Finanzbehörde unterliegt aufgrund der Bindungswirkung daher einem Abweichungsverbot[225], denn jedes andere Verhalten würde gegen das im Vertrauensschutzprinzip angesiedelte Verbot widersprüchlichen Verhaltens verstoßen. Damit weist die verbindliche Zusage durchaus gewisse Ähnlichkeiten mit der verbindlichen Auskunft auf.

---

219 Zur seltenen Beschäftigung der Gerichte mit verbindlichen Zusagen siehe bereits *Martens*, NVwZ 1983, 717 (721), dessen Ausführungen die hier aufgeworfene Behauptung anhand von praktischen Erfahrungen belegen.

220 *G. Mayer*, Zusage, S. 22.

221 Zu dieser Doppelnatur der verbindlichen Zusage vgl. auch *Hey*, Steuerplanungssicherheit, S. 699.

222 *Borggreve*, AO-StB 2007, 77 (78). Mit *G. Mayer*, Zusage, S. 35, lässt sich auch von einem „Leistungsversprechen der Verwaltung auf öffentlich-rechtlichem Gebiet" sprechen. Damit ist zugleich das entscheidende Abgrenzungskriterium der verbindlichen Zusage zur einfachen Auskunft i.S.d. § 25 Abs. 1 VwVfG gefunden, denn diese erfolgt nach überzeugender Darstellung von *von Bomhard*, Auskunft und Zusage im Steuerrecht, S. 79 anhand des Willens zur Nichtbindung der Behörde.

223 *Hannig*, NWB 2015, 2166 (2170).

224 *Hey*, Steuerplanungssicherheit, S. 699.

225 Siehe hierzu umfassend *Bumke*, in: Hoffmann-Riem/Schmidt-Assmann/Voßkuhle, Grundlagen des Verwaltungsrechts, Band II, 2. Aufl. 2012, § 35 Rn. 54.

Sie unterscheidet sich gleichwohl dadurch von ihr, dass sie nur bei einer vorausgegangenen Außenprüfung erteilt werden kann. Antragsteller kann damit nur der geprüfte Betrieb sein. Bei der verbindlichen Auskunft hingegen bedarf es keiner Betriebsprüfung. Vielmehr kann jeder Antragsteller sein, der nur ein hinreichend berechtigtes Interesse darlegt und auch die übrigen – in den nachfolgenden Kapiteln noch näher darzustellenden – Zulässigkeitsvoraussetzungen erfüllt.[226] Damit entfaltet die verbindliche Auskunft eine viel größere Breitenwirkung als die verbindliche Zusage.[227] Zudem muss mit dem Erfordernis der Betriebsprüfung korrelierend auch der betreffende Sachverhalt schon einmal verwirklicht worden sein.[228] Die verbindliche Auskunft hingegen betrifft ausschließlich zukünftige, noch nicht verwirklichte Sachverhalte. Vielmehr ist sogar die frühere Verwirklichung eines Sachverhalts – wie noch ausführlicher darzustellen sein wird – ein Ausschlussgrund.[229]

Ein weiterer Unterschied liegt in der Fernwirkung. Während die verbindliche Zusage nach § 204 AO die Verwaltung für eine Mehrzahl von Steuerbescheiden bindet und diese daher auch über den Erlass des zugesagten Steuerbescheids hinaus Wirkung entfaltet[230], bezieht sich die verbindliche Auskunft nach § 89 Abs. 2 AO nur auf die Steuerbescheide, die von dem zukünftigen Sachverhalt umfasst sind.[231] Der letzte Unterschied besteht auf der Rechtsfolgenseite. Während die verbindliche Zusage nach

226 *Rätke*, BBK 2009, 951 (958).

227 So auch *Hey*, Steuerplanungssicherheit, S. 734, die als einzige echte Profiteure von § 204 AO Großunternehmen ansieht.

228 Aufgrund dieser verfahrensrechtlich sehr speziellen Grundkonstellation wird die verbindliche Zusage in der Literatur vielfach als kaum relevantes Rechtsinstitut angesehen, vgl. statt vieler *Dann*, Die verbindliche Auskunft in Deutschland im Vergleich zu Rechtsauskünften von Finanzbehörden in anderen europäischen Ländern, in: Festschrift für Wolfgang Ritter, 1997, S. 53 (59) sowie *Buciek*, DStZ 1999, 389 (390) m.w.N. auf die gerichtliche Praxis. So wird vorgebracht, dass diesem Institut die Masse an Anwendungsfällen fehle. Auch *Hey*, Steuerplanungssicherheit, S. 699 teilt diesen Befund. Gleichwohl weist die verbindliche Zusage trotz ihrer geringen praktischen Bedeutung eine erstaunliche Regelungstiefe auf und ist umfassender gesetzlich kodifiziert worden als sämtliche anderen Kooperationsformen zwischen Finanzverwaltung und Steuerpflichtigem, vgl. auch *Borggreve*, AO-StB, 77 (78).

229 Hierzu eingehend unten Kapitel 2 C. IV.

230 *Hey*, Steuerplanungssicherheit, S. 721.

231 Klarstellend sei in diesem Zusammenhang darauf hingewiesen, dass Gegenstand der verbindlichen Zusage bzw. der verbindlichen Auskunft nicht ein bestimmter zukünftiger VA, sondern vielmehr ein bestimmtes zukünftiges Verwaltungshandeln ist, vgl. *Hey*, Steuerplanungssicherheit, S. 721.

§ 204 AO eine Soll-Entscheidung ist und damit die Zusage in der Regel zu erteilen sein wird, steht die verbindliche Auskunft jedenfalls in ihrer derzeit in § 89 Abs. 2 AO kodifizierten Form im Ermessen der Behörde. Damit sind verbindliche Zusage und verbindliche Auskunft zwei eigenständige Rechtsinstitute[232], obgleich die Zusage eine (Teil-)Menge der verbindlichen Auskunft ist, da in jeder verbindlichen Zusage auch eine verbindliche Auskunft steckt, umgekehrt aber nicht jede verbindliche Auskunft eine verbindliche Zusage ist.[233]

VI. Die Erörterung

Ebenfalls – jedoch in aller Kürze – ist die Erörterung zu betrachten. Die Erörterung, welche auf Antrag eines Einspruchsführers etwa im Steuerverfahrensrecht nach § 364a Abs. 1 S. 1 AO vor Erlass einer Einspruchsentscheidung durchzuführen ist, dient dazu, miteinander die Sach- und Rechtslage zu diskutieren und insofern auf einen Konsens hinzuwirken.[234] Sie bezweckt – anders als die verbindliche Auskunft – in erster Linie eine Verfahrensbeschleunigung und ist daher weniger der Rechts- und Dispositionssicherheit zugewandt und zuträglich. So schafft sie einzig insoweit Sicherheit, als der Einspruchsführer vor Überraschungsentscheidungen der Finanzverwaltung geschützt ist. Der Schutz des Betroffenen ist gleichwohl insoweit fragil, als die Finanzverwaltung nicht verpflichtet ist, mit ihm ein Rechtsgespräch zu führen. Damit beschränkt sich die Erörterung weitestgehend auf tatsächliche Anhaltspunkte, während die Klärung von Rechtsfragen anders als bei der verbindlichen Auskunft nicht möglich ist.

---

232 A.A. *Kottke*, DB 1999, 820 (821), der die verbindliche Auskunft als ein Beispiel für eine nicht spezialgesetzlich geregelte Zusage ansieht. Diese Auffassung stammt allerdings noch aus der Zeit vor der gesetzlichen Verankerung der verbindlichen Auskunft in § 89 Abs. 2 AO, sodass es nun auch aus systematischen Gründen kaum noch vertretbar erscheint, der verbindlichen Auskunft den Charakter als eigenständiges Rechtsinstitut neben der verbindlichen Zusage nach § 204 AO abzusprechen.

233 *Dalichau*, Auskünfte und Zusagen, S. 108.

234 *Hannig*, NWB 2015, 2166 (2168).

VII. Die tatsächliche Verständigung zur Bewertung vergangener Sachverhalte

In zeitlicher Hinsicht ist die verbindliche Auskunft von der tatsächlichen Verständigung abzugrenzen.[235] Die tatsächliche Verständigung, ihrerseits im Steuerrecht auch ohne gesetzliche Grundlage ausgehend vom Grundsatz von Treu und Glauben i.S.d. § 242 BGB[236] weitestgehend infolge richterlicher Rechtsfortbildung anerkannt[237], dient dazu, einen bereits abgeschlossenen Sachverhalt zu bewerten[238] und damit Ungewissheiten auf tatsächlicher oder rechtlicher Ebene auszuräumen.[239] Sie stellt dabei eine „feste Institution im Steuerrecht"[240] dar und wird von der Finanzverwaltung einmütig regelmäßig praktiziert. Ausgangspunkt ist, dass weder der

---

235 Ausführlich aufbereitet findet sich die Abgrenzung bei *Seer*, Verständigungen, S. 4. An der Begrifflichkeit „tatsächliche Verständigung" wird von *Drüen*, FR 2011, 101 (110) deren Unschärfe kritisiert. Besser sei es nach seiner Auffassung, von einer „materiellen Verständigung" zu sprechen. Umfassend zur tatsächlichen Verständigung *Eich*, Die tatsächliche Verständigung im Steuerverfahren und Steuerstrafverfahren, 1992.

236 Dass der Grundsatz von Treu und Glauben im Öffentlichen Recht uneingeschränkt Anwendung findet und als solcher eine Konkretisierung des Gerechtigkeitsprinzips (*Stern*, Die clausula rebus sic stantibus im Verwaltungsrecht, in: Staat, Kirche, Wissenschaft in einer pluralistischen Gesellschaft, Festschrift zum 65. Geburtstag von Paul Mikat, 1989, S. 775 (788)) darstellt, wird in dieser Arbeit vorausgesetzt. In Bezug auf die tatsächliche Verständigung ist außerdem zur Klarstellung zu erwähnen, dass der Grundsatz von Treu und Glauben für eine Verbindlichkeit der tatsächlichen Verständigung nicht genügt, sondern die Grundsätze des öffentlich-rechtlichen Vertrags hinzutreten, vgl. *Bilsdorfer*, Anm. zum BFH-Urteil vom 28.7.1993 (XI R 68/92), BB 1994, 634 f. m.w.N.

237 Die Leitentscheidung zur Zulässigkeit der tatsächlichen Verständigung stellt BFHE 142, 549 ff. dar. Ausgehend hiervon wird die tatsächliche Verständigung seitdem nahezu unisono anerkannt, vgl. statt vieler BFH, BB 1994, 633 (634) sowie *Drüen*, FR 2011, 101 (109), jeweils m.w.N. Damit ist die tatsächliche Verständigung ein „Kind der Praxis", vgl. *Buciek*, DStZ 1999, 389 (394).

238 So jedenfalls die einhellige Auffassung der Finanzverwaltung, die tatsächliche Verständigungen über zukünftige Sachverhalte rigoros ablehnt, vgl. BMF-Schreiben v. 30.7.2008, BStBl I 2008, 831 (832), Rn. 4.2, Satz 1. Eine Ausnahme bestünde demnach nur einerseits bei Dauersachverhalten und andererseits bei Sachverhalten mit Dauerwiederkehr, Rn. 4.2, Sätze 2 und 3.

239 Weitere Einzelheiten zu Form, Inhalt und Umfang enthält das BMF-Schreiben v. 30.7.2008, BStBl I 2008, 831. Verständigungen über Rechtsfragen seien demgegenüber unzulässig und daher nichtig. Zu den praktischen Abgrenzungsproblemen siehe *Hannig*, NWB 2015, 2166 (2173).

240 So überzeugend *Bilsdorfer*, Anm. zum BFH-Urteil vom 28.7.1993 (XI R 68/92), BB 1994, 634 f.

Steuerpflichtige noch die Finanzverwaltung einen in der Vergangenheit liegenden abgeschlossenen Sachverhalt mit hundertprozentiger Sicherheit wiedergeben können, sodass eine Verständigung nötig ist, bei der sich beide Seiten auf einen Sachverhalt einigen. Hierbei wird ein Konsens innerhalb des durch die objektive Ungewissheit vorgegebenen Rahmens der rechtlichen vertretbaren Standpunkte erzielt und so ein Rechtsstreit von vornherein vermieden.[241] Damit stellt die tatsächliche Verständigung letztlich nichts anderes als einen Vergleich dar.[242] Ein praktisches Bedürfnis hierfür besteht vor allem in Schätzungsfällen. Kern der tatsächlichen Verständigung ist eine Vereinbarung über eine bestimmte Sachbehandlung, nicht jedoch eine (unzulässige) Vereinbarung über Steueransprüche.[243] Die Vereinbarung ist nach ganz h.M. ein öffentlich-rechtlicher Vertrag[244] und entfaltet daher beiderseitige Bindungswirkung.[245] Die tatsächliche Verständigung zeichnet sich damit durch konsensuales Handeln aus.[246] Der Bürger erwirbt mit ihr einen Anspruch auf eine Bescheidung i.S.d. Einigung.[247] Eine spätere Verböserung ist im Falle einer wirksamen tatsächlichen Verständigung ausgeschlossen.[248] Insofern dient die tatsächliche Verständigung auch der Effektivität des Besteuerungsverfahrens sowie der Wahrung des Rechtsfriedens.[249]

Die verbindliche Auskunft betrifft anders als die tatsächliche Verständigung ausschließlich zukünftige Sachverhalte, die noch nicht vollendet wurden (sog. Vorabauskunft).[250] Zwar sind bereits in der Vergangenheit

241 *Seer*, StuW 1995, 213 (224).

242 *G. Mayer*, Zusage, S. 47 m.w.N.

243 BFHE, 142, 549 (555).

244 Für viele FG Hamburg, EFG 1992, 379 (380) m.w.N. *Seer*, StuW 1995, 213 (223) bezeichnet den Begriff der tatsächlichen Verständigung gar als Chiffre, um vom Begriff des Vertrags abzulenken.

245 Die Bindungswirkung folgt freilich entgegen dem BFH nicht aus dem Grundsatz von Treu und Glauben, sondern dem aus dem Zivilrecht stammenden Grundsatz pacta sunt servanda, vgl. auch *Seer*, Verständigungen, S. 3.

246 *Rüsken*, in: Klein, AO, § 162 Rn. 30a; *Seer*, in: Tipke/Kruse, AO/FGO, vor § 118 AO Rn. 15, jeweils m.w.N.; a.A. BFHE 164, 168 ff.; 206, 292 (296), ebenfalls m.w.N., der in der tatsächlichen Verständigung stets und ausschließlich eine an Treu und Glauben zu messende Übereinkunft sieht.

247 Instruktiv hierzu *Seer*, Verständigungen, S. 398 ff.

248 FG Hamburg, EFG 1992, 379 (380).

249 BFHE 142, 549 (553 ff.).

250 Zur Abgrenzung der beiden Institute siehe *Kottke*, DB 1999, 820 ff.

liegende Vorbereitungshandlungen weitestgehend unschädlich[251], jedoch muss sich die an die Verwaltung gestellte Rechtsfrage zweifelsfrei auf die Zukunft beziehen. Das gilt auch, wenn der Sachverhalt erst nach Antragstellung, aber vor der Entscheidung über den Antrag verwirklicht wird. Zudem kann auch keine verbindliche Auskunft auf bereits teilweise abgeschlossene Gestaltungen ohne Fortwirkung in die Zukunft erteilt werden.[252] Hier muss sich der Bürger damit begnügen, direkt gegen den jeweiligen Endbescheid vorzugehen. Wann genau diese Voraussetzungen im Einzelnen vorliegen, ist Tatfrage und vom Einzelfall abhängig.[253] Des Weiteren wird die verbindliche Auskunft auch nicht im Konsens mit dem Bürger erteilt, sondern einseitig durch Erlass der zuständigen Behörde. Dies lässt sich treffend mit den Begrifflichkeiten *Mitbestimmung* bei der tatsächlichen Verständigung und *Mitwirkung* bei der verbindlichen Auskunft beschreiben.[254] Der letzte Unterschied ist, dass – jedenfalls wenn der BFH-Judikatur und der Auffassung der Finanzverwaltung gefolgt wird – die tatsächliche Verständigung auf Sachverhaltsfeststellungen beschränkt ist und nicht über Rechtsfragen getroffen werden kann.[255] Genau entgegengesetzt dazu gilt die verbindliche Auskunft ausschließlich für Rechtsfragen, da der Antragsteller den Sachverhalt selbst bestimmt.[256] Folglich sind tatsächliche Verständigung und verbindliche Auskunft zwei völlig verschiedene, keine gemeinsamen Schnittmengen aufweisende Rechtsinstitute.[257]

---

251 *Rätke*, BBK 2009, 951 (952). Zur Grenzziehung zwischen unschädlichen Vorbereitungshandlungen und schädlichem Eintritt in die Verwirklichungsphase vgl. auch *Horst*, Verbindliche Auskunft, S. 57 ff. m.w.N.

252 *Bruschke*, DStZ 2007, 267 (269).

253 *Bruschke*, SteuK 2012, 179 (180).

254 *Horst*, Verbindliche Auskunft, S. 21.

255 BFHE 142, 549 (546); 206, 42 ff.; BMF-Schreiben v. 30.7.2008, BStBl I 2008, 831, Rn. 2.1. *Kottke*, DB 1999, 820 (822) legt gleichwohl überzeugend dar, wie dieses Rechtsprechungskriterium in der Praxis von allen Beteiligten überspielt wird, sodass die tatsächliche Verständigung faktisch auch über Rechtsfragen erfolgt. Siehe hierzu auch *Seer*, StuW 1995, 213 (218).

256 *Söhn*, in: Hübschmann/Hepp/Spitaler, AO/FGO, § 89 AO Rn. 224. *Roser*, in: Beermann/Gosch, AO/FGO, § 89 AO Rn. 58.

257 Dieser Sichtweise entsprechend auch *Hey*, Steuerplanungssicherheit, S. 37. Dieser Aussage widerspricht aber *Dalichau*, Auskünfte und Zusagen, S. 129 insoweit, als sie davon ausgeht, dass Berührungspunkte dergestalt bestehen, dass auch im Rahmen der tatsächlichen Verständigung Rechtsauskünfte von der Verwaltung gegeben werden können und umgekehrt auch die verbindliche Auskunft insofern ein konsensuales Element hat, als sich Rechtsstreitigkeiten infolge der Auskunft erledigen können.

VIII. Verwaltungserklärung in Gestalt einer einfachen verwaltungsrechtlichen Willenserklärung

Als Nächstes ist die verbindliche Auskunft von der Verwaltungserklärung abzugrenzen. Diese ist als Rechtsinstitut und universales Mittel der Rechtsgestaltung[258] in jüngerer Zeit monographisch und instruktiv von Ernst aufbereitet worden.[259] Ernst untersuchte die Verwaltungserklärung in der konkreten Ausformung der einfachen verwaltungsrechtlichen Willenserklärung. Der Begriff der Willenserklärung entstammt dem Zivilrecht und nimmt dort in der Vertrags- und Rechtsgeschäftslehre eine zentrale Funktion ein.[260] Im Zivilrecht wird die Willenserklärung definiert als Willensäußerung, die auf Erzielung eines rechtlichen Erfolges gerichtet ist.[261] Ausgehend von dieser Grunddefinition wurde auch im Öffentlichen Recht die Willenserklärung als eigene Handlungsform entdeckt.[262] Ursprünglich als „Lückenfüller" für nicht mit der herkömmlichen Dogmatik lösbare Probleme gedacht, nimmt sie heute eine wichtige Funktion als eigene Kategorie ein. Entscheidend ist dabei in jeder Situation zunächst die Abgrenzung zwischen privatrechtlichen und öffentlich-rechtlichen Willenserklärungen. Hierzu hat sich eine Schar an Lösungsansätzen entwickelt, denen in dieser Arbeit nicht vertieft nachgegangen werden kann. Mit der überzeugenden Definition von Ernst ist vielmehr davon auszugehen, dass eine Willenserklärung dann öffentlich-rechtlich ist, wenn ihr Erklärender oder Empfänger ein Träger öffentlicher Gewalt in gerade dieser Eigenschaft ist oder das Rechtsverhältnis, das die Willenserklärung begründet, ändert oder aufhebt, öffentlich-rechtlicher Natur ist, also maßgeblich durch Normen des Öffentlichen Rechts beeinflusst wird.[263] Diese Definition ermöglicht auch eine trennscharfe Abgrenzung zur verbindlichen Auskunft nach § 89 Abs. 2 AO. So könnte man nach dem Gesagten zwar davon ausgehen, dass jede verbindliche Auskunft auch als einfache verwaltungsrechtliche Willenserklärung ergeht, da die Behörde insoweit den Willen äußert, eine

258 *Kluth*, NVwZ 1990, 608.

259 *Ernst*, Die Verwaltungserklärung, 2007.

260 *Kluth*, NVwZ 1990, 608 m.w.N.

261 Umfassende Nachweise bei *Ernst*, Die Verwaltungserklärung, S. 53 in Fn. 123.

262 Beispiele für den breiten Strauß an Anwendungsbereichen der Willenserklärung im Öffentlichen Recht finden sich bei *Kluth*, NVwZ 1990, 608 f.

263 *Ernst*, Die Verwaltungserklärung, S. 68. Die Verwaltungserklärung kennzeichnet damit, dass sie den Willen der Verwaltung nach außen kundtut, sodass zu ihrer Auslegung der Empfängerhorizont maßgeblich ist, vgl. auch *von Bornhard*, Auskunft und Zusage im Steuerrecht, S. 106 m.w.N.

Rechtsnorm auf einen zukünftigen Sachverhalt im Sinne der Auskunft anzuwenden und damit ihre Erklärung auf die Erzielung eines rechtlichen Erfolges gerichtet ist. Diese Annahme ist auch im Ausgangspunkt zutreffend, greift aber dennoch zu kurz. Vielmehr sind verbindliche Auskunft und einfache verwaltungsrechtliche Willenserklärung zwar sehr ähnlich, im Detail jedoch (grundlegend) verschieden.

Das erste Differenzierungskriterium besteht darin, dass einfache verwaltungsrechtliche Willenserklärungen sowohl von der Behörde als auch vom Bürger abgegeben werden können.[264] Zwar gibt es Erklärungen, wie etwa das gemeindliche Einvernehmen nach § 36 BauGB, die tatsächlich exklusiv der öffentlichen Hand vorbehalten sind, jedoch ist es im Grundsatz in vielen Konstellationen möglich, dass beide Seiten solche Erklärungen abgeben.[265] Als ein prägnantes Beispiel sei die Aufrechnungserklärung nach § 388 BGB genannt. Existieren wechselseitige und gleichartige Forderungen zwischen Verwaltung und Bürger, kann in analoger Anwendung von § 388 BGB von beiden Seiten die Aufrechnung erklärt werden. Beide Erklärungen stellen einfache verwaltungsrechtliche Willenserklärungen dar. Die verbindliche Auskunft hingegen kann nur einseitig durch die Verwaltung erteilt werden. Der umgekehrte Fall wäre auch nicht zielführend, denn die Verwaltung ist zwar ebenfalls an eigener Rechtssicherheit interessiert, benötigt diese allerdings nicht derart dringend wie der Bürger, welcher jedoch keine verbindliche Auskunft an sich selbst erklären kann. Nur die Verwaltungsbehörde vermag dies durch ihre Auskunftserklärung zu bewerkstelligen. Gleichwohl greift diese Differenzierung noch nicht vollständig durch, da – wie anhand des gemeindlichen Einvernehmens aufgezeigt werden kann – auch die einfache verwaltungsrechtliche Willenserklärung vergleichbar exklusiv zur verbindlichen Auskunft sein kann.[266]

Das zweite Differenzierungskriterium ist das der Subordination. Während die verbindliche Auskunft im Über- und Unterordnungsverhältnis zwischen Verwaltung und Bürger ergeht, lässt sich für die einfache verwaltungsrechtliche Willenserklärung ein solches Subordinationsverhältnis nicht erkennen.[267] Vielmehr zeigt vor allem das soeben genannte Beispiel der wechselseitigen Aufrechnungsmöglichkeit besonders prägnant, dass

264 Den hohen Stellenwert der verwaltungsrechtlichen Willenserklärung für den Bürger zeigt indes *Kluth*, NVwZ 1990, 608 (614) anschaulich auf.

265 *Ernst*, Die Verwaltungserklärung, S. 69.

266 In diesem Sinne auch *Ernst*, Die Verwaltungserklärung, S. 69, der dieses Differenzierungskriterium daher nur für eingeschränkt tauglich erachtet.

267 *Ernst*, Die Verwaltungserklärung, S. 69.

sich Verwaltung und Bürger im Gleichordnungsverhältnis gegenüberstehen. Dies hat vor allem den Hintergrund, dass mit der einfachen verwaltungsrechtlichen Willenserklärung umfangreiche Anleihen am Zivilrecht genommen werden, sodass auch eine ähnliche Wirkung im Vergleich zu privaten Rechtsverhältnissen eintreten soll. Die verbindliche Auskunft ist dagegen einseitige Ausübung hoheitlicher Gewalt. Sie entstammt nicht dem Zivilrecht, sondern ist ein originär öffentlich-rechtliches Rechtsinstitut.

Obschon man mit den vorgenannten beiden Differenzierungskriterien im Grunde genommen bereits eindeutig verbindliche Auskunft und einfache verwaltungsrechtliche Willenserklärung als zwei verschiedene Rechtsinstitute darstellen konnte, ist als drittes Differenzierungskriterium auch noch auf die Rechtswirkungen einzugehen. Während der verbindlichen Auskunft immanent ist, dass sie auf eine unmittelbare Rechtswirkung nach außen gerichtet ist, indem sie dem Bürger die Garantie gibt, dass – vorbehaltlich einiger noch darzustellender Einschränkungen – ein Sachverhalt, der im Sinne der verbindlichen Auskunft eintritt, auch rechtlich so behandelt wird wie in der Auskunft zugesagt, lässt sich eine vergleichbare Rechtswirkung für die einfache verwaltungsrechtliche Willenserklärung nicht konstruieren. Denn einfache verwaltungsrechtliche Willenserklärungen erfassen auch die mittelbaren Auswirkungen.[268] Sie können zudem auch rein verwaltungsinterne Wirkungen entfalten, während das Vorliegen einer verbindlichen Auskunft nur dann angenommen werden kann, wenn sie von der Verwaltung gegenüber einem Bürger ergeht. Plastisch lässt sich dies an dem Beispiel aufzeigen, dass eine Unterbehörde, bevor sie die verbindliche Auskunft erteilen darf, erst eine Zustimmung ihrer Oberbehörde braucht. Diese Zustimmung ist eine öffentlich-rechtliche Willenserklärung, kann aber noch keine verbindliche Auskunft sein. Selbst wenn die Rechtsauffassung der Oberbehörde identisch in das Auskunftsschreiben der Unterbehörde an den Antragsteller übernommen wird, so stellt erst das die Unterbehörde verlassende Schreiben eine verbindliche Auskunft dar. Auf die behördeninterne Korrespondenz kann sich der Antragsteller letztlich auch nicht berufen, allein schon deshalb, weil ihm über Verwaltungsinterna zumeist die Kenntnis fehlt. Mitgeteilt wird ihm vielmehr nur das Endergebnis.

Demnach ist die verbindliche Auskunft keine einfache verwaltungsrechtliche Willenserklärung. Gleichwohl sind die aufgezeigten Gemeinsamkeiten nicht von der Hand zu weisen, sodass es vorzugswürdig erscheint, die

268 *Ernst*, Die Verwaltungserklärung, S. 74; *Kluth*, NVwZ 1990, 608 (609).

Konnexität beider Institute dadurch herzustellen, dass die verbindliche Auskunft als spezielle Form der einfachen verwaltungsrechtlichen Willenserklärung angesehen wird.[269] Damit ist die verbindliche Auskunft als qualifizierte öffentlich-rechtliche Willenserklärung anzusehen.[270]

IX. Öffentlich-rechtlicher Vertrag

Genauso wie zwischen Privaten, können auch zwischen Verwaltung und Bürger in nunmehr jahrzehntelanger Tradition und Anwendungspraxis Verträge geschlossen werden. Das entsprechende gesetzliche Fundament findet sich im allgemeinen Verwaltungsrecht in den §§ 54 ff. VwVfG, in welchen der Grundsatz der Vertragsbindung als allgemein anerkanntes Fundamentalprinzip schlicht vorausgesetzt wird.[271] Der dort normierte öffentlich-rechtliche Vertrag[272] (auch Verwaltungsvertrag genannt) zeichnet sich durch das Merkmal der Gegenseitigkeit, also den beider- oder mehrseitigen Rechtsbindungswillen, aus.[273] Er dient genauso wie die verbindliche Auskunft vor allem dazu, maßgeschneiderte Lösungen für atypische und komplizierte Fälle zu entwickeln und erleichtert es, sich auch die Expertise des Bürgers zunutze zu machen.[274] Er erhöht somit jedenfalls nach der Idealvorstellung der Beteiligten die Akzeptanz und Befolgungsbereitschaft des Bürgers.[275] So wird allgemein davon ausgegangen, dass der Bürger – lässt er sich auf einen Vertrag ein – nicht gegen diesen handeln wird. Damit stellt er die wohl intensivste Kooperationsform zwischen Verwal-

---

269 So auch die h.M. in Bezug auf das Verhältnis von einfacher verwaltungsrechtlicher Willenserklärung und Verwaltungsakt, vgl. die umfangreichen Nachweise bei *Ernst*, Die Verwaltungserklärung, S. 85 in Fn. 264. Noch weitergehender *Ders.*, Die Verwaltungserklärung, S. 86, der den VA und die einfache verwaltungsrechtliche Willenserklärung im weitesten Sinne als Synonyme ansieht.

270 In diesem Sinne auch *Ernst*, Die Verwaltungserklärung, S. 88 für das Verhältnis von VA und einfacher verwaltungsrechtlicher Willenserklärung.

271 *Seer*, Verständigungen, S. 317 m.w.N.

272 Zur Kritik an der vom Gesetzgeber gewählten Überschrift „Öffentlich-rechtlicher Vertrag“ im VwVfG als zu weitgehend siehe *Gurlit*, in: Ehlers/Pünder, Allg. VwR, § 29 Rn. 1. Zur Kritik an der Einengung der §§ 54 ff. VwVfG auf den verwaltungsrechtlichen Vertrag und nicht auf den öffentlich-rechtlichen Vertrag in seiner vollen Breite *Kunig*, DVBl 1992, 1193 (1195).

273 *Ramsauer*, in: Kopp/Ders., VwVfG, § 35 Rn. 60; siehe hierzu auch *Seer*, StuW 1995, 213 (214).

274 *Bull/Mehde*, Allg. VwR, Rn. 841.

275 *Bull/Mehde*, Allg. VwR, Rn. 841.

tung und Bürger dar.[276] Gleichwohl ist es nicht sein Ansinnen, den noch darzustellenden VA[277] zu *ersetzen*, sondern dort zu *ergänzen*, wo er in dessen Umfeld konsensuale Rechtsbeziehungen instrumentell sinnvoller dazustellen vermag.[278]

Der öffentliche-rechtliche Vertrag weist als konstitutive Voraussetzung auf, dass sich wenigstens zwei Rechtssubjekte über die Herbeiführung von Rechtsfolgen einigen. Er teilt damit mit dem VA das Merkmal der Rechtsförmigkeit, unterscheidet sich aber durch den Modus der Begründung von Rechtsfolgen.[279] Die Rechtsförmigkeit des öffentlich-rechtlichen Vertrags dient der Abgrenzung zu informalen Absprachen. Anders als der Verwaltungsvertrag wird die verbindliche Auskunft einseitig und mit derselben Unabhängigkeit wie beim späteren Endbescheid von der Verwaltungsbehörde erteilt.[280] Sie ist nicht auf die Gleichordnung von Verwaltung und Bürger, sondern auf das Subordinationsverhältnis ausgerichtet.[281] Die Verwaltung steht „über dem Bürger" und nicht auf einer Stufe mit diesem. Eine Einigung zwischen Verwaltung und Bürger erfolgt insofern nicht. Damit kann die verbindliche Auskunft kein öffentlich-rechtlicher Vertrag sein, ihr liegt auch keine vertragsähnliche Konstruktion zugrunde. Gleichwohl hat die verbindliche Auskunft eine gewisse Nähe zum öffentlich-rechtlichen Vertrag, da auch diese der Mitwirkung des Bürgers bedarf.[282] So wird eine verbindliche Auskunft – wie bereits oben schon angedeutet – nur auf Antrag erteilt.[283] Zudem kann eine Verbindung zwischen verbindlicher Auskunft und öffentlich-rechtlichem Vertrag dadurch hergestellt werden, dass die verbindliche Auskunft im Vorfeld eines öffentlich-rechtli-

---

276 So wohl im Ergebnis auch *Gurlit*, in: Ehlers/Pünder, Allg. VwR, § 29 Rn. 2.

277 Eine umfassende Darstellung des VA erfolgt unten in Kapitel 2 B.

278 Zutr. *Seer*, Verständigungen, S. 6.

279 *Gurlit*, in: Ehlers/Pünder, Allg. VwR, § 29 Rn. 2.

280 *Buciek*, DStZ 1999, 389 (392); *G. Mayer*, Zusage, S. 46; *Zeidler*, Gutachten, S. 13.

281 *Rohwer-Kahlmann*, DVBl 1962, 622 (624).

282 Zu weitgehend *Seer*, Verständigungen, S. 63, der der allgemeinen Zusage, zu der nach seiner Lesart wohl auch die verbindliche Auskunft zählt, eine hohe Affinität zum verwaltungsrechtlichen Vertrag attestiert.

283 Zum Wesen der Auskunft als eine Reaktion der Verwaltung auf ein entsprechendes Ersuchen des Bürgers siehe auch die amtliche Begründung zu § 21 des Regierungsentwurfs zum VwVfG, BT-Drs. 7/910, S. 49. Hintergrund ist, dass das Auskunftsverfahren primär im Interesse des Bürgers abläuft, während aus Verwaltungssicht auch alle entscheidenden Fragen im nachgelagerten Verwaltungsverfahren geklärt werden können.

chen Vertrages ergeht und damit Vorwirkungen für die Vertragsverhandlungen entfaltet.[284]

X. Informelles Verwaltungshandeln

Zuletzt ist noch zum Verhältnis der verbindlichen Auskunft zum Teilbereich des sogenannten informellen Verwaltungshandelns Stellung zu beziehen. Es finden sich zwar keine expliziten gesetzlichen Vorgaben für informelle Verwaltungshandlungen, da diese ausschließlich von der Rechtspraxis entwickelt wurden, mittlerweile sind sie aber überall anerkannt und in einer modernen Gesellschaft auch nicht mehr wegzudenken.[285] Informelles Verwaltungshandeln meint indes alle rechtlich nicht geregelten Tathandlungen, die der Staat anstelle von rechtlich geregelten Verfahrenshandlungen oder Rechtsfolgeentscheidungen wählt, welche aber zur Herbeiführung des beabsichtigten Erfolgs auch in den von der Rechtsordnung bereitgestellten öffentlich-rechtlichen oder privatrechtlichen Handlungsformen hätten erfolgen können.[286] Die typischen Formen des informellen Verwaltungshandelns sind Absprachen im eigentlichen Wortsinne, die eine Form flexiblen Verwaltungshandelns darstellen und in aller Regel in Form von Realakten ergehen.[287] Eine informelle Absprache läge etwa dann vor,

---

284 Ähnlich *von Bombard*, Auskunft und Zusage im Steuerrecht, S. 107 für die Zusage und den öffentlich-rechtlichen Vertrag.

285 *Brohm*, DVBl 1994, 133 (139); *Kunig*, DVBl 1992, 1193 (1194); *Bohne*, VerwArch 75 (1984), 343 (346). Am Nähesten kommt das informale Verwaltungshandeln § 25 Abs. 1 VwVfG (bzw. den spezialgesetzlichen Gegenstücken in § 89 Abs. 1 AO bzw. § 15 SGB I), in dem die oben skizzierte Beratungspflicht erwähnt ist. Diese schafft gleichwohl nach einhelliger Meinung keine umfassende, materielle Beratungspflicht (*Bohne*, VerwArch 75 (1984), 343 (349) m.w.N.), sodass das informale Verwaltungshandeln noch über § 25 Abs. 1 VwVfG und seine spezial gesetzlichen Pendants hinausgeht, insbesondere dahingehend, dass es sich zumeist auf die Zeit vor Beginn des Verwaltungsverfahrens bezieht.

286 *Bohne*, VerwArch 75 (1984), 343 (344). Bohne destilliert aus dieser Definition die drei zentralen Kernmerkmale der rechtlichen Nichtregelung und Unverbindlichkeit (1.), des Alternativverhältnisses zu rechtlichen Handlungsformen (2.) sowie das Tauschprinzip (3.). Brohm hingegen entwickelt drei verschiedene Typen des informellen Verwaltungshandelns, wobei von einer umfassenden Darstellung hier aus Gründen der Schwerpunktsetzung abgesehen wird, sodass auf seine Ausführungen in DVBl 1994, 133 ff. verwiesen wird.

287 *Bohne*, VerwArch 75 (1984), 343 (358). Ähnlich auch *K. König*, VR 1990, 401 (406), der zudem noch die hohe Problemnähe des informellen Verwaltungshandelns betont.

wenn der Verwaltungsträger auf eine Maßnahme bzgl. der Überschreitung der Immissionsgrenze verzichtet und sich das Unternehmen im Gegenzug verpflichtet, 100 Arbeitsplätze zu erhalten.

Ausprägungen informellen Verwaltungshandelns sind insbesondere Vorverhandlungen, Arrangements und öffentlich-rechtliche Verträge.[288] Bohne spricht insoweit auch von „Tauschbeziehungen zwischen den Handlungsbeteiligten“[289], da beide Seiten in der Regel gewisse Zugeständnisse machen werden.[290] Das informale Verwaltungshandeln ist für beide Seiten attraktiv, da sich dadurch umständliche, zeit- und kostenaufwändige, konfliktbeladene oder sonst wie unzweckmäßige Verwaltungsverfahren ersparen.[291] Der Hauptanwendungsfall der informellen Verwaltungshandlungen liegt daher im konsensualen Bereich.[292] Verfehlt wäre es jedoch, daraus den Schluss zu ziehen, dass die Begriffe informelles und kooperatives Verwaltungshandeln Synonyme wären. Vielmehr sind beide strikt zu trennen, sodass der Begriff des kooperativen Verwaltungshandelns keinesfalls für sich genommen den Schluss auf die jeweilige Handlungsform zulässt.[293] In ihrem besonderen Anwendungsbereich ist das informelle Verwaltungshandeln gleichwohl mittlerweile ein unverzichtbarer Bestandteil von Verwaltungs- und Regierungstätigkeit in allen Rechtsgebieten.[294]

Das informelle Verwaltungshandeln hat freilich mit der verbindlichen Auskunft gemein, dass beide Formen vor allem zeitlich vor dem späteren Genehmigungsverfahren stattfinden und damit beide „Vorfeldmaßnahmen“[295] darstellen. Die verbindliche Auskunft kann nach diesen Ausführungen aber trotzdem keine Ausprägung informellen Verwaltungshandelns darstellen[296], da ihr Gegenstand anders als bei informellem Verwaltungshandeln nicht auf konsensuale Absprachen, sondern auf die einseiti-

---

288 *Bulling*, DÖV 1989, 277 ff. Partiell a.A. dagegen *Bohne*, VerwArch 75 (1984), 343 (361), der jedenfalls den öffentlich-rechtlichen Vertrag nicht als Ausprägung informellen Verwaltungshandeln begreift. Anders auch *Kunig*, DVBl 1992, 1193 (1197), der den öffentlich-rechtlichen Vertrag als Aliud zum schlichten Verwaltungshandeln ansieht und damit nicht als Teil von diesem.

289 *Bohne*, VerwArch 75 (1984), 343 (344).

290 *Brohm*, DVBl 1994, 133 (137).

291 *Bohne*, VerwArch 75 (1984), 343 (346).

292 *Brohm*, DVBl 1994, 133.

293 Überzeugend *Seer*, Verständigungen, S. 52.

294 *Bohne*, VerwArch 75 (1984), 343 (372).

295 Siehe hierzu auch *Brohm*, DVBl 1994, 133 (137).

296 Zum informalen Verwaltungshandeln findet sich eine mittlerweile gefährlich angeschwollene Flut an Literatur. Eine Gesamtübersicht geben *Bohne*, Der informale Rechtsstaat, 1981 und *Burmeister*, VVDStRL 52 (1993), 190 (234 ff.).

ge Ausübung von Hoheitsgewalt infolge eines Antrags des Bürgers gerichtet ist. Das eingangs dargestellte Beispiel der Erhaltung von 100 Arbeitsplätzen wäre auch kein Fall der verbindlichen Auskunft.

Damit ist allerdings noch nicht das entscheidende Differenzierungskriterium benannt, denn auch informelles Verwaltungshandeln ist etwa durch behördliche Warnungen und Hinweise einseitig möglich.[297] Entscheidend ist vielmehr, dass die verbindliche Auskunft gerade das Merkmal der Verbindlichkeit in sich trägt, während informelle Verwaltungshandlungen stets mit dem „Makel der Unverbindlichkeit“[298] versehen sind. Die verbindliche Auskunft ist somit kein bloßes „Gentlemans Agreement unter der Hand“ oder rein schlichtes Verwaltungshandeln[299], sondern Teil eines förmlich ablaufenden Verwaltungsvorverfahrens, welches mit der Erteilung einer Rechtsauskunft abgeschlossen wird, die dieselbe rechtsstaatliche Qualität aufweist wie ein befehlender VA im Rahmen der Eingriffsverwaltung. Damit weckt die verbindliche Auskunft anders als die informalen Absprachen nicht nur Erwartungen[300] bzw. eine faktische Bindung der Behörde[301], sondern erzeugt Rechtsbindungen. Folglich kann der Befürchtung, dass die verbindliche Auskunft eine „regelungsersetzende Verwaltungshandlung“[302] ist, gleich an dieser Stelle entgegengetreten werden. Sie nimmt – wie noch zu zeigen sein wird – die Regelung oder wenigstens einen Teil von ihr nur vorweg und gibt dem Bürger damit die Möglichkeit, bereits im Vorfeld zu wissen, wie die Verwaltung einen konkreten Sachverhalt im nachfolgenden Verwaltungsverfahren rechtlich würdigen wird. Das Institut der verbindlichen Auskunft weist somit auch nicht die rechtsstaat-

---

297 *Brohm*, DVBl 1994, 133 (134).

298 So die prägnante und treffende Formulierung von *Brohm*, DVBl 1998, 133 (134).

299 Das schlichte Verwaltungshandeln, welches nach Robbers eine „profillose Auffangkategorie [darstellt], deren gängige Einteilung in verschiedene Handlungstypen auf der Ebene empirischer Beschreibung verharrt und anerkanntermaßen dogmatisch folgenlos bleibt“, vgl. *Robbers*, DÖV 1987, 273 (274), bleibt in dieser Arbeit außer Betracht.

300 *Groh*, DÖV 2012, 582 (583); *Kunig*, DVBl 1992, 1193 (1197). Dass informelle Absprachen nur Erwartungen wecken, führt auch dazu, dass sie keinen Erfüllungsanspruch begründen können, vgl. *Bohne*, VerwArch 75 (1984), 343 (360). Gleichwohl bleiben Sekundäransprüche vor allem in Form der Amtshaftung weiterhin möglich, vgl. *Kunig*, DVBl 1992, 1193 (1201).

301 *Bohne*, VerwArch 75 (1984), 343 (349).

302 Zu dieser Begriffskreation von Burmeister und ihrer Bedeutung siehe *Burmeister*, VVDStRL 52 (1993), 190 (233).

lichen Schwächen[303] von – in vielen Fällen nicht justitiablen[304] – reinen Vorabsprachen mit der Verwaltung im Rahmen des informellen Verwaltungshandelns auf[305], sodass mit ihr auch nicht die üblichen negativen Assoziationen wie beim informellen Verwaltungshandeln verbunden werden.[306] Besonders diese stellen die wahre Gefahr bei Kooperationen zwischen Verwaltung und Bürger dar, insbesondere dann, wenn eine unverbindliche Absprache zwischen Sachbearbeiter und Bürger, von der ansonsten niemand innerhalb der Behörde Kenntnis erlangen konnte, plötzlich Gegenstand eines bestandskräftigen VA wird.[307] Die Gesetzmäßigkeit der Verwaltung und die Gleichmäßigkeit des Gesetzesvollzugs werden damit im Einzelfall nicht nur unerheblich tangiert.[308] Zudem birgt das informelle Verwaltungshandeln immer das Risiko, dass den gesetzlichen Zielen zu-

303 Zu den Bedenken *Bohne*, VerwArch 75 (1984), 343 (364 f.).

304 Die fehlende Justiziabilität hat indes nicht zwingend eine rechtliche Dimension, da gegen nahezu jeden Akt der Verwaltung ein irgendwie gearteter Rechtsschutz gem. Art. 19 Abs. 4 GG möglich sein muss und in praxi auch möglich ist. Das Problem ist vielmehr auf der tatsächlichen Ebene angesiedelt, da die Beweisführung nicht in allen Fällen gelingen wird. Damit lohnt es sich häufig nicht, eine Klage einzureichen, vgl. hierzu auch *Bohne*, VerwArch 75 (1984), 343 (354). Daneben tritt die von Seer bemängelte „Formenflüchtigkeit" sowie begrenzte Verwaltungskapazität, vgl. *Seer*, Verständigungen, S. 478.

305 In diesem Sinne auch *Burmeister*, VVDStRL 52 (1993), 190 (200); a.A. *Bulling*, DÖV 1989, 277 (288), der selbst die Agreements als rechtsstaatlich einwandfreie Instrumente der Kommunikation zwischen Verwaltung und Bürger ansieht. Colorandi causa sei hier nur kurz erwähnt, dass auch der immer wieder vorgetragene Ausgleich für die rechtsstaatlichen Schwächen, nämlich die Verfahrensbeschleunigung, tatsächlich nicht immer vorhanden ist. Tatsache ist vielmehr, dass wesentliche Teile des von Gesetzes wegen dem formalen Genehmigungsverfahren vorbehaltenen Entscheidungsgegenstandes in die Vorverhandlungen verlagert werden, vgl. überzeugend *Bohne*, Informales Verwaltungshandeln im Gesetzesvollzug, in: Organisation und Recht: Organisatorische Bedingungen des Gesetzesvollzugs, 1981, S. 31 ff. Weitere Bedenken gegen das informale Verwaltungshandeln zeigen *Bull/Mehde*, Allgemeines Verwaltungsrecht, 9. Aufl. 2015, Rn. 155 auf, die insbesondere darin bestehen, dass häufig der sozial Schwache bestraft wird, der kein gutes Verhandlungsgeschick im Umgang mit der Verwaltung zeigt. Damit verbleibt nach dieser Darstellung als einziger echter, aber zweifelhafter Mehrwert die Verfahrensvereinfachung.

306 *Seer*, Verständigungen, S. 64 spricht insoweit davon, dass das schlichte Verwaltungshandeln als Ausprägung informalen Verwaltungshandelns ein „profilloses Sammelbecken für ganz unterschiedliche Phänomene" sei. Zur negativen Konnotation des informalen Verwaltungshandelns im Umgangsverkehr siehe zudem *Bohne*, VerwArch 75 (1984), 343.

307 Gl. A. *Seer*, Verständigungen, S. 476 ff.

308 *Seer*, Verständigungen, S. 445.

wider Verabredungen getroffen werden, die zulasten Dritter gehen und im normalen Gesetzesvollzug so nicht aufgetreten wären.[309] Gleichwohl weist das informelle Verwaltungshandeln insofern eine Nähe zur verbindlichen Auskunft auf, als auch dieses der Problemabschichtung, dem Dispositionsschutz sowie der Steigerung der Verwaltungseffizienz dient.[310] Zudem sind einfache (schlichte) Auskünfte auch originärer Teil informellen Verwaltungshandelns[311], sodass allein die Verbindlichkeit der verbindlichen Auskunft diese Form der Auskunftserteilung aus dem informellen Verwaltungshandeln heraushebt und in das formelle Verwaltungshandeln implementiert.

D. Gang der Untersuchung

Nach der vorstehenden Darstellung lässt sich als Zwischenergebnis formulieren, dass die verbindliche Auskunft weder eine einfache Auskunft noch eine Zusage ist und zudem als Rechts- und nicht als Tatsachenauskunft ergeht und somit einen eigenen Terminus bildet.[312] Nachdem damit der Grundstein für die verbindliche Auskunft als Rechtsinstitut gelegt wurde, gilt es nunmehr in Kapitel 2 das bereits kodifizierte Institut der verbindlichen Auskunft im Steuerrecht nach § 89 Abs. 2 AO darzustellen. Aufgrund der erheblichen Bedeutung dieser Norm und ihrer häufigen Anwendung[313] findet sich hierzu auch ein breites Panorama an Rechtsprechung

---

309 Ein anschauliches Beispiel, in dem Vorhabenträger, Parlamentsabgeordneter und Bürgermeister gemeinsam das Wasserwirtschaftsamt und die regionale Planungsbehörde ausspielten, zeigt *Bohne*, VerwArch 75 (1984), 343 (351) auf. Zu den weiteren Bedenken hinsichtlich des Demokratieprinzips sowie der grundrechtlichen Schutzpflichten siehe *Kunig*, DVBl 1992, 1193 (1202) sowie *K. König*, VR 1990, 401 (406 f.).

310 Wie *Reichelt*, Vorbescheid, S. 52 ff. aufzeigt, ist es auch empirisch nicht nachweisbar, dass die informellen Absprachen schneller und besser funktionieren als verbindliche Auskünfte in Form von Vorbescheiden. Dadurch sind informelle Verwaltungshandlungen auch keine echte Alternative neben verbindlichen Auskünften. Vielmehr sind sie – zugespitzt formuliert – „Auskünfte zweiter Klasse".

311 *Hase*, in: BeckOK Sozialrecht, § 15 SGB I Rn. 1.

312 Vgl. hierzu auch *Koch/Kohlrust*, NJW 1962, 1466 f.

313 So wurden nach Aussage der OFD Koblenz bereits im Jahr 2006 ca. 10.000 Ersuchen pro Jahr auf Erteilung einer verbindlichen Auskunft nach § 89 Abs. 2 AO gestellt, vgl. https://finanzamt-koblenz.fin-rlp.de/home/aktuelles/detail/artikel/1342/index.html. Ob diese Zahl jedoch auch noch heute der Rechtspraxis entspricht, lässt sich nicht belegen, da hierzu keine amtlichen Statistiken geführt werden.

und Literatur, die es darzustellen und zu analysieren gilt. Gegenstand der Darstellung werden dabei vor allem Fragen der Rechtsnatur, der Zuständigkeit, der Antragsvoraussetzungen, der Bindungswirkung und deren Entfall, der Gebührenpflicht sowie des Rechtsschutzes sein.

Kapitel 3 widmet sich eingehend als Referenzgebiet zur verbindlichen Auskunft im Steuerrecht dem Baurecht und dem bauordnungsrechtlich ausgeformten Bauvorbescheid, der in allen Bauordnungen der sechzehn Bundesländer expressis verbis geregelt ist. In die nähere Betrachtung eingestellt werden vor allem die Entstehungsgeschichte, die Tatbestandsmerkmale und korrespondierend die Rechtsfolgenseite, die Gebührenpflicht sowie der Rechtsschutz durch Dritte, welcher im multipolar ausgerichteten Baurecht eine erhebliche Bedeutung hat. Aus Gründen der besseren Übersichtlichkeit und der Vereinfachung wird sich die Darstellung am niedersächsischen Recht orientieren, sodass § 73 Abs. 1 S. 1 NBauO Gegenstand dieses Kapitels sein wird.

Nachdem in zwei getrennten Kapiteln jeweils ausgewählte Auskunftsansprüche aus dem besonderen Verwaltungsrecht betrachtet wurden, gilt es die gesammelten Erkenntnisse in Kapitel 4 zusammenzuführen und die einzelnen Institute miteinander zu vergleichen. Im Rahmen der vergleichenden Analyse gilt es, die Gemeinsamkeiten und Unterschiede der beiden Referenzgebiete aufzuzeigen, um daraus die besten Rezepte und Lösungen für das allgemeine Verwaltungsrecht zu finden.

Kapitel 5 wird sodann dem Titel dieser Arbeit folgend untersuchen, inwieweit auch eine verbindliche Auskunft im allgemeinen Verwaltungsrecht zur Schaffung einer umfassenden Rechts- und Planungssicherheit implementierbar ist. Diese rechtspolitisch formulierte Frage wird nicht ausschließlich in eine rechtspolitische Darstellung münden, sondern unternimmt vielmehr den Versuch, eine einheitliche Dogmatik[314] zu entwickeln. Zunächst wird dazu untersucht werden, welche Rechtsnatur eine (allgemeine) verbindliche Auskunft annehmen könnte und aus Sachgründen sollte. Sodann widmet sich das Kapitel im Exkurswege und aus Gründen der Vollständigkeit der Frage, inwieweit eine verbindliche Auskunft auch außerhalb gesetzlicher Normierung erteilt werden darf bzw. sogar muss. Diese Darstellung orientiert sich indes vor allem auch an den verfassungsrechtlichen Anforderungen und Möglichkeiten. Es wird sich zeigen, dass es einer geschriebenen Rechtsgrundlage bedarf, um der verbindlichen Auskunft auch im allgemeinen Verwaltungsrecht adäquat Geltung zu ver-

314 Zur Frage danach, was unter einer solchen Dogmatik zu verstehen ist, siehe bereits an dieser Stelle *Reichelt*, Vorbescheid, S. 6 ff.

schaffen, sodass es daraufhin umfassend zu analysieren gilt, wie eine solche gesetzliche Regelung im VwVfG ausgestaltet werden könnte. Die Abhandlung wird diesbezüglich belegen, dass eine extensive Kultur der Erteilung verbindlicher Auskünfte geboten ist, sodass nichts dem entgegensteht, den Anspruch auf verbindliche Auskunft im allgemeinen Verwaltungsrecht zu regeln. Deshalb wird am Schluss der Betrachtung auch ein eigener Gesetzesentwurf stehen. Absehen wird diese Arbeit wiederum von einer rechtsvergleichenden Betrachtung der verbindlichen Auskunft in Bezug auf ausländische Rechtsordnungen[315] sowie von europarechtlichen Fragen[316] zur verbindlichen Auskunft, sodass sich die Darstellung ausschließlich auf das nationale Recht beschränken wird.

Schlussendlich werden die Ergebnisse der Arbeit in Kapitel 6 in Thesen präsentiert.

---

315 Zum Vergleich der verbindlichen Auskunft im deutschen Steuerrecht mit der Auskunftspraxis in anderen europäischen Staaten siehe statt vieler *Dann*, in: FS Ritter, S. 53 ff. sowie *Jann*, IStR 1995, 115 ff.

316 Die verbindliche Auskunft hat insofern europarechtliche Relevanz, als schon länger in der Diskussion ist, ob die verbindliche Auskunft nach § 89 Abs. 2 AO eine Beihilfe i.S.d. Art. 107 AEUV darstellt. Hierzu kann auf den Beitrag von *Grotherr*, EWS 2015, 67 ff. verwiesen werden.

Zweites Kapitel: Die verbindliche Auskunft nach § 89 Abs. 2 AO

Die verbindliche Auskunft nach § 89 Abs. 2 AO zeitigt im Steuerverfahrensrecht eine erhebliche Bedeutung.[317] Vor allem im Unternehmenssteuerecht und dort speziell bei den direkten Steuern prägt sie den Alltag von Geschäftsführern und Beratern.[318] Dies hat den Hintergrund, dass die Veranlagung erst nach Ende des Veranlagungszeitraums stattfindet, während innerhalb des Veranlagungszeitraums alle ökonomischen Gewinn- und Ertragsvorgänge stattfinden. Hinzu kommt, dass Steuerrecht originäres Eingriffsrecht ist, sodass es der Verwaltung vielfach verwehrt ist, über zwingendes Recht im Wege von vertraglichen Absprachen zu entscheiden.[319] Dem stehen insoweit die Grundsätze der Gesetzmäßigkeit sowie Gleichmäßigkeit der Besteuerung entgegen[320], sodass das Steuerrecht ein „ius strictum"[321] ist. Seer spricht insoweit auch davon, dass das Steuerrecht „eine der letzten Bastionen gegen den öffentlich-rechtlichen Vertrag" sei.[322] Einzig die im ersten Kapitel dargestellte tatsächliche Verständigung[323] wurde von der Rechtsprechung entwickelt und vom Gesetzgeber jedenfalls nicht explizit verboten und damit gebilligt.[324] Damit scheiden allerdings nicht zugleich informelle Verwaltungshandlungen in Form von Agreements als mögliche Lösung zur Schaffung von mehr Rechts-, Planungs- und Dispositionssicherheit aus, diese bleiben vielmehr möglich[325] und werden in der

---

317 *H. Jochum*, DStZ 2013, 544 ff. sowie *Apitz*, StBp 2007, 101. Dies zeigt sich u.a. auch daran, dass diese – trotz jahrzehntelanger Diskussion über die verbindliche Auskunft – regelmäßig Gegenstand von Fachtagungen ist, wie zuletzt von den 61. Berliner Steuergesprächen im November 2016.

318 *Stemplewski*, BB 2012, 2220 ff.

319 *Birk*, in: FS Pöllath, S. 161 (162). Eingehend zum Vertragsformverbot im Steuerrecht siehe *Heun*, DÖV 1989, 1053 (1056).

320 *Heun*, DÖV 1989, 1053 (1059 ff.).

321 *Seer*, StuW 1995, 213 (215).

322 *Seer*, StuW 1995, 213.

323 Vgl. oben Kapitel 1 C. VII.

324 Zur Kritik an dieser Einengung des Steuervertragsrechts *Seer*, StuW 1995, 213 (225).

325 *Heun*, DÖV 1989, 1053 (1060).

Praxis auch regelmäßig angewendet.[326] Folglich fallen hier Theorie und Praxis auseinander.[327] Gleichwohl vermögen sie dem Steuerpflichtigen im monetär besonders bedeutsamen Steuerrecht aber nicht die Sicherheit zu verleihen, die er benötigt, sodass informelle Handlungsformen viel zu ungewiss sind, als dass sich der Steuerpflichtige auf sie verlassen könnte. Einzig unter haftungsrechtlichen Gesichtspunkten werden sie virulent.[328] Hinzu kommt, dass viele auch mittelständische Unternehmen jahrlange Projekte avisieren, die eine langfristige Steuerplanungssicherheit voraussetzen.[329] Dementsprechend kann die Sicherheit nur im Vorfeld der Maßnahme erteilt werden, während steuerschädliche Vorgänge im Nachhinein zumeist nicht mehr steuerneutral repariert werden können. Die Sicherheit bzgl. der Planung muss also bereits im Zeitpunkt der Vornahme der Handlung vorliegen[330], um das metaphorische „Minenfeld steuerlicher Gestaltung“[331] rechtssicher passieren zu können. Die drei Schlüsselbegriffe lauten in diesem Zusammenhang mit Birk Aufklärung, Fairness und Transparenz.[332] Daneben hat sich schon seit den 1950-er Jahren das deutsche Steuerrecht immer weiter verkompliziert, sodass schon frühzeitig ein Bedürfnis nach Rechtssicherheit bestand.[333] Somit hat sich zur Klärung vieler Zweifelfragen nur die verbindliche Auskunft als taugliches Rechtsinstitut herauskristallisiert.

Relevant für diese Arbeit ist als Erstes die Entstehungsgeschichte von § 89 Abs. 2 AO (A.). Diese zeigt eindrücklich, wie ein ursprünglich ungeschriebener, lediglich aus Treu und Glauben[334] sowie dem Prinzip des Ver-

---

326 *Seer*, Verständigungen, S. 443; *Ders.*, StuW 1995, 213 f.; *G. Mayer*, Zusage, S. 45 f., jeweils m.w.N. Seer begründet dies vor allem damit, dass das Steuerrechtsverhältnis durch einen dauerhaften gegenseitigen Kontakt geprägt sei, der es mit sich bringe, dass informale Absprachen in verstärktem Maße getroffen werden.

327 *Seer*, Verständigungen, S. 2.

328 In dieselbe Richtung gehend auch *Seer*, Verständigungen, S. 444, der mit Recht betont, dass informale Absprachen kein Minus, sondern ein aliud zum Vertrag sind.

329 *P. Kirchhof*, in: FS Spindler, S. 463 ff.

330 *Hey*, Steuerplanungssicherheit, S. 13.

331 *Von Sothen*, in: Anwaltshandbuch Erbrecht, 5. Aufl. 2018, § 36 Rn. 9.

332 *Birk*, in: FS Pöllath, S. 161 (163 f.). Wie dieser zutreffend betont, steht nicht die Minimierung der Steuerlasten des Steuerpflichtigen im Vordergrund, sondern in erster Linie, die Steuer als Größe „berechenbar, planbar und transparent“ zu machen.

333 *Ritter*, NJW 1957, 1822 ff.

334 Zur uneingeschränkten Anerkennung des Grundsatzes von Treu und Glauben auch im Steuerrecht siehe statt vieler BFHE 158, 31 (33).

trauensschutzes[335] hergeleiteter Anspruch, allein von der Praxis ausgeformt wurde und später zur gesetzlichen Regelung erstarkt ist. Zweitens ist die Rechtsnatur zu betrachten, insbesondere mit Blick auf die VA-Qualität der verbindlichen Auskunft (B.). Sodann sind die Tatbestandsmerkmale und die Rechtsfolgenseite des § 89 Abs. 2 AO von besonderem Interesse, die durch die Steuerauskunftsverordnung (StAuskV) weiter konkretisiert werden (C.). Diese werden zeigen, dass die verbindliche Auskunft nach § 89 Abs. 2 AO in Teilen exklusiv für das Steuerrecht angepasst wurde, sodass verallgemeinernde Aussagen für die weitere Betrachtung nur begrenzt möglich sind. Dies liegt vor allem daran, dass sich Gesetzgebung, Literatur und Rechtsprechung nicht eingehend mit der verbindlichen Auskunft als Rechtsinstitut beschäftigt haben, sondern vielmehr der Auskunftserteilung nur „das Etikett“ der verbindlichen Auskunft gegeben haben. Nachdem durch die Darstellung dieser drei Teilaspekte der Grundstein gelegt wurde, ist im Anschluss daran noch auf die Gebührenpflicht (D.) und den Rechtsschutz (E.) einzugehen.

Vorwegzuschicken ist, dass nach wie vor vieles umstritten ist, sodass sich die Darstellung nicht mit einer reinen Bestandsaufnahme begnügt, sondern selbst zu den Streitständen umfassend Stellung beziehen wird. Dies rechtfertigt es auch, der verbindlichen Auskunft nach § 89 Abs. 2 AO in dieser Arbeit deutlich mehr Raum als dem Bauvorbescheid nach § 73 Abs. 1 S. 1 NBauO in Kapitel 3 zu gewähren, denn diese Streitstände sind hier weitaus mannigfaltiger. Im Rahmen der weiteren Darstellung kann außerdem vielfach auf Bekanntes verwiesen werden.

A. *Entstehungsgeschichte*

Die verbindliche Auskunft im Steuerrecht blickt auf eine lange Entstehungsgeschichte zurück[336] und wurde schon viele Jahrzehnte durch die

335 Zu den Gemeinsamkeiten und Unterschieden der Rechtsinstitute von Treu und Glauben sowie des Vertrauensschutzes sei auf *Drüen*, in: Tipke/Ders., AO/FGO, § 4 AO Rn. 127 ff. verwiesen. Wie *Immesberger*, NJW 1970, 1116 (1117) wiederum anschaulich darlegt, wurden als Generalklauseln verstandene Rechtsinstitutionen, die für Grenzfälle gedacht sind, zum Regelfall gemacht. Insofern dürfte nach seiner Diktion die gesetzliche Normierung in § 89 Abs. 2 AO allein schon vor diesem Hintergrund sehr begrüßenswert sein.

336 *G. Mayer*, Zusage, S. 24 ff. sowie *W. Steinberg*, Selbstbindung, S. 26 ff.

Rechtspraxis angewandt, bevor sie vom Gesetzgeber kodifiziert wurde.[337] Dies lässt sich auf den Umstand zurückführen, dass vor allem das Steuerrecht, im Vergleich zu anderen Rechtsgebieten wie etwa dem ebenfalls originär dem Eingriffsrecht zuzuordnenden Sicherheits- und Ordnungsrecht, mitunter massive finanzielle Schäden beim Bürger hervorrufen kann, die vor der Verwirklichung eines potenziell steuerschädlichen Sachverhalts nur schwer absehbar sind.[338] Es stellt somit eines der intensivsten Eingriffsrechte der deutschen Rechtsordnung dar.[339] Damit ist seit Existenz der Besteuerung auch der Wunsch vorhanden, sich steuerlich bereits zeitlich vor dem Steuerveranlagungsverfahren abzusichern.[340]

Bereits zu Zeiten des „Dritten Reiches“ wurde diesem Umstand Rechnung getragen, indem der RdF-Erlass v. 9.3.1935[341] dem Steuerpflichtigen die Möglichkeit einräumte, bei Umwandlung oder Auflösung von Kapitalgesellschaften eine Auskunft vom Finanzamt darüber zu erhalten, welche Steuern durch die in Aussicht genommenen Maßnahmen anfallen und wie hoch die Steuerlast ist.[342] Dieser konnte zwar aufgrund seines äußerst begrenzten Anwendungsbereichs nicht als allgemeiner Anspruch auf verbindliche Auskunft im Steuerrecht angesehen werden, ist aber der historische Vorläufer des § 89 Abs. 2 AO. Gleichwohl wies dieser die erhebliche Schwäche auf, dass die Rechtsprechung der Norm jegliche Bindungswir-

---

337 Hierzu und zu den seit Jahrzehnten andauernden Problemen lassen sich ausführliche Anmerkungen dem Beitrag von *Seer*, Steuerplanungssicherheit durch Zusage – zum Auskunftserlass vom 29.12.2003, in: Gestaltung und Abwehr im Steuerrecht, Festschrift für Klaus Korn, 2005, S. 707 ff. entnehmen. Ebenfalls einen guten Gesamtüberblick geben *Schick*, in: Hübschmann/Hepp/Spitaler, AO/FGO, § 204 AO Rn 130 f. sowie *Horst*, Verbindliche Auskunft, S. 31 ff. m.w.N.

338 Hierzu *W. Steinberg*, Selbstbindung, S. 141, der die betroffenen Verfassungsgarantien umfassend darstellt. Siehe zum frühzeitigen Bedürfnis nach Rechts- und Planungssicherheit im Steuerrecht auch *Dißars/Bürkle*, StB 2007, 54 (55). *Rose*, Steuerrechtssprünge und Betriebswirtschaftliche Steuerplanung, in: Besteuerung und Unternehmenspolitik, Festschrift für Gerhard Wöhe, 1989, S. 291 (292) verwendet hierfür die Bezeichnung „Steuerrechtssprünge“, die sich dadurch auszeichnen, dass „überraschende, gewissermaßen mutative Änderungen des Steuerrechts“ eintreten. Diese erstreckt er richtigerweise auf die drei Akteure Gesetzgeber, Verwaltung und Rechtsprechung, wobei der Überraschungseffekt vor allem bei Letzterer eintritt.

339 *W. Steinberg*, Selbstbindung, S. 145.

340 *W. Steinberg*, Selbstbindung, S. 26.

341 RStBl 1935, S. 449.

342 Eingehend hierzu *Hartz*, StbJb 1955/56, 83 (106) sowie *Haver*, StuW 1949, 1095 ff.

kung versagte.[343] Damit konnte von einer verbindlichen Auskunft im eigentlichen Sinne keine Rede sein. Vielmehr konterkarierte der RFH den Erlass zu einer schlichten Auskunft, die sich zwar großer Beliebtheit erfreute, aber im Ernstfall dem Steuerpflichtigen keinen zusätzlichen Schutz bieten konnte.[344]

Nachdem der RdF-Erlass mit dem Zerfall des „Dritten Reiches" entfallen ist, setzten sich die Probleme auch in der Bundesrepublik Deutschland (BRD) fort. Die Komplexität und die dichte Verflechtung der Steuergesetze führten bereits seit den ersten Steuergesetzen zu erheblichen Unsicherheiten. Obgleich Bubenzer im Jahr 1949 einen detaillierten und ausformulieren Entwurf für eine gesetzliche Regelung einer verbindlichen Auskunft im Steuerrecht vorgelegt hat[345], wurde dieser nicht, auch nicht teilweise, in die bestehenden Regelungen implementiert und in der Folgezeit nicht weiter beachtet. Dadurch war die Rechtsprechung in der noch jungen BRD zunehmend gefordert, das Institut der verbindlichen Auskunft in den Fokus zu nehmen.[346] Ihr ist insofern die Grundsteinlegung für diese zu verdanken. Der Gesetzgeber hingegen blieb weiterhin untätig und sah auch im Rahmen der größeren steuerverfahrensrechtlichen Reformvorhaben im Jahr 1967 von einer umfassenden gesetzlichen Regelung der ver-

---

343 Vgl. *Hartz*, StbJb 1955/76, 83 (106) mit Nachweisen zur gesamten RFH-Judikatur.

344 Ausgenommen hiervon sind die Sekundäransprüche, die auch bei einfachen Auskünften bestehen können. Diese sind jedoch stets allenfalls die zweitbeste Lösung, da sie nicht dem im Mittelpunkt stehenden Interesse des Steuerpflichtigen nach umfassender Rechts- und Planungssicherheit entsprechen.

345 *Bubenzer*, StuW 1949, 389 ff.

346 Gelegenheit dazu erhielt die Rechtsprechung in den 1950-er und 1960-er Jahren in zahlreichen Verfahren. In diesen legte sie das ob, wie, wann sowie weitere Feinheiten fest. Statt vieler sei insoweit verwiesen auf die Entscheidungen BFHE 64, 464 (466 f.) sowie BFHE 65, 354 (359). Die Kernelemente auch der weiteren ergangenen Entscheidungen fasst die Entscheidung BFHE 73, 813 (818 ff.) zusammen. Einen Gesamtüberblick über die umfangreiche Judikatur des BFH von 1950 – 2000 gibt *Dalichau*, Auskünfte und Zusagen, S. 175 ff. Hinzuweisen ist zudem auf *W. Steinberg*, Selbstbindung, S. 41 ff., der die ergangene Rechtsprechung in einer beeindruckenden Tiefe und Detailverliebtheit analysiert. Wie auch *Hartz*, DB 1962, 248 ff. deutlich macht, setzte damit eine grundlegende Kehrtwende ein, denn der RFH hielt verbindliche Auskünfte in der in dieser Arbeit behandelten Ausgestaltung noch generell für unzulässig (pars pro toto RFH, RStBl 1937, 262 ff.).

bindlichen Auskunft ab.[347] Damit wurde originäre Parlamentsarbeit immer wieder sehenden Auges auf die Judikative verlagert.[348] Vielmehr beschränkte man sich seinerzeit darauf, nur die verbindliche Zusage in den §§ 204 – 207 AO zu regeln, die nach zum Teil vertretener Auffassung eine Pilotfunktion für die heute existierende verbindliche Auskunft einnehmen sollte.[349] Erstmals wurde das Instrument der verbindlichen Auskunft, das Verfahren zu deren Erteilung sowie besondere Eckpunkte von der Finanzverwaltung mit BMF-Schreiben vom 24.6.1987[350] in Ansätzen geregelt, mit der die Dienstleistungskomponente der Finanzverwaltung erstmalig eine verbindliche Festlegung erfuhr.[351] Die Finanzverwaltung hat dabei aber im Wesentlichen die Rechtsprechung lediglich repliziert[352], sodass durch das BMF-Schreiben inhaltlich keine wesentlichen Neuerungen im Vergleich zu

---

347 Vgl. BT-Drs. 5/885, S. 4. Zur Gemengelage in den unterschiedlichen Gremien zu dieser Zeit siehe *Schallmoser*, in: Hübschmann/Hepp/Spitaler, AO/FGO, Vor §§ 204 ff. AO Rn. 29. Gleichwohl hat der Gesetzgeber der Verwaltung in der Folge ein „Hintertürchen" geöffnet, indem er klarstellte, dass die §§ 204 ff. AO keinen abschließenden Charakter haben sollen, sondern vielmehr weitere Auskünfte möglich sind, vgl. BT-Drs. 6/1982, S. 95 und BT-Drs. 7/4492, S. 35. Er hielt es vielmehr für geboten, die verbindliche Auskunft im Erlasswege zu regeln und damit die Ausformung gänzlich der Praxis zu überlassen. Eine gesetzliche Regelung lege der verbindlichen Auskunft gar zu enge Grenzen an, sodass im Vergleich zum seinerzeitigen Zustand nichts gewonnen sei, vgl. BT-Drs. 6/1982, S. 95.

348 Dieser Kritik folgend *Dalichau*, Auskünfte und Zusagen, S. 196. Die Rechtsprechung hingegen bemühte sich immer wieder, sich protektionistisch vor den Bürger zu stellen und partielle Erweiterungen zuzulassen. So judizierte etwa das BVerwG im Jahr 1980, dass die seinerzeitige Ausgestaltung des § 25 VwVfG einer weitergehenden Auskunftspraxis nicht entgegenstehe, vgl. BVerwGE 61, 15 (24) sowie BVerwGE 61, 40 (43). Anders wurde die verbindliche Auskunft dagegen im EU-Ausland gehandhabt. So gibt es eine allgemeine verbindliche Auskunft in Dänemark schon seit dem 1.7.1983, vgl. hierzu umfassend *Lauesen*, DStZ 1987, 147 ff.

349 *Seer*, StbJb 2012/13, 557 (560).

350 BStBl I 1987, 474. Kritik am BMF-Schreiben äußert *Hahn*, DStZ 2003, 69 ff.

351 *Kaligin*, DStZ 1988, 367 (368). Die Einführung des BMF-Schreibens erfolgte nach vorhergehenden einjährigen Feldtests in einigen Bundesländern und war zunächst mit einem Erprobungsvorbehalt versehen. Dieser wurde mit BMF-Schreiben v. 21.2.1990, BStBl I 1990, 146 aufgehoben. Gleichwohl erfolgte die Einführung des BMF-Schreibens nicht vollständig geräuschlos, sondern nur unter kritischer Mitwirkung der Länder. Hierzu *Krabbe*, DB 1987, 2067 ff.

352 *Hahn*, DStZ 2003, 69 (72) beschreibt dies gar als vorrangige Zielsetzung des gesamten BMF-Schreibens.

den bereits manifestierten Grundsätzen eingetreten sind.[353] Lediglich war von dort an klar, dass auch die Finanzverwaltung eine verbindliche Auskunft anerkennt, sodass sie jedenfalls gewohnheitsrechtlich hoffähig wurde. Das BMF-Schreiben war dabei der politische Kompromiss dazwischen, alles zu belassen, so wie es bislang auch war oder – wie von der Privatwirtschaft gefordert – der verbindlichen Auskunft ein gesetzliches Fundament zu verschaffen.[354] In der Folgezeit blieb es auch lange Zeit dabei, dass die verbindliche Auskunft nur in Verwaltungsvorschriften geregelt war. Das letzte BMF-Schreiben datiert vom 29.12.2003 und enthielt erstmalig Ausführungen zu Rechtsbehelfsmöglichkeiten.[355]

Nunmehr ist die verbindliche Auskunft nach zahlreichen Anläufen[356] seit dem 12.9.2006 in § 89 Abs. 2 AO geregelt, mit der diese auf eine gesetzliche Grundlage gestellt[357] und gleichzeitig eine Art Dienstleistungsverhältnis ausgestaltet wurde.[358] Dies war jedoch nicht der Hauptgrund für die Kodifizierung der verbindlichen Auskunft, sondern vielmehr sollten Investoren aus dem Ausland eine einheitliche gesetzliche Regelung vorfinden, um den Wirtschaftsstandort Deutschland zu stärken.[359] Die konkrete Umsetzung erfolgte durch Art. 18 des Föderalismusreform-Begleitgeset-

353 So auch *Rose*, StbJb 1987/88, 363 (378). *Koch/Kohlrust*, BB 1962, 649 (655) sehen dies nicht einmal kritisch, sondern gehen vielmehr davon aus, dass es der Komplexität der verbindlichen Auskunft geschuldet sei, dass die Finanzverwaltung nur die Rechtsprechung übernehmen könne, jedoch zu einer eigenen Ausgestaltung nicht imstande sei.

354 Die seinerzeitige Diskussion findet sich anschaulich nachgezeichnet bei *Misera/Baum*, Ubg 2008, 221.

355 BMF-Schreiben v. 29.12.2003, BStBl I 2003, 742. Hierzu umfassend *Burchert*, INF 2004, 178.

356 Hintergrund dessen, dass vorher alle Gesetzgebungsinitiativen nicht von Erfolg gekrönt waren, war der Widerstand der Länder im Bundesrat, vgl. *Hahn*, DStR 2003, 69 ff.

357 Wie sich indes aus der Gesetzesbegründung (BT-Drs. 16/814, S. 23 f.) ergibt, erfolgte die Einpassung in die Gesetzesform lediglich aus Klarstellungsgründen. *H. Jochum*, in: FS Fiedler, S. 793 (795) bezeichnet die Regelung daher keinesfalls als vollumfänglich und abschließend, sondern lediglich als „rudimentär“. Dies bringt anschaulich die große Skepsis gegenüber § 89 Abs. 2 AO zum Ausdruck. Das negative Echo bezieht sich dabei aber nur auf die konkrete Ausgestaltung, während die gesetzliche Novellierung als solche sehr positiv aufgefasst wurde, vgl. nur *Apitz*, StBp 2007, 101 (104); *Bruschke*, ZSteu 2007, 26 (37) sowie *Dißars/Bürkle*, StB 2007, 54 (55) m.w.N.

358 So jedenfalls die Annahme von *Borggreve*, AO-StB 2007, 77.

359 *Misera/Baum*, Ubg 2008, 221.

zes[360], mit dem § 89 AO um den neuen Absatz 2 ergänzt wurde. Der Gesetzgeber hat wiederum keine neue Kreationsleistung erbracht, sondern vielmehr den Inhalt des BMF-Schreibens und damit die schon bislang funktionsadäquaten Regelungen teilweise wortidentisch in die AO überführt.[361] Das alte BMF-Schreiben vom 29.12.2003 wurde dann auch in der Folge mit BMF-Schreiben vom 18.12.2007 aufgehoben.[362] Neuerungen gegenüber dem früheren Auskunftserlass ergeben sich nur hinsichtlich des Bindungsgrundes und der Zuständigkeitsregelungen.[363] Nachdem die verbindliche Auskunft zunächst gebührenfrei erteilt wurde, führte der Gesetzgeber auf Betreiben des Bundesrats[364] mit dem Jahressteuergesetz 2007[365] vom 13.12.2006 eine Gebührenpflicht ein, indem er § 89 AO um die Abs. 3 – 5 ergänzte[366] und damit die Gebührenpflicht im Vergleich zur eigentlichen Auskunftserteilung nach Abs. 2 überraschend detailliert regelte. Damit besteht für die Bundesländer die Möglichkeit, als im Regelfall anspruchsberechtigte Körperschaft über die Erhebung von Gebühren ihren Mehraufwand zu decken, sodass die Gebührenpflicht – wie noch zu zeigen sein wird – primär einen fiskalischen Hintergrund hatte und insofern auch

---

360 Förderalismusreform-Begleitgesetz v. 5.9.2006, BGBl I 2006, 2098 = BStBl I 2006, 506. Einen Überblick dazu geben u.a. *Lahme/Reiser*, BB 2007, 408 ff.

361 *Stemplewski*, BB 2012, 2220 (2221). *Bruschke*, DStZ 2007, 267 ff. stellt daher zutreffend fest, dass sich durch die gesetzliche Normierung für die Praxis wenig geändert hat. *Stark*, DB 2007, 2333 berichtet gar von einer Verwunderung der (Beratungs-)Praxis, da sich auf den ersten Blick nicht erschloss, weshalb der Gesetzgeber ein auch durch Verwaltungsvorschriften gut bewährtes Rechtsinstitut nun explizit gesetzlich regelte.

362 BMF-Schreiben v. 18.12.2007 – IV A 4 – S 0224/07/0008, welches nicht im BStBl veröffentlicht wurde.

363 *Horst*, Verbindliche Auskunft, S. 206. Dieser führt zudem noch die Gebührenpflicht als zusätzliche Erweiterung gegenüber dem Auskunftserlass an. Diese Auffassung wird auch hier geteilt. Die Umsetzung der Gebührenpflicht erfolgte allerdings zu einem Zeitpunkt, in dem die verbindliche Auskunft schon gesetzlich geregelt war, sodass sie nur nachgelagerte Folge der erstmaligen gesetzlichen Regelung ist.

364 Zum Verfahrensablauf und der Intervention des Bundesrats siehe *Fatouros*, DStZ 2007, 382. Dieser zeichnet auch das Gesetzgebungsverfahren nach, in dem es zwischen den verschiedenen Organen und Gremien durchaus gewisse Spannungen gab und die Spezifikationen der Gebührenpflicht mehrfach geändert und verschoben wurden, bis sich zur jetzigen Regelung ein Konsens fand.

365 BGBl I 2007, 2878. Die Gebührenpflichtigkeit sieht Art. 20 Abs. 1 des JStG 2007 explizit vor.

366 Kritisch dazu u.a. *Grune*, AktStR 2007, 139 (141), der die kurze Halbwertszeit der Steuergesetze bemängelt, da die Gebührenpflicht erst drei Monate nach der Einführung der verbindlichen Auskunft in § 89 AO implementiert wurde.

Auslöser zahlreicher Diskussionen in Rechtsprechung und Literatur war.[367] Eine weitere geringfügige Modifikation hat § 89 AO mit dem am 1.1.2012 in Kraft getretenen Steuervereinfachungsgesetz 2011[368] erfahren, mit dem § 89 AO um die Abs. 6 und 7 erweitert und damit neu strukturiert wurde. Kern dieser beiden neuen Absätze ist eine Änderung der Gebührenbemessung sowie die Möglichkeit des Gebührenerlasses aus Billigkeitsgründen. Zuletzt wurde er durch das Gesetz zur Modernisierung des Besteuerungsverfahrens vom 18.7.2016[369] dahingehend modifiziert, dass Vorgaben zum zeitlichen Ablauf[370] sowie zu den Gebühren bei mehreren Antragstellern[371] normiert wurden.[372]

B. *Rechtsnatur der verbindlichen Auskunft nach § 89 Abs. 2 AO*

Der verbindlichen Auskunft nach § 89 Abs. 2 AO wohnt sowohl nach ihrer Bezeichnung als auch nach ihrem Wesensgehalt das Merkmal der Verbindlichkeit inne. Wie bereits im ersten Kapitel erläutert[373] grenzt sie auch gerade diese Eigenschaft vom informellen Verwaltungshandeln ab. Noch nicht Stellung bezogen wurde hingegen zu der Frage, woraus sich diese Verbindlichkeit ergibt. Maßgeblich hierfür ist vor allem deren Rechtsnatur, die es an dieser Stelle zu betrachten gilt. Nachdem bereits oben festgestellt wurde[374], dass die verbindliche Auskunft weder eine Verwaltungserklärung in Gestalt einer einfachen verwaltungsrechtlichen Willenserklärung noch ein öffentlich-rechtlicher Vertrag ist, ist an dieser Stelle ausschließlich zu thematisieren, ob diese einen VA i.S.d. § 118 S. 1 AO (als lex specialis zu § 35 S. 1 VwVfG) darstellt.

---

367 So auch *Grune*, AktStR 2007, 139 (142). Eingehende Ausführungen zu den besonderen Modalitäten der Gebührenpflicht finden sich unten unter D.

368 BGBl I 2011, 2131.

369 BGBl I 2016, 1679 = BStBl I 2016, 694.

370 Zur neuen sechsmonatigen Entscheidungsfrist und ihren Spezifika siehe *Roser*, in: Beermann/Gosch, AO/FGO, § 89 AO Rn. 56.1 ff. sowie überblicksartig *Dannecker/Werder*, BB 2017, 284. Ersterer äußert sich zu dieser vor allem kritisch, siehe insoweit auch *Ders.*, GmbH-StB 2016, 244 (248).

371 Dazu *Dannecker/Werder*, BB 2017, 284 (287).

372 Grundlegend zur praktischen Bedeutung der Änderungen durch das Gesetz zur Modernisierung des Besteuerungsverfahrens *P. Thiele*, FR 2016, 947 ff. Diese Neuerungen im Grundsatz und von der Intention her begrüßend *Brühl/Süß*, DStR 2016, 2617 ff.

373 Unter C. X.

374 In Kapitel 1 C. VIII. und IX.

Zu dieser Frage liegen mittlerweile zahlreiche Stellungnahmen vor. So wurde die verbindliche Auskunft vom BFH über mehrere Jahrzehnte nicht als VA, sondern vielmehr als behördliche Wissenserklärung und damit als bloßer Realakt angesehen, gegen die ein Rechtsbehelf nicht gegeben war und der Bindungswirkung nur auf Grundlage von Treu und Glauben zukam.[375] In der Literatur war die VA-Qualität hingegen schon frühzeitig anerkannt, wobei sich auch die Finanzverwaltung dieser Auffassung im Jahr 2007 angeschlossen hat.[376] Einzig der BFH und vereinzelte Stimmen in der Literatur gingen weiterhin davon aus, dass die verbindliche Auskunft kein VA ist.[377] Ein Paradigmenwechsel setzte erst spät mit zwei Entscheidungen des BFH in den Jahren 2009[378] und 2012[379] ein, in denen dieser die verbindliche Auskunft nach fast 50 Jahren als einen VA besonderer Art (oder auch kupierten VA) einordnete und damit seine Rechtsprechung für Auskünfte in Steuersachen vereinheitlichte.[380] Seitdem ist es nun auch im Steuerrecht sehr breit konsentiert, dass die verbindliche Auskunft nur ein

---

375 Pars pro toto BFHE 159, 114 (117); 211, 30 (36 f.), jeweils m.w.N. So auch *Bruschke*, DStZ 2007, 267 (270) sowie *Ritter*, NJW 1957, 1822 ff. Anders sahen alle Beteiligten dies jedoch bereits seit Anbeginn für die Ablehnung der Auskunftserteilung. Diese wurde genauso wie bei der Entscheidung über die Erteilung von Akteneinsicht als VA angesehen, vgl. *Krabbe*, DB 1987, 2267 (2268 f.). Für die Negativauskunft galt dies aber nicht, obschon sie eine ähnlich belastende Wirkung hat wie die gänzlich fehlende Auskunftserteilung.

376 Stellvertretend für viele Stimmen in der Literatur *Pahlke*, in: König, AO, 3. Aufl. 2014, § 204 Rn. 65 m.w.N; *Dann*, in: FS Ritter, S. 53 (62); *Pfeiffer*, DB 1987, 2380 (2383); *Sangmeister*, DStZ 1987, 235 ff.; für die Finanzverwaltung siehe Tz. 3.5.5 AEAO z § 89 AO. Dem folgend auch der Gesetzgeber, in dem er in § 2 Abs. 3 StAuskV die Änderungsvorschriften für Verwaltungsakte gem. §§ 129 bis 131 AO für anwendbar erklart.

377 BFHE 211, 30 ff. Ausdrücklich gegen die Einordnung der verbindlichen Auskunft als VA auch BFH, BStBl II 1990, 274 (276). Zur Begründung führte dieser an, dass es in der AO an einer zu § 38 VwVfG (Zusicherung) korrespondierenden Regelung fehle. Zuzugeben ist wiederum, dass nach der Konstruktion des BFH bereits eine Wirkung entstand, die der eines VA praktisch kaum nachstand, vgl. auch *H. Jochum*, in: FS Fiedler, S. 793 (794). Zu den Stimmen in der Literatur, die dieser Lesart des BFH folgten siehe pars pro toto *Hahn*, DStZ 2003, 69 (70) m.w.N.

378 BFHE 225, 50 (56).

379 BFHE 237, 9 ff.

380 So ordnet der BFH inzwischen auch die Anrufungsauskunft in Lohnsteuerfragen nach § 42e EStG als VA i.S.d. § 118 S. 1 AO ein, vgl. BFHE 225, 50 (53 f.).

VA i.S.d. § 118 S. 1 AO sein kann.[381] Zugleich ist damit auch gesagt, dass die Erteilung der verbindlichen Auskunft ein Verwaltungsrechtsverhältnis zwischen der Finanzverwaltung und dem Steuerpflichtigen entstehen lässt[382], sodass die ursprüngliche Treu und Glauben-Doktrin keinen Bestand mehr hat, sondern die verbindliche Auskunft vielmehr kraft ihrer Rechtsform abstrakten Vertrauensschutz bietet.[383]

Diese neue Rechtsprechung vermag vollständig zu überzeugen. So betont auch Schmidt-Assmann zutreffend, dass eine Praxis der Verfahrensstufung bzw. Verfahrenssegmentierung ohne den VA nicht auskommen kann.[384] Wie im Rahmen der Untersuchung zum öffentlich-rechtlichen Vertrag festgestellt, bedarf es hierbei der Mitwirkung des Bürgers in Form der Antragstellung. Denn die verbindliche Auskunft wird nur auf Initiative des Bürgers erteilt, sodass diese auch ein mitwirkungsbedürftiger VA i.S.d. § 22 S. 2 Nr. 2 VwVfG ist.[385] Mit der Antragstellung bringt der Steuerpflich-

---

381 Pars pro toto *Blumers*, DB 2018, 1108 (1110). Grundlegende Kritik an dieser Einordung äußert gleichwohl *H. Jochum*, DStZ 2013, 544, da sie der Finanzverwaltung ermögliche, diese Sonderregelungen in verfassungsrechtlich bedenklicher Weise zurechtzustutzen. A.A. ist zudem nach wie vor *Seer*, in: Tipke/Kruse, AO/FGO, § 89 AO Rn. 29, der die verbindliche Auskunft nicht als VA ansieht. Folge man seiner Auffassung, so wäre die verbindliche Auskunft ein eigener Rechtstypus sui generis. Dieser Sonderstatus der verbindlichen Auskunft findet jedoch im geltenden Recht keinerlei Grundlage. Vielmehr ist für Konstellationen wie die bei der verbindlichen Auskunft bewusst der VA als Instrument von der Rechtsordnung bereitgestellt worden. Die Auffassung von Seer ist daher zu Recht mit Ausnahme etwa von *Hey*, Steuerplanungssicherheit, S. 718, *Wagner*, in: Kühn/v. Wedelstädt, AO/FGO, § 89 AO Rn. 18 sowie *Bruschke*, DStZ 2007, 267 ff. ohne große Anhängerschaft geblieben und daher abzulehnen. Der hier vertretenen Ansicht folgend auch *Stemplewski*, BB 2012, 2220 (2224).

382 *Ipsen*, Allg. VwR, Rn. 177, 179 m.w.N. Zum Verwaltungsrechtsverhältnis im Generellen, vor allem seiner Entstehung und seinen Spezifikationen siehe statt vieler nur *Bull/Mehde*, Allg. VwR, Rn. 302 ff.

383 *Seer*, in: Tipke/Kruse, AO/FGO, § 89 AO Rn. 50 m.w.N.

384 *Schmidt-Assmann*, in: FG BVerwG, S. 569 (584).

385 *Kaligin*, DStZ 1988, 396 ff.; *Ruffert*, in: Ehlers/Pünder, Allg. VwR, § 21 Rn. 65; *G. Mayer*, Zusage, S. 79. Instruktiv zum mitwirkungsbedürftigen VA *Ramsauer*, in: Kopp/Ders., VwVfG, § 22 Rn. 27 ff. Zur Kritik hieran und einer Favorisierung der Bezeichnung als „VA auf Zustimmung" siehe *F. Kirchhof*, DVBl 1985, 651 (653). Der VA auf Zustimmung geht allerdings weit über den mitwirkungsbedürftigen VA hinaus, sodass in dieser Arbeit der Begriff mitwirkungsbedürftiger VA favorisiert wird. Auch der von O. Mayer entwickelte „VA auf Unterwerfung" ist in seiner Begriffsbezeichnung überholt, sodass mittlerweile der Begriff mitwirkungsbedürftiger VA universell verwendet wird.

tige zum Ausdruck, dass er der beabsichtigen Regelung zustimmt.[386] Zugleich ist die verbindliche Auskunft aufgrund der andauernden Rechtsgrundwirkung für den späteren Endbescheid ein VA mit Dauerwirkung sowie aufgrund ihres Charakters als reine Option zu einer zukünftigen rechtssicheren Sachverhaltsverwirklichung ein nichtvermögensrechtlicher VA.[387] Die Individualisierungs- und Klarstellungsfunktion, Titelfunktion sowie verwaltungsprozessuale Funktion des VA tragen dazu bei, dass für die Finanzverwaltung und den Steuerpflichtigen Rechts- und Planungssicherheit geschaffen wird[388], sodass das hier gefundene Ergebnis auch von den Funktionen des VA aus gesehen überzeugend erscheint.

Obgleich damit die Frage der VA-Qualität im Steuerrecht mittlerweile grundsätzlich keiner ausführlichen Erörterung mehr bedarf, soll diese hier trotzdem erfolgen, da die Erkenntnisse für die spätere Übertragbarkeit auf das allgemeine Verwaltungsrecht von erheblicher Bedeutung sind. Somit gilt es zunächst, zu untersuchen, inwieweit die verbindliche Auskunft eine Maßnahme zur Regelung eines Einzelfalls darstellt (I.) und auch finale Außenwirkung hat (II.). Sodann ist auf den Verwaltungsakttypus einzugehen (III.).

I. Regelung eines Einzelfalls

Eine Regelung liegt dann vor, wenn die Maßnahme nach ihrem objektiven Sinngehalt auf eine unmittelbare, für die Betroffenen verbindliche Festlegung von Rechen und Pflichten oder eines Rechtsstatuts gerichtet ist, mithin darauf, unmittelbare Verbindlichkeit herbeizuführen und eine mit der Bestandskraft fähige Wirkung zu entfalten.[389] Die Maßnahme muss folglich dazu geeignet sein, subjektive Rechte des Adressaten zu begründen, zu konkretisieren und zu individualisieren oder entsprechend unmittelbar verbindlich abzulehnen.[390] Keine VA-Qualität weisen daher solche behörd-

386 *G. Mayer*, Zusage, S. 79 m.w.N.

387 *Horst*, Verbindliche Auskunft, S. 113 m.w.N.

388 Eingehend zu den Funktionen des VA siehe statt vieler nur *Ruffert*, in: Ehlers/Pünder, Allg. VwR, § 21 Rn. 7 ff.

389 BVerwGE 60, 144 (145); 77, 271 ff.; *Bull/Mehde*, Allg. VwR, Rn. 689; *Ernst*, Die Verwaltungserklärung, S. 76. Die Regelung muss mithin dazu geeignet sein, eine mit der Bestandskraft einhergehende allseitige Verbindlichkeit entfalten zu können, vgl. *Ipsen*, Die Verwaltung 17 (1984), 169 (188).

390 BVerwGE 79, 291 ff.

lichen Maßnahmen auf, die nur mittelbare Außenwirkung haben.[391] Die Regelung muss allerdings nicht imperativ sein, sondern kann auch nur eine rein feststellende Wirkung haben.[392] Das Merkmal Regelung dient insoweit zur Abgrenzung von Realakten und verfahrensrechtlichen Vorbereitungsakten.[393]

Die Regelung liegt bei der verbindlichen Auskunft darin, dass die Rechtsauffassung der Finanzverwaltung im betreffenden Fall festgestellt und diese dadurch gebunden wird, sodass sie einen bestehenden Zweifel unmittelbar beseitigt.[394] Dadurch hat der Bürger einen Anspruch darauf, dass die Finanzverwaltung auch später in diesem Sinne entscheidet (sog. Erfüllungsanspruch).[395] Diese Argumentation ist für die Positivauskunft trivial[396], zweifelhaft erscheint sie demgegenüber für die Negativauskunft. So könnte man hier argumentieren, dass die Finanzverwaltung lediglich kundtut, dass sie anderer Rechtsauffassung als der Antragsteller ist und insoweit nichts „geregelt“ wird. Hierzu ist jedoch zu erwidern, dass auch die Negativauskunft eine Feststellungswirkung entfaltet und damit einen materiell-rechtlichen Beurteilungsrahmen beinhaltet, dem ein eigener Reglungsinhalt innewohnt.[397] Da die verbindliche Auskunft auch stets individualisiert für einen konkreten zukünftigen Sachverhalt erteilt wird, ist sie

391 BVerwGE 60, 144 (145.).

392 BVerwGE 58, 37 (38 f.). So auch *Emmerich-Fritsche*, NVwZ 2006, 762 (763).

393 *Ruffert*, in: Erichsen/Pünder, Allg. VwR, § 21 Rn. 24.

394 *Ipsen*, Allg. VwR, Rn. 336.

395 So auch *Zeidler*, Gutachten S. 50; *Hebeler/Schäfer*, Jura 2010, 881 ff. sowie *U. Stelkens*, in: Stelkens/Bonk/Sachs, VwVfG, § 38 Rn. 34. für die Zusicherung gem. § 38 VwVfG. Diese Gedanken sind auch auf die verbindliche Auskunft nach § 89 Abs. 2 AO übertragbar, denn auch sie begründet den Anspruch darauf, dass die Finanzverwaltung später im Sinne der geäußerten Rechtsauffassung handelt.

396 A.A. sind *Wagner*, in: Kühn/v. Wedelstädt, AO/FGO, § 89 AO Rn. 16 sowie *Söhn*, in: Hepp/Hübschmann/Spitaler, AO/FGO, § 89 AO Rn. 304, die den Regelungsgehalt mit dem Argument bezweifeln, dass der Antragsteller auch auf Grundlage seiner eigenen Rechtsauffassung zum Handeln berechtigt ist. Dem widerspricht richtigerweise *Roser*, in: Beermann/Gosch, AO/FGO, § 89 AO Rn. 58 m.w.N.

397 Überzeugend insoweit *Roser*, in: Beermann/Gosch, AO/FGO, § 89 AO Rn. 58.1.

eine konkret-individuelle Regelung (in Abgrenzung zur abstrakt-generellen Rechtsnorm[398]) und weist damit auch das Merkmal „Einzelfall" auf.[399]

II. Finale Außenwirkung

Zudem müsste die verbindliche Auskunft auch finale Außenwirkung entfalten, wodurch sie von behördeninternen Maßnahmen abgegrenzt werden kann.[400] Nach der Lehrformel des BVerwG entfaltet eine Maßnahme dann Außenwirkung, wenn sie nach ihrem objektiven Sinngehalt darauf gerichtet ist, die Rechtsposition einer Person in ihrem allgemeinen Status als Bürger verbindlich zu gestalten und festzulegen.[401] Die Außenwirkung muss intendiert und damit Gegenstand der Regelung sein, sodass es nicht auf die faktische Wirkung, sondern auf die Finalität der Maßnahme ankommt.[402] Betrachtet wird allein die interpersonale Wirkung zwischen dem Rechtsträger der Behörde und dem Adressaten[403], sodass eine – wenn auch beabsichtigte – Nebenfolge nicht ausreichend ist. Maßgeblich ist vielmehr die Hauptfolge[404], die sich maßgeblich nach dem Tenor des Ausspruchs bestimmt und zumindest konkludent bezeichnet sein muss.[405] Die verbindliche Auskunft ist adressiert an den Antragsteller und begründet ein subjektiv-öffentliches Recht, sodass sie Außenwirkung entfaltet. Einzig diskutabel scheint indes, ob die verbindliche Auskunft auch tatsächlich *unmittelbare* Außenwirkung entfaltet. So geht etwa Dalichau davon aus, dass aufgrund der Tatsache, dass der Betroffene die Sachverhaltsverwirklichung selbst in der Hand habe und daher die Wirkungsweise lenken könne, nur eine *mittelbare* Außenwirkung in Betracht komme.[406] Hierzu ist zunächst anzumerken, dass eine unmittelbare Auswirkung tatsächlich nicht eintre-

398 Zur Abgrenzung im Allgemeinen sowie zu schwierigen Zweifelsfällen siehe *Ruffert*, in: Ehlers/Pünder, Allg. VwR, § 21 Rn. 31 ff.
399 Gl. A. *Horst*, Verbindliche Auskunft, S. 109.
400 BVerwGE 60, 144 (146).
401 BVerwGE 81, 258 ff.; NVwZ 2012, 1483 ff.
402 BVerwGE 41, 253 ff.; *Ehlers*, NVwZ 1990, 105 (106). Das Merkmal der Finalität dient daher der trennscharfen Abgrenzung zu schlicht-hoheitlichen Erklärungen, vgl. *Hoffmann-Becking*, DÖV 1972, 196 (197).
403 *Ruffert*, in: Ehlers/Pünder, Allg. VwR, § 21 Rn. 44 m.w.N.
404 BVerwGE 60, 144 (145 f.) sowie *Ruffert*, in: Ehlers/Pünder, Allg. VwR, § 21 Rn. 44.
405 *Hoffmann-Becking*, DÖV 1972, 196 (197).
406 *Dalichau*, Auskünfte und Zusagen, S. 210.

ten muss.[407] Aus diesem Blickwinkel heraus erscheint es daher als unschädlich, dass die verbindliche Auskunft lediglich die spätere Sachbehandlung verbindlich zusagt. Zudem berücksichtigt Dalichau nicht hinreichend, dass die verbindliche Auskunft bereits einen (bedingten) Erfüllungsanspruch einräumt, den aber wiederum nur die Finanzverwaltung schaffen kann, sodass die verbindliche Auskunft ein Paradebeispiel für originäres einseitiges hoheitliches Handeln ist.[408] Folglich vermag es nicht zu überzeugen, die Unmittelbarkeit der Außenwirkung abzulehnen. Vielmehr liegt auch eine finale Außenwirkung vor.

III. Der Verwaltungsakttypus der verbindlichen Auskunft

Aufgrund der zahlreichen Anwendungsfelder des VA und des hohen Abstraktionsgrads der Merkmale nach § 35 S. 1 VwVfG kann es nicht „den einen VA" geben, sondern er muss sich vielmehr in verschiedene Typen untergliedern[409], wobei die Ausdifferenzierung voranschreitet.[410] Die meisten VAe sind mehreren Typen zuzuordnen. Diese Typen bilden freilich keine eigenen Handlungsformen, sondern fassen vielmehr bestimmte Ausprägungen des VA zu einem eigenen Begriff zusammen, sodass es für das Vorliegen eines VA irrelevant ist, in welchen Typ man ihn einteilt. Vielmehr erfolgt die Qualifikation als VA schon in einem vorherigen Schritt.[411] Für die hiesige Betrachtung relevant sind der befehlende, der gestaltende sowie der feststellende VA, die sich in ihrem Regelungsgehalt und nach dem behördlichen Ausspruch (Tenor) unterscheiden.[412] Nicht vertieft untersucht wird dagegen, ob die verbindliche Auskunft eine Zusicherung oder ein (aufschiebend bedingter) Vorbescheid ist. Insofern wird der h.M. gefolgt, die die verbindliche Auskunft nach § 89 Abs. 2 AO als Spezialform der Zusicherung i.S.d. § 38 VwVfG ansieht und es ablehnt, dieser den Charakter eines Grundlagen- oder Teilsteuerbescheids zuzusprechen.[413]

---

407 *Stelkens*, in: Ders./Bonk/Sachs, VwVfG, § 35 Rn. 147.

408 So auch *Horst*, Verbindliche Auskunft, S. 111.

409 *von Alemann/Scheffczyk*, in: BeckOK VwVfG, § 35 Rn. 47.

410 *Hoffmann-Riem*, in: Ders./Schmidt-Aßmann/Voßkuhle, Grundlagen des Verwaltungsrechts, § 33 Rn. 5.

411 VG Kassel, NVwZ-RR 2000, 557.

412 Eine umfassende Darstellung der verschiedenen (Binnen-)Differenzierungen gibt *U. Stelkens*, in: Stelkens/Bonk/Sachs, VwVfG, § 35 Rn. 213 ff.

413 *Seer*, in: Tipke/Kruse, AO/FGO, § 89 AO Rn. 29; *Baum*, NWB Fach 2, 9725 (9734), jeweils m.w.N. *Hey*, Steuerplanungssicherheit, S. 736 befürchtet gar

1. Befehlender VA

Der befehlende VA enthält unmittelbar ein Gebot oder Verbot für den Adressaten. Neben dem verfügenden Teil hat er – anders als der sogleich darzustellende feststellende VA – keinen eigenständigen feststellenden Teil[414], sondern dieser ist ihm vielmehr inhärent und bereits Teil des Ge- oder Verbots.[415] Typische Anwendungsfälle des befehlenden VA finden sich im Sicherheits- und Ordnungsecht sowie im Wirtschaftsverwaltungsrecht. Der konkrete Befehl ist durch Auslegung zu ermitteln und muss in den Grenzen der gesetzlichen Ermächtigung bleiben. Dieser stellt allerdings stets eine Belastung dar. Die verbindliche Auskunft kann einerseits – unabhängig davon, wie die Auskunft ausfällt – nie belastend, sondern stets entweder begünstigend oder zumindest neutral sein, da der Steuerpflichtige auch bei einer Negativauskunft jederzeit eine abweichende Sachbehandlung im Steuerveranlagungsverfahren geltend machen kann. Andererseits enthält sie auch in keinem Fall ein Ge- oder Verbot, da aus ihr keine Handlungspflichten folgen.[416] Vielmehr bleibt es dem Antragsteller anheimgestellt, wie er infolge der verbindlichen Auskunft verfährt.[417] Er hat schließlich auch nur die Aussage über die rechtliche Würdigung eines zukünftigen Sachverhalts. Ob dieser tatsächlich eintritt, ist ausschließlich vom Verhalten des Antragstellers selbst abhängig. Die verbindliche Auskunft ist damit kein befehlender VA.

2. Gestaltender VA

Der gestaltende VA verändert die bestehende materielle Rechtslage, indem er Rechte unmittelbar begründet, verändert oder aufhebt[418], sodass er konstitutive und nicht bloß deklaratorische Wirkung zeitigt. Anwendung findet er unter anderem bei Beamtenernennungen sowie Einbürgerungen. Ob die verbindliche Auskunft demnach ein gestaltender VA ist, erscheint

---

einen „regelrechte[n] Ansturm auf den steuerrechtlichen Vorbescheid", wenn man die verbindliche Auskunft als einen solchen ansähe und ihm damit eine besondere Rechtsänderungsfestigkeit verleihe.

414 *Kollmann*, DÖV 1990, 189.

415 *H.-G. König*, BayVBl 1987, 261 (262).

416 *Wagner*, in: Kühn/v. Wedelstädt, AO/FGO, § 89 AO Rn. 16; *Söhn*, in: Hepp/Hübschmann/Spitaler, AO/FGO, § 89 AO Rn. 304.

417 *Pfeiffer*, DB 1987, 2380 (2383).

418 *U. Stelkens*, in: Stelkens/Bonk/Sachs, VwVfG, § 35 Rn. 216.

äußerst zweifelhaft. So wird durch diese die Rechtslage nicht aktiv gestaltet, sondern zunächst nur festgestellt. Eine ausführende Tätigkeit in Form eines Tuns, Duldens oder Unterlassens wird dem Antragsteller damit noch nicht erlaubt bzw. verboten. Dadurch, dass Gegenstand des Antrags nur ein zukünftiger, noch nicht verwirklichter Sachverhalt sein kann, kann eine Regelung für diesen Sachverhalt denklogisch auch noch nicht ergehen, die den Antragsteller zum Tätigwerden verpflichtet oder ihm dies untersagt. Insofern ist auch Horst zu widersprechen, der aufgrund des aufschiebend bedingten Erfüllungsanspruchs einen gestaltenden VA annimmt.[419] Seine Hypothese ist zwar im Ausgangspunkt zutreffend, sodass die verbindliche Auskunft jedenfalls Grundelemente des gestaltenden VA aufweist. Diese überwiegen jedoch nicht. So tritt die eigentlich gestaltende Wirkung erst in dem Zeitpunkt ein, in dem der Endbescheid erlassen wird, denn erst dieser begründet die endgültige Verpflichtung zur Zahlung der Steuerschuld. Die verbindliche Auskunft hingegen ist eine bloß vorweggenommene (Teil-)Regelung, die dem Steuerpflichtigen lediglich Sicherheit darüber verschafft, wie die Finanzverwaltung gegenwärtig einen bestimmten, zukünftigen Sachverhalt beurteilt. Diesen Umstand erkennt Horst letztlich auch selbst an, indem er darlegt, dass im Rahmen der verbindlichen Auskunft eine abschließende Regelung über die Rechtsfolgen noch nicht eintreten kann.[420] Somit fehlt es am dominierenden rechtsgestaltenden Element, sodass die verbindliche Auskunft kein gestaltender VA sein kann.

3. Feststellender VA

Der feststellende VA – ebenfalls sämtliche Merkmale des § 35 S. 1 VwVfG erfüllend[421] – stellt ein Rechtsverhältnis oder sich daraus ergebende Rechte oder Pflichten des Bürgers sowie bestimmte rechtliche Eigenschaften von Personen und Sachen verbindlich fest und lässt die materielle Rechtslage

---

419 *Horst*, Verbindliche Auskunft, S. 112.

420 *Horst*, Verbindliche Auskunft, S. 112.

421 BVerwG, NVwZ 2010, 133 (134). Damit lässt sich zugleich konstatieren, dass der feststellende VA zur Klärung abstrakter Rechtsfragen sowie zur Feststellung reiner Tatsachen nicht genutzt werden kann, vgl. auch *H.-G. König*, BayVBl 1987, 261 (264).

unberührt.[422] Er ist damit gewissermaßen die Bescheinigung dafür, dass sich der Bürger in Übereinstimmung oder nicht in Übereinstimmung mit den einschlägigen Rechtsgrundlagen befindet.[423] Aus Gründen der Verfahrensklarheit müssen die der Bindungswirkung zugänglichen Feststellungen eindeutig erkennbar sein, sodass in der Regel nur ausdrücklich feststellende VAe zulässig sind, in Ausnahmefällen jedoch auch solche inzidenter Art.[424] In jedem Fall muss zumindest konkludent eine Rechtsfolgenanordnung erklärt werden.[425] Seine Funktion besteht daher nicht in der Gestaltung, sondern in der Publizierung der Rechtslage, obgleich in seiner feststellenden zugleich auch eine gestaltende Wirkung liegt.[426] Er schreibt das Ergebnis eines behördlichen Subsumtionsvorgangs fest[427] und enthält eine mit Bindungswillen abgegebene gewollte Erklärung der ausstellenden Behörde.[428] Einer Vollstreckung bedarf er nicht.[429] Erwächst ein feststellender VA in Bestandskraft, so kann er Grundlage für das weitere Verwaltungshandeln sein, sodass er von der Intensität her wie ein gestaltender VA wirken kann.[430] So gilt das Gesetz fortan in der von der Behörde getroffenen Interpretation, der den feststellenden VA auch vom bloßen rechtlichen Hinweis unterscheidet.[431] Zusammenfassend kommt dem feststellenden VA daher eine Konkretisierungs-, Klarstellungs- und Stabilisierungsfunktion zu[432], sodass er in besonderer Weise den Bedürfnissen des Wirtschaftslebens nachkommt.[433]

---

422 *K. König*, VR 1990, 401 (402) m.w.N. Instruktiv zum feststellenden VA siehe statt vieler auch *Kracht*, Feststellender Verwaltungsakt und konkretisierende Verfügung, 2002.

423 *H.-G. König*, BayVBl 1987, 261 (262).

424 VGH Mannheim BeckRS 2009, 42336 ff. So auch *Bumke*, in: Hoffmann-Riem/Schmidt-Assmann/Voßkuhle, Grundl. d. VwR, § 35 Rn. 62. Dieser Umstand ist darauf zurückzuführen, dass nur der Tenor des VA an der Bindungswirkung teilnimmt, sodass zweideutig tenorierte Bescheide hohes Streitpotenzial über die Reichweite der Bindungswirkung in sich bergen, vgl. *Kolbeck*, Bauvoranfrage und Bauvorbescheid, S. 81.

425 *Hoffmann-Becking*, DÖV 1972, 196 (203).

426 Hierzu umfassend *Bumke*, in: Hoffmann-Riem/Schmidt-Assmann/Voßkuhle, Grundl. d. VwR, § 35 Rn. 61.

427 BVerwG, NVwZ 2004, 349 (350).

428 *Hoffmann-Becking*, DÖV 1972, 196 (200).

429 *Bull/Mehde*, Allg. VwR, Rn. 715.

430 BVerwG, NJW 1987, 3017 ff.

431 *Dietlein*, JA 1992, 220 (221).

432 BVerwGE 24, 23 (27 ff.); PrOVGE 104, 208 ff.

433 *Kopp*, GewArch 1986, 41.

Die verbindliche Auskunft dient dazu, in einer rechtlichen ungewissen Situation die Rechtslage in einem konkreten Einzelfall und unter Rekurs auf einen geplanten aber unverwirklichten Sachverhalt durch eine verbindliche Feststellung mit Bindungswirkung als bestehend oder nichtbestehend festzulegen.[434] Von der Finanzverwaltung wird insofern auch die Erbringung einer eigenen Subsumtionsleistung verlangt. Damit erfüllt die verbindliche Auskunft zweifelsfrei die typischen Merkmale des feststellenden VA und ist als ein solcher anzusehen.[435]

C. Tatbestandsmerkmale und Rechtsfolgenseite

§ 89 Abs. 2 AO selbst ist von seinem Regelungsumfang her eher schmal, sodass es zur näheren Ausgestaltung seiner Tatbestandsmerkmale und Besonderheiten der flankierenden Steuerauskunftsverordnung (StAuskV) vom 30.11.2007[436] bedurfte, die in § 89 Abs. 2 S. 4 AO ihre Ermächtigungsgrundlage i.S.d. Art. 80 GG findet.[437] Im Anschluss hat das BMF auch mit Schreiben vom 11.12.2007 den Anwendungserlass der AO (AEAO) zu § 89 AO geändert[438], der ebenfalls wichtige Konkretionen zu § 89 Abs. 2 AO beinhaltet. Hinzu kommen der Leitfaden der OFD Frankfurt[439] und die Verfügung der BayLfSt[440], die insbesondere Einzelheiten zu Verfahrensfragen

434 Zur Frage, wie die verbindliche Auskunft Bindungswirkung entfalten kann, siehe *Hey*, Steuerplanungssicherheit, S. 712 f.

435 So auch *Birk*, in: FS Pöllath, S. 161 (168). A.A. etwa *Baum*, NWB 2008, 1227 (1236), der die verbindliche Auskunft nicht als feststellenden VA, sondern einzig als „VA besonderer Art" ansieht sowie *Franke/v. Cölln*, BB 2008, 584, die von einem sonstigen VA ausgehen. Beiden Auffassungen ist entgegenzuhalten, dass sie die Feststellungswirkung der verbindlichen Auskunft verkennen bzw. zumindest nicht hinreichend berücksichtigen.

436 StAuskV v. 30.11.2007, BGBl 2007, 2783 = BStBl I 2007, 820.

437 Zur Kritik an der sehr weitreichen Ermächtigung des Gesetzgebers in § 89 Abs. 2 S. 4 AO siehe *Roser*, in: Beermann/Gosch, AO/FGO, § 89 AO, Rn. 30; *Franke/Cölln*, BB 2008, 584 (586) sowie *Seer*, in: Tipke/Kruse, AO/FGO, § 89 AO Rn. 21. Ersterer attestiert der Ermächtigung gar verfassungsrechtlich bedenklich zu sein. Zudem geht auch *H. Jochum*, in: FS Fiedler, S. 793 (795) davon aus, dass den Anforderungen des Art. 80 Abs. 1 S. 2, 4 GG nicht in vollem Umfang genüge getan wird.

438 BMF-Schreiben v. 11.12.2007, BStBl I 2007, 894.

439 OFD Frankfurt v. 12.12.2007 – S 0224 A – 3 – St 23, abrufbar unter http://datenbank.nwb.de/Dokument/Anzeigen/285903/.

440 Bayerisches Landesamt für Steuern v. 5.3.2012 – S 0224.2.1 – 21/1 St42, abrufbar unter http://datenbank.nwb.de/Dokument/Anzeigen/433596/.

regeln. Die Erteilung der verbindlichen Auskunft ist durch dieses umfassende Konglomerat an Regelungen an strenge, formale Anforderungen gebunden worden, sodass der Steuerpflichtige – wie sogleich noch näher darzulegen sein wird – in Vorleistung treten muss, bevor die Finanzverwaltung selbst tätig wird.[441] Vorwegzuschicken ist, dass im Falle einer Auskunftserteilung trotz Nichtvorliegens der nachstehend genannten Voraussetzungen diese trotzdem Bindungswirkung entfalten kann.[442] Dies stellt insoweit einen notwendigen Schutzmechanismus für den Steuerpflichtigen dar, der auf dem Vertrauensschutzgedanken fußt. Zudem ist zu betonen, dass die verbindliche Auskunft nach § 89 Abs. 2 AO aufgrund ihrer Normierung in der AO nur für steuerrechtliche Fragen gilt. Verbindliche Auskünfte zu korrelierenden Fragen, etwa des Handels- oder Arbeitsrechts, können und dürfen auf Grundlage dieser Norm nicht erteilt werden.[443]

I. Zuständigkeit für die Erteilung verbindlicher Auskünfte

Zunächst sind die Zuständigkeitsregelungen Sinne der Vertretungszuständigkeit[444] in den Mittelpunkt der Betrachtung zu rücken, die sich in die sachliche und örtliche Zuständigkeit untergliedern lässt. Die sachliche Zuständigkeit für die Erteilung der verbindlichen Auskunft liegt bei den Finanzämtern der Länder sowie beim Bundeszentralamt für Steuern (BZSt).[445] Vor der Schaffung der gesetzlichen Ermächtigung waren hingegen ausschließlich die Finanzämter der Länder zuständig.[446] Die erweiterte

441 *Birk*, in: FS Pöllath, S. 161 (166).

442 FG Gotha, DStRE 2013, 692 (694).

443 Gl. A. *W. Steinberg*, Selbstbindung, S. 124 für die verbindliche Zusage.

444 *Seer*, Verständigungen, S. 332.

445 Die Kritik an diesem Dualismus der Zuständigkeitsverteilung und ein Plädoyer für eine Zentralzuständigkeit des BZSt findet sich bei *Borggreve*, AO-Stb 2008, 108 (110). Bei den folgenden Ausführungen wird aus Vereinfachungsgründen – wie auch vorstehend im Rahmen der Untersuchung der Rechtsnatur der verbindlichen Auskunft – stets nur von der Finanzverwaltung gesprochen. Die Ausführungen gelten gleichermaßen für die Finanzämter der Länder sowie das BZSt. Verbindliche Auskünfte des BZSt spielen in der Praxis allerdings eine geringere Rolle, da sie nur bei in Bundesauftragsverwaltung verwalteten Steuern erteilt werden können (Einkommen- und Körperschaftsteuer inkl. des Solidaritätszuschlags, Umsatzsteuer und Versicherungssteuer). Wird gleichwohl eine verbindliche Auskunft durch das im konkreten Fall zuständige BZSt erteilt, so ist diese auch für das später zuständige FA bindend, vgl. § 89 Abs. 2 S. 3 Hs. 2 AO.

446 Siehe hierzu instruktiv auch *Baum*, NWB Fach 2, 9311 ff.

Zuständigkeit lässt sich auf den Umstand zurückführen, dass einzig das BZSt als geeignete Anlaufstelle für ausländische Investoren angesehen wird. Diese Trennung der Zuständigkeit ist allerdings aus der verfassungsrechtlichen Perspektive durchaus umstritten, obgleich durchgreifende verfassungsrechtliche Bedenken bislang nicht festgestellt werden konnten.[447] Eine Oberfinanzdirektion (OFD) als Mittelbehörde oder ein Finanzministerium als oberste Landesbehörde können dagegen in keinem Fall zuständig sein und sie haben auch kein Selbsteintrittsrecht bei Gefahr in Vollzug.[448] Beide sind aber berechtigt, den nachgeordneten Dienststellen Weisungen zu erteilen.[449]

Damit nimmt die Bundesrepublik Deutschland im internationalen Vergleich eine Sonderstellung ein. Andere europäischen Staaten haben sich zumeist für eine Zentralisierungslösung entschieden.[450] Relevant wird die zweigeteilte Zuständigkeit vor allem für den Anknüpfungspunkt der steuerlichen Verhältnisse. So sind bei einer Zuständigkeit des BZSt die aktuellen Verhältnisse des Antragstellers maßgeblich, während bei einer Zuständigkeit des FA die künftigen (geplanten) steuerlichen Verhältnisse zu betrachten sind. Die Erteilung der verbindlichen Auskunft setzt unabhängig von der Zuständigkeitsverteilung zwischen BZSt und FA ein bestehendes konkretes Steuerrechtsverhältnis zwischen dem Finanzamt und dem Steuerpflichtigen im Sinne einer Partnerschaft voraus[451], sodass die verbindliche Auskunft nur Wirkung inter partes, aber nicht erga omnes gegenüber

---

447 *Horst*, Verbindliche Auskunft, S. 82 ff. m.w.N.

448 FG Stuttgart, EFG 1990, 454 sowie *Buciek*, DStZ 1999, 389 (391) m.w.N. Vgl. hierzu auch § 17 Abs. 2 FVG. Umfassende Kritik an dieser Zuständigkeitsverteilung übt indes Seer (StbJb 2012/13, 557 (566) sowie sein Festschriftenbeitrag in FS Gosch, S. 387 (396)), der darin die Gefahr erblickt, dass es zu unvorhersehbaren und in erheblichem Maße divergierenden Entscheidungen der einzelnen Finanzämter kommt, sodass er dafür streitet, die Zuständigkeit zentral auf Ebene der OFD oder der Finanzministerien zu regeln. So auch schon *Hahn*, DStZ 2003, 69 (74) vor der gesetzlichen Implementierung in § 89 Abs. 2 AO.

449 *Seer*, SteuerStud 2016, 601 (603). Dies führt allerdings nicht dazu, dass allein aufgrund der Erteilung der Weisung schon eine Bindungswirkung für den Steuerpflichtigen eintritt, vgl. zutr. *G. Mayer*, Zusage, S. 117. Maßgeblich ist allein das Außenverhältnis zwischen der für die Erteilung zuständigen Stelle und dem Steuerpflichtigen.

450 *Jann*, IStR 1995, 115 (117).

451 BFHE 158, 31 ff.; FG Stuttgart, EFG 1990, 454, jeweils m.w.N. Der BFH betont insoweit unter Hinweis auf seine bisherige Rechtsprechung, dass es darauf ankomme, dass Finanzverwaltung und Bürger in einem partnerschaftlichen Verhältnis zueinander stehen müssten, vgl. BFHE 158, 31 (34).

Dritten entfalten kann.[452] Eine verbindliche Auskunft kann somit auch nur von dem Finanzamt erteilt werden, das bei Verwirklichung des Sachverhalts die Veranlagung oder das Feststellungsverfahren nach den §§ 17 ff. AO durchführen würde (örtliche Zuständigkeit als Annexkompetenz im Wege der hypothetischen Betrachtungsweise).[453] Dies gilt auch für den Fall, dass der geplante Sachverhalt im Zuständigkeitsbereich eines anderen Finanzamts verwirklicht werden soll. In diesem Fall hat sich das zukünftig zuständige FA mit dem bisher zuständigen FA abzustimmen.[454] Um die örtliche Zuständigkeit zweifelsfrei ermitteln zu können, hat der Auskunftsantrag des Steuerpflichtigen eine Ortsbestimmung zu enthalten.[455] Dies dient dazu, die Einheitlichkeit von Auskunftserteilung und späterer Veranlagung bzw. Festsetzung sicherzustellen.[456] Andernfalls wäre die Effizienz der verbindlichen Auskunft gefährdet.

Sind verschiedene Finanzämter zuständig, so kann eine Zuständigkeitsvereinbarung nach § 27 AO getroffen werden[457], wobei es hierzu der Zustimmung des Antragstellers bedarf.[458] Dies gilt allerdings nur dann, wenn mehrere Finanzämter für einen Steuerpflichtigen zuständig sind. Sobald es mehrere Steuerpflichtige gibt (etwa bei Umwandlungsfällen die abgebende und die übernehmende Gesellschaft), gilt die Vorgabe von Tz. 3.3.2.3. AEAO zu § 89 AO nicht mehr, sodass eine Zuständigkeitsvereinbarung

---

452 *Burchert*, INF 2004, 178 (183).

453 *Horst*, Verbindliche Auskunft, S. 86 f. Diametral entgegengesetzte Ansichten wurden dagegen noch vor der Einführung der verbindlichen Auskunft vertreten. Etwa *Immesberger*, NJW 1970, 1116 (1118) hält eine Zuständigkeit des Finanzamts vor Ort für untragbar und sieht es insofern als erforderlich an, „vorzüglich ausgestattete Zentralfinanzämter" zu bilden, um Steuerausfälle zulasten der Allgemeinheit zu vermeiden. Damit folgt er dem im europäischen Ausland vertretenen Ansatz. Das lehnt *Krabbe*, DB 1987, 2067 (2068) mit dem Argument ab, dass von dem einzelnen Finanzbeamten nicht mehr gefordert werde als auch im normalen Besteuerungsverfahren. Zudem sei eine Zentralisierung der Auskunftserteilung in einem föderalistischen System nicht möglich.

454 *Bruschke*, DStZ 2007, 267 (268).

455 *Baum*, NWB Fach 2, 9311 (9317) mit weiteren Ausführungen zu den Spezifikationen.

456 So auch schon BT-Drs. 5/885, S. 6.

457 Tz. 3.3.2.3 AEAO zu § 89. Gleichwohl stellt diese Regelung nur ein stumpfes Schwert aus Sicht des Steuerpflichtigen dar, da der Finanzverwaltung hierbei Ermessen eingeräumt wird, vgl. auch *Borggreve*, AO-StB 2008, 108 (110).

458 *Baum*, NWB Fach 2, 9725 (9731).

grundsätzlich nicht getroffen werden muss.[459] Dies mag zwar vor dem Hintergrund der Übersichtlichkeit gegenüber kritischen Stimmen sakrosankt sein, da beide Steuerpflichtige weiterhin jeweils mit dem ihnen zugewiesenen Finanzamt zu tun haben. Relevant ist dieser Umstand jedoch für die Gebührenpflicht.[460] Um in diesem Fall über eine doppelte Gebührenberechnung hinaus Nachteile für die steuerpflichtigen Gesellschaften zu vermeiden, haben sich die verschiedenen Ämter untereinander abzustimmen, um sich widersprechende verbindliche Auskünfte zu vermeiden.[461] Ist im Zeitpunkt der Antragstellung kein FA örtlich zuständig, so geht die (ausschließliche) örtliche Zuständigkeit auf das BZSt über (§ 89 Abs. 2 S. 3 AO). Ändert sich bis zur Auskunftserteilung die Zuständigkeit, ist dies für den Steuerpflichtigen unschädlich, da dann auch eine verbindliche Auskunft eines unzuständigen FA Bindungswirkung entfaltet. Maßgeblich ist die hypothetische Zuständigkeit im Zeitpunkt der Antragstellung.[462]

Behördenintern ist die für die Festsetzung oder Feststellung zuständige Stelle (Veranlagungsstelle, Grunderwerbsteuerstelle etc.) auch für die Erteilung der verbindlichen Auskunft zuständig. Sind mehrere Stellen befasst, so wird eine einheitliche Entscheidungsfindung herbeigeführt. Dadurch wird vermieden, dass es innerhalb des Finanzamts zu Widersprüchen kommt, die die vom Steuerpflichtigen erstrebte Rechts- und Planungssicherheit konterkarieren würde. Die Zuständigkeit ist auch entscheidend für die Bindungswirkung der verbindlichen Auskunft. Sie tritt nur dann ein, wenn der zuständige Beamte gehandelt hat. Dies ist derjenige, der zur abschließenden Zeichnung berechtigt ist, was in aller Regel der Sachgebietsleiter selbst ist, nicht jedoch der einzelne Sachbearbeiter.[463] Die ver-

---

459 Einzelheiten zu dieser Problematik sind den umfangreichen Kommentierungen von *Seer*, in: Tipke/Kruse, AO/FGO, § 89 AO Rn. 34 sowie *Roser*, in: Beermann/Gosch, AO/FGO, § 89 AO Rn. 43 zu entnehmen.

460 So auch *Rätke*, in: Klein, AO, § 89 Rn. 45. Ein weiteres Problem sei, dass bei Mehrfachzuständigkeiten doppelter und dreifacher Verwaltungsaufwand entstehe, was aus verwaltungsökonomischen Gesichtspunkten zu Hindernissen führe.

461 Tz. 3.3.1.7 AEAO zu § 89. Zustimmend *Baum*, NWB Fach 2, 9311 (9319). Siehe hierzu auch Wissenschaftlicher Arbeitskreis „Steuerrecht" (DWS), Recht auf Information und Auskunft im Besteuertungsverfahren, S. 10.

462 *Seer*, in: Tipke/Kruse, AO/FGO, § 89 AO, Rn. 34 sowie *Roser*, in: Beermann/Gosch, AO/FGO, § 89 AO Rn. 42.

463 BFHE 159, 114 (119 f.). Mit Recht diese Regelung kritisierend *Dalichau*, Auskünfte und Zusagen, S. 67 f. Zu befürworten sind mit ihr vielmehr einfache Zuständigkeiten, die die Zuständigkeit für die Auskunftserteilung in einer Person bündeln.

bindliche Auskunft unterliegt daher auch bei Beteiligung von nur einer Stelle behördenintern dem Mehraugenprinzip, da in der Regel der Sachbearbeiter die Entscheidung vorbereiten wird und der Sachgebietsleiter diese anschließend nach eigener Überprüfung zeichnet.

Die Wahrung der vorstehend beschriebenen Zuständigkeit ist für den Antragsteller von elementarer Bedeutung, da die erteilte verbindliche Auskunft bei fehlender Zuständigkeit für diesen gebührenpflichtig, aber aufgrund fehlender Bindungswirkung gänzlich wertlos ist. Hierauf wird im Rahmen der Darstellung zur Wirksamkeit einer erteilten Auskunft (C. VI.) noch einmal vertieft einzugehen sein, da sich bei der behördeninternen Zuständigkeit im Einzelfall erhebliche Probleme ergeben können, deren Betrachtung in dieser Arbeit nicht opak bleiben kann.

Ein weiteres Spannungsfeld zeigt sich bei der fehlenden Zuständigkeit für das spätere Festsetzungsverfahren. Eindeutig lässt sich diese Frage für die im Auftrag des Bundes von den Landesfinanzbehörden verwalteten Steuern beantworten. Hier ist das BZSt originär zuständig.[464] In allen anderen Fällen helfen die bisherigen Darstellungen für die Zuständigkeit der Bescheidung des Antrags auf verbindliche Auskunft aber nicht weiter. Horst bietet hierfür die überzeugende Lösung an, § 24 AO als Regelung zur Ersatzzuständigkeit heranzuziehen. Dieser sieht vor, dass diejenige Finanzbehörde örtlich zuständig ist, in deren Bezirk der Anlass für die Amtshandlung hervortritt.[465] Diesem Vorschlag wird auch hier gefolgt.

Zusammenfassend ist die Zuständigkeitsverteilung im Grundsatz logisch und stringent, kann aber im Einzelfall durchaus Probleme bereiten.[466] Die fehlende Zuständigkeit der erteilenden Behörde geht indes immer zulasten des Antragstellers, sodass dieser in der Pflicht ist, die Zustän-

---

464 BMF-Schreiben v. 11.12.2007, BStBl I 2007, 894, Rn. 3.3.

465 *Horst*, Verbindliche Auskunft, S. 88.

466 Kritischer wiederum die Bewertung des Wissenschaftlichen Arbeitskreises „Steuerrecht“ (DWS), Recht auf Information und Auskunft im Besteuertungsverfahren, S. 11: „Allerdings verbleibt insgesamt ein halberziger Eindruck“, wobei sich diese Beurteilung primär auf die Zuständigkeitsprobleme aufgrund fehlender Zentralzuständigkeit in Umwandlungsfällen bezieht. Anders auch der Ansatz von *von Bombard*, Auskunft und Zusage im Steuerrecht, S. 144, der die Zuständigkeit als Bindungsvoraussetzung gänzlich ablehnt und damit eine pragmatische Lösung präferiert. Einzige Ausnahme soll nach seiner Darstellung die absolute sachliche Unzuständigkeit sein.

digkeit sorgfältig zu ermitteln und sich sodann im Laufe der Bearbeitung seines Auskunftsbegehrens ggf. mit der Finanzverwaltung abzustimmen.

II. Form und Inhalt des Antrags

Der Antrag auf Erteilung der verbindlichen Auskunft hat schriftlich zu erfolgen[467] und muss nach § 1 Abs. 1 StAuskV folgende Bestandteile aufweisen: Die genaue Bezeichnung des Antragstellers mit Name, Wohnort, ggf. Steuernummer (Nr. 1), die umfassende und in sich abgeschlossen Darstellung eines ernsthaft geplanten, noch nicht verwirklichten Sachverhalts (Nr. 2), die Darlegung des besonderen steuerlichen Interesses des Antragstellers (Nr. 3), eine ausführliche Darlegung des Rechtsproblems mit eingehender Begründung des eigenen Rechtsstandpunktes (Nr. 4), die Formulierung konkreter Rechtsfragen (Nr. 5), die Erklärung, dass über den zur Beurteilung gestellten Sachverhalt bei keiner anderen Finanzbehörde eine verbindliche Auskunft beantragt wurde (Nr. 6) sowie die Versicherung, dass alle für die Erteilung der Auskunft und für die Beurteilung erforderli-

467 Verlangt wird damit ein ausdrücklich als Antrag auf Erteilung einer verbindlichen Auskunft bezeichnetes Schreiben, vgl. *Simon*, DStR 2007, 557 ff. Dieses Erfordernis dient vor allem der Abgrenzung zu den gebührenfreien Anträgen nach §§ 204 ff. AO sowie § 42e EStG und ist insofern praktikabel, vgl. auch *Dißars/Bürkle*, StB 2008, 123 (124). Gleichwohl lässt sich hieraus kein unbedingtes Schriftformerfordernis deduzieren. Vielmehr wurde ein elektronischer Antrag auch in der Vergangenheit ebenfalls als zulässig angesehen, vgl. *Wagner*, in: Kühn/v. Wedelstädt, § 89 AO, Rn. 7. Eine einfache E-Mail ohne qualifizierte elektronische Signatur sollte aber nicht ausreichend sein. Diesen Gedanken hat auch mittlerweile der Gesetzgeber aufgegriffen und im Gesetz zur Modernisierung des Besteuerungsverfahrens vom 18.7.2016 (BGBl. I 2016, 1679) die Möglichkeit der elektronischen Antragstellung im Sinne des bisherigen Schrifttums eröffnet. In früheren Zeiten hatte die Rechtsprechung zudem auch schon mündlich oder fernmündlich gestellte verbindliche Auskunftsanfragen (eine „formlose Fragestellung") als zulässig angesehen, vgl. BFHE 65, 354 (359); 89, 20 (22); 159, 114 (119), während die Literatur mehrheitlich den Grundsatz der Formenakzessorietät betonte, vgl. statt vieler nur *Seer*, in: Tipke/Kruse, AO/FGO, § 89 AO Rn. 48. Dem stehen wiederum mittlerweile der klare Gesetzeswortlaut sowie die Kostenfolge entgegen. Daher erkennt ihnen die instanzgerichtliche Rechtsprechung auch die Bindungswirkung ab, vgl. FG Neustadt an der Weinstraße, EFG 2014, 1455 (1456 f.). Von daher muss der Antrag entweder schriftlich oder elektronisch gestellt werden.

chen Angaben gemacht wurden und der Wahrheit entsprechen (Nr. 7).[468] Hinzu kommt, dass der Antragsteller nach § 89 Abs. 4 S. 2 AO zu Zwecken der Gebührenberechnung und -festsetzung Angaben zum Gegenstandswert machen soll. Damit wird vom Steuerpflichtigen verlangt, seine zukünftigen steuerlichen Verhältnisse freiwillig und lückenlos offenzulegen[469], wodurch er viel von sich Preis zu geben hat. Zugleich dient dies aber auch dem Übereilungsschutz des Steuerpflichtigen und damit korrespondierend dem Schutz der Finanzverwaltung vor diffusen und undurchsichtigen Anträgen. Während einige Punkte, wie die Ableistung der Versicherung, derart eindeutig sind, dass sie keiner weiteren Ausführungen an dieser Stelle bedürfen, gestaltet es sich bei mehreren anderen Voraussetzungen diffiziler als auf den ersten Blick vermutet. Daher werden diese einmal näher betrachtet, auch weil sie in der Praxis häufig dazu führen, dass Auskunftsersuchen formal (gebührenpflichtig) abgewiesen werden.[470] Aufgrund dessen werden auch die Anträge zumeist von Angehörigen der rechts- und/oder steuerberatenden Berufe gestellt und nicht von den Steuerpflichtigen selbst als (steuer-)juristischen Laien.[471]

---

468 Diese Voraussetzungen sind damit nahezu wortidentisch mit denen aus den früheren BMF-Schreiben, was einmal mehr belegt, dass die gesetzliche Normierung des § 89 Abs. 2 AO kaum inhaltliche Veränderungen brachte. Wird trotz Fehlens eines Antrags eine verbindliche Auskunft erteilt, kann diese dadurch verbindlich werden, dass der Antrag mit heilender Wirkung nachgeholt wird, vgl. *Kaligin*, DStZ 1988, 396 ff. Zudem sieht der I. Senat des BFH neuerdings – wie bereits oberhalb schon angerissen – auch die Möglichkeit, einer verbindlichen Auskunft trotz Fehlern im Rahmen der Antragstellung eine Bindungswirkung beizumessen, vgl. BFHE 251, 119 ff. Dies sei dann der Fall, wenn es die Finanzverwaltung unterlasse, den Antragsteller auf die formellen Fehler hinzuweisen, sondern stattdessen eine Auskunft direkt erteile, die der Antragstellung entsprechend § 133 BGB als verbindlich ansehen könne. Dementsprechend wurde der Weg für eine konkludente verbindliche Auskunft geebnet. Anders dagegen *von Bornhard*, Auskunft und Zusage im Steuerrecht, S. 86, der eine konkludente verbindliche Auskunft generell ablehnt und auch für Einzelfälle keine abweichende Beurteilung zulässt.

469 *Birk*, in: FS Pöllath, S. 161.

470 *Hannig*, NWB 2015, 2166 (2169).

471 *Horst*, Verbindliche Auskunft, S. 72; *G. Mayer*, Zusage, S. 88. *Dalichau*, Auskünfte und Zusagen, S. 32 sieht das Verhältnis bei etwa 75 % zu 25 % zugunsten der Angehörigen der steuerberatenden Berufe. Ihre Angaben fußen auf einer Datenerhebung zum BMF-Schreiben v. 24.6.1987, BStBl I 1987, 484. *Haver*, StuW 1949, 1095 (1096) brachte daher bereits in der Frühzeit der Erteilung verbindlicher Auskünfte auch die Option ins Spiel, die Antragstellung durch (steuer)juristische Fachpersonen generell als Pflicht auszugestalten, um unzweckmäßige Anträge auszuschließen. Diese Vorstellung hat sich bisher aber auf gesetzlicher

1. Sachverhaltsdarstellung

Eine verbindliche Auskunft ist nur möglich, wenn der Sachverhalt vorher präzise und umfassend vom Antragsteller vorbereitet wird.[472] Anträge „ins Blaue hinein" sowie eine auf bloßen Annahmen beruhende Darstellung sind unzulässig.[473] Zudem verlangt die jüngere Rechtsprechung, dass sich der Steuerpflichtige nicht auf eine bloße Zusammenfassung beschränken oder nur ausgewählte Sachverhaltsausschnitte wiedergeben darf, sondern die Darstellung, "soweit möglich, sinnvoll und zumutbar" bis ins Detail gehend beschrieben werden muss.[474] Je besser die Darstellungen des Antragstellers demnach sind, desto leichter fällt es der Finanzverwaltung zu entscheiden und desto mehr Rechtssicherheit erhält der Steuerpflichtige.[475] Letzteres deshalb, da eine spätere Bindungswirkung nur im Umfang

---

Basis nicht durchsetzen können, obgleich faktisch – wie dargelegt – genau das bereits die gelebte Praxis ist.

472 *Dannecker/Werder*, BB 2017, 284 (285 f.) unter Verweis auf eine jüngere Entscheidung des FG Hannover. Dabei genügt es hinsichtlich der Verbindlichkeit des Sachverhalts, dass der zukünftige Sachverhalt ernstlich glaubhaft gemacht wird, vgl. *Krabbe*, DB 1987, 2067 (2068). Dies erscheint schlüssig. Es sei trotzdem angemerkt, dass der Steuerpflichtige einen Nachweis erst im Moment der Verwirklichung erbringen kann.

473 *Wagner*, in: Kühn/v. Wedelstädt, AO/FGO, § 89 AO Rn. 8; *Wünsch*, in: König, AO, § 89 Rn. 26; *Göttker*, in: juris Lexikon Steuerrecht, Verbindliche Auskunft, Rn. 61. Der Ausschluss hypothetischer Sachverhalte, die nicht ernsthaft geplant sind, erweist sich auch nur als konsequent, da der Finanzbeamte aus öffentlichen Steuermitteln für die Auskunftserteilung bezahlt wird und diese dazu dienen, dass die Finanzverwaltung eine reale Steuerveranlagung vornimmt. Insofern würde eine solche Auskunftserteilung auch nicht zu einem positiven Effekt für die Gemeinschaft der Steuerzahler führen. Auch aufgrund der nun gesetzlich normierten Gebührenpflicht ändert sich an diesem Ergebnis nichts Gravierendes, obgleich nicht mehr die Gemeinschaft der Steuerzahler für die Kosten einstehen muss.

474 FG Nürnberg, Urt. v. 5.12.2017, 2 K 844/17, JURIS, Rn. 14. Wie das FG Nürnberg weiter hervorhebt, beinhalte das Erfordernis der umfassenden Sachverhaltsdarstellung auch, sich nicht bloß auf diejenigen Tatsachen zu beschränken, deren rechtliche Würdigung besonders problematisch oder die für finanziell besonders bedeutsam erachtet werden. Zudem müsse der Steuerpflichtige, soweit zum zukünftigen Sachverhalt der Abschluss oder die Änderung eines Vertrags dazugehört, den vollständigen Vertrags- bzw. Änderungsentwurf vorlegen. Dem ist zuzustimmen.

475 „Höchste Akribie" ist insoweit bei der Sachverhaltsdarstellung angezeigt, siehe *Söhn*, in: Hübschmann/Hepp/Spitaler, AO/FGO, § 89 AO Rn. 188 m.w.N. Zu den praktischen Problemen und einer möglichen Lösung bei ebendieser siehe *Krekeler*, BLJ 2016, 24 (25).

der Regelung eintreten kann[476] und alle Aspekte, die nicht im Rahmen der verbindlichen Auskunft geregelt wurden, auch nicht verbindlich werden können. Maßgeblich für das spätere Steuerfestsetzungsverfahren ist folglich die Identität des Vorhabens.[477] Zudem dient eine sorgfältig erarbeitete Sachverhaltsaufbereitung auch dazu, zu verhindern, dass der verbindlichen Auskunft nicht zugängliche Sachverhalte mit in den Antrag implementiert und somit Gebühren gespart werden.[478] So können Abweichungen zwischen verwirklichtem Sachverhalt und im Antrag dargelegtem Sachverhalt in der späteren Steuerfestsetzung (massive) Steuerschäden verursachen.[479] Insofern gilt auch hier der allgemeine Grundsatz für Zusagen und Zusicherungen, dass diese keine Freibriefe darstellen, sondern eine Bindungswirkung nur im Umfang der Regelung eintreten kann.[480] Ein Teil eines nicht dargelegten Sachverhalts kann damit (denklogisch) nicht durch eine verbindliche Auskunft geregelt werden.[481] Das Risiko der unvollständigen Sachverhaltsdarstellung trage damit nach verbreiteter Auffassung alleine der Steuerpflichtige.[482]

Diese Sichtweise kann nicht vollauf überzeugen. Grundsätzlich ist es zwar zutreffend, dass nur der Antragsteller Kenntnis darüber hat, wie genau der zukünftige Sachverhalt aussehen soll. Damit trägt er in der Regel das Risiko. Allerdings bleiben bei allen behördlichen Handlungen die Betreuungspflichten bestehen. Ausfluss davon ist – wie bereits aufgezeigt[483] –

---

476 *Reichelt*, Vorbescheid, S. 153.

477 So auch *Reichelt*, Vorbescheid, S. 168 m.w.N. für den allgemeinen Vorbescheid, wobei seine Ausführungen auf die verbindliche Auskunft nach § 89 Abs. 2 AO übertragbar sind.

478 *Horst*, Verbindliche Auskunft, S. 49.

479 Maßgeblich ist nach § 2 Abs. 1 StAuskV, ob die Abweichung wesentlich ist, sodass Kleinstabweichungen unschädlich sind. Gl. A. *Dannecker/Werder*, BB 2017, 284 (286).

480 VG Koblenz, NJW 1980, 1410 (1412). Hierzu auch *Reichelt*, Vorbescheid, S. 108 f.

481 Ebenfalls wie hier *Franke/von Cölln*, BB 2008, 584 (585).

482 Gl. A. *Horst*, Verbindliche Auskunft, S. 53 m.w.N.; a.A. *Haver*, StuW 1949, 1095 (1097), der danach differenziert, dass *unvollständige* Angaben zulasten der Finanzverwaltung und *unrichtige* Angaben zulasten des Steuerpflichtigen gehen. Dass *unrichtige* Angaben zulasten des Steuerpflichtigen gehen, leuchtet ein und ist auch – soweit ersichtlich – unbestritten. Dass *unvollständige* Angaben hingegen zulasten der Finanzverwaltung gehen, erscheint widersprüchlich: woher soll sie wissen, was der Antragsteller genau plant? Sie kann nicht „in die Glaskugel" schauen und den Sachverhalt durch imaginäre Fähigkeiten prophezeien. Deshalb ist die obenstehende differenzierte Lösung zu präferieren.

483 Siehe oben Kapitel 1 C. II.

dass die Finanzverwaltung den Steuerpflichtigen nicht sehenden Auges „ins Verderben“ gehen lassen darf, sondern intervenieren muss, wenn eine Unsicherheit durch eine einfache Rückfrage oder einen Hinweis lösbar erscheint. Diese Maßgabe muss auch auf die Sachverhaltsdarstellung im Rahmen der verbindlichen Auskunft übertragen werden. Sieht der Finanzbeamte, dass dem Antragsteller offensichtlich Fehler unterlaufen sind, so hat er diesen hierauf hinzuweisen. Dies gilt vor allem deshalb, weil jede verbindliche Auskunft – auch wenn diese aus formalen Gründen abgelehnt wird – Gebühren auslösen kann[484] und die Finanzverwaltung nicht auf Kosten des Steuerpflichtigen eine Gebührenmaximierung provozieren darf, indem sie das Risiko der unvollständigen Sachverhaltsdarstellung komplett dem Steuerpflichtigen überlässt. Daher hat die Finanzverwaltung eine Evidenzprüfung vorzunehmen, ob der Sachverhalt in der geschilderten Form zutreffend sein kann und bei Unstimmigkeiten einen Hinweis zu erteilen und in einen Dialog einzutreten.[485]

Ist der Sachverhalt trotzdem lückenhaft, so bleibt die Entscheidung über die lückenhaften Teile ausschließlich dem Steuerfestsetzungsverfahren vorbehalten. Die verbindliche Auskunft kann in diesen Aspekten also keine Sicherheit für den Steuerpflichtigen schaffen. Zudem darf für eine verbindliche Auskunft nach § 89 Abs. 2 AO der Sachverhalt nicht schon vollständig oder auch nur teilweise verwirklicht sein, denn dann ist eine Disposition seitens des Steuerpflichtigen nicht mehr möglich.[486] Dem liegt im Steuerrecht das Prinzip der Abschnittsbesteuerung zugrunde.[487] Dies gilt auch dann, wenn der Sachverhalt nach Antragstellung, aber vor der behördlichen Entscheidung vollendet[488] oder eine nicht mehr durch den An-

---

484 Hierzu noch umfassend unten D. I.

485 Ähnlich auch *Baum*, NWB Fach 2, 9725 (9734 f.), der Modifikationen des zu beurteilenden Sachverhalts im Wege des Dialogs für möglich erachtet und als Folge hiervon lediglich eine mögliche Änderung des Gebührenmaßstabs in Betracht zieht. So auch *Seer*, in: Tipke/Kruse, AO/FGO, § 89 AO Rn. 70a, der informelle Vorgespräche sogar explizit empfiehlt, mit denen insoweit beide Seiten Vorteile generieren könnten.

486 BFH, BStBl II 1986, 520 (523); *Dißars/Bürkle*, StB 2007, 54 (56); *Schick*, in: Hübschmann/Hepp/Spitaler, AO/FGO, § 204 AO, Rn. 31; *Krabbe*, DB 1987, 2067 (2068). Zur Kritik an der Zukunftsgerichtetheit der verbindlichen Auskunft nach § 89 Abs. 2 AO äußert sich umfassend etwa *Dalichau*, Auskünfte und Zusagen, S. 64 f.

487 Zum Prinzip der Abschnittsbesteuerung siehe *Bödden*, kösdi 2016, Rn. 5 ff.

488 *Bruschke*, DStZ 2007, 267 (269). Um diese Gefahr zu vermeiden, empfiehlt *Burchert*, INF 2004, 178 (180) im Antrag darauf hinzuweisen, dass eine Sachver-

tragsteller beeinflussbare Handlungskette in Gang gesetzt wird.[489] Sinn und Zweck der verbindlichen Auskunft ist es somit nicht, sich im Nachhinein die eigene Verwendungsplanung absichern zu lassen.[490] Hierfür besteht kein rechtlich schützenswertes Bedürfnis. Es bietet sich daher nicht an, einen Antrag zu stellen, obwohl die Sachverhaltsverwirklichung schon unmittelbar bevorsteht.[491] Umgangssprachlich gesprochen muss der Antragsteller eben etwas Zeit mitbringen, wenn er eine verbindliche Auskunft haben möchte.[492] Gleichwohl gilt das Zukünftigkeitskriterium nicht uneingeschränkt. So ist die Umgestaltung bestehender Sachverhalte möglich, soweit die Veränderung nicht zu wesentlichen Auswirkungen in der Zukunft führt (bspw. Mietverträge oder Umwandlungsfälle, sog. Sachverhalte mit Dauerwirkung). Ferner kann eine verbindliche Auskunft auch bei Sachverhalten eingeholt werden, die zwar schon abgeschlossen sind, sich aber ständig wiederholen (etwa regelmäßige Lieferungen an bestimmte ausländische Kunden, sog. Sachverhalte mit Dauerwiederkehr).[493] Zu

haltsverwirklichung (etwa eine Umstrukturierung) an einem Tag X stattfindet und daher bis zu einem Tag Y eine Entscheidung über die verbindliche Auskunft vorliegen muss. Im Falle der Befassung von Oberbehörden soll der Steuerpflichtige das Finanzamt bitten, dies sofort zu tun.

489 *Roser*, GmbH-StB 2016, 244 (245).

490 *Hey*, Steuerplanungssicherheit, S. 708. Sie betont überzeugend, dass die verbindliche Auskunft nicht den Steuerbescheid lediglich vorziehen soll. Andernfalls würde man auch ein einheitliches Verwaltungsverfahren künstlich aufspalten. Die verbindliche Auskunft wäre in diesem Fall jedenfalls aus Verwaltungssicht mehr Last als Hilfe.

491 Anders *Roser*, GmbH-StB 2016, 244 (245), der den Vorschlag unterbreitet für den Zeitraum zwischen Antragstellung und Auskunftserteilung ein Anwartschaftsrecht zu konstruieren.

492 A.A. *Dalichau*, Auskünfte und Zusagen, S. 50, die vor allem das Zeitmoment betont und weitere Nachweise dafür erbringt, dass es ein erstrebenswertes Ziel sei, dass der Steuerpflichtige der Finanzverwaltung eine Frist für die Bearbeitung setzen kann. Ihr folgend auch *Olgemöller*, AG 2014, 393 (394). Dem ist im Grundsatz beizupflichten, jedoch darf nicht außer Acht gelassen werden, dass die Finanzverwaltung mannigfaltige Aufgaben zu erledigen hat und es ihr selbst zu überlassen ist, welche Aufgaben sie in welcher zeitlichen Abfolge erledigt. Damit bietet es sich für das Zeitmoment an, lediglich gewisse Obergrenzen abzustecken, wie dies etwa auch durch die teilweise Normierung von 3- oder 6-monatigen Entscheidungszeiträumen getan wurde. Muss es aus Sicht des Antragstellers doch schneller gehen, so sollte der Sachbearbeiter wenigstens informell eine Auskunft erteilen. Damit erhält der Steuerpflichtige zwar keine Verbindlichkeit, jedoch kann er zumindest in groben Zügen abschätzen, wie die Finanzverwaltung den Sachverhalt bewertet.

493 *Seer*, in: Tipke/Kruse AO/FGO, § 89 AO Rn. 33 mwN; *Rätke*, BBK 2009, 951 ff.

beachten ist wiederum, dass eine verbindliche Auskunft zu alternativen Gestaltungsvarianten nicht möglich ist.[494] Werden mehrere Anträge innerhalb kürzester Zeit nacheinander gestellt, die dasselbe Vorhaben betreffen, so stellt dies im Regelfall eine unzulässige Umgehung der (engen) tatbestandlichen Voraussetzungen der verbindlichen Auskunft dar.[495] Es gilt insofern aus Sicht der Finanzverwaltung die Devise: ein Sachverhalt, eine verbindliche Auskunft.[496]

2. Auskunftsinteresse des Steuerpflichtigen

Anders als bei Ansprüchen nach dem IFG wird eine verbindliche Auskunft nicht anlasslos und ohne die Geltendmachung eines berechtigen Aus-

---

494 Tz. 3.5.1. AEAO zu § 89; a.A. *Rose*, in: FS Wöhe, S. 289 (301). Rose erachtet auch mehrere Vorlagen für zulässig, soweit jeder Antrag sämtliche Voraussetzungen erfüllt. Die gleiche Ansicht wird auch von *Horst*, Verbindliche Auskunft, S. 56; *Korn*, KÖSDI 2008, 16099 (16103); *G. Mayer*, Zusage, S. 86 sowie *Wilke*, DStR 1986, 426 vertreten. Ad absurdum gesprochen wäre es nach dieser Ansicht möglich, unendlich viele verschiedene Sachverhalte vorzulegen und die Behörde müsste über jeden verbindlich befinden. Das leuchtet nicht ein, zumal der Antragsteller seinen Sachverhalt präzise beschreiben soll und er ernsthaft geplant sein muss. Dieses Erfordernis würde konterkariert werden, indem sich der kreative Steuerpflichtige oder sein Berater verschiedene Sachverhalte ausdenken und alle zur Prüfung vorlegen. Einziges Argument für eine solche Sichtweise wäre, dass jeder Antrag für sich genommen gebührenpflichtig ist, sodass der Finanzverwaltung insoweit kein Schaden durch eine überproportional lange Bearbeitungsdauer und eine hohe Komplexität der Bearbeitung entstehen würde. Gleichwohl ist es nicht möglich, eine nach oben hin nicht limitierte Anzahl von Anträgen zu stellen. Ebenfalls Bedenken in diese Richtung äußert *Rieckmann*, DStZ 1988, 396 (397). Zu dieser Frage erscheint letztlich eine Kompromisslösung zielführend. So ist der eben geschilderten Ansicht in dem Aspekt nicht zu folgen, dass mehr als zwei verschiedene Sachverhalte angefragt werden. Dass hingegen zwei verschiedene Sachverhalte angefragt werden, erscheint durchaus realitätsnah, da sich für den Steuerpflichtigen häufig ein Modell A und ein Modell B ergeben wird. In diesem Punkt ist der AEAO daher zu eng. Anders als *Horst*, Verbindliche Auskunft, S. 56 annimmt, ist es aber nicht möglich, selbst bei Vorhandensein je einer rechtlichen Unsicherheit pro Sachverhalt mehr als zwei Anträge zu stellen. Dies würde im Ergebnis faktisch dazu führen, dass die Finanzverwaltung Steuerberatung betreibt, was jedoch den steuerberatenden Berufen vorbehalten ist.

495 *Bruschke*, DStZ 2007, 267 (269).

496 Zu der weitergehenden Fragestellung, ob ein weites oder ein enges Sachverhaltsverständnis bei dem einen Sachverhalt zugrunde gelegt wird, siehe *Horst*, Verbindliche Auskunft, S. 50 ff.

kunfts- bzw. Dispositionsinteresses erteilt.[497] Dies hat zunächst den Hintergrund, dass die Erteilung von vorgelagerten verbindlichen Auskünften im Steuerrecht aufgrund des Prinzips der Abschnittsbesteuerung nicht der Normalfall, sondern der Ausnahmefall ist.[498] Der Normalfall ist vielmehr die abschließende Steuerfestsetzung. Außerdem erhält der Steuerpflichtige mit der verbindlichen Auskunft eine zusätzliche Leistung der Finanzverwaltung.[499] Schließlich wurde bereits in den ersten Anlaufversuchen zur gesetzlichen Kodifikation einer verbindlichen Auskunft immer wieder betont, dass durch die Geltendmachung eines Begehrens ohne hinreichendes Auskunftsinteresse des Steuerpflichtigen die Funktionsfähigkeit der Finanzverwaltung nicht mehr gewährleistet sei.[500]

Das so verstandene Auskunftsinteresse bezieht sich einerseits auf eine bestehende Rechtsunsicherheit und andererseits auf die möglichen steuerlichen Folgen des vorgetragenen Einzelfalls und ist dementsprechend ein originäres Tatbestandsmerkmal.[501] Beides muss nachvollziehbar und plausibel dargelegt werden, wobei die Finanzverwaltung nicht allzu kleinlich sein darf.[502] Die Regelung erweist sich hierbei insoweit als rudimentär, als weder in der AO noch in der StAuskV konkretisiert wurde, was ein berechtigtes Interesse begründet.[503] Lediglich nach Tz. 3.4.3. Satz 2 AEAO zu § 89 AO hat eine dritte Person kein eigenes berechtigtes Interesse an einer Auskunftserteilung, wenn sie ausschließlich die Besteuerung eines anderen, schon existierenden Steuerpflichtigen betrifft. Damit hat die Finanzverwaltung rein deklaratorisch eine Selbstverständlichkeit klargestellt, denn eine „Popularauskunft" ist auch im allgemeinen Auskunftsrecht nicht aner-

---

497 Ob dieses Auskunftsinteresse i.S.e. eigenständigen Antragsbefugnis zu verstehen ist, ist freilich umstritten (vgl. *Horst*, Verbindliche Auskünfte S. 38 f. m.w.N.), muss aber im Ergebnis wohl aus systematischen und historischen Gründen bejaht werden, vgl. auch *Seer*, in: Tipke/Kruse, AO/FGO, § 89 AO Rn. 32.

498 *Seer*, in: Tipke/Kruse, AO/FGO, § 89 AO Rn. 32; *Baum*, NWB Fach 2, 9725 (9733).

499 Zu den Spezialfällen des Auskunftsinteresses bei gesonderter und einheitlicher Feststellung (§ 1 Abs. 2 StAuskV), bei Gründungsfällen (§ 1 Abs. 3 StAuskV) sowie bei sonstigen Fällen siehe *Horst*, Verbindliche Auskunft, S. 40 ff.

500 BT-Drs. 5/885, S. 4.

501 Zur Erforderlichkeit der Verortung des Auskunftsinteresses auf Tatbestands- und nicht auf Rechtsfolgenseite vgl. *G. Mayer*, Zusage, S. 91 ff.

502 *Söhn*, in: Hübschmann/Hepp/Spitaler, AO/FGO, § 89 AO Rn. 202; *Spilker*, StuW 2013, 19 (21); *Rätke*, in: Klein, AO, § 89 Rn. 21; *Baum*, NWB Fach 2, 9725 (9733).

503 Nach Auffassung von *Beyer*, AO-StB 2010, 217 fordere die an sich konkretisierend wirkende StAuskV im Gegensatz zu § 89 Abs. 2 AO nicht nur ein berechtigtes Interesse, sondern ein „besonderes steuerliches Interesse".

kannt.[504] Zudem ist es nicht möglich, eine verbindliche Auskunft für eine zwingend zu erfolgende Sachverhaltsverwirklichung (sog. „Ohnehin-Fälle") zu erhalten.[505] Etwaige Streitfragen können erst im Steuerfestsetzungsverfahren geklärt werden.

Eine denkbare Konstellation, in der ein Interesse über die Steuerpflichtigkeit eines Dritten bestehen könnte, ist dann gegeben, wenn es um die Steuerpflichtigkeit des Vertragspartners geht. Gesetzt den Fall, dass A von B Leistungen aus dem Ausland bezieht, könnte für A relevant sein, ob B umsatzsteuerpflichtig ist. Ein vergleichbarer Fall lag auch der Entscheidung des FG München vom 19.9.2012[506] zugrunde. Dort erhielten die Antragsteller eine verbindliche Auskunft darüber, dass die von ihnen bezogenen Bauleistungen nach § 4 Nr. 9 lit. a UStG von der Umsatzsteuer befreit waren. Später nahm das FA die verbindliche Auskunft nach § 130 Abs. 1 AO zurück. Das FG München bestätigte die Rücknahme, da es schon von vornherein an einem schützenswerten berechtigten Interesse der Antragsteller gefehlt habe. Damit ist zugleich geklärt, dass ein rein wirtschaftliches Interesse an der zur Auskunft gestellten Frage in der Regel für sich genommen nicht ausreichend ist.[507] Eine darüberhinausgehende Klärung in der Sache, wie der selbst betroffene Steuerpflichtige sein Interesse hinreichend darlegen kann, ist mit der Entscheidung des FG München jedoch nicht getroffen worden, sodass der Antragsteller weiterhin eher im dichten Nebel stochert und insofern darauf vertrauen muss, dass die Finanzverwaltung sein Interesse anerkennt.

Zudem ist mit Blick auf das Auskunftsinteresse noch die Konstellation vorstellbar, dass ein Sachverhalt mehreren Personen steuerlich zuzurechnen ist (§ 179 Abs. 2 S. 2 AO). In diesen Fällen kann nach § 1 Abs. 2 StAuskV nur von allen Beteiligten gemeinsam ein Antrag gestellt werden. Insofern ist eine Antragstellung gegen den Willen eines der Beteiligten nicht möglich. Auch eine Mehrheitsentscheidung genügt nicht. Es gilt ausweislich des insoweit eindeutigen Wortlauts das Gebot der Einstimmigkeit. Die einzige Ausnahme von den vorstehenden Ausführungen liegt bei einer zu gründenden Kapital- oder Personengesellschaft vor, bei der keine ge-

---

504 So auch *Beyer*, AO-StB 2010, 217 (218) m.w.N. Zur weitergehenden Frage, inwieweit Konstellationen vorstellbar sind, in denen ein mittelbares Auskunftsinteresse genügt, siehe *Rapp*, FR 2017, 520 (523 f.). Dieser bezieht sich zuvorderst auf Fälle, in denen Handlungs- und Wirkungsebene auseinanderfallen.

505 *Horst*, Verbindliche Auskunft, S. 97.

506 FG München, Urt. v. 19.9.2012, 14 K 2779/11, JURIS.

507 Zur Kritik an dieser Einengung des besonderen steuerlichen Interesses siehe *Werder/Dannecker*, BB 2013, 284 (285 f.).

meinsame Antragstellung durch alle künftigen Gesellschafter erforderlich ist.

Schließlich ist noch auf § 1 Abs. 3 S. 1 StAuskV einzugehen, nach dem ein Dritter dann formal Antragsteller sein kann, wenn die verbindliche Auskunft einen noch nicht existierenden Steuerpflichtigen betrifft. Gemeint ist vor allem der Fall der Gründung einer neuen Gesellschaft, bei der die zukünftige, noch zu gründende Gesellschaft den Antrag stellt. Nicht zwingend erforderlich, aber empfehlenswert, ist es hierbei, bereits im Rahmen des Auskunftsinteresses die möglichen finanziellen Folgen wenigstens grob zu beziffern. Ein Mindestbetrag, ab dem eine verbindliche Auskunft erteilt werden darf, gibt es nach allgemeiner Ansicht aber nicht.[508] Bagatellbeträge dürften dennoch unbeachtlich sein, sodass bei ihnen keine verbindliche Auskunft zu erteilen ist.[509] Letztlich wird sich dieses Problem in der Praxis aber kaum stellen, da Kleinstbeträge den hohen Aufwand für den Steuerpflichtigen und seinen Berater schon im Rahmen der Antragserstellung kaum rechtfertigen werden, sodass etwaige Anträge aller Voraussicht nach unterbleiben werden.[510]

Als allgemeine Grundregel für das Auskunftsinteresse lässt sich nach alledem de lege lata lediglich formulieren, dass das Auskunftsinteresse mit

---

508 *Seer*, in: Tipke/Kruse, AO/FGO, § 89 AO Rn. 32; *Roser*, in: Beermann/Gosch, AO/FGO, § 89 AO Rn. 35, jeweils m.w.N. Siehe aber auch *Krabbe*, DB 1987, 2067 ff., der einen Mindestbetrag von 10.000 DM forderte. Diese Zahl findet allerdings keinerlei gesetzliche oder untergesetzliche Grundlage. Sie ist zudem auch deshalb nur schwer zu rechtfertigen, weil selbst 500 € für einen Kleinbetrieb oder einen Einzelunternehmer eine beachtliche Summe sein können, während 5.000 € für einen Großkonzern regelmäßig nicht sonderlich ins Gewicht fallen. Siehe hierzu auch die überzeugenden Ausführungen von *Horst*, Verbindliche Auskunft, S. 69; *G. Mayer*, Zusage, S. 98 sowie *Koch/Kohlrust*, BB 1962, 649 (652), die mit Nachdruck betonen, dass feste Wertgrenzen gegen das Gebot der Gleichbehandlung verstoßen. Die hierdurch entstehenden Konflikte zwischen Finanzverwaltung und Steuerpflichtigem seien hinzunehmen, vgl. *G. Mayer*, Zusage, S. 99.

509 So auch *Bruschke*, SteuK 2012, 179 (180); *Ripken*, StW 2003, 275 (277) sowie *Schmitz*, in: Schwarz/Pahlke, AO/FGO, § 89 AO Rn. 51, wobei nach § 89 Abs. 5 S. 3 AO zumindest auch Beträge unter 10.000 € ausreichend sind. Dies verdeutlicht einmal mehr, dass der in der vorherigen Fußnote geäußerten Ansicht von Krabbe nicht gefolgt werden kann. *Roser*, in: Beermann/Gosch, AO/FGO, § 89 AO Rn. 35 sowie *Seer*, in: Tipke/Kruse, AO/FGO, § 89 AO Rn. 32 plädieren gar dafür, gänzlich von absoluten oder relativen Wertgrenzen abzusehen. In diesem Sinne wohl auch *Horst*, Verbindliche Auskunft, S. 69, der die steuerlichen Auswirkungen allein nach der subjektiven Betrachtung bestimmen möchte und dementsprechend alleine auf die Erheblichkeit für den Antragsteller abstellt.

510 Wie hier auch *Joisten/Bergmann*, FR 2014, 923 (925).

der Komplexität der Materie steigt[511], sodass bei besonders schwierigen Fragen ein Auskunftsinteresse in aller Regel gegeben sein wird, obgleich der praktische Mehrwert dieser Feststellung überschaubar ist. Es wäre daher im Sinne der Rechtssicherheit de lege ferenda zu wünschen, dass die Finanzverwaltung oder sogar der Gesetzgeber selbst hier für mehr Klarheit sorgen.

3. Darlegung des Rechtsproblems

Weiterhin kann eine verbindliche Auskunft nur dann erteilt werden, wenn der Antragsteller seine Zweifel in rechtlicher Hinsicht dezidiert darlegt.[512] Er hat auch seinen eigenen Rechtsstandpunkt darzustellen, wobei eine Aneinanderreihung von allgemeinen Rechtsgrundsätzen nicht genügt. Daher ist die verbindliche Auskunft kein geeignetes Institut, um die rechtliche Prüfung des Sachverhalts auf die Finanzverwaltung zu verlagern.[513] Daneben sind auch umfangreiche „Fragenkataloge“ fehl am Platz. Vielmehr ist das Auskunftsersuchen auf die zentralen Rechtsfragen zu beschränken.[514] Probleme ergeben sich hierbei zumeist in zweifacher Hinsicht. Einerseits stellt sich des Öfteren die Frage, wann eine Rechtsfrage wirklich streitig ist und andererseits ist die Abgrenzung zwischen Rechts- und Tatsachenfragen im Einzelfall schwierig.

---

511 Ebenso *Borggreve*, AO-StB 2007, 77 (79) für die verbindliche Zusage. Aufgrund der engen Verwandtheit der beiden Rechtsinstitute (vgl. bereits oben Kapitel 1 C. V.) sind seine Ausführungen aber auch auf die verbindliche Auskunft übertragbar.

512 Kritik an dieser Voraussetzung als überzogen äußert *G. Mayer*, Zusage, S. 88, der es damit juristischen Laien als weitestgehend verwehrt ansieht, ohne Hilfe des Rechtsanwalts oder Steuerberaters eine verbindliche Auskunft zu beantragen. Wie dieser zutreffend betont, sind die rechtlichen Zweifel objektiv zu bestimmen, sodass es nicht ausreicht, dass die Zweifel nur in der Person des Steuerpflichtigen begründet liegen. In diesem Fall hat er sich vielmehr der Hilfe eines (steuer-)juristischen Fachmanns zu bedienen.

513 *Rätke*, in: Klein, AO, § 89 Rn. 24.

514 *Roser*, in: Beermann/Gosch, AO/FGO, § 89 AO Rn. 52. Werden dabei mehrere voneinander unabhängige Rechtsfragen gestellt, so muss sich die Finanzverwaltung darum bemühen, eine sachlogische Verknüpfung herzustellen und darf den Antrag nicht in mehrere (jeweils gebührenpflichtige) Teilanträge aufgliedern, vgl. *Ders.*, in: Beermann/Gosch, AO/FGO, § 89 AO Rn. 81.1.

a) Das erforderliche Maß der „Streitigkeit" einer Rechtsfrage

Wann eine Rechtsfrage hinreichend streitig ist, lässt sich den Gesetzgebungsmaterialien nicht entnehmen. Auch eine höchstrichterliche Klärung steht noch aus. Geklärt ist lediglich, dass sich die Frage der rechtlichen Unsicherheit objektiv bestimmt[515] und dies aus fachmännischer Sicht zu betrachten ist.[516] Die Finanzverwaltung hält eine Rechtsfrage bisweilen für unstreitig, wenn sie in einer Verwaltungsvorschrift (BMF-Schreiben, Erlass oder Richtlinie) ihre eigene Rechtsauffassung publik gemacht hat. Dem ist entgegenzuhalten, dass eine Bindung der Finanzverwaltung nur bei *normausfüllenden* Verwaltungsvorschriften möglich ist, nicht jedoch – was der Regelfall ist[517] – bei *normauslegenden* Verwaltungsvorschriften. Sie gibt dem Steuerpflichtigen zudem keine vollständige Sicherheit, sondern nur ein gewisses Maß. Denn eine Verwaltungsauffassung kann sich schnell ändern und des Weiteren ist auch die Rechtsprechung nicht an sie gebunden, sodass diese in ihrer eigenen rechtlichen Würdigung von dieser abweichen darf. Zwei Risikofaktoren, die bei der wirksam erteilten verbindlichen Auskunft ausgeschlossen sind.

Das Bayrische Landesamt für Steuern hat zudem in seiner Verfügung vom 5.3.2012[518] mitgeteilt, dass eine Rechtsfrage auch dann nicht mehr hinreichend streitig sei, soweit im Bundessteuerblatt Teil II eine BFH-Entscheidung veröffentlicht wurde. Dies leuchtet ein, da in diesem Fall eine höchstrichterliche Klärung eingetreten ist, der die Finanzverwaltung auch grundsätzlich folgt.[519] Außerdem steht zu erwarten, dass der BFH dann in einem erneuten Verfahren auch daran festhalten wird, sodass seine Judikate eine gewisse Bestandsdauer haben.[520] Demgegenüber sieht Horst mit Verweis darauf, dass die verbindliche Auskunft die rechtliche Würdigung

---

515 *Horst*, Verbindliche Auskunft, S. 66 m.w.N. zu der Parallelproblematik bei der verbindlichen Zusage.

516 *G. Mayer*, Zusage, S. 93 f. m.w.N. Zu den Zweifelsfragen im Rahmen der fachmännischen Sichtweise siehe *Horst*, Verbindliche Auskunft, S. 66 ff.

517 Lehrreich *Joisten/Bergmann*, FR 2014, 923 (925).

518 LfSt Bayern, 5.3.2012 – S 0224.2.1–21/1 St42, BeckVerw 259238.

519 Einschränkend sei jedoch darauf hingewiesen, dass dies nur für die tragenden Gründe (sog. ratio decidendi), nicht hingegen für die beiläufigen, nicht entscheidungserheblichen Anmerkungen (sog. obiter dicta) gelten kann, vgl. *Horst*, Verbindliche Auskunft, S. 67.

520 A.A. *Werder/Dannecker*, BB 2013, 283 (286) sowie *Dies.*, BB 2011, 2093 (2094), die den Bestand von höchstrichterlicher Rechtsprechung stark in Zweifel ziehen und davon ausgehen, dass das was heute gelte sich schon morgen wieder ändern könne.

durch die Finanzbehörde nach vorne verlagere, ausschließlich ebendiese Verwaltungssicht als maßgeblich an.[521] Liege damit aus Verwaltungssicht eine rechtliche Unsicherheit vor, so sei auch die Rechtsfrage hinreichend streitig.[522] Letztlich kann die Ansicht von Horst aber auch nicht vollauf überzeugen. Dies ist dem Umstand geschuldet, dass jeder Fall sehr individuell ist und selbst bei Vorhandensein einer Verwaltungsanweisung im Einzelfall oft fraglich ist, ob eine leichte Abwandlung auch noch umfasst ist. Die einzig pragmatische Lösung kann nur sein, dass die Finanzverwaltung in diesem Fall die Anforderungen nicht überspannt, sondern selbst bei eigenen Restzweifeln eine Bescheidung des Antrags vornimmt. Selbiges gilt auch, soweit eine BFH-Entscheidung vorhanden ist, die nur scheinbar den konkreten Sachverhalt regelt.

Für die Streitigkeit einer Rechtsfrage ist es darüber hinaus auch unschädlich, dass die Frage in Rechtsprechung und Schrifttum bislang nicht behandelt wurde. Jede andere Lesart würde zu dem bedenklichen Ergebnis führen, dass eine verbindliche Auskunft nach § 89 Abs. 2 AO bei wissenschaftlich vermeintlich nicht interessanten Themen nicht möglich ist. Ein Ergebnis, das der erhofften Rechtssicherheit letztlich stark abträglich wäre. Es ist daher ausreichend, wenn andere Auffassungen möglich und nicht völlig von der Hand zu weisen sind.[523] Zugleich ist damit gesagt, dass eine eindeutig geklärte Rechtsfrage, die von keinem mehr ernsthaft bestritten wird, nicht Gegenstand der verbindlichen Auskunft sein kann. Insoweit fehlt es schlicht am Bedürfnis, Planungssicherheit zu schaffen, denn diese ist dann schon vorhanden. Auf der anderen Seite lohnt sich dann auch der Zeit- und Kostenaufwand für den Steuerpflichtigen nicht. Wird dennoch ein Antrag auf verbindliche Auskunft gestellt, wäre dieser als unzulässig zurückzuweisen, gleichwohl müsste die Finanzverwaltung aufgrund ihrer Fürsorgepflicht aus § 89 Abs. 1 AO den Steuerpflichtigen im selben Atemzug darauf hinweisen, dass die Rechtsfrage schon geklärt ist. Denn dies wäre ohne größeren Aufwand möglich, sodass der Finanzbeamte den Antragsteller nicht sehenden Auges von einer zweifelsfrei zulässigen Gestaltung abhalten darf. So hat der Steuerpflichtige ein Recht darauf, die nach der

---

521 *Horst*, Verbindliche Auskunft, S. 67.

522 *Horst*, Verbindliche Auskunft, S. 67 f. mit mehreren Beispielen. Demzufolge sei es alleine maßgeblich, ob eine Verwaltungsanweisung im Bundessteuerblatt Teil I veröffentlicht ist. Unveröffentlichte Verwaltungsanweisungen könnten demnach keine hinreichende Klärung der Rechtsfrage herbeiführen.

523 *Joisten/Bergmann*, FR 2014, 923 (926).

lex lata möglichen Begünstigungen auch in Anspruch zu nehmen, wozu dessen Kenntnis erforderlich ist.

b) Abgrenzung zwischen Tatsachen- und Rechtsfragen

Diffizil gestaltet sich auch die Abgrenzung zwischen Tatsachen- und Rechtsfragen.[524] So geht die Finanzverwaltung davon aus, dass die Rechtsfrage nur bis zur Definition gehe. Die Frage hingegen, ob ein Sachverhalt die Definition erfüllt, sei Tatsachenfrage und nicht Gegenstand der verbindlichen Auskunft. Diese Auffassung ist in mehrfacher Hinsicht angreifbar und würde auch im Ergebnis zu einer faktischen Aushöhlung der verbindlichen Auskunft führen. Zum einen besteht selbst bei Anwendung einer Definition auf den Sachverhalt noch viel Raum für Wertungen, denn Definitionen sind mitunter sehr unterschiedlich wertvoll und zielführend. Hat man es etwa mit einer sehr weiten Definition zu tun (wie bei der Frage des Gestaltungsmissbrauchs nach § 42 AO), so fällt es in jedem Einzelfall schwer, ihn unter die Norm zu subsumieren. Deshalb entscheidet auch der BFH bei eindeutigen Definitionen trotzdem noch, ob ein bestimmtes Tatbestandsmerkmal vorliegt und enhält sich damit nicht einer eigenen Stellungnahme.[525] Hinzu kommt die Sachverhaltsbezogenheit der verbindlichen Auskunft[526], denn diese darf nicht im luftleeren Raum schweben, sondern muss stets dargestalt abgefasst sein, dass sie den Sachverhalt rekapituliert. Sie soll damit nicht dazu dienen, abstrakte Rechtsfragen zu klären.[527] Vielmehr sollen die Fragen derart präzise formuliert sein, dass die Finanzverwaltung diese bestenfalls mit Ja oder Nein beantworten kann.[528] Andernfalls wäre es überflüssig, vom Antragsteller eine präzise Darstellung des Sachverhalts zu verlangen. Damit ist der BFH-Methode bei der Abgren-

---

524 Umfassende Beispiele und Ausführungen hierzu finden sich etwa bei *Seer*, Verständigungen, S. 15 ff. *Drüen*, FR 2011, 101 (110) spricht insoweit zutreffend davon, dass die Grenzen vielfach fließend sind.

525 Pars pro toto BFHE 239, 437 ff.

526 *Joisten/Bergmann*, FR 2014, 923 (926).

527 *Schmitz*, in: Schwarz/Pahlke, AO/FGO, § 89 AO Rn. 47; *Hey*, Steuerplanungssicherheit, S. 701; *Dann*, in: FS Ritter, S. 53 (56).

528 *Kaligin*, DStZ 1988, 396 (397) m.w.N. Gleichwohl genügt es natürlich nicht, wenn die Finanzverwaltung die Frage dann bloß mit Ja oder Nein und ohne nähere Begründung beantwortet. Dadurch wird dem Antragsteller nämlich nicht deutlich, auf welche Teile des geschilderten Sachverhalts sich die Antwort bezieht.

zung zwischen Tatsachen- und Rechtsfragen gegenüber der Methode der Finanzverwaltung zu folgen.

III. Pflichten der Finanzverwaltung

Wie sich aus den vorstehenden Ausführungen ergibt, liegt der deutlich größere Arbeitsaufwand in Form der Erbringung von umfangreichen Vorarbeiten beim Steuerpflichtigen, denn er muss der Finanzverwaltung alles mustergültig aufbereiten, sodass diese direkt über die betreffende(n) Rechtsfrage(n) entscheiden kann. Sie ist nicht dazu angehalten, ein abstraktes Rechtsgutachten für den Steuerpflichtigen zu erstellen.[529] Eine Nachforschungspflicht besteht außerdem abweichend vom Untersuchungsgrundsatz des § 88 AO nicht.[530] Zudem muss sich die Finanzverwaltung auch nicht über weitere Rechtsfragen Gedanken machen, die sich zwangsläufig aus dem Sachverhalt ergeben. Eine rechtliche Würdigung aus eigener Initiative findet damit nicht statt.[531] Dies ist insbesondere dem Umstand geschuldet, dass die Finanzverwaltung nicht in Konkurrenz zu den rechts- und steuerberatenden Berufen treten darf, sodass ihr – wie schon weiter oben dargelegt – jede Art von allgemeiner Rechts- und Steuerberatung verwehrt ist.[532]

Obgleich diese Arbeitsaufteilung zwischen Finanzverwaltung und Steuerpflichtigem im Grundsatz nachvollziehbar ist, kann es nicht dabei belassen werden, sondern es ist vielmehr eine weitere Feindifferenzierung geboten. So hat die Finanzverwaltung sehr wohl auch eigenständige Pflichten zu erfüllen, sodass bei dessen Nichterfüllung Schadensersatzansprüche nach § 839 BGB i.V.m. Art. 34 GG in Betracht kommen.[533] Dazu gehört zunächst, den Antragsteller bei unvollständigen Angaben auf die Möglichkeit

---

529 *Krekeler*, BLJ 2016, 24 (25).

530 *Von Sothen*, in: Anwaltshandbuch Erbrecht, § 36 Rn. 11; *Horst*, Verbindliche Auskunft, S. 93; *Bruschke*, DStZ 2007, 267 (269); *Apitz*, StBp 2007, 101; *Hagen*, StW 2007, 219 (224) sowie *Ripken*, StW 2003, 275 (276). Wie *Rätke*, BBK 2009, 951 (952) zutreffend feststellt ist die verbindliche Auskunft kein geeignetes Instrument, um eigene Recherchen zu ersetzen.

531 So auch BFH, BStBl II 2015, S. 606. Siehe hierzu zudem *Horst*, Verbindliche Auskunft, S. 72.

532 *Söhn*, in: Hübschmann/Hepp/Spitaler, AO/FGO, § 89 AO Rn. 39 ff., 151 ff. Vgl. außerdem *Schallmoser*, in: Hübschmann/Hepp/Spitaler, AO/FGO, Vor §§ 204 ff. AO Rn. 6.

533 Eingehend zu den Sekundäransprüchen des Steuerpflichtigen im Rahmen der verbindlichen Auskunft nach § 89 Abs. 2 AO unten E. III.

der Nachholung und/oder Ergänzung hinzuweisen, was Gegenstand ihrer allgemeinen Auskunfts- und Beratungspflichten nach § 89 Abs. 1 AO ist.[534] Dies ist neben der gesetzlichen Pflicht unter anderem auch aus dem Gesichtspunkt heraus konsequent, als es dem Steuerpflichtigen freisteht, bei Ablehnung einen erneuten Antrag zu stellen. Würde die Finanzverwaltung insoweit nie darauf hinweisen, welche Angaben noch fehlen, wäre theoretisch ein endloses Antragskarusell denkbar. Diese Folge wird so vermieden.

Zudem hat die Finanzverwaltung darauf hinzuweisen, dass eine Bindungswirkung nur dann eintreten kann, wenn der später verwirklichte Sachverhalt von dem der verbindlichen Auskunft zugrunde gelegten Sachverhalt nicht abweicht und dann außer Kraft tritt, wenn die Rechtsvorschriften, auf denen die Auskunft beruht, geändert werden. Beide Pflichten sind insofern ebenfalls Teil der allgemeinen behördlichen Fürsorgepflichten.[535] Fernerhin ist es der Finanzverwaltung verwehrt, den vorgetragenen Sachverhalt durch eigene Erweiterungen, sei es durch Annahmen oder Unterstellungen, zu verändern.[536] Sie muss ihn – vorbehaltlich etwaiger Nachreichungen durch den Steuerpflichtigen – so hinnehmen, wie er ihr zum Zeitpunkt des Antragseingangs präsentiert wird.

IV. Ausschlussgründe

Genauso wie bei Tatsachenauskünften wird auch eine verbindliche Auskunft zu Rechtsfragen zwar grundsätzlich erteilt, gleichwohl existieren im Steuerverfahrensrecht zahlreiche Ausschlussgründe, die dazu führen, dass überhaupt keine Entscheidung über die Rechtsfrage in der Sache stattfindet.[537] Der zunächst naheliegende Ausschlussgrund ist, dass der Antrag nicht den soeben skizzierten Anforderungen entspricht. In diesem Fall kann der Antrag ohne nähere Prüfung der Sach- und Rechtslage als unzulässig abgewiesen werden. Gleichwohl wird die Finanzverwaltung in diesem Fall angehalten, dem Antragsteller Gelegenheit zur Vervollständigung

534 Vgl. Tz. 3.5.6. AEAO zu § 89. So auch *W. Steinberg*, Selbstbindung, S. 59.

535 Weitere Hinweispflichten der Finanzverwaltung bei *Apitz*, StBp 2007, 101 (102).

536 *Roser*, in: Beermann/Gosch, AO/FGO, § 89 AO Rn. 58.2.

537 Umfangreiche Untersuchungen hierzu finden sich auch bei *Horst*, Verbindliche Auskunft, S. 72 ff. Statt von Ausschlussgründen könnte bei einigen dieser Gründe auch von einem fehlenden Sachbescheidungsinteresse gesprochen werden, so wie es – was noch unten in Kapitel 3 C. I. 2. zu zeigen sein wird – beim Bauvorbescheid nach § 73 Abs. 1 S. 1 NBauO der Fall ist.

zu geben.[538] Alles andere widerspräche auch dem Anspruch an eine bürgernahe Finanzverwaltung. Eine Ablehnung aus sonstigen Gründen steht zudem im pflichtgemäßen Ermessen der Finanzverwaltung.[539] Sie kann demzufolge etwa dann gerechtfertigt sein, wenn eine gesetzliche Neuregelung[540], eine höchstrichterliche Entscheidung[541] oder eine neue Verwaltungsvorschrift zu erwarten ist.[542]

Diese weiteren Ablehnungsgründe sind im Grundsatz plausibel, im Einzelfall jedoch mitunter problematisch.[543] So hat der Steuerpflichtige, der vor einer ökonomischen Herausforderung steht, nicht immer ausreichend Zeit, um auf eine höchstrichterliche Entscheidung oder eine Gesetzesänderung zu warten.[544] Zudem belegt die erwartete Entscheidung gerade, dass eine Unsicherheit besteht, die der näheren Klärung bedarf.[545]

---

538 Tz. 4.5.1. AEAO zu § 89. So auch schon *Koch/Kohlrust*, BB 1962, 649 (653).

539 *Roser*, in: Beermann/Gosch, AO/FGO, § 89 AO Rn. 54 sieht diese extensive Ablehnungsmöglichkeiten zutreffend als fragwürdig an. So ermöglichen sie der Finanzverwaltung in vielen Fällen, „unerwünschte" Auskunftsersuchen pauschal ablehnen zu können.

540 Möchte die Finanzverwaltung die verbindliche Auskunft mit Hinweis auf eine anstehende Gesetzesänderung ablehnen, genügt es indes nicht, nur auf vage und unsichere Absichten in der Zukunft zu verweisen, sondern die Finanzverwaltung muss zumindest nachweisen, dass schon ein Regierungs- bzw. Referentenentwurf vorliegt und die konkrete Bundestags- oder Bundesratsdrucksache bezeichnen, vgl. *Kaligin*, DStZ 1988, 367 (372). Ein Beispiel für eine Gesetzesänderung aus jüngerer Zeit ist die rückwirkende Änderung der §§ 13a, 13b ErbStG, welche vom BVerfG zuvor für verfassungswidrig erklärt wurden (BVerfGE 138, 136 ff.). In diesen Fällen wurde keine verbindliche Auskunft erteilt (BayLfSt, S 3700.2.1-11/2 St34 vom 6.8.2015). Zur Vertiefung siehe auch *Joisten/Bergmann*, FR 2014, 923 (927) sowie *Bruschke*, DStZ 2007, 267 (269).

541 Hinsichtlich der höchstrichterlichen Rechtsprechung muss indes verlangt werden, dass Nichtzulassungsbeschwerde bzw. Revision beim BFH oder eine Verfassungsbeschwerde beim BVerfG bereits eingelegt worden ist. Insofern hat die Finanzverwaltung bei ihrer Ablehnung auch das Aktenzeichen zu benennen. So auch *Kaligin*, DStZ 1988, 367 (372). Darüber noch hinaus geht *Buciek*, DStZ 1999, 389 (390) für die verbindliche Zusage nach § 204 AO, der für diese sogar verlangt, dass eine Entscheidung bereits angekündigt sein müsse. So sei – was sicher zutrifft – die Anhängigkeit eines Verfahrens noch kein Indiz für eine baldige Entscheidung, mitunter könne diese sogar Jahre dauern.

542 Tz. 3.5.4. AEAO zu § 89.

543 Instruktiv zur Kritik hieran siehe *Horst*, Verbindliche Auskunft, S. 78 f. Er plädiert dafür, die Rechtsfolgenseite zur „Lückenfüllung" zu wählen.

544 *Joisten/Bergmann*, FR 2014, 923 (927).

545 Vgl. hierzu auch *P. Kirchhof*, in: FS Spindler, S. 463 (470) sowie *Hey*, Steuerplanungssicherheit, S. 703. Hey plädiert dafür, den Antrag nur dann zurückzustel-

Das gleiche Problem zeigt sich auch bei Verwaltungsvorschriften. Als eindrucksvolles Beispiel ist hier der Umsatzsteuererlass v. 11.11.2011[546] zu nennen, auf dessen Einführung beinahe fünf Jahre gewartet werden musste. Lahme und Reiser plädieren zu Recht dafür, dass die Finanzverwaltung in diesem Fall zu prüfen habe, ob dem Steuerpflichtigen ein Aufschieben seines schutzwürdigen Dispositionsinteresses zuzumuten ist.[547] Hält man diese Ablehnungsgründe gleichwohl für zulässig, so ist zu entscheiden, ob die Finanzverwaltung den Antrag – statt ihn ablehnen – zunächst einmal gebührenfrei zurückstellen kann, um dann nach der Änderung darüber zu entscheiden. Diese Lösung wird auch von Teilen der Literatur präferiert.[548] Entscheidet sich die Finanzverwaltung für eine Ablehnung oder Zurückstellung, hat sie dem Antragsteller Gelegenheit zu geben, den Antrag auf Erteilung einer verbindlichen Auskunft gebührenfrei zurückzunehmen oder durch die Änderung erforderliche Ausführungen zur Sach- und Rechtslage nachzuholen.

Ein weiterer Grund zur Ablehnung besteht dann, wenn ersichtlich die Erzielung eines Steuervorteils im Vordergrund steht.[549] Steuersparmodelle[550] oder die Erfragung von Grenzpunkten des Gestaltungsmissbrauchs (vgl. § 42 AO) können daher nicht Gegenstand einer verbindlichen Auskunft sein.[551] Sie würden auch dessen Zweck zuwiderlaufen, der darin besteht, Rechts- und Planungssicherheit zu erlangen. Zudem liefe es auch

---

len, wenn der Steuerpflichtige mit seiner Disposition bis zur Klärung der Rechtsfrage warten kann.

546 BStBl I 2011, 1314.

547 *Lahme/Reiser*, BB 2007, 408 (409). Dieselbe Stoßrichtung weisen auch die Darstellungen von *Seer*, FR 2017, 161 (164) sowie *Baum*, NWB Fach 2, 9725 (9727) auf.

548 Pars pro toto *Seer*, FR 2017, 161 (164) sowie *Joisten/Bergmann*, FR 2014, 923 (928), jeweils m.w.N.

549 Tz. 3.5.4. AEAO zu § 89. Kritisch dazu bereits *G. Mayer*, Zusage, S. 107 ff.

550 Als Steuersparmodelle können etwa angesehen werden: Verlustzuweisungsgesellschaften, Bauherrengemeinschaften, Erwerbergemeinschaften sowie Medienfonds, vgl. *Göttker*, in: juris Lexikon Steuerrecht, Verbindliche Auskunft, Rn. 64.

551 Dem zustimmend *Seer*, in: Tipke/Kruse, AO/FGO, § 89 AO Rn. 43. Eingehend zur praktischen Relevanz und der Bedeutung des § 42 AO im Rahmen der verbindlichen Auskunft siehe *Neumann*, Steuergestaltung aus Sicht der Verwaltungspraxis, in: Gestaltungsfreiheit und Gestaltungsmissbrauch im Steuerrecht, Veröffentlichungen der Deutschen Steuerjuristischen Gesellschaft e.V., 2010, S. 73 (79 ff.). A.A. ist dagegen *Eckhoff*, StuW 1996, 107 (121), der es als legitim erachtet, auch Steuersparmodelle der Verwaltung zur Prüfung vorzulegen, da dadurch keine Beihilfe zur Verwirklichung dieser Modelle geleistet werden, sondern die Rechtmäßigkeit eines solchen Steuersparmodells festgestellt werden

dem Gedanken der kooperativen Verwaltung zuwider, den Steuerpflichtigen bei der Entwicklung von Steuervermeidungsmodellen zu unterstützen.[552] Dieser Ausschlussgrund der Verwaltung ist letztlich auch erforderlich, um den „regelrechten Steuerberatungs- und Steuerplanungsindustrien", auf die Hey hinweist[553], Einhalt zu gebieten. Gerade im Steuerrecht als gestaltungsanfälligem Rechtgebiet muss der „ständige Kampf" zwischen Gesetzgebung, Verwaltung und Beraterschaft nach steuerlichen Gestaltungsmöglichkeiten unterbunden werden.[554]

G. Mayer geht daher bei Steuersparmodellen sogar davon aus, dass es bereits an der Antragsbefugnis fehle, sodass es eines expliziten Ausschlussgrundes gar nicht bedürfe.[555] Obgleich diese Sichtweise auf den ersten Blick sehr eingänglich wirkt, „steckt der Teufel auch hier im Detail". So ist es in den meisten Fällen äußerst schwierig, zwischen zulässiger Steuerplanung und unzulässigem steuerlichen Missbrauch zu differenzieren.[556] Es bedarf keiner hellseherischen Fähigkeiten, um zu erahnen, dass in vielen Einzelfällen nur die Rechtsprechung hierüber Klarheit verschaffen kann. Horst unternimmt daher als Lösungsvorschlag den Versuch, diesen Ausschlussgrund etwas zu entwirren, indem er darlegt, dass dieser mit Ausnah-

---

solle. Zudem argumentiert *Krekeler*, BLJ 2016, 24 (25) zur Zulässigkeit der Auskunftserteilung betreffend Steuersparmodelle, dass diese vom Gesetzgeber teilweise willentlich und wissentlich ins geschriebene Recht implementiert wurden. Auch wenn die Argumentation grundsätzlich nachvollziehbar ist, so geht sie im Ergebnis doch zu weit. Der Steuerpflichtige hat zwar ein Recht darauf, Steuervergünstigungen in Anspruch zu nehmen, aber nicht dadurch, dass er durch geschickte Modelle die Steuergesetze über den Rand der Legalität hinaus ausdehnt. Daher ist hier grundsätzlich der Verwaltungsauffassung zuzustimmen.

552 In diesem Sinne auch *Hey*, Steuerplanungssicherheit, S. 700 f. *Joisten/Bergmann*, FR 2014, 923 (927) bringen zur Ablehnung aus formalen Gründen die Alternative ins Spiel, in diesem Fall eine Negativauskunft zu erteilen.

553 *Hey*, Steuerplanungssicherheit, S. 13.

554 *Krabbe*, DB 1987, 2067 (2068) betont allerdings mit Recht, dass es im Einzelfall schwierig sein kann, rechtssicher festzustellen, dass ein Steuervorteil im Vordergrund steht. Dabei entsteht das weitere Problem, dass die Ausnutzung von gewährten Steuervorteilen nicht mit Steuermissbrauch gleichgesetzt werden kann, vgl. *Hey*, Steuerplanungssicherheit, S. 705, sodass dem Initiator von Steuersparmodellen jedenfalls nicht unisono die Zulässigkeit seines Antrags abgesprochen werden kann, sondern nur nach eingehender Prüfung des Einzelfalls. Die pauschale Ablehnung der Finanzverwaltung alleine aus dem Grund, dass eine unzulässige Gestaltung vorliege, genügt nicht. Vielmehr darf von dieser eine dezidierte Begründung verlangt werden.

555 *G. Mayer*, Zusage, S. 111.

556 *Horst*, Verbindliche Auskunft, S. 77.

me von Extremfällen nicht erforderlich sei und für diese Extremfälle schon die Gebührenpflicht eine Begrenzungsfunktion entfalte.[557]

Über das Ziel hinausgeschossen ist die Administrative wiederum bei dem Ausschluss von verbindlichen Auskünften, die die Grenzpunkte für das Handeln eines ordentlichen Geschäftsleiters feststellen sollen (etwa die verdeckte Gewinnausschüttung bei der betrieblichen Altersvorsorge von Vorständen oder auch spiegelbildlich die verdeckte Einlage).[558] Zu Recht weist Seer darauf hin, dass diese Einschränkung mit dem Gesetz unvereinbar ist[559], denn sie steht nicht im Widerspruch zu den Zwecken der verbindlichen Auskunft.[560] Zudem eröffnet der Staat selbst dem Steuerpflichtigen gewisse Steuersparoptionen, sodass es sich bei deren Geltendmachung um einen „staatspolitisch durchaus erwünschten Vorgang"[561] handelt. An dieser Ausnahme wird zudem kritisiert, dass im Rahmen der Vorabauskunft zu internationalen Verrechnungspreisen nach § 178a AO auch die Grenzpunkte beleuchtet werden können, selbiges werde aber für die verbindliche Auskunft ausgeschlossen. Ein sachlicher Differenzierungsgrund sei nicht ersichtlich.[562] Ein durch die Einführung der Gebührenpflicht ebenfalls nicht mehr zulässiger Ablehnungsgrund ist schließlich der Einwand mangelnder Verwaltungskapazität.[563] Diese hat die Finanzverwaltung stets in ausreichender Weise zu gewährleisten.

557 *Horst*, Verbindliche Auskunft, S. 77.

558 So auch *Olgemöller*, AG 2014, 393 (394), der einen der Kernbereiche des Körperschaftsteuerrechts der verbindlichen Auskunft entzogen sieht. Gemeint ist damit die verdeckte Gewinnausschüttung (vGA) nach § 8 Abs. 3 S. 2 KStG. In diesem Sinne ebenfalls *G. Mayer*, Zusage, S. 113 ff.

559 *Seer*, in: Tipke/Kruse, AO/FGO, § 89 AO Rn. 42. Ebenso auch schon *Rätke*, BBK 2009, 951 (955).

560 So auch *Kaligin*, DStZ 1988, 367 (370) m.w.N.

561 *Flick*, Die verbindliche Auskunft in der Steuerberaterpraxis, in: Steuerrechtsprechung, Steuergesetzgebung, Steuerreform, Festschrift für Klaus Offerhaus, 1999, S. 849 (853 f.).

562 Umfassend dazu *Seer*, in: Tipke/Kruse, AO/FGO, § 89 AO Rn. 42.

563 In diesem Sinne auch *Dalichau*, Auskünfte und Zusagen, S. 67 sowie *Kaligin*, DStZ 1988, 367 (372) vor Einführung der Gebührenpflicht für verbindliche Auskünfte. Dalichau geht davon aus, dass alles andere auch einen klaren Verstoß gegen den allgemeinen Gleichheitssatz des Art. 3 Abs. 1 GG darstellen würde. Differenzierend Mayer, der zwischen genereller Arbeitsüberlastung der Verwaltung (kein zulässiger Ablehnungsgrund) sowie dem durch die konkrete Auskunftsanfrage hervorgerufen Verwaltungsaufwand (eventuell ein zulässiger Ablehnungsgrund) unterscheidet. Auf Grundlage seiner Darstellung wird das Arbeitsüberlastungsargument überzeugend abgelehnt (vgl. S. 104 ff. a. a. O.). *Hey*, Steuerplanungssicherheit, S. 711, ist darin zu folgen, dass einzig das Erfordernis

Fernab der genannten Ausschlussgründe könne eine Ablehnung nach Auffassung von Burchert auch in der Person des Steuerpflichtigen selbst begründet sein.[564] Handelt es sich beim Antragsteller um einen seit Jahren zuverlässigen Steuerpflichtigen, der seine Erklärungen stets pünktlich und vollständig einreicht und auch auf etwaige Rückfrage konstruktiv reagiert, so gäbe es jedenfalls eine Tendenz dahingehend, die verbindliche Auskunft auch zu erteilen. Ist der Steuerpflichtige hingegen überwiegend unzuverlässig, so könne eine verbindliche Auskunft formal verweigert werden.[565] Diese Sichtweise ist mindestens bedenklich, wenn nicht gar verfassungswidrig. Bedenklich, da sie anscheinend von der Grundannahme ausgeht, dass man sich eine verbindliche Auskunft „verdienen“ kann und nur derjenige Rechtssicherheit bekommen soll, der auch immer ehrlich mit der Finanzverwaltung umgegangen ist. Möglicherweise verfassungswidrig, da – wie noch in Kapitel 5 zu zeigen sein wird – das Prinzip der Rechtssicherheit eine zentrale Gewährleistung des Rechtsstaatsprinzips aus Art. 20 Abs. 3 GG ist und das Kriterium der Verlässlichkeit nicht dazu pervertiert werden darf, dem Steuerpflichtigen diese verfassungsrechtlich verbürgte Rechtssicherheit und Rechtsklarheit wieder zu nehmen.

Resümierend kann daher bereits an dieser Stelle konstatiert werden, dass die Finanzverwaltung durch eine extensive Ausschlusspraxis die verbindliche Auskunft teilweise zu einem „zahnlosen Tiger“ werden lässt.[566]

V. Ermessensentscheidung

Stellt der Steuerpflichtige einen zulässigen Antrag auf verbindliche Auskunft, so hat er dennoch, jedenfalls nach dem buchstäblichen Normtext, keinen allgemeinen Anspruch darauf, die verbindliche Auskunft auch zu

---

des Auskunftsinteresses eine Filterfunktion einnimmt. Demzufolge spreche ein besonders hoher Verwaltungsaufwand in vielen Fällen für ein ausgeprägtes Auskunftsinteresse. Dem ist zuzustimmen. A.A. ist dagegen *Krabbe*, DB 1987, 2067 (2068), der eine Ablehnung wegen Arbeitsüberlastung generell für möglich hält. So auch noch BT-Drs. 5/885, S. 6.

564 *Burchert*, INF 2004, 178 (180) m.w.N.

565 *Burchert*, INF 2004, 178 (180) m.w.N.

566 Wie hier *P. Kirchhof*, in: FS Spindler, S. 463 (470). *Seer*, in: Tipke/Kruse, AO/FGO, § 89 AO Rn. 43 geht in der Folge zu Recht davon aus, dass entgegen der Auffassung der Finanzverwaltung alle Ausnahmetatbestände eng auszulegen sind, sodass ein Ausschluss die Ausnahme und nicht die Regel ist. Zu weiteren Ausschlussmöglichkeiten, die das hiesige Ergebnis noch verstärken dürften, siehe *Horst*, Verbindliche Auskunft, S. 79 f.

erhalten.[567] Nach § 89 Abs. 2 S. 1 AO entscheidet die Finanzverwaltung über den Antrag vielmehr nach pflichtgemäßem Ermessen (vgl. auch § 5 AO).[568] Insofern stellt § 89 Abs. 2 AO eine Koppelungsvorschrift dar, in dem auf Tatbestandsseite ein besonderes Interesse als unbestimmter Rechtsbegriff verlangt wird und auf Rechtsfolgenseite Ermessen angeordnet ist.[569] Das Ermessen auf Rechtsfolgenseite bezieht sich jedoch stets nur auf die Frage der Auskunftserteilung; zur Bearbeitung ist die Finanzverwaltung stets verpflichtet. Zudem ist nach der Art des Ermessens zu differenzieren.

Entgegen dem FG München[570] hat die Finanzverwaltung nur ein Entschließungsermessen, nicht jedoch zusätzlich ein Auswahlermessen.[571] Außerdem wird in den Fällen, in denen der Antragsteller sämtliche der oben skizzierten Kriterien erfüllt, also insbesondere das geforderte besondere Interesse aufweist, in aller Regel eine Ermessensreduktion auf null vorliegen, sodass die verbindliche Auskunft zu erteilen ist.[572] Somit verläuft die verbindliche Auskunft hier wieder parallel zur oben in Kapitel 1 C. V. behandelten verbindlichen Zusage nach § 204 AO. Daneben ist ebenfalls in Kapitel 1 die Wechselwirkung zwischen Tatbestand und Rechtsfolge beschrie-

567 So bereits BFHE 71, 813 (820). Siehe auch *Söhn*, in: Hübschmann/Hepp/Spitaler, AO/FGO, § 89 AO Rn. 236; *Krumm*, DStR 2011, 2429 (2430).

568 Anders ist dies bei der Lohnsteueranrufungsauskunft nach § 42e EStG, bei der der Antragsteller einen Rechtsanspruch hat. Dies ist dem geschuldet, dass im Rahmen der Lohnsteuer der Arbeitgeber staatliche Aufgaben wahrnimmt, sodass der Rechtsanspruch insoweit als Ausgleich hierfür zu verstehen ist.

569 So auch *Horst*, Verbindliche Auskunft, S. 72.

570 FG München, DStRE 2012, 189 (190).

571 BFHE 237, 9 ff..; *Krekeler*, BLJ 2016, 24 (30); *Spilker*, StuW 2013, 19; *Krumm*, DStR 2011, 2429 (2430 f.); *Werder/Dannecker*, BB 2011, 2903 (2906). Zur allgemeinen Differenzierung zwischen Entschließungs- und Auswahlermessen siehe *Hain/Schlette/Schmitz*, AöR 122 (1997), 32 (37 ff.).

572 *Seer*, in: Tipke/Kruse, AO/FGO, § 89 AO Rn. 40; *Stemplewski*, BB 2012, 2220 (2224); *Werder/Dannecker*, BB 2011, 2903 (2904); *Rätke*, BBK 2009, 951 (954); *Borggreve*, AO-StB 2008, 108 (109); *Bruschke*, DStZ 2007, 267 ff.; *Lahme/Reiser*, BB 2007, 408 ff.; *Burchert*, INF 2004, 178 (179). Dem folgend wohl auch *Neumann*, in: Gestaltungsfreiheit und Gestaltungsmissbrauch im Steuerrecht, S. 73 (76). *Krumm*, DStR 2011, 2429 (2430) sieht dies zudem als Regelfall an, sodass der Antragsteller lediglich einen ordnungsgemäßen Antrag zu stellen brauche und daraufhin – soweit keiner der bereits dargestellten Ausschlussgründe vorliegt – die verbindliche Auskunft erteilt bekomme. A.A. hingegen *G. Mayer*, Zusage, S. 102, der in besonders schwerwiegenden Fällen trotzdem eine Ablehnung für möglich hält. Zum generellen Ausnahmecharakter einer Ermessensreduktion auf null siehe statt vieler auch *Hain/Schlette/Schmitz*, AöR 122 (1997), 32 (60).

ben worden. Das Vorliegen des besonderen Interesses auf Tatbestandsseite wirkt sich auf die Frage des Ermessens reduzierend aus, sodass keine administrative Auslegungsprärogative besteht.[573]

VI. Wirksamkeit und Bindungswirkung einer erteilten verbindlichen Auskunft

Ist eine verbindliche Auskunft einmal schriftlich und mit einer ordnungsgemäßen Rechtsbehelfsbelehrung versehen erteilt worden[574] und nicht aus sonstigen Gründen gem. §§ 124 Abs. 3, 125 AO als nichtig anzusehen[575], so bedarf es zu ihrer Wirksamkeit nicht nur der Mitwirkung eines sachlich und örtlich zuständigen FA, sondern – wie bereits unter C. I. angesprochen – auch des jeweils zeichnungsberechtigen Amtsträgers.[576] Dies ist gem. 4.3 FAGO[577] der Vorsteher, deren Stellvertreter, der Sachgebietsleiter oder auch der Sachbearbeiter innerhalb seines Arbeitsbereichs.[578] Außenprüfer und deren Sachgebietsleiter sind damit in keinem Fall zur Erteilung von verbindlichen Auskünften befugt.[579] Der BFH schließt sich dieser Regelung an, schränkt sie jedoch dahingehend noch weiter ein, dass nur der

---

573 *Graw*, Anm. zum Urteil des FG Köln v. 4.3.2013 (3 K 132/10), EFG 2013, 1542 (1544) m.w.N.

574 Zu den näheren Bestandteilen der erteilten verbindlichen Auskunft seitens der Finanzverwaltung siehe *Horst*, Verbindliche Auskunft, S. 94 f. sowie *Burchert*, INF 2004, 178 (182). Die Wirksamkeit tritt durch Bekanntgabe nach §§ 124 Abs. 1 S. 1, 122 AO ein.

575 Zu den allgemeinen und besonderen Nichtigkeitsgründen sei statt vieler nur auf *Horst*, Verbindliche Auskunft, S. 113 ff. verwiesen.

576 BFHE 64, 464 (469); 89, 381 (383). Selbiges fordert der BFH auch für die Zusage nach § 204 AO sowie für die tatsächliche Verständigung, vgl. die Rechtsprechungsnachweise bei *Seer*, Verständigungen, S. 322.

577 Geschäftsordnung für die Finanzämter (FAGO) vom 16.11.2010, BStBl I 2010, 1315.

578 Kritisch zu dieser „Zuständigkeitszersplitterung" äußert sich bspw. *Seer*, in: Tipke/Kruse, AO/FGO, § 89 AO Rn. 36. *Buciek*, DStZ 1999, 389 (393) sieht es wiederum entgegen der bisherigen Praxis als zweckmäßig an, dass ausschließlich ein Sachgebietsleiter verbindliche Auskünfte erteilen darf. Mit dieser Formulierung dürfte gemeint sein, dass es ein beliebiger Sachgebietsleiter innerhalb derselben Behörde sein darf. Dies zeigt, dass das Meinungsbild weiterhin gespalten ist. *Söhn*, in: Hübschmann/Hepp/Spitaler, AO/FGO, § 89 AO Rn. 211 hält es zudem für sinnvoll, die innerbehördliche Zuständigkeit direkt gesetzlich zu regeln. Dem ist zuzustimmen.

579 So auch BFH, Urt. v. 23.5.1991, V R 1/88, JURIS, Rn. 15.

Vorsteher und der zuständige Sachgebietsleiter, nicht aber der Sachbearbeiter alleine die verbindliche Auskunft erteilen dürfen.[580] Dies gelte selbst dann, wenn der Steuerpflichtige gutgläubig ist.[581] Auch in der Folgezeit ist der BFH von seinem Verdikt allenfalls minimal abgerückt, indem er mit Urteil vom 22.4.1998 zumindest einräumte, dass bei Nichtüberschreitung gewisser Wertgrenzen auch der einzelne Sachbearbeiter zuständiger Beamter sein könne.[582] Behördenintern erweist sich die Zuständigkeit als friktionsfrei, da sich die Zeichnungsbefugnis aus der internen Geschäftsverteilung ergibt. Problematisch ist diese für den Adressaten der verbindlichen Auskunft, der in aller Regel keinen Zugriff auf die interne Geschäftsverteilung hat und diese ihm auch nicht zusammen mit der verbindlichen Auskunft mitgeteilt wird.[583]

Um diesem strukturellen Problem Herr zu werden, wird eine nachträgliche Genehmigung als Heilungsmöglichkeit von der instanzgerichtlichen Rechtsprechung sowie einem gewichtigen Teil der Literatur als zulässig erachtet.[584] Der BFH selbst hat sich noch nicht dazu geäußert, sondern die Frage ausdrücklich offengelassen.[585] Eine Heilungsmöglichkeit wäre nach

580 Statt vieler siehe nur BFHE 159, 114 (119); Urt. v. 26.11.1997, III R 109/93, JURIS, Rn. 18; 239, 38 (42), jeweils m.w.N. Zur Kritik an dieser Judikatur vgl. *Dalichau*, Auskünfte und Zusagen, S. 217 ff. A.A. ist auch etwa *Seer*, Verständigungen, S. 331, der vorschlägt, nur auf die sog. organschaftliche Vertretungsmacht abzustellen und daher die interne Geschäftsverteilung für die Wirksamkeitsbetrachtung auszublenden. Ein weiterer Alternativvorschlag stammt von *G. Mayer*, Zusage, S. 119, der vorsieht, nur im Falle des Handelns durch eine offensichtlich unzuständige Person der verbindlichen Auskunft die Wirksamkeit und damit die Bindungswirkung zu versagen.

581 BFH, Urt. v. 14.7.1992, IX R 116/88, JURIS, Rn. 18.

582 BFH, Urt. v. 22.4.1998, X R 4/95, JURIS, Rn. 24.

583 *Hahn*, DStZ 2003, 69 (73); *Buciek*, DStZ 1999, 389 (393); *Seer*, Verständigungen, S. 330. Zum Überraschungseffekt dieser Rechtsprechung aus Sicht des Steuerpflichtigen siehe auch *Dalichau*, Auskünfte und Zusagen, S. 97, 184. Dalichau spitzt dieses Problem dahingehend zu, dass der Sachbearbeiter erzählen und schreiben könne, was er wolle, daran festhalten könne der Betroffene ihn nicht. *Buciek*, DStZ 1999, 389 (393) geht daneben davon aus, dass es eine „reine Glücksfrage" sei, ob die verbindliche Auskunft zufällig von einem zuständigen Sachbearbeiter erteilt werde.

584 BMF-Schreiben v. 30.7.2008, BStBl I 2008, 831, Tz. 5.3; *Seer*, in: Tipke/Kruse, AO/FGO, Vor § 188 AO Rn. 24; *Söhn*, in: Hübschmann/Hepp/Spitaler, AO/FGO, § 89 AO Rn. 214; *Schmitz*, in: Schwarz/Pahlke, AO/FGO, § 89 AO Rn. 43; *Roser*, in: Beermann/Gosch, AO/FGO, § 89 AO Rn. 47. A.A. ist hingegen *Baum*, NWB Fach 2, 9311 (9312). Siehe zudem FG Hamburg, EFG 1992, 379 (380) für die tatsächliche Verständigung, bei der sich dasselbe Problem stellt.

585 BFH, BStBl II 2004, 975 ff.

hiesiger Auffassung aus systematischen Gesichtspunkten heraus konsequent, da dies etwa im Rahmen einer tatsächlichen Verständigung ausdrücklich von der Finanzverwaltung anerkannt wird[586] und insoweit kein sachlicher Grund ersichtlich ist, weshalb für die verbindliche Auskunft andere Maßstäbe gelten sollten. Burchert schlägt als Alternative vor, darauf zu bestehen, dass die verbindliche Auskunft durch den zuständigen Sachgebietsleiter des Innendienstes oder im Falle der Betroffenheit mehrerer Sachgebiete durch den Vorsteher oder seinen Vertreter selbst erteilt wird.[587] Diesem Vorschlag ist im Grundsatz zuzustimmen, es hapert jedoch an der Praktikabilität. So hat auch hier der Steuerpflichtige keinen Anspruch darauf, dass die verbindliche Auskunft von genau diesen Personen erteilt wird. Weigert sich die Finanzverwaltung und erteilt ein anderer Amtswalter die verbindliche Auskunft, so zeigt sich wieder dasselbe Problem, sodass die Möglichkeit der Heilung insofern ergiebiger erscheint. Gleichwohl bleibt es derzeit für den Steuerpflichtigen bei dem unbefriedigenden Ergebnis, dass er stets eigene Erkundigungen einholen muss, ob tatsächlich der zuständige Beamte gezeichnet hat, obgleich er diese nur schwer erhalten wird und damit eine Wirksamkeit teilweise vom Zufall abhängen kann.[588] Ein Ergebnis, das vor dem Hintergrund als inkongruent erscheint, dass der einzelne Sachbearbeiter die endgültige Gesamtentscheidung im Rahmen der Steuerveranlagung treffen kann, jedoch zu einer verbindlichen Vorabauskunft nicht befugt ist.[589]

Zudem überzeugt diese Regelung auch im Vergleich zur strukturell verwandten Zusicherung gem. § 38 VwVfG nicht, bei der es für deren Wirksamkeit nicht darauf ankommt, ob der zuständige Beamte gehandelt hat.[590] § 38 VwVfG folgt vielmehr überzeugend der Grundkonstruktion des Verwaltungsrechts, dass sich die interne Organisations- und Zuständigkeitsmatrix nicht auf das Außenverhältnis auswirkt.[591] Entscheidend für

586 BMF-Schreiben v. 30.7.2008, BStBl I 2008, 831, Tz. 5.3.

587 *Burchert*, INF 2004, 178 (179).

588 Zum selben Ergebnis gelangt *Seer*, in: Tipke/Kruse, AO/FGO, Vor § 204 AO Rn. 12.

589 Umfassend zur Kritik an dieser restriktiven BFH-Rechtsprechung *Seer*, Verständigungen, S. 324 bezogen auf die simultane Rechtsprechung des BFH zur verbindlichen Zusage nach § 204 AO sowie zur tatsächlichen Verständigung.

590 *Henneke*, in: Knack/Ders., VwVfG, § 38 Rn. 12; *Kopp/Ramsauer*, VwVfG, § 38 Rn. 10; *Hebeler/Schäfer*, Jura 2010, 881 (882); a.A. *Guckelberger*, DÖV 2004, 357 (359 f.).

591 *Hebeler/Schäfer*, Jura 2010, 881 (882); *Seer*, Verständigungen, S. 327, jeweils m.w.N.

die Wirksamkeit ist im Fall der Zusicherung nur, dass die sachlich und örtlich zuständige Behörde gehandelt hat und ein Amtsträger die Zusicherung unterschreibt, der zur Außenvertretung grundsätzlich berechtigt ist.[592] Damit ist dem allgemeinen Verwaltungsorganisationsrecht das vom BFH eingeführte Kriterium der Höchstpersönlichkeit fremd.[593] Übertragen auf die verbindliche Auskunft wäre es danach ausreichend, dass derjenige Sachbearbeiter die verbindliche Auskunft erteilt, der außenvertretungsberechtigt ist. Dahinter steht die jetzige Lesart allerdings noch weit zurück. Damit scheint die Regelung zu § 89 Abs. 2 AO auch ein politisches Ergebnis zu sein, das immer noch davon zeugt, dass verbindliche Auskünfte nur mit einer gewissen Skepsis erteilt werden. Denn sie bleibt nach derzeitigem Regelungsstand ausschließlich dem Führungspersonal vorbehalten.

Hat nach alledem der zuständige Sachgebietsleiter die verbindliche Auskunft unterzeichnet und ist sie dem Empfänger zugegangen, so ist sie verbindlich, denn die Wirksamkeit führt automatisch zur Bindungswirkung. Die Begriffe Wirksamkeit und Bindungswirkung stelen entweder Synonyme dar[594] oder sind zumindest kongruent.[595] Dies gilt auch dann, wenn die Finanzverwaltung keine verbindliche Auskunft erteilen möchte, bei einer einfachen Auskunft nach § 89 Abs. 1 AO aber aus Unachtsamkeit vergisst, auf ebendiese Unverbindlichkeit hinzuweisen. Darf in diesem Fall der Adressat[596] bei allen ihm zur Verfügung stehenden Auslegungsmöglichkeiten von der Verbindlichkeit der Auskunft ausgehen (objektiver Empfängerhorizont), so bindet sie die Finanzverwaltung auch gegen ihren

---

592 *Tiedemann*, in: BeckOK VwVfG, § 38 Rn. 6; a.A. in st. Rspr. das BVerwG, das eine Zusicherung nur dann für verbindlich erachtet, wenn sie von einem Amtswalter unterschrieben wird, der dazu auch nach seiner innerbehördlichen Stellung befugt ist, vgl. pars pro toto BVerwGE 103, 219 (220) m.w.N.

593 *Seer*, Verständigungen, S. 328.

594 *Bumke*, in: Hoffmann-Riem/Schmidt-Aßmann/Voßkuhle, Grundl. d. VwR, § 35 Rn. 44.

595 Vgl. hierzu die zahlreichen Einzelnachweise bei *Ipsen*, Die Verwaltung 17 (1984), 169 (172) in Fn. 20. Anders hingegen *Ders.*, Die Verwaltung 17 (1984), 169 (174), nach dessen Sichtweise der VA erst in dem Zeitpunkt Bindungswirkung entfaltet, in dem die Bestandskraft eintritt, er also nicht mehr erfolgreich mit Rechtsmitteln angefochten werden kann.

596 Adressat der verbindlichen Auskunft ist grundsätzlich der Steuerpflichtige selbst, sodass es auf seine Sichtweise ankommt. Hat er jedoch – wie in den meisten Fällen – einen Rechtsanwalt oder Steuerberater eingeschaltet und erhält dieser das Auskunftsschreiben für den Steuerpflichtigen, so kommt es auf dessen Sichtweise an, vgl. dazu nur FG Stuttgart, EFG 1992, 105 (107).

Willen.[597] Zudem kann eine verbindliche Auskunft auch konkludent erteilt werden.[598] Eine dauerhafte Beständigkeit kann gleichwohl in allen Fällen erst in dem Moment eintreten, in dem die verbindliche Auskunft formell und damit zugleich auch materiell bestandskräftig wird.[599] Insofern gelten auch hier die Grundsätze des allgemeinen Verwaltungsverfahrensrechts.

VII. Entfall der Bindungswirkung

Wurde unter den vorstehend dargestellten Bedingungen eine verbindliche Auskunft wirksam erteilt, stellt sich aus Sicht des Adressaten häufig die Frage, wie lange und unter welchen äußeren Gegebenheiten er sich auf diese später wird berufen können.[600] So lässt sich die Zukunft immer nur prognostisch und nicht umfassend rechtlich planen und absichern.[601] Angesprochen sind zwei Problemkomplexe. Einerseits die Rechtswidrigkeit der erteilten verbindlichen Auskunft (1.), andererseits die spätere Änderung der Sach- oder Rechtslage (2.). Beide gilt es nachfolgend darzustellen.[602] Vorwegzuschicken ist hierbei, dass sich die nachfolgende Darstellung auf den Zeitpunkt ab erstmaliger wirksamer Erteilung der verbindlichen Auskunft durch die Bekanntgabe der Finanzverwaltung bezieht. Dass zwischenzeitlich Bestandskraft eingetreten ist, wirkt sich lediglich für den Antragsteller und etwaige Dritte aus, führt aber keinesfalls zu einem gänzlichen Ausschluss eines späteren Entfalls der Bindungswirkung.[603] Arrondierend ist zuletzt auch ein kurzer Blick auf die Korrekturmöglichkeiten zu werfen (3.).

---

597 So schon früher der BFH, vgl. BFHE 65, 354 (359 f.).

598 Hierzu *Roser*, in: Beermann/Gosch, AO/FGO, § 89 AO Rn. 59.1. unter eingehender Betrachtung der hierzu ergangenen Rechtsprechung.

599 *Reichelt*, Vorbescheid, S. 150.

600 Die Frage der Bindungswirkung ist mithin die zentrale Frage der verbindlichen Auskunft, denn in ihr besteht der Wert für den Steuerpflichtigen, vgl. *Birk*, in: FS Pöllath, S. 161 (167). So unterscheidet sich die verbindliche Auskunft ohne Bindungswirkung in keiner Weise von der Auskunft des eigenen Rechtsanwalts oder Steuerberaters.

601 So auch *Seer*, Verständigungen, S. 422.

602 Zum weiteren Spannungsfeld des Ablebens des Antragstellers und der Frage, ob die verbindliche Auskunft dann auch noch Bindungswirkung für den Gesamt- oder Einzelrechtsnachfolger entfaltet, siehe *Horst*, Verbindliche Auskunft, S. 118.

603 In diesem Sinne auch *Reichelt*, Vorbescheid, S. 151.

1. Rechtswidrigkeit der erteilten verbindlichen Auskunft

Erteilt die Finanzverwaltung eine rechtswidrige aber nicht zugleich nichtige verbindliche Auskunft, so entfaltet diese trotzdem Bindungswirkung. Dies bietet für den Steuerpflichtigen den Vorteil, dass er sich auf eine für ihn günstige Positivauskunft berufen kann, eine für ihn ungünstige Negativauskunft aber keine Bindungswirkung für das spätere Festsetzungs- und Veranlagungsverfahren entfaltet.[604] Die einzige Ausnahme davon gilt dann, wenn der Steuerpflichtige die Rechtswidrigkeit erkannt hat oder hätte erkennen müssen.[605] In diesem Fall ist er nicht schutzwürdig, sodass er sich nicht zu seinen Gunsten auf die rechtswidrige verbindliche Auskunft berufen kann.[606] Dies kann insbesondere dann der Fall sein, wenn ihre Rechtswidrigkeit derart evident ist, dass sie ihr schon beinahe „auf die Stirn" geschrieben steht.[607] Zu seinen Lasten wirkt sie aber in diesem Fall zumindest ebenfalls nicht. Gleichwohl erscheint der Fall der Kenntnis oder des Kennenmüssens der Rechtswidrigkeit, wie Horst überzeugend darlegt, schwer vorstellbar.[608] So setzt die Erteilung der verbindlichen Auskunft auf Tatbestandsseite gerade ein besonderes Interesse in Form der rechtlichen Unsicherheit voraus, sodass positive Kenntnis oder grob fahrlässige Unkenntnis über die fehlerhafte rechtliche Würdigung der Finanzverwaltung unwahrscheinlich ist.

Gleichwohl verbleibt der Finanzverwaltung die Möglichkeit, die erteilte verbindliche Auskunft nach § 2 Abs. 3 StAuskV zurückzunehmen, wodurch auch automatisch die Bindungswirkung entfällt. Hierbei wird der Steuerpflichtige allerdings dadurch wirksam geschützt, dass eine umfassende Abwägung zwischen dem Grundsatz der Gesetzmäßigkeit der Verwal-

---

604 *Burchert*, INF 2004, 178 (183). Zur Frage, wann sich eine erteilte verbindliche Auskunft tatsächlich zuungunsten des Antragstellers auswirkt, vgl. *Horst*, Verbindliche Auskunft, S. 116.

605 BFHE 159, 114 ff.; Urt. v. 14.7.1992, IX R 116/88, JURIS, Rn. 18, jeweils m.w.N.

606 Anders noch BFHE 71, 813 (818). Hiernach sollen verbindliche Auskünfte, die „klar dem Gesetz widersprechen", nichtig sein, was insbesondere dann gelte, wenn der Steuerpflichtige die Rechtswidrigkeit kannte oder erkennen konnte. Demnach stellte sich die Frage nach der Bindungswirkung nicht, da die verbindliche Auskunft bereits wegen ihrer Nichtigkeit nicht mehr bestand. Diese Entscheidung ausdrücklich revidierend BFHE 89, 20 (22).

607 *Wagner*, in: Kühn/v. Wedelstädt, AO/FGO, § 89 AO Rn. 19.

608 *Horst*, Verbindliche Auskunft, S. 136 f.

tung aus Art. 20 Abs. 3 GG sowie dem ebenfalls rechtsstaatlichen determinierten Vertrauensschutz des Steuerpflichtigen vorzunehmen ist.[609]

2. Zwischenzeitliche Änderung der Sach- und Rechtslage

Zum Entfall der Bindungswirkung durch zwischenzeitliche Änderung der *Sachlage* ist auszuführen, dass nach § 2 Abs. 1 StAuskV unwesentliche Abweichungen des beschiedenen vom später verwirklichten Sachverhalt unschädlich sind.[610] Hintergrund dieser Vorschrift ist, dass die Sachverhaltsdarstellung im Rahmen des Auskunftsersuchens lediglich eine Abstraktion der Sachverhaltsrealität ist und daher eine Übereinstimmung zu 100 % praktisch unmöglich sein dürfte.[611] Dass eine unwesentliche Abweichung vorliegt, muss vom Steuerpflichtigen bewiesen werden, denn er beruft sich auf die Vorteile. Quantitative oder qualitative Änderungen können daher bei entsprechendem Nachweis sogar zu vernachlässigen sein.[612] Maßgeblich ist insofern allein die Betrachtung der Rechtsfolgenseite.[613] Günstig für den Steuerpflichtigen ist es dabei auch, wenn ein Sachverhalt teilbar ist und insofern auch die rechtliche Beurteilung isolierte Bereiche betrifft. Dann ist eine Änderung im Übrigen unerheblich, sodass zumindest nicht die gesamte verbindliche Auskunft hinfällig ist.[614] Andernfalls führt eine wesentliche Änderung der Sachlage zum Entfall der Bindungswirkung, was selbst dann gilt, wenn die Verantwortung hierfür nicht in der Sphäre des Steuerpflichtigen selbst zu sehen ist.[615] Dies bedarf insofern auch keiner expliziten gesetzlichen Anordnung, welche deklaratorisch wäre, denn das Erfordernis der Sachverhaltsidentität ergibt sich schon unmittelbar aus dem Inhalt der Rechtsfolgenanordnung der verbindlichen Auskunft.[616]

609 Hierzu sehr umfangreich die ergangene Rechtsprechung rezipierend FG Dessau, BeckRS 2015, 94546.

610 So auch bereits zuvor die Rechtsprechung, vgl. nur FG Sachsen, BeckRS 2003, 96681.

611 Ebenso *G. Mayer*, Zusage, S. 132.

612 Siehe dazu *Roser*, in: Beermann/Gosch, AO/FGO, § 89 AO Rn. 60 mit Beispielen.

613 *Horst*, Verbindliche Auskunft, S. 121 m.w.N.

614 So auch überzeugend *Horst*, Verbindliche Auskunft, S. 122 sowie *G. Mayer*, Zusage, S. 133. Ein „Alles-oder-Nichts-Prinzip“ ist damit abzulehnen, vielmehr ist eine differenzierte Lösung vorzugswürdig.

615 *Strunk*, Stbg 2014, 159 f.

616 So auch *Seer*, Verständigungen, S. 465 sowie *G. Mayer*, Zusage, S. 131 für die verbindliche Zusage nach § 204 AO, jeweils m.w.N.

Anders als die Veränderung auf tatsächlicher Ebene betrifft § 2 Abs. 2 StAuskV die Änderung oder Konkretisierung der *Rechtslage*. Im grundsätzlichen Einklang mit der Judikatur des BVerfG[617] enthält dieser Absatz die Regelung, dass die Bindungswirkung ex nunc und ipso iure vollständig entfällt, soweit eine gesetzliche Neuregelung in Kraft tritt, es mithin also zu einer nachträglichen normativen Änderung kommt.[618] Eine gesetzliche Regelung meint in diesem Zusammenhang jede Rechtsnorm, die auf dem formalen Weg der Gesetzgebung oder des Verordnungserlasses zustande gekommen ist, folglich Parlamentsgesetze und Rechtsverordnungen.[619] Dem steht es gleich, wenn eine Norm vom BVerfG für nichtig oder verfassungswidrig erklärt wird[620], allerdings nur dann, wenn die Entscheidung nach § 31 Abs. 2 BVerfGG Gesetzeskraft erlangt.[621] Dies gilt sowohl zulasten als auch erst recht zugunsten des Steuerpflichtigen. § 2 Abs. 2 StAuskV liegt damit die Annahme zugrunde, dass sich der feststellende Teil der verbindlichen Auskunft nur auf die Rechtmäßigkeit zum Zeitpunkt des Erlasses beschränkt.[622] Unter Umständen ist sogar ein rückwirkender Entfall der Bindungswirkung möglich, nämlich dann, wenn die Rechtsänderung in den Veranlagungszeitraum fällt, für den die verbindliche Auskunft erteilt wurde.[623] Dies ist sowohl bei einem rückwirkenden Entfall wie bei einem Entfall ab dem Zeitpunkt der Neuregelung als Fall der sog.

617 BVerfG, DStR 2015, 2237 (2239), Rn. 16 ff.

618 Es ist damit grundsätzlich nicht möglich, sich eine Rechtsposition durch eine verbindliche Auskunft ad Infinitum sichern zu lassen, vgl. *Strunk*, Stbg 2014, 159 (160).

619 *W. Steinberg*, Selbstbindung, S. 129, nach dessen Ausführungen selbiges auch für die verbindliche Zusage nach § 204 AO gilt.

620 *Horst*, Verbindliche Auskunft, S. 129 sowie *Burchert*, INF 2004, 178 (183).

621 *Seer*, Verständigungen, S. 436; *G. Mayer*, Zusage, S. 139, deren Ausführungen zur verbindlichen Zusage auf die verbindliche Auskunft übertragbar sind. Zur Gesetzeskraft von Entscheidungen des BVerfG im Allgemeinen siehe statt vieler *Ungern-Sternberg*, in: BeckOK BVerfGG, § 31 Rn. 45 ff.

622 Wie *Engel*, Planungssicherheit, S. 53 zutreffend darlegt, ist dies auch der einzig zulässige Weg, um einen Entfall der Bindungswirkung nach einmal wirksamem Erlass zu rechtfertigen. *Reichelt*, Vorbescheid, S. 166 f. hingegen scheint hierin den Normalfall zu sehen, sodass eine Nachverlagerung auf den Zeitpunkt der späteren Steuerfestsetzung einer expliziten gesetzlichen Ermächtigungsgrundlage bedürfe, um nicht gegen den Grundsatz der Gesetzmäßigkeit der Verwaltung aus Art. 20 Abs. 3 GG zu verstoßen.

623 *Roser*, in: Beermann/Gosch, AO/FGO, § 89 AO Rn. 66. Zu der weiteren Möglichkeit des Entfalls der Bindungswirkung ex tunc siehe statt vieler nur *Seer*, in: Tipke/Kruse, AO/FGO, § 89 AO Rn. 57.

„clausula rebus sic stantibus“[624] anzusehen, denn wegen einer Änderung der Verhältnisse ist der Endzweck nicht mehr zu erreichen.[625] Eine Aufhebung der verbindlichen Auskunft hätte damit lediglich deklaratorische, jedoch keine konstitutive Wirkung mehr.[626] Insofern verläuft der Entfall der Bindungswirkung jedenfalls in diesem Aspekt auch in exakter Parallelität zur Zusicherung nach § 38 VwVfG, denn auch sie entfällt nach § 38 Abs. 3 VwVfG ipso iure.[627]

Damit kann eine Änderung der Rechtslage durchaus drakonische Folgen entfalten, weshalb der Entfall der Bindungswirkung jedenfalls ex tunc auch nur dann eintritt, wenn sich das Gesetz ändert.[628] Zudem muss es sich um wesentliche Änderungen handeln, sodass nicht jede minimalinvasive Gesetzesanpassung die Bindungswirkung entfallen lassen kann.[629]

So nachvollziehbar dieses Prinzip im Grundsatz ist, können im Detail doch Probleme auftreten. Insbesondere kann zweifelhaft sein, ob eine Aufhebung oder Änderung von Rechtsvorschriften i.S.d. § 2 Abs. 2 StAuskV vorliegt. Dies betrifft einerseits Rechtsänderungen nach Erlass des späteren Steuerbescheids und andererseits vor dessen Erlass, also in der Phase zwischen Sachverhaltsverwirklichung und Erlass des Steuerbescheids. Dabei stellt sich primär das Problem, ob im Einzelfall eine grundsätzlich zulässige unechte Rückwirkung oder eine grundsätzlich unzulässige echte Rückwirkung vorliegt. Zu den Einzelheiten, auf die hier aus Gründen der Stoffbegrenzung nicht vertieft eingegangen werden kann, sei auf die entsprechende Darstellung von Horst verwiesen.[630]

---

624 Umfassend zur clausula rebus sic stantibus, einem ursprünglich privatrechtlich ausgeformten Institut des älteren Rechts, welches für das Verwaltungsrecht aktiviert wurde, siehe *Stern*, in: FS Mikat, S. 775 ff. Dieser grenzt es auch überzeugend vom Wegfall der Geschäftsgrundlage ab, die das Zivilrecht vor allem durch § 313 BGB maßgeblich prägt und die clausula rebus sic stantibus dort weitestgehend zurückgedrängt hat.

625 *Stern*, in: FS Mikat, S. 775.

626 *Seer*, FR 2017, 161 (165) sowie *Ders.*, StbJb 2012/13, 557 (570). Siehe hierzu auch *Krekeler*, BLJ 2016, 24 (26).

627 *Bäcker*, VerwArch 103 (2012), 558 (564).

628 Gleichwohl genießt der Steuerpflichtige trotz Änderung der Rechtslage jedenfalls insofern noch einen Schutz, als über die analoge Anwendung von § 207 AO die Möglichkeit einer Erlassentscheidung eröffnet ist. Siehe zu dieser Thematik nur *Strunk*, Stbg 2014, 159 (160 ff.) m.w.N.

629 *G. Mayer*, Zusage, S. 139 f. m.w.N. Dieser betont, dass die Änderungen in die Substanz der bisherigen Regelung eingreifen müssen. *W. Steinberg*, Selbstbindung, S. 130 nennt etwa als Beispiele für eine nicht hinreichend substanzielle Änderung solche redaktioneller oder klarstellender Art.

630 *Horst*, Verbindliche Auskunft, S. 124 ff.

Anderes gilt wiederum in dem Fall, dass die Rechtsprechung nach Erlass der verbindlichen Auskunft eine diametrale Rechtsauffassung kundtut. Dabei handelt es sich insoweit um bloße Rechtserkenntnisse[631], sodass aufgrund von Vertrauensschutzgesichtspunkten nur ein Entfall der Bindungswirkung ex nunc in Betracht kommt. Zudem kommt dies auch nur bei Änderung der höchstrichterlichen, nicht jedoch der instanzgerichtlichen Rechtsprechung in Betracht.[632] Diesen Fall regelt auch § 2 Abs. 3 StAuskV, nach dem die Bindungswirkung bei Änderung der höchstrichterlichen Rechtsprechung nicht ipso iure entfällt, sondern die Finanzverwaltung selbst tätig werden muss, indem sie die erteilte verbindliche Auskunft aufhebt oder ändert.[633] Dabei handelt es sich ferner um eine Ermessensentscheidung, sodass die Finanzverwaltung nicht zur Änderung oder Aufhebung verpflichtet ist.[634] Vielmehr hat sie auch hier wieder eine umfassende Abwägung zwischen dem Vertrauensschutz des Steuerpflichtigen auf der einen Seite und der Pflicht der Finanzverwaltung zu gesetzmäßigem Handeln auf der anderen Seite zu treffen.[635] Ihr ist es damit verwehrt, willkürlich wirksam erteilte verbindliche Auskünfte aufzuheben, sondern sie muss stets sachgerechte Gründe darlegen.[636] Außerdem kann es in Einzelfällen auch aus Billigkeitsgründen erforderlich sein, von einem Widerruf gänzlich abzusehen.[637] Zudem bleibt die verbindliche Auskunft wirksam, wenn im Zeitpunkt der Bekanntgabe der Aufhebung oder Änderung der Sachverhalt schon im Wesentlichen verwirklicht wurde und von dem durch die verbindliche Auskunft beschiedenen Sachverhalt nicht oder nur unwesentlich abweicht.[638] Hierin manifestiert sich der Rechtsgrundsatz,

---

631 Seer spricht auch von einem „geläuterten Ausdruck dessen, was ohnehin rechtens war", vgl. *Seer*, Verständigungen, S. 437.

632 Überzeugend *Roser*, in: Beermann/Gosch, AO/FGO, § 89 AO Rn. 64; A.A. ist die Finanzverwaltung in Tz. 3.6.6 AEAO zu § 89.

633 Wie *Seer*, FR 2017, 161 (165) zutreffend betont, ist es der verbindlichen Auskunft als Rechtsinstitut immanent, dass die Finanzverwaltung das Risiko eines Rechtsirrtums auf sich zu nehmen hat.

634 Tz. 3.6.6. AEAO zu § 89.

635 *Rätke*, in: Klein, AO, § 89 Rn. 38.

636 *W. Steinberg*, Selbstbindung, S. 131.

637 *Schmitz*, in: Schwarz/Pahlke, AO/FGO, § 89 AO Rn. 76.

638 Tz. 3.6.6. AEAO zu § 89. Dem zustimmend *Horst*, Verbindliche Auskunft, S. 140. Zu Einzelfragen bzgl. der Sachverhaltsverwirklichung siehe *Roser*, in: Beermann/Gosch, AO/FGO, § 89 AO Rn. 68.1.

dass der Vertrauensschutz umso stärker wird, je umfassender das Vertrauen bereits „ins Werk gesetzt“[639] wurde.

Daneben kommt ein Entfall der Bindungswirkung durch Korrekturen, Widerrufsvorbehalte, Befristungen, Erledigungen sowie unionsrechtliche Einschränkungen in Betracht, nicht jedoch, wenn sich nach wirksamer Erteilung der verbindlichen Auskunft die Verwaltungsauffassung ändert.[640]

3. Korrektur einer erteilten verbindlichen Auskunft nach den allgemeinen Vorschriften der AO

Ausgehend von der Grundannahme, dass die verbindliche Auskunft mit der herrschenden Meinung ein VA i.S.d. § 118 S. 1 AO ist, sind die allgemeinen Korrekturvorschriften der §§ 129 – 131 AO für Steuerverwaltungsakte anwendbar. Dies ergibt sich auch aus § 2 Abs. 3 StAuskV, der die Anwendung der §§ 129 – 131 AO unbeschadet lässt und damit einer Anwendung nicht im Wege steht. Nach diesen Korrekturvorschriften kann die verbindliche Auskunft berichtigt, zurückgenommen oder widerrufen werden. Im Regelfall ist eine Korrektur nur ex nunc und nicht ex tunc möglich. Eine Korrektur mit Wirkung für die Vergangenheit kommt gleichwohl dann in Betracht, wenn die verbindliche Auskunft durch Täuschung, Drohung oder Bestechung erwirkt wurde (vgl. § 130 Abs. 2 Nr. 2 AO) oder die Rechtswidrigkeit dem Adressanten bekannt oder infolge grober Fahrlässigkeit in seiner Person schuldhaft nicht bekannt war (vgl. § 130 Abs. 2 Nr. 4 AO).

In beiden Fällen ist der Adressat nicht schutzwürdig, sondern vielmehr gebietet es der Grundsatz der Gesetzmäßigkeit der Verwaltung aus Art. 20 Abs. 3 GG, aus dem neben dem Vorbehalt auch der hier im Fokus stehen-

---

639 *Seer*, Verständigungen, S. 461. Erhellend auch *W. Steinberg*, Selbstbindung, S. 131.

640 Zur fehlenden Rücknahmemöglichkeit nach § 2 Abs. 3 StAuskV bei Änderungen der Verwaltungauffassung – auch wenn diese auf geänderten Verwaltungsvorschriften fußen – siehe *Horst*, Verbindliche Auskunft, S. 142 ff. Dies hat vor allem den Hintergrund, dass es sich hierbei um Risiken handelt, die in der Verantwortungssphäre der Finanzverwaltung liegen, vgl. dazu auch *Seer*, Verständigungen, S. 441. A.A. Tz. 3.6.6 AEAO zu § 89. Letztlich überrascht es nicht, dass die Finanzverwaltung dies selbst anders sieht, um eventuell eigene Anwendungsfehler nachträglich korrigieren zu können. Überzeugender sind daher die Literaturstimmen, vgl. auch *Seer*, in: Tipke/Kruse, AO/FGO, § 89 AO Rn. 56.

de Vorrang des Gesetzes abgeleitet wird[641], dass die verbindliche Auskunft als von Anfang an nicht erteilt anzusehen ist. Letztlich werden beide Varianten in der Praxis wohl nicht sehr häufig vorkommen. Dass ein Steuerberater oder Rechtsanwalt, der – wie oben bereits dargestellt – in den meisten Fällen die verbindliche Auskunft beantragt, danach entgegen seiner berufsrechtlichen Pflichten in unzulässiger Weise auf den Sachbearbeiter einwirkt, erscheint angesichts des drohenden Entzugs der Zulassung sowie haftungsrechtlicher Folgen denkbar unwahrscheinlich. Auch stellt dieser den Antrag gerade stellvertretend für den Steuerpflichtigen, da eine rechtliche Unsicherheit besteht, die er selbst nicht beseitigen kann. Insofern wird er in den seltensten Fällen erkennen können, dass eine verbindliche Auskunft mit einem Inhalt contra legem erteilt wurde.[642] Deutlich praxisrelevanter erscheinen daher die Vorschriften der StAuskV zum Entfall der Bindungswirkung. Hinzuweisen ist schließlich auch noch darauf, dass ein Absehen von einer Korrektur im Einzelfall aus Billigkeitsgründen möglich ist, wenngleich ein solcher Fall ebenfalls schwer vorstellbar ist.[643]

D. Gebührenpflicht

Wie eingangs in diesem Kapitel dargestellt sind verbindliche Auskünfte durch das Jahressteuergesetz 2007 mit Wirkung zum 19.12.2006 einer Ge-

641 Siehe BVerfGE 80, 137 (161); *Sommermann*, in: v. Mangoldt/Klein/Starck, GG, 6. Aufl. 2010, Art. 20 Rn. 270; *Schmidt-Assmann*, in: HStR II, § 26 Rn. 62 sowie *Lipphardt*, EuGRZ 1986, 149 (155) unter Verweis auf die zahlreichen Stimmen in Rechtsprechung und Literatur. Anders hingegen *Robbers*, in: Bonner Kommentar zum GG, Loseblatt, Art. 20 Rn. 3355 f., der davon ausgeht, dass umgekehrt aus dem Vorrang des Gesetzes der Grundsatz der Gesetzmäßigkeit der Verwaltung folge. Allgemein kritisch zur Deduktion von Vorrang und Vorbehalt des Gesetzes aus dem Grundsatz der Gesetzmäßigkeit der Verwaltung sowie zu den jeweiligen Begrifflichkeiten zudem *Gusy*, JA 2002, 610 m.w.N. Unabhängig davon wie man zu dieser Frage stehen mag, besagt der Vorrang des Gesetzes unstreitig, dass die Verwaltung nicht gegen geltendes Recht verstoßen darf, an das sie uneingeschränkt gebunden ist, vgl. *Detterbeck*, Jura 2002, 235; *Kunig*, in: FS 50 Jahre BVerfG, 421 (435). Zum Vorbehalt des Gesetzes siehe noch eingehend unten Kapitel 5 C. I. 2., sodass an dieser Stelle von weiteren Ausführungen abgesehen wird.

642 So auch *Seer*, FR 2017 161 (166) m.w.N.

643 *Baum*, NWB Fach 2, 9725 (9738).

bührenpflicht unterworfen worden.[644] Der deutsche Steuergesetzgeber hat indes kein gebührenrechtliches Neuland betreten, sondern sich den internationalen Gepflogenheiten angepasst.[645] Die Gebührenpflicht erstreckt sich dabei ausschließlich auf Rechtsfragen zur Einkommensteuer, Körperschaftsteuer, Gewerbesteuer, Umsatzsteuer oder Grunderwerbssteuer (vgl. §§ 1, 2 FVG). Sie wurde zunächst in § 89 Abs. 3 bis 5 AO verankert und wies damit von Anfang an eine um zwei Absätze größere Regelungstiefe auf als § 89 Abs. 2 AO, der die Erteilung der verbindlichen Auskunft regelt.[646] Die Vorschriften zur Gebührenpflicht wurden im Rahmen des Steuervereinfachungsgesetzes 2011 sogar noch um § 89 Abs. 6 und 7 AO erweitert. Dies ist offenbar darauf zurückzuführen, dass der Gesetzgeber die Gebührenpflicht besonders detailliert regeln wollte, um Konflikte zu vermeiden.[647] Sie wurde in der Literatur trotzdem seit Anbeginn intensiv dis-

---

644 Ähnliche Forderungen gab es aber auch schon vorher, vgl. für viele *Schmidt*, StbJb 1962/63, 15 (24). Sie war auch bereits im später nicht Gesetz gewordenen AOÄG 1966 (§§ 227g bis 227 i RAO-E) enthalten, vgl. BT-Drs. 5/885, S. 3 ff. Dies dürfte vor allem darauf zurückzuführen sein, dass eine Gebührenpflicht für Auskünfte keinesfalls einheitlich vorgegeben ist, sondern je nach Art der Auskunft und betroffenem Rechtsgebiet stark variiert. So sind etwa Auskünfte an die Presse nach den Landespressegesetzen in der Regel gebührenfrei, vgl. VG Arnsberg, NVwZ-RR 2007, 440. Nachdem sich der Gesetzgeber trotz durchaus anderer Lösungsmöglichkeiten nunmehr dafür entschieden hat, die verbindliche Auskunft einer Gebühr zu unterwerfen, stellt sich das Folgeproblem, ob die verbindliche Auskunft als Dienstleistung der Finanzverwaltung an den Steuerpflichtigen umsatzsteuerpflichtig ist und diese damit eine ordnungsgemäße Rechnung mit Umsatzsteuernachweis auszustellen hat. Siehe dazu statt vieler nur *Püttner*, NWB 2011, 684 (689) sowie *Küffner/Zugmaier*, DStR 2007, 2307, jeweils m.w.N.

645 Zur Gebührenpflicht von verbindlichen Auskünften in Dänemark siehe *Lauesen*, DStZ 1987, 147 (148).

646 Damit ist der Teil über die Gebührenpflicht um zwei zusätzliche Absätze gegenüber dem ursprünglichen Vorschlag des Bundesrats ausgedehnt worden. Dieser wollte § 89 AO lediglich um einen neuen Absatz 3 erweitern, vgl. BR-Drs. 622/1/06, S. 32, dafür aber die Gebührenpflicht im Detail durch Rechtsverordnung regeln. Der Bundestag ist einen anderen Weg gegangen und hat sich – anders als bei der Erteilung der verbindlichen Auskunft – gegen eine detaillierte Rechtsverordnung entschieden, sondern sämtliche Fragen direkt auf Ebene des Parlamentsgesetzes geregelt.

647 Ähnlich auch *Jörißen*, AO-StB 2007, 183 (184), die davon spricht, dass „Nebenkriegsplätze“ vermieden werden sollten.

kutiert und kritisiert[648], wird aber jedenfalls vom Gesetzgeber weiterhin als „sehr moderat[e]“ Regelung angesehen.[649] Dieser reagierte daher auf die Kritik nur sehr zögerlich und griff im Rahmen des Steuervereinfachungsgesetzes 2011 allenfalls minimalinvasiv in das bisherige System der Gebührenpflicht ein. Für die hiesige Betrachtung gilt es zunächst, die Entstehung und Fälligkeit der Gebührenzahlungspflicht darzustellen (I.), sodann die derzeitige Berechnung anhand des Gegenstandswert (II.), danach die Ausnahmen von der Gebührenpflicht sowie die Möglichkeiten der Gebührenbefreiung (III.) und im Folgenden die mögliche Gebührenreduzierung (IV.) aufzuzeigen. Im Anschluss ist auf die Rechtfertigung der Gebührenerhebung einzugehen sowie die Kritik an der Auskunftsgebühr darzustellen (V.). Im Rahmen der Kritik erfolgt auch eine eigene Stellungnahme zur Zulässigkeit der Gebührenpflicht verbindlicher Auskünfte im Steuerrecht. Nicht Gegenstand der folgenden Ausführungen wird die steuerliche Behandlung der Gebühr selbst sein, also die Frage, ob diese bei der Einkommen- und Körperschaftsteuer als Werbungskosten bzw. Betriebsausgabe abziehbar ist.[650] Dieser Themenkomplex ist ein Spezifikum des Steuerrechts, sodass er sich auch nicht eignet, um in den folgenden Kapiteln Vergleiche zum Bauvorbescheid nach § 73 Abs. 1 S. 1 NBauO anzustellen.

I. Entstehung und Fälligkeit der Gebühr

Nach § 89 Abs. 3 S. 1 AO entsteht die Gebühr bereits zum Zeitpunkt der Einreichung des Antrags bei der zuständigen Finanzbehörde, wobei diese kein Ermessen hinsichtlich der Gebührenentstehung hat.[651] Bei dem Antrag muss es sich allerdings zweifelsfrei um einen solchen auf Erteilung einer verbindliche Auskunft nach § 89 Abs. 2 AO handeln, während die verbindliche Zusage nach den §§ 204 ff. AO sowie die Lohnsteueranrufungsauskunft nach § 42e EStG weiterhin gebührenfrei sind.[652] Selbiges gilt für schlichte Auskunftsersuchen i.S.d. § 89 Abs. 1 AO. Maßgeblich ist

648 Vgl. hierzu bereits den anschaulichen Artikel des Handelsblatts v. 27.12.2006 („Hohe Gebühren für Auskunft“), abrufbar unter http://www.handelsblatt.com/finanzen/steuern-recht/steuern/jahressteuergesetz-2007-hohe-gebuehren-fuer-auskunft/2749522.html. Zuletzt abgerufen am 24.1.2019.

649 BT-Drs. 16/3368, S. 24 f.

650 Hierzu *Horst*, Verbindliche Auskunft, S. 200 f.; *Blömer*, DStR 2008, 1867 (1868 f.); *Birk*, NJW 2007, 1325 (1327) sowie *Fatouros*, DStZ 2007, 382 (390).

651 *Horst*, Verbindliche Auskunft, S. 157 m.w.N.

652 BMF-Schreiben v. 11.12.2007, BStBl I 2007, 894, Rn. 1.2.

insoweit das Begehren des Antragstellers, von dem – wie schon oben dargestellt – eine möglichst präzise Darstellung im Antragstext verlangt wird.[653] Stellt sich der Antrag als Begehren auf Erteilung einer verbindlichen Auskunft heraus und wird die Gebühr infolgedessen schriftlich festgesetzt, so hat der Antragsteller nach § 89 Abs. 3 S. 3 AO einen Monat Zeit, um diese Verbindlichkeit zu begleichen. Gleichwohl ist die Finanzverwaltung nicht zu einer sofortigen Festsetzung verpflichtet, sondern kann nach § 89 Abs. 3 S. 4 AO die Entscheidung über die Entrichtung der Gebühr zurückstellen.[654] Zudem kann sie die Gebührenzahlung nach § 222 AO stunden.[655] Dies dient ihr dazu, flexibel auf den jeweiligen Antragsteller zu reagieren. Muss sie befürchten, nach der Erteilung der verbindlichen Auskunft einen Gebührenausfall mangels Zahlungsfähigkeit des Antragstellers zu erleiden – was im Wege einer Betrachtung des Gesamtbildes der wirtschaftlichen Verhältnisse des Antragstellers zu ermitteln ist[656] – so kann sie die Gebühr als Vorschuss verlangen[657], um nicht selbst in Vorleistung zu treten.[658] Damit erhält die Finanzverwaltung gewissermaßen ein Zurückbehaltungsrecht.[659] Dieses Zurückbehaltungsrecht bezieht sich allerdings nur auf die Entscheidung über das Ersuchen auf Erteilung einer verbindlichen Auskunft, nicht dagegen auf die Bearbeitung des Ersuchens.[660] Erhe-

653 *Simon*, DStR 2007, 557; *Jörißen*, AO-StB 2007, 183. Gleichwohl wird es in der Praxis in aller Regel zu keinen Problemen kommen, da – wie bereits im Rahmen der Antragsvoraussetzungen dargestellt – der Antragsteller ein Eigeninteresse daran hat, dass sein Antrag als solcher auf verbindliche Auskunft gewertet wird, sodass er diesen auch so bezeichnen wird. Tut er dies, so erübrigen sich Abgrenzungsschwierigkeiten.

654 Die Auskunftspraxis zeigt gleichwohl, dass die Finanzverwaltung immer erst tätig wird, wenn die Gebühr schon entrichtet wurde. Insofern ist der Steuerpflichtige in aller Regel vorleistungspflichtig und sollte den Antrag auf verbindliche Auskunft nur dann stellen, wenn er solvent genug ist, die Gebühr sofort zu bezahlen, vgl. auch *Bruschke*, ZSteu 2007, 36. Kritisch hierzu *Roser*, in: Beermann/ Gosch, AO/FGO, § 89 AO Rn. 83, der die verbindliche Auskunft durch die Möglichkeiten des § 89 Abs. 3 S. 4 AO als „Zwangsmittel der Gebühreneintreibung" betrachtet.

655 *Bruschke*, ZSteu 2007, 36.

656 *Hagen*, StW 2007, 219 (227).

657 *Birk*, NJW 2007, 1325 (1326). Dies sieht das BMF-Schreiben v. 11.12.2007, BStBl I 2007, 894, Rn. 4.4.2. auch explizit vor, sodass sich die Finanzverwaltung danach richten wird. Zur Kritik pars pro toto *Borggreve*, AO-Stb 2008, 108 (110) sowie *Küffner/Zugmaier*, DStR 2007, 2307.

658 *Wagner*, in: Kühn/ v. Wedelstädt, AO/FGO, § 89 AO Rn. 25.

659 So die Annahme von *Simon*, DStR 2007, 557 (562).

660 *Birk*, in: FS Pöllath, S. 161 (169); *Simon*, DStR 2007, 557.

ben muss sie sie zudem – soweit keine Ausnahme greift oder eine Gebührenermäßigung möglich ist – in jedem Fall in voller Höhe, da ihr – wie schon erwähnt – kein Ermessen in Bezug auf das ob, sondern lediglich in Bezug auf das wann eingeräumt wird. Zudem ist zu beachten, dass die Gebühr in allen Variationen anfällt, also nicht nur im Falle einer Positivauskunft, sondern auch bei Erteilung einer Negativauskunft oder Ablehnung der Auskunft aus formalen Gründen.[661] Dies hat den Hintergrund, dass die Gebühr nicht für den Erfolg gezahlt werde, sondern für die Bearbeitung des Antrags.[662] Wird die Gebühr demnach festgesetzt, so erfolgt dies durch einen gesonderten schriftlichen Gebührenfeststellungsbescheid[663] an den Antragsteller, der zugleich Gebührenschuldner ist.[664] Dieser Bescheid stellt einen eigenständigen VA i.S.d. § 118 S. 1 AO dar (sog. einfa-

661 BMF-Schreiben v. 11.12.2007, BStBl I 2007, 894, Rn. 4.1.2.; So auch *Bruschke*, ZSteu 2007, 36 sowie *Grune*, AktStR 2007, 139 (143). Die Gebührenpflichtigkeit im Falle der Ablehnung der Auskunft aus formalen Gründen wurde zwar vom BFH selbst offengelassen, jedoch von der instanzgerichtlichen Rechtsprechung explizit gebilligt, sofern der Ablehnungsgrund sachlich gerechtfertigt erscheint, vgl. FG Kassel, EFG 2011, 1938 (1939) m. Anm. *Korte* sowie m.w.N. auch zum Schrifttum. In diesem Fall sei der Antragsteller jedoch zunächst auf die Unvollständigkeit seines Antrags und die Möglichkeit der Rücknahme und Ergänzung hinzuweisen, bevor die Finanzverwaltung den Gebührenbescheid festsetzt. Ansonsten liege ein Verstoß gegen das aus dem Rechtsstaatsprinzip stammende Übermaßverbot vor. Anders dagegen etwa *Krekeler*, BLJ 2016, 24 (29) m.w.N., der im Falle einer Ablehnung aus formalen Gründen davon ausgeht, dass die Gebühr auf null zu reduzieren ist.

662 *Jörißen*, AO-StB 2007, 183 (184); *Fatouros*, DStZ 2007, 382 (383) m.w.N. aus der Literatur sowie für die Verwaltungssicht. Letzterer sieht darin auch die einzig zulässige Betrachtungsweise, um dem gebührenrechtlichen – und im Verlauf dieser Arbeit noch umfassend darzustellenden – Kostendeckungsprinzip gerecht zu werden. Anders hingegen noch der ursprüngliche Entwurf des Bundesrats, der die Gebühr ausschließlich für die Erteilung der verbindlichen Auskunft berechnet haben wollte. Dieser Vorschlag wurde jedoch im Finanzausschuss noch erweitert. Wäre es beim Vorschlag des Bundesrats geblieben, so hätte zumindest für eine Ablehnung der Auskunftserteilung aus formalen Gründen keine Gebührenpflicht bestanden. Dem Bundesrat folgt *Wienbracke*, NVwZ 2007, 749 (751) m.w.N.

663 Die Schriftform des Gebührenbescheids ergibt sich indes nicht unmittelbar aus dem Gesetz, sodass nach diesem auch ein mündlicher, fernmündlicher, elektronischer oder in sonstiger Weise erlassener Gebührenbescheid wirksam wäre, vgl. *Jörißen*, AO-StB 2007, 183. Das Schriftformerfordernis folgt vielmehr aus dem BMF-Schreiben v. 12.3.2007, BStBl I 2007, 227, welches aber reines Verwaltungsinnenrecht darstellt.

664 Tz. 3.2.1. AEAO zu § 89.

cher Steuerverwaltungsakt)[665] und ist damit sowohl dem Einspruchsverfahren als auch dem gerichtlichen Verfahren neben der verbindlichen Auskunft nach § 89 Abs. 2 AO zugänglich.

Weicht die Finanzverwaltung bei der Berechnung der Gebühr von den Angaben des Antragstellers ab, so hat sie dies zu begründen.[666] Auf der anderen Seite handelt es sich bei der Gebühr um eine Geldforderung, sodass diese nach den §§ 249 ff. AO im Wege der Vollstreckung beigetrieben werden kann. Gleichwohl stellt sie lediglich eine steuerliche Nebenleistung dar, mithin bei nicht fristgerechter Zahlung zumindest keine Säumniszuschläge anfallen[667], vice versa aber auch keine Verzinsung nach § 237 AO stattfindet.[668] Ist die Gebühr gezahlt worden, kann sie grundsätzlich nicht erstattet werden, es sei denn, der (rechtswidrige) Gebührenfeststellungsbescheid wird erfolgreich angefochten.[669]

II. Berechnung der Gebühr

Die Gebührenberechnung erfolgt primär nach dem Gegenstandswert (1.) und nur sekundär nach dem Zeitwert (2.). Damit hat der Gesetzgeber dieselben Methoden gewählt, die auch schon in dem Entwurf einer verbindlichen Auskunft 1986 enthalten waren und insofern konsequent fortgeschrieben.[670] Obgleich der Gesetzgeber dabei bemüht war, die Gebührenberechnung detailliert im Gesetz zu regeln, treten im Einzelfall erhebliche Probleme auf, die nur die Rechtspraxis zu lösen vermochte bzw. vermag (3.).

---

665 *Bruschke*, ZSteu 2007, 36 (37); *Fatouros*, DStZ 2007, 382 (388).

666 So auch *Horst*, Verbindliche Auskunft, S. 199 und *Simon*, DStR 2007, 557 (559). Dies gilt, wie Letzterer überzeugend darstellt, selbst dann, wenn der Antragsteller keinerlei Angaben zum Gegenstandswert macht und die Gebühr im Wege der Schätzung ermittelt wird.

667 *Jörißen*, AO-StB 2007, 183 (185).

668 *Beyer*, AO-StB 2010, 217 (219).

669 *Dißars/Bürkle*, StB 2008, 123 (126). Abweichendes gilt nur, wenn eine überhöhte Gebühr gezahlt und diese im Wege der Anfechtungsklage erfolgreich von der Finanzverwaltung zurückgefordert wurde, vgl. *Lahme/Reiser*, BB 2007, 1361 (1363).

670 *G. Mayer*, Zusage, S. 25.

1. Die Gebührenberechnung nach dem Gegenstandswert

Die Gebühr berechnet sich primär gem. § 89 Abs. 4 S. 1 AO nach dem Gegenstandswert, den die verbindliche Auskunft für den Antragsteller hat.[671] Diese Berechnungsmethode ist angelehnt an das anwaltliche Gebührenrecht, in dem es schon vorher vorgesehen war, dass sich die Anwaltsgebühren nach dem Wert berechnen, den der Gegenstand der anwaltlichen Tätigkeit hat (vgl. §§ 2, 23 ff. RVG). Selbiges ist auch für das finanzgerichtliche Verfahren in § 52 GKG vorgesehen. Die Finanzverwaltung möchte den Gegenstandswert bezogen auf verbindliche Auskünfte nach den steuerlichen Auswirkungen des geplanten Sachverhalts beim Antragsteller berechnet wissen.[672] Dem haben sich auch die Rechtsprechung[673] sowie ein großer Teil der Literatur[674] angeschlossen. Maßgeblich ist die effektive Steuerersparnis.[675] Bei Dauersachverhalten ermittelt sich der Gegenstandswert anhand der steuerlichen Auswirkungen im Jahresdurchschnitt.[676] Besagte Auswirkungen darzulegen, obliegt nach § 89 Abs. 4 S. 2 AO dem Antragsteller.[677] Darlegen bedeutet in diesem Zusammenhang eine detaillierte Aufschlüsselung und Erklärung, wie der Antragsteller zu dem Gegenstandwert gelangt, während eine bloße Nennung ohne Erläuterungen nicht ausreichend ist.[678] Dem weiten Gestaltungsspielraum des Antragstellers bei der Berechnung des Gegenstandswerts ist jedoch hinreichend Rechnung zu tragen.[679]

---

671 Synonym kann man mit *Seer*, in: Tipke/Kruse, AO/FGO, § 89 AO Rn. 72 auch vom „Dispositionswert" sprechen.

672 BMF-Schreiben v. 8.12.2006, BStBl I 2007, 66.

673 FG Stuttgart, EFG 2008, 1342 m. Anm. *Loose*.

674 Umfassende Nachweise bei *Horst*, Verbindliche Auskunft, S. 193 in Fn. 1116.

675 *Horst*, Verbindliche Auskunft, S. 193; *Birk*, in: FS Pöllath, S. 161 (170) sowie *Ders.*, NJW 2007, 1325 (1326). Zu etwaigen Fallgestaltungen, in denen der Wert der verbindlichen Auskunft für den Antragsteller und die steuerlichen Auswirkungen disparat sein können, siehe *Simon*, DStR 2007, 557 (560).

676 *Horst*, Verbindliche Auskunft, S. 193 m.w.N. sowie *Apitz*, StBp 2007, 101 (104) zu den verschiedenen Ansichten zum maßgeblichen Berechnungszeitraum. Zu weiteren Sonderkonstellationen, die nicht vertieft erörtert werden, siehe *Jörißen*, AO-StB 2007, 183 (185).

677 Auf die praktischen Probleme weist *Stark*, DB 2007, 2333 (2334) hin, nach dem der Gegenstandswert nur komplikationsfrei angegeben werden könne, soweit ein unmittelbar steuerlicher Differenzbetrag wie etwa bei der Grunderwerbsteuer zu ermitteln sei.

678 *P. Thiele*, FR 2016, 947 (948); *Lahme/Reiser*, BB 2007, 408 (409); *Baum*, NWB Fach 2, 9293 (9294).

679 *Krekeler*, BLJ 2016, 24 (28).

Die Finanzverwaltung soll die Angabe des Antragstellers gem. § 89 Abs. 4 S. 3 AO der Gebührenfestsetzung zugrunde legen, es sei denn, dass der angegebene Gegenstandswert zu offensichtlich unzutreffenden Ergebnissen führt. Offensichtlich unzutreffend ist das Ergebnis, wenn die steuerlichen Auswirkungen entgegen einer eindeutigen Rechtsprechung oder der Regeln der Logik entwickelt wurden.[680] Die Ausgestaltung als Soll-Vorschrift legt nahe, dass der Wert in der Regel zu übernehmen ist und nur bei atypischen Sonderkonstellationen eine Ausnahme gilt.[681] Ist der angegebene Gegenstandswert nicht offensichtlich unzutreffend, so wird die Finanzverwaltung die Gebühr nach § 89 Abs. 5 S. 1 AO mithilfe von § 34 GKG mit dem 1-fachen Gebührensatz berechnen.[682] Die Berechnung mit lediglich der 1-fachen Gebühr hat vor allem den Hintergrund, dass die Bearbeitung eines Ersuchens auf Erteilung einer verbindlichen Auskunft weit weniger Aufwand hervorruft als ein finanzgerichtliches Verfahren mit in der Regel drei Berufsrichtern und zwei ehrenamtlichen Richtern, sodass – wenn überhaupt[683] – nur besagte 1-fache Gebühr und keine Mehrfachgebühr erhoben werden kann und darf.[684]

Macht der Antragsteller hingegen keine Angaben zum Gegenstandswert, so führt dies nicht zur Zurückweisung des Antrags, sondern in diesem Fall ist der Antragsteller zunächst dazu aufzufordern, etwaige Angaben nachzu-

---

680 *Birk*, in: FS Pöllath, S. 161 (170).

681 So auch *Keß/Zillmer*, DStR 2008, 1466 (1468), *Jörißen*, AO-StB 2007, 183 (184) sowie *Fatouros*, DStZ 2007, 382 (387), jeweils m.w.N. Letzterer äußert sich auch dazu, welchen Anforderungen der Antragsteller bei der Darlegung des Gegenstandswerts genügen muss. Liege demnach auf Grundlage der Ausführungen des Antragstellers ein Missbrauch nahe, so sei die Finanzverwaltung dazu aufgefordert, eigenständig zu ermitteln und nachzuforschen. Dies verdeutlicht einmal mehr, dass die Anforderungen an eine eigenständige Abweichung durch die Finanzverwaltung hoch sind, vgl. auch *Roser*, in: Beermann/Gosch, AO/FGO, § 89 AO Rn. 91.

682 Dem zustimmend *Seer*, in: Tipke/Kruse, AO/FGO, § 89 AO Rn. 68 m.w.N., der in der verbindlichen Auskunft insoweit einen antizipierten Rechtsschutz erblickt, der der Vermeidung von späteren Rechtsstreitigkeiten diene. Die genaue Berechnung mit mehreren Beispielen zur Veranschaulichung zeichnet *Fatouros*, DStZ 2007, 382 (384 f.) nach. Durch die Berechnung mit dem 1-fachen Gebührensatz fällt die Gebühr im Gegensatz zum finanzgerichtlichen Verfahren, bei dem die 2-fache Gebühr (Erledigung, Rücknahme), die 4-fache Gebühr (Urteil) oder gar die 5-fache Gebühr (Revisionsverfahren) anfallen, deutlich geringer aus.

683 Zur generellen Zulässigkeit der Gebührenpflichtigkeit verbindlicher Auskünfte siehe umfassend noch unten V.

684 *Lahme/Reiser*, BB 2007, 408 (412).

reichen. Kommt er dem nicht nach, darf die Finanzverwaltung den Gegenstandswert im Wege der Schätzung ermitteln.[685] Vorher ist ihm jedoch nochmals rechtliches Gehör nach § 91 AO zu verschaffen. Die Schätzung des Gegenstandswerts durch die Finanzverwaltung wird sich in aller Regel eher negativ auswirken, da diese gewillt sein wird, den Gegenstandswert möglichst hoch anzusetzen, während der Antragsteller den Gegenstandswert so gering wie möglich ansetzen wird.[686]

Eine Gebührenberechnung findet nach § 89 Abs. 5 S. 3 AO erst ab einem Gegenstandswert von 10.000 € statt[687], sodass Bagatellanträge nicht gebührenpflichtig. Die Mindestgebühr bei einem zugrunde liegenden Gegenstandswert von 10.000 € beträgt exakt 241 €.[688] Gleichwohl ist davon auszugehen, dass solche Bagatellanträge in der Praxis kaum gestellt werden, da häufig alleine die Beratergebühren für die Vorbereitung des Antrags durch mitunter sehr hohe Stundensätze diesen Gegenstandswert bereits (weit) überschreiten werden, sodass eine verbindliche Auskunft schon aus diesem Aspekt heraus vermutlich nicht beantragt wird. Damit werden verbindliche Auskünfte praktisch in der weit überwiegenden Zahl der Fälle gebührenpflichtig sein. Interessanter ist daher die Höchstgebühr von inzwischen 109.736 €.[689] Diese folgt daraus, dass der Gegenstandswert durch den Verweis in § 89 Abs. 5 S. 2 AO zu § 39 Abs. 2 GKG auf 30 Mio. € begrenzt ist.[690] Diese gebührenbegrenzende Regelung dient vor allem der Gewährleistung der im Rechtsstaatsprinzip des Art. 20 Abs. 3 GG fußenden Verhältnismäßigkeit.[691] Hierin erschöpfen sich zudem die Kosten des Steuerpflichtigen, eine darüber hinausgehende Berechnung von Auslagen ist unzulässig.[692] Besonders für Großkonzerne erweist sich diese Regelung als vorteilhaft, da somit höhere sechsstellige Gebühren oder gar Gebühren in

---

685 Zur Zulässigkeit der Schätzung siehe auch *Horst*, Verbindliche Auskunft, S. 179.

686 In dieselbe Richtung tendierend *Futouros*, DStZ 2007, 382 (387).

687 Dies dient vor allem dazu, kleinere Anfragen gebührenfrei zu stellen und der Finanzverwaltung den Zeit- und Arbeitsaufwand zu ersparen, hierfür Gebühren festzusetzen, vgl. BT-Drs. 17/5196, S. 79, 80 sowie *Rätke*, in: Klein, AO, § 89 Rn. 67.

688 Kritisch zu dieser neuen Bagatellgrenze *Schmitz*, in: Schwarz/Pahlke, AO/FGO, § 89 AO Rn 93a, der davon ausgeht, dass der Gesetzgeber auch auf die seiner Ansicht nach einzig politisch motivierte Bagatellregelung hätte verzichten können.

689 Bei Einführung der Gebührenpflicht lag die Höchstgebühr noch bei 91.456 € und damit fast 20.000 € unter dem jetzigen Wert.

690 BMF-Schreiben v. 11.12.2007, BStBl I 2007, 894, Rn. 4.2.4.

691 *Misera/Baum*, Ubg 2008, 221 (228).

692 BT-Drs. 16/3368, S. 24 sowie *Lahme/Reiser*, BB 2007, 408 (411).

Millionenhöhe dem Grunde nach vermieden werden.[693] Ist der Gegenstandswert zudem einmal festgesetzt worden, so bleibt er für die Beteiligten verbindlich und ist änderungsfest.[694] Insofern hat die Finanzverwaltung die Gebührenfestsetzung sehr sorgfältig vorzunehmen, denn alle Fehler gehen zu ihren Lasten.

2. Die Gebührenberechnung nach dem Zeitwert

Ist eine Berechnung nach dem Gegenstandswert hingegen nicht möglich (auch nicht durch eine von der Finanzverwaltung durchgeführte Schätzung), so wird subsidiär gem. § 89 Abs. 6 S. 1 AO nach dem Zeitwert berechnet.[695] Selbiges gilt, wenn die Auskunftserteilung aus formalen Gründen abgelehnt wurde.[696] Dabei werden je angefangene halbe Bearbeitungsstunde für den Sachbearbeiter 50 € berechnet, der Stundensatz beträgt also 100 €.[697] Dieser gilt auch unabhängig von Qualifikation und Dienstgrad

---

693 Zu einer hohen Belastung können die Gebühren dagegen für mittelständische Unternehmen werden. So kommen zur Auskunftsgebühr noch die Beraterkosten hinzu, sodass bei einem Gegenstandswert von 30 Mio. € kumulierte Gebühren von über 200.000 € keine Seltenheit sein dürften.

694 *Wagner*, in: Kühn/v. Wedelstädt, AO/FGO, § 89 AO Rn. 28.

695 Den praktischen Nutzen dieser Ausnahmeregelung stellen *Dißars/Bürkle*, StB 2008, 123 (127) mit dem Argument in Frage, dass kaum ein Fall denkbar sei, in dem die steuerliche Auswirkung nicht jedenfalls schätzbar sei. Diese geben auch einen Überblick zu den zahlreichen sich ergebenden Folgeproblemen. *Loose*, Anm. zum Urteil des FG Stuttgart v. 20.5.2008, 1 K 46/07, EFG 2008, 1342 (1345) sieht diese Probleme hingegen nicht, sondern geht davon aus, dass es bereits gelebte Praxis sei, bei wenig zeitaufwändigen verbindlichen Auskünften auf den Zeitwert zurückzugreifen und von einer Berechnung anhand des in diesen Fällen trotzdem grundsätzlich bestimmbaren Gegenstandswerts abzusehen.

696 *Horst*, Verbindliche Auskunft, S. 190.

697 Zum Vergleich: die Gebühr für einen Steuerberater lag nach der bis 2013 geltenden StBGebV bei 19 bis 46 € pro angefangene halbe Stunde, sodass der Finanzbeamte rechnerisch teurer war als ein Steuerberater. Ob angesichts dieser beiden Vergleichsgrößen der Stundensatz der Finanzverwaltung angemessen ist, wurde durchaus lebhaft diskutiert, ließ sich aber im Ergebnis wohl mit dem Argument bejahen, dass häufig hochkomplexe Gestaltungsmodelle vorgelegt werden und bei jeder verbindlichen Auskunft auch zwangsläufig Führungspersonal involviert ist. In diesem Sinne auch *Horst*, Verbindliche Auskunft, S. 192 sowie *Fatouros*, DStZ 2007, 382 (386). Letzterer führt zutreffend aus, dass dem Gesetzgeber bei der Gebührenbemessung ein Entscheidungs- und Gestaltungsspielraum zukommt, der nur bei einem groben Missverhältnis zwischen Leistung und Gegenleistung überschritten ist. Zudem weist *Rätke*, in: Klein, AO, § 89 Rn. 51 da-

des bearbeitenden Beamten, sodass der Sachgebietsleiter genauso viel kostet wie der Sachbearbeiter.[698] Die Mindestgebühr bei der Berechnung nach dem Zeitwert beträgt nach § 89 Abs. 6 S. 2 AO 200 €, da erst ab zwei Stunden Bearbeitungszeit eine Gebühr erhoben werden darf. Damit hat der Gesetzgeber bei der Bemessung der Mindestgebühren eine ungefähre Kongruenz zwischen der Berechnung nach der Wertgebühr und der Berechnung nach der Zeitgebühr hergestellt, indem sich beide im Spektrum zwischen 200 – 300 € bewegen.[699] Zugleich erfolgt eine „Subventionierung von Kleinanträgen“[700].

Eine Höchstgebühr ist anders als bei der Berechnung nach dem Gegenstandswert nicht vorgesehen. Gleichwohl erscheint es aus systematischer Sicht nicht überzeugend, für die Berechnung nach dem Zeitwert höhere Gebühren zuzulassen. Damit sollte auch im Sinne der Kohärenz eine Höchstgebühr von 109.736 € analog der Berechnung nach dem Gegenstandswert angesetzt werden.[701] Dafür spricht auch, dass der Zeitwert nur subsidiär zur Anwendung kommt und es bei einer subsidiären Berechnungsmethode sinnvoll erscheint, sich an der primären Methode weiterhin zu orientieren. Gleichwohl ist dieses Problem eher theoretischer bzw. akademischer, nicht jedoch praktischer Natur. So müsste die Finanzverwaltung 1097 Stunden für die Bearbeitung des Auskunftsersuchens brauchen, um die Höchstgebühr berechnen zu können. Ein solcher Fall dürfte die absolute Ausnahme sein.[702] Relevanter ist damit das Spektrum zwischen der Mindest- und der möglichen Höchstgebühr. Hierbei sind im Rahmen der Gebührenberechnung nach dem Zeitwert stets die allgemeinen gebüh-

---

rauf hin, dass die verbindliche Auskunft der Finanzverwaltung Bindungswirkung entfaltet, die des Steuerberaters hingegen nicht. Die Gebühr von 100 € pro Stunde war deshalb nach diesen Maßstäben noch als vertretbar anzusehen. Inzwischen hat sich dieses Problem dadurch entschärft, dass mit § 13 StBVV die Gebühr der Steuerberater auf 30 bis 70 € pro Stunde angehoben wurde, vgl. auch *Wilk/Beyer-Petz*, DStR 2012, 2508 f.

698 *Schmitz*, in: Schwarz/Pahlke, AO/FGO, § 89 AO Rn. 95 sowie *Wagner*, in: Kühn/v. Wedelstädt, AO/FGO, § 89 AO Rn. 29.

699 So auch seine Intention, vgl. BT-Drs. 17/5196, S. 80.

700 Siehe hierzu insbesondere *Roser*, in: Beermann/Gosch, AO/FGO, § 89 AO Rn. 94.1.

701 In diese Richtung gehend auch *Fatouros*, DStZ 2007, 382 (386), der aber einen Schritt zurückgeht und nur fordert, dass sich die Finanzverwaltung an der Höchstgebühr des Gegenstandswerts orientieren solle. Erweiternd wie hier hingegen *Lahme/Reiser*, BB 2007, 408 (411), die die Vorschrift des § 39 Abs. 2 GKG analog auch auf den Zeitwert anwenden.

702 Gl. A. ist auch *Hagen*, StW 2007, 219 (227).

renrechtlichen Prinzipien der Äquivalenz und der Kostendeckung zu wahren.[703] Die Zeitgebühr kann damit im Vergleich zur Gegenstandsgebühr je nach konkreter Konstellation entweder deutlich höher oder auch deutlich niedriger sein.[704]

In jedem Fall darf der Sachbearbeiter nicht bewusst langsam arbeiten, sondern hat genauso wie der Steuerberater auf der anderen Seite konzentriert und mit der erforderlichen Beschleunigung zu arbeiten.[705] Nachteilig ist jedoch, dass im Gesetz weder die Möglichkeit der Beantragung eines Kostenvoranschlags noch eines Stundennachweises vorgesehen wurde. Lediglich Verwaltungsvorschriften sehen zumindest eine Dokumentationspflicht vor, jedoch enthalten diese keine Aussage dazu, welche Angaben sie konkret zu beinhalten hat.[706] Somit muss der Antragsteller auf die wahrheitsgemäßen Angaben der Finanzverwaltung teilweise (blind) vertrauen und kann diese nicht oder nur erschwert nachprüfen.[707] Birk stellt die Zeitgebühr zudem mit dem Argument in Frage, dass anders als zwischen Steuerpflichtigem und Steuerberater zwischen Steuerpflichtigem und Finanzbeamten keine Mandantenbeziehung vorliege, sodass die Finanzverwaltung auch nicht im Einzelfall gewisse Stunden, die nicht zielführend

703 *Lahme/Reiser*, BB 2007, 408 (411). Eine detailliere Aufschlüsselung, wie sich eine übliche Bearbeitungszeit bemisst, gibt *Fatouros*, DStZ 2007, 382 (386 f.). Hierbei wird deutlich, dass dies immer eine einzelfallbezogene Frage ist. Letztlich hängt die Bearbeitungszeit vor allem mit der Komplexität der gestellten Frage zusammen. Der Steuerpflichtige hat es damit zu einem gewissen Teil selbst in der Hand, wie gut er den Antrag vorbereitet. Je besser und schlüssiger seine Darstellung ist, desto kürzer fällt auch die Bearbeitungszeit auf Seiten der Finanzverwaltung aus.

704 In diesem Sinne auch *Fatouros*, DStZ 2007, 382 (387). *Simon*, DStR 2007, 557 (561) kritisiert diese daher auch insofern massiv, als sie dazu verleite, dass die Bearbeitung bewusst verlangsamt werde und sich dadurch schnell ein Ungleichgewicht zwischen Leistung und Gegenleistung ergeben könne.

705 *Simon*, DStR 2007, 557 (561).

706 Tz. 4.3.2. AEAO zu § 89. Zu den Lösungsvorschlägen für eine adäquate Dokumentationspflicht siehe *Horst*, Verbindliche Auskunft, S. 180 Fn. 1045 m.w.N. Überzeugend erscheint hierbei der Ansatz von *Simon*, DStR 2007, 557 (561), der von dem Finanzbeamten dieseleben Dokumentationspflichten verlangt wie auch vom Rechtsanwalt oder Steuerberater. Dies ist letztlich vor allem unter dem Gesichtspunkt konsequent, dass die Finanzverwaltung sich selbst als moderner Dienstleister geriert und es dem Selbstverständnis eines jeden Dienstleisters widerspräche, die eigene erbrachte Arbeitsleistung, für die der Kunde zahlt, nicht hinreichend zu dokumentieren. Insofern ist hier ein Gleichlauf von Privatrecht und Öffentlichem Recht angezeigt. Zum selben Ergebnis gelangt wohl auch *Roser*, in: Beermann/Gosch, AO/FGO, § 89 AO Rn. 94.

707 Erhebliche Bedenken diesbezüglich äußert auch *Grune*, AktStR 2007, 139 (144).

waren, nicht abrechnen kann, sondern alle Stunden bezahlt werden müssen.[708]

3. Probleme bei der konkreten Berechnung

So trivial das vorstehend beschriebene Verfahren nach dem Gesetz ist, gestaltet es sich in der praktischen Umsetzung doch schwieriger als prima facie angenommen. Probleme ergeben sich sowohl bei der Gebührenberechnung nach dem Gegenstandswert (a) als auch nach dem Zeitwert (b).

a) Probleme bei der Berechnung auf Grundlage des Gegenstandswerts

Es ist trotz des im Grunde genommen eindeutigen Gesetzeswortlauts bislang nicht abschließend geklärt, wie die effektive Steuerersparnis konkret berechnet wird. Die Finanzverwaltung geht seit jeher davon aus, dass sich der Wert der steuerlichen Auswirkung nach einer Differenzmethode bestimme.[709] Dies wird auch – soweit ersichtlich – von keiner Seite im Grundsatz ernsthaft bestritten, jedoch ist die konkrete Ausgestaltung immer noch in der Diskussion. Betrachtet wurde von der Finanzverwaltung zunächst einerseits die nach Rechtsauffassung des Steuerpflichtigen eintretende steuerliche Wirkung und andererseits davon unabhängig die nach Auffassung der Finanzverwaltung eintretende steuerliche Wirkung. Die Differenz zwischen diesen beiden Werten bildete den Gegenstandswert. Bevor dieser neue Wert festgesetzt wurde, war der Steuerpflichtige aber noch anzuhören.[710] In der Literatur wurde diese Lesart von einigen Vertretern geteilt[711], andere unterbreiten hingegen eigene Vorschläge. Einer stammt von Baum, der der vorgenannten Methode im Grundsatz folgen möchte, aber näher spezifiziert, dass die aus Sicht des Steuerpflichtigen gewünschte steuerliche Wirkung auf der einen Seite und die im „worst case" mögliche steuerliche Auswirkung aus Sicht der Finanzverwaltung auf der

708 *Birk*, in: FS Pöllath, S. 161 (171).
709 BMF-Schreiben v. 11.12.2007, BStBl I 2007, 894, Rn. 4.2.2.
710 Tz. 4.4.2 AEAO zu § 89.
711 *P. Thiele*, FR 2016, 947 (948); *Korn*, kösdi 2008, 16099 (16107); *Birk*, in: FS Pöllath, S. 161 (171).

anderen Seite zu betrachten sei.[712] Die Differenz zwischen beiden Werten bilde den Gegenstandswert.

Dem haben sich mittlerweile auch die Finanzverwaltung[713] und der BFH[714] angeschlossen, jedoch mit der leichten Einschränkung, dass die Steuerbelastung bei einer entgegengesetzten Rechtsauffassung der Finanzverwaltung betrachtet wird.[715] Dies müsse nicht zwingend der „worst case" sein. Damit orientieren sich die Finanzverwaltung und die Rechtsprechung mit ihrer Methode an der Streitwertberechnung im gerichtlichen Verfahren.[716] Obgleich sich die soeben skizzierten Auffassungen im Detail unterscheiden, so ist jedenfalls im Grundsatz klar, dass einer Differenzmethode gefolgt wird.

Andere schlagen vor, den Gegenstandswert mithilfe einer Analogie zu § 52 Abs. 1 GKG zu ermitteln.[717] Demnach wäre der Gegenstandswert ausschließlich in der Höhe zur Gebührenberechnung zugrunde zu legen, wie ihn der Antragsteller vorher genannt hat. Insofern käme es alleine darauf an, welchen Wert die verbindliche Auskunft aus Sicht des Antragstellers hat. Dies hätte den Vorteil, dass auch weitere den Wert mindernde Faktoren wie künftige Steuerentlastungen ermittelt und berücksichtigt werden könnten[718], sodass nicht nur die unmittelbaren, sondern auch die mittelbaren Auswirkungen zu würdigen sind.[719]

Das soeben skizzierte Meinungsspektrum[720] verdeutlicht die Komplexität der Berechnung nach dem Gegenstandswert. Die Intention des Gesetzgebers, die Gebührenberechnung möglichst einfach und wenig konfliktträchtig auszugestalten, kann nach dieser Darstellung als missglückt be-

---

712 *Baum*, NWB Fach 2, 9293 (9294).

713 Tz. 4.2.2 Satz 2 AEAO zu § 89 in der Neufassung v. 31.1.2014, BStBl I 2014, 290.

714 Exemplarisch BFHE 250, 295 ff. Zuvor schon in diesem Sinne FG Stuttgart, EFG 2008, 1342 m. Anm. *Loose*.

715 Kritisch hierzu etwa *Roser*, in: Beermann/Gosch, AO/FGO, § 89 AO Rn. 88, der in dieser Berechnungsmethode die Gefahr erblickt, dass u.U. auch eine rechtswidrige Verwaltungsauffassung zugrunde gelegt werden könne.

716 Siehe hierzu auch *Baum*, NWB Fach 2, 9293 (9294).

717 *Blömer*, DStR 2008, 1867 (1868).

718 *Blömer*, DStR 2008, 1867 (1868); *Simon*, DStR 2007, 557. Welche Faktoren im Einzelfall wertmindernd berücksichtigt werden können, führt *Blömer*, DStR 2008, 1867 (1868) auf.

719 Explizit gegen eine Einbeziehung mittelbarer steuerlicher Auswirkungen hingegen BFH, DStR 2015, 2327 ff.

720 Die weiteren vertretenen Auffassungen werden von *Horst*, Verbindliche Auskunft, S. 194 f. systematisch und umfangreich aufbereitet.

zeichnet werden.[721] Daher wird in der Literatur mit guten Gründen dafür plädiert, eine überschlägige Bestimmung des Gegenstandswertes genügen zu lassen und von komplizierten Berechnungen abzusehen.[722] Dem kommt nunmehr auch der Gesetzgeber nach, indem er in § 89 Abs. 6 AO die Möglichkeit eröffnet, den Gegenstandswert zu schätzen. Letztlich ist Sinn und Zweck der verbindlichen Auskunft auch die Schaffung von Rechts- und Planungssicherheit auf beiden Seiten und nicht hohe mathematische Fähigkeiten in beinahe virtuoser Perfektion zu präsentieren. Andernfalls droht eine Fokusverlagerung von den eigentlich vorgelegten Rechtsfragen hin zu der Frage, wie die Gebühr konkret zu berechnen ist.[723] Ein Szenario, mit der keiner Seite gedient wäre, denn dann hätte der Antrag erst gar nicht gestellt werden müssen.

b) Probleme bei der Berechnung auf Grundlage des Zeitwerts

Kompliziert ist zudem die Frage, welche Amtshandlungen im Rahmen der Zeitwertberechnung konkret zur Bearbeitungszeit gerechnet werden können. Hierzu existiert noch keine höchstrichterlich gesicherte Rechtsprechung, sodass im Einzelfall vieles streitig ist. So wird die Finanzverwaltung als erste Amtshandlung den Antrag mit einem Eingangsstempel versehen, durch den dieser verwaltungsmäßig erfasst und weiterverarbeitet werden kann. Für diese Zeiten bereits eine Zeitgebühr zu berechnen, erscheint aus dem Gedanken heraus fernliegend, dass der Steuerpflichtige hierdurch noch keine konkrete Gegenleistung erhält, sondern diese Amtshandlung bei Eingang jedes Schriftstücks bei der Finanzverwaltung anfällt, welche auch ansonsten nicht gebührenpflichtig ist. Sie stellt vielmehr sogar eine gesetzlich vorgeschriebene Aufgabe der Finanzverwaltung dar.[724]

Es erscheint daher sachgerecht, diese Handlung als gebührenfreie Vorbereitungshandlung für den konkret zur Bearbeitung beauftragten Sachbearbeiter anzusehen.[725] Erhält der zuständige Sachbearbeiter den Antrag zur

721 So auch *Fatouros*, DStZ 2007, 382 (391).

722 *Fatouros*, DStZ 2007, 382 (384).

723 Dies scheint auch im Sinne des Gesetzgebers zu sein, der – wie oberhalb dargestellt – die Regelungen zur Gebührenpflicht bewusst so umfangreich ausgestaltete, um das Streitpotenzial gering zu halten.

724 So auch *Lahme/Reiser*, BB 2007, 1361 (1362).

725 In diese Richtung gehen auch die Ausführungen von *Hagen*, StW 2007, 219 (227), der davon ausgeht, dass zu den abrechenbaren Zeiten nur die gehören, die der Sachverhaltsermittlung sowie der rechtlichen Würdigung gewidmet

Bearbeitung nach der Erfassung überreicht, so beginnt die Gebührenpflicht ab dem Zeitpunkt, in dem dieser die formelle und materielle Prüfung des Antrags beginnt, mithin tatsächlich tätig wird.[726] Hierzu zählen auch Zeiten der Sachverhaltsermittlung[727] sowie der Zeitaufwand für einen Schriftwechsel bei Rückfragen.[728] Zusätzliche Kosten entstehen nach Auffassung der Finanzverwaltung, wenn aufgrund der Komplexität der Bearbeitung des Antrags auf verbindliche Auskunft vorgesetzte Finanzbehörden hinzugezogen werden müssen.[729] Deren Zeitaufwand sei ebenfalls zu berücksichtigen, wodurch mitunter erhebliche Mehrkosten entstehen können.[730]

Die hier selektiv skizzierten Aspekte zeigen, dass auch hinsichtlich der Berechnung der Zeitgebühr überwiegend kein Konsens besteht. Letztlich bleibt für den Steuerpflichtigen hier nur die Möglichkeit, den Antrag so präzise und sorgfältig wie möglich aufzubereiten, um den Prüfungsaufwand der Finanzverwaltung zu minimieren.[731] Im Einzelfall wird er abwägen müssen, was teurer ist: entweder seinem (steuer)rechtlichen Berater mehr Zeit einräumen, um den Antrag noch besser vorzubereiten oder den – im Einzelfall im Vergleich zu großen Beratungsgesellschafen[732] sicher günstigeren – Stundensatz in Kauf zu nehmen, den die Finanzverwaltung für ihre Prüf- und Entscheidungsleistung verlangt.

---

sind. Dieser Ansicht sind auch *Seer*, in: Tipke/Kruse, AO/FGO, § 89 AO Rn. 76; *Baum*, NWB Fach 2, 9293 (9295) sowie die Finanzverwaltung selbst (Tz. 3.1. des BMF-Schreibens v. 12.3.2007) gefolgt.

726 Ebenso *Birk*, in: FS Pöllath, S. 161 (169).

727 *Lahme/Reiser*, BB 2007, 1361 (1362).

728 FG Kassel, EFG 2011, 1938 (1939) m. Anm. *Korte*.

729 BMF-Schreiben v. 11.12.2007, BStBl I 2007, 894, Rn. 4.3.2. Sich dem BMF-Schreiben anschließend *Schmitz*, in: Schwarz/Pahlke, AO/FGO, § 89 AO Rn. 96 sowie *Hagen*, StW 2007, 219 (227).

730 A.A. *Roser*, in: Beermann/Gosch, AO/FGO, § 89 AO Rn. 94 und *Lahme/Reiser*, BB 2007, 1361 (1362), die aus diesem Gesichtspunkt heraus die Befassung von vorgesetzten Finanzbehörden als gebührenfrei erachten. Zu den weiteren Streitfragen, welche Tätigkeiten abgerechnet werden dürfen und welche nicht, siehe nur *Fatouros*, DStZ 2007, 382 (386).

731 In diesem Sinne auch *Baum*, NWB Fach 2, 9293 (9295).

732 Der Stundensatz einer Großkanzlei wird in den meisten Fällen sicherlich bei (weit) über 200 € netto liegen, da diese in aller Regel nicht nach den jeweiligen Gebührenordnungen abrechnen, sondern Individualhonorare vereinbaren. Vgl. insoweit insbesondere die jährliche Darstellung der Stundensätze von Anwälten (auch in Bezug auf die steuerliche Beratung) bei JUVE (http://www.juve.de/rech tsmarkt/stundensaetze).

III. Nichtanfall der Gebühr

Nicht jede verbindliche Auskunft ist gebührenpflichtig. Vielmehr haben Gesetzgeber und Finanzverwaltung beide erkannt, dass das abgabenrechtliche verbindliche Auskunftswesen nicht generell ein gebührenpflichtiges sein muss. Angesprochen sind damit die Ausnahmen von der Gebührenpflicht (1.) sowie die Möglichkeiten der Gebührenbefreiung (2.).

1. Ausnahmen von der Gebührenpflicht

Eine erste Ausnahme von der Gebührenpflicht soll nach der Pressemitteilung des BMF vom 21.11.2006 bei einfachen Fragen vorliegen, die an die Finanzverwaltung gestellt werden. Ob diese bereits tatbestandlich nicht vom Anwendungsbereich der Gebührenpflicht umfasst sind oder eine Gebührenbefreiung im Billigkeitswege erfolgt, wird hierdurch noch nicht vollständig deutlich.[733] Letztlich wird auf Tatbestandsseite nicht gefordert, dass die Frage kompliziert sein muss, lediglich eine rechtliche Unsicherheit wird verlangt. Diese kann auch vorliegen, wenn eine einfache, aber umstrittene Frage zur Prüfung der Finanzverwaltung vorgelegt wird. Damit erscheint es naheliegend, diese Ausnahme von der Gebührenpflicht auf der Rechtsfolgenseite anzusiedeln und eine Billigkeitsentscheidung zu treffen.

In der Literatur wird zudem dafür plädiert, auch verbindliche Auskünfte über Umsatzsteuerfragen vollständig von der Gebührenpflicht auszunehmen.[734] So agiere der Steuerpflichtige hier lediglich als „verlängerter Arm der Finanzverwaltung“[735], sodass es analog der gebührenfreien Lohnsteueranrufungsauskunft nach § 42e EStG nicht angebracht und andernfalls systemwidrig sei, vom Antragsteller als Steuerentrichtungspflichtigem Gebühren zu verlangen. Hinzu komme, dass der Unternehmer bei unzutreffender Anwendung des Umsatzsteuersatzes und späterer Nachforderung durch die Finanzverwaltung nicht mehr den Leistungsempfänger in Anspruch nehmen könne.[736] Jedenfalls könne in diesem Fall der – unterhalb

733 Wie hier *Blömer*, DStR 2008, 1867 f.

734 *Seer*, FR 2017, 161 (167). Ähnlich auch *Blömer*, DStR 2008, 1866 (1867). A.A. ist hingegen *Horst*, Verbindliche Auskunft, S. 177 f.

735 Zur Eigenschaft des Unternehmers als „verlängerter Arm der Finanzverwaltung“ bei der Umsatzsteuer siehe auch *von Streit*, Anm. zum BFH-Urteil v. 29.2.2012 (IX R 11/11), DStR 2012, 1897 (1898) unter Verweis auf die einschlägige Judikatur des EuGH.

736 *Seer*, in: Tipke/Kruse, AO/FGO, § 89 AO Rn. 66.

noch näher darzustellende – Gedanke des Vorteilsausgleichs als Rechtfertigung nicht herangezogen werden, sodass – wenn schon keine vollständige Gebührenfreiheit zu erlangen ist – zumindest eine Gebührenreduzierung angebracht sei.

2. Gebührenbefreiungstatbestände

Eine vollständige Gebührenbefreiung muss aufgrund der grundsätzlichen Gebührenpflicht die Ausnahme bleiben, erscheint aber in Sonderkonstellationen als erforderlich. Ein erster möglicher Anwendungsfall ist der, dass der Antragsteller eine angemessene Zeit auf die Erteilung der verbindlichen Auskunft wartet, der Finanzverwaltung danach einen Hinweis erteilt, dass nun die Sachverhaltsverwirklichung unmittelbar bevorstehe und trotzdem keine verbindliche Auskunft erteilt wird. Verwirklicht der Antragsteller infolgedessen den Sachverhalt und zieht er den Antrag auf verbindliche Auskunft zurück, so erscheint es sachgerecht, dass auch keine Gebühr erhoben wird.[737] Die Finanzverwaltung hat in diesem Fall auch noch keine Leistung an den Steuerpflichtigen erbracht, sondern vielmehr die Auskunftserteilung über das erforderliche Maß hinaus herausgezögert.

Im Zivilrecht würde an dieser Stelle eine Nachfrist zur Leistungserfüllung gesetzt und im Anschluss vermutlich ein Schadensersatzanspruch geltend gemacht werden, ohne jedoch für die bisherige Teilleistung in Form der Bearbeitung des Anliegens zu zahlen. Diese zivilrechtlichen Maßstäbe sind hier zwar nicht vollständig übertragbar, da dem Steuerpflichtigen ein Hoheitsträger und kein Privater gegenübersteht, jedoch ist der Rechtsgedanke zu transferieren. Selbiges gilt auch im umgekehrten Fall, in welchem der Steuerpflichtige übermäßig lange auf die verbindliche Auskunft warten muss und danach von der Verwirklichung absieht und den Antrag zurückzieht.

Als maßgebliche Bearbeitungszeit schlägt Fatouros je nach Komplexität des Antrags vier bis neun Wochen vor, bei dessen deutlicher Überschreitung eine Gebührenbefreiung möglich sei.[738] Diese Zeitspanne erscheint auf den ersten Blick jedenfalls bei Standardfällen ohne außerordentlich tatsächliche oder rechtliche Komplexität plausibel. Mittlerweile hat sich der Gesetzgeber jedoch bewusst dafür entschieden, die maximale Bearbeitungszeit jedenfalls im Wege einer Soll-Vorschrift auf sechs Monate festzu-

---

737 Gl. A. *Fatouros*, DStZ 2007, 382 (389).
738 *Fatouros*, DStZ 2007, 382 (389).

setzen (§ 89 Abs. 2 S. 4 AO). Demnach hat sich die legislatorische Intention manifestiert, dass ein deutliches Überschreiten im Sinne der Auffassung von Fatouros erst dann anzunehmen ist, wenn die Erteilung der verbindlichen Auskunft länger als sechs Monate dauert. Der Antragsteller muss sich folglich solange gedulden, bevor er den Antrag vollständig gebührenfrei zurücknehmen kann.[739]

Ein weiterer Anwendungsfall einer möglichen Gebührenbefreiung ist dann gegeben, wenn der Steuerpflichtige den Antrag auf verbindliche Auskunft bei einer unzuständigen Stelle einreicht. In diesem Fall hat die befasste Stelle dem Steuerpflichtigen eine entsprechende Mitteilung zu machen und muss ihm Gelegenheit geben, den Antrag zurückzuziehen. Dadurch, dass die Finanzverwaltung zu diesem Zeitpunkt weder in die Sachverhaltsermittlung noch in die rechtliche Prüfung eingestiegen ist, sondern nur die eigene Zuständigkeit untersucht hat, besteht die Möglichkeit der Gebührenfreiheit, denn auch die Ermittlung der eigenen Zuständigkeit gehört zu den gesetzlichen Pflichtaufgaben jeder (Finanz-)Behörde.[740]

IV. Möglichkeiten der Gebührenreduzierung

Kann der Antragsteller schon keine vollständige Gebührenfreiheit erreichen, so stellt sich die Folgefrage, ob dann wenigstens eine Gebührenreduzierung möglich ist. Hierzu kommen zwei verschiedene Möglichkeiten in Betracht. Einerseits kann der Antragsteller den Antrag vor Erteilung der verbindlichen Auskunft zurückziehen (1.), andererseits könnte u.U. ein (Teil-)Erlass aus Billigkeitsgründen (2.) in Betracht zu ziehen sein.

1. Rücknahme des Antrags durch den Antragssteller

Eine erste Möglichkeit der Gebührenreduzierung ist die Rücknahme des Antrags durch den Antragsteller. Tut er dies vor Bekanntgabe der Entscheidung der Finanzverwaltung, so kann die Gebühr nach § 89 Abs. 7 S. 2 AO

---

739 Wenngleich er sich nicht explizit äußert, so würde etwa Roser wohl zu einem anderen Ergebnis kommen, da dieser die Bearbeitungsfrist von sechs Monaten als viel zu lang einstuft und vor dem Hintergrund kürzerer Bearbeitungsfristen in den Geschäftsordnungen der Finanzämter kritisiert, vgl. *Roser*, in: Beermann/Gosch, AO/FGO, § 89 AO Rn. 56.1.

740 So auch *Baum*, NWB Fach 2, 9311 (9319).

ermäßigt werden. Die Entscheidung hierüber steht im pflichtgemäßen Ermessen. Um den Steuerpflichtigen vor massiven Kosten und einer verbindlichen Auskunft zu schützen, die ihm keinen Mehrwert bringt, forderte Birk bereits frühzeitig, dass die Finanzverwaltung dem Antragsteller einen Hinweis geben müsse, bevor sie eine Entscheidung mit negativem Inhalt (Negativauskunft) an den Antragsteller verschickt und ihm so Gelegenheit geben, den Antrag noch vorher zurückzuziehen, um zumindest in den Genuss einer Gebührenreduzierung zu kommen.[741] Diese Ansicht stellt insofern eine Erweiterung zur Auffassung der Finanzverwaltung dar, als diese sich selbst jedenfalls in der Anfangszeit nur eine Hinweispflicht gab, wenn der Antrag aus formalen Gründen abzulehnen wäre.[742]

Die Forderung von Birk scheint sich mittlerweile in der finanzamtlichen Praxis durchgesetzt zu haben, wird allerdings offenbar beinahe schon inflationär praktiziert.[743] In jedem Fall sollte daher bereits im Antrag darum gebeten werden, eine Mitteilung zu machen, falls eine abweichende Rechtsauffassung vertreten wird. Dann kann der Steuerpflichtige entweder den Antrag zum Zwecke der Gebührenreduzierung zurücknehmen oder er erhält jedenfalls die Möglichkeit, noch zusätzliche Argumente nachzuliefern.[744] Wie hoch die Ermäßigung bei Rücknahme des Antrags im Einzelfall ausfällt, wird von dem Bearbeitungsstand innerhalb der Finanzverwaltung abhängen.[745] So muss der Gebühr immer eine konkrete Bearbeitungszeit gegenüberstehen[746], sodass in dieser Konstellation nur die Zeitgebühr ansatzfähig ist.[747] Insofern ist das „kann“ in § 89 Abs. 7 S. 1 AO mit guten Argumenten als „muss“ zu verstehen, sodass eine Ermessensreduzierung auf null vorliegt und die Gebühr auf tatsächlich der Finanzverwal-

---

741 *Birk*, NJW 2007, 1325 (1327).

742 So noch das inzwischen aufgehobene BMF-Schreiben v. 12.3.2007, BStBl I 2007, 227, Tz. 6.

743 Dies berichtet jedenfalls *Farle*, DStR 2012, 1590 (1592) aus der Anwendungspraxis.

744 *Thieme*, Anm. zum BFH-Urteil v. 5.2.2014 (I R 34/12), DStR 2014, 1093 (1095).

745 Wie *Wienbracke*, NVwZ 2007, 749 (754) zutreffend ausführt, ist bei einer Antragsrücknahme vor Erteilung der verbindlichen Auskunft noch kein Sondervorteil entstanden, sodass eine Gebühr nur nach den tatsächlich der Finanzverwaltung entstandenen Kosten möglich ist, mithin nur der Zeitwert angesetzt werden kann.

746 *Fatouros*, DStZ 2007, 382 (389).

747 So überzeugend *Horst*, Verbindliche Auskunft, S. 199 sowie *Lahme/Reiser*, BB 2007, 1361 (1363).

tung angefallene Kosten zu reduzieren ist.[748] Die Mindestgebühr von 200 € wird jedoch in jedem Fall festgesetzt werden.[749]

Die einzig denkbaren Ausnahmen hiervon sind einerseits der Fall, dass die Finanzverwaltung die Bearbeitung des Antrags noch überhaupt nicht begonnen hat und andererseits, dass der Antrag noch keine zwei Stunden bearbeitet wurde, da in beiden Fällen § 89 Abs. 6 S. 2 AO Anwendung findet. Jedenfalls unter Berücksichtigung des gebührenrechtlichen Äquivalenzprinzips[750] hat der Steuerpflichtige im ersten Fall noch keinerlei Vorteile erlangt, sodass auch aus diesem Blickwinkel heraus eine Gebührenreduzierung auf 0 € vorzunehmen wäre, auch wenn es § 89 Abs. 6 S. 2 AO nicht gäbe.[751] In die andere Richtung geht die Gebührenberechnung dagegen, wenn die verbindliche Auskunft schon fast vollständig bearbeitet wurde und nur noch die Unterschrift des zuständigen Sachgebietsleiters fehlt. Hier hat die Finanzverwaltung schon fast vollständig geleistet, sodass bei Rücknahme des Antrags kein Raum für eine Gebührenreduzierung besteht.[752]

2. Erlass aus Billigkeitsgründen

Ein Erlass der Gebühr aus Billigkeitsgründen ist nach § 89 Abs. 7 AO möglich und verdrängt damit die allgemeine Billigkeitserlassregelung des § 227 AO im Wege des Grundsatzes lex specialis derogat legi generali. Sie ist Ausfluss der Wirkkraft der Grundrechte (insb. der allgemeinen Handlungsfreiheit aus Art. 2 Abs. 1 GG und des allgemeinen Gleichheitssatzes aus Art. 3 Abs. 1 GG) und verlangt, dass ihnen bei jeder Einzelfallentschei-

---

748 So auch jüngst FG Neustadt an der Weinstraße, Urt. v. 20.2.2018, 5 K 1287/16, JURIS, Rn. 27, 43 unter Bezugnahme auf Tz. 4.5.2 AEAO zu § 89 AO und Art. 3 Abs. 1 GG. Übereinstimmend mit der hiesigen Darstellung auch schon *Wienbracke*, NVwZ 2007, 749 (753) für die Vorgängerregelung in § 89 Abs. 3 S. 4 AO.

749 *Bruschke*, ZSteu 2007, 36. So auch das BMF-Schreiben v. 11.12.2007, BStBl I 2007, 894, Rn. 4.5.2.

750 Dazu noch vertieft unten D. V. sowie Kapitel 5 D. II.

751 In dieselbe Richtung tendiert wohl auch *Bruschke*, ZSteu 2007, 36. Explizit sieht dies das BMF-Schreiben v. 11.12.2007, BStBl I 2007, 894, Tz. 4.5.2. auch vor. Wie das BMF-Schreiben *Fatouros*, DStZ 2007, 382 (389) und *Lahme/Reiser*, BB 2007, 1361 (1363). Anders hingegen *Schmitz*, in: Schwarz/Pahlke, AO/FGO, § 89 AO Rn. 86, der davon ausgeht, dass in diesem Fall bereits die tatbestandlichen Voraussetzungen der Gebührenpflicht nicht erfüllt seien, sodass es einer späteren Befreiung überhaupt nicht bedürfe.

752 So auch *Simon*, DStR 2007, 557 (562).

dung hinreichend Rechnung getragen wird.[753] Dabei ist sowohl ein Erlass im Sinne einer vollständigen Befreiung von der Gebührenzahlung als auch ein Teilerlass möglich. Wenngleich damit der Erlass aus Billigkeitsgründen auch zum vollständigen Nichtanfall der Gebühr führen kann, soll er trotzdem an dieser Stelle unter der Überschrift der Gebührenreduzierung betrachtet werden. Ein Gebührenerlass ist demnach u.a. dann möglich, wenn aufgrund einer gänzlich unvertretbaren Verwaltungsanweisung eine verbindliche Auskunft erteilt wird.[754] Zudem wird er teilweise bei besonders hohen Gegenstandswerten als zulässig erachtet, da ansonsten vielfach der tatsächliche zusätzliche Arbeitsanfall der Finanzverwaltung und die Höhe der Gebühr in einem Missverhältnis stünden.[755] Eine weitere Möglichkeit sehen Keß und Zillmer bei Umstrukturierungen. So sei es im Einzelfall unbillig, für dieselbe rechtliche Prüfung bei mehreren Gesellschaften jeweils die volle Gebühr zu berechnen. Vielmehr könnten bei der Prüfung der ersten Gesellschaft für die zweite Gesellschaft Teilergebnisse übernommen werden, sodass dies zu einer Gebührenermäßigung im Billigkeitswege führen müsse. [756] Die Quintessenz dabei ist das Argument der Arbeitsverdichtung, sodass sich verschiedene Behörden untereinander zu koordinieren haben, damit nicht dieselbe Arbeit doppelt anfällt und für diese Arbeitsineffizienz letztlich der Steuerpflichtige zahlen muss. Die von beiden Autoren richtigerweise in den Mittelpunkt der Betrachtung gerückte Problematik bei Umstrukturierungen hat sich inzwischen etwas abgemildert, da nunmehr § 89 Abs. 3 S. 2 AO vorsieht, dass im Falle einer einheitlichen Erteilung der verbindlichen Auskunft gegenüber mehreren Antragstellern nur eine Gebühr zu erheben ist. Insofern hat der Gesetzgeber selbst proaktiv entschieden, von einer (ungerechtfertigten) doppelten Gebührenerhebung abzusehen, sodass es eines Erlasses aus Billigkeitsgründen nicht mehr in allen Fällen bedarf.

Eine weitere Konstellation ist die, dass eine unzuständige Stelle eine verbindliche Auskunft erteilt, die dann keine Bindungswirkung entfaltet, aber grundsätzlich voll gebührenpflichtig wäre. Ist der Zuständigkeitsmangel hierbei nicht in erster Linie auf Fehler des Antragstellers zurückzuführen, so ist ein (Teil-)Erlass aus Billigkeitsgründen möglich.[757] Ebenfalls erwägenswert erscheint es, die Gebühr im Falle einer Negativauskunft im

753 BVerfG, DStR 2015, 2237 (2238), Rn. 9.
754 BFHE 233, 18 ff.
755 *Lahme/Reiser*, BB 2007, 408 (412) sowie *Fatouros*, DStZ 2007, 382 (390).
756 *Keß/Zillmer*, DStR 2008, 1466 (1469).
757 *Baum*, NWB Fach 2, 9725 (9737).

Einzelfall zu ermäßigen. So greift zwar in diesem Fall vollständig das noch darzustellende Kostendeckungsargument, jedoch erhält der Antragsteller keinen individuellen Vorteil, sodass jedenfalls bei einer Berechnung nach dem Gegenstandswert eine volle Gebührenberechnung unbillig erscheint.[758] Selbiges gilt, wenn es die Finanzverwaltung unterlässt, den Antragsteller auf die kostenpflichtige Ablehnung und die Möglichkeit der Antragsrücknahme bei formellen Mängeln hinzuweisen.[759] Für weitere über diese Darstellung hinausgehende mögliche Erlasskonstellationen aus Billigkeitsgründen sei zudem auf die Kommentierung von Roser zu § 89 Abs. 2 AO verwiesen.[760]

V. Die Gebührenpflicht verbindlicher Auskünfte – eine Einnahmenmaximierung wider dem Grundgesetz?

Das Steuerrecht ist grundsätzlich dadurch geprägt, dass sämtliche Handlungen der Finanzverwaltung gebührenfrei sind und damit keinerlei Vorzugslasten anfallen. Dies hat den Hintergrund, dass als Folge der Handlungen der Finanzverwaltung die vorher entstandene Steuer verbindlich festgesetzt wird, mithin also sowieso ein Geldbetrag an den Fiskus abzuführen ist. Insofern wurde mit der Einführung der Gebührenpflicht verbindlicher Auskünfte jedenfalls unter alleiniger Betrachtung des nationalen Rechts gebührenrechtliches „Neuland" betreten. Damit drängt sich die Frage auf, wie diese Sonderbehandlung der verbindlichen Auskunft gerechtfertigt werden kann. Neben zahlreichen Rechtfertigungsversuchen (1.) hat es insbesondere in der Literatur auch vielerorts massive Kritik gegeben (2.). Beides gilt es darzustellen, um im Anschluss eine eigene Stellungnahme zu der Gebührenthematik abzugeben (3.).

1. Die Rechtfertigung der Gebührenpflicht

Jede Gebührenerhebung greift in die Grundrechte des Gebührenschuldners ein und bedarf daher einer besonderen sachlichen Rechtfertigung. Die Gebühr muss sich zudem ihrer Art nach deutlich von der Steuer unter-

758 So auch *Rätke*, in: Klein, AO, § 89 Rn. 75.
759 *Schmitz*, in: Schwarz/Pahlke, AO/FGO, § 89 AO Rn. 98.
760 *Roser*, in: Beermann/Gosch, AO/FGO, § 89 AO Rn. 94.3.

scheiden.[761] Hinzu kommt, dass der Steuerpflichtige einen grundrechtlich verbürgten Anspruch darauf hat, nur dann für Abgaben herangezogen zu werden, wenn die Erhebung auf einer Rechtsgrundlage fußt, die formell und materiell der Verfassung entspricht.[762] Im Gesetzgebungsverfahren wurde zur Rechtfertigung vor allem damit argumentiert, dass eine erheblich steigende Anzahl von Auskunftsersuchen zu verzeichnen sei, für die ein Mehraufwand entstehe, den die Finanzverwaltung vorher als kostenlosen Service für den Steuerpflichtigen erbracht habe.[763] Die Erteilung verbindlicher Auskünfte gehöre dabei anders als das spätere Steuerfestsetzungsverfahren nicht zu den Kernaufgaben der Finanzverwaltung (vgl. § 85 AO), sondern stelle eine zusätzliche Dienstleistung dar, sodass für diese Sonderbelastung der Finanzverwaltung eine Gebühr gerechtfertigt sei.[764] Oder um es etwas überspitzt zu sagen: „Service und Qualität haben bekanntlich ihren Preis“[765].

Zudem sei auch nur eine geringe Anzahl von Steuerpflichtigen von der neuen Gebührenregelung betroffen.[766] Letztlich handele es sich daher bei jeder verbindlichen Auskunft um sehr individuelle Fälle, für die eine Ge-

761 *Horst*, Verbindliche Auskunft, S. 161 m.w.N. auf die einschlägige st. Rspr. des BVerfG. Siehe auch *Keß/Zillmer*, DStR 2008, 1466 (1467); *Wienbracke*, NVwZ 2007, 749 (751 ff.). Daneben folgt die Rechtfertigungspflicht für Gebühren auch unmittelbar aus der Finanzverfassung, vgl. hierzu pars pro toto BVerfGE 108, 1 (16).

762 FG Stuttgart, EFG 2008, 1342 m. Anm. *Loose* sowie m.w.N. auf die einschlägige Judikatur des BVerfG.

763 Vgl. hierzu auch *G. Mayer*, Zusage, S. 25 f. m.w.N., nach dessen Ausführungen dies schon das Kernargument war, um noch im Jahr 1986 die Normierung einer verbindlichen Auskunft gänzlich abzulehnen. *Horst*, Verbindliche Auskunft, S. 163 sieht darin zudem einen mittelbaren Verweis auf das Kostendeckungsprinzip, welches ein anerkannter Rechtfertigungsgrund für die Gebührenerhebung ist.

764 BR-Drs. 622/1/06, S. 32. Diese Auffassung teilt auch der Finanzausschuss des Deutschen Bundestags uneingeschränkt, vgl. BT-Drs. 16/3368, S. 24. So auch das FG Stuttgart, EFG 2008, 1342 (1343) m. Anm. *Loose*. Dies unterstützen zudem *Söhn*, in: Hübschmann/Hepp/Spitaler, AO/FGO, § 89 AO Rn. 323 f. sowie *Wünsch*, in: König, AO, § 89 Rn. 36, indem sie das Auskunftsverfahren als getrenntes und eigenständiges Verwaltungsverfahren ansehen, das einen zusätzlichen Arbeitsaufwand mit sich bringe. Ähnlich auch *Bohne*, VerwArch 75 (1984), 343 (350), der behördliche Handlungen im Vorfeld eines nachgelagerten Verwaltungsverfahrens stets als behördlichen Extra-Service ansieht.

765 *Korte*, Anm. zu FG Kassel, Urt. v. 6.7.2011 (4 K 3139/09), EFG 2011, 1938 (1941).

766 Das BMF stellt die Anzahl von ca. 30 Mio. Steuerpflichtigen in Deutschland ins Verhältnis zu etwa 10.000 Anträgen auf verbindliche Auskunft nach § 89 Abs. 2 AO. Somit seien nur 1 % aller Steuerfälle pro Jahr in Deutschland von der Ge-

bührenpflicht moderat und sachgerecht sei.[767] Dies sei insbesondere bei Positivauskünften der Fall, bei denen der Steuerpflichtige für einen geringen finanziellen und zeitlichen Aufwand Rechtssicherheit für seine steuerliche Gestaltung erhalte[768], die Finanzverwaltung jedoch einen zumeist höheren Aufwand gegenüber dem späteren Besteuerungsverfahren habe.[769] Der Bundesrat hatte hier wohl vor allem größere Investitionen bei Dauersachverhalten wie Vermietung und Verpachtung im Blick, in denen sich die Finanzverwaltung für viele Jahre bindet, sodass der Steuerpflichtige für alle diese Jahre ein erhöhtes Maß an Rechtssicherheit erhält, der Prüfaufwand der Finanzverwaltung aber immens hoch ist.[770] Auch der internationale Vergleich spreche dafür, ebenso wie es in vielen ausländischen Rechtsordnungen fest verankert sei, für die Erteilung verbindlicher Auskünfte Gebühren zu erheben.[771]

Fernerhin sei eine Gebührenpflicht bereits in § 178 AO für den Bereich der Bundeszollverwaltung vorgesehen, sodass die Erhebung von Gebühren für verbindliche Auskünfte nicht atypisch sei. Zudem seien die Grundlagen des Gebührenrechts zu betrachten. So stellen Verwaltungsgebühren öffentlich-rechtliche Geldleistungen dar, die aus Anlass einer individuell zurechenbaren Leistung dem Pflichtigen auferlegt werden und die die Kosten dieser Leistung ganz oder teilweise decken sollen.[772] Dies unterscheide sie gerade von Steuern und Sonderabgaben, die in erster Linie dem Finanzbedarf des Staates dienen und die nicht im Zusammenhang mit einer konkreten Gegenleistung stehen.[773] Ihnen komme damit eine Ausgleichsfunk-

---

bührenpflicht betroffen. Diese Angaben basieren auf einer Erhebung der Finanzverwaltung im Jahr 2002. Gleichwohl macht gerade diese Zahl die Finanzverwaltung wieder angreifbar, da bei lediglich 10.000 Auskunftsersuchen die Arbeitsbelastung vermutlich nicht unverhältnismäßig hoch sein dürfte. Darauf wird im Rahmen der Darstellung der Kritik (2.) sowie der eigenen Stellungnahme (3.) noch zurückzukommen sein.

767 BT-Drs. 16/3368, S. 25.

768 *Apitz*, StBp 2007, 101 (104). *Horst*, Verbindliche Auskunft, S. 179 führt hierfür als Beispiel an, dass bei einem Gegenstandswert von 500.000 € eine Gebühr von 2.956 € entstünde, die auch im Sinne der Gesetzesbegründung als moderat anzusehen sei.

769 So etwa *Wienbracke*, NVwZ 2007, 749 (753).

770 BR-Drs. 622/1/06, S. 32.

771 *Fatouros*, DStZ 2007, 382 (391). Exemplarisch seien hierzu an dieser Stelle die Länder Dänemark, Österreich, Schweden, Schweiz, die USA und Kanada genannt, in denen verbindliche Auskünfte gebührenpflichtig sind, vgl. *Püttner*, NWB 2011, 684 (688).

772 BVerfGE 20, 257 (269); 50, 217 (226); 91, 207 (223).

773 Vgl. pars pro toto BVerfGE 20, 257 (269); 50, 217 (226).

tion für die besonderen Vorteile zu, die der Einzelne durch die konkrete Verwaltungsleistung erhalte.[774] Daraus wird teilweise der Schluss gezogen, dass damit auch die Gebührenpflicht der verbindlichen Auskunft[775] dem Grunde nach gerechtfertigt sei, denn der Steuerpflichtige erhalte eine ausschließlich „seinen (individuellen) steuerlichen Verhältnisse und wirtschaftlichen Gestaltungsinteressen dienende Verwaltungshandlung"[776].

Des Weiteren seien Gebühren nicht auf den Bereich der Leistungsverwaltung beschränkt, sondern auch im Bereich der Eingriffsverwaltung – zu welchem auch das Steuerrecht zählt – anwendbar.[777] Flankierend dazu wird vorgebracht, dass die Erteilung der verbindlichen Auskunft ein eigenständiges Verwaltungsverfahren abschließe, welches unabhängig vom späteren Steuerfestsetzungsverfahren sei und darin eine zusätzliche gebührenpflichtige Dienstleistung der Verwaltung liege.[778] Daher sei auch die Gebührenpflicht der verbindlichen Auskunft im Vergleich zur gebührenfreien verbindlichen Zusage gerechtfertigt.[779] Während bei der verbindlichen Auskunft ein zukünftiger, noch nicht verwirklichter Sachverhalt vorgelegt und beschieden werde, was im Falle der späteren Nichtverwirklichung dieses Sachverhalts dann eine „nutzlose" Prüfung sei, beziehe sich die verbindliche Zusage stets auf eine sowieso schon durchgeführte Außenprüfung, sodass jedenfalls keine Gefahr eines „nutzlosen" Zusatzaufwands bestehe.[780]

Hinzu komme noch, dass eine Selbstbindung der Verwaltung eintrete, sodass die verbindliche Auskunft nur unter den sehr engen Voraussetzungen der §§ 129 bis 131 AO korrigiert werden könne.[781] Außerdem wird ein Vergleich zwischen dem Verhältnis zwischen Rechtsanwalt bzw. Steuerbe-

---

774 BVerfGE 93, 319 (344).

775 *Hans*, DStZ 2007, 421 f. und *Wienbracke*, NVwZ 2007, 749 (750) subsumieren den Begriff der Gebühr unter § 89 Abs. 3-5 AO und kommen richtigerweise zu dem Ergebnis, dass eine Gebühr und keine Steuer vorliegt. Insofern sei für diese Fragestellung vollständig auf ihre Ausführungen verwiesen.

776 *Birk*, NJW 2007, 1325 (1327).

777 *Birk*, in: FS Pöllath, S. 161 (173); *Ders.*, NJW 2007, 1325 (1328) mit Verweis auf VGH Mannheim, NVwZ-RR 1989, 475 (476).

778 *Schmitz*, in: Schwarz/Pahlke, AO/FGO, § 89 AO Rn. 83.

779 *Birk*, in: FS Pöllath, S. 161 (163) beschreibt es so, dass der Steuerpflichtige bei der verbindlichen Zusage nach § 204 AO im Rahmen von Betriebsprüfungen nur *reagiere*, während er bei der verbindlichen Auskunft nach § 89 Abs. 2 AO *agiere*.

780 FG Stuttgart, EFG 2008, 1342 (1343) m. Anm. *Loose*.

781 Hierzu FG Stuttgart, EFG 2008, 1342 (1343) m. Anm. *Loose* sowie *Schmitz*, in: Schwarz/Pahlke, AO/FGO, § 89 AO Rn. 84.

rater und Mandant gezogen. Während völlig außer Streit stehe, dass der Rechtsanwalt bzw. Steuerberater für seine Beratungsleistungen gegenüber dem Mandanten Honoraransprüche geltend macht, die bei einer Individualvereinbarung sogar ein Vielfaches der Gebühren betragen können, die die Finanzverwaltung für die verbindliche Auskunft verlangt, könne derselbe Gedanke auch auf das Verhältnis zwischen Finanzverwaltung und Steuerpflichtigem übertragen werden. Diese erbringe in Form von verbindlichen Auskünften auch eine Zusatzleistung, bei der sie nicht auf Kosten sitzen bleiben könne.[782] Obschon die vorstehend genannten Aspekte vor allem für die Positivauskunft gelten, so könne auch für die Ablehnung der Auskunftserteilung aus formalen Gründen sowie die Erteilung einer Negativauskunft nichts Anderes gelten. Hier diene die Gebühr in Form der Gegenstandswertgebühr vor allem dazu, Streitigkeiten über die Angemessenheit des Bearbeitungsumfangs und der Bearbeitungsdauer zu vermeiden.[783] Zudem sei es dem Gesetzgeber generell gestattet, besonders in Massenverfahren generalisierende, typisierende und pauschalierende Regelungen zu treffen und insofern auf Wahrscheinlichkeiten und Vermutungen zu vertrauen.[784] Zusammenfassend versuchen daher Gesetzgebung, Finanzverwaltung und Rechtsprechung[785] gemeinsam mit allen Mitteln, die Gebührenpflicht sowohl dem Grunde als auch der Höhe nach zu rechtfertigen.

2. Die Kritik an der Gebührenpflicht

Die Gebührenpflicht der verbindlichen Auskunft nach § 89 Abs. 2 AO wird nunmehr seit über zehn Jahren sowohl dem Grunde als auch der Höhe nach, vornehmlich in der steuerrechtlichen Literatur, massiv kritisiert.[786] Das Meinungspanorama ist inzwischen äußerst vielfältig. Ein Ab-

---

782 FG Stuttgart, EFG 2008, 1342 (1343) m. Anm. *Loose*.

783 FG Kassel, EFG 2011, 1938 (1940) m. Anm. *Korte*.

784 FG Kiel, DStRE 2011, 38 (39). Diese Sichtweise des FG Kiel stützend BVerfGE 99, 280 (290); 101, 297 (309); 103, 310 (319); 125, 175 (253), jeweils m.w.N. auf die weitere bundesverfassungsgerichtliche Judikatur.

785 Neben den bereits zitierten Entscheidungen des BFH und der Instanzgerichte finden sich weitere Einzelnachweise zu den bislang ergangenen Judikaten auch in der Entscheidung des FG Kiel, DStRE 2011, 38.

786 Die Gebührenpflicht beschäftigte gerade in den Anfangsjahren auch in besonderer Weise die Finanzgerichte. Einen Überblick über die zahlreichen anhängigen und abgeschlossenen Verfahren alleine in den Jahren 2008-2010 gibt *Pütt-*

ebben der Kritik ist trotz legislativer Korrekturen an der Gebührenschraube nicht zu erwarten.[787] Diese Kritik gilt es an dieser Stelle einmal überblicksartig und ohne Anspruch auf Vollständigkeit hinsichtlich aller vertretenen Subauffassungen darzustellen, um sodann in einem nächsten Schritt selbst Stellung zu beziehen.

Bereits im Gesetzgebungsverfahren äußerten die Verbände erhebliche Bedenken dahingehend, dass der Staat durch undurchschaubare Steuergesetze, die er selber erlassen dürfe, zusätzliche Einnahmenerzielung betreibe. An herben Formulierungen mangelte es in diesem Zusammenhang ebenfalls nicht. So bezeichnete sie Kühn, Steuerfachmann des Deutschen Industrie- und Handelskammertags, als „völlig verrückt". Martin, Vorsitzender des Bundesverbands Junger Unternehmer, bewertete sie als „schlichtweg unverschämt". Der Deutsche Steuerberaterverband gebrauchte das Wort „skandalös"[788] und forderte vehement deren Abschaffung, zumindest jedoch die steuerliche Abziehbarkeit als Ausfluss des steuerlichen Nettoprinzips.[789] Letzterer sah gar die Gefahr, dass die Gebührenpflicht weitere Bereiche erfassen könne und damit eine Art „Gebührenkultur" auch im ansonsten gebührenfeindlichen Steuerrecht geschaffen werde.

Die Kritik fokussiert zudem auf verschiedensten Ebenen.[790] Zunächst einmal wird kritisiert, dass die verbindliche Auskunft überhaupt keine Zu-

---

ner, NWB 2011, 684 (685). Das Ergebnis dieser Verfahren ist, dass der BFH, zu dem einige Verfahren in zweiter Instanz gelangt sind, die Gebührenpflicht inzwischen in ständiger Rechtsprechung für verfassungsgemäß hält, vgl. die Nachweise bei *Roser*, GmbH-StB 2016, 244 (247), in Fn. 31. Dieser hat auch von einer möglichen Vorlage an das BVerfG im Wege der konkreten Normenkontrolle nach Art. 100 Abs. 1 GG abgesehen. Eine Verfassungsbeschwere nach Art. 93 Abs. 1 Nr. 4 lit. a) GG wurde ebenfalls nicht erhoben.

787 Dabei wurde eine Gebührenpflicht – auch als sie noch nicht Gesetz war – jedenfalls in der Literatur zumeist kritisch gesehen, vgl. bereits *Haver*, StuW 1949, 1095 (1098), der eine Gebührenpflicht für untragbar hielt. Diese wirke vielmehr bremsend, was dem Sinn und Zweck einer verbindlichen Auskunft widerspreche.

788 Vgl. zu allen drei soeben genannten Zitaten von Kühn, Martin sowie dem Deutschen Steuerberaterverband den Artikel von Spiegel online v. 20.11.2006, der eine anschauliche Zusammenfassung der Stimmungslage in den Verbänden enthält (abrufbar unter: www.spiegel.de/wirtschaft/neue-finanzamt-gebuehren-schlichtweg-unverschaemt-a-449632.html). Zuletzt abgerufen am 24.1.2019.

789 Pressemitteilung des Steuerberaterverbands v. 20.3.2007 (abrufbar unter: https://www.dstv.de/presse/pressemitteilungen/pm2007-03-20-6.pdf). Zuletzt abgerufen am 24.1.2019.

790 Einen kompakten Gesamtüberblick hierzu gibt auch *Püttner*, NWB 2011, 684 (686 ff.).

satzleistung der Finanzverwaltung sei, sondern durch eine Vorprüfung im Rahmen der verbindlichen Auskunft die Nachprüfung im Wege der Veranlagung (weitestgehend) obsolet werde.[791] Damit ziehe die Finanzverwaltung letztlich die ihr durch gesetzliche Vorschriften aufoktroyierte Pflicht zur Steuerveranlagung nur vor[792], sodass aus § 85 AO (Besteuerungsgrundsätze) eine allgemeine Pflicht zur kostenlosen Erteilung verbindlicher Auskünfte herzuleiten sei. Die gesetzlichen Pflichtaufgaben könnten damit keinesfalls dem Steuerpflichtigen in Rechnung gestellt werden.[793] So werde lediglich für die Bereitschaft der Finanzverwaltung, sich vorzeitig mit dem vorgelegten Sachverhalt zu befassen und sich punktuell materiellrechtlich festzulegen, eine Gebühr erhoben.[794] Zudem sei der Gesetzgeber selbst der Verursacher des Steuerrechts. In Zeiten, in denen über Fach-Steuerberater diskutiert werde, sei es schlicht unverständlich, weshalb der Steuerpflichtige „belastendes Recht kaufen [müsse]"[795]. Außerdem gebe es eine latente Gefahr, im Steuerrecht dauerhaft Ordnungswidrigkeiten zu begehen, sodass etwa bei Anmeldesteuern häufig schon ein faktischer Zwang zur Einholung einer verbindlichen Auskunft bestehe.[796] Der Gebührenpflicht komme indes vor allem eine Lenkungsfunktion dahingehend zu, dass eine Überflutung der Finanzverwaltung mit Anträgen auf verbindliche Auskunft verhindert werden soll.[797] Diese Lenkungsfunktion sei verfehlt und auch für eine Gebührenerhebung verfassungsrechtlich unzulässig[798], denn es sei vielmehr eine (gebührenfreie) Fürsorgepflicht der Finanzverwaltung, all diese Anträge unabhängig von ihrem quantitativen Aufkommen gewissenhaft zu bearbeiten.[799] Damit sei auch ein faires Ver-

---

791 *Borggreve*, AO-StB 2008, 272 (273).

792 *Hans*, DStZ 2007, 421 (422 f.) sieht den der Finanzverwaltung entstehenden Aufwand als funktional, verfahrensrechtlich und auch aufgrund verfassungsrechtlicher Gewährleistung in engem Zusammenhang mit dem Steuerzugriff stehend an. Daraus lässt sich schließen, dass die Erteilung der verbindlichen Auskunft auch schon als gewissermaßen vorgelagerter Teil des Besteuerungsverfahrens anzusehen ist. Hans lehnt es daher auch ab, die Erteilung der verbindlichen Auskunft als Leistung der Verwaltung anzusehen. Dies sei vielmehr eine Handlung aus dem Bereich der Eingriffsverwaltung.

793 *Borggreve*, AO-StB 2008, 272 (273).

794 *Fatouros*, DStZ 2007, 382 (383); *Seer*, in: Tipke/Kruse, AO/FGO, Vor § 204 AO, Rn. 15 spricht insofern von einer "vorweggenommenen Zukunftsbindung".

795 *Fatouros*, DStZ 2007, 382 (391).

796 *Simon*, DStR 2007, 557 (564) sowie *Stark*, DB 2007, 2333 (2336).

797 *Fatouros*, DStZ 2007, 382 (391).

798 *Hans*, DStZ 2007, 421 (424).

799 So etwa *Simon*, DStR 2007, 557 ff.

waltungsverfahren nicht mehr gewährleistet, sodass eine Verletzung der Grundrechte vorliege.[800] Die Ausführungen bis hierhin zeigen, dass bereits eine Gebührenerhebung dem Grunde nach mit Vehemenz kritisiert und von einer nicht unbeachtlichen Zahl von Vertretern im Schrifttum als unzulässig angesehen wird.[801]

Selbiges setzt sich auch bei der Bewertung der Gebühr *der Höhe nach* fort. So könne auch bei der konkreten Ausgestaltung der Gebührenhöhe von einer moderaten Regelung nicht gesprochen werden.[802] Keß und Zillmer führen dazu an, dass vor allem bei einfachen Sachverhalten eine Unverhältnismäßigkeit vorliegen könne. Insbesondere bei maximalen Streitwert und einem Stundensatz von 100 € könne sich der Finanzbeamte demnach selbst nach dem alten Höchstwert von 91.456 €[803] 914,5 Stunden für die Bearbeitung Zeit lassen.[804] Beide kritisieren zudem, dass insbesondere bei Umstrukturierungen jeder Rechtsträger einzeln behandelt werde, sodass eine künstliche Aufspaltung eines einheitlichen Sachverhalts erfolge.[805] Wenngleich sich das letzte Argument – wie bereits weiter oben angesprochen – mittlerweile durch das Gesetz zur Modernisierung des Besteuerungsverfahrens seit 2016 erledigt hat, da bei Umstrukturierungen beide Gesellschaften nach § 89 Abs. 3 S. 2 a.E. AO gesamtschuldnerisch haften, aber nach § 89 Abs. 3 S. 2 Hs. 1 AO nur eine Gebühr festgesetzt werden darf, so bleibt insbesondere das erste Argument weiterhin im Raum stehen und verstärkt sich noch weiter dadurch, dass die maximale Gegenstandgebühr für das gerichtliche Verfahren und damit auch die maximale Gegenstandsgebühr verbindlicher Auskünfte in regelmäßigen Abständen angehoben wird.

---

800 *Stark*, DB 2007, 2333 (2336 f.).

801 Andere Stimmen plädieren dagegen für eine partielle Gebührenfreiheit, wie etwa Eilers für Sanierungsfälle, vgl. *Eilers*, Der Fiskus als Krisengewinnler – zur Unzulässigkeit von Auskunftsgebühren in Sanierungsfällen, in: Festschrift für Michael Streck zum 70. Geburtstag, 2011, S. 305 (318).

802 *Hans*, DStZ 2007, 421 (425).

803 Die alte Höchstgebühr galt indes bis zum 31.7.2013. Zu diesem Stichtag wurde das entsprechend anwendbare GKG durch das 2. Kostenrechtsmodernisierungsgesetz v. 23.7.2013, BGBl I 2013, 2586 geändert, womit auch ipso iure die Höchstgebühr für die verbindliche Auskunft angehoben wurde.

804 *Keß/Zillmer*, DStR 2008, 1466 (1467). Ausgehend vom neuen Höchstwert von 109.736 € wären es sogar gerundet 1097 Stunden, die der Beamte für die Bearbeitung Zeit hat. Bei einer durchschnittlichen Arbeitszeit von 41 Stunden pro Woche hätte dieser demnach etwa 27 Wochen Zeit, um sich mit einem einzigen Auskunftsbegehren zu beschäftigen.

805 *Keß/Zillmer*, DStR 2008, 1466 (1468).

Des Weiteren werden allenthalben verfassungsrechtliche Bedenken in Bezug auf die Gesetzgebungskompetenz, die Finanzverfassung, den allgemeinen Gleichheitssatz aus Art. 3 Abs. 1 GG, die Grundsätze der Formenklarheit und Formenbindung, das Äquivalenzprinzip[806] sowie das Rechtsstaatsprinzip aus Art. 20 Abs. 3 GG vorgebracht.[807] Zuletzt sei auch zu berücksichtigen, dass die wesensverwandten Institute der verbindlichen Zusage nach § 204 AO, der Lohnsteueranrufungsauskunft nach § 42e EStG sowie der schlichten Auskunft nach § 89 Abs. 1 AO gebührenfrei sind und insofern auch aus der gesamtsystematischen Perspektive nicht erkennbar wäre, weshalb für die verbindliche Auskunft nach § 89 Abs. 2 AO etwas anderes gelten solle.[808]

Resümierend kann an dieser Stelle festgestellt werden, dass im Grunde genommen jede noch so marginale Verästelung der Gebührenpflicht kritisiert wird. Demnach setzt die Kritik auf allen Ebenen an, angefangen bei der grundsätzlichen Zulässigkeit einer Gebührenerhebung bis hin zur konkreten Berechnung, obgleich bislang alle Angriffe erfolgreich abgewendet werden konnten.[809]

806 Explizit für das Äquivalenzprinzip weist etwa *Wienbracke*, NVwZ 2007, 749 (751) darauf hin, dass trotz der Obergrenze von 109.736 € stets eine latente Gefahr bestehe, dass dieses verletzt sei, da Bearbeitungsaufwand und Gebührenhöhe im Einzelfall erheblich auseinanderfallen können. Dies sei wiederum einzig der primären Berechnungsmethode nach dem Gegenstandswert geschuldet, während sich vergleichbare Probleme für die Berechnung nach dem Zeitwert nicht ergäben.

807 Umfassend dargestellt bei *Hans*, DStZ 2007, 421 ff. Instruktive Ausführungen und Stellungnahmen hierzu finden sich auch bei *Horst*, Verbindliche Auskunft, S. 158 ff.

808 *Hans*, DStZ 2007, 421 (425 f.). Ähnlich auch *Seer*, in: Tipke/Kruse, AO/FGO, § 89 AO Rn. 69, der einen Widerspruch zu der Pauschalgebührenberechnung nach § 178a AO konstatiert. Demnach sei diese nach § 178a AO auf 20.000 € nach oben hin begrenzt, während verbindliche Auskünfte u.U. 109.736 € kosten könnten. Dies sei mangels eines sachlichen Differenzierungsgrundes nicht nachvollziehbar.

809 *Püttner*, NWB 2011, 684 (689). Gleichwohl hat der Gesetzgeber die geäußerte Kritik durchaus vernommen, indem etwa in dem Koalitionsvertrag der 17. Legislaturperiode zwischen den Parteien CDU, CSU und FDP unter I.1.2 „Steuervereinfachung" vereinbart wurde, dass die Gebührenpflicht auf wesentliche und aufwändige Fälle beschränkt werden soll. Bislang ist eine Umsetzung nicht vollauf erfolgt und erscheint auch unter der derzeitgen Regierung aus CDU, CSU und SPD unwahrscheinlich. Lediglich 2011 wurde eine Anpassung des Mindestgegenstandswert für eine Gebührenpflicht auf 10.000 € festgesetzt. Ob alle Anträge über 10.000 € wesentlich und aufwändig sind, darf jedenfalls bezweifelt werden.

3. Eigene Stellungnahme

Die Frage der Verfassungskonformität der Gebührenpflicht muss in zwei Teilaspekte getrennt werden. So stellt sich auf erster Stufe die Frage, ob die Gebührenpflicht dem Grunde nach verfassungsrechtlich gerechtfertigt werden kann. Würde man diese Frage verneinen, so wäre damit zugleich auch gesagt, dass das konkrete Gebührenberechnungsmodell auf zweiter Stufe verfassungswidrig ist, denn wenn überhaupt keine Gebühren erhoben werden dürfen, ist auch jedes Berechnungsmodell unzulässig.[810] Insofern ist zunächst umfassend auf die Frage der Rechtfertigung *dem Grunde nach* einzugehen.

Eine Gebührenerhebung durch die Öffentliche Verwaltung ist grundsätzlich legitim, denn diese muss für den Bürger kein kostenloser Dienstleister sein, sondern darf sich genauso wie der Rechts- und/oder Steuerberater ihre Leistungen bezahlen lassen. Insofern existiert kein verfassungsrechtlich verbürgter Anspruch auf Gebührenfreiheit.[811] Die Gebührenerhebung bedarf jedoch der sachlichen Rechtfertigung. Im Gebührenverfassungsrecht, welches maßgeblich durch die Rechtsprechung des BVerfG geprägt und konturiert ist, wurden für die Zulässigkeit von Gebührenerhebungen verschiedene Fallgruppen gebildet, wobei der Gesetzgeber jeweils über einen weiten Entscheidungs- und Gestaltungsspielraum verfügt, für welche öffentlichen Leistungen Gebühren verlangt werden.[812] Demnach kann eine Gebühr aus Gründen der Kostendeckung[813], der Abschöpfung von Sondervorteilen[814], der Verhaltenslenkung[815] sowie aufgrund von sozialen Zwecken[816] gerechtfertigt sein. Für die Gebührenpflicht der verbindlichen Auskunft kommt indes auf der einen Seite die Kostenausgleichsfunktion und auf der anderen Seite die Vorteilsausgleichsfunktion in Betracht[817], während die Verfolgung sozialer Zwecke fernliegend ist und

---

810 Der Steuerpflichtige darf insofern nur dann mit einem Nachteil (= der Gebührenzahlung) belastet werden, wenn die jeweiligen Regelungen zur Gebührenpflicht in § 89 AO formell und materiell der Verfassung gemäß sind, vgl. nur BVerfGE 29, 402 (408) m.w.N.

811 *Eilers*, in: FS Streck, S. 305 (311).

812 BVerfGE 50, 217 (226); 79, 1 (27).

813 BVerfGE 97, 332 (345); 113, 128 (148), jeweils m.w.N.

814 BVerfGE 50, 217 (225 f.; 79, 1 (27 f.); 85, 337 (346); 97, 332 (345).

815 BVerfGE 50, 217 (226 f.); 79, 1 (28); hierzu auch BVerwGE 115, 32 (36).

816 BVerfGE 97, 332 (346 f.); 108, 1 (18).

817 Wie hier *Wienbracke*, NVwZ 2007, 749 (751).

daher nicht näher zu thematisieren ist.[818] Zur Frage der Verhaltenslenkung sei aus Gründen der Schwerpunktsetzung auf die bereits vorhandene Literatur verwiesen.[819]

Zum Kostenausgleich ist auszuführen, dass der Finanzverwaltung für die Bearbeitung und Erteilung der verbindlichen Auskunft primär Personalkosten und sekundär auch Sachkosten entstehen, die sie ansonsten nicht hätte, denn die verbindliche Auskunft ist nicht Teil des verpflichtenden Besteuerungsverfahrens, sondern ein vorgelagertes eigenständiges Verwaltungsverfahren, welches in erster Linie zur Schaffung von Rechts- und Planungssicherheit für Steuerpflichtigen durchgeführt wird.[820] Damit dient die Gebühr in Gestalt der Verwaltungsgebühr dem Ausgleich des durch die Bearbeitung und Erteilung entstehenden Mehraufwands, was unabhängig davon gilt, ob eine Positivauskunft oder eine Negativauskunft erteilt wird.[821] Selbst bei einer Ablehnung der Auskunftserteilung aus formalen Gründen entstehen der Finanzverwaltung Kosten, denn obschon sie nicht in die materiellrechtliche Prüfung einsteigen muss, hat sie bereits die Zulässigkeit des Antrags geprüft.

Zum Vorteilausgleich ist ebenfalls zunächst zuzugeben, dass der Steuerpflichtige durch die verbindliche Erklärung der Finanzverwaltung zu ihrer eigenen Rechtsauffassung einen individuell zurechenbaren Vorteil erhält[822], denn er wird im Verhältnis zu denjenigen privilegiert, die keine solche verbindliche Auskunft erhalten haben[823], obgleich dies nicht nur für die Positivauskunft, sondern auch für die Negativauskunft gilt, denn auch bei einer ablehnenden Haltung der Finanzverwaltung hat er jedenfalls die

---

818 Gl. A. *Stark*, DB 2007, 2333 (2336).

819 *Spilker*, StuW 2013, 19 (25 f.); *Eilers*, in: FS Streck, S. 305 (313 f.); *Horst*, Verbindliche Auskunft, S. 171 f.; *Stark*, DB 2007, 2333 (2336).

820 Anders *Hans*, DStZ 2007, 421 (422), der aus systematischen Erwägungen heraus die verbindliche Auskunft als Bestandteil des Besteuerungsverfahrens ansieht.

821 A.A. *Simon*, DStR 2007, 557 (563), nach dessen Darstellung der Kostendeckungsansatz außer Betracht bleiben müsse, da die Finanzverwaltung die Kosten für die verbindliche Auskunft bereits über die zu zahlende Steuer finanziere. Siehe hierzu auch die Darstellung von *Stark*, DB 2007, 2333 (2335).

822 Anders wohl *Hans*, DStZ 2007, 421 (423), der bereits den Leistungscharakter der verbindlichen Auskunft verneint und insoweit auch keinen Vorteil erblickt.

823 Es findet mithin eine Rechtskreiserweiterung statt, vgl. auch *Horst*, Verbindliche Auskunft, S. 166, obgleich dieser entgegen der hiesigen Sichtweise davon ausgeht, dass es im Falle einer Negativauskunft am individuellen Sondervorteil fehle.

Sicherheit, dass ein geplantes Modell in der vorgelegten Form nicht von der Finanzverwaltung akzeptiert werden wird.[824]

Insofern liegen beide Rechtfertigungsgründe mit Ausnahme des Falls der Auskunftsverweigerung aus formalen Gründen (dann greift nur das Kostendeckungsargument) vor, sodass ein legitimer Zweck für den Eingriff in die vermögensrechtliche Handlungsfreiheit aus Art. 14 GG bzw. subsidiär in die allgemeine Handlungsfreiheit aus Art. 2 Abs. 1 GG vorliegt und die Gebührenpflicht damit prima facie und objektiv betrachtet als verfassungsrechtlich gerechtfertigt erscheint.[825] Indem die Erhebung der Gebühr dem Kosten- und Vorteilsausgleich dienlich ist, ist sie auch als geeignetes Mittel anzusehen. Da beide Zwecke auch nicht durch ein milderes, gleich wirksames Mittel verwirklicht werden können, liegt auch die Erforderlichkeit vor.

Würde man es jedoch damit bewenden lassen und die Rechtfertigung dem Grunde nach bejahen, wäre eine solche Lösung zu kurz gegriffen und würde nicht alle in die sodann durchzuführende Angemessenheitsprüfung (Verhältnismäßigkeit im engeren Sinne) einzustellenden Aspekte hinreichend berücksichtigen. Vielmehr sind vor allem die rechtsstaatlichen Gewährleistungen aus Art. 20 Abs. 3 GG von entscheidender Bedeutung[826], denn soweit aus diesen abgeleitet werden kann, dass die Erteilung verbindlicher Auskünfte eine grundlegende staatliche Kernaufgabe ist, wäre der Eingriff in die vermögensrechtliche Handlungsfreiheit aus Art. 14 GG und subsidiär in die allgemeine Handlungsfreiheit aus Art. 2 Abs. 1 GG nicht angemessen und damit unverhältnismäßig. In der Folge müsste die ver-

---

824 *Birk*, NJW 2007, 1325 (1327 f.). Mit einer Negativauskunft steht der Steuerpflichtige damit besser da als ohne sie.

825 Gleichwohl ist noch weiter im Detail zu differenzieren. Während die Gebührenberechnung für die reine Bearbeitung des Antrags nur aus Kostengesichtspunkten gerechtfertigt werden kann, ist die Gebührenberechnung für die Erteilung bzw. Verweigerung sowohl aus Kosten-, als auch aus Vorteilsgesichtspunkten zu rechtfertigen, vgl. *Horst*, Verbindliche Auskunft, S. 167 f. Anders dagegen *Eilers*, in: FS Streck, S. 305 (313), der den Sondervorteil aufgrund der Konstruktion eines verfassungsunmittelbaren Anspruchs auf Erteilung der verbindlichen Auskunft verneint und insofern nur das Kostendeckungsargument für tragend erachtet.

826 So auch *Stark*, DB 2007, 2333 (2335), der von einer „ganz zentrale[n] Bedeutung" spricht. Daneben kommen auch mögliche Grundrechtsverletzungen in Betracht, für die ebenfalls auf *Stark*, DB 2007, 2333 (2336 ff.) sowie *Wienbracke*, NVwZ 2007, 749 (751 ff.) verwiesen sei. Vgl. zudem auch *Horst*, Verbindliche Auskunft, S. 172 ff.

bindliche Auskunft zwingend gebührenfrei sein und zwar in allen ihren drei Variationen.[827]

a) Der Grundsatz der Beständigkeit und Berechenbarkeit des Rechts

Ein erster zentraler Ausfluss aus dem Rechtsstaatsprinzip und Grundbedingung freiheitlicher Verfassungen ist der Grundsatz der Beständigkeit und Berechenbarkeit des Rechts.[828] Besonders im Rahmen der Eingriffsverwaltung ist es von erheblicher Bedeutung, dass für den Einzelnen voraussehbar ist, welche Steuerfolgen auf ihn zukommen, damit er sich darauf einstellen kann.[829] Der Inhalt der jeweiligen Steuernorm muss ohne spezielle Kenntnisse mit hinreichender Sicherheit vom Steuerpflichtigen selbst bestimmbar sein[830], denn die Kenntnis der Besteuerungsgrundlagen trägt maßgeblich zur Effektuierung der Rechtausübung bei.[831] Gefordert wird zwar keine größtmögliche Normenklarheit, jedoch eine „hinreichende Bestimmtheit“[832], was sich grundsätzlich aus der objektivierten Adressatensicht bestimmt.[833] Dies impliziert auch die Möglichkeit der vorausschauenden Steuerplanung. Dem Steuerpflichtigen eine solche zu gewährleisten ist originäre Aufgabe jeder staatlichen Institution, denn ihm steht ein Recht zu, Steuern zu sparen. Dieses Recht muss sich vor allem auch in der Ausgestaltung der verfahrensrechtlichen Institute niederschlagen.

---

827 Zur Gebührenfreiheit von Kernaufgaben siehe *Horst*, Verbindliche Auskunft, S. 162. Außerdem *Eilers*, in: FS Streck, S. 305 (312) sowie *Wienbracke*, NVwZ 2007, 749 (752).

828 BVerfGE 109, 133 (180); 127, 1 (16); 128, 90 (206); *Hofmann*, in: Schmidt-Bleibtreu/Ders./Henneke, GG, 14. Aufl. 2017, Art. 20 Rn. 84; *Grzeszick*, in: Maunz/Dürig, GG, Art. 20 Rn. 51. Wie das BVerfG betont, folgt die Verlässlichkeit der Rechtsordnung auch aus den Grundrechten. Ebenfalls in diesen Kontext gehören die Grundsätze der Klarheit der Gesetze sowie der Normenwahrheit, vgl. hierzu umfassend *Schulze-Fielitz*, in: Dreier, GG, Art. 20 (Rechtsstaat) Rn. 141 ff. sowie *Towfigh*, JA 2015, 81 ff.

829 BVerfGE 99, 216 (243); 133, 143 (158); *Schulze-Fielitz*, in: Dreier, GG, Art. 20 (Rechtsstaat) Rn. 128; *Hofmann*, in: Schmidt-Bleibtreu/Ders./Henneke, GG, Art. 20 Rn. 86. Mit *Hans*, DStZ 2007, 421 (422) muss die Steuerlast für den Steuerpflichtigen „quantitativ voraussehbar und berechenbar“ sein.

830 *Schulze-Fielitz*, in: Dreier, GG, Art. 20 (Rechtsstaat) Rn. 141.

831 *Simon*, DStR 2007, 557 (563).

832 So die Lehrformel von *Kunig*, in: FS 50 Jahre BVerfG, 421 (440).

833 Hierzu und zur Kritik an dieser siehe *Towfigh*, JA 2015, 81 (85 f.).

Andererseits schwebt über dem Steuerpflichtigen auch stets das steuerstrafrechtliche Damoklesschwert der Steuerhinterziehung oder -verkürzung nach den §§ 370 ff. AO, sodass er ein Bedürfnis danach hat, sich durch die Information über die steuerlichen Folgen seines Handelns vor etwaigen Ermittlungen der Steuerfahndung zu schützen[834], mithin seinen Erklärungspflichten sachgerecht zu genügen.[835] So kann der juristische Laie selbst gerade im hochkomplexen und volatilen Steuerrecht zwar den Gesetzeswortlaut, jedoch nicht den jeweiligen Normbefehl zutreffend erfassen.[836] Mit der Gewährung von verbindlichen Auskünften kommt die Finanzverwaltung dem nach, jedoch nicht aus reiner Generosität, sondern weil diese zur Erfüllung aus dem Rechtsstaatsprinzip resultierender Pflichten dient. Für verfassungsrechtlich vorgegebene Pflichten, zumal solcher die aus dem so zentralen und durch Art. 79 Abs. 3 GG besonders geschützten Rechtsstaatsprinzip des Art. 20 Abs. 3 GG stammen[837], Gebühren zu verlangen, kann damit bereits aus diesem Blickwinkel nicht überzeugen. Insofern erscheint es naheliegend, jedenfalls einen bestimmten Kernbereich verfassungsrechtlicher Pflichten gebührenfrei zu stellen, wozu auch die verbindliche Auskunft jedenfalls insoweit zählt, als sie das Besteuerungsverfahren betrifft.

b) Die Beratungs- und Fürsorgepflicht der Finanzverwaltung

Neben den Grundsatz der Beständigkeit und Berechenbarkeit des Rechts tritt die ebenfalls im Rechtsstaatsprinzip angesiedelte Beratungs- und Fürsorgepflicht der Finanzverwaltung gegenüber dem Steuerpflichtigen. Besonders vor dem Hintergrund möglicher existenzbedrohender Steuerlasten besteht ein verstärktes Bedürfnis danach, dem Steuerpflichtigen so viel Fürsorge wie möglich zu geben. Zwar darf diese nicht dazu führen, dass die Finanzverwaltung „vor lauter Fürsorge" von der Besteuerung absieht, denn diese ist zwingend, um den Staatsapparat und die entsprechende Aufgabenerfüllung am Leben zu erhalten, jedoch hat der Steuerpflichtige ein

---

834 *Lahme/Reiser*, BB 2007, 408 (410). Wie *Simon*, DStR 2007, 557 (564) völlig zu Recht betont, ist es in einem Rechtsstaat nicht hinnehmbar, dass der Steuerpflichtige zur Vermeidung einer Straftat oder zumindest einer Ordnungswidrigkeit vorab eine kostenpflichtige verbindliche Auskunft einholen muss.

835 Vgl. insoweit die ausdrückliche Forderung in BVerfGE 99, 216 (243).

836 So auch die allgemeine Feststellung von *Towfigh*, JA 2015, 81 (86).

837 *Stark*, DB 2007, 2333 (2335) betont das Rechtsstaatsprinzip insoweit auch zutreffend als das „grundlegende Ordnungsprinzip des GG".

Recht darauf, seine Besteuerungsrisiken zu kennen.[838] Obgleich hierbei zunächst eingewendet werden mag, dass es dem mündigen und selbstbestimmten Steuerpflichtigen durchaus zuzumuten ist, für seine steuerliche Planung zunächst einen Rechtsanwalt und/oder Steuerberater zu konsultieren, denn genau hierfür hat sich dieser auch ausbilden und von der Rechtsanwalts- bzw. Steuerberaterkammer zulassen lassen, greift dieses Argument nicht durch. So stößt auch der Rechtsanwalt und/oder Steuerberater aufgrund der zunehmenden Verkomplizierung des Steuerrechts vielfach an die Grenzen seiner Möglichkeiten, sodass dem Steuerpflichtigen nur die Option bleibt, sich an die Finanzverwaltung zu wenden. Letztlich ist das Steuerrecht durch zahlreiche BMF-Schreiben, Erlasse und Richtlinien und Verfügungen auch eher weiter verkompliziert als vereinfacht worden, sodass nur die Finanzverwaltung i.S.d. Verursachungs- und Veranlassungsprinzips zur Entwirrung dieses vielfach „hausgemachten“ Problems beitragen kann.[839]

Somit erweist sich die Erteilung verbindlicher Auskünfte zwar als Sondervorteil, diesen hat die Finanzverwaltung jedoch gewissermaßen erst künstlich entstehen lassen und damit provoziert.[840] Mithin resultiert er daraus, dass Gesetzgebung und Finanzverwaltung es unterlassen haben, einen klaren und auch für den steuerrechtlichen Laien handhabbaren Gesetzesbefehl zu schaffen.[841] Insofern erscheint es vor dem Hintergrund der Fürsorgepflicht und auch des Verursachungs- und Veranlassungsprinzips als nicht gerechtfertigt, dass sich die Finanzverwaltung die Gewährung von Rechtssicherheit noch separat durch Gebühren finanzieren lässt.[842] Damit geht auch der Ansatz von Wienbracke, dass die Finanzverwaltung genauso wie der Rechtsanwalt und/oder Steuerberater für alle Leistungen Gebühren erheben dürfe[843], fehl, denn Steuerrecht ist zwingendes und unentziehbares Recht und hat wie kaum ein anderes Rechtsgebiet einen intensiven Eingriffscharakter. Während der Rechtsanwalt und/oder Steuerberater in-

---

838 *Keß/Zillmer*, DStR 2008, 1466 (1467).

839 Ähnlich auch *Sommermann*, in: v. Mangoldt/Klein/Starck, GG, Art. 20 Rn. 303, der insbesondere im kaum mehr überschaubaren Öffentlichen Recht verstärkt (verbindliche) Auskünfte der Verwaltungsbehörden zur zuverlässigen rechtlichen Orientierung verlangt.

840 Anders *Simon*, DStR 2007, 557 (564), der mit derselben Begründung bereits die Entstehung eines Sondervorteils a priori verneint.

841 *Lahme/Reiser*, BB 2007, 408 (410).

842 Überzeugend *Keß/Zillmer*, DStR 2008, 1466 (1467); siehe hierzu auch *Lahme/Reiser*, BB 2007, 408 (410).

843 *Wienbracke*, NVwZ 2007, 749 (752).

soweit aufgrund seiner Stellung als Organ der (Steuer-)rechtspflege keinen besonderen Fürsorgepflichten unterliegt, ist dies für die Finanzverwaltung anders zu bewerten, insbesondere vor dem Hintergrund, dass diese verbindliche Steuerbescheide erlässt.[844] Insofern hat die Finanzverwaltung die verbindliche Auskunft auch vor dem Hintergrund der Beratungs- und Fürsorgepflichten gebührenfrei zu erteilen.[845]

c) Der Anspruch auf ein faires Verwaltungsverfahren

Zuletzt ist der Anspruch auf Gewährleistung eines fairen Verwaltungsverfahrens zu betrachten, der neben Art. 20 Abs. 3 GG[846] auch vor dem Hintergrund des allgemeinen Verfahrensgrundrechts des Art. 2 Abs. 1 GG zu sehen ist und eine nähere Konkretisierung nach den sachlichen Gegebenheiten verlangt. So ist es eine Selbstverständlichkeit eines fairen Verwaltungsverfahrens, dass der Steuerpflichtige nicht mehrfach für Kosten herangezogen wird, sondern jede Kostentragungspflicht einmalig auf eine ihm individuelle Leistung zurückgeht.[847] Genau ein solcher Zustand tritt jedoch ein, wenn der Steuerpflichtige zunächst für die verbindliche (Negativ-)Auskunft eine Gebühr zu zahlen hat und im Anschluss auch steuerlich voll herangezogen wird.

Obgleich es sich technisch gesehen um zwei eigenständige Verwaltungsverfahren handelt, betreffen diese denselben Sachverhalt und damit denselben steuerbaren Vorgang. Daneben widerspricht es den Grundsätzen eines fairen Verfahrens, wenn sich die Finanzverwaltung die Ausübung der soeben skizzierten Beratungs- und Fürsorgepflicht als Gegenleistung des

---

844 Obgleich Wienbracke insoweit zuzustimmen ist, als dass die verbindliche Auskunft lediglich einen nicht verwirklichten, hypothetischen Sachverhalt betrifft. Dies kann jedoch keinen entscheidenden Unterschied machen, denn besteuert wird der Steuerpflichtige bei Eintritt des Sachverhalts sowieso und die verbindliche Auskunft stellt insofern eine in einem unmittelbaren Zusammenhang mit einem zukünftigen Besteuerungsverfahren stehende Amtshandlung dar, da letztlich auch über deren Bindungswirkung eine Vorwirkung für das Veranlagungsverfahren entfaltet wird. Zudem kann sich der Steuerpflichtige insbesondere bei Anmeldesteuern ähnlich wie beim späteren Steuerzugriff der Beantragung einer verbindlichen Auskunft kaum entziehen.

845 Anders *Eilers*, in: FS Streck, S. 305 (312), der die allgemeine behördliche Fürsorgepflicht als sachlichen Grund für eine Gebührenfreiheit jedenfalls alleine nicht genügen lässt.

846 BVerfGE 57, 250 (275 f.).

847 *Spilker*, StuW 2013, 19 (25).

Steuerpflichtigen durch Gebühren bezahlen lässt, der Steuerpflichtige seine eigenen Mitwirkungspflichten jedoch kostenfrei erbringen muss.[848] Andernfalls hätte es die Finanzverwaltung in der Hand, die sowieso schon undurchsichtigen Steuergesetze durch komplizierte Verwaltungsvorschriften noch weniger rechtssicher handhabbar zu machen und den Steuerpflichtigen damit gewissermaßen zu zwingen, sich seine Dispositionen vorher durch eine gebührenpflichtige verbindliche Auskunft absichern zu lassen.

Damit liegt jedenfalls der Schluss nahe, dass der Steuerpflichtige zur staatlichen Einnahmenerzielung instrumentalisiert werden könnte. Dem muss aus hiesiger Sicht präventiv vorgebeugt werden, indem die Erteilung aller verbindlichen Auskünfte generell gebührenfrei möglich ist. Insofern würde der Finanzverwaltung auch von vornherein der Anreiz genommen werden, selbst zur weiteren Verkomplizierung des Steuerrechts beizutragen. Zudem resultiert aus dem Anspruch auf ein faires Verfahren auch der Grundsatz, dass sich die Finanzverwaltung nicht zu ihrem eigenen Vorverhalten in Widerspruch begeben darf. Sie verhält sich bei der Gebührenpflicht verbindlicher Auskünfte insofern konträr zu ihrem Vorverhalten, als sie zunächst durch zahlreiche Verwaltungsvorschriften (BMF-Schreiben, Richtlinien, Erlasse, Verfügungen) zu einer Verkomplizierung des Steuerrechts beiträgt und sodann für die Schaffung von Steuerplastizität Gebühren verlangt.

4. Zwischenergebnis

Wie die vorstehende Untersuchung gezeigt hat, ist die Gebührenerhebung für verbindliche Auskünfte nach § 89 Abs. 2 AO bereits dem Grunde nach verfassungswidrig, denn es gilt auch hierbei der allgemeine Grundsatz des Steuerrechts, dass alle Handlungen der Finanzverwaltung aufgrund der bereits vorhandenen Belastung durch zu zahlende Steuern gebührenfrei sein müssen. Dies erweist sich insoweit bezogen auf verbindliche Auskünfte als Forderung des Rechtsstaatsprinzips aus Art. 20 Abs. 3 GG. Durch diesen Befund ist auch die Folgefrage des zulässigen Gebührenberechnungsmodells (Gegenstandswert oder Zeitwert) hier obsolet.

---

848 Spilker moniert daher jedenfalls für das Steuerrecht mit nachvollziehbaren Sachargumenten eine fehlende Ausgewogenheit der gegenseitigen Pflichten im konkreten Verwaltungsrechtsverhältnis, vgl. *Spilker*, StuW 2013, 19 (27).

E. Rechtsschutz

Die Effektivität und der Nutzen verbindlicher Auskünfte hängt schließlich maßgeblich von der konkreten Ausgestaltung des Rechtsschutzsystems ab. So kommt es nicht selten vor, dass die Finanzverwaltung eine verbindliche Auskunft nicht im Sinne des Antragstellers erteilt (Negativauskunft) oder die Erteilung gar aus formalen Gründen ablehnt (Nichtauskunft) und dieser im Nachhinein gerichtlich klären lassen möchte, ob die Erteilung bzw. Nichterteilung der Auskunft lege artis war.[849] Dabei war es lange Zeit von der Rechtsprechung nicht zugelassen worden, gegen eine verbindliche Auskunft überhaupt mit Einspruch, Klage oder Eilantrag vorzugehen.[850] Dies hatte den Hintergrund, dass die Bindungswirkung nur auf Grundlage von Treu und Glauben anerkannt wurde und damit über viele Jahrzehnte keine Grundlage im geschriebenen Recht fand. Erst mit der allgemeinen Erkenntnis, dass die verbindliche Auskunft ein VA ist und nunmehr nach § 89 Abs. 2 AO auf einer gesetzlichen Grundlage ergeht, hat sich das Rechtsschutzverständnis maßgeblich verändert.[851] Hier haben sich mittlerweile auch zahlreiche Streitfragen ergeben, die es an dieser Stelle zu untersuchen gilt. Aufgrund dessen, dass im Steuerrecht – anders als in vielen anderen Gebieten des besonderen Verwaltungsrechts – das Vorverfahren weiter durchzuführen ist, sind dabei zunächst Ausführungen zum außergerichtlichen Rechtsbehelfsverfahren erforderlich (I.). Sodann ist das gerichtliche Primärrechtschutzverfahren in den Blick zu nehmen (II.). Drittens wird auch das gerichtliche Sekundärrechtsschutzverfahren einer vertieften Betrachtung zugeführt (III.).

I. Außergerichtliches Rechtsbehelfsverfahren

Dadurch, dass die verbindliche Auskunft sowie die Verweigerung der Erteilung aus formalen Gründen nach mittlerweile allseits vertretener Auffassung VAe sind[852] und in einer Abgabenangelegenheit i.S.d. § 347 Abs. 2 AO ergehen, hat der Steuerpflichtige zunächst im Rahmen des außerge-

849 Einschränkend ist jedoch zu betonen, dass es sich nur um eine Vermutung handelt, denn hierzu existieren – soweit ersichtlich – keine amtlichen Statistiken.

850 *Olgemöller/Wollweber*, Stbg 2008, 206 m.w.N. aus der Rechtsprechung.

851 Siehe hierzu auch *Schallmoser*, in: Hübschmann/Hepp/Spitaler, AO/FGO, Vor §§ 204 ff. AO Rn. 14 f.

852 Vgl. hierzu oben B.

richtlichen Rechtsbehelfsverfahrens Einspruch nach § 347 Abs. 1 S. 1 AO gegen die verbindliche Negativauskunft bzw. die Entscheidung zur Ablehnung aus formalen Gründen einzulegen.[853] Wird die Finanzverwaltung daraufhin nicht binnen angemessener Frist tätig und teilt hierfür keinen sachlichen Grund mit, so kann Untätigkeitseinspruch nach § 347 Abs. 1 S. 2 AO eingelegt werden.[854] Selbiges gilt auch für den Gebührenbescheid, der in einem selbständigen Einspruchsverfahren anfechtbar ist. Dies hat zur Folge, dass ein isolierter Einspruch gegen den Gebührenbescheid bei noch nicht erteilter verbindlicher Auskunft die weitere Bearbeitung von dieser nicht verzögert, sondern die Bearbeitung des Auskunftsersuchens im Falle der Zahlung der Gebühr parallel weiterläuft.[855] Dies lässt sich darauf zurückführen, dass die Finanzverwaltung nur im Fall einer nicht entrichteten Gebühr die Bearbeitung zurückstellen darf, ein unanfechtbarer Gebührenbescheid ist wiederum nicht vonnöten. Jedes andere Ergebnis würde auch die Verfahrensrechte des Antragstellers in unzulässiger Weise beschneiden, da die Finanzverwaltung es in der Hand hätte, die Bearbeitung des Auskunftsersuchens zurückzustellen, indem sie das Einspruchsverfahren gegen den Gebührenbescheid besonders lange hinauszögert.

Neben der Möglichkeit, Einspruch gegen die verbindliche Auskunft sowie den gesonderten Gebührenbescheid einzulegen, kann der Steuerpflichtige auch jederzeit nach § 125 Abs. 5 Hs. 2 AO einen Antrag auf Feststellung der Nichtigkeit an die den VA erlassende Finanzbehörde stellen.[856] Das hierfür erforderliche berechtigte Interesse folgt daraus, dass die verbindliche Auskunft Bindungswirkung für sich reklamiert und daher deren Feststellung aus Gründen der Rechtsklarheit und Rechtssicherheit geboten ist.[857]

II. Gerichtliches Primärrechtsschutzverfahren

Entgegen einer früher geäußerten Verwaltungsauffassung[858] und noch heute teilweise vertretenen Auffassung in Bezug auf Negativauskünfte in der

853 Tz. 3.7. AEAO zu § 89.

854 *Lichtinghagen/Verpoorten*, StuB 2008, 753 (755).

855 *Lahme/Reiser*, BB 2007, 408 (413).

856 Zur kumulativen Anwendbarkeit dieser beiden Rechtsbehelfsinstrumente *Ratschow*, in: Klein, AO, § 125 Rn. 23.

857 Vgl. hierzu auch *Ratschow*, in: Klein, AO, § 125 Rn. 22.

858 BMF-Schreiben v. 29.3.2003, BStBl I 2003, 742 (mittlerweile aufgehoben).

Literatur[859] sind verbindliche Auskünfte justitiabel, sodass der Steuerpflichtige nicht mehr darauf verwiesen werden darf, erst einmal die Veranlagung abzuwarten und nur gegen den endgültigen Steuerbescheid die Finanzgerichte anzurufen.[860] Angesprochen ist damit zunächst der Gerichtszugang (1.). Während dieser weitestgehend nach den allgemeinen prozessualen Grundsätzen abläuft und keine spezifisch für verbindliche Auskünfte geltenden Besonderheiten aufweist[861], hat sich jedenfalls im Steuerrecht ein anderes Spannungsfeld ergeben: die gerichtliche Kontrolldichte (2.). Während die nachstehenden Ausführungen zum Gerichtszugang daher eher überblicksartig und aus Gründen der Vollständigkeit erfolgen, soll der Fokus vor allem auf der gerichtlichen Kontrolldichte liegen.

1. Der Gerichtszugang

Der Gerichtszugang ist auf zwei verschiedenen Wegen möglich. Ist die Sache nicht eilbedürftig und muss der Sachverhalt nicht alsbald verwirklicht werden, wird der Steuerpflichtige das reguläre Klageverfahren bestreiten (a). Ist die Verwirklichung des Sachverhalts hingegen – wie wohl durchaus in mehreren Fällen in der Praxis – nicht mehr aufzuschieben, so bedarf der Steuerpflichtige des einstweiligen Rechtsschutzes (b). Daneben kann der Steuerpflichtige u.U. eine Aussetzung oder Aufhebung der Vollziehung nach § 69 FGO beantragen.[862] Diese soll aber nicht weiter vertieft werden, da sie für die vergleichende Darstellung im vierten Kapitel unergiebig ist. Vorwegzuschicken ist zudem, dass sich die nachfolgenden Ausführungen nur auf die Negativauskunft, die abgelehnte Auskunft aus formalen Gründen sowie die zurückgenommene oder widerrufene Positivauskunft beziehen. Bei einer „reinen" Positivauskunft besteht hingegen mangels Beschwer bzw. Vorliegen eines Rechtsschutzbedürfnisses zunächst nach – so-

859 *Söhn*, in: Hübschmann/Hepp/Spitaler, AO/FGO, § 89 AO Rn. 309; *Wagner*, in: Kühn/v. Wedelstädt, AO/FGO, § 89 AO Rn. 16. Beide verneinen die Beschwer bzw. Klagebefugnis des Antragstellers.

860 BFH, BB 2012, 1969 m. Anm. *Frase*. So auch etwa *Schmitz*, in: Schwarz/Pahlke, AO/FGO, § 89 AO Rn. 78 m.w.N. aus der Literatur.

861 Zur identischen Situation beim Bauvorbescheid siehe statt vieler nur *Kolbeck*, Bauvoranfrage und Bauvorbescheid, S. 359.

862 Hierzu *Horst*, Verbindliche Auskunft, S. 151 m.w.N. Das Pendant zu § 69 FGO findet sich für das finanzverwaltungsrechtliche Verfahren in § 361 AO. Die Ausführungen von Horst sind hierauf entsprechend übertragbar.

weit ersichtlich – unbestrittener Auffassung kein Rechtsschutz.[863] Rechtsschutz ist vielmehr erst dann möglich, wenn sie widerrufen oder zurückgenommen wurde, denn erst die Rücknahme bzw. der Widerruf entfalten eine für den Steuerpflichtigen belastende Wirkung.[864]

a) Klagearten im Hauptsacheverfahren

Die statthaften Klagearten im Hauptsacheverfahren hängen maßgeblich davon ab, ob man die verbindliche Auskunft mit der heute breit konsentierten Auffassung als VA ansieht oder weiterhin davon ausgeht, dass diese nur eine verwaltungsrechtliche Wissenserklärung mit Bindungswirkung nach Treu und Glauben sei. Die verbindliche Auskunft stellt nach den bisherigen Ausführungen in dieser Arbeit[865] einen VA dar, sodass nach den allgemeinen prozessualen Grundsätzen sowohl eine Anfechtungsklage als auch eine Verpflichtungsklage möglich sind.[866] Mit der Gegenansicht müsste gegen die erteilte verbindliche Negativauskunft oder für die Erteilung einer Positivauskunft im Wege der Leistungsklage nach § 40 Abs. 1 Var. 3 FGO vorgegangen werden.[867] In jedem Fall gilt dabei – wie soeben dargestellt –, dass Rechtsschutz zu gewähren ist und der Zulässigkeit einer Klage nicht die fehlende Justitiabilität entgegengehalten werden kann.

Ob nach hier vertretener Auffassung Anfechtungs- oder Verpflichtungsklage zu erheben ist, hängt von der jeweiligen Konstellation im Einzelfall ab. Erhält der Steuerpflichtige eine Negativauskunft oder wird die Auskunftserteilung aus formalen Gründen abgelehnt und durchläuft er gegen diese erfolglos das Verpflichtungseinspruchsverfahren auf Erlass einer Positivauskunft, muss er im Klageverfahren Verpflichtungsklage nach § 40 Abs. 1 Var. 2 FGO erheben.[868] Diese enthält – genauso wie auch im Klage-

---

863 *Schmitz*, in: Schwarz/Pahlke, AO/FGO, § 89 AO Rn. 78d.

864 *Lindwurm*, AO-StB 2013, 54 (55).

865 Vgl. oben B.

866 So auch BFHE 237, 9; FG München, DStRE 2012, 189 sowie *Seer*, in: Tipke/Kruse, AO/FGO, § 89 AO Rn. 60 ff.

867 *Lahme/Reiser*, BB 2007, 408 (409).

868 Für den Fall der Negativauskunft war dies gleichwohl lange umstritten. Den Streitstand hierzu bereitet *Horst*, Verbindliche Auskunft, S. 148 f. auf. Inzwischen hat hier aber der BFH die notwendige Klarheit geschaffen, indem er den Gerichtszugang uneingeschränkt anerkennt und lediglich – wie noch umfassend zu problematisieren sein wird – bei der gerichtlichen Kontrolldichte Abstriche macht.

verfahren nach der VwGO und dem SGG vor dem Verwaltungs- bzw. Sozialgericht – die Beseitigung der Negativauskunft als „anfechtbares Element"[869], sodass nicht zusätzlich zur Verpflichtungsklage auch eine Anfechtungsklage erhoben werden muss.[870] Eine reine Anfechtungsklage nach § 40 Abs. 1 Var. 1 FGO würde dem Steuerpflichtigen hier keinen Mehrwert bieten, da er dann zwar die Negativauskunft als belastende Maßnahme beseitigt hätte, aber eine Positivauskunft mit dem von ihm gewünschten Inhalt dadurch nicht erreichen könnte. Gleichwohl bleibt ihm dies aufgrund der Dispositionsmaxime möglich.[871] Deshalb ist auch die Rechtsauffassung der OFD Frankfurt[872], dass im Falle einer Negativauskunft ausschließlich eine Anfechtungsklage zu erheben sei, unzutreffend. Gleiches gilt auch für den Fall, dass von mehreren Fragen einige positiv und andere negativ beantwortet werden und zwar unabhängig davon, ob jede einzelne Frage ein selbstständiger VA ist oder alle zusammen einen Gesamt-VA darstellen.[873]

Gegenstand des Klageverfahrens ist nur im Falle der Negativauskunft der Inhalt der begehrten verbindlichen Auskunft, während sich im Falle der Ablehnung der Auskunftserteilung aus formalen Gründen der Gegenstand darauf beschränkt, ob die Finanzverwaltung zur Erteilung der verbindlichen Auskunft verpflichtet war.[874] Eine andere prozessuale Ausgangslage liegt in der Konstellation vor, dass der Steuerpflichtige zunächst eine Positivauskunft in seinem Sinne erhält, diese von der Finanzverwaltung aber später wieder aufgehoben oder geändert wird. In diesem Fall richtet sich sein Klagebegehren auf das Wiederaufleben der früheren Positivauskunft, sodass lediglich der Aufhebungs- oder Änderungsbescheid „aus der Welt zu schaffen" ist. Damit ist eine Anfechtungsklage nach § 40 Abs. 1 Var. 1 FGO zu erheben.[875] Selbiges gilt auch beim Erlass von Neben-

869 *Levedag*, in: Gräber, FGO, 8. Aufl. 2015, § 40 Rn. 26.

870 *Levedag*, in: Gräber, FGO, § 40 Rn. 15 m.w.N. A.A. dagegen *Kobor*, in: BeckOK AO, § 89 Rn. 55 m.w.N., der im Falle einer Negativauskunft eine Anfechtungsklage für geboten erachtet. Dies erkläre sich daraus, dass die Negativauskunft ein belastender VA sei.

871 *Levedag*, in: Gräber, FGO, § 40 Rn. 26 m.w.N.

872 Vgl. OFD Frankfurt v. 12.12.2007 – S 0224 A – 3 – ST 23, BeckVerw 109296 Tz. 6.1.

873 So auch Graw im Rahmen seines Vortrags beim 15. Münchner Unternehmenssteuerforum 2014, vgl. *Jehlin/Schmidt*, DStR-Beih 2015, 2 (8).

874 *Schmitz*, in: Schwarz/Pahlke, AO/FGO, § 89 AO Rn. 77 m.w.N.

875 FG München, EFG 2008, 1915 ff.; *Horst*, Verbindliche Auskunft, S. 148. Legt der Steuerpflichtige Rechtsmittel gegen die Rücknahme oder den Widerruf ein, so

bestimmungen.[876] Ein parallel gegen den Steuerbescheid geführtes Klageverfahren ist auszusetzen (vgl. § 74 FGO).[877]

Ebenfalls ist die Konstellation denkbar, dass der Steuerpflichtige überhaupt keine verbindliche Auskunft (auch keine Ablehnung aus formalen Gründen) erhält oder diese nur sehr verzögert bearbeitet wird. Hier ist nach einem erfolglosem Durchlaufen des zwingend erforderlichen Untätigkeitseinspruchsverfahrens i.S.d. § 347 Abs. 1 S. 2 AO die Untätigkeits-Verpflichtungsklage nach § 46 Abs. 1 S. 2 FGO die statthafte Klageart.[878] Diese kann aufgrund der Besonderheiten des Einzelfalls auch ggf. schon vor Ablauf der sechsmonatigen Bearbeitungsfrist in § 89 Abs. 2 S. 4 AO eingelegt werden.[879] Gleichwohl kann die Untätigkeits-Verpflichtungsklage nur dann erhoben werden, wenn sämtliche Antragsvoraussetzungen für die Erteilung der verbindlichen Auskunft zum Zeitpunkt der Antragstellung oder später vorliegen, denn sonst wird die Sperrfrist des § 46 Abs. 1 S. 2 FGO nicht ausgelöst.[880]

Zudem kann im Einzelfall eine allgemeine Feststellungsklage nach § 41 Abs. 1 FGO zu erheben sein.[881] Diese ist dann statthaft, wenn streitig ist, ob die Bindungswirkung einer bereits erteilten verbindlichen Auskunft

---

wird bis zum Abschluss dieses Verfahrens das zwischenzeitlich schon anhängige Klageverfahren gegen eine Steuerfestsetzung nach § 74 FGO ausgesetzt, vgl. BFH, DStRE 2013, 1266. Diese Rechtsprechung verdeutlicht einmal mehr das Stufenverhältnis zwischen verbindlicher Auskunft nach § 89 Abs. 2 AO und dem Steuerfestsetzungsverfahren.

876 Umfassend zum Rechtsschutz gegen Nebenbestimmungen, insbesondere mit einem Fokus auf der isolierten Anfechtbarkeit, *Kolbeck*, Bauvoranfrage und Bauvorbescheid, S. 317 ff. Seine auf den Bauvorbescheid zugeschnittenen Ausführungen lassen sich auf die verbindliche Auskunft nach § 89 Abs. 2 AO friktionsfrei übertragen.

877 *Rätke*, in: Klein, AO, § 89 Rn. 40 m.w.N.

878 *Levedag*, in: Gräber, FGO, § 40 Rn. 27.

879 *Roser*, in: Beermann/Gosch, AO/FGO, § 89 AO Rn. 73.

880 So auch *Kolbeck*, Bauvoranfrage und Bauvorbescheid, S. 311 für den Bauvorbescheid, bei dem dieselbe Ausgangslage hinsichtlich der Untätigkeits-Verpflichtungsklage vorliegt.

881 Als Pendant zur allgemeinen Feststellungsklage ist auch eine Fortsetzungsfeststellungsklage nach § 100 Abs. 1 S. 4 FGO möglich, je nach der Ausgangskonstellation in direkter oder in analoger Anwendung von § 100 FGO. Eine Ausbreitung der hierzu vertretenen Auffassungen würde allerdings den Rahmen dieses Unterkapitels sprengen. Von daher sei auf *Kolbeck*, Bauvoranfrage und Bauvorbescheid, S. 324 ff. verwiesen, da insoweit verbindliche Auskunft nach § 89 Abs. 2 AO und Bauvorbescheid nach § 73 Abs. 1 S. 1 NBauO gleich verlaufen, sodass für das verwaltungsrechtliche und das finanzgerichtliche Verfahren dieselben Maßstäbe gelten.

weiterhin Bestand hat oder wenn die verbindliche Auskunft möglicherweise nichtig sein könnte.[882] Im zweitgenannten Fall besteht dann die Möglichkeit, eine Nichtigkeitsfeststellungsklage zu erheben. Für die Zulässigkeit muss der Kläger ein besonderes Feststellungsinteresse darlegen. Dieses besteht , wenn ohne eine gerichtliche Feststellung die Rechte des Klägers gefährdet wären.[883] Im Rahmen der Nichtigkeitsfeststellung von verbindlichen Auskünften besteht daher das Feststellungsinteresse darin, dass der Steuerpflichtige durch die erteilte verbindliche Auskunft einen aufschiebend bedingten Erfüllungsanspruch erhält.[884] Zudem beansprucht die verbindliche Auskunft als Hoheitsakt Geltung für sich, sodass die Feststellung der Nichtigkeit der Rechtssicherheit zuträglich ist.[885] Insofern darf der Steuerpflichtige nicht auf das spätere Veranlagungsverfahren verwiesen werden, da ihm dieses keinen gleichwertigen Rechtsschutz bietet.[886] Somit hat er in einer solchen Konstellation ein Wahlrecht, ob er Anfechtungsklage oder Feststellungsklage erhebt.[887] Außerdem ist es nicht erforderlich, dass vor Erhebung der Feststellungsklage erst ein Antrag auf Nichtigkeitsfeststellung bei der zuständigen Behörde nach § 125 Abs. 5 Hs. 2 AO gestellt wird.[888]

---

882 *Horst*, Verbindliche Auskunft, S. 150 sowie *G. Mayer*, Zusage, S. 141 f. Siehe hierzu zudem *Krekeler*, BLJ 2016, 24 (31). Ersterer legt auch überzeugend dar, dass die Subsidiaritätsklausel aus § 41 Abs. 2 FGO dem nicht entgegensteht. Anderes gilt dann, wenn die Rechtswidrigkeit der Ablehnung einer Auskunftserteilung festgestellt werden soll. In diesem Fall steht in aller Regel die Vorschrift des § 41 Abs. 2 S. 1 FGO entgegen, da der Kläger sein Begehren durch Gestaltungs- oder Leistungsklage verfolgen kann, hier in konkreter Gestalt der Verpflichtungsklage. Siehe hierzu auch *Kolbeck*, Bauvoranfrage und Bauvorbescheid, S. 323 f., der die identische Situation beim Bauvorbescheid nach § 73 Abs. 1 S. 1 NBauO im Baurecht darstellt.

883 BFH, DStRE 2008, 832 (833) m.w.N.

884 *Roser*, in: Beermann/Gosch, AO/FGO, § 89 AO Rn. 73.

885 BFH, DStRE 2008, 832 (833); *Kolbeck*, Bauvoranfrage und Bauvorbescheid, S. 102.

886 *G. Mayer*, Zusage, S. 142.

887 BFH, DStRE 2008, 832 (833); *Kolbeck*, Bauvoranfrage und Bauvorbescheid, S. 102.

888 BFH, DStRE 2008, 832 (833). Wie der BFH in dieser Entscheidung ebenfalls judizierte, gilt selbiges auch dann, wenn zunächst ein Antrag auf Nichtigkeitsfeststellung gestellt, dessen Bescheidung dann aber nicht abgewartet wird, sondern es zwischenzeitlich zu einer Klageeinreichung kommt.

b) Die einstweilige (Regelungs-)Anordnung nach § 114 Abs. 1 S. 2 FGO

Im Verfahren des einstweiligen Rechtsschutzes kann der Steuerpflichtige einen Antrag auf Erlass einer einstweiligen Regelungsanordnung nach § 114 Abs. 1 S. 2 FGO stellen, mit dem Ziel, dass die Finanzverwaltung verpflichtet wird, eine verbindliche Auskunft zu erteilen.[889] Sinn und Zweck dahinter ist es, eine Kompensation für die üblicherweise sehr langwierigen Verwaltungsstreitverfahren zu erhalten.[890] Dabei ist § 114 Abs. 1 S. 2 FGO von vornherein nur in den Konstellationen anwendbar, dass entweder eine Negativauskunft erteilt oder eine verbindliche Auskunft aus formalen Gründen abgelehnt wird, da im Hauptsacheverfahren keine Anfechtungsklage statthaft sein darf.[891] Der Antragsteller muss sodann einen Anordnungsgrund und einen Anordnungsanspruch schlüssig darlegen und glaubhaft machen (vgl. §§ 114 Abs. 3 FGO i.V.m. 920 Abs. 1 und 2 ZPO).[892] Ob beides tatsächlich vorliegt, stellt das Finanzgericht im Rahmen einer summarischen Prüfung fest.[893] Problematisch gestaltet sich zunächst, dass im Rahmen des vorläufigen Rechtsschutzes grundsätzlich nicht die Hauptsache vorweggenommen werden darf.[894] Genau das passiert jedoch, wenn das Finanzgericht die Finanzverwaltung zur Erteilung einer verbindlichen Auskunft verpflichtet.[895] Damit tritt die Gefahr auf, dass eine vorläufige verbindliche Auskunft erteilt werden würde, für die der Gesetzestext kei-

889 Eine Sicherungsanordnung nach § 114 Abs. 1 S. 1 FGO kommt dagegen nicht in Betracht, da es insofern an einem zu sichernden schon bestehenden Recht fehlt. Siehe hierzu auch VGH Kassel, NVwZ-RR 2003, 814 (815) sowie *Rolshoven*, BauR 2003, 646 (649 f.) für den Bauvorbescheid, bei dem dieselbe Ausgangssituation vorliegt.

890 *Rolshoven*, BauR 2003, 646 (647).

891 *Lange*, in: Hübschmann/Hepp/Spitaler, AO/FGO, § 114 FGO Rn. 67, nach dessen Darstellung in der Hauptsache eine Verpflichtungsklage, allgemeine Leistungsklage oder Feststellungsklage statthaft sein muss.

892 BFHE 216, 38 (41); *Stapperfend*, in: Gräber, FGO, § 114 Rn. 24.

893 BFHE 153, 2 (3).

894 *Stapperfend*, in: Gräber, FGO, § 114 Rn. 24. Kritisch hierzu *Hong*, NVwZ 2012, 468 (471), der bei Vorliegen der Voraussetzungen des § 123 VwGO (dem identischen Pendant zu § 114 FGO im verwaltungsgerichtlichen Verfahren) die vorläufige Vorwegnahme der Hauptsache gerade für geboten hält.

895 *Rolshoven*, BauR 2003, 646 (651). Aus diesem Blickwinkel heraus erachtet *Baum*, NWB Fach 2, 9725 (9735) den Eilantrag nach § 114 FGO auch generell für unbegründet, sodass einstweiliger Rechtsschutz nicht bestünde. Ähnlich auch Graw beim 15. Münchner Unternehmenssteuerforum 2014, vgl. *Jehlin/Schmidt*, DStR-Beih 2015, 2 (8), der zumindest eine kritische Position bezieht.

nerlei Anhaltspunkte enthält und die – soweit ersichtlich – auch nicht anerkannt wird.[896]

Insofern ist eine Abweichung von diesem Grundsatz als Ausfluss aus Art. 19 Abs. 4 GG[897] nur dann möglich, wenn eine einstweilige Anordnung zur Gewährung effektiven Rechtsschutzes die einzig mögliche Option ist, die Hauptsache mit erheblicher Wahrscheinlichkeit Erfolg haben wird[898] und der Anordnungsgrund besonders stark ausgeprägt ist. Dies wird regelmäßig dann gegeben sein, wenn die wirtschaftliche oder persönliche Existenz des Steuerpflichtigen bedroht ist.[899] Maßgebend sind der Einzelfall und seine besonderen Umstände.[900] Für die Geltendmachung des Anordnungsgrundes gelten daher vergleichsweise hohe Hürden[901], sodass das Risiko einer möglichen Steuerzahlung nicht ausreichend ist.[902] Gleichwohl dürfen die Anforderungen an die Glaubhaftmachung des Anordnungsgrundes auch vor dem Hintergrund des Art. 19 Abs. 4 GG nicht überspannt werden.[903]

Erstmalig in Bezug auf die verbindliche Auskunft nach § 89 Abs. 2 AO hat sich – soweit ersichtlich – das FG Leipzig im Jahr 2008 geäußert.[904] In seinem Beschluss führt dieses in Anlehnung an die soeben skizzierte Rechtsprechung des BFH aus, dass lediglich das Risiko der steuerlichen Auswirkung einer geplanten Disposition nicht ausreichend sei, da der Steuerpflichtige dieses Risiko grundsätzlich selbst tragen müsse.[905] Dieses sei insofern weder ein wesentlicher Nachteil noch ein bedeutsamer anderer Grund i.S.d. § 114 Abs. 1 S. 2 FGO. Damit setzt das FG Leipzig auch konsequenterweise die Rechtsprechung des BFH zur verbindlichen Zusage

896 Eine solche Konstruktion ebenfalls ablehnend OVG Bautzen, NVwZ 1994, 81 sowie *Kolbeck*, Bauvoranfrage und Bauvorbescheid, S. 323.

897 Zum Einfluss von Art. 19 Abs. 4 GG auf den einstweiligen Rechtsschutz siehe statt vieler nur *Hong*, NVwZ 2012, 468.

898 VG Koblenz, BeckRS 2005, 23900.

899 BFH, BeckRS 1997, 13978; *Stapperfend*, in: Gräber, FGO, § 114 Rn. 57. Jedenfalls müssen die drohenden Nachteile derart schwerwiegend sein, dass sie eine einstweilige Anordnung unabweisbar machen, vgl. BFHE 216, 38 (42). So auch *S. Weber*, DVBl 2010, 958 (961) für den Bauvorbescheid. A.A. ist hingegen *Lange*, in: Hübschmann/Hepp/Spitaler, AO/FGO, § 114 FGO Rn. 77, der diese Rechtsprechung als zu eng erachtet. Ebenfalls kritisch zur restriktiven Rechtsprechung *Hong*, NVwZ 2012, 468 ff.

900 *S. Weber*, DVBl 2010, 958 (961).

901 So auch *S. Weber*, DVBl 2010, 958 (960) für den Bauvorbescheid.

902 St. Rspr., siehe nur BFH, BeckRS 1997, 13978 m.w.N.

903 *S. Weber*, DVBl 2010, 958 (962) m.w.N.

904 FG Leipzig, Beschl. v. 10.6.2008, 6 V 1054/08, JURIS.

905 FG Leipzig, Beschl. v. 10.6.2008, 6 V 1054/08, JURIS, Rn. 8.

fort, der dort für eine einstweilige Anordnung generell ein etwaiges steuerliches Risiko nicht genügen lässt, da es insofern an einem gravierenden Rechtseinschnitt fehle[906], sodass sich hier für alle Auskunfts- und Zusageinstitute der AO ein einheitliches Rechtsprechungsbild ergibt. Zudem wirkt sich auch die – sogleich darzustellende – beschränkte gerichtliche Kontrolldichte auf den Eilrechtsschutz aus.[907] Diese führt in der Regel dazu, dass eine einstweilige Anordnung nicht erteilt wird, da es an einem subjektiven Anspruch fehlt.[908] Dies erscheint letztlich auch aus dem Blickwinkel heraus überzeugend, dass die verbindliche Auskunft nur feststellende Wirkung hat, aber kein verfügendes Element enthält und zudem in einem separaten und der späteren Steuerfestsetzung vorgelagerten Verwaltungsverfahren ergeht.

Damit wird die Stellung eines Eilantrags nach § 114 FGO in der Praxis aufgrund der hohen Hürden zumeist unergiebig sein, sodass der Steuerpflichtige auf das Hauptsacheverfahren angewiesen ist.[909] Die einzige Ausnahme ist gegeben, wenn der Steuerpflichtige darlegen kann, dass bei einem Anfall der Steuer seine Existenzgrundlage vernichtet werden würde. Denkbar sind insofern vor allem Umwandlungsfälle, in denen die Aufdeckung bzw. Auflösung sämtlicher stiller Reserven droht, die das Unternehmen in die sichere Insolvenz treiben würde.[910] Selbiges gilt auch für mit hohem Zeitdruck versehene Sanierungstransaktionen, bei denen die Schwierigkeit vor allem im nur fragmentarisch geregelten Sanierungssteuerrecht wurzelt.[911] Bei anderen Steuerarten wie etwa der Umsatzsteuer oder der Grunderwerbsteuer erscheint eine solch drakonische Steuerfolge im Regelfall unwahrscheinlich, sodass der einstweilige Rechtsschutz einzig

---

906 BFHE 153, 2 (3). Zustimmend *Lange*, in: Hübschmann/Hepp/Spitaler, AO/FGO, § 114 FGO Rn. 80 sowie *Horst*, Verbindliche Auskunft, S. 151.

907 Zum Prüfungsmaßstab im Rahmen des § 114 FGO siehe auch *Lange*, in: Hübschmann/Hepp/Spitaler, AO/FGO, § 114 FGO Rn. 68 ff.

908 Wie hier ebenso *Roser*, GmbH-StB 2016, 244 (247).

909 Gl. A. *Rolshoven*, BauR 2003, 646 (648). Noch weitergehender hingegen *Kolbeck*, Bauvoranfrage und Bauvorbescheid, S. 322, der für den Bauvorbescheid gar den Erlass einer Regelungsanordnung gänzlich ausschließt. Nichts Anderes dürfte nach seiner Auffassung für die verbindliche Auskunft nach § 89 Abs. 2 AO gelten.

910 Daher kommen in der Literatur gerade mit Blick auf kurz- und mittelfristig zu vollziehende Umstrukturierungen immer wieder Wünsche nach der Schaffung eines beschleunigten Verfahrens auf, vgl. hierzu *Krekeler*, BLJ 2016, 24 (30). Andernfalls komme der Finanzverwaltung ein faktisches Vetorecht zu.

911 *Eilers*, in: FS Streck, S. 305.

in Umwandlungssteuerfällen sowie bei Sanierungen eine bedeutende Rolle einnehmen kann.

2. Die gerichtliche Kontrolldichte

Lebhaft umstritten ist die gerichtliche Kontrolldichte im Rahmen von verbindlichen Auskünften nach § 89 Abs. 2 AO, die sich nicht unmittelbar aus dem Gesetz ergibt, sondern nur im Wege einer den Grundsatz der Gewaltenteilung hinreichend berücksichtigenden Auslegung zu ermitteln ist.[912] Insbesondere die profiskalische BFH-Judikatur hat hierbei stimulierende Wirkung entfaltet und für viel Aufsehen gesorgt. Diese gilt es zu analysieren und zu bewerten, denn nur ausgehend hiervon kann das durch die Rechtsprechung hausgemachte Problem dargestellt und einer eigenen Lösung zugeführt werden.[913]

a) Auffassung der Rechtsprechung

Der IX. Senat des BFH hat sich erstmalig mit Urteil von 29.2.2012 zur gerichtlichen Kontrolldichte geäußert.[914] Im konkreten Fall ging es um eine Negativauskunft und die Fragestellung, ob der gerichtliche Prüfungsumfang im Sinne einer materiellen Inhaltskontrolle (ggf. unter der Ägide einer Ermessensprüfung) zu verstehen sei oder die Instanzgerichte lediglich die Aufgabe haben, zu untersuchen, ob die Finanzverwaltung den Sachverhalt zutreffend erfasst hat und hinsichtlich der materiellrechtlichen Prüfung sodann eine Schlüssigkeits- und Evidenzkontrolle vorzunehmen haben. Der BFH entschied sich für Letzteres und setzte sich damit in Wi-

912 Zur Ansiedlung der gerichtlichen Kontrolldichte im Bereich der Gewaltenteilung siehe *Hain/Schlette/Schmitz*, AöR 122 (1997), 32 (50). Allgemein zum Gewaltenteilungsgrundsatz und seinen verfassungsrechtlichen Implikationen BVerfGE 95, 1 (15 ff.) sowie *Schulze-Fielitz*, in: Dreier, GG, Art. 20 (Rechtsstaat) Rn. 67 ff.

913 Nicht Gegenstand der nachfolgenden Ausführungen wird hingegen das Folgeproblem sein, wie die Rechtsbehelfsmöglichkeiten gegen die verbindliche Auskunft und den nachfolgenden Steuerbescheid konkurrenzrechtlich zueinanderstehen. Siehe hierzu vielmehr statt vieler nur Wissenschaftlicher Arbeitskreis „Steuerrecht" (DWS), Recht auf Information und Auskunft im Besteuerungsverfahren, S. 38 f., welcher das Problem bereits auf Tatbestandsebene des § 89 Abs. 2 AO löst.

914 BFH, DStR 2012, 1272.

derspruch zu seiner bis dahin ständigen Rechtsprechung zur Lohnsteueranrufungsauskunft nach § 42e EStG, bei der er einen Rechtsanspruch auf eine inhaltlich richtige Auskunft feststellte.[915]

Insofern hat die Entscheidung zu § 89 Abs. 2 AO auch von vielen Seiten Kritik erfahren. Zur Begründung für diese Ungleichbehandlung führten die Richter des IX. Senats aus, dass bei der Lohnsteueranrufungsauskunft nach § 42e EStG eine staatliche Aufgabe unentgeltlich auf den Arbeitgeber übertragen werde und er in dieser Unterstützungsfunktion für den Staat als Ausgleich für erlittene Nachteile jedenfalls auf eine materielle Inhaltskontrolle vertrauen könne. Dies sei für die verbindliche Auskunft nach § 89 Abs. 2 AO nicht der Fall, da sie nur eine Serviceleistung für den Steuerpflichtigen darstelle. Es sei insofern primär Sinn und Zweck einer verbindlichen Auskunft, Rechts- und Planungssicherheit zu schaffen, nicht aber auch Prozesssicherheit.[916] Bzgl. ebendieser Prozesssicherheit diene die verbindliche Auskunft vielmehr lediglich dazu, etwaige Prozessrisiken abzuschätzen und insofern eine erste Vorahnung davon zu erhalten, ob man im Wege der Veranlagung eventuell gerichtlich gegen die spätere Steuerfestsetzung vorgehen müsse. Insofern müssten lediglich die Anforderungen eines rechtsstaatlichen Verwaltungsverfahrens gewahrt bleiben. Zudem hänge die gerichtliche Kontrolldichte primär von der Regelungsaussage der verbindlichen Auskunft als VA ab.[917] So treffe die verbindliche Auskunft insofern nur eine Aussage über die gegenwärtige rechtliche Behandlung eines zukünftigen Sachverhalts, eine endgültige Aussage über die materielle Rechtmäßigkeit der Steuerfestsetzung werde hingegen nicht getroffen.[918] Daraus folge, dass die erteilte verbindliche Auskunft lediglich schlüssig und nicht evident rechtsfehlerhaft sein dürfe.

Diese Lesart des IX. Senats hat mittlerweile auch der I. Senat mit Urteil vom 5.2.2014[919] mit nahezu identischer Begründung bestätigt, sodass die erhoffte Befassung des Großen Senats mit der Fragestellung zwar vom I. Senat erwogen wurde, aber letztlich doch nicht stattfand. Der I. Senat führt über die Argumente des IX. Senats hinaus an, dass die verbindliche Auskunft in aller Regel auf eilige Vorhaben gerichtet sei, sodass der Steuerpflichtige zumeist eine höchstrichterliche Klärung sowieso nicht mehr ab-

915 BFHE 225, 50.

916 BFH, BB 2012, 1969 (1970) m. Anm. *Frase*.; siehe hierzu auch FG München, DStRE 2016, 1258 (1259).

917 BFH, BB 2012, 1969 m. Anm. *Frase*.

918 BFH, BB 2012, 1969 (1970) m. Anm. *Frase*.

919 BFH, BB 2014, 1318 m. Anm. *Hierstetter*.

warten könne. Insofern lässt er es für eine verbindliche Auskunft genügen, dass die Finanzverwaltung lediglich eine diskussionswürdige Entscheidung trifft, die jedenfalls nicht nach sämtlichen möglichen Auslegungsmethoden unvertretbar sei. Thieme liest die Entscheidung gar so, dass eine verbindliche Auskunft nur dann evident rechtsfehlerhaft sei, wenn zugleich ein Nichtigkeitsgrund vorliege.[920] Dies folgt zwar nicht unmittelbar aus den Entscheidungsgründen, letztlich läuft es aber wohl darauf hinaus.

Damit stellt die Rechtsprechung jedenfalls bei der Prüfung der evidenten Rechtsfehlerhaftigkeit einer erteilen verbindlichen Auskunft sehr hohe Hürden auf, sodass in der Praxis kaum noch ein Fall vorstellbar scheint, in dem eine erteilte verbindliche Auskunft einmal von der Rechtsprechung „kassiert" werden wird.[921] Dies bestätigt auch die Entscheidung des VIII. Senats, der dem I. und IX. Senat im Ergebnis und auch in der Begründung folgt und die gerichtliche Kontrolldichte zu einer Vertretbarkeitskontrolle atomisiert.[922]

Diese in den BFH-Judikaten dargestellte Sichtweise kann nach der mündlichen Aussage des Gerichtspräsidenten Mellinghoff bei den 61. Berliner Steuergesprächen 2016 noch dadurch ergänzt werden, dass im Falle einer materiellen Inhaltskontrolle das Rechtssystem fundamental verändert werde. So würde die rechtliche Prüfung in zahlreichen Fällen vollständig auf das Auskunftsverfahren vorgelagert werden, sodass das nachgelagerte Steuerfeststellungs- und festsetzungsverfahren in weiten Teilen seine gesetzlich angelegte Funktion verliere. Damit versucht der BFH-Präsident im Wege eines argumentum ad absurdum die Gefahr einer materiellen Inhaltskontrolle aufzuzeigen und die Rechtsprechung seiner drei Senate zu protegieren.

Alles in allem hat die höchstrichterliche Rechtsprechung nunmehr umfassend dazu Stellung bezogen, dass die verbindliche Auskunft nach § 89 Abs. 2 AO nur im Wege einer Evidenzkontrolle gerichtlich überprüfbar sei. Während in den ersten beiden Entscheidungen die erstinstanzlichen Gerichte noch die diametrale Auffassung vertraten, haben sich die Instanzgerichte nunmehr – soweit ersichtlich – vollständig der Diktion des BFH gefügt.[923] Das FG Köln etwa entschied infolge der BFH-Entscheidung vom 29.2.2012, dass die Finanzverwaltung den Anforderungen an eine verbindliche Auskunft vollauf genüge, wenn sie den Sachverhalt korrekt erfas-

920 *Thieme*, Anm. zum BFH-Urteil v. 5.2.2014 (I R 34/12), DStR 2014, 1093 (1095).
921 Ähnlich *Schmitz*, in: Schwarz/Pahlke, AO/FGO, § 89 AO Rn. 78c.
922 BFH, BeckRS 2015, 96082.
923 Statt vieler FG Köln, EFG 2013, 1542 ff. m. Anm. *Graw*.

se und auf das jeweils anwendbare BMF-Schreiben hinweise.[924] Dies gelte selbst dann, wenn es deutliche Anhaltspunkte dafür gebe, dass die im BMF-Schreiben geäußerte Auffassung rechtsfehlerhaft ist.[925] Insofern stellt die Rechtsprechung nur minimale Anforderungen an die Finanzverwaltung[926], hält aber für den Steuerpflichtigen uneingeschränkt am umfangreichen Pflichtenprogramm fest und lässt ihn weiter in vollem Umfang mit der Gebühr belastet.[927]

b) Auffassung der Literatur

In der Literatur wird die Frage der gerichtlichen Kontrolldichte unterschiedlich beantwortet. Einige Vertreter verneinen die Kontrolldichte im Sinne einer materiellen Inhaltskontrolle mit dem Argument, dass auch im Falle einer Negativauskunft aus Sicht des Antragstellers keine Beschwer vorliege.[928] Außerdem führen sie vereinzelt an, dass die verbindliche Auskunft stets nur die gegenwärtige Beurteilung eines zukünftigen Sachverhalts betreffe und daher eine vollumfängliche gerichtliche Kontrolldichte ausgeschlossen sei.[929] Zudem sei die verbindliche Auskunft nur ein Instrument zur Kommunikation zwischen Finanzverwaltung und Steuerpflichtigem. Dieses Kooperationsverhältnis solle nicht durch hohe gerichtliche Auflagen erschwert werden.[930]

---

924 FG Köln, EFG 2013, 1542 (1543) m. Anm. *Graw*.

925 FG Köln, EFG 2013, 1542 (1544) m. Anm. *Graw*.

926 Siehe auch jüngst FG Nürnberg, Urt. v. 5.12.2017, 2 K 844/17, JURIS, Rn. 14.

927 Vgl. hierzu nur die Folgeentscheidung des FG München, DStRE 2016, 1258, wobei sich dieses exakt an der BFH-Rechtsprechung orientiert.

928 *Wagner*, in: Kühn/v. Wedelstädt, AO/FGO, § 89 AO Rn. 16; *Söhn*, in: Hübschmann/Hepp/Spitaler, AO/FGO, § 89 AO Rn. 309; *Schmitz*, in: Schwarz/Pahlke, AO/FGO, § 89 AO Rn. 77. Ähnlich auch *Horst*, Verbindliche Auskunft, S. 150, der davon ausgeht, dass eine bestimmte rechtliche Beurteilung durch die Finanzverwaltung nicht erzwingbar sei und eine spätere gerichtliche Auseinandersetzung im Festsetzungsverfahren daher nicht völlig auszuschließen wäre. Dies lässt wohl ebenfalls den Schluss zu, dass Horst von einer eingeschränkten gerichtlichen Kontrolldichte ausgeht.

929 *Lindwurm*, AO-StB 2013, 54 (57).

930 So jedenfalls der Wortbeitrag von Möhlenbrock als Reaktion auf den Vortrag von Desens im Rahmen des 15. Münchener Unternehmenssteuerforums 2014, vgl. dazu den Tagungsbericht von *Jehlin/Schmidt*, DStR-Beih 2015, 2 (8).

Andere hingegen halten diese Argumenation für nicht überzeugend[931] und fordern eine volle gerichtliche Überprüfbarkeit.[932] So lasse der Steuerpflichtige bei einer Negativauskunft, die selbst nur einer Vertretbarkeitskontrolle unterliegt, die steuerliche Gestaltung in aller Regel sein, sodass es alleine aufgrund der faktischen Auswirkungen nicht mehr zu einer späteren Klärung der Rechtsfrage im Rahmen der Veranlagung kommen könne.[933] Zudem reiche er einen vollständigen Antrag ein und zahle auch eine Gebühr dafür, erhalten würde er dafür aber bisweilen nur eine schlüssige, aber rechtswidrige verbindliche Auskunft, die in Anlehnung an die Kategorien des Zivilrechts eine Schlechtleistung darstelle.[934] Auch das Zeitargument in der BFH-Entscheidung v. 5.2.2014 sei kaum haltbar, da es am sachlichen Zusammenhang zwischen der Kontrolldichte und der Eilbedürftigkeit der Klärung der streitigen Rechtsfrage fehle.[935] Für die Argumentation des BFH finde sich zudem keine Stütze im Wortlaut[936], noch würde die systematische, teleologische oder historische Auslegung die Sichtweise des BFH nahelegen.[937] Ebenfalls wird von Golombek kritisiert, dass der BFH in seiner Entscheidung v. 30.3.2011 selbst ausführe, dass ein Gebührenerlass im Billigkeitswege möglich sei, wenn der verbindlichen Auskunft eine gänzlich abwegige Verwaltungsauffassung zugrunde gelegt werde. Dies sei jedoch nur dann feststellbar, wenn auch eine volle gerichtliche Inhaltskontrolle durchgeführt wird.[938] In der geäußerten Kritik wird deutlich, dass die gerichtliche Kontrolldichte nach verbreiteter Literaturmeinung der Dreh- und Angelpunkt der verbindlichen Auskunft ist, ohne die eine Planungssicherheit im Vorfeld der Steuerfestsetzung faktisch nicht zu erreichen sein wird.[939]

Konträr zur soeben dargestellten Kritik, wird auch der salomonische Mittelweg im Schrifttum beschritten, indem eine teilweise gerichtliche

931 Der Wissenschaftliche Arbeitskreis „Steuerrecht" (DWS), Recht auf Information und Auskunft im Besteuerungsverfahren, S. 35 spricht mit Blick auf die vorstehende BFH-Judikatur etwa von einem „ziemlichen Wirrwarr".

932 *Blumers*, DB 2018, 1108 (1110); *Seer*, in: Tipke/Kruse, AO/FGO § 89 AO Rn. 61; *Krumm*, DStR 2011, 2429 (2435); *Werder/Dannecker*, BB 2011, 2903; in diesem Sinne scheinbar auch die Finanzverwaltung, vgl. Tz. 3.7. AEAO zu § 89.

933 *Frase*, Anm. zum BFH-Urteil v. 29.2.2012 (IX R 11/11), BB 2012, 1969 (1971).

934 Frase, Anm. zum BFH-Urteil v. 29.2.2012 (IX R 11/11), BB 2012, 1969 (1971).

935 *Golombek*, BB 2015, 1946 (1948).

936 Laut *Seer*, FR 2017, 161 (168) räume der BFH der Finanzverwaltung einen Beurteilungsspielraum ein, für den das Gesetz nichts hergebe.

937 *Golombek*, BB 2015, 1946 (1947 f.).

938 *Golombek*, BB 2015, 1946 (1950 f.).

939 In diese Richtung deutet auch *Golombek*, BB 2015, 1946 (1951).

Überprüfbarkeit vertreten wird.[940] Diese solle dergestalt erfolgen, dass die Finanzverwaltung eine sach- und fachgerechte Entscheidung zu treffen habe und dabei gründlich alle Rechtsargumente gegeneinander abwägen müsse und die Gerichte hierzu eine Vertretbarkeitskotrolle vornehmen.[941]

Das Meinungsspektrum erfasst daher die gesamte Bandbreite, wenngleich die überwiegend kritischen Stimmen aus der Literatur deutlich vernehmbar sind, sodass diese eher dazu neigt, eine materielle Inhaltskontrolle zu bejahen, obgleich von nicht mehr als einer Tendenz gesprochen werden kann.

c) Eigene Stellungnahme

Welcher Ansicht zu folgen ist, hängt maßgeblich von drei Determinanten ab. Erstens ist die Gesamtsystematik der Auskunftsansprüche zu betrachten (aa), zweitens muss jedes gerichtliche Rechtsschutzverfahren den Anforderungen des Art. 19 Abs. 4 GG genügen (bb) und drittens ist die Intention des Gesetzgebers näher zu ergründen (cc).

aa) Die beschränkte Inhaltskontrolle aus der gesamtsystematischen Perspektive der Auskunftsansprüche im Steuerrecht

In der finanzgerichtlichen Rechtsprechungspraxis zeigen sich immer wieder Tendenzen, die verschiedenen Auskunftsansprüche im Steuerrecht zu vereinheitlichen. Besonders auffällig ist dies bei der VA-Qualität, die mittlerweile für alle Institute anerkannt wird[942] sowie bei den Korrekturmöglichkeiten für rechtswidrige VAe der Finanzverwaltung.[943] Auch bei der gerichtlichen Kontrolldichte der verbindlichen Auskunft hätte diese Chance bestanden. So war die Lohnsteueranrufungsauskunft nach § 42e EStG zum Zeitpunkt der beiden skizzierten Entscheidungen weiterhin ein Unikat voller gerichtlicher Inhaltskontrolle, was in der Literatur an verschiedenen Stellen kritisiert wurde. Zu den übrigen Rechtsinstituten (verbindliche Zusage nach § 204 AO, Zolltarifauskunft nach Art. 12 ZK, Tatsächliche

---

940 Pars pro toto *Roser*, in: Beermann/Gosch, AO/FGO, § 89 AO Rn. 76.
941 *Seer*, in: Tipke/Kruse, AO/FGO, § 89 AO Rn. 61.
942 *Bergan/Martin*, DStR 2012, 2164 (2165) m.w.N.
943 *Bergan/Martin*, DStR 2012, 2164 (2166).

Verständigung) liegt bislang – soweit ersichtlich – keine höchstrichterliche Entscheidung vor.

Der BFH hatte die Sonderbehandlung der Lohnsteueranrufungsauskunft mit der besonderen Interessenlage zwischen Finanzverwaltung und Arbeitgeber begründet. So habe der Arbeitgeber an der Lohnsteueranrufungsauskunft kein Eigeninteresse, der Steuerpflichtige, der eine verbindliche Auskunft beantragt, hingegen schon. Insofern klingen die Ausführungen des BFH aus der gesamtsystematischen Perspektive heraus prima facie plausibel und leuchten ein. Sie werden sogar dadurch noch nachvollziehbarer, dass in unmittelbarem Anschluss an die zweite Entscheidung zu § 89 Abs. 2 AO der VI. Senat des BFH zur Lohnsteueranrufungsauskunft nach § 42e EStG einen Paradigmenwechsel einleitete und die jahrzehntelange Rechtsprechung zur vollen gerichtlichen Überprüfbarkeit nicht mehr anwandte. Mit Entscheidung vom 27.2.2014[944] judizierte er vielmehr, dass auch bei § 42e EStG die Finanzverwaltung nur ihre aktuelle Rechtsauffassung kundtue und daher nur Raum für eine Evidenzprüfung bleibe. Damit entscheidet der BFH jedenfalls nach heutigem Stand unisono für sämtliche Auskünfte im Steuerrecht, dass nur Raum sei für eine eingeschränkte gerichtliche Prüfung. Somit hat der BFH in diesem Aspekt die lange geforderte Kongruenz in seiner Rechtsprechung hergestellt.[945] Damit spricht aus der gesamtsystematischen Perspektive erst einmal viel dafür, dem BFH zuzustimmen und auch für die verbindliche Auskunft nach § 89 Abs. 2 AO nur eine Evidenzkontrolle vorzunehmen. Insofern bedarf es tragbarer und durchgreifender Gründe für eine Sonderbehandlung der verbindlichen Auskunft.

Dem BFH ist zunächst insofern zu widersprechen, als er die Nähe der verbindlichen Auskunft zum späteren Besteuerungsverfahren nicht hinreichend berücksichtigt, denn die verbindliche Auskunft wird erst aufgrund einer möglichen späteren Steuerpflicht beantragt.[946] So hat der Steuer-

---

944 BFHE 244, 572 (573 ff.). Seitdem ist dies auch st. Rspr. des BFH, siehe BFHE 246, 383 ff.; BFH, Urt. v. 7.5.2014, VI R 28/13, JURIS, Rn. 10 ff.

945 Dieser Aspekt scheint letztlich den BFH auch maßgeblich dazu bewogen zu haben, seine Rechtsprechung zur Lohnsteueranrufungsauskunft an die zur verbindlichen Auskunft anzupassen: „Dem ist nicht zuletzt zur Vermeidung von Wertungswidersprüchen Rechnung zu tragen. Denn das FG prüft auch den Inhalt einer erteilten verbindlichen Auskunft nur darauf, ob die gegenwärtige rechtliche Einordnung des – zutreffend erfassten – zur Prüfung gestellten Sachverhalts in sich schlüssig und nicht evident rechtsfehlerhaft ist“, vgl. BFH, Urt. v. 7.5.2014, VI R 28/13, JURIS, Rn. 13.

946 So auch *Bergan/Martin*, DStR 2012, 2164 (2166).

pflichtige zwar ein Eigeninteresse an der verbindlichen Auskunft, jedoch nicht ausschließlich aus eigenem Antrieb. Der Gesetzgeber, der ihm ein diffiziles Steuerrecht aufbürdet und mit teilweise ruinösen möglichen Steuerfolgen überzieht, zwingt ihn in gewisser Weise erst dazu, die verbindliche Auskunft zu beantragen. Wäre beides nicht der Fall, so bestünde auch aus Sicht des Steuerpflichtigen kein Bedarf für eine verbindliche Auskunft, sondern er könnte die Veranlagung „ruhigen Gewissens“ abwarten. Damit allein lässt es sich aber noch nicht begründen, die verbindliche Auskunft nunmehr als einziges Auskunftsinstitut des Steuerrechts einer materiellen Inhaltskontrolle zu unterwerfen.

Das noch stärkere Argument ist die Gebührenpflicht. So ist die verbindliche Auskunft – wie dargelegt wurde[947] – als einzige gebührenpflichtig, weshalb sie insofern im Gesamtsystem einen Sonderstatus einnimmt. Besonders die nach dem derzeitigen System möglichen empfindlichen finanziellen Auswirkungen infolge einer Gebührenfestsetzung können daher das Eigeninteresse des Steuerpflichtigen ausgleichen. Würde der Gesetzgeber von der Gebührenpflicht absehen, gäbe es zwar in der Tat kaum noch systematische Argumente, einzig bei der verbindlichen Auskunft den gerichtlichen Prüfungsumfang auszuweiten. Gerade die Gebührenpflicht, die auch erhebliche grundrechtliche Relevanz hat, vermag jedoch eine volle gerichtliche Überprüfbarkeit zu rechtfertigen.[948] Jedes andere Ergebnis wäre auch widersprüchlich: der Staat schafft ein kaum noch zu übersehendes Steuerrecht, zwingt den Steuerpflichtigen damit zu verbindlichen Auskünften, lässt ihn dafür mitunter Gebühren im hohen fünfstelligen Bereich zahlen, also „belastendes Recht kaufen“ und anschließend soll die gerichtliche Kontrolle nur auf evidente Fehler zielen. Das fügt sich nach hiesiger Sichtweise nicht harmonisch ein.

Insofern erscheint eine Erhöhung der gerichtlichen Kontrolldichte jedenfalls aus der systematischen Perspektive geboten.[949] Diese Sichtweise kann noch dadurch untermauert werden, dass eine vollgerichtliche Kontrolle auch bei der Zusicherung nach § 38 VwVfG im Allgemeinen Verwaltungsrecht breit konsentiert ist[950] und die verbindliche Auskunft nach § 89

947 Vgl. oben D.

948 In diesem Sinne auch FG München, DStRE 2012, 189 (190).

949 Gl. A. sind auch das FG Köln, DStR 2012, 1590 (1592) m. Anm. *Farle* sowie *Bergan/Martin*, DStR 2012, 2164 (2166).

950 *U. Stelkens*, in: Stelkens/Bonk/Sachs, VwVfG, § 38 Rn. 113 m.w.N.

Abs. 2 AO – wie bereits dargestellt[951] – nach überwiegender Auffassung, der auch hier gefolgt wird, als eine solche angesehen wird.

bb) Die beschränkte Inhaltskontrolle vor dem Hintergrund der Garantie effektiven Rechtsschutzes aus Art. 19 Abs. 4 GG

Art. 19 Abs. 4 GG regelt den verfassungsrechtlichen Justizgewährungsanspruch und gewährleistet damit die Nichtexistenz von gerichtsfreien Hoheitsakten.[952] Er verpflichtet die Fachgerichte zu einer vollständigen Nachprüfung der Hoheitsakte in rechtlicher und tatsächlicher Hinsicht.[953] Besondere Relevanz entfaltet dieser immer dann, wenn es um die Abwehr von Grundrechtsverletzungen oder um die Durchsetzung verfassungsrechtlicher Gewährleistungen von Privaten gegenüber der öffentlichen Hand geht.[954] So sind die Grundrechte Basis und Motor der Subjektivierung des Einzelnen gegenüber der Staatsgewalt und Art. 19 Abs. 4 GG sichert diesen Umstand prozessual ab.[955] Damit nimmt Art. 19 Abs. 4 GG auch im Rahmen von verbindlichen Auskünften nach § 89 Abs. 2 AO einen erheblichen Stellenwert ein. Diesen hat auch der BFH in seiner Entscheidung vom 29.2.2012 erkannt, lehnt einen Verstoß aber recht apodiktisch mit dem Argument ab, dass eine rechtswidrige verbindliche Auskunft zumindest keine Bindungswirkung zuungunsten des Steuerpflichtigen entfalte, sodass es vollauf genüge, wenn die inhaltliche Prüfung der Richtigkeit der Auskunftserteilung im späteren Steuerfestsetzungsverfahren geprüft werde.

Damit hat der BFH den bequemsten Weg beschritten, aber auch hier nicht ganz zu Ende gedacht. Hintergrund ist, dass dem BFH zwar insofern zuzustimmen ist, dass der Rechtsschutz jedenfalls aus Rechtsgründen nicht vereitelt wird und sich die inhaltliche Prüfung nur zeitlich nach hinten verschiebt. Gleichwohl hat der BFH die faktischen Auswirkungen aus hiesiger Sicht nicht hinreichend in seine Überlegungen eingestellt, denn kein rational handelnder Geschäftsführer oder Vorstand wird eine rechtlich

---

951 Vgl. oben B.

952 *Von Bomhard*, Auskunft und Zusage im Steuerrecht, S. 68. Zur Genese dieser Verfassungsnorm, die reiches Anschauungsmaterial für ihre heutige zentrale Funktion bietet, siehe *Maurer*, in: FS 50 Jahre BVerfG, 467 (471 ff.). Überblicksartig zu ihren zentralen Gewährleistungen vgl. pars pro toto bereits BVerfGE 27, 297 ff. m.w.N.

953 Siehe hierzu bereits BVerfGE 18, 203 (212) m.w.N.

954 BVerfGE 60, 253 (266).

955 *Maurer*, in: FS 50 Jahre BVerfG, 467 (475).

höchst unsichere Sachverhaltsverwirklichung für sein Unternehmen vornehmen. Vielmehr wird ihm auch sein Berater empfehlen, von der jeweiligen Gestaltung besser Abstand zu nehmen und der Geschäftsführer/Vorstand wird dem aller Voraussicht nach Folge leisten. Damit werden viele Streitverfahren faktisch nicht mehr zum BFH kommen, da es schon an einer späteren Veranlagung fehlt.[956] Folglich hebelt der BFH mit seiner Evidenzkontroll-Doktrin auch die Garantie effektiven Rechtsschutzes aus Art. 19 Abs. 4 GG mittelbar aus.[957]

Zu beachten ist des Weiteren die jüngere verfassungsrechtliche Rechtsprechung. So hat das BVerfG am 31.5.2011 sehr deutlich judiziert, dass eine Einschränkung der gerichtlichen Letztentscheidungsbefugnis über Rechte des Einzelnen einer gesetzlichen Grundlage bedarf und die Ausnahme bleiben muss.[958] Nach diesem Verdikt besteht eine grundsätzliche Pflicht der Fachgerichte, die angefochtenen VAe in rechtlicher und tatsächlicher Hinsicht vollständig nachzuprüfen.[959] Zudem bedarf es selbst im Falle einer gesetzlichen Grundlage stets eines am Grundsatz eines wirksamen Rechtsschutzes ausgerichteten Sachgrundes[960], wodurch die vorstehenden Erwägungen noch einmal verdeutlicht und zementiert werden. Ansonsten liegt ein Verstoß gegen Art. 19 Abs. 4 GG vor. Eine solche Ermächtigungsgrundlage sieht der Gesetzgeber allerdings in § 89 AO nicht vor. Auch die Gesetzgebungsmaterialien lassen – wie sogleich darzustellen sein wird – keinen Schluss darauf zu, dass dem Gesetzgeber an einer eingeschränkten gerichtlichen Kontrolle gelegen war. Damit bewegt sich der BFH mit seiner derzeitigen Rechtsprechung im Widerspruch zur Rechtsprechung des BVerfG. Dies vor allem auch deshalb, weil das BVerfG in besagter Entscheidung gerade explizit eingefordert hat, dass im Falle gestufter Verwaltungsverfahren gegen die Vorentscheidung effektiver Rechtsschutz zur Verfügung stehen muss.[961] Hinzu kommt, dass das BVerfG davon aus-

956 Mit ähnlicher Argumentation so im Ergebnis auch *Golombek*, BB 2015, 1946 (1951).

957 In diese Richtung gehend auch BVerfGE 129, 1 (33). Das BVerfG geht davon aus, dass eine eingeschränkte gerichtliche Kontrolldichte u.a. dann gegen Art. 19 Abs. 4 GG verstößt, wenn dies mit „unzumutbaren Risiken und Lasten verbunden ist". Wenngleich die Schwelle zur Unzumutbarkeit sicher eher hoch anzusetzen ist, so liegt hier ein solcher Fall vor, da der Steuerpflichtige ohne verbindliche Auskunft nach § 89 Abs. 2 AO in die Gefahr des wirtschaftlichen Ruins kommen kann.

958 BVerfGE 129, 1, unter 2. im Tenor.

959 BVerfGE 129, 1 (20).

960 BVerfGE 129, 1, unter 3. im Tenor.

961 BVerfGE 129, 1, unter 5. im Tenor.

geht, dass Art. 19 Abs. 4 GG einen effektiven und möglichst lückenlosen richterlichen Rechtsschutz gegen Akte der öffentlichen Gewalt gewährleistet.[962]

Genau diese Lücke lässt die BFH-Judikatur jedoch entstehen, indem der Rechtsschutz direkt gegen eine verbindliche (Negativ-)Auskunft nach § 89 Abs. 2 AO faktisch vereitelt wird, denn der BFH billigt der Finanzverwaltung derart weite Spielräume zu, dass diese im Einzelfall kaum einmal überschritten sein werden. Dem könnte zunächst entgegengehalten werden, dass das BVerfG die gerichtliche Kontrolle dort enden lässt, wo das materielle einfache Recht dem Entscheider einen Einschätzungs- und Auswahlspielraum einräumt.[963] Ob dies der Fall ist, muss sich entweder expressis verbis aus dem Gesetz ergeben oder aber sich zumindest durch Auslegung ermitteln lassen.[964] Jedoch müsste dazu § 89 Abs. 2 AO der Finanzverwaltung gerade diesen Entscheidungsspielraum einräumen. Die Norm räumt der Finanzverwaltung zwar Ermessen ein, jedoch reduziert sich dieses – wie gezeigt[965] – bei Vorliegen sämtlicher Antragsvoraussetzungen auf null, sodass nur eine Erteilung der verbindlichen Auskunft ermessensfehlerfrei ist. Damit kann hier kein derart weiter Entscheidungsspielraum der Finanzverwaltung durch § 89 Abs. 2 AO konstruiert werden, der es den Finanzgerichten verwehren würde, die verbindliche Auskunft auch inhaltlich vollumfänglich zu prüfen. Vielmehr bleibt die Grundregel bestehen, dass auch bei Ermessensnormen eine volle gerichtliche Überprüfbarkeit möglich ist.[966]

Einen weiteren Anker zur Begrenzung von Art. 19 Abs. 4 GG sieht das BVerfG darin, dass widerstreitende grundrechtlich fundierte Interessen Dritter zum Ausgleich mit den grundrechtlichen Interessen des Klägers zu bringen sind.[967] Auch eine solche Konstellation liegt allerdings bei einer Verpflichtungsklage betreffend eine verbindliche Auskunft nach § 89 Abs. 2 AO nicht vor. Jedenfalls ist die Finanzverwaltung grundrechtsverpflichtet und nicht grundrechtsberechtigt, sodass diese nicht betroffen sein kann. Auch Dritte sind allenfalls über den allgemeinen Gleichheitssatz des

---

962 BVerfG, NVwZ 2014, 785; NVwZ 2007, 807 unter 2. in den Entscheidungsgründen m.w.N. Siehe hierzu auch *Maurer*, in: FS 50 Jahre BVerfG, 467 (475 f.), der zutreffend betont, dass der Rechtsschutz nur lückenlos, nicht jedoch ausgewogen gewährleistet wird.

963 BVerfG, NJW 2006, 2613 (2616), Rn. 46 m.w.N.

964 BVerfGE 129, 1 (22).

965 Vgl. oben C. V.

966 BVerfGE 129, 1 (21).

967 BVerfG, NJW 2006, 2613 (2616), Rn. 47 m.w.N.

Art. 3 Abs. 1 GG betroffen, indem sie ungleich behandelt werden. Auch ein solcher Fall ist aber schwer konstruierbar, da der Sachverhalt stets individualisiert ist und ein Dritter bei demselben Sachverhalt genauso einen Antrag auf verbindliche Auskunft stellen könnte. Damit scheinen die Grundrechte einer materiellen Inhaltskontrolle nicht entgegen zu stehen.

Außerdem steht die eingeschränkte gerichtliche Kontrolldichte im Widerspruch zur Rechtsprechung des BVerwG. Dieses betont, dass vor dem Hintergrund des Grundsatzes effektiven Rechtsschutzes die gerichtliche Kontrolldichte nur dann einzuschränken ist, wenn das Gericht die entscheidungserheblichen tatsächlichen Umstände nicht eigenverantwortlich feststellen und rechtlich bewerten kann, auch nicht unter Zuhilfenahme der Sachkunde der Verwaltung oder von anderen Sachverständigen.[968] Vergleicht man unter dieser Prämisse die anerkannten Fallgruppen eines Beurteilungsspielraums der Verwaltung etwa bei Prüfungsentscheidungen oder bei Entscheidungen von Kommissionen wie der Bundesprüfstelle für jugendgefährdende Medien[969] mit der verbindlichen Auskunft nach § 89 Abs. 2 AO, so fällt es sehr schwer, eine Vergleichbarkeit zu konstruieren.[970] So wird letztlich dem Finanzgericht dieselbe Rechtsfrage über einen zukünftigen Sachverhalt wie auch der Finanzverwaltung vorgelegt.

In beiden Fällen entscheiden steuerlich vorgebildete Personen hierüber, sodass die Finanzverwaltung auch keinen Wissensvorsprung gegenüber dem Finanzgericht hat. Im Gegenteil ist sogar das Finanzgericht im Senat in der Regel mit drei Volljuristen und zwei ehrenamtlichen Richtern besetzt, während in der Finanzverwaltung die entscheidenden Beamten des mittleren oder gehobenen Dienstes keine Volljuristen sind und damit keine vollumfängliche juristische Ausbildung genossen haben. Eine zu Finanzrichtern vergleichbare juristische Ausbildung haben insoweit regelmäßig lediglich die Sachgebietsleiter des höheren Dienstes durchlaufen. Hierbei handelt es sich fernerhin auch nicht um Prognosen, da der Sachverhalt

---

968 Siehe statt vieler nur BVerwGE 134, 108 ff. m.w.N. In diesem Sinne auch etwa BVerfGE 64, 261 (279); 129, 1 (23). Vgl. zum Ausnahmecharakter von Beurteilungsspielräumen auch *Maurer*, in: FS 50 Jahre BVerfG, 467 (489). Damit ist grundsätzlich in Rechtsprechung und Literatur konsentiert, dass gerichtlich nur eingeschränkt oder überhaupt nicht nachprüfbare Beurteilungsspielräume jedenfalls äußerst selten sind.

969 Zu den Fallgruppen der Annahme eines Beurteilungsspielraums der Verwaltung durch das BVerwG siehe statt vieler *G. Mayer*, Zusage, S. 76 mit zahlreichen Einzelnachweisen.

970 So auch *Seer*, FR 2017, 161 (168); A.A. *Lindwurm*, AO-StB 2013, 54 (57) sowie scheinbar *Söhn*, in: Hübschmann/Hepp/Spitaler, AO/FGO, § 89 AO Rn. 313.

vorher „messerscharf" dargestellt wurde und nur die rechtliche Beurteilung fragwürdig ist. Diese kann allerdings zweifelsfrei vorgenommen werden.[971] Somit fehlt auch unter diesem Gesichtspunkt der sachliche Grund, der Finanzverwaltung einen Beurteilungsspielraum zuzubilligen und damit Art. 19 Abs. 4 GG zu beschränken.

Nach alledem gebietet Art. 19 Abs. 4 GG eine volle gerichtliche Überprüfbarkeit der verbindlichen Auskunft nach § 89 Abs. 2 AO.

cc) Die Intention des Gesetzgebers

Drittens ist auch die Intention des Gesetzgebers näher zu betrachten. Dieser hat sich zunächst an keiner Stelle explizit zur gerichtlichen Kontrolldichte geäußert, sondern die nähere Konturierung der Rechtspraxis überlassen. Zugleich hat er dadurch aber auch keine Einschränkungen vorgenommen, sodass eine materielle Inhaltskontrolle möglich erscheint. Zudem betont der Gesetzgeber in besonderer Weise seinen Wunsch danach, Rechts- und Planungssicherheit zu schaffen. Insofern lässt dies den Schluss zu, dass diesem als ein Ausfluss des Prinzips der Planungssicherheit auch an einer wirksamen gerichtlichen Kontrolle gelegen ist.[972] Golombek legt zudem überzeugend dar, dass es auch jedenfalls ein Nebenzweck der Gebührenpflicht war, die Qualität von verbindlichen Auskünften weiter zu erhöhen, was ebenfalls dafür spricht, dass eine volle materielle Inhaltskontrolle dem Willen des Gesetzgebers entspricht.[973] Dementsprechend gehen auch die Ausführungen von Lindwurm fehl, der die Gesetzgebungsmaterialien lediglich so interpretiert, dass eine gesetzliche Grundlage für die vorher schon nach Gewohnheitsrecht anerkannte verbindliche Auskunft geschaffen wurde, sich darüber hinaus aber nichts grundlegend geändert habe.[974]

d) Zwischenergebnis

Wie die vorstehenden Ausführungen gezeigt haben, lässt sich das Problem der gerichtlichen Kontrolldichte durchaus kontrovers diskutieren. Die

---

971 BVerwG, NVwZ 2010, 133 (134) m.w.N.

972 Dieselbe Lesart hat auch *Golombek*, BB 2015, 1946 (1950).

973 *Golombek*, BB 2015, 1946 (1950 f.).

974 *Lindwurm*, AO-StB 2013, 54 (58).

grundsätzlichen Argumente des BFH für eine Evidenzkontrolle statt einer materiellen Inhaltskontrolle sind prima facie plausibel, doch vermögen sie bei näherer Betrachtung nicht durchzugreifen. Vielmehr legt der BFH seiner Argumentation nicht hinreichend die Gesamtsystematik der Auskunftsansprüche zugrunde und auch die Garantie effektiven Rechtsschutzes aus Art. 19 Abs. 4 GG kommt aus hiesiger Sicht nicht in ihrer vollen Tragweite zur Geltung.

Auch das an sich sehr gute Argument von Mellinghoff, dass sich das Rechtsschutzsystem im Falle einer materiellen Inhaltskontrolle völlig verändere, ist doch in letzter Konsequenz nicht vollauf überzeugend. Einerseits lässt sich dem ein quantitatives Argument entgegenhalten. So stellen von über 30 Mio. Steuerpflichtigen in Deutschland jedes Jahr lediglich ca. 10.000 einen Antrag auf verbindliche Auskunft. Damit bleibt das Rechtsschutzsystem im Grunde genommen weiterhin intakt, lediglich für diese potenziellen 10.000 Auskunftsverfahren kommt es zu Verschiebungen. Das viel stärkere qualitative Argument ist jedoch, dass eine Verschiebung der Prüfung dem Institut der verbindlichen Auskunft immanent ist. Sie dient bewusst und gewollt dazu, die rechtliche Prüfung vorzuverlegen. So käme es zu einem logischen Bruch, wenn zunächst eine verbindliche Auskunft zugelassen wird, diese aber auf gerichtlicher Ebene dann im Wesentlichen wieder rein qualitativ einer schlichten (einfachen) Auskunft i.S.d. § 89 Abs. 1 AO gleichgestellt wird. Damit ist Mellinghoff zuzustimmen, dass das Rechtsschutzsystem grundlegend verändert wird, doch ist dies gerade die zwangsläufige Folge davon, dass verbindliche Auskünfte nach § 89 Abs. 2 AO erteilt werden. Alles andere wäre widersprüchlich.[975]

Roser bringt die Folgen der BFH-Auffassung schlussendlich anschaulich auf den Punkt, indem er von einer Mutation zu einem „Anspruch auf ernsthaftes und schlüssiges Bemühen“[976] spricht. Dies kann und darf nicht das Ergebnis der verbindlichen Auskunft nach § 89 Abs. 2 AO sein. Neben den weiteren genannten Argumenten für eine materielle Inhaltskontrolle überwiegen diese daher, sodass entgegen dem BFH die Instanzgerichte

975 Siehe hierzu auch *Reichelt*, Vorbescheid, S. 298: „Ein möglichst frühzeitig einsetzender Rechtsschutz vermag den Interessen der an einem gestuften Verfahren Beteiligten eher gerecht zu werden als eine am Ende des Verwaltungsverfahrens konzentrierte Klagemöglichkeit“. Mit diesem Satz bringt er es auf den Punkt.

976 *Roser*, in: Beermann/Gosch, AO/FGO, § 89 AO Rn. 75.1. In dieselbe Richtung gehend auch *Blumers*, DB 2018, 1108, der davon spricht, dass die gesetzgeberische Absicht der Erhöhung von Rechts- und Planungssicherheit durch die Rechtsprechung des BFH teilweise konterkariert wird.

eine vollständige und lückenlose Überprüfung durchführen müssen.[977] Letztlich kann hier jedoch nur der Gesetzgeber endgültige Klarheit schaffen, indem er die verbindliche Auskunft als Bestandteil des Besteuerungsverfahrens regelt und damit einer vollständigen gerichtlichen Kontrolle unterwirft.[978]

III. Gerichtliches Sekundärrechtsschutzverfahren

Das gerichtliche Primärrechtsschutzverfahren ist nach bisheriger höchstrichterlicher Rechtsprechung durch die Beschränkung auf evidente Fehler wenig ergiebig und wird den Steuerpflichtigen daher in aller Regel nicht zum Ziel führen.[979] Ihm wird dadurch vielmehr faktisch der Primärrechtsschutz genommen.[980] Zwangsläufig muss daher als Ausgleich das gerichtliche Sekundärrechtsschutzverfahren breiteren Raum einnehmen. Im Fokus des Interesses stehen einerseits Schadensersatzansprüche aus Amtshaftung gem. § 839 BGB i.V.m. Art. 34 GG (1.) sowie andererseits der allgemeine, jedoch nicht im geschriebenen Gesetzesrecht kodifizierte Folgenbeseitigungsanspruch (2.), die beide die Rechtsschutzgarantie des Art. 19 Abs. 4 GG prozessual ergänzen und ihren Ursprung im Rechtsstaatsprinzip aus Art. 20 Abs. 3 GG haben.[981] Außerdem stellt sich für den Steuerpflichtigen die Frage, ob er im Falle des Nichthinweises auf die Möglichkeit der Beantragung einer verbindlichen Auskunft nach § 89 Abs. 2 AO seinen Rechtsanwalt und/oder Steuerberater in Anspruch nehmen kann. Dies soll im Rahmen eines Exkurses ebenfalls Bestandteil der nachfolgenden Darstellung sein (3.).

---

977 Zum selben Ergebnis gelangt auch *Seer*, FR 2017, 161 (169), der insoweit von einem "ernüchternde[n] Signal“ der Rechtsprechung spricht und deshalb eine volle gerichtliche Kontrolldichte verlangt.

978 Siehe hierzu auch *Krekeler*, BLJ 2016, 24 (31); *Werder/Dannecker*, BB 2015, 1687 (1690); *Golombek*, BB 2015, 1946 (1952).

979 *Golombek*, BB 2015, 1946 (1948) zeigt die Folgen dieser Rechtsprechung für die Rechtspraxis auf. Sie führt insbesondere dazu, dass der Steuerpflichtige nur noch darauf vertrauen kann, dass die Finanzverwaltung im Auskunftsbescheid ihre eigene Rechtsauffassung repliziert und die einschlägige BFH-Rechtsprechung mit einfließen lässt.

980 Selbiges nimmt *Golombek*, BB 2015, 1946 an.

981 *Grzeszick*, in: Maunz/Dürig, GG, Art. 20 Rn. 151; *Schmidt-Assmann*, in: HStR II, § 26 Rn. 5; *Maurer*, in: FS 50 Jahre BVerfG, 467 (477 f.); *Görisch*, JuS 1997, 988.

1. Schadensersatzansprüche aus Amtshaftung

Wenn der Antragsteller schon nicht die begehrte verbindliche Auskunft erhält, so wird er zumindest Schadensersatzansprüche aus Amtshaftung nach § 839 BGB i.V.m. Art. 34 GG vor den ordentlichen Gerichten geltend machen wollen.[982] Hierbei sind drei verschiedene Konstellationen denkbar: die rechtswidrige Ablehnung der Erteilung einer verbindlichen Auskunft (a), die faktische oder verzögerte Nichtbearbeitung (b) sowie die Erteilung einer rechtswidrigen Auskunft (c).[983] Allen diesen drei möglichen Varianten ist gemein, dass eine Schadensersatzpflicht erst ab dem Zeitpunkt in Betracht zu ziehen ist, in welchen im Vertrauen auf die Erteilung bzw. die erteilte verbindliche Auskunft Vermögensdispositionen getroffen wurden, die zu einem ersatzfähigen Schaden führen. Der ersatzfähige Schaden kann jedoch nicht in der nach gesetzlichen Pflichten zu zahlenden Steuer liegen, sondern muss etwa in einer Liquiditätsbelastung oder Rufschädigung bestehen.[984] Gleichwohl sind die konkreten Schadenspositionen mit Ausnahme der nicht ersatzfähigen Steuer weit zu verstehen, sodass auch das gesetzliche Beraterhonorar erstattungsfähig ist, das für die Erarbeitung des Antrags oder im Fall der Verzögerung für die Durchsetzung der Auskunftserteilung anfällt.[985]

a) Rechtswidrige Ablehnung der Auskunftserteilung

Die erste Fallgruppe ist die der rechtswidrigen Ablehnung der Erteilung der verbindlichen Auskunft aus formalen Gründen. Die Haftungspflicht der Finanzverwaltung folgt in dieser Konstellation daraus, dass der Steuerpflichtige bei Vorliegen der tatbestandlichen Voraussetzungen entgegen dem Gesetzwortlaut („kann") in § 89 Abs. 2 AO einen Anspruch auf die Er-

---

982 Zur Zuständigkeit der Zivilgerichte im Rahmen von Amtshaftungsansprüchen bei verbindlichen Auskünften siehe für viele nur FG Hamburg, Urt. v. 17.8.2004, III 369/02, JURIS, Rn. 30 unter Verweis auf die Judikatur des BGH.

983 *Roser*, GmbH-StB 2016, 244 (248) sowie *Ders.*, in: Beermann/Gosch, AO/FGO, § 89 AO Rn. 76. Nicht Gegenstand dieser Arbeit ist dagegen die Frage, inwieweit sich die Finanzverwaltung schadensersatzpflichtig macht, wenn sie eine verbindliche Auskunft zurücknimmt. Hierzu sei insofern auf die überzeugenden Ausführungen von *G. Mayer*, Zusage, S. 149 ff. verwiesen, denen sich diese Arbeit anschließt.

984 *Roser*, in: Beermann/Gosch, AO/FGO, § 89 AO Rn. 26.

985 *Beyer*, AO-StB 2010, 217 (219).

teilung der Auskunft hat, da eine Ermessensreduktion auf null vorliegt.[986] Insofern hat die Finanzverwaltung dafür Sorge zu tragen, dass der Steuerpflichtige das erhält, was ihm zusteht. Lehnt die Finanzverwaltung es ab, dem Steuerpflichtigen die beantragte verbindliche Auskunft zu erteilen, so verletzt sie damit eine Amtspflicht in der konkreten Gestalt der Pflicht zur sachgerechten Entscheidung[987], die – vorbehaltlich des Vorliegens der weiteren Tatbestandsmerkmale von § 839 BGB – zur Amtshaftung führt. Aufgrund dessen, dass der Erteilung der verbindlichen Auskunft grundsätzlich kein mehrstufiges verwaltungsinternes Abstimmungs- und Genehmigungsverfahren vorausgeht, gelten hierbei auch keine weiteren Besonderheiten, sodass eine rechtswidrige Ablehnung zur Amtshaftung führt.

b) Verzögerung der Antragsbearbeitung und Bescheidung

Die zweite Fallgruppe ist die der faktischen oder verzögerten Nichtbearbeitung des Antrags auf verbindliche Auskunft. So hat der Antragsteller einen aus dem Rechtsstaatsprinzip resultierenden Anspruch auf eine zügige Verfahrensdurchführung[988], der es gebietet, sämtliche Anträge „gewissenhaft, förderlich, sachdienlich und in angemessener Frist"[989] zu bearbeiten. Die Rechtsprechung spricht insoweit von einer Bearbeitung „mit der gebotenen Eile"[990]. Ist dies im Einzelfall nicht gewährleistet, so resultiert daraus ein Schadensersatzanspruch aus Amtshaftung.

Im Rahmen der Erteilung verbindlicher Auskünfte nach § 89 Abs. 2 AO konnte lange Zeit lebhaft gestritten werden, innerhalb welcher Frist eine verbindliche Auskunft erteilt werden muss, damit sich die Finanzverwaltung nicht schadensersatzpflichtig macht. Diese Diskussion hat auch der Gesetzgeber aufgegriffen und legt nunmehr in § 89 Abs. 2 S. 4 AO zu Klarstellungszwecken eine zulässige Bearbeitungsdauer von sechs Monaten fest, die er als Soll-Vorschrift ausgestaltet hat, sodass das Verstreichen dieser Frist weitestgehend rechtsfolgenfrei bleibt.[991] Jedenfalls scheint nach dem Willen des Gesetzgebers erst ab dem Verstreichen dieser Sechs-Monats-Frist

---

986 Siehe oben C. V.

987 *Wöstmann*, in: Staudinger, BGB, Neubearbeitung 2013, § 839 Rn. 133.

988 BGHZ 170, 260 (266) m.w.N.

989 BGHZ 170, 260 (263).

990 OLG Schleswig, NVwZ-RR 1998, 6 (7) m.w.N.

991 Kritisch hierzu unter dem Aspekt der Amtspflichtverletzung etwa *Roser*, in: Beermann/Gosch, AO/FGO, § 89 AO Rn. 76. Andere sehen in dem rechtsfolgenlosen Fristerfordernis gar einen „Papiertiger" bzw. eine „symbolische Gesetzge-

ein Verstoß gegen den Verfahrensdurchführungsanspruch des Steuerpflichtigen als Amtspflichtverletzung denkbar.[992]

Dies wirkt sich für den Antragsteller einerseits nachteilig aus, da in vielen Fällen sechs Monate zu lang sein werden und der Antragsteller schon vorher auch ohne verbindliche Auskunft in die Verwirklichungsphase des Sachverhalts einsteigen muss. Tut er dies, so hat er ab diesem Zeitpunkt keine Möglichkeit mehr, eine verbindliche Auskunft zu erhalten. Damit kann zugleich auch kein Anspruch aus Amtshaftung mehr entstehen, da es dann an einer drittbezogenen Amtspflicht fehlt. Auf der anderen Seite entfaltet die Sechs-Monats-Frist aber auch eine positive Wirkung, da sich nun der Streit erübrigt haben sollte, ab welchem Zeitpunkt von einer Überschreitung der zulässigen Bearbeitungsdauer auszugehen ist.

Kann sich der Antragsteller sechs Monate gedulden, wird er danach in aller Regel einen Anspruch aus Amtshaftung haben. Dies ergibt sich zwar nicht unmittelbar aus dem Gesetzeswortlaut, kann aber aus dem Sinn und Zweck hergeleitet werden. So kam es dem Gesetzgeber gerade darauf an, besonders lange Antragsverfahren zu vermeiden, sodass es demnach auch konsequent erscheint, die Finanzverwaltung bei Überschreiten dieser Bearbeitungsfrist mit einem Anspruch auf Amtshaftung zu konfrontieren. Andernfalls hätte die Bearbeitungsfrist eine rein symbolische Wirkung, für die sich aber in den Gesetzgebungsmaterialien keinerlei Anhaltspunkte finden. Zudem entspricht eine solche Lesart auch nicht dem Wesenskern einer Soll-Vorschrift.

c) Erteilung einer rechtwidrigen Auskunft

Die dritte Fallgruppe liegt dann vor, wenn die Finanzverwaltung zwar eine verbindliche Auskunft erteilt, diese jedoch rechtswidrig ist. Die hierfür maßgebliche Frage ist, wann der zuständige Amtsträger die rechtswidrige Auskunft in schuldhafter Weise erteilt. Nach st. Rspr. des BGH kommt es bei der Verschuldensfeststellung nicht auf die individuellen Kenntnisse, Fähigkeiten und Fertigkeiten des handelnden Beamten an, sondern es wird

---

bung", vgl. Wissenschaftlicher Arbeitskreis „Steuerrecht" (DWS), Recht auf Information und Auskunft im Besteuerungsverfahren, S. 14 m.w.N.

992 Anders dagegen beim Bauvorbescheid, bei dem die Rechtsprechung eine Bearbeitungsfrist von acht Wochen, selbst bei Hinzuziehung mehrerer Behörden, für ausreichend erachtet, vgl. OLG Schleswig, NVwZ-RR 1998, 6 (7) sowie unten Kapitel 3 E. II. 2.

pauschaliert der pflichtgetreue Durchschnittsbeamte betrachtet.[993] Der Durchschnittsbeamte hat einem dem Stand seiner Erkenntnismöglichkeiten entsprechende sachgerechte, d.h. vollständige, richtige und unmissverständliche verbindliche Auskunft zu erteilen, sodass der Empfänger entsprechend disponieren kann.[994] Um zu einer solchen verbindlichen Auskunft zu gelangen, hat er sich aller zur Verfügung stehenden Hilfsmittel zu bedienen und darauf fußend eine vernünftige Entscheidung zu treffen.[995]

Abzulehnen ist daher die Sichtweise, die generell und ohne Prüfung des Einzelfalls davon ausgeht, dass der Beamte stets die Gesetzeswidrigkeit einer verbindlichen Auskunft erkennt bzw. erkennen muss, denn diese ist erheblich überzeichnet und würde ein „Haftungsinferno" auslösen.[996] Zudem erfolgt insofern eine Stufung, als die Sorgfaltspflichten des handelnden Beamten maßgeblich vom Empfänger der verbindlichen Auskunft abhängen. So muss der Beamte bei einer schutzbedürftigen Person – in der Regel einem juristischen Laien – besonders sorgfältig vorgehen.[997] Ist der Steuerpflichtige dagegen anwaltlich oder durch einen Steuerberater vertreten und ist der Berater auch zur Empfangnahme der verbindlichen Auskunft berechtigt, so dürften diesem jedenfalls evidente Fehler von selbst auffallen, sodass insoweit kein schützenswertes Vertrauen generiert werden kann und auch der Beamte daher geringeren Sorgfaltsanforderungen unterliegt. Gleichwohl ist diese Konstellation eher theoretischer Natur, denn eine verbindliche Auskunft wird zumeist vor dem Hintergrund beantragt, dass die Rechtsfragen eben nicht evident, sondern äußerst kompliziert sind und selbst das Fachwissen des Beraters übersteigen.

Hinsichtlich der Intensität des Verschuldens genügt für einen Amtshaftungsanspruch, dass die Amtspflichten wenigstens fahrlässig verletzt wurden. Fahrlässigkeit ist im Allgemeinen dann gegeben, wenn der Amtsträger die Sorgfalt, zu der er nach den Umständen und nach seinen persönli-

---

993 BGH, VersR 1984, 849; *G. Mayer*, Zusage, S. 150.

994 BGH, VersR 1989, 959 (960); BSG, Urt. v. 28.11.1979, 3 RK 64/77, JURIS, Rn. 16; OLG Saarbrücken, NVwZ-RR 1999, 159.

995 OLG Zweibrücken, NVwZ-RR 1999, 159. Als heranzuziehende Hilfsmittel sind vor allem Lehrbücher, Kommentare, Fachzeitschriften und Entscheidungssammlungen zu nennen, vgl. *Boujong*, WiVerw 1991, 59 (115). Damit darf sich der Beamte keinesfalls damit begnügen, lediglich auf die Rechtsprechung und Verwaltungsvorschriften zu achten. Auch Literaturstimmen sind eine beachtliche Rechtserkenntnisquelle, vor allem dann, wenn sich dort eine h.M. abzeichnet und noch keinerlei gesicherte Rechtsprechung vorliegt, vgl. BGH, Beschl. v. 26.4.1990, III ZR 106/89, JURIS, Rn. 9.

996 Zutr. *G. Mayer*, Zusage, S. 149.

997 *Boujong*, WiVerw 1991, 59 (111).

chen Kenntnissen und Fähigkeiten verpflichtet und imstande war, außer Acht lässt und infolgedessen den Erfolg, der er bei Anwendung der pflichtgemäßen Sorgfalt hätte voraussehen können, nicht vorausgesehen hat.[998] Im Rahmen von verbindlichen Auskünften ist vor allem dann fahrlässiges Handeln gegeben, wenn klare und unmissverständliche Gesetze gänzlich übersehen oder offenbar unrichtig ausgelegt werden.[999] Ausgehend von diesen Anforderungen wird eine rechtswidrige Auskunft nur im Ausnahmefall einen Haftungsanspruch auslösen können. So wird die verbindliche Auskunft gerade deshalb beantragt, weil eine rechtliche Unsicherheit besteht, die selbst ein ausgebildeter Rechtsanwalt und/oder Steuerberater nicht zweifelsfrei lösen kann. Dementsprechend ist das Ergebnis zumeist offen, sodass viele Ansichten vertretbar sind.

Folglich hat auch der die verbindliche Auskunft erteilende Beamte einen erheblichen Spielraum. In Anlehnung an die oben skizzierte Evidenzkontrollenrechtsprechung des BFH wird ein Haftungsfall nur dann gegeben sein, wenn die verbindliche Auskunft evident rechtsfehlerhaft ist, sich der Fehler mithin „sehenden Auges“ geradezu aufdrängt. Dadurch, dass der den Amtshaftungsanspruch geltend machende Steuerpflichtige insoweit beweispflichtig ist, wird ihm der Nachweis wohl nur in den allerseltensten Fällen gelingen.[1000] Auch die Haftungsfrage in Bezug auf die Erteilung rechtswidriger Auskünfte erweist sich damit in praxi vielfach als „stumpfes Schwert“. G. Mayer unterbreitet daher den Vorschlag, dieses Defizit im Rahmen der Steuerveranlagung über die Anwendung von Billigkeitsregeln (§§ 163, 227 AO) zu lösen.[1001] Diese Lösung erscheint vorzugswürdig, da sie zur Schaffung von mehr Einzelfallgerechtigkeit beiträgt und dem Umstand Rechnung trägt, dass das hochkomplexe Steuerrecht vielfach vage bleibt und insofern weder der Steuerberater noch der innerhalb der Finanzverwaltung tätig werdende Beamte dieses mit letzter Sicherheit bewerten können.

d) Begrenzung des Schadensersatzanspruchs durch Mitverschulden

Liegen die Tatbestandsvoraussetzungen der Amtshaftung aus § 839 BGB i.V.m. Art. 34 GG in einer der drei dargestellten Konstellationen vor, so

998 FG München, EFG 2013, 585 (587) m.w.N.
999 BGH, WM 1963, 1104.
1000 Ebenso *G. Mayer*, Zusage, S. 150.
1001 *G. Mayer*, Zusage, S. 150.

stellt sich auf Rechtsfolgenseite insbesondere die Frage einer Begrenzung des Schadensersatzumfangs wegen Mitverschuldens nach § 254 BGB. So wird – wie bereits angesprochen[1002] – der Antrag auf verbindliche Auskunft in der weit überwiegenden Zahl der Fälle durch Rechtsanwälte und/oder Steuerberater gestellt, die selbst rechtskundig sind und daher über eine erhöhte Expertise verfügen. Demnach könnte von Seiten der schadensersatzpflichtigen Anstellungskörperschaft damit argumentiert werden, dass der Rechtsanwalt und/oder Steuerberater die fehlerhafte Auskunft selbst hätte erkennen müssen, sodass ihm zumindest ein dem Steuerpflichtigen zurechenbares Mitverschulden zur Last fällt. Freilich kann dies nur für die Erteilung einer rechtswidrigen Auskunft gelten, nicht jedoch für die Fälle, in denen eine Auskunftserteilung generell nicht stattfand. Hierbei ist wiederum zu beachten, dass für die verbindliche Auskunft auf Tatbestandsseite eine rechtliche Unsicherheit gefordert wird, sodass diese deshalb beantragt wird, weil selbst der Berater nicht mit der erforderlichen Sicherheit die Rechtsfolgen prognostizieren kann.

Anders ist dies in dem Fall, dass die erteilte verbindliche Auskunft evident rechtswidrig ist. Dann fehlt es bereits an der Bindungswirkung der verbindlichen Auskunft, sodass es auch schwer vorstellbar erscheint, bei einer verbindlichen Auskunft, die zu keinem Zeitpunkt Bindungswirkung entfaltet hat, einen Schadensersatzanspruch zu konstruieren.[1003] Wenn denn ein solcher tatbestandlich entgegen dem BGH bestünde, so wäre eine erhebliche Kürzung aufgrund des Mitverschuldens des Beraters sachgerecht, wenn nicht gar eine Kürzung zu 100 % auf 0 €. Hier bliebe dem Steuerpflichtigen lediglich die Möglichkeit anheimgestellt, seinen Berater in Regress zu nehmen.[1004]

2. Folgenbeseitigungsanspruch

Eine weitere denkbare Folge von Amtspflichtverletzungen neben einem monetären Ausgleich für erlittene Einbußen ist die Herstellung des Zustands, der bestünde, wenn die verbindliche Auskunft richtig erteilt wor-

---

1002 Vgl. oben C. II.

1003 In diesem Sinne judiziert auch der BGH, dass bei Kenntnis oder vorwerfbarer Nichtkenntnis ein Schadensersatzanspruch aus Amtshaftung bereits tatbestandlich ausscheidet, vgl. hierzu eingehend BGH, NVwZ 2004, 638 f. m.w.N.

1004 Siehe zu Regressansprüchen des Mandanten gegenüber seinem Berater auch noch unten E. III. 3., allerdings lediglich unter Bezugnahme auf die Nichtbeantragung einer verbindlichen Auskunft.

den wäre.[1005] Dies würde jedoch auf erster Stufe voraussetzen, dass entweder der allgemeine Folgenbeseitigungsanspruch[1006] einschlägig ist oder aber der sozialrechtliche Herstellungsanspruch[1007] über das Sozialrecht hinaus auch im Steuerrecht Wirkung entfaltet und auf zweiter Stufe, dass sich auch der Inhalt des jeweiligen Anspruchs auf besagte Rechtsfolge richtet.[1008] Die generelle Anwendbarkeit auf erster Stufe wird jedenfalls vom BFH für den sozialrechtlichen Herstellungsanspruch überzeugend abgelehnt.[1009] Der sozialrechtliche Herstellungsanspruch stellt insofern ein originäres sozialrechtliches, nicht auf das Steuerrecht übertragbares Rechtsinstitut dar.

Für den allgemeinen Folgenbeseitigungsanspruch, der grundsätzlich neben einem Amtshaftungsanspruch Anwendung finden kann[1010] und sogar verschuldensunabhängig ist[1011], hat der BFH – soweit ersichtlich – erstmalig mit Beschluss v. 27.2.2007 Stellung bezogen und seine Rechtsprechung

---

1005 Vgl. hierzu auch *Nöcker*, AO-StB 2010, 305 (306). Klarzustellen ist zunächst, dass eine solche Rechtsfolge keinesfalls aus einem Amtshaftungsanspruch aus § 839 BGB i.V.m. Art. 34 GG folgen kann, denn Schadensersatzansprüche sind auf Schadenskompensation und nicht auf Erfüllung gerichtet, vgl. hierzu auch anschaulich *von Bomhard*, Auskunft und Zusage im Steuerrecht, S. 128.

1006 Grundlegend zum allgemeinen gewohnheitsrechtlich anerkannten Folgenbeseitigungsanspruch siehe nur *Papier/Shirvani*, Münchener Kommentar BGB, 7. Aufl. 2017, § 839 Rn. 80 ff. sowie *Bumke*, JuS 2005, 22 ff. Mit einem Schwerpunkt auf der geschichtlichen Entwicklung *Voßkuhle/Kaiser*, JuS 2012, 1079 (1080). Zu den verschiedenen Ansätzen zur dogmatischen Anknüpfung siehe statt vieler nur *Sommermann*, in: v. Mangoldt/Klein/Starck, GG, Art. 20 Rn. 271, m.w.N. in Fn. 140.

1007 Umfassend zum sozialrechtlichen Herstellungsanspruch *Schmidt-De Caluwe*, Der sozialrechtliche Herstellungsanspruch: eine Untersuchung der Entstehung und Entwicklung eines besonderen Haftungstatbestands im Sozialrecht, 1992.

1008 Allgemeiner Folgenbeseitigungsanspruch und sozialrechtlicher Herstellungsanspruch stehen sich indes nicht diametral gegenüber, sondern vielmehr in einem Stufenverhältnis zueinander. So stellt der sozialrechtliche Herstellungsanspruch eine besonders starke Ausprägung des allgemeinen Folgenbeseitigungsanspruchs dar, vgl. BSGE 51, 89 (94). Letztlich stellt sich an dieser Stelle daher nur die Frage, wie weit ein Folgenbeseitigungsanspruch gehen kann.

1009 BFH, Urt. v. 31.1.2007, III B 167/06, JURIS; Urt. v. 21.4.2010, III B 182/09, JURIS. Selbiges gilt auch für eine analoge Anwendung des sozialrechtlichen Herstellungsanspruchs im Geltungsbereich des VwVfG im allgemeinen Verwaltungsrecht, vgl. *Löher*, Das Verwaltungsverfahren, S. 132 m.w.N., sodass hierauf auch im untenstehenden Kapitel 5 nicht näher eingegangen werden braucht.

1010 *Dörr*, in: BeckOGK BGB, § 839 Rn. 691.

1011 *Papier/Shirvani*, in: Münchener Kommentar BGB, § 839 Rn. 80. Obschon der Anspruch auf Seiten der Finanzverwaltung kein Verschulden verlangt, so ist

mit Urteil v. 21.8.2012 nochmals bekräftigt und weiter konkretisiert. Danach entstünde ein Folgenbeseitigungsanspruch in Anlehnung an die ständige Rechtsprechung des BVerwG sowie die h.M. im Schrifttum dann, wenn durch hoheitlichen Eingriff in ein subjektives Recht ein noch andauernder rechtswidriger Zustand geschaffen worden ist.[1012] Auf Grundlage dieser Definition geht der BFH in seiner Entscheidung v. 27.2.2007 ohne nähere Begründung davon aus, dass diese Voraussetzungen bei einer fehlerhaften verbindlichen Auskunft gegeben sind, sodass eine Anwendbarkeit zu bejahen sei. Dass der BFH in diesem Aspekt nur apodiktisch feststellt und keine vertiefte Argumentation liefert, dürfte letztlich der Tatsache geschuldet sein, dass die Anwendbarkeit vergleichsweise evident ist. So ist die Anwendbarkeit des allgemeinen Folgenbeseitigungsanspruchs im Steuerrecht, für dessen Einklagbarkeit in Abgabenangelegenheiten nach § 33 FGO der Finanzrechtsweg eröffnet ist, schon seit geraumer Zeit anerkannt und wird – soweit ersichtlich – nicht mehr ernsthaft bestritten.[1013] Dadurch, dass die verbindliche Auskunft nach § 89 Abs. 2 AO stets in einer Abgabenangelegenheit ergeht, kann auch hier nichts Anderes gelten. Führt eine monetäre Entschädigung aus Amtshaftung nicht zum Ziel, so muss der Steuerpflichtige eine Möglichkeit haben, seine weiteren erlittenen Repressionen im Wege des Folgenbeseitigungsanspruchs beseitigen zu lassen. Ansonsten würden die rechtswidrigen Folgen rechtmäßigen Handelns in diesem Bereich rechtsfolgenlos bleiben.

Neben der Frage der generellen Anwendbarkeit sind sodann aus Gründen der Stoffbegrenzung auch keine vertieften Ausführungen zu den Tatbestandsmerkmalen erforderlich, da eine fehlerhafte verbindliche Auskunft durch hoheitliches Handeln in eine geschützte Rechtsposition des Betroffenen eingreift, dadurch ein rechtswidriger Zustand geschaffen wird, der so lange anhält, wie die fehlerhafte verbindliche Auskunft „in der Welt ist“[1014]. Damit ist zugleich auch gesagt, dass den nachstehenden Ausfüh-

---

gleichwohl anerkannt, dass in analoger Anwendung des § 254 BGB ein Mitverschulden des Anspruchstellers gegeben sein kann, vgl. die Nachweise bei *Schoch*, Die Verwaltung 44 (2011), 397 (416). Dies spielt aber nur dann sachlich eine Rolle, wenn der Anspruch überhaupt dem Grunde nach gegeben ist, was nachstehend betrachtet wird.

1012 BFHE 239, 38 (43). Damit kommt dem allgemeinen Folgenbeseitigungsanspruch das Gepräge eines „grundrechtlichen Schutzanspruchs“ zu, vgl. *Schmidt-Assmann*, in: HStR II, § 26 Rn. 88.

1013 Siehe nur BFH, Urt. v. 10.2.1982, II R 20/78, JURIS, Rn. 8 m.w.N.

1014 Zu den Anspruchsvoraussetzungen des FBA im Einzelnen siehe *Voßkuhle/Kaiser*, JuS 2012, 1079 (1080 f.).

rungen nur die Konstellation zugrunde liegen kann, dass eine verbindliche Auskunft rechtswidrig erteilt wird. Wird die Auskunftserteilung als solche rechtswidrig abgelehnt oder verzögert sich die Auskunftserteilung über das zulässige Höchstmaß der Bearbeitungszeit hinaus, muss ein Folgenbeseitigungsanspruch hingegen bereits tatbestandlich ausscheiden, da dieser bei einem Unterlassen bzw. einem qualifizierten Unterlassen keine Anwendung finden kann.[1015] So fehlt es dem Steuerpflichtigen hierbei an einer rechtlich schutzwürdigen Position.[1016] Zudem ist zu beachten, dass ein Folgenbeseitigungsanspruch für eine rechtswidrig erteilte verbindliche Auskunft bereits tatbestandlich nur solange in Betracht kommt, wie die verbindliche Auskunft nicht in Bestandskraft erwachsen ist. Ist hingegen bereits Bestandskraft eingetreten, so muss auch der Folgenbeseitigungsanspruch ausscheiden, da mit der Bestandskraft eine Legalisierung einhergeht, die dazu führt, dass ein rechtswidriger Zustand nicht mehr andauert, sondern rechtmäßig wird.[1017]

Interessanter als die Anwendbarkeit des Folgenbeseitigungsanspruchs sind wiederum sein Inhalt und die Rechtsfolgenseite. So ist zwar grundsätzlich anerkannt, dass dieser – anders als der Amtshaftungsanspruch – nicht auf Vermögensausgleich, sondern auf Naturalrestitution ausgerichtet ist.[1018] Wie sich dies allerdings konkret ausgestaltet, lässt sich nicht pauschaliert sagen. Hierbei vertritt auch der BFH bzgl. der verbindlichen Auskunft nach § 89 Abs. 2 AO eine einschränkende Ansicht. In der Literatur ist dieser Frage bislang – soweit ersichtlich – nur wenig Beachtung geschenkt worden. Vielmehr sind die Streitfragen weitestgehend opak geblieben.

1015 *Bumke*, JuS 2005, 22.

1016 *Bumke*, JuS 2005, 22.

1017 *Papier/Shirvani*, in: Münchener Kommentar BGB, § 839 Rn. 86; *Bumke*, JuS 2005, 22 (24). In BVerwGE 28, 155 (163) wird hierfür zudem zutreffend angeführt, dass andernfalls das Verfahren der Anfechtungs- und Verpflichtungsklage ausgehebelt werden könnte. Dieses gebietet es gerade, dass bei bestandkräftigen VAen kein Rechtsschutz mehr möglich ist. Gleichwohl muss Bestandskraft bereits tatsächlich eingetreten sein, sodass die bloße Möglichkeit der Verwaltung zur Legalisierung nicht genügt, vgl. *Voßkuhle/Kaiser*, JuS 2012, 1079 (1081).

1018 *Grzeszick*, in: BeckOK GG, Art. 34 Rn. 42.

a) Auffassung der Rechtsprechung

Nach den übereinstimmenden Judikaten des BFH richte sich der Folgenbeseitigungsanspruch nur auf die Wiederherstellung des ursprünglichen, vor der rechtsfehlerhaften Auskunft bestehenden rechtmäßigen Zustands.[1019] Damit sei der Steuerpflichtige im Rahmen des rechtlich Zulässigen so zu stellen, als wäre der Verstoß nicht passiert.[1020] Darüber hinausgehend stellt der BFH zudem in seiner Entscheidung v. 21.8.2012 klar, dass sich der Folgenbeseitigungsanspruch auch nur auf die unmittelbaren Folgen beziehe, nicht jedoch auf die mittelbaren Folgen (etwa die Aufwendungen für das Einspruchs- und Klageverfahren gegen die erteilte fehlerhafte verbindliche Auskunft).[1021] Daher sei es auch nicht möglich, dass der Steuerpflichtige so gestellt wird, wie er im Falle einer rechtmäßig erteilten verbindlichen Auskunft stünde.

b) Eigene Stellungnahme

Um die Rechtsprechung des BFH adäquat bewerten zu können, ist zunächst ein Blick auf die Grundlagen des allgemeinen Folgenbeseitigungsanspruchs zu werfen. Aus einem historischen Blickwinkel heraus lässt sich feststellen, dass der Folgenbeseitigungsanspruch dafür konstruiert wurde, um für rechtswidrige Folgen rechtmäßigen Handelns einen Ausgleich zu schaffen, mithin die „verletzte Rechtsintegrität“[1022] wiederherzustellen. Dementsprechend richtet sich der Folgenbeseitigungsanspruch auch auf die Wiederherstellung des *früheren, noch unverletzten* Zustands (status quo ante)[1023] bzw. wie es Bumke noch präziser feststellt, auf Wiederherstellung

1019 BFH, Beschl. v. 27.2.2007, III B 158/06, JURIS, Rn. 11.

1020 BFH, Beschl. v. 27.2.2007, III B 158/06, JURIS, Rn. 15. Sich diesem Judikat anschließend BFHE 239, 38 (43).

1021 BFHE 239, 38 (43) unter Verweis auf FG München, Urt. v. 27.4.2006, 5 K 4680/03, JURIS, Rn. 20.

1022 So die prägnante Formulierung von *Bumke*, JuS 2005, 22 (25). Ursprünglich ging es in den 1950-er Jahren vor allem um Einweisungsfälle in Wohnungen, wobei das Problem auftrat, dass den Wohnungseigentümern kein Recht zustand, die eingewiesenen Personen nach Ablauf einer gewissen Zeit wieder aus ihren Wohnungen auszuweisen. Dazu bedurfte es vielmehr des allgemeinen Folgenbeseitigungsanspruchs, der insoweit maßgeblich auf Bachof zurückgeht.

1023 BVerwGE 69, 366 (371); 94, 100 (109); *Bumke*, JuS 2005, 22 (24).

eines *gleichwertigen* Zustands[1024], sodass der Anwendungsbereich des Folgenbeseitigungsanspruchs sachlich eng begrenzt ist.[1025] Die Pflicht zur Beseitigung richtet sich nach Art und Umfang der Beeinträchtigung und wird durch diese begrenzt.[1026] An diesen schon vor Jahrzehnten entwickelten Grundsätzen hat sich insofern bis heute nichts Grundlegendes verändert. Vielmehr hat die Rechtsprechung diese immer wieder angewandt und bestätigt.[1027] Wendet man sie auf die verbindliche Auskunft an, so kann der Steuerpflichtige so gestellt werden, wie er stünde, wenn keine verbindliche Auskunft erteilt worden wäre. Gleichwohl stünde er in diesem Fall schlicht ohne eine solche da, sodass vom Folgenbeseitigungsanspruch nicht umfasst sein kann, dass der Steuerpflichtige so gestellt wird, wie er im Fall einer rechtmäßig erteilten verbindlichen Auskunft stünde[1028], denn er kann nicht etwas erlangen, dass er nie besessen hat.

Fernerhin würde eine solche Rechtsfolge auch schon dem Begriffsverständnis des Folgen*beseitigungs*anspruchs nicht gerecht werden, da insofern kein rechtswidriger Zustand *beseitigt*, sondern vielmehr ein andersartiger Zustand *geschaffen* werden würde, der vor der Auskunftserteilung nicht bestand. Damit würde man dem Folgenbeseitigungsanspruch das Gepräge eines Herstellungsanspruchs geben.[1029] Ein solcher ist einzig im Sozialrecht anerkennt, nicht jedoch im Steuerrecht. Außerdem bedarf eine solche Wirkung des Folgenbeseitigungsanspruchs nach überzeugender Judikatur des BVerwG einer entsprechenden Rechtsgrundlage, die jedenfalls de lege lata nicht existiert.[1030] Aus diesem Grunde ist die Rechtsprechung des BFH zu begrüßen und in der Sache völlig zutreffend.

1024 *Bumke*, JuS 2005, 22 (24). Dem folgend *Schoch*, Die Verwaltung 44 (2011), 397 (207).

1025 BVerwGE 28, 155 (165).

1026 BVerwGE 100, 119.

1027 *Schoch*, Die Verwaltung 44 (2011), 397 m.w.N. auf die Judikatur des BVerwG.

1028 Vgl. auch BVerwG, DVBl 1979, 852 (855) sowie *Papier/Shirvani*, in: Münchener Kommentar BGB, § 839 Rn. 85, wobei Letztere insoweit überzeugend darlegen, dass der Folgenbeseitigungsanspruch nicht auf einen „hypothetischen Zustand („der bestehen würde, wenn der zum Ersatz verpflichtende Umstand nicht eingetreten wäre")", sondern auf die Wiederherstellung des ursprünglichen oder zumindest eines gleichwertigen Zustands gerichtet ist. In diesem Sinne auch *Voßkuhle/Kaiser*, JuS 2012, 1079 (1081).

1029 Zutreffend konstatiert daher Bumke, dass der Folgenbeseitigungsanspruch kein „allgemeiner Wiedergutmachungsanspruch" ist, vgl. *Bumke*, JuS 2005, 22 (25).

1030 BVerwGE 28, 155 (165) m.w.N.

Somit besteht – im Einklang mit der st. Rspr. sowie dem überwiegenden Schrifttum im allgemeinen Verwaltungsrecht zu den Grundlagen des FBA – keine Möglichkeit für den Steuerpflichtigen, über einen Folgenbeseitigungsanspruch den Zustand zu erreichen, der bei einer rechtmäßig erteilten verbindlichen Auskunft bestünde.[1031] Insofern müsste er vielmehr einen erneuten Antrag auf verbindliche Auskunft stellen. Ist dieser von vornherein nicht bescheidungsfähig, etwa weil der Sachverhalt mittlerweile schon verwirklicht wurde, so bleibt dem Steuerpflichtigen nur die Möglichkeit, so gestellt zu werden, wie er ohne die erteilte rechtswidrige Auskunft stünde. Damit kann er nicht in den Genuss einer Positivauskunft kommen, sondern muss sich mit der Finanzverwaltung ausschließlich im Veranlagungs- und Festsetzungsverfahren auseinandersetzen.

3. Exkurs: Ansprüche gegen den (Steuer-)berater bei Nichthinweis auf die Möglichkeit der Beantragung einer verbindlichen Auskunft

Neben der Amtshaftung aus § 839 BGB i.V.m. Art. 34 GG im Rahmen der verbindlichen Auskunft beschäftigte sich der BGH auch bisweilen mit der Haftung des Steuerberaters bei Nichthinweis auf die Möglichkeit der Beantragung einer verbindlichen Auskunft.[1032] So besteht zwischen dem Steuerberater und dem Mandanten in aller Regel ein entgeltlicher Geschäftsbesorgungsvertrag i.S.d. § 675 Abs. 1 BGB, nach dem die allgemeinen Haftungsregeln des Zivilrechts und damit auch § 280 Abs. 1 S. 1 BGB Anwendung findet.[1033] Mit seiner grundlegenden Entscheidung v. 8.2.2007 judizierte der BGH – soweit ersichtlich erstmals und in Ergänzung seiner Rechtsprechung zur Berufshaftung der Rechtsanwälte –, dass eine beson-

1031 Damit verläuft die Lösung dieses Problems in derselben Weise wie auch bei der Frage der Einräumung der Rechtsstellung eines Beamtenverhältnisses auf Probe durch einen FBA, obwohl zuvor lediglich ein Beamtenverhältnis auf Widerruf bestand. Auch hier lehnt es die Rechtsprechung ab, dem Folgenbeseitigungsanspruch eine solch erweiternde Wirkung beizumessen, vgl. BVerwGE 28, 155 (165).

1032 Instruktiv hierzu *Martini*, AO-StB 2016, 140 ff., der einen Gesamtüberblick über die zivilrechtliche Haftung von Rechtsanwälten und Steuerberatern und die hierzu existierende Judikatur gibt. Wie oben unter E. III. 1. d) aufgezeigt, ist es ebenfalls möglich, den (steuer-)rechtlichen Berater dann in Anspruch zu nehmen, wenn er die evidente Rechtswidrigkeit der verbindlichen Auskunft nicht erkannt hat und daher der Steuerpflichtige gegenüber dem Staat keine Schadensersatzansprüche geltend machen kann.

1033 *Martini*, AO-StB 2016, 140.

dere Pflicht zur Einholung einer verbindlichen Auskunft durch den Rechtsanwalt und/oder Steuerberater immer dann bestehe, wenn die Rechtslage nach Ausschöpfung sämtlicher eigener Erkenntnismöglichkeiten ungeklärt sei und die Beratung eine einschneidende, dauerhafte, später praktisch nicht mehr korrigierbare rechtliche Gestaltung betrifft.[1034] Damit verfolgt der BGH einen differenzierenden Lösungsansatz, sodass eine Hinweispflicht nicht generell bejaht wird. So bestehe etwa keine Hinweispflicht, wenn der Rechtsanwalt und/oder Steuerberater selbst dazu imstande sei, eine rechtliche Lösung zu entwickeln, der lediglich eine Kontroverse in der instanzgerichtlichen Rechtsprechung oder in der steuerrechtlichen Literatur entgegenstehe.[1035] Damit folgt der BGH dem Ansatz des OLG Karlsruhe, welches eine Pflicht des Rechtsanwalts und/oder Steuerberaters zur Einholung einer verbindlichen Auskunft bei jedem in der steuerlichen Literatur angesprochenen Rechtsproblem verneint.[1036] Anders sei dies nur bei durchgreifenden Rechtsunsicherheiten von erheblicher wirtschaftlicher Bedeutung.[1037] In diesen Fällen gebiete es das Gebot des sichersten Weges, eine Beantragung der verbindlichen Auskunft zu empfehlen.[1038] Diese sei zudem so rechtzeitig zu beantragen, dass das Ergebnis noch vor einer endgültigen Entscheidung (etwa der Unterzeichnung eines Gesellschaftsvertrags vor dem Notar) vorliege.[1039]

Es bleibe allerdings bei einer bloßen Empfehlung, sodass die eigentliche Entscheidung darüber, ob ein Antrag auf verbindliche Auskunft gestellt wird, voll und ganz dem Mandanten obliege, es vielmehr sogar dem

---

1034 So der Tenor der Entscheidung, vgl. BGH, BB 2007, 905. Dem stimmt offenbar *Rätke*, in: Klein, AO, § 89 Rn. 80 zu, indem er davon ausgeht, dass sich die Hinweispflichten unter Geltung der nun kodifizierten verbindlichen Auskunft in § 89 Abs. 2 AO sogar noch verstärken werden. Konkretisierend zu dieser BGH-Judikatur hat auch schon früher das OLG Düsseldorf, Stbg 2004, 508 (509) m. Anm. *Spiess* darauf hingewiesen, dass der Steuerberater zwar grundsätzlich auf eine bestehende höchstrichterliche Rechtsprechung vertrauen dürfe, ja sich sogar nach ihr zu richten habe. Dies gelte allerdings dann nicht, wenn entgegenstehende Stimmen der Instanzgerichte oder der Literatur auf eine neue Rechtsentwicklung hinweisen und insofern eine Neubeantwortung der entsprechenden Rechtsfrage naheliegt.

1035 BGH, BB 2007, 905 (907).

1036 OLG Karlsruhe, DStR 2006, 533 (534) m. Anm. *Frick*. Ähnlich auch OLG Düsseldorf, Stbg 2004, 508 (510) m. Anm. *Spiess*, welches davon ausgeht, dass die Anforderungen nicht überspannt werden dürfen.

1037 Siehe hierzu auch OLG Düsseldorf, Stbg 2004, 508 (509) m. Anm. *Spiess*.

1038 Vgl. zum Gebot des sichersten Weges im Rahmen der Steuerberatung auch schon OLG Düsseldorf, Stbg 2004, 508 (509) m. Anm. *Spiess*.

1039 Ebenso OLG Karlsruhe, DStR 2006, 533 (534) m. Anm. *Frick*.

Rechtsanwalt und/oder Steuerberater untersagt sei, dies ohne oder sogar gegen den Willen des Mandanten zu tun.[1040] Diese Maßstäbe gelten nach Auffassung des BGH auch dann, wenn der Mandant parallel mehrere Rechtsanwälte und/oder Steuerberater einschaltet. In diesem Fall entbinde dies den einzelnen Berater in keiner Weise von seinen Pflichten.[1041] Der BGH fingiert gewissermaßen, dass der zweite Berater überhaupt nicht mandatiert worden ist.[1042] Gleichwohl ist es trotzdem möglich, zwischen den beteiligten Beratern und dem Mandanten eine schriftliche Vereinbarung über die jeweilige Aufgabenverteilung zu schließen. Ist dies geschehen, so reduziert sich die Haftung des einzelnen Beraters auf seinen jeweiligen Aufgabenbereich.

Hinzu zu dieser prima facie restriktiven haftungsrechtlichen Judikatur des BGH kommt, dass im Falle der Unterlassung des Hinweises auf Beantragung einer verbindlichen Auskunft das Zivilgericht eigenständig entscheidet, welchen Inhalt die verbindliche Auskunft der Finanzverwaltung mutmaßlich gehabt hätte.[1043] Dabei ist dieses auch nicht an die bereits ergangene Rechtsprechung der Finanzgerichtsbarkeit oder an die Auffassung der Finanzverwaltung gebunden.[1044]

Hier holt den Rechtsanwalt und/oder Steuerberater insofern das bereits dargestellte Problem der eingeschränkten gerichtlichen Kontrolldichte[1045] wieder ein. Während der BFH diese rigoros vertritt, kennt sie der BGH nicht, sodass er vollumfänglich prüft. Hierdurch läuft der Berater stets latent Gefahr, für etwas haftbar gemacht zu werden, dass er selbst nicht verhindern konnte. Hier zeigt sich demzufolge eine Disparität der Rechtsprechungslinien von BFH und BGH.[1046] Eine adäquate Lösung für dieses Problem ist prima facie nicht ersichtlich. Letztlich kann der Berater sein eigenes Haftungsrisiko nur dadurch minimieren, dass er geradezu pedan-

---

1040 BGH, DB 2008, 55. Es bleibt gleichwohl zu empfehlen, diesen Beratungs- und Empfehlungsprozess sorgfältig zu dokumentieren, um spätere Haftungsprobleme zu vermeiden, vgl. auch die Ausführungen von *Frick*, Anm. zum Urteil des OLG Karlsruhe v. 26.10.2005 (13 U 136/03), DStR 2006, 533 (535) zur Beratungspflicht.

1041 BGH, BB 2007, 905 (907).

1042 Zu den weiteren Einzelfragen bei Mehrfachmandaten, insb. zur Frage der gegenseitigen Kontroll- und Überprüfungspflichten siehe statt vieler *Martini*, AO-StB 2016, 140 (141).

1043 BGH, DB 2008, 55. In diesem Sinne auch OLG Düsseldorf, Stbg 2004, 508 (511) m. Anm. *Spiess*.

1044 *Martini*, AO-StB 2016, 140 (142).

1045 Vgl. oben E. II. 2.

1046 Hierzu ebenfalls kritisch *Lindwurm*, AO-StB 2013, 54 (55).

tisch auf etwaige Zweifel in der steuerlichen Beurteilung achtet und schon bei geringsten Abweichungen dem Mandanten die Einholung einer verbindlichen Auskunft vorschlägt.[1047] Damit wird die Beantragung einer verbindlichen Auskunft in der Praxis wohl regelmäßig empfohlen werden, wodurch es auch vorkommen kann, dass nicht erforderliche Auskunftsersuchen gestellt werden, die letztlich unnötigen Aufwand für die Finanzverwaltung und Kosten für den Steuerpflichtigen verursachen.[1048]

Die Folge kann damit auch ein Zirkelschluss sein. Insofern erscheint es durchaus denkbar, dass der Mandant seinen Rechtsanwalt und/oder Steuerberater für eine letztlich widersinnig beantragte verbindliche Auskunft im Nachhinein in Regress nimmt. Dem primären Interesse des Mandanten, rechtssicher seine eigene Besteuerung planen zu können, wird damit nur sehr begrenzt gedient sein.[1049]

F. Ergebnis

Anhand der vorstehenden Ausführungen konnte gezeigt werden, dass die verbindliche Auskunft nach § 89 Abs. 2 AO entgegen der in der Einleitung geäußerten Befürchtungen einiger Autoren keine Kooperation *anstelle* des ordnungsrechtlichen Vollzugs ist, sondern ein *Teil des* ordnungsrechtlichen Vollzugs.[1050] Sie hat sich im Steuerrecht auch grundsätzlich bewährt[1051]

1047 So auch *Misera/Baum*, Ubg 2008, 221 (229); *Waclawik*, Anm. zum BGH-Urteil v. 15.11.2007 (IX ZR 34/04), DStR 2008, 321 sowie *Ruppert*, Anm. zum BGH-Urteil v. 8.2.2007 (IX ZR 188/05), DStR 2007, 1098 (1099). Anders hingegen noch *Frick*, Anm. zum Urteil des OLG Karlsruhe v. 26.10.2005 (13 U 136/03), DStR 2006, 533 (534), nach dessen Ausführungen es nicht zu befürchten sei, dass der Steuerberater regelmäßig mit dem Vorwurf konfrontiert werde, dass er sich durch die Nichteinholung einer verbindlichen Auskunft pflichtwidrig verhalten habe.

1048 Wobei es im Regelfall dazu kommen wird, dass die Finanzverwaltung eine solche nicht erforderliche verbindliche Auskunft bereits aus formalen Gründen abweist, da insofern häufig einer der zahlreichen Ablehnungsgründe einschlägig sein wird oder aber auch das notwendige berechtigte Interesse bereits fehlt.

1049 Kritisch hinsichtlich der Mandantenfreundlichkeit der BGH-Judikatur äußert sich auch *Ruppert*, Anm. zum BGH-Urteil v. 8.2.2007 (IX ZR 188/05), DStR 2007, 1098 (1099).

1050 In dieselbe Kerbe schlägt auch *Drüen*, FR 2011, 101 (107), der dies generell für Kooperationen zwischen Finanzverwaltung und Steuerpflichtigem konstatiert.

1051 So auch *Dannecker/Werder*, BB 2017, 284 (288); *Bödden*, kösdi 2016, Rn. 7; *Olgemöller*, AG 2014, 393 (395); *Horst*, Verbindliche Auskunft, S. 206 f.; *Rätke*, BBK 2009, 951 ff.; *Neumann*, in: Gestaltungsfreiheit und Gestaltungsmissbrauch im

und wird gerade von Unternehmen regelmäßig in Anspruch genommen, da sie dadurch häufig die zentrale Frage eines Geschäftsmodells vorab verbindlich von der Finanzverwaltung als zulässig bzw. unzulässig bescheiden lassen können[1052] und somit nicht Gefahr laufen, dass betriebswirtschaftlich sinnvolle Handlungen über den „Bumerang des Steuerrechts" in ihr Gegenteil verkehrt werden.[1053]

Gleichwohl existieren auch zahlreiche Kritikpunkte. So stellt der Gesetzgeber besonders im Rahmen der Antragstellung hohe Hürden auf, die in aller Regel eine professionelle Beratung erforderlich machen.[1054] Es ist geradezu „peinlich auf Vollständigkeit zu achten"[1055]. Damit konterkariert er zwar nicht den Zweck der verbindlichen Auskunft, Rechts- und Planungssicherheit zu schaffen, jedoch hält er viele Steuerpflichtige faktisch davon ab, einen Antrag auf verbindliche Auskunft zu stellen, da sich eine Antragstellung erst ab einem gewissen Gegenstandswert lohnen wird. Viele Rechtsfragen, die zwar kompliziert sind, aber in aller Regel keine besonders hohen Kosten verursachen, werden damit von der Finanzverwaltung effektiv nicht beschieden. Ein Zustand, der zumindest bedenklich er-

---

Steuerrecht, S. 73 (84). Ebenso sind auch die Erfahrungen im dänischen Steuerrecht, vgl. *Lauesen*, DStZ 1987, 147 (149). *Frase*, Anm. zum BFH-Urteil v. 29.2.2012 (IX R 11/11), BB 2012, 1969 (1972) folgt dem mit der Einschränkung, dass für umwandlungssteuerrechtliche Fragen jahrelang keine verbindliche Auskunft erteilt wurde. Wohl a.A. ist *P. Kirchhof*, in: FS Spindler, S. 463 (469), der den Einsatzbereich der verbindlichen Auskunft nach § 89 Abs. 2 AO als bescheiden bezeichnet und eher eine skeptische Haltung zum Ausdruck bringt. Ihm folgend *Wagner*, in: Kühn/v. Wedelstädt, AO/FGO, § 89 AO Rn. 6.

1052 A.A. noch *Flick*, in: FS Offerhaus, S. 849 ff., dessen Ausführungen sich aber auf die Rechtslage im Jahr 1999 und damit vor der gesetzlichen Kodifikation beziehen. Jedenfalls in diesem Punkt scheint die gesetzliche Regelung im Jahr 2006 Aufwind gegeben zu haben. Die Skepsis der Unternehmen, einen Auskunftsantrag zu stellen, ist damit zurückgegangen.

1053 *Stark*, DB 2007, 2333 zeigt dies anschaulich anhand einer Umstrukturierung auf, bei der die Aufdeckung stiller Reserven den steuerlichen Super-GAU darstellt.

1054 Zum selben Ergebnis gelangt *Bödden*, kösdi 2016, Rn. 9. Zudem berichtet *Dalichau*, Auskünfte und Zusagen, S. 32 davon, dass bei der OFD Karlsruhe von 555 Anträgen zum BMF-Schreiben v. 24.6.1987, BStBl I 1987, 474 ca. ein Drittel aller Anträge aus formellen Gründen abgelehnt wurde. Dies zeigt wieder einmal das Dilemma, das Gesetzgebung und Finanzverwaltung durch die hohen formellen Hürden schaffen. Von einem einfachen und bürgernahen Zugang zu Auskünften kann daher keine Rede sein. Vom Durchschnittssteuerpflichtigen ohne vertiefte steuerrechtliche Kenntnisse vermag es nicht angewendet zu werden, vgl. auch *Dalichau*, Auskünfte und Zusagen, S. 34.

1055 *Birk*, in: FS Pöllath, S. 161 (166).

scheint, soll doch auch die Finanzverwaltung ein moderner Dienstleister des Steuerpflichtigen sein. Hinzu kommt die extensive Lesart der Ausschlussgründe, sodass die Finanzverwaltung ihr missliebige verbindliche Auskünfte zumeist nicht erteilt.[1056]

Die umstrittene und nach hier vertretener Auffassung sogar bereits dem Grunde nach verfassungswidrige Gebührenpflicht sowie der nach derzeitiger höchstrichterlicher Rechtsprechung mit Blick auf die eingeschränkte Kontrolldichte fragile Rechtsschutz verstärken zudem die Kritik an der verbindlichen Auskunft im Steuerrecht. In diesen beiden Aspekten zeigt sich der BFH sehr profiskalisch und überlässt der Finanzverwaltung große Spielräume, die in einigen Fällen faktisch dazu führen können, dass das Auskunftsverfahren ausgehöhlt wird und der Steuerpflichtige auf das spätere Steuerfestsetzungsverfahren verwiesen bleibt.

Flankierend kommt hinzu, dass sich der faktisch fehlende Primärrechtsschutz auch nicht über den Sekundärrechtsschutz wieder einfangen lässt. So überlässt auch hier die Rechtsprechung, dieses Mal aufgrund der gerichtlichen Kompetenzverteilung die des BGH, dem handelnden Finanzbeamten weite Spielräume. Obgleich man den BFH kritisieren kann, ist dem BGH hier keinen Vorwurf machen. Er nimmt richtigerweise den handelnden Finanzbeamten in Schutz, der auch nicht „in die Glaskugel" schauen kann, um die einzig richtige rechtliche Lösung zu finden. Auch er unterliegt hoher Rechtsunsicherheit, sodass man ihm wohl zubilligen muss, dass eine vertretbare Lösung genügt, um den Haftungstatbestand nicht auszulösen. Über das Vehikel des Verschuldens sind daher Sekundäransprüche in aller Regel nicht gegeben. Damit führt dies aber dennoch zu einer weiteren Entwertung der verbindlichen Auskunft. Hinzu kommt, dass weitere Zweifelsfragen wie die Korrekturmöglichkeit von verbindlichen Auskünften bislang nicht rechtssicher geklärt werden konnten.

Somit ist die verbindliche Auskunft nach § 89 Abs. 2 AO ein Schritt in die richtige Richtung, der „große Wurf" ist damit aber in der derzeitigen Ausgestaltung nicht gelungen, sodass auch nach über zehn Jahren gesetzlicher Normierung einige zentrale und bislang nicht endgültige abgearbeitete Baustellen bleiben, die zwangsläufig zu gewissen Inkongruenzen führen.[1057] Das erklärte Ziel, dem Steuerpflichtigen möglichst schnell, nicht allzu formalistisch und ohne zu große Kosten einen Bescheid zu verschaf-

1056 So auch *Dißars/Bürkle*, StB 2007, 54 (55).

1057 Neben der hier dargestellten Kritik gibt *Horst*, Verbindliche Auskunft, S. 208 außerdem zu bedenken, dass durch eine extensive Verwaltungsanweisungspraxis die fehlerhafte Anwendung der verbindlichen Auskunft provoziert werde.

fen, der ihm zuverlässig Aufschluss über die Besteuerung eines zukünftigen Sachverhalts gibt[1058], ist jedenfalls nach derzeitigem Rechts(erkenntnis-)stand nicht vollständig erreicht worden. Negativer ist dagegen das Fazit von Roser, der von „große[n] Erwartungen, [aber] enttäuschende[r] praktische[r] Umsetzung" spricht. [1059] In eine ähnliche Richtung weist auch das Ergebnis von Seer, der § 89 Abs. 2 AO als „rudimentäre, bruchstückhafte Regelung der verbindlichen Auskunft"[1060] bewertet. Insbesondere ist in diesem Zusammenhang dem Vorschlag von Letzterem uneingeschränkt zuzustimmen, die verbindliche Auskunft gemeinsam mit der verbindlichen Zusage nach einer Außenprüfung (§§ 204 – 207 AO) in einen gesonderten Abschnitt der kooperativen Handlungsformen unter der im allgemeinen Verwaltungsrecht anerkannten Rechtsform der Zusage zu implementieren.[1061] Im Rahmen eines solchen Reformprojekts wäre es zudem begrüßenswert, auch die bislang ungeregelte tatsächliche Verständigung im selben Abschnitt mit zu regeln.

Wie es im Gegensatz zur verbindlichen Auskunft im Steuerrecht für eine verbindliche Auskunft im allgemeinen Verwaltungsrecht besser und vor allem in verfassungsrechtlich einwandfreier Weise umgesetzt werden kann, wird damit in den folgenden Kapiteln eingehend auch unter Bezugnahme auf den Bauvorbescheid nach § 73 Abs. 1 S. 1 NBauO zu betrachten sein.

Gleichwohl schlägt sich dieser eher negative Befund in der Praxis nicht vollends nieder, denn trotz aller Widrigkeiten erfreut sich die verbindliche Auskunft nach § 89 Abs. 2 AO – wie bereits an anderer Stelle erwähnt – konstanter Beliebtheit, vgl. nur *Strunk*, Stbg 2014, 159, was vor allem auf die hinter der verbindlichen Auskunft grundsätzlich sehr überzeugende Grundvorstellung zurückzuführen sein dürfte.

1058 *W. Steinberg*, Selbstbindung, S. 24.

1059 *Roser*, GmbH-StB 2016, 244.

1060 *Seer*, FR 2017, 161 (162).

1061 *Seer*, in: FS Pelka, S. 35 (41). Dem stimmt auch *Horst*, Verbindliche Auskunft, S. 207 uneingeschränkt zu. Hierfür scheint zudem *Hey*, Steuerplanungssicherheit, S. 733 f. Sympathien zu haben, die das bestehende System der Normierung einzelner Zusagetatbestände jedenfalls als schwer zu rechtfertigen kritisiert.

Drittes Kapitel: Der Bauvorbescheid im Bauordnungsrecht der Länder – dargestellt am Beispiel von § 73 Abs. 1 S. 1 NBauO

Die verbindliche Auskunft nach § 89 Abs. 2 AO als Rechtsinstitut zur verbindlichen Vorabklärung eines zukünftigen Sachverhalts ist – wie bereits oben dargestellt[1062] – kein Unikum, welches in dieser Art noch kein anderes Rechtsgebiet erreicht hat. So bestand schon vor der gesetzlichen Regelung der verbindlichen Auskunft in § 89 Abs. 2 AO im Baurecht die Möglichkeit, einen Bauvorbescheid zu beantragen.[1063] In Niedersachsen findet sich die entsprechende Rechtsgrundlage nunmehr in § 73 Abs. 1 S. 1 NBauO, der stellvertretend für die anderen Vorbescheide, vornehmlich im Immissionsschutz- und Atomrecht, an dieser Stelle umfassend thematisiert wird, da dieser – blickt man auf die ergangenen Verdikte der Rechtsprechung sowie die große Schar an publizierter Literatur[1064] – unter ihnen die größte Bedeutung hat.[1065] Zudem ähneln sich die Vorbescheidsregelungen

1062 Unter Kapitel 1 B. IV.

1063 Der Bauvorbescheid wird gar als „Leitbild für die Ausgestaltung des gestuften Verwaltungsverfahrens“ angesehen, vgl. *Mann*, Das gestufte Verwaltungsverfahren, S. 18.

1064 Nach der am 6.7.2017 durchgeführten JURIS-Recherche zum Bauvorbescheid ergaben sich bundesweit 3.852 Treffer. Dieselbe Suche für den immissionsschutzrechtlichen Vorbescheid ergab 192 Treffer, für den atomrechtlichen Vorbescheid fanden sich 25 Treffer.

1065 So auch *Heimpel*, Bauvorbescheid, S. 14, die anschaulich darstellt, dass besonders im Immissionsschutzrecht die mit dem Vorbescheid erhoffte Wirkung weitestgehend ausgeblieben ist. Siehe hierzu auch *Dietlein/Thiel*, DV 38 (2005), 211 (216) sowie *Jarass*, UPR 1983, 241 (248), wobei Letzterer insoweit von einer Überlastung des immissionsschutzrechtlichen Vorbescheids spricht. Selbiges gilt auch für das Atomrecht, vgl. *Drescher*, Rechtsprobleme des Bauvorbescheids, S. 1; *Kutscheidt*, in: FS Sendler, S. 303 (310) sowie *Feldmann*, ET 1984, 775. In beiden Rechtsgebieten dominiert die – im weiteren Verlauf dieses Kapitels noch darzustellende – Teilgenehmigung die Rechtspraxis. Siehe zu dieser Dominanz auch *Vogelsang/Zartmann*, NVwZ 1993, 855 (856) sowie *Kutscheidt*, in: FS Sendler, S. 303 (304), wobei Kutscheidt treffend konstatiert, dass nicht alle anfänglichen Blütenträume gereift sind, was vor allem daran liegt, dass in beiden Rechtsgebieten statt eines Vorbescheids aufgrund des starken Bedürfnisses nach umfassender Rechts- und Planungssicherheit auch direkt eine Teilgenehmigung beantragt werden könnte.

im besonderen Verwaltungsrecht jedenfalls von ihrer Grundkonzeption her relativ stark, sodass viele Ausführungen zum Bauvorbescheid auch sinngemäß für die anderen Vorbescheidsregelungen gelten, mithin eine instruktive Darstellung aller Vorbescheide des besonderen Verwaltungsrechts keinen echten Mehrwert für die Ursprungsfrage nach einer möglichen verbindlichen Auskunft im allgemeinen Verwaltungsrecht bringen würde. Somit wird sich an der Stelle alleine auf das Baurecht fokussiert, wobei das Immissionsschutz- und Atomrecht insofern zumindest inzident Eingang finden, als sie an ausgewählten Stellen zur Stärkung der baurechtlichen Grundsätze beitragen können.

A. Entstehungsgeschichte und Wesensmerkmale

Der Bauvorbescheid als „kleine Baugenehmigung"[1066] und wichtiges Institut der Verfahrensstufung im baurechtlichen Genehmigungsverfahren[1067] ist im Rahmen einer historischen Betrachtung der erste Anspruch auf den Erlass eines Vorbescheids mit dem Ziel der Verfahrensstufung und hat damit eine lange Tradition, die sogar bis in das 19. Jahrhundert zurückreicht.[1068] So war er bereits vom Preußischen OVG anerkannt worden.[1069] Der Bauvorbescheid dient seit jeher dazu, einzelne komplizierte Fragen des Baugenehmigungsverfahrens bereits vorab durch die zuständige Baugeneh-

1066 Die Bezeichnung als „kleine Baugenehmigung" rührt neben dem noch darzustellenden Inhalt des Bauvorbescheids daher, dass dieser seinem Wesen nach auf eine anschließende Baugenehmigung ausgelegt ist, vgl. nur VGH Mannheim, NVwZ 1997, 1008.

1067 *Kolbeck*, Bauvoranfrage und Bauvorbescheid, S. 19. Zur erheblichen praktischen Bedeutung des Bauvorbescheids im Baurecht siehe auch *Burgi/Durner*, Modernisierung des Verwaltungsverfahrens durch Stärkung des VwVfG, 2012, S. 94.

1068 *Heimpel*, Bauvorbescheid, S. 13.

1069 Für viele PrOVGE 104, 206 (208). Erstmals gesetzlich geregelt wurde dieser durch den im Jahr 1919 vorgelegten Entwurf einer Einheitsbauordnung (EBO) für die preußischen Gebiete, mit der die vorher über 300 einzelnen Bauordnungen vereinheitlicht werden sollten. Allgemein zur historischen Entwicklung des Bauvorbescheids siehe *Heimpel*, Bauvorbescheid, S. 19 ff.; *Mann*, Das gestufte Verwaltungsverfahren, S. 50 ff. sowie *Reichelt*, Vorbescheid, S. 13 ff., 22 ff. Grundlegend zur Entwicklung von Vorbescheiden in der deutschen Rechtsordnung *Schmidt-Assmann*, in: FG BVerwG, S. 569 (574).

migungsbehörde verbindlich klären zu lassen[1070] und ist als Instrument des Vertrauensschutzes[1071] und Bestandteil eines „Baukastensystems“[1072] zu verstehen. Besonders reizvoll ist er einerseits für private Bauherrn und andererseits für gewerbliche Investoren, die ein Grundstück erwerben möchten, um es später als Bauträger oder zu Anlagezwecken zu bebauen und damit wirtschaftlich nutzbar zu machen.[1073]

Zugeschnitten ist der Bauvorbescheid originär auf die städtebauliche Zulässigkeit von Planungsvorhaben, für die der Bauvorbescheid auch ursprünglich vom Preußischen OVG kreiert wurde.[1074] Dies hat den Hintergrund, dass die „Väter“ des Bauvorbescheids diesen zur Klärung grundsätzlicher Fragen konzipiert haben, während vergleichsweise „unkritische“ Fragen des Bauordnungs- oder Baunebenrechts auch im nachgelagerten Baugenehmigungsverfahren geklärt werden können.[1075] Sind dementsprechend solche bauplanungsrechtlichen Fragen Gegenstand des Antrags und ergeht daraufhin ein entsprechend Bauvorbescheid, wird dieser als Bebauungsgenehmigung bezeichnet.[1076] Gleichwohl können aber auch bauordnungsrechtliche, baunebenrechtliche oder sogar außerbaurechtliche Fra-

---

1070 *Hebeler/Schäfer*, Jura 2010, 881 (885). Besondere Relevanz entfaltet der Bauvorbescheid damit auch für öffentliche Fördertöpfe wie Konjunkturprogramme, die häufig nur für eine sehr kurze Zeit gewährt werden, sodass der potenzielle Antragsteller schnell Gewissheit darüber braucht, wie sein Vorhaben baurechtlich einzuschätzen ist.

1071 VG Berlin, Urt. v. 19.11.2014, 19 K 385.12, JURIS, Rn. 44.

1072 OVG Greifswald, NordÖR 2009, 75 (78); OVG Lüneburg, NdsVBl 1998, 142 (143); *Ermisch*, NordÖR 2013, 49 (50); *Heimpel*, Bauvorbescheid, S. 37. Mit *Mann*, Das gestufte Verwaltungsverfahren, S. 128 könnte man auch von einem „trittleiterartigen Verfahrensaufbau“ sprechen.

1073 *Schneider*, BauR 1988, 13 sieht die weit überwiegende Bedeutung des Bauvorbescheids gerade für die letztgenannten gewerblichen Investoren. Diese können sich so vor allem darüber Gewissheit verschaffen, dass der zu zahlende Kaufpreis für das Grundstück gerechtfertigt ist, denn ein bebaubares Grundstück ist wesentlich mehr wert als ein nichtbebaubares, vgl. *Mann*, Das gestufte Verwaltungsverfahren, S. 59 m.w.N. Zudem ist ein Bauvorbescheid in dieser Konstellation auch gegenüber einer Baugenehmigung vorzugswürdig, da Letztere häufig derart individuell ausgestaltet ist, dass ein potenzieller Investor aus ihr nur geringen Nutzen ziehen kann, vgl. hierzu auch *Degenhardt*, DVBl 1981, 994 (998).

1074 *Burzynska*, in: Große-Suchsdorf, NBauO, 9. Aufl. 2013, § 73 Rn. 1; *Wolff/Brink*, in: BeckOK VwVfG, § 35 Rn. 158.

1075 So auch *Kutscheidt*, in: FS Sendler, S. 303 (317) für den Vorbescheid im Atomrecht.

1076 OVG Münster, NVwZ 1997, 1006; *S. Weber*, DVBl 2010, 958. In der Praxis spielen vor allem Fragen zum unbeplanten Innenbereich nach § 34 BauGB und

gen zum Gegenstand eines Antrags auf Erlass eines Bauvorbescheids gemacht werden, allerdings nur insoweit, als über sie im späteren Baugenehmigungsverfahren zu entscheiden wäre.[1077] Damit wurde der Anwendungsbereich im Vergleich zur früheren Rechtsprechung aus Preußen noch deutlich erweitert.

Ihre Rechtsgrundlage finden Bauvorbescheide in den Landesbauordnungen[1078], die unmittelbar auf die 2002 erarbeitete und aktualisierte Musterbauordnung (MBO) zurückgehen.[1079] Damit sind sämtliche Grundlagen- und Detailfragen des Bauvorbescheids ausschließlich landesrechtlich determiniert und in jedem Bundesland individuell zu untersuchen. Sinn und Zweck des Bauvorbescheids ist es jedoch in allen 16 Bundesländern gleichermaßen, komplizierte und langwierige Baugenehmigungsverfahren abzustufen.[1080] So sind die für die endgültige Baugenehmigung erforderlichen detaillierten Bauvorlagen zumeist mit erheblichen Kosten und Mühen verbunden.[1081] Diese wird der Bauherr oder ein gewerblicher Investor in aller Regel nur dann erstellen lassen, wenn er wenigstens vorab schon einmal die grundsätzliche Zulässigkeit seines Vorhabens vor allem im Hinblick auf das Bauplanungsrecht klären lassen kann und keinen Bauantrag für ein generell undurchführbares Bauvorhaben stellt oder weitere planeri-

---

dem Außenbereich nach § 35 BauGB eine erhebliche Rolle, da die Abgrenzung beider Normen mitunter diffizil sein kann, vgl. *Heimpel*, Bauvorbescheid, S. 26.

1077 *Burzynska*, in: Große-Suchsdorf, NBauO, § 73 Rn. 5; *Heimpel*, Bauvorbescheid, S. 155; *Hermanns/Hönig*, NordÖR 2001, 92.

1078 § 57 LBO BW, Art. 71 BayBO, § 74 BauO Bln, § 59 BbgBO, § 69 BremLBO, § 63 HBauO, § 66 HBO, § 68 LBauO M-V, § 73 NBauO, § 71 BauO NRW, § 72 LBauO RP, § 76 LBO SL, § 75 SächsBO, § 74 BauO LSA, § 72 LBO SH, § 73 ThürBO. Der Bauvorbescheid nach § 73 Abs. 1 S. 1 NBauO ist daher ein exklusives Rechtsinstitut des Bauordnungsrechts, was auf die Gesetzgebungs- und Verwaltungskompetenzen zurückzuführen ist. Hierzu umfassend *Kolbeck*, Bauvoranfrage und Bauvorbescheid, S. 21 ff.

1079 Die MBO 2002 ist abrufbar unter https://www.is-argebau.de/lbo/vtmb100.pdf (zuletzt abgerufen am 24.1.2019). Dort ist der Bauvorbescheid in § 75 geregelt. Sinn und Zweck der MBO als rechtlich unverbindliche Leitordnung ist vor allem eine Vereinheitlichung des Baurechts, vgl. *Kolbeck*, Bauvoranfrage und Bauvorbescheid, S. 33.

1080 *Selmer/Schulze-Osterloh*, JuS 1981, 393 (394).

1081 Umfassend zu den Zwecken des Bauvorbescheids siehe auch *Weiblen*, in: BeckOK Bauordnungsrecht Baden-Württemberg, § 57 LBO BW Rn. 2.

sche und kostenrelevante Tätigkeiten intensiviert.[1082] Zudem entstehen gerade im durch technokratische Normen geprägten Baurecht häufig komplizierte Rechtsprobleme, die weder ein Architekt oder Bauingenieur noch ein Fachanwalt für Bau- und Architektenrecht mit letzter Gewissheit beantworten kann, sodass sich genauso wie bei der verbindlichen Auskunft nach § 89 Abs. 2 AO ein Bedürfnis ergibt, die Bauverwaltung zu befragen. Andererseits ist auch der Prüfaufwand im Rahmen der Bearbeitung eines Bauantrags für die Bauverwaltung immens, da der einzelne Sachbearbeiter eine fundierte Entscheidung über hochspezielle Fragen treffen muss.

Der Bauvorbescheid soll diesen Effekt abmildern, indem er die Möglichkeit schafft, bereits im Vorfeld Klarheit über Einzelfragen zu erhalten und folglich einen vorweggenommenen Teil der Baugenehmigung darstellt.[1083] Damit bescheinigt der Bauvorbescheid innerhalb der Grenzen des Antrags die öffentlich-rechtliche Unbedenklichkeit des Vorhabens.[1084]

B. *Rechtsnatur des Bauvorbescheids nach § 73 Abs. 1 S. 1 NBauO*

Der Bauvorbescheid nach § 73 Abs. 1 S. 1 NBauO ergeht stets im Vorfeld des im Nachgang durchzuführenden Baugenehmigungsverfahrens und ist damit Gegenstand einer sequentiellen Entscheidungsfindung. Er stellt genauso wie die verbindliche Auskunft nach § 89 Abs. 2 AO einen feststellenden und keinen gestaltenden VA dar, denn der Bauvorbescheid enthält noch nicht die Baufreigabe und somit kein verfügendes Element.[1085]

1082 Aus diesem Grund ergibt sich auch kein Mehrwert daraus, bereits alle Fragen im Rahmen des Bauvorbescheids klären zu lassen, da der Bauherr dann auch direkt eine Baugenehmigung beantragen könnte, womit der Bauvorbescheid als Rechtsinstitut nicht mehr erforderlich wäre. In diesem Sinne auch *Schmaltz*, BauR 2007, 975 (976). Siehe zudem *Schmidt-Assmann*, in: FG BVerwG, S. 569 (576), der zutreffend darlegt, dass auch nicht mehrere Bauvorbescheide als Teilgenehmigung die Vollgenehmigung ersetzen können.

1083 In diesem Sinne auch BVerwGE 68, 241 (244); 69, 1 (3); *Schmaltz*, BauR 2007, 975 (977) sowie auch bereits *Selmer/Schulze-Osterloh*, JuS 1981, 393 (395).

1084 *Weiblen*, in: BeckOK Bauordnungsrecht Baden-Württemberg, § 57 LBO BW, Rn. 1. Verfehlt wäre es dagegen, den Bauvorbescheid als reine „öffentlich-rechtliche Unbedenklichkeitsbescheinigung“ zu titulieren, vgl. hierzu ausführlich *Reichelt*, Vorbescheid, S. 131 f.

1085 OVG Koblenz, Urt. v. 18.6.2018, 8 B 10260/18, JURIS, Rn. 20. Siehe hierzu auch mit instruktiven Ausführungen *Reichelt*, Vorbescheid, S. 121 ff., 278. Selbiges gilt für den Vorbescheid im Immissionsschutzrecht, vgl. *Dietlein/Thiel*, DV 38 (2005), 211 (218).

Gleichwohl ist bei diesem hinsichtlich seiner Rechtsnatur eine weitere Feindifferenzierung vorzunehmen, denn hier herrschte – anders als bei der verbindlichen Auskunft nach § 89 Abs. 2 AO, die nach breit konsentierter Auffassung eine spezielle Ausprägung der Zusicherung nach § 38 VwVfG ist[1086] – lange Zeit Streit.[1087] Insbesondere die anerkannten Ausformungen eines VA in konkreter Gestalt des Vorbescheids, des vorläufigen Verwaltungsakts, der Teilgenehmigung und der Zusicherung als Ausprägungen der Anpassungsfähigkeit und -flexibilität des VA[1088] gilt es darzustellen und zu untersuchen, unter welche Kategorie der Bauvorbescheid nach § 73 Abs. 1 S. 1 NBauO fällt.[1089]

Aus Gründen der Schwerpunktsetzung wird der „Verwaltungsvorakt" (VVA) und dazu korrespondierend der „Verwaltungsendakt" (VEA) als Zweckschöpfung von Achterberg[1090] nicht Gegenstand der nachfolgenden Betrachtung sein, da diese in der Sache nicht zielführend sind.[1091] So ist schon deren Existenz selbst umstritten und dieser Ansatz hat zudem in der Literatur zu Recht nur wenig Beachtung gefunden.[1092] Ebenfalls keine Beachtung wird der vom BVerwG entwickelte vorsorgliche VA finden, da er in der praktischen Bedeutung weit hinter den hier behandelten Erscheinungsformen des VA zurücksteht und daher für den Kern dieser Arbeit nicht weiterführend ist.[1093] Zuletzt kann auch die Vorabzustimmung, die vor allem im atomrechtlichen Genehmigungsverfahren Anwendung findet, nicht vertieft dargestellt werden.[1094] Damit ist zugleich gesagt, dass der Bauvorbescheid unter diese Rechtsinstitute nicht fällt.

1086 Vgl. hierzu bereits die Nachweise oben in Kapitel 2 B.

1087 *Stollmann/Beaucamp*, Öffentliches Baurecht, 11. Aufl. 2017, § 18 Rn. 58.

1088 *Henneke*, DÖV 1997, 768 (776).

1089 Vorwegzuschicken ist wiederum, dass der Bauvorbescheid unabhängig von der nachstehenden Einordnung in jedem Fall – wie auch unter A. erwähnt – ein Institut des gestuften Verwaltungsverfahrens ist, denn hierunter fallen alle der soeben benannten Ausprägungen des VA, vgl. auch *Schmidt-Assmann*, Verwaltungsverfahren, in: HStR V, § 109 Rn. 56 sowie *Vogelsang/Zimmermann*, NVwZ 1993, 855 (856).

1090 *Achterberg*, DÖV 1971, 397 ff.

1091 Siehe zur Abgrenzung gleichwohl *Reichelt*, Vorbescheid, S. 135 f.

1092 Statt vieler vgl. nur *Schimmelpfennig*, Vorläufige Verwaltungsakte, 1989, S. 104 ff. Einzig *Merten*, VSSR 1 (1973), 65 (80) greift diese Begrifflichkeiten von Achterberg für den von ihm kreierten Auskunftsbescheid im Sozialrecht auf, vgl. hierzu oben Kapitel 1 C. IV.

1093 Zum vorsorglichen VA siehe statt vieler *Bumke*, in: Hoffmann-Riem/Schmidt-Assmann/Voßkuhle, Grundlagen des VwR, § 35 Rn. 109 sowie *Sanden*, DÖV 2006, 811 ff.

1094 Vgl. *Reichelt*, Vorbescheid, S. 137 f. sowie *Burianek*, NJW 1987, 2727 f..

I. Zusicherung

Die Zusicherung ist ein gängiges Institut des allgemeinen Verwaltungsrechts und expressis verbis in § 38 VwVfG geregelt.[1095] Nach der Legaldefinition des § 38 Abs. 1 Hs. 1 VwVfG ist eine Zusicherung eine Zusage, die sich von anderen Arten der Zusage (allgemeine Zusagen genannt)[1096] dadurch unterscheidet, dass sie auf den Erlass oder die künftige Unterlassung eines bestimmten VA oder eines öffentlich-rechtlichen Vertrags gerichtet[1097] und von der zuständigen Verwaltungsbehörde erlassen wird[1098], obgleich die Begriffe Zusicherung und Zusage durchaus synonym verwendet werden können.[1099] Sie bezieht sich damit auf einen VA, der noch nicht erlassen wurde, wie etwa die Verbeamtung, die Beförderung oder das Freihalten einer Stelle[1100] und stellt eine im Vergleich zum schon behandelten § 204 AO[1101] eine erweiterte Zusageregelung dar.[1102] Die dahinterstehende Grundidee ist, dass die die Zusicherung erteilende Verwaltungsbehörde ihren Garantie- und Einstandswillen nach außen manifestiert, um den

1095 Instruktiv hierzu *G. Mayer*, Zusage, S. 39 f. Zur Historie um die Einführung von § 38 VwVfG im Jahr 1976 siehe *Bäcker*, VerwArch 103 (2012), 558 (560 ff.). Das spezialgesetzlich geregelte sozialrechtliche Pendant findet sich in § 34 SGB X, hat jedoch einen identischen Inhalt, sodass sämtliche Ausführungen an dieser Stelle auch für § 34 SGB X Geltung beanspruchen. Der Gleichlauf von § 38 VwVfG und § 34 SGB X hat vor allem den Hintergrund, eine einheitliche Rechtsordnung auf diesem Feld zu errichten, vgl. *P. Kirchhof*, in. FS Spindler, S. 463 (466).

1096 Zu den allgemeinen Zusagen im Verwaltungsrecht siehe überblicksartig *Guckelberger*, DÖV 2004, 357 (364 f.) sowie instruktiv *Strotkamp*, Zusagen im Verwaltungsrecht – unter besonderer Berücksichtigung von Zusagen im Beamten- und Steuerrecht, 1965.

1097 *Kloepfer/Lenski*, NVwZ 2006, 501 (502). Dagegen ist eine allgemeine Zusage nicht auf einen bestimmten VA ausgerichtet, sondern durch sie kann etwa die Vornahme eines Realakts versprochen werden, vgl. *Hebeler/Schäfer*, Jura 2010, 881 (883).

1098 Lehrreiche Ausführungen zur Zusicherung finden sich auch in dem Beitrag von *Obermayer*, Rechtsprobleme der Zusicherung, in: Festschrift für Theodor Maunz, 1981, S. 247 ff. Darin wird auch deutlich, dass die Zusicherung letztlich ein Unterfall der Zusage ist.

1099 Gl. A. *von Bomhard*, Auskunft und Zusage im Steuerrecht, S. 91. .

1100 BVerwG, NVwZ 1987, 46 ff.; OVG Berlin NVwZ 1986, 579; VG Köln, NVwZ 1984, 675 (676).

1101 Vgl. oben Kapitel 1 C. V.

1102 *G. Mayer*, Zusage, S. 57.

Adressaten in eine rechtssichere Position zu bringen und sich selbst hinreichende Flexibilität zu sichern.[1103]

Allerdings ist die Zusicherung nicht originär auf das Staat-Bürger-Verhältnis beschränkt, sondern auch Körperschaften des öffentlichen Rechts können sich auf ihnen erteilte Zusicherungen berufen.[1104] Aufgrund dieses breiten Anwendungsbereichs hat die Zusicherung in den vergangenen Jahren erheblich an praktischer Bedeutung gewonnen.[1105] Sie bricht vor allem im Rahmen von Verhandlungen mit Privatpersonen oder Unternehmen Bahnen. Hierbei hat sie Bezug zum Einzelfall, sodass sämtliche Rechtsfragen auch per VA i.S.d. § 35 S. 1 VwVfG geklärt werden könnten, weshalb sie nach h.M. auch selbst ein VA ist.[1106] Die Zusicherung stellt dabei eine bindende Verpflichtung für die Zukunft dar, die verhindert, dass die die Zusicherung erteilende Verwaltungsbehörde später überraschend von ihr abweicht.[1107] Die Verwaltungsbehörde nimmt mithin ihre spätere Entscheidung vorweg, ohne sie zu treffen.[1108] Sie bindet sich allerdings nur selbst und damit einseitig, nicht jedoch auch zusätzlich den Adressaten.[1109] Dadurch wird diesem ermöglicht, seine Rechtspositionen ggf. mit der Verpflichtungs- oder Unterlassungsklage später durchzusetzen oder auch im nachgelagerten Verwaltungsverfahren eine abweichende Sachbehandlung zu verlangen als durch die Zusicherung vorab „versprochen" wurde.[1110] Die Zusicherung kann vor allem dann erforderlich sein, wenn eine atypische Situation vorliegt, die zu einer unklaren Sach- und Rechtslage führt

1103 BSG, NVwZ 1994, 830; BVerwG, NJW 1994, 2968 ff.; SG Hamburg, Breithaupt 1997, 214 (215); *Kopp/Ramsauer*, VwVfG, § 38 Rn. 20; *U. Stelkens*, in: Stelkens/Bonk/Sachs, VwVfG, § 38 Rn. 24; *Kloepfer/Lenski*, NVwZ 2006, 501 (502).

1104 Pars pro toto OVG Münster, NVwZ 1985, 118 (119).

1105 *M. Kellner*, NVwZ 2013, 482.

1106 BVerwG, NVwZ 1986, 1011 ff.; BFHE 159, 114 ff..; BSGE 56, 249 ff..; VGH Mannheim, VBlBW 1991, 18 (19); OVG Münster, NVwZ 1987, 251 (252); *Hebeler/Schäfer*, Jura 2010, 881 (882); *Guckelberger*, DÖV 2004, 357 (359); a.A. *Erfmeyer*, DVBl 1999, 1625 (1629); *Erichsen*, Jura 1991, 109 (110); *K. König*, VR 1990, 401 (403), die in der Zusicherung eine rechtsgeschäftliche Willenserklärung sehen. Den gesamten Diskussionsstand in dieser Frage fasst *Bäcker*, VerwArch 103 (2012), 558 (567 ff.) zusammen.

1107 BVerwGE 97, 323 ff.; 103, 219 (220); 111, 255 (259); *Henneke*, in: Knack/Ders., VwVfG, § 38 Rn. 5; *U. Stelkens*, in: Stelkens/Bonk/Sachs, VwVfG, § 38 Rn. 1; *Zeidler*, Gutachten, S. 41.

1108 *Von Bomhard*, Auskunft und Zusage im Steuerrecht, S. 171.

1109 *Bäcker*, VerwArch 103 (2012), 558 (566) m.w.N.

1110 *Henneke*, in: Knack/Ders., VwVfG, § 38 Rn. 38.

und einer verbindlichen Regelung bedarf.[1111] Es ist damit auch möglich, eine bestimmte Rechtsauslegung durch eine Zusicherung verbindlich feststellen zu lassen.[1112]

Alle diese Merkmale hat auch der Bauvorbescheid, sodass dieser einen engen Bezug zur Zusicherung aufweist.[1113] Daher entschied sich auch lange Zeit die Frage, ob die Bestätigung der (bauplanungsrechtlichen) Zulässigkeit eines Vorhabens in Form einer Zusage mit dem Inhalt, dass für den Fall eines zukünftigen Genehmigungsantrags die Genehmigung nicht aus den mit der Voranfrage geklärten Gründen versagt werden wird oder in Form eines Vorbescheids in Form einer teilweisen Genehmigung[1114] erfolgt, stets anhand des Einzelfalls.[1115] Diese Auffassung kann allerdings inzwischen nicht mehr aufrechterhalten werden.

Ein erster wesentlicher Unterschied zwischen Bauvorbescheid und Zusicherung besteht darin, dass der Bauvorbescheid ausschließlich auf einen zukünftigen, noch nicht verwirklichten Sachverhalt gerichtet sein kann, während die Zusicherung auch die Beurteilung eines jedenfalls teilweise bereits verwirklichten Sachverhalts betreffen kann. So stellt es einen typischen Anwendungsfall der Zusicherung dar, dass im sozialen Wohnungsbau Bauprojekte in mehrere Phasen eingeteilt werden und für die erste Phase schon eine Bewilligung von öffentlichen Förderungsmitteln vorliegt und für die weiteren Phasen eine Zusicherung über die erneute Mittelvergabe gemacht werden kann.[1116] Diese Konstellation passt nicht zum Bauvorbescheid. So wird ein Bauträger, der die Schaffung eines Immobilien-

---

1111 *Groh*, DÖV 2012, 582 (585). Letzte Sicherheit vermag sie dem Adressaten gleichwohl nicht zu geben, denn nach § 38 Abs. 3 VwVfG ist die Zusicherung von der Identität der Sach- und Rechtslage zum Zeitpunkt des Erlasses des zugesicherten Bescheids abhängig, vgl. hierzu auch *M. Kellner*, NVwZ 2013, 482 f. Dieser dritte Absatz des § 38 VwVfG stellt freilich eine Ausprägung des allgemeinen Rechtsgrundsatzes des Wegfalls der Geschäftsgrundlage dar (BSG, NVwZ 1994, 830 (831)), sodass Kellner von einem „Vertrauensschutz in kleiner Münze" spricht.

1112 *U. Stelkens*, in: Stelkens/Bonk/Sachs, VwVfG, § 38 Rn. 10 m.w.N.

1113 *Zeidler*, Gutachten, S. 43 sieht daher die Zusicherung als verbindliche Rechtsauskunft an. *H. Jochum*, in: FS Fiedler, S. 793 (803 ff.) versucht gar die Zusicherung nach § 38 VwVfG an die Stelle der verbindlichen Auskunft nach § 89 Abs. 2 AO zu rücken, da sie diese als überlegen ansieht. Kern ihrer Argumentation ist vor allem, dass die Zusicherung im Vergleich zur verbindlichen Auskunft die schlankere Regelung darstelle, da sie sich das dichte Regelungsgeflecht des Steuerrechts erspare.

1114 Siehe hierzu umfassend sogleich B. III.

1115 BVerwGE 48, 242 (244).

1116 *Kloepfer/Lenski*, NVwZ 2006, 501 (502).

parks in mehreren Schritten plant, noch bevor er den ersten Schritt macht, erfragen, ob es grundsätzlich zulässig ist, das Projekt auf den vom Bauträger anvisierten Grundstücken durchzuführen oder grundlegende baurechtliche Bedenken bestehen.[1117]

Zweitens stellt die Zusicherung auch nur eine Regelung in Aussicht[1118], während der Bauvorbescheid nach § 73 Abs. 1 S. 1 NBauO vorab im gestuften Verfahren einen Teil der Regelung selbst trifft.[1119] Dies ist auch konsequent, denn dem Antragsteller der Bauvoranfrage ist nicht damit gedient, wenn ein Bauvorhaben durch die Zusicherung nur eine Weiterentwicklung erfährt, später aber aufgrund von § 38 Abs. 3 VwVfG in Frage gestellt werden kann.[1120]

Drittens ist der Bauvorbescheid – wie noch näher auszuführen sein wird – anders als die Zusicherung nicht auf den gesamten End-VA gerichtet, sondern dient als Instrument der selektiven Verfahrensstufung lediglich dazu, einzelne Teile vorab zu klären.[1121] Insofern werden die nicht durch den Vorbescheid geregelten Teilaspekte erstmalig im Rahmen der Endentscheidung behandelt, die Verwaltungsbehörde bindet sich diesbezüglich nicht bereits im Vorfeld.

Folglich ist der Bauvorbescheid nach § 73 Abs. 1 S. 1 NBauO keine Zusicherung i.S.d. § 38 VwVfG.[1122] Die Zusicherung kann zwar einige Fälle umfassen, in denen der Bauherr Rechts- und Planungssicherheit benötigt. Ihr fehlt jedoch im Gegensatz zum Bauvorbescheid der vollkommene An-

1117 BVerwG, NVwZ 1987, 46 ff.; OVG Münster NVwZ 1985, 118 (119).

1118 *Tiedemann*, in: BeckOK VwVfG, § 38 Rn. 6; *Bäcker*, VerwArch 103 (2012), 556 (572), jeweils m.w.N. aus der Rechtsprechung und dem Schrifttum. Letzterer sieht daher in der Zusicherung ein besonders flexibles Instrument der Verwaltung, da sie dem Bürger ein gewisses Maß an Rechtssicherheit verschaffen könne, sich aber selbst noch mehrere Optionen für den späteren Endbescheid offen halte.

1119 BVerwGE 68, 241 (243); *Werder/Dannecker*, BB 2013, 284 ff.; *Kloepfer/Lenski*, NVwZ 2006, 501 (503) sowie *Hartz*, DB 1962, 248 ff.; A.A. noch *Zeidler*, Gutachten, S. 48, der davon ausgeht, dass Zusagen generell bereits eine Vorabregelung eines Teilkomplexes darstellen. Ihm folgt wohl auch *Tipke*, StuW 1962, 699 (709).

1120 *Reichelt*, Vorbescheid, S. 123.

1121 BVerwGE 48, 242 (244); *Dietlein*, in: Landmann/Rohmer, Umweltrecht, Loseblatt, § 9 BImschG Rn. 12 für den Vorbescheid im Immissionsschutzrecht.

1122 So auch *Dietlein*, in: Landmann/Rohmer, Umweltrecht, § 9 BImschG Rn. 12 m.w.N.

satz.[1123] So kann sie besonders in Bezug auf zukünftige, noch nicht verwirklichte Sachverhalte dem Bauherrn nicht immer die hinreichende Sicherheit schaffen, die er benötigt, was sich darauf zurückführen lässt, dass sie einem Situationsvorbehalt unterliegt[1124] und damit nicht sakrosankt gegenüber einer späteren Änderung der Rechtslage ist.

II. Vorläufiger VA

Der vorläufige VA[1125] hat, wie das Wort „vorläufig" schon nahelegt, nur eine von vornherein zeitlich begrenzte Regelungswirkung[1126], wobei die Verwaltungsbehörde diese nicht beliebig lange aufrechterhalten darf.[1127] Sinn und Zweck dahinter ist, dass die Verwaltung in Fällen besonderer Dringlichkeit, in denen eine Endentscheidung nicht abgewartet werden kann, wenigstens zum Erlass einer vorläufigen Entscheidung berechtigt sein soll. Die Sachentscheidung erfolgt dabei im Wege einer summarischen Prüfung der Sach- und Rechtslage[1128] und unter dem Vorbehalt der späteren Nachprüfung (vgl. § 13 Abs. 4 VwVG für das allgemeine Verwaltungsrecht sowie §§ 164 ff. AO für das Steuerverfahrensrecht).[1129] Die abschließende Regelung liegt beim vorläufigen VA erst in der nachfolgenden Entscheidung, die zugleich den Vorbehalt der Nachprüfung aufhebt. Voraussetzung für den Erlass eines nur vorläufige Wirkung entfaltenden VA ist

1123 In diese Richtung weisen auch die Ausführungen von *Bäcker*, VerwArch 103 (2012), 558 (585). Während er der Zusicherung aus Behördensicht eine besondere Flexibilität attestiert, besteht diese beim Bauvorbescheid gerade nicht. Metaphorisch gesprochen kippt das Pendel zwischen Rechtssicherheit des Bauherrn und Flexibilität der Baugenehmigungsbehörde hin zum Bauherrn, während sich beides bei der Zusicherung in etwa die Waage hält.

1124 *Reichelt*, Vorbescheid, S. 282.

1125 Umfassend zu diesem *U. Schröder*, Jura 2010, 255 ff.

1126 Zur Wirkungsweise des vorläufigen VA und seinen Besonderheiten im Detail siehe vor allem *Schimmelpfennig*, Vorläufige Verwaltungsakte, 1989.

1127 BVerwG, NVwZ 2010, 643 (645).

1128 *Henneke*, in: Knack/Ders., VwVfG, § 35 Rn. 184.

1129 Weitere Ermächtigungsgrundlagen für den Erlass vorläufiger VAe finden sich ohne Erhebung des Anspruchs auf Vollständigkeit in §§ 8a BImschG, 11 GastG, 60 GWB, 20 PersBefG sowie 130 TKG. Zur grundlegenden Kritik an der Konzeption eines vorläufigen VA und zum Alternativvorschlag, statt des vorläufigen VA einen normalen VA mit Nebenbestimmungen zu erlassen siehe *Beaucamp*, JA 2010, 247 ff.

stets ein sachlicher Grund, nicht jedoch eine geschriebene Ermächtigungsgrundlage.[1130]

Dieser sachliche Grund liegt einerseits dann vor, wenn eine Unsicherheit bei der Sachverhaltsermittlung besteht, die sich erst zukünftig durch weiteres Tatsachenmaterial ausräumen lässt und auch nicht im Wege einer Prognose abgeschätzt werden kann (sog. Ermittlungsoffenheit).[1131] Andererseits ist ein solcher auch dann gegeben, wenn trotz eines bereits abgeschlossenen Sachverhalts in der ex-post-Betrachtung der Sachverhalt aus Zeitgründen und/oder aus Gründen der Verfahrensautonomie noch nicht endgültig, sondern nur vorläufig entschieden werden kann (sog. Zukunftsoffenheit).[1132] Dementsprechend darf der endgütige VA auch nur in den Punkten vom vorläufigen VA abweichen, bei denen die Unsicherheit bestand, die der sachliche Grund für die Vorläufigkeit war.[1133] Nach abgeschlossener Nachprüfung und darauffolgender neuer Entscheidung verliert der vorläufige VA seine Wirkung, denn die Entscheidung im vorläufigen VA ist nicht „endgültig".[1134] Einer Aufhebung des vorläufigen VA bedarf es nicht, da er von alleine erlischt.[1135] Schimmelpfennig spricht unter Destillation dieser Merkmale unter einen Merksatz von folgendem[1136]: „Einen vorläufigen Verwaltungsakt kennzeichnet, daß er vor abschließender Sachverhaltsentwicklung oder Sachverhaltsermittlung unter dem Vorbehalt späterer Ersetzung durch eine endgültige Entscheidung und in entsprechend reduzierter Regelungsintensität ergeht". Damit stellt der vorläufige VA eine Kombination von Interimscharakter der Regelung und den besonderen Merkmalen der Verfahrensstufung dar.[1137]

Nach diesen Grundsätzen kann der Bauvorbescheid nach § 73 Abs. 1 S. 1 NBauO auch nicht im Wege eines vorläufigen VA ergehen, denn die Bau-

---

1130 *Ruffert*, in: Ehlers/Pünder, Allg. VwR, § 21 Rn. 67.

1131 BVerwG, NVwZ 2010, 643 (645). Aus diesem Grund ergeht der vorläufige VA auch nur unter reduzierter Regelungsintensität, vgl. *Henneke*, in: Knack/Ders., VwVfG, § 35 Rn. 184 sowie *Schimmelpfennig*, Vorläufige Verwaltungsakte, S. 90.

1132 *Schimmelpfennig*, Vorläufige Verwaltungsakte, S. 87. Dort findet sich auch eine präzise Untergliederung der sachlichen Gründe für eine vorläufige Regelung.

1133 BVerwGE 135, 238 (241 f.); *Bull/Mehde*, Allg. VwR, Rn. 694.

1134 Vgl. auch BVerwG, NJW 1983, 2043 (2044) sowie *Tiedemann*, DÖV 1981, 786 (789) bezogen auf die Abgrenzung zwischen vorläufigem Verwaltungsakt und dem – noch unten in B. IV. darzustellendem – Vorbescheid.

1135 BVerwG, BeckRS 2009, 33763 ff.; BGHZ 65, 182 ff.; *Bull/Mehde*, Allg. VwR, Rn. 694; *Hebeler/Schäfer*, Jura 2010, 881 (886).

1136 *Schimmelpfennig*, Vorläufige Verwaltungsakte, S. 90.

1137 Siehe hierzu statt vieler nur *Bumke*, in: Hoffmann-Riem/Schmidt-Assmann/Voßkuhle, Grundl. d. VwR, § 35 Rn. 113.

genehmigungsbehörde muss schon bei Erteilung des Bauvorbescheids die Rechtslage verbindlich feststellen und darf grundsätzlich nicht im Wege einer späteren Nachprüfung davon abweichen. Während der vorläufige VA mit Erlass des endgültigen erlischt, hat der endgültige Bescheid in Gestalt der Baugenehmigung beim Bauvorbescheid lediglich eine wiederholende Wirkung (vergleichbar mit einem Zweitbescheid)[1138] oder ergeht im Falle der Bestandskraft im Umfang der Regelung auch nur noch rein redaktionell oder als bloßer Hinweis.[1139] So muss die Baugenehmigungsbehörde die im Bauvorbescheid entschiedene verbindliche Beurteilung ungeprüft übernehmen, sie darf und muss lediglich abgleichen, ob der vorab beschiedene und später eingetretene Sachverhalt im Wesentlichen identisch sind. Er wirkt damit wie ein vorweg durchgeführter Teil des Verwaltungsverfahrens. Außerdem ist beim Bauvorbescheid nicht der zukünftige Sachverhalt (diesen hat der Antragsteller selbst sorgfältig darzustellen), sondern vielmehr die Rechtslage unsicher. Eine Konstellation, die sich insofern vom vorläufigen VA unterscheidet, als bei diesem sowohl Tatsachen- als auch Rechtsfragen bestehen können, die deren Erlass rechtfertigen. Eine Unsicherheit auf tatsächlicher Ebene kann dagegen nicht zu einem Bauvorbescheid führen. Damit ist der Bauvorbescheid nach § 73 Abs. 1 S. 1 NBauO auch kein vorläufiger VA.

III. Teilgenehmigung

Die in sämtlichen Landesbauordnungen als Instrument des gestuften Genehmigungsverfahrens vorgesehene Teilgenehmigung schafft die Möglichkeit, bei komplexen und/oder neuartigen Vorhaben eine abschnitts- und stufenweise Planung vorzunehmen, indem die Vollgenehmigung in mehreren Schritten erteilt wird.[1140] Dabei erhält der Antragsteller hinsichtlich des genehmigten Teils zugleich die Erlaubnis, eine Tätigkeit zu entfalten, sodass ein Teilkomplex des gesamten Einzelfalls vorab verbindlich mit Fest-

---

1138 Die Wiederholung ist selbst keine Regelung mehr, sodass es der endgültigen Entscheidung in den schon im Vorfeld entschiedenen Aspekten an der VA-Qualität fehlt, vgl. *Schmidt-Assmann*, in: FG BVerwG, S. 569 (580). Instruktiv zum Zweitbescheid siehe nur *Falkenbach*, in: BeckOK VwVfG, § 51 Rn. 26 ff.

1139 So BVerwG, NVwZ 1989, 863. Dem BVerwG folgend VG München, Urt. v. 27.6.2012, M 9 K 11.3432, JURIS, Rn. 22.

1140 *Krohn*, Haftungsrechtlicher Vertrauensschutz bei rechtswidrigen baurechtlichen Genehmigungen, in: Verantwortung und Gestaltung, Festschrift für Karlheinz Boujong zum 65. Geburtstag, 1996, S. 573 (574).

stellungs- und Gestattungswirkung geregelt wird.[1141] Dementsprechend wird die Teilgenehmigung durch weitere (Teil-)Genehmigungen nicht aufgehoben oder gegenstandslos (wie beim vorläufigen VA), sondern nur noch ergänzt respektive erweitert, sodass bereits die Teilgenehmigung eine echte Genehmigung ist.[1142] Daher sind an die Teilgenehmigung dieselben Anforderungen zu stellen wie an die Vollgenehmigung, sodass sie selbst ein eigenständiger VA ist.[1143] Zudem enthält ihr Gegenstand ein vorläufiges positives Gesamturteil[1144], sodass mit jeder Teilgenehmigung der Anteil von der Vorläufigkeit in die Endgültigkeit immer stärker anwächst[1145], obschon aus einer bloßen Teilgenehmigung kein Anspruch auf die Erteilung der Vollgenehmigung erwächst.[1146]

Die Teilgenehmigung hat insoweit mit dem Bauvorbescheid gemein, dass der Antragsteller bis zur Reichweite des Gegenstands der Teilgenehmigung Dispositionsschutz erhält und Vertrauensschutz genießt, denn die Teilgenehmigung enthält genauso wie der Bauvorbescheid zugleich die Feststellung, dass das Vorhaben grundsätzlich zulässig ist.[1147] Damit sind beide Institute auf beiderseitige Bindungswirkung ausgelegt.[1148] Zudem zielen sie beide auf eine sukzessive Verfestigung von Rechtspositionen ab, sodass Bauvorbescheid und Baugenehmigung sowie Teilbaugenehmigung und Baugenehmigung erst im Zusammenwirken für den Bauherrn vollständigen und lückenlosen Schutz entfalten können.[1149]

1141 *Krohn*, in: FS Boujong, S. 573 (574); *Achterberg*, DÖV 1970, 397 (401).

1142 *Hermanns/Hönig*, NordÖR 2001, 92 (93); *Kutscheidt*, in: FS Sendler, S. 303 (309); *Jarass*, UPR 1983, 241 (247). Die Teilgenehmigung ist dementsprechend als Endbescheid anzusehen, vgl. *Henneke*, DÖV 1997, 768 (779).

1143 *Achterberg*, DÖV 1970, 397 (401). Damit ist es zugleich möglich, dass die abschließende Vollgenehmigung durch mehrere Teilgenehmigungen ersetzt wird, vgl. nur *Kutscheidt*, in: FS Sendler, S. 303 (309).

1144 *Henneke*, DÖV 1997, 768 (779); *Jarass*, UPR 1983, 241 (242). Durch das vorläufige positive Gesamturteil entsteht eine sekundäre Bindungswirkung, vgl. *Krohn*, in: FS Boujong, S. 573 (574).

1145 *Henneke*, DÖV 1997, 768 (779). Gleichwohl sorgt genau diese Eigenschaft dafür, dass die einzelne Teilgenehmigung ergänzungsbedürftig ist, sodass jede Teilgenehmigung ihre Wirkung nur vollständig in Verbindung mit weiteren Teilgenehmigungen entfalten kann, vgl. hierzu nur *Krohn*, in: FS Boujong, S. 573 (574).

1146 *Löher*, Das Verwaltungsverfahren, S. 119.

1147 *Hermanns/Hönig*, NordÖR 2001, 92 (93).

1148 *Jarass*, UPR 1983, 241 (247).

1149 Siehe zu dieser Wirkweise des Bauvorbescheids *Degenhardt*, DVBl 1981, 994 (995).

Die Teilgenehmigung unterscheidet sich jedoch vom Bauvorbescheid dadurch, dass der Bauvorbescheid nicht den Inhalt hat, dass die Berechtigung zu einer Ausführung erteilt wird, sondern zunächst einmal nur die Rechtslage verbindlich festgestellt wird. Die Genehmigung selbst ist dagegen ein eigenständiger und nachgelagerter VA. Ein weiterer Unterschied zeigt sich anhand der Betrachtung der Zeitachse. Während der Bauvorbescheid stets im Vorfeld beantragt wird und damit vor der endgültigen Entscheidung ergeht, wird die Teilgenehmigung erst zeitlich später erteilt.[1150] Schließlich ist es auch ein wesentliches Merkmal des Bauvorbescheids, dass dieser anders als die Teilgenehmigung den bereits entschiedenen Teil für die nachfolgende Vollgenehmigung „ausklammert"[1151], sodass diese Aspekte nicht mehr Gegenstand des späteren Entscheidungstenors sind. Folglich ist der Bauvorbescheid nach § 73 Abs. 1 S. 1 NBauO auch keine Teilgenehmigung.[1152]

IV. Vorbescheid

Ein Vorbescheid[1153] als verbindliche behördliche Vorabentscheidung[1154] stellt im Gegensatz zu einem vorläufigen VA eine in sich abschließende und unbedingte (Teil-)Regelung dar[1155] und ist nach mittlerweile nur noch vereinzelt bestrittener Auffassung keine Zusicherung.[1156] Der Vorbescheid

---

1150 *Pützenbacher*, in: BeckOK Bauordnungsrecht Hessen, § 66 HBO Rn. 8.

1151 *Henneke*, DÖV 1997, 768 (779).

1152 Noch deutlicher sogar *Dietlein/Thiel*, DV 38 (2005), 211 (25), die davon sprechen, dass beide „wesensverschieden" sind.

1153 Der Vorbescheid wird von *Engel*, Planungssicherheit, S. 175 auch als Zwischenfeststellungsverwaltungsakt angesehen. In dieser Arbeit wird wiederum der Begriff Vorbescheid verwendet, ohne Engel in der Sache zu widersprechen, dass dem Vorbescheid eine Zwischenfeststellung immanent ist. Eine vertiefte Auseinandersetzung mit seinem Vorschlag ist in dieser Arbeit allerdings nicht geboten, da es sich letztlich um eine terminologische Frage handelt, die für den Betrachtungsgegenstand dieser Arbeit keine neuen Erkenntnisse bringt.

1154 Zu den „Vorbescheiden" außerhalb des hier im Fokus stehenden Verwaltungsverfahrens siehe die umfangreichen Ausführungen bei *Dietlein/Thiel*, DV 38 (2005), 211 in Fn. 1.

1155 *Henneke*, in: Knack/Ders., VwVfG, § 35 Rn. 182; *Reichelt*, Vorbescheid, S. 27; *Selmer/Schulze-Osterloh*, JuS 1981, 393 (394).

1156 BVerwGE 70, 365 (372); OVG Berlin, NVwZ 1986, 579; VG Köln, NVwZ 1984, 675 (677); dem folgend auch *Tiedemann*, in: BeckOK VwVfG, § 38 Rn. 6.1. sowie *Wallerath*, Allgemeines Verwaltungsrecht, 6. Aufl. 2009, § 10 Rn. 45. Zudem ist eine Umdeutung einer Zusicherung in einen Vorbescheid nicht mög-

gestaltet gleichwohl nicht selbst, sondern hat nur definitive feststellende und damit (teilweise) verfahrensbeendende Wirkung.[1157] Etwas anderes gilt nur in der Konstellation, dass für einen Ausschnitt aus einem Gesamtvorhaben bereits sämtliche Genehmigungsvoraussetzungen vorliegen. In diesem Fall hat der Vorbescheid ausnahmsweise auch die sonst nur der Teilgenehmigung zukommende Gestattungswirkung[1158], sodass er mehrere Gemeinsamkeiten mit ebendieser aufweist. Er ist allerdings unabhängig von der Gesamtkonstellation eindeutig ein eigenständiger VA, der anders als bei der Zusicherung nicht nur einen zukünftigen VA in Aussicht stellt[1159], sondern selbst als feststellender VA ergeht und damit bereits eine definitive Teilregelung enthält.[1160] Er unterscheidet sich damit nach Inhalt und Rechtswirkungen von der Zusicherung. Zudem ist er auf ein konkretes Vorhaben bezogen, sodass es einen vorhabenunabhängigen Vorbescheid nicht geben kann.[1161] Dabei ist er auf die Subsumtion einer vom Antragsteller vorgebrachten Tatsache unter die jeweilige Rechtsnorm gerichtet, während die bloße Tatsache nie Gegenstand des Vorbescheids sein kann.[1162] Seinen Hauptanwendungsfall hat er in gestuften Verwaltungsverfahren, in denen aufgrund einer Zunahme von Verwaltungsfunktionen, sich stets fortentwickelnden gesellschaftlichen Herausforderungen sowie der dadurch bedingten Entstehung komplexer Entscheidungsvorgänge die Entscheidung nicht erst am Ende des Verwaltungsverfahrens stehen bleiben kann.[1163] Mit dem Vorbescheid wird in diesen Verfahren bewusst ein Teil aus der nachfolgenden Endentscheidung (i.d.R. einer Genehmigung) ausgegliedert und über diesen im Rahmen eines vorangehenden, selbst-

lich, vgl. *Pützenbacher*, in: BeckOK Bauordnungsrecht Hessen, § 66 HBO Rn. 7, was einmal mehr beweist, dass Zusicherung und Vorbescheid zwei grundlegend verschiedene Rechtsinstitute sind.

1157 VG Gießen, NVwZ-RR 2005, 232 ff.; siehe hierzu auch die Darstellung von *Drescher*, Rechtsprobleme des Bauvorbescheids, S. 62.

1158 *Reichelt*, Vorbescheid, S. 122 f.

1159 BT-Drs. 7/910, S. 59; OVG Berlin, NVwZ 1986, 579 sowie *Kopp/Ramsauer*, VwVfG, § 38 Rn. 13. Damit ist er auch kein bloßer Vorverwaltungsakt, vgl. *Detterbeck*, Allg. VwR, Rn. 526.

1160 OVG Saarlouis, BauR 2012, 612 (614); OVG Berlin, NVwZ 1986, 579; *Reichelt*, Vorbescheid, S. 121.

1161 OVG Münster, Urt. v. 30.11.2015, 2 A 1080/15, Rn. 28; VG München, Urt. v. 29.2.2016, M 8 K 14.4469, JURIS Rn. 49; *Heimpel*, Bauvorbescheid, S. 131 m.w.N.

1162 Statt vieler siehe nur OLG Celle, NVwZ 1985, 518 (519).

1163 *Reichelt*, Vorbescheid, S. 1. Jakobs spricht auch davon, dass der Vorbescheid in „langwierigen, komplizierten und unübersichtlichen Verwaltungsverfahren" beheimatet ist, vgl. *Jakobs*, Jura 1985, 234 (236).

ständigen Verwaltungsverfahrens endgültig und mit Bindung für die spätere Endentscheidung entschieden.[1164] Hierbei entfaltet er für die Endentscheidung eine präjudizielle Wirkung[1165] und ist selbst begrenzt auf seinen Regelungsgehalt in seinem konkreten Anwendungsbereich in gestuften Genehmigungsverfahren eine „inhaltlich beschränkte Vollerrichtungsgenehmigung"[1166]. Gleichwohl stellt er keine (unzulässige) bedingte Genehmigung dar.[1167] Er weist damit erhebliche Ähnlichkeiten zur Teilgenehmigung auf, unterscheidet sich von dieser jedoch aufgrund seiner lediglich feststellenden und damit fehlenden rechtsgestaltenden Freigabewirkung.[1168]

Nach der Darstellung dieser Wesensmerkmale des Vorbescheids lässt sich feststellen, dass der Bauvorbescheid nach § 73 Abs. 1 S. 1 NBauO als Institut gestufter Genehmigungsverfahren und Ausschnitt aus dem feststellenden, nicht dem gestattenden Teil der Baugenehmigung genau diese Wirkungen entfaltet, indem er einen Teil des konkret durch den Antragsteller zu benennenden Vorhabens mit Definitivwirkung verbindlich vorwegnimmt und damit für das nachgelagerte Baugenehmigungsverfahren Vorwirkungen in Gestalt einer partiellen Bindungswirkung entfaltet.[1169] Somit ist der Bauvorbescheid seinen Namen folgend als Vorbescheid i.S.e. vorweggenommenen abschließenden Teilentscheidung einzuordnen und ein aliud zur Zusicherung.[1170]

C. *Tatbestandsmerkmale und Rechtsfolgenseite*

Obschon der Bauvorbescheid in den Landesbauordnungen geregelt ist, haben sich die Länder bei der konkreten Ausgestaltung einander angenähert und weitestgehend einheitliche Tatbestandsmerkmale sowie eine einheitli-

1164 *Reichelt*, Vorbescheid, S. 231. Er ist damit auch kein bloßes Zwischenurteil, vgl. *Salzwedel*, ZfW 1973, 85 (87).

1165 *Engel*, Planungssicherheit, S. 72 sowie umfassend *Reichelt*, Vorbescheid, S. 139 ff. Reichelt stellt auch die Probleme in Theorie und Praxis dar, die vor allem in der Frage der Folgewirkungen deutlich werden.

1166 VG Koblenz, NVwZ 1980, 1410 (1413).

1167 VG Koblenz, NVwZ 1980, 1410 (1413).

1168 *Reichelt*, Vorbescheid, S. 121; *Jakobs*, Jura 1985, 234 (237). Zudem führt der Vorbescheid zu einer horizontalen und nicht wie die Teilgenehmigung zu einer vertikalen Teilung, vgl. *Wolff/Brink*, in: BeckOK VwVfG, § 35 Rn. 158.

1169 VGH München, BayVBl 2000, 314 m. Anm. *Jäde* sowie VGH Mannheim, NVwZ 1997, 1008.

1170 Gl. A. *Dietlein/Thiel*, DV 38 (2005), 211 (220).

che Rechtsfolge durch die teilweise wortgleiche Übernahme der MBO 2002 geschaffen.[1171] Diese lehnen sich in der Regel an die Vorschriften zum Baugenehmigungsverfahren an, auf die wie auch beim Bauvorbescheid nach § 73 Abs. 1 S. 1 NBauO entsprechend verwiesen wird (vgl. § 73 Abs. 2 S. 2 NBauO). Sowohl dessen Tatbestandsmerkmale als auch die Rechtsfolgenseite bedürfen an dieser Stelle einer vertiefenden Betrachtung.

I. Die Tatbestandsseite des Bauvorbescheids nach § 73 Abs. 1 S. 1 NBauO

Der Bauvorbescheid nach § 73 Abs. 1 S. 1 NBauO ist ein mitwirkungsbedürftiger VA, sodass er nur auf Antrag erteilt werden kann.[1172] Form und Inhalt des Antrags sollen daher zunächst betrachtet werden (1.). Fernerhin ist das für das Baurecht besonders wichtige Sachbescheidungsinteresse zu thematisieren (2.). Im Weiteren folgen Ausführungen zu den Ausschlussgründen (3.), den zeitlichen Vorgaben (4.) und den Pflichten der Baugenehmigungsbehörde (5.). Vorwegzuschicken ist hierbei, dass sich der Anwendungsbereich des Bauvorbescheids nach § 73 Abs. 1 S. 1 NBauO grundsätzlich auf genehmigungspflichtige sowie kenntnisgabepflichtige Bauvorhaben beschränkt.[1173] Eine Erweiterung auf baugenehmigungsfreigestellte und verfahrensfreie Vorhaben muss hingegen im Landesrecht vorgesehen sein, was jedenfalls im niedersächsischen Recht de lege lata nicht der Fall ist.

1. Form und Inhalt des Antrags

Für den Antrag auf Erteilung eines Bauvorbescheids nach § 73 Abs. 1 S. 1 NBauO (die Bauvoranfrage) gelten im Wesentlichen dieselben Anforderun-

---

1171 *Heimpel*, Bauvorbescheid, S. 24.

1172 OVG Münster, NWVBl 2003, 108 (109).

1173 *Weiblen*, in: BeckOK Bauordnungsrecht Baden-Württemberg, § 57 LBO BW Rn. 6; *Burzynska*, in: Große-Suchsdorf, NBauO, § 73 Rn. 7. A.A. *Hauth*, BauR 2010, 32 ff., der das bisherige System grundlegend infrage stellt und vielmehr dafür plädiert, auch außerhalb von Baugenehmigungsverfahren Bauvorbescheide zu erteilen. Diesen Vorbescheid sieht er in Abgrenzung zur Bebauungsgenehmigung als einfachen Bauvorbescheid an, der von seiner Grundkonzeption sehr stark an die verbindliche Auskunft nach § 89 Abs. 2 AO angelehnt ist. Hierauf kann gleichwohl nicht im Detail eingegangen werden, da diese rechtspolitische Frage abseits des Kerns dieser Arbeit liegt.

gen wie auch beim Bauantrag nach § 67 Abs. 1 S. 1 NBauO. So hat der Antrag ausschließlich schriftlich oder in elektronischer Form mit qualifizierter elektronischer Signatur zu erfolgen, sodass der Bauvorbescheid selbst als formbedürftiger VA einzustufen ist.[1174] Zu richten ist die Bauvoranfrage gem. § 67 Abs. 1 S. 1 NBauO an die zuständige Gemeinde. Als zentrale Bestandteile hat der Antrag nach § 67 Abs. 1 S. 2 NBauO alle für Beurteilung der Baumaßnahme und die Bearbeitung erforderlichen Unterlagen zu enthalten. Damit ist es vonnöten, dass konkrete Rechtsfragen (a) gestellt werden sowie Bauvorlagen (b) mit einzureichen sind. Sind die nachstehend noch darzustellenden Voraussetzungen erfüllt, sodass ein vollständiger Antrag vorliegt, so ist dieser nach § 67 Abs. 3 S. 1 NBauO abschließend vom bauvorlageberechtigten Entwurfsverfasser sowie vom Bauherrn zu unterschreiben und an die zuständige Gemeinde zu übersenden.[1175]

a) Stellung konkreter Rechtsfragen

Der Antrag muss konkrete Rechtsfragen enthalten, welche sich auf ein eindeutiges und klar benanntes Vorhaben beziehen[1176], sodass die Baugenehmigungsbehörde nicht verpflichtet ist, losgelöste allgemeine Fragen oder gar allgemeine Rechtsauskünfte zu erteilen.[1177] Entgegen dem VGH Mann-

1174 Die Formanforderungen des BGB gelten entsprechend, vgl. *Kolbeck*, Bauvoranfrage und Bauvorbescheid, S. 131, sodass ein schriftlicher Antrag nach § 126 BGB mit Namensunterschrift abschließend gekennzeichnet sein muss, es sei denn, das Handzeichen wurde notariell beglaubigt.

1175 Damit stellt sich in Niedersachsen das Problem nicht, wie zu verfahren ist, wenn die Unterschrift des Entwurfsverfassers fehlt. Zur Problematik in den anderen Bundesländern mit einer mehrdeutigen Verweisungsregelung siehe *Heimpel*, Bauvorbescheid, S. 58 ff.

1176 Zum obligatorischen Vorhabenbezug des Bauvorbescheids siehe nur OLG Dresden, Urt. v. 21.3.2013, 1 U 1772/12, JURIS, Rn. 46 sowie VGH München, NVwZ-RR 2008, 377, jeweils m.w.N. Zu der daran anschließenden Frage, inwieweit trotz des eindeutigen Bezugs auf *ein* Vorhaben Alternativfragen zulässig sind, vgl. *Kolbeck*, Bauvoranfrage und Bauvorbescheid, S. 146 f.

1177 *Weiblen*, in: BeckOK Bauordnungsrecht Baden-Württemberg, § 57 LBO BW Rn. 14.

heim[1178] sowie einiger Stimmen aus der Literatur[1179] ist jedoch stets und bundeseinheitlich die Stellung konkreter Einzelfragen erforderlich, sodass es nicht genügt, dass sich die Fragen bloß aus dem Gesamtzusammenhang ergeben[1180], denn es gilt insofern der allgemeine Antragsgrundsatz, dass Anträge so klar formuliert sein müssen, dass im Falle einer Bewilligung ein „verständlicher, inhaltlich genau abgegrenzter, eindeutig bestimmter VA mit Bindungswirkung“[1181] ergehen könnte. Zweifel gehen insofern stets zulasten des Bauherrn.[1182]

Dem VGH Mannheim ist allerdings insoweit zu folgen, als dass der Charakter des Bauvorbescheids bereits erkennen lässt, dass keine überhöhten Anforderungen gestellt werden dürfen[1183], obschon hinsichtlich ihrer Bestimmtheit dieselben Maßstäbe wie im Baugenehmigungsverfahren gelten.[1184] Die Fragen selbst können in jedem Fall nur solche sein, über die ansonsten im Baugenehmigungsverfahren zu entscheiden wäre, also die

---

1178 VGH Mannheim, VBlBW 1995, 30. Der VGH Mannheim lässt es insoweit genügen, dass die eingereichten Bauvorlagen zuverlässig darüber Aufschluss geben, welche Rechtsfragen zu klären sind.

1179 *Ermisch*, NordÖR 2013, 49 (50); *Heimpel*, Bauvorbescheid, S. 49; *Groth/Graupeter*, BauR 2000, 1691 (1692). Letztere führen vor allem zur Begründung an, dass die Bauvoranfrage nahezu immer das Bauplanungsrecht betreffe, sodass der Baugenehmigungsbehörde klar sei, dass es um die Prüfung des „ob“ der Bebauung gehe.

1180 Gl. A. OVG Brandenburg, BauR 2000, 549 sowie *Weiblen*, in: BeckOK Bauordnungsrecht Baden-Württemberg, § 57 LBO BW Rn. 12. Etwas anders OVG Greifswald, LKV 2007, 234 (236), welches fordert, dass sich die gestellten Fragen in irgendeiner Art und Weise näher konkretisieren lassen.

1181 So die überzeugende Formulierung des VGH München, BayVBl 1973, 129. Zustimmend OVG Berlin-Brandenburg, Beschl. v. 15.10.2012, OVG 10 N 43.09, JURIS, Rn. 5; OVG Greifswald, NordÖR 2005, 219; OVG Münster, NWVBl 2003, 108 sowie *Schmaltz*, BauR 2007, 985 (993). Schmaltz betont mit Recht, dass die Baugenehmigungsbehörde bei der späteren Baugenehmigung umso mehr Möglichkeiten erhält, Abweichungen zu treffen, je allgemeiner der Antrag formuliert ist. Insofern verläuft dies exakt parallel zur verbindlichen Auskunft nach § 89 Abs. 2 AO, weshalb es an dieser Stelle hierzu keiner vertieften Ausführungen mehr bedarf. Je präziser der Sachverhalt geschildert wird, desto mehr Rechts- und Planungssicherheit entsteht auf beiden Seiten. Dies entspricht auch den Vorgaben für die Bestimmtheit von Bauvoranfragen in der BauPrüfVO, die in diesem Zusammenhang ebenfalls Anwendung findet, vgl. OVG Weimar, BeckRS 2007, 25042.

1182 *Groth/Graupeter*, BauR 2000, 1691 (1693).

1183 *Schmaltz*, BauR 2007, 975 (984). Ebenso *Heimpel*, Bauvorbescheid, S. 49 f., die insofern eine ausreichend bestimmte Formulierung genügen lässt.

1184 *Kolbeck*, Bauvoranfrage und Bauvorbescheid, S. 136 m.w.N.

Gegenstand der Baugenehmigung wären.[1185] Welche Fragen generell zulässig sind, ist Gegenstand umfassender Erörterungen in Rechtsprechung und Literatur.[1186] Anerkannt ist, dass sich die gestellten Fragen auf einzelne Teile des Bauvorhabens beschränken müssen. Zudem muss es sich bei den Einzelfragen nicht um ein zusammenhängendes Fragenbündel handeln, sondern es können auch jeweils spezielle, zueinander keinen Bezug aufweisende, Einzelfragen gestellt werden.[1187] Ein alle Fragen des Baugenehmigungsverfahrens umfassender Antrag auf Erteilung eines Bauvorbescheids wäre dagegen unzulässig, da der Bauherr dann auch gleich eine Baugenehmigung beantragen könnte und damit für die isolierte Erteilung eines Bauvorbescheids das – noch darzustellende[1188] – Sachbescheidungsinteresse fehlt.[1189] Insoweit ist der Bauherr diesbezüglich auf das Baugenehmigungsverfahren zu verweisen, welches ansonsten mit Ausnahme der Erteilung der formalen Baufreigabe funktionslos wäre.[1190]

Gleichwohl gibt es für die gestellten Fragen keine mengenmäßige Begrenzung, sodass auch eine Vielzahl von Einzelfragen gestellt werden kann.[1191] Außerdem können auch einzelne Tatbestandsmerkmale einer Norm zum Gegenstand einer Bauvoranfrage gemacht werden.[1192] Umgekehrt darf der Bauherr auch bewusst einzelne Fragen ausklammern, die

---

1185 VGH München, NVwZ-RR 2008, 377 m.w.N. Zu den möglichen Fragen, die nach § 73 Abs. 1 S. 1 NBauO gestellt werden können, siehe *Pautsch*, in: BeckOK NBauO, § 73 Rn. 12.

1186 Einzelnachweise zu zulässigen sowie zu unzulässigen Fragen bei *Weiblen*, in: BeckOK Bauordnungsrecht Baden-Württemberg, § 57 LBO BW Rn. 18 ff. Siehe hierzu zudem *Kolbeck*, Bauvoranfrage und Bauvorbescheid, S. 137 ff., der sehr umfassend darstellt, inwieweit Fragen nach der allgemeinen Bebaubarkeit eines Grundstücks und dem Gebietscharakter zum Gegenstand eines Bauvorbescheids gemacht werden können.

1187 *Mann*, Das gestufte Verwaltungsverfahren, S. 73.

1188 Siehe unten C. I. 2.

1189 *Burzynska*, in: Große-Suchsdorf, NBauO, § 73 Rn. 3; *Schmaltz*, BauR 2007, 975 (976). Zur trotzdem bestehenden Möglichkeit einer Umdeutung siehe dagegen unten C. I. 2.

1190 Gl. A. VG München, Urt. v. 28.7.2014, M 8 K 13.2963, JURIS, Rn. 40.

1191 *Heimpel*, Bauvorbescheid, S. 142; *Pautsch*, in: BeckOK NBauO, § 73 Rn. 12. Ergibt die nähere Prüfung, dass nur ein Teil der gestellten Fragen bescheidungsfähig ist, so darf freilich keine vollständige Ablehnung erfolgen, sondern der Antrag ist – vorbehaltlich des Vorliegens der weiteren Tatbestandsmerkmale – jedenfalls in Bezug auf die zulässigen Fragen zu bescheiden, vgl. *Pautsch*, in: BeckOK NBauO, § 73 Rn. 19.

1192 OVG Lüneburg, NVwZ 2013, 915; *Drescher*, Rechtsprobleme des Bauvorbescheids, S. 35, letzterer auch m.w.N. zur Gegenposition.

nicht Gegenstand des Bauvorbescheids werden sollen.[1193] Tut er dies nicht, sondern reicht eine alle Fragen des Bauvorhabens umfassende Bauvoranfrage bei der Baugenehmigungsbehörde ein, so fehlt zwar das Sachbescheidungsintesse für die Erteilung eines Bauvorbescheid nach § 73 Abs. 1 S. 1 NBauO, die Bauvoranfrage kann jedoch in einen (bescheidungsfähigen) Bauantrag umgedeutet werden[1194], denn es handelt sich bei dieser immer um eine Willenserklärung, die nach §§ 133, 157 BGB ausgelegt werden muss.[1195] Entscheidend ist jedoch, dass es sich um *ein* Vorhaben handelt, sodass *mehrere* alternativ abgefragte Vorhaben in einer einzigen Bauvoranfrage wegen mangelnder Bestimmtheit nicht bescheidungsfähig sind.[1196]

b) Beibringung von Bauvorlagen

Damit die Baugenehmigungsbehörde über die Teilfragen abschließend entscheiden kann, ist es zudem erforderlich, dass bereits alle notwendigen Bauvorlagen mit eingereicht werden, wozu vor allem ein Lageplan sowie eine Baubeschreibung zählen.[1197] Dieses Erfordernis ergibt sich auch daraus, dass es dem Antragsteller obliegt, das Vorhaben zur Vorabentscheidung genau zu benennen, was in der Regel am Einfachsten durch einen Verweis auf die entsprechenden Bauvorlagen zu realisieren ist. Damit der Sinn und Zweck des Bauvorbescheids, dass gerade noch *keine fertigen Pläne* eingereicht werden müssen, aber nicht konterkariert wird, genügt es inso-

---

1193 OVG Münster, DVBl 2010, 719 (723); NuR 2013, 146; VGH Mannheim, Urt. v. 15.2.1990, 10 S 2893/88, JURIS, Rn. 23; VG Minden, Urt. v. 22.10.2014, 11 K 2069/13, JURIS, Rn. 25; *Ermisch*, NordÖR 2013, 49 (50). Gleichwohl setzt eine Ausklammerung voraus, dass eine verbindliche rechtliche und selbstständige Beurteilung des Bauvorhabens weiterhin möglich bleibt, vgl. OVG Münster, BauR 2014, 676 sowie auch OVG Hamburg, NordÖR 2013, 475 (477).

1194 *Heimpel*, Bauvorbescheid, S. 144. Gleiches gilt auch für den Fall, dass einige Fragen bestimmt genug, andere hingegen – auch nach einer Rückfrage an den Antragsteller – zu unklar bleiben und damit nicht bescheidungsfähig sind. In diesem Fall wird die Baugenehmigungsbehörde alle diejenigen Fragen prüfen, die bestimmt genug formuliert worden sind und die zu unbestimmten Fragen von ihrer Prüfung ausnehmen, vgl. *Kolbeck*, Bauvoranfrage und Bauvorbescheid, S. 146 m.w.N.

1195 *Kolbeck*, Bauvoranfrage und Bauvorbescheid, S. 161 m.w.N.

1196 OVG Greifswald, NordÖR 2005, 219.

1197 OVG Brandenburg, BauR 2000, 549 (550). Siehe zu den Anforderungen im Einzelnen auch jüngst VG Köln, Urt. v. 27.2.2018, 2 K 1421/16, JURIS, Rn. 18 ff.

weit, dass *grobe Pläne* beigefügt werden, aus denen sich der Umfang des Vorhabens jedenfalls erahnen lässt.[1198] Welche Detailschärfe diese haben müssen, ist eine Frage des Einzelfalls, die sich insbesondere nach der Komplexität des geplanten Vorhabens und der gewünschten Bindungswirkung des Bauvorbescheids aus Sicht des Antragstellers bemisst.[1199] Als allgemeine Grundregel gilt nach § 4 BauVorlVO, dass diejenigen Bauvorlagen der Bauvoranfrage beizufügen sind, die für die Bescheidung der durch den Bauvorbescheid zu beurteilenden Fragen erforderlich sind.[1200]

Fehlen insoweit allerdings selbst grobe Pläne, so ist die Bauvoranfrage nicht bescheidungsfähig. In einem solchen Fall wird die Baugenehmigungsbehörde zunächst nach § 69 Abs. 2 S. 1 NBauO für die Nachreichung der erforderlichen Bauvorlagen in einem Zwischenbescheid eine angemessene Frist setzen.[1201] Verstreicht diese Frist fruchtlos, kann die Bauvoranfrage aus formalen Gründen abgewiesen werden[1202], sodass eine Sachentscheidung nicht mehr erfolgt.

1198 *Heimpel*, Bauvorbescheid, S. 29; *Pautsch*, in: BeckOK NBauO, § 73 Rn. 29.

1199 OVG Münster, Urt. v. 30.11.2015, 2 A 1080/15, JURIS, Rn. 24; VG Köln, Urt. v. 28.6.2016, 2 K 4589/15, JURIS, Rn. 19; *Heimpel*, Bauvorbescheid, S. 54 m.w.N. So ist es auch im Bauvorbescheidsverfahren nicht ausgeschlossen, dass bereits dieselben Pläne wie auch im Baugenehmigungsverfahren vorgelegt werden müssen. Dies ist vor allem dann der Fall, wenn das Bauvorbescheidsverfahren faktisch über alle Fragen des (vereinfachten) Baugenehmigungsverfahrens bindend entscheidet, vgl. zu einem Fallbeispiel dieser Art VG München, Urt. v. 11.4.2016, M 8 K 14.4953, JURIS, Rn. 25 oder wenn der Bauherr einen erweiterten Entscheidungstenor begehrt. Gleichwohl dürften diese Konstellationen eher als Ausnahmefälle zu werten sein, denn andernfalls würden die Unterschiede zwischen dem Bauvorbescheidsverfahren und dem Baugenehmigungsverfahren zunehmend verschwimmen, mithin der Bedarf für die parallele Anwendung beider Rechtsinstitute sukzessive entfallen.

1200 Dieser allgemeinen und in allen Bundesländern gebräuchlichen Regelung zustimmend OVG Münster, Urt. v. 14.12.2016, 10 A 655/14, JURIS, Rn. 37; *Drescher*, Rechtsprobleme des Bauvorbescheids, S. 104.

1201 Lediglich klarstellend sei darauf hingewiesen, dass dieser Zwischenbescheid als solcher noch keine Verbindlichkeit für sich beanspruchen kann und insbesondere keine Zusicherung nach § 38 VwVfG im Hinblick auf den Bauvorbescheid darstellt, vgl. OVG Greifswald, NordÖR 2013, 486 (487).

1202 OVG Brandenburg, BauR 2000, 549. Die Soll-Vorschrift in § 69 Abs. 2 S. 2 NBauO wird sich daher in der Regel zu einer verpflichtenden Ablehnung verdichten.

2. Sachbescheidungsinteresse

Selbst wenn die beiden vorstehend dargestellten Antragsvoraussetzungen vorliegen, ist dem Bauherrn die Erteilung des beantragten Vorbescheids noch nicht gewiss. Vielmehr muss dieser auch noch ein Sachbescheidungsinteresse aufweisen.[1203] Ein solches ist zwar in der NBauO nicht explizit erwähnt, doch wird es einmütig gefordert.[1204] Es besagt, dass ein Bauvorbescheid nach § 73 Abs. 1 S. 1 NBauO trotz Vorliegens aller gesetzlichen Voraussetzungen dann abgelehnt werden kann, wenn dies aus außerhalb des konkreten Verwaltungsverfahrens liegenden Gründen geboten erscheint.[1205] So soll die Baugenehmigungsbehörde nicht für unnütze oder unlautere Zwecke in Anspruch genommen werden, sondern nur dann, wenn der Bauherr auch ein berechtigtes und aus rechtlicher Perspektive schützenswertes Interesse hat. Alles andere widerspräche dem Rechtsstaatsprinzip sowie dem Grundsatz der Verfahrensökonomie.[1206] Demnach müssen vernünftige Gründe für eine Stufung des Verwaltungsverfahrens vorliegen, andernfalls ist das einstufige Verwaltungsverfahren durchzuführen.[1207]

Ein fehlendes Sachbescheidungsinteresse liegt indes dann vor, wenn der Bauherr den Bauvorbescheid zwar formal beanspruchen kann, allerdings bereits zum Zeitpunkt der Erstbearbeitung der Bauvoranfrage deutlich wird, dass ein positiver Bauvorbescheid nach § 73 Abs. 1 S. 1 NBauO aufgrund von Hindernissen, die außerhalb des Gegenstands der Bauvoranfrage liegen, schlechthin nicht erteilt werden kann[1208], wobei insoweit eine

---

1203 Das Sachbescheidungsinteresse ist wiederum im Bauverfahrensrecht kein Tatbestandsmerkmal im engeren Sinne, sondern dient vielmehr dazu, grundsätzlich unter den Tatbestand fallende Vorhaben ausnahmsweise nicht zu bescheiden. Gleichwohl soll es in dieser Arbeit auf der Tatbestandsseite dargestellt werden, da es jedenfalls einen unmittelbaren Bezug zu dieser aufweist und im Rahmen der noch darzustellenden verbindlichen Auskunft im allgemeinen Verwaltungsrecht als originäres Tatbestandsmerkmal angesehen wird, vgl. unten Kapitel 5 D. I. 2. c).

1204 Siehe insoweit nur *Weiblen*, in: BeckOK Bauordnungsrecht Baden-Württemberg, § 57 LBO BW Rn. 25 für den Bauvorbescheid in Baden-Württemberg.

1205 *Wittreck*, BayVBl 2004, 193 (194).

1206 *Wittreck*, BayVBl 2004, 193 (194).

1207 *Kolbeck*, Bauvoranfrage und Bauvorbescheid, S. 169.

1208 St. Rspr., vgl. BVerwGE 48, 242 (247); 61, 128 (131); OVG Lüneburg, NVwZ-RR 2013, 915 (916); OVG Münster, NVwZ-RR 2013, 706 (707); OVG Saarlouis, LKRZ 2008, 309 (310). So auch Teile des Schrifttums, vgl. pars pro toto *Löher*, Das Verwaltungsverfahren, S. 65 m.w.N.

überschlägige Prüfung genügt.[1209] Eine präzise Ausfüllung dieser allgemein gehaltenen Formel der Rechtsprechung kann freilich nur anhand von bereits entschiedenen Fallgruppen erfolgen. So liegt ein schlechthin nicht ausräumbares Hindernis dann vor, wenn von vornherein feststeht, dass der Antragsteller nie Eigentum oder ein sonstiges Recht an dem betreffenden Grundstück erhalten wird, also ein unüberwindbares zivilrechtliches Hindernis besteht.[1210] Außerdem fehlt das Sachbescheidungsinteresse immer dann, wenn die Vereinbarkeit des Bauvorhabens mit den gesamten öffentlich-rechtlichen Vorschriften Gegenstand der Bauvoranfrage ist, denn diese ist nur für einen Ausschnitt aus dem Gesamtvorhaben zu erteilen[1211], grundsätzlich nicht dagegen, wenn – wie noch zu zeigen sein wird[1212] – dem Vorhaben baurechtliche Aspekte entgegenstehen, die der Bauherr bewusst nicht zum Prüfungsgegenstand des Bauvorbescheids gemacht hat, diese aber noch aufgrund zwingender gesetzlicher Vorgaben Gegenstand des Baugenehmigungsverfahrens sein werden.

Erblickt die Baugenehmigungsbehörde demnach ein fehlendes Sachbescheidungsinteresse, so ist es ihre Aufgabe, dessen Fehlen nachzuweisen und nicht Aufgabe des Bauherrn, dessen Vorliegen zu belegen.[1213] Die Beweislast liegt also bei der Baugenehmigungsbehörde. Trotz dieser für die Baugenehmigungsbehörde anspruchsvollen Ausgangslage nimmt das Sachbescheidungsinteresse im Bauvorbescheidsverfahren insofern eine zentrale Funktion ein, als es einen wirksamen Filter für alle Bauvoranfragen darstellt, bei denen für eine Bescheidung kein rechtlich schützenswertes Interesse besteht oder eine Bescheidung den Regeln der Logik wiederspräche. Es darf jedoch nicht dahingehend pervertiert werden, dass der Baugenehmigungsbehörde unliebsame oder unangenehme Vorhaben ausgeschlossen werden, denn dies würde das Regel-Ausnahme-Verhältnis des Sachbeschei-

1209 Ähnlich auch *Dietlein/Thiel*, DV 38 (2005), 211 (238) für den Vorbescheid im Immissionsschutzrecht.

1210 BVerwGE 61, 128 (130); OVG Münster, Urt. v. 3.9.2015, 7 A 1589/13, JURIS, Rn. 28; *Heimpel*, Bauvorbescheid, S. 45 m.w.N. Heimpel äußert sich auch zu weiteren möglichen Fallgruppen des fehlenden Sachbescheidungsinteresses, insbesondere für den Fall, dass speziellere Verfahren einschlägig sind.

1211 Gl. A. *Dietlein*, in: Landmann/Rohmer, Umweltrecht, § 9 BImschG Rn. 29 für den Vorbescheid im Immissionsschutzrecht. Missverständlich insoweit *Kolbeck*, Bauvoranfrage und Bauvorbescheid, S. 134, der von einem fehlenden „Rechtsschutzinteresse“ spricht. Gemeint sein dürfte das Sachbescheidungsinteresse.

1212 Vgl. unten C. II.

1213 *Jäde*, Anm. zum Urteil des VGH München vom 23.3.2006 (26 B 05.555), BayVBl 2006, 537 (539); *Wittreck*, BayVBl 2004, 193 (194).

dungsinteresses umkehren.[1214] So ist es die Regel, dass dieses vorliegt und nur ausnahmsweise und in besonders gearteten Fällen ist es nicht gegeben. Dementsprechend ist auch die Prüfung des Sachbescheidungsinteresses auf eine reine Evidenzkontrolle zu reduzieren, sodass Rechtsverstöße offensichtlich sein müssen.[1215]

3. Ausschluss- und Ablehnungsgründe

Nach dem bisher Ausgeführten kann die Erteilung eines Bauvorbescheids i.S.d. § 73 Abs. 1 S. 1 NBauO selbstverständlich dann abgelehnt werden, wenn die materiellrechtlichen Voraussetzungen nicht erfüllt sind, es sich also etwa um einen unvollständigen Antrag handelt.[1216] Ist der Antrag dadurch unvollständig, dass die zu klärenden Rechtsfragen nicht hinreichend deutlich werden, so hat die Baugenehmigungsbehörde zunächst durch Auslegung nach § 133 BGB den Kern des Anliegens zu ermitteln und dadurch zu einer Aufklärung beizutragen.[1217] Lassen sich anhand der Auslegung keine eindeutigen Schlüsse ziehen, hat die Baugenehmigungsbehörde zunächst Rücksprache mit dem Bauherrn zu halten und ihn um die Nachreichung etwaiger Fragen zu bitten, denn er ist als Antragsteller Herr des Verfahrens und bestimmt über den Gegenstand des Antrags, zumal sich die gestellten Fragen entscheidend auf die spätere Bindungswirkung

1214 Ähnlich auch *Drescher*, Rechtsprobleme des Bauvorbescheids, S. 241.

1215 So auch OVG Koblenz, BauR 2009, 799 (801) für das Baugenehmigungsverfahren: „Fehlendes Sachbescheidungsinteresse kann freilich nur dann angenommen werden, wenn ohne eine ins Einzelne gehende Prüfung erkennbar ist, dass das nach § 66 LBauO zu genehmigende Vorhaben wegen entgegenstehender sonstiger Vorschriften offensichtlich nicht verwirklicht werden darf".

1216 Der Baugenehmigungsbehörde ist es insofern untersagt, inhaltlich unbestimmte Vorbescheide zu erteilen, die aus einer mangelhaften Darbietung der Bauvorlagen resultieren, vgl. für viele nur OVG Bautzen, BeckRS 2017, 103370, Rn. 29.

1217 *Sauter*, in: Ders., LBO BW, § 57 Rn. 13.

des Bauvorbescheids auswirken.[1218] Daher ist auch die Auffassung[1219], dass es im Zweifel dem Interesse des Antragstellers entspricht, die gesamte bauplanungsrechtliche Zulässigkeit zu prüfen, eine reine Fiktion, die zudem einer gesetzlichen Grundlage entbehrt. Dies zeigt sich schon allein dadurch, dass es zulässig ist, voneinander völlig unabhängige und individuelle Fragen zu stellen, sodass für den Umfang des Bauvorbescheids stets der Einzelfall maßgeblich ist und der Dispositionsmaxime des Antragstellers hinreichend Rechnung getragen werden muss, der insoweit – innerhalb eines gewisse Grenzen umfassenden Spielfeldes – den Verfahrensgegenstand nach seinem Belieben bestimmen darf.

Eine vollständige Ablehnung im Fall der materiellrechtlichen Unvereinbarkeit ist zudem möglich, wenn die Unvereinbarkeit auch nicht durch Abweichungen, Ausnahmen oder Befreiungen i.S.d. § 31 BauGB beseitigt werden kann. Es verbieten sich jedoch Pauschalierungen der Baugenehmigungsbehörde, sodass sie ihre Ablehnungsentscheidung dezidiert zu begründen hat. Eine weitere Ausschlussmöglichkeit folgt aus dem Charakter des Bauvorbescheids als kleine Baugenehmigung. Dadurch, dass dieser nur einen Teil des Vorhabens betrifft, kann es mitunter schwierig sein, den vorgelegten Teil des Bauvorhabens einzuschätzen, ohne dass eine Kenntnis vom Gesamtvorhaben vorliegt.[1220] Dies ist etwa dann der Fall, wenn in der

---

1218 *Burzynska*, in: Große-Suchsdorf, NBauO, § 73 Rn. 13; A.A. wohl *Sauter*, in: Ders., LBO BW, § 57 Rn. 13, der davon ausgeht, dass der Baugenehmigungsbehörde in diesem Fall keine andere Wahl bleibt, als den Antrag abzulehnen. Das ist grundsätzlich zutreffend, kann aber erst dann gelten, wenn alle Klärungsversuche mit dem Antragsteller gescheitert sind. Dieses Ergebnis resultiert aus der Fürsorge- und Betreuungspflicht der Verwaltung, die es auch gebietet, nicht vorschnell begehrte Verwaltungsentscheidungen abzulehnen.

1219 *Weiblen*, in: BeckOK Bauordnungsrecht Baden-Württemberg, § 57 LBO BW Rn. 17.

1220 OVG Berlin-Brandenburg, Beschl. v. 15.10.2012, OVG 10 N 43.09, JURIS, Rn. 6; VGH München, BayVBl 1973, 129. Siehe hierzu auch *Fluck*, VerwArch 80 (1989), 223 (226) sowie *Jarass*, UPR 1983, 241 (248), jeweils m.w.N. Gleichwohl stellt das vorläufige positive Gesamturteil entgegen *Mann*, Das gestufte Verwaltungsverfahren, S. 83 keine Verfahrensvoraussetzung für die Erteilung des Bauvorbescheids dar, denn ein solches Erfordernis ist den jeweiligen Landesbauordnungen fremd, vgl. *Ermisch*, NordÖR 2013, 49 (52). Damit darf der Bauvorbescheid bei einer Unmöglichkeit der entsprechenden Prognose grundsätzlich nicht versagt werden. Selbst wenn man dies anders sähe, geht dieses Erfordernis aber in jedem Fall nicht so weit wie im Atomrecht, in welchem es eine materiellrechtliche Voraussetzung ist. Zu der besonderen Bedeutung im Atomrecht im Vergleich zum Baurecht siehe auch *A. Weber*, DÖV 1980, 397 (398 ff.).

Bauvoranfrage keine baurechtlich selbstständig zu beurteilenden Fragen gestellt werden, die zumindest § 73 Abs. 1 S. 1 NBauO explizit verlangt.[1221] Gleichwohl dürfen keine überhöhten Anforderungen gestellt werden, da die zu behandelnde Entscheidungsmaterie im Baurecht zumeist nicht derart komplex ist wie im Immissionsschutzrecht oder erhöhte Gefährdungspotenziale wie im Atomrecht bestehen.[1222] Zudem bestünde das Risiko, dass es zu erheblichen Verzögerungen kommt, die zu einer Einbuße der Praxisrelevanz führen könnten.[1223]

Die Aufzählung bis zu dieser Stelle zeigt, dass bei einem ordnungsgemäßen Antrag, einem vorhandenen Sachbescheidungsinteresse und einer materiellrechtlichen Unbedenklichkeit der Bauvorbescheid nach § 73 Abs. 1 S. 1 NBauO im Regelfall zu erteilen ist und der mit der Bauvoranfrage bezweckte Erfolg – anders als vielfach bei der verbindlichen Auskunft nach § 89 Abs. 2 AO – nicht durch eine extensive Ablehnungspraxis vereitelt wird. Gleichwohl trägt der Bauherr trotz eines erteilten Bauvorbescheids bei einer mehrdeutigen Bauvoranfrage das Risiko, dass der Bauvorbescheid später keine Bindungswirkung in seinem Sinne entfaltet.[1224]

4. Zeitliche Vorgaben

Der Bauvorbescheid nach § 73 Abs. 1 S. 1 NBauO dient der Schaffung eines vorgelagerten eigenständigen Verwaltungsverfahrens, bei dem der Antragsteller Fragen vorlegen kann, über die sonst erst im abschließenden Baugenehmigungsverfahren entschieden wird. Dies impliziert zunächst, dass ein Antrag auf Erlass eines Bauvorbescheids nicht mehr nach Einreichen eines Bauantrags gestellt werden kann. So enthalten auch die einzelnen Landesbauordnungen zumeist die Formulierung „vor Einreichen des Bauantrags“[1225]. Wie diese zu verstehen ist, ist gleichwohl klärungsbedürftig. Vor allem in der Literatur wird diese Formulierung so gelesen, dass der Antrag auf Erlass eines Bauvorbescheids nur bis zum Zeitpunkt der Bauantragstel-

1221 OVG Lüneburg, NVwZ-RR 2013, 915; VG Göttingen, BeckRS 2015, 53808.

1222 *Mann*, Das gestufte Verwaltungsverfahren, S. 85.

1223 Deshalb erachtet es auch Mann selbst de lege ferenda als nicht wünschenswert, hieran etwas zu ändern, vgl. *Mann*, Das gestufte Verwaltungsverfahren, S. 88.

1224 *Drescher*, Rechtsprobleme des Bauvorbescheids, S. 38 m.w.N.

1225 Im niedersächsischen Landesrecht fehlt eine solche Formulierung. Dennoch ist die Frage nach den zeitlichen Vorgaben auch in diesem von Interesse, denn es fehlt insofern im Gesetzestext wie auch in den Gesetzgebungsmaterialien an jedweden Hinweisen.

lung möglich ist.[1226] Dem ist zuzustimmen, da ansonsten die Prüfung der Genehmigungsfähigkeit teilweise auf das Bauvorbescheidsverfahren verlagert werden würde, obwohl bereits das hierfür vorgesehene Baugenehmigungsverfahren eingeleitet wurde.[1227] Das ist jedoch gerade nicht Sinn und Zweck des Bauvorbescheids, denn die Zuerkennung einer Überschneidungsmöglichkeit würde dazu führen, dass der hinter der Verfahrensstufung stehende Beschleunigungsgedanke konterkariert wird. So müsste die Baugenehmigungsbehörde entweder zeitgleich oder nacheinander sowohl die Bauvoranfrage als auch den Bauantrag prüfen, wodurch teilweise doppelter Arbeitsaufwand entstehen kann. Zudem handelt es sich um zwei eigenständige Verwaltungsverfahren, die nicht durch eine parallele Antragsstellung miteinander vermengt werden dürfen. Dies besagt schließlich auch gerade die Verfahrensstufung, sodass die Stufung vor allem auf der Zeitachse sichtbar werden muss.

Zwar erscheint das von Mann geäußerte Gegenargument, dass durch die zusätzliche Möglichkeit einer Beantragung eines Bauvorbescheids Kosten für den Bauherrn gespart werden können[1228], durchaus nachvollziehbar, es vermag aber vor dem Hintergrund der konkreten Ausrichtung von Bauvorbescheid und Baugenehmigung nicht durchzugreifen. Dem steht insofern die legislative Entscheidung entgegen, das Bauvorbescheidsverfahren vorzuverlegen. Selbiges gilt auch für das weitere Argument, dass der Bauherr nach der hier vertretenen Auffassung erst einmal den Ausgang des Bauvorbescheidsverfahrens abwarten muss, bevor er den Bauantrag stellen kann.[1229]

Eine Ausnahme von dem soeben gesagten gilt jedoch im Falle eines Schwarzbaus. Wurde das Bauvorhaben bereits verwirklicht, ohne die dafür erforderliche Baugenehmigung einzuholen und bezieht sich die Frage der Genehmigungsfähigkeit nur auf einzelne Baurechtsfragen des Bauplanungs-, Bauordnungs- oder Baunebenrechts, so kann der Bauherr trotzdem einen (kostengünstigeren und weniger aufwändigen) Antrag auf Erteilung

---

1226 *Burzynska*, in: Große-Suchsdorf, NBauO, § 73 Rn. 17; *Pautsch*, in: BeckOK NBauO, § 73 Rn. 25; *Heimpel*, Bauvorbescheid, S. 103, jeweils m.w.N.

1227 Anders dagegen *Mann*, Das gestufte Verwaltungsverfahren, S. 89, der aus Kostengesichtspunkten auch die Beantragung eines Bauvorbescheids nach Stellung des Bauantrags für möglich erachtet.

1228 *Mann*, Das gestufte Verwaltungsverfahren, S. 89.

1229 *Mann*, Das gestufte Verwaltungsverfahren, S. 89.

eines Bauvorbescheids nach § 73 Abs. 1 S. 1 NBauO stellen.[1230] Insofern wird er davon entlastet, die umfangreichen Einzelvorlagen anfertigen zu lassen und einzureichen.

Gleichwohl ist eine Parallelität vom Bauvorbescheids- und Baugenehmigungsverfahren abseits dieser Ausnahme grundsätzlich abzulehnen.[1231]

5. Pflichten der Baugenehmigungsbehörde

Aus Sicht des Bauherrn ist auch das Pflichtenprogramm der Baugenehmigungsbehörde von besonderer Bedeutung. So folgt aus der Stellung des Bauherrn als Herr des Verfahrens zunächst, dass dieser auch das behördliche Prüfprogramm vorgibt, sodass die Baugenehmigungsbehörde nicht von Amts wegen eine Erweiterung des Prüfungsgegenstands vornehmen darf[1232] und selbst wenn sie es dürfte auch nicht vornehmen müsste.[1233] Gutachterliche Stellungnahmen sind damit durch eine Bauvoranfrage nicht zu erlangen.[1234] Gleichwohl erfährt dieser Grundsatz insofern eine Einschränkung, als die Baugenehmigungsbehörde dazu verpflichtet ist, notwendige Zusatzfragen mit zu prüfen. Zudem gehört es – wie bereits dargelegt[1235] – zu ihren Pflichten, ein fehlendes Sachbescheidungsinteresse des Bauherrn nachzuweisen. Gelingt ihr der Nachweis in Bezug auf bestimmte Frage nicht, so hat die Baugenehmigungsbehörde ihr Prüfprogramm in der von dem Bauherrn vorgegebenen Weise zu gestalten.

Keine Pflicht besteht hingegen dahingehend, ein nicht genehmigungsfähiges Bauvorhaben aus eigenem Antrieb so weit planerisch zu ändern, dass

---

1230 *Burzynska*, in: Große-Suchsdorf, NBauO, § 73 Rn. 17; *Pautsch*, in: BeckOK NBauO, § 73 Rn. 25; *Mann*, Das gestufte Verwaltungsverfahren, S. 91. Umfassend hierzu auch *Drescher*, Rechtsprobleme des Bauvorbescheids, S. 248 ff.

1231 A.A. *Mann*, Das gestufte Verwaltungsverfahren, S. 90.

1232 *Heimpel*, Bauvorbescheid, S. 51 sowie *Dietlein/Thiel*, DV 38 (2005), 211 (238) unter Verweis auf die obergerichtliche Rechtsprechung. Siehe hierzu auch *Reichelt*, Vorbescheid, S. 96. Eine Ausnahme von diesem Grundsatz besteht darin, dass zwingend erforderliche vorgreifliche Fragen von der Baugenehmigungsbehörde auch vom Amts wegen in das Prüfungsprogramm aufgenommen werden dürfen, vgl. *Pautsch*, in: BeckOK NBauO, § 73 Rn. 21. Dies ist auch plausibel, da es dem Interesse des Antragstellers entspricht, denn andernfalls müsste sein Antrag abgelehnt werden.

1233 OVG Koblenz, BauR 2000, 545 (548).

1234 OVG Münster, NWVBl 2003, 108 (109).

1235 Vgl. oben C. I. 2.

hieraus ein genehmigungsfähiges Vorhaben wird.[1236] Daraus folgt etwa, dass die Baugenehmigungsbehörde nicht verpflichtet ist, einen zulässigen Standort auf einem bestimmten Grundstück zu ermitteln[1237] oder aus der möglichen Bandbreite von Vorhaben und Vorhabenausschnitten diejenigen als Minus herauszufiltern, die dem Willen des Antragstellers am ehesten entsprechen und bescheidungsfähig wären.[1238] Zwar unterliegt die Baugenehmigungsbehörde auch im Bauvorbescheidsverfahren den schon vielerorts erwähnten staatlichen Fürsorgepflichten. Diese können aber nicht so weit gehen, bei einem antragsgebundenen und damit mitwirkungsbedürftigen VA den bescheidungsfähigen Sachverhalt in gewisser Weise in Arbeitsteilung mit dem Bauherrn zu konstruieren, sondern vielmehr obliegt es dem Bauherrn, alle für den Bauvorbescheid erforderlichen Bauvorlagen selbstständig beizubringen.[1239]

Letztlich manifestieren sich die staatlichen Fürsorgepflichten konkret auch lediglich darin, dem Antragsteller bei Ungenauigkeiten etwaige Hinweise zu geben und mit ihm auf eine prüffähige Bauvoranfrage hinzuarbeiten.[1240] Insofern gelten die – bereits dargestellten[1241] – Grundsätze des § 25 VwVfG. Diese fokussieren im Rahmen der Bearbeitung und Erteilung von Bauvorbescheiden in der Beratungspflicht und der Auskunftspflicht.[1242]

II. Rechtsfolge: gebundene Entscheidung

Liegen sämtliche materielle Tatbestandsmerkmale[1243] sowie ein bescheidungsfähiger Antrag vor, so hat der Antragsteller einen Anspruch auf Erteilung des Bauvorbescheids nach § 73 Abs. 1 S. 1 NBauO und wird diesen in

---

1236 BGH, BeckRS 1997, 31118221. Selbiges gilt auch für das OVG bzw. VG in einem späteren Antrags- oder Klageverfahren, vgl. OVG Bautzen, BeckRS 2017, 103370, Rn. 27 sowie OVG Münster, Urt. v. 6.10.2014, 2 A 434/13, JURIS, Rn. 25.

1237 *Kolbeck*, Bauvoranfrage und Bauvorbescheid, S. 143.

1238 OVG Münster, Urt. v. 30.11.2015, 2 A 1080/15, JURIS, Rn. 32; siehe zudem auch OVG Greifswald, LKV 2007, 234 (236).

1239 OVG Greifswald, LKV 2007, 234.

1240 *Heimpel*, Bauvorbescheid, S. 51.

1241 Vgl. bereits oben Kapitel 1 C. II. und III.

1242 *Kolbeck*, Bauvoranfrage und Bauvorbescheid, S. 165.

1243 Gemeint sind damit die jeweils zu prüfenden Genehmigungsvoraussetzungen, vgl. *Dietlein*, in: Landmann/Rohmer, Umweltrecht, § 9 BImschG Rn. 37.

schriftlicher Form erhalten.[1244] Diese Rechtsfolge in Form der gebundenen Entscheidung ist Ausfluss der Baufreiheit aus Art. 14 GG.[1245] Die Baugenehmigungsbehörde darf die Erteilung des Bauvorbescheids daher grundsätzlich auch nicht deshalb verweigern, weil sie zwar den vom Antragsteller begehrten Vorbescheid über die bauplanungsrechtliche Zulässigkeit erteilen kann, aber sich schon abzeichnet, dass das Vorhaben bauordnungsrechtlich oder aufgrund entgegenstehenden Baunebenrechts nicht genehmigungsfähig sein wird und diese Normen noch Gegenstand des Baugenehmigungsverfahrens sein werden.[1246] Die Prüfung solcher Normen ist im Rahmen des Bauvorbescheidsverfahrens irrelevant, da dieser noch kein verfügendes, sondern lediglich ein feststellendes Element enthält[1247], oder anders gewendet: Der Bauvorbescheid entscheidet vielfach über das *über-*

1244 *Sauter*, in: Ders., LBO BW, § 57 Rn. 7; *Heimpel*, Bauvorbescheid, S. 170 sowie *Burzynska*, in: Große-Suchsdorf, NBauO, § 73 Rn. 12. In diesem Sinne auch *Dietlein*, in: Landmann/Rohmer, Umweltrecht, § 9 BImschG Rn. 37 für den Vorbescheid im Immissionsschutzrecht. Die Formulierung „kann erteilt werden“ in einigen Landesbauordnungen steht dem indes nicht entgegen. Diese bezieht sich nicht auf ein etwaiges Ermessen, sondern darauf, dass es dem Bauherrn obliegt, einen Bauvorbescheid zu beantragen. Er kann einen Antrag stellen, muss es aber nicht. Erteilt die Baugenehmigungsbehörde einen Bauvorbescheid, muss dieser zudem hinreichend bestimmt sein. Erforderlich ist mithin, dass für die Beteiligten des Verfahrens sowie für Dritte – ggf. infolge einer Auslegung – klar zu erkennen ist, welche Rechte, Pflichten und allgemeinen Betroffenheiten durch den Bauvorbescheid ausgelöst werden, vgl. statt vieler nur VG Augsburg, BeckRS 2017, 106346, Rn. 31 m.w.N. Die einzige Ausnahme von der Rechtsfolge der gebundenen Entscheidung liegt vor, soweit Ausnahmen und Befreiungen nach § 31 BauGB Gegenstand der behördlichen Prüfung sind. Diese stehen im Ermessen der Baugenehmigungsbehörde, sodass diese dann auch in Bezug auf den Erlass des Bauvorbescheids Ermessen hat, vgl. *Pautsch*, in: BeckOK NBauO, § 73 Rn. 18. Zur weitergehenden Frage nach der Rechtsnatur des Bauvorbescheids in dieser Konstellation, die hier aus Gründen der Stoffbegrenzung nicht weiter zu vertiefen ist, siehe pars pro toto *Drescher*, Rechtsprobleme des Bauvorbescheids, S. 83 ff.

1245 BGH, NVwZ 1998, 1329 (1330) m.w.N.; *Heintz*, LKRZ 2013, 279; *Rohlfing*, BauR 2006, 947 (948). Die Baufreiheit selbst leitet sich aus dem Grundeigentum ab, vgl. *Boujong*, WiVerw 1991, 59 (105).

1246 So auch VGH München, BayVBl 2009, 507 für die Baugenehmigung. A.A. *Heimpel*, Bauvorbescheid, S. 171, die in einer solchen Konstellation bereits auf Tatbestandsebene das Sachbescheidungsinteresse versagen möchte. Wie Heimpel auch *Hoppe/Bönker/Grotefels*, Öffentliches Baurecht, 4. Aufl. 2010, § 16 Rn. 68. Kritisch auch *Schröder*, BayVBl 2009, 495 (496), der aber im Ergebnis wohl eher dem VGH München zustimmen würde.

1247 BVerwGE 48, 242 ff. Gleichwohl bleibt es der Baugenehmigungsbehörde unbenommen, diese Vorschriften mit zu prüfen, vgl. *Sauthoff*, BauR 2013, 415 (416)

haupt, die Baugenehmigung hingegen über die Zulässigkeit *im Detail*.[1248] Folglich kann die grundsätzlich vorhandene Notarfunktion der Baugenehmigungsbehörde noch in vollem Umfang im Baugenehmigungsverfahren zur Geltung kommen.[1249] Zudem ist zu berücksichtigen, dass der Bauherr das Prüfprogramm einseitig bestimmen darf und es ihm grundsätzlich anheimgestellt bleiben muss, bestimmte Fragen auszuklammern und Folgerisiken auf sich zu nehmen.[1250] Eine Ablehnung durch die Baugenehmigungsbehörde ist daher nur dann zulässig, wenn ihr diese Möglichkeit expressis verbis in den Landesbauordnungen eingeräumt wird, denn jeder anderen Sichtweise steht auch die Tendenz zur Deregulierung entgegen. Ausdrückliche Regelungen existieren bislang in Bayern[1251] und Hessen[1252], die als solche als gesetzlich geregelte Fälle eines fehlenden Sachbescheidungsinteresses anzusehen sind.[1253]

Soweit hingegen – wie im niedersächsischen Landesrecht – keine expliziten normativen Vorgaben bestehen[1254], darf der Bauherr selbst das Prüfprogramm bestimmen und hat daher einen Anspruch darauf, den – wenngleich für ihn im Ergebnis mit zweifelhaftem Mehrwert versehenen – Bauvorbescheid auch zu erhalten. Solche Fälle sollten daher entgegen der Auffassung vom VGH Kassel und von Heimpel nicht über die Versagung eines Sachbescheidungsinteresses[1255], sondern vielmehr durch einen Hinweis der Baugenehmigungsbehörde an den Bauherrn mit der Möglichkeit der

---

für die Baugenehmigung, bei der sich dieselbe Problematik ergibt. Sauthoff macht aber völlig zu Recht deutlich, dass sie darauf ihre Ablehnung grundsätzlich nicht stützen darf.

1248 BVerwGE 48, 242 (246).

1249 So auch überzeugend OVG Lüneburg, NVwZ-RR 2005, 391 (393).

1250 OVG Lüneburg, NVwZ-RR 2005, 391 (392); *Ermisch*, NordÖR 2013, 49 (54).

1251 Art. 71 S. 4 i.V.m. Art. 68 Abs. 1 S. 1 Hs. 2 BayBO.

1252 § 66 Abs. 2 i.V.m. § 64 Abs. 1 Hs. 2 HessBO.

1253 Instruktiv hierzu *Heimpel*, Bauvorbescheid, S. 172.

1254 Zu den normativen Implikationen im niedersächsischen Bauordnungsrecht siehe vor allem OVG Lüneburg, NVwZ-RR 2005, 391 (392).

1255 VGH Kassel, Beschl. v. 9.9.2014, 4 A 2032/12.Z, JURIS, Rn. 6; *Heimpel*, Bauvorbescheid, S. 171, jeweils m.w.N. Ähnlich auch *Sauthoff*, BauR 2013, 415 (417), der das Sachbescheidungsinteresse im Einklang mit der Rechtsprechung einiger Obergerichte dann versagen möchte, wenn ohne eine ins Einzelne gehende Prüfung unzweifelhaft feststeht, dass ein erheblicher Verstoß gegen sonstige Vorschriften vorliegt. Gleichwohl legt er hierfür besonders strenge Maßstäbe an. Im Sinne von Sauthoff judizierten auch der VGH München, BayVBl 2011, 147 (148) sowie das VG München, Urt. v. 28.7.2014, M 8 K 13.2963, JURIS, Rn. 34, letzteres auch m.w.N. auf die bayrische Rechtsprechung.

gebührenreduzierenden Rücknahme des Antrags gelöst werden.[1256] Damit würde auch der Entscheidungsfreiheit des Bauherrn hinreichend Rechnung getragen werden, die neuerdings vom Gesetzgeber durch zunehmende Deregulierung weiter verstärkt wird.[1257] Etwas Anderes kann im Einklang mit Sauthoff nur dann gelten, wenn durch einen erteilten Bauvorbescheid „erhebliche Gefahren für hochrangige Rechtsgüter"[1258] drohen, denn dann muss das schützenswerte Interesse des Bauherrn an einer Bescheidung zurücktreten. Das erscheint allerdings insoweit als Ausnahmefall, als der Bauvorbescheid lediglich feststellende, nicht jedoch gestaltende Wirkung entfaltet, sodass mit einem etwaig hoch gefährlichen Bau noch nicht begonnen werden darf. Selbst wenn man der hier vertretenen Auffassung nicht folgen mag, so ist doch breit konsentiert, dass die Entscheidung der Baugenehmigungsbehörde im Ermessen steht, sie also die Erteilung ablehnen kann, aber nicht dazu verpflichtet ist.[1259]

Abseits dieser Fragestellung erfolgt die Erteilung des Bauvorbescheids stets mit Bindungswillen, durch den die schon mehrfach erwähnte ab-

1256 Für die hier geäußerte Auffassung, das Sachbescheidungsinteresse trotzdem zu bejahen, sprechen auch die Ausführungen von *Schröder*, BayVBl 2009, 495 (497), der dies als im Einklang mit den Wertungen des Gesetzgebers stehend betrachtet. So sei der „Bedeutungsverlust des Institutes des fehlenden Sachbescheidungsinteresses" gerade eine logische Konsequenz der zunehmenden Deregulierung.

1257 Zur Stärkung der Eigenverantwortung des Bauherrn siehe auch OVG Lüneburg, NVwZ 2013, 915 (916) sowie *Schröder*, BayVBl 2009, 495 (496). Das OVG Lüneburg betont indes aus hiesiger Sicht zutreffend, dass es grundsätzlich dem Bauherrn obliegt, ob er eine kostenpflichtige Leistung in Anspruch nehmen möchte oder nicht und dies auch dann gilt, wenn die Leistung für ihn im Ergebnis wertlos sein kann.

1258 *Sauthoff*, BauR 2003, 415 (417).

1259 *Wittreck*, BayVBl 2004, 193 (194) m.w.N.

schließende Bindungswirkung[1260] im Umfang der Regelung entsteht.[1261] Dies gilt auch dann, wenn der Bauvorbescheid noch anfechtbar ist oder sogar bereits von einem Dritten angefochten wurde und selbst bei einem zugleich auch noch objektiv rechtswidrigen Bauvorbescheid.[1262] Damit darf die Baugenehmigungsbehörde später die Baugenehmigung jedenfalls nicht mehr aus den mit dem Bauvorbescheid geklärten Gründen ablehnen.[1263] Es entsteht mithin ein „Abweichungsverbot zu Lasten des Adressaten"[1264], was sich als besonderer Ausdruck des Rechtsstaatsprinzips aus Art. 20

1260 Anstatt von einer Bindungswirkung könnte man mit dem OVG Koblenz auch von einer aus Art. 20 Abs. 3 GG und § 43 VwVfG folgenden Tatbestandswirkung sprechen, vgl. OVG Koblenz, NVwZ-RR 2015, 658 (659), was in der Sache jedoch auf dasselbe Ergebnis hinausläuft, nämlich dass die Baugenehmigungsbehörde im Umfang der Regelung für das nachfolgende Baugenehmigungsverfahren gebunden ist und damit grundsätzlich einem Abweichungsverbot unterliegt. Etwas anders formuliert es auch OVG Münster, NVwZ 1997, 1006: „In Wahrheit ist jedoch im Umfang der im Vorbescheid getroffenen Feststellungen über das Vorhaben bereits abschließend entschieden, was von der Behörde, solange der Vorbescheid wirksam ist, einfach hinzunehmen ist".

1261 BVerwGE 24, 23 (27). Damit der Bauvorbescheid auch diese abschließende Verbindlichkeit für sich beanspruchen kann, muss er hinreichend bestimmt sein, vgl. hierzu instruktiv VG Aachen, Urt. v. 19.5.2015, 3 K 2672/12, JURIS. Ist der Bauvorbescheid demnach hinreichend bestimmt, so stellt dieser auch die Causa für die spätere Baugenehmigung dar, vgl. *Mann*, Das gestufte Verwaltungsverfahren, S. 64. Daneben kommt auch noch in Betracht, dass der Bauvorbescheid eine Konzentrationswirkung entfaltet, also auch gegenüber anderen fachgesetzlichen Genehmigungs- und Vorbescheidsverfahren Bindungswirkung entfaltet. Diese Frage geht hier allerdings zu sehr in die Detailprobleme des Bauvorbescheids, sodass insoweit auf OVG Münster, BauR 2002, 932 (933) sowie *Kolbeck*, Bauvoranfrage und Bauvoranfrage, S. 216 ff. verwiesen sei.

1262 BGHZ 105, 52 (54 f.); *Stollmann*, Öffentliches Baurecht, § 18 Rn. 65; *Boujong*, WiVerw 1991, 59 (103). Umfassend hierzu auch noch unten E. I. 1.

1263 BVerwGE 68, 241 (245). Insofern gilt es für den Bauherrn, in der Bauvoranfrage den Sachverhalt und die zu klärenden Rechtsfragen so präzise und umfassend wie möglich darzustellen, denn der positive Bauvorbescheid entfaltet – genauso wie bei der erteilten verbindlichen Positivauskunft nach § 89 Abs. 2 AO – eine umso stärkere Detailschärfe, je besser der Antrag ist, vgl. auch *Stüer*, BauR 2000, 1431 (1432). Gleichwohl kann die Baugenehmigung im späteren Genehmigungsverfahren nach dem bisher Gesagten selbstverständlich an den Vorschriften des Baunebenrechts scheitern, die nicht Gegenstand des Bauvorbescheids waren, siehe auch OVG Münster, NuR 2013, 146 sowie *Stüer*, BauR 2000, 1431 (1433). Damit hat der Bauherr nur eine Art „limitierte Rechtssicherheit", vgl. *Salzwedel*, ZfW 1973, 85.

1264 So *Drescher*, Rechtsprobleme des Bauvorbescheids, S. 165.

Abs. 3 GG und der Verfahrensökonomie darstellt[1265] und dazu beiträgt, dass unnötige und zeitraubende Doppelprüfungen vermieden werden.[1266] Möchte sie insofern von den bindenden Feststellungen im Bauvorbescheid abweichen, so hat sie diesen vorher zunächst nach pflichtgemäßen Ermessen gem. §§ 48, 49 VwVfG oder den spezielleren landesrechtlichen Vorschriften zurückzunehmen oder zu widerrufen[1267], was unabhängig davon gilt, ob der Bauvorbescheid bereits bestandskräftig ist oder nicht.[1268] Jede andere Vorgehensweise würde insoweit eine unzulässige Umgehung darstellen.[1269] Selbiges gilt sogar bei einer späteren Änderung der Rechtslage (auch bei Änderung von Parlamentsgesetzen)[1270], dann muss der Bauvorbescheid zu diesem Zeitpunkt allerdings bereits bestandskräftig geworden

---

1265 BVerfGE 74, 129 (152); *Hauth*, BauR 2010, 32 (39). Hauth stellt auch die weiteren verfassungsrechtlichen Hintergründe der Bindungswirkung dar.

1266 *Jarass*, UPR 1983, 241.

1267 Zutreffend insoweit *Selmer/Schulze-Osterloh*, JuS 1981, 393 (398) m.w.N. Welche Aspekte davon umfasst sind, bestimmt sich freilich nicht anhand der Rechtsnatur, sondern des Inhalts des Bauvorbescheids, vgl. *Bieback*, in: Gabel, SGB II/ SGB III, § 260 Rn. 107, dessen Ausführungen auf den Bauvorbescheid übertragbar sind.

1268 *Mann*, Das gestufte Verwaltungsverfahren, S. 121. Die §§ 48, 49 VwVfG sind damit zu jedem Zeitpunkt anwendbar, zu dem der Bauvorbescheid wirksam ist, vgl. *Ipsen*, Die Verwaltung 17 (1984), 169 (184), sodass damit zugleich gesagt ist, dass eine absolute Aufhebungssperre für den Bauvorbescheid wie für jeden anderen VA nicht existiert, vgl. insoweit auch *Reichelt*, Vorbescheid, S. 158.

1269 *Ipsen*, Die Verwaltung 17 (1984), 169 (191).

1270 BVerwGE 69, 1 ff.; OVG Berlin, Urt. v. 11.2.2003, 2 B 16.99, JURIS, Rn. 19; OVG Münster, NVwZ 1997, 1006; OVG Lüneburg, NJW 1982, 1772; *Henneke*, in: Knack/Ders., VwVfG, § 35 Rn. 158; *Selmer/Schulze-Osterloh*, JuS 1981, 393 (397). Selmer und Schulze-Osterloh verweisen dabei auch auf gegenläufige Rechtsansichten, die jedoch heutzutage kaum noch vertreten werden. Vielmehr ist aufgrund der gesetzlichen Programmierung breit konsentiert, dass der Bauvorbescheid rechtsänderungsfest ist. Daher setzt sich der Bauvorbescheid auch gegenüber später erlassenen Veränderungssperren und Bebauungsplänen durch, vgl. *Hauth*, BauR 2012, 887 sowie schon früher *Degenhardt*, DVBl 1981, 994 ff. Anders ist dies wiederum bei einer in Rechtskraft erwachsenen Entscheidung eines VG oder OVG, mit der die Baugenehmigungsbehörde zur Erteilung eines Bauvorbescheids verpflichtet wird. Diese verleiht nicht denselben Vertrauensschutz und ist daher nicht rechtsänderungsfest, vgl. nur BGH, NVwZ 2008, 815 (816). Anderes gilt zudem, wenn der später verwirklichte Sachverhalt und der mit dem Bauvorbescheid beschiedene Sachverhalt dergestalt voneinander abweichen, dass sich die Genehmigungsfrage in bodenrechtlicher Hinsicht neu stellt, mithin ein aliud vorliegt. Ist dies der Fall, so entfällt die Bindungswirkung, vgl. OVG Münster, BauR 2013, 1668 (1669); OVG Bautzen, Beschl. v. 12.3.2013, 1 A 309/11, JURIS, Rn. 6; OVG Lüneburg, ZfBR

sein.[1271] Ein grundsätzlich erst einmal jedem Vorbescheid immanenter Situationsvorbehalt besteht damit nicht.[1272] Folglich werden der Vertrauensschutz und das Prinzip der materiellen Gerechtigkeit stärker gewichtet als der Grundsatz der Gesetzmäßigkeit der Verwaltung aus Art. 20 Abs. 3 GG[1273], was in besonderen Ausnahmefällen wie hier auch grundsätzlich vom BVerfG gebilligt wird.[1274] Das BVerwG führt zur Begründung dieser Rechtsänderungsfestigkeit aus, dass kein allgemeiner Grundsatz im Verwaltungsrecht existiert, nach dem ein mit Selbstbindung erlassener VA bei einer späteren Änderung der Rechtslage gegenstandslos wird, sondern das einfache Bundesrecht in § 49 VwVfG gerade davon ausgeht, dass eine solche Festigkeit besteht.[1275] Zudem kann auch noch zur Begründung angeführt werden, dass der Bauherr, der einen Bauvorbescheid beantragt und erhält, in gleicher Weise schutzwürdig ist wie bei einer umfassenden Baugenehmigung[1276] und dieser Vertrauensschutz sogar Verfassungsrang

---

2012, 674 (677); VG München, Urt. v. 29.2.2016, M 8 K 14.4469, JURIS Rn. 49; *Ermisch*, NordÖR 2013, 49 (51); *Kolbeck*, Bauvoranfrage und Bauvorbescheid, S. 185 sowie *Drescher*, Rechtsprobleme des Bauvorbescheids, S. 112. So wurde ein aliud für die Konstellation bejaht, dass eine Tankstelle ohne Schallschutzwand durch den Bauvorbescheid beschieden wurde, jedoch später eine Tankstelle mit Schallschutzwand Gegenstand des Bauantrags war, vgl. hierzu OVG Münster, BauR 2013, 1668 (1669).

1271 Kritisch zur Begrenzung auf bereits bestandskräftige Bauvorbescheide *Mann*, Das gestufte Verwaltungsverfahren, S. 164 f.

1272 *Reichelt*, Vorbescheid, S. 306; *Schmidt-Assmann*, in: FG BVerwG, S. 569 (580 f.). Damit findet hier anders als bei der Zusicherung die clausula rebus sic stantibus keine Anwendung, vgl. auch *Mann*, Das gestufte Verwaltungsverfahren, S. 160. Selbiges gilt im Übrigen auch für den Vorbescheid im Immissionsschutzrecht, vgl. *Dietlein*, in: Landmann/Rohmer, Umweltrecht, § 9 BImschG Rn. 77 sowie im Atomrecht, vgl. *Feldmann*, ET 1984, 775 (777).

1273 Das BVerwG hat damit den Bauvorbescheid mit denselben Wirkungen wie die Baugenehmigung versehen, vgl. hierzu instruktiv BVerwGE 69, 1 ff. Siehe fernerhin auch *Reichelt*, Vorbescheid, S. 236 sowie *Goerlich*, NVwZ 1985, 90 (91). Goerlich macht auch deutlich, dass Art. 14 Abs. 1 GG in diesem Zusammenhang keinen zusätzlichen Schutz gewährt, da dieser nur so weit reichen kann, wie der Schutz des einfachen Rechts geht, vgl. dazu zusätzlich auch BVerfGE 74, 129 (148) m.w.N.

1274 Hierzu auch *Schulze-Fielitz*, in: Dreier, GG, Art. 20 (Rechtsstaat) Rn. 150 sowie *Antoni*, in: Hömig/Wolff, GG, Art. 20 Rn. 11.

1275 BVerwGE 69, 1 (3).

1276 *Sauter*, in: Ders., LBO BW, § 57 Rn. 10.

hat.[1277] Dieses Argument wird umso stärker, wenn man sich vergegenwärtigt, dass Sinn und Zweck des Bauvorbescheids nach § 73 Abs. 1 S. 1 NBauO gerade auch ist, den Antragsteller vor den erheblichen Kosten und Mühen der Fertigung von umfangreichen Bauvorlagen zu entlasten. Dies würde geradezu konterkariert werden, wenn die anschließende Baugenehmigung versagt würde, denn dann könnte der Bauherr seine vergeblichen Aufwendungen vorbehaltlich möglicher Sekundäransprüche nicht erstattet bekommen. Insofern erscheint es durchaus sachgerecht und konsequent, hier dem Grundsatz der Rechtssicherheit im Einzelfall den Vorzug vor dem Gebot der Gerechtigkeit zu geben und eine geänderte Rechtslage für die Bindungswirkung grundsätzlich unberücksichtigt zu lassen.

Möchte sich die Baugenehmigungsbehörde der Bindungswirkung eines *rechtswidrig gewordenen* Bauvorbescheids entledigen, kann sie dies wie bei einem *von Anfang an* rechtswidrigen Bauvorbescheid nur unter den engen Voraussetzungen des § 48 Abs. 3 VwVfG[1278] – ggf. mit der Entschädigungsfolge[1279] sowie binnen Jahresfrist – oder soweit die Bindungswirkung auf andere Weise entfallen ist.[1280] Insofern darf sie vor Erteilung einer Baugenehmigung die bereits mit dem Bauvorbescheid entschiedenen Fragen nur noch unter dem Gesichtspunkt einer möglichen Aufhebung des Vorbescheids wegen Rechtswidrigkeit oder einer Änderung der Sach- oder Rechtslage untersuchen.[1281] Der Verlust der Bindungswirkung kann damit mit Ausnahme von der einseitigen Aufhebung durch die Baugenehmigungsbehörde durch Rücknahme oder Widerruf nur dann eintreten, wenn der Adressat des Bauvorbescheids und die Baugenehmigungsbehörde diesen übereinstimmend als obsolet ansehen, mithin ein Verzicht auf die für den Adressaten günstigen Wirkung auf freiwilliger Basis und ohne Zwang seitens der Baugenehmigungsbehörde erfolgt und damit nach § 43 Abs. 2

1277 Zu den verfassungsrechtlichen Erfordernissen an die Beständigkeit der Bindungswirkung von Bauvorbescheiden siehe statt vieler nur *Degenhardt*, DVBl 1981, 994 (999).

1278 Instruktiv zur Rücknahme nach § 48 Abs. 3 VwVfG siehe *Engel*, Planungssicherheit, S. 45 ff. und *Drescher*, Rechtsprobleme des Bauvorbescheids, S. 181.

1279 Zum Anspruch auf Ausgleich des Vermögensnachteils infolge einer Rücknahme nach § 48 Abs. 3 VwVfG siehe OVG Bautzen, Urt. v. 12.2.2014, 1 A 366/10, JURIS, Rn. 45 ff.

1280 *Hebeler/Schäfer*, Jura 2010, 881 (885) sowie *Dörr*, JuS 1984, 770 (775), jeweils m.w.N. Zu einem Beispiel für einen solchen sonstigen Entfall siehe *Burzynska*, in: Große-Suchsdorf, NBauO, § 73 Rn. 22.

1281 *Drescher*, Rechtsprobleme des Bauvorbescheids, S. 98.

VwVfG eine Erledigung vorliegt.[1282] Damit ist die Bindungswirkung beim Bauvorbescheid nach § 73 Abs. 1 S. 1 NBauO ähnlich stark ausgeprägt wie bei der Baugenehmigung nach § 70 Abs. 1 S. 1 NBauO.[1283]

Dieser für den Antragsteller erhebliche Vorteil wird wiederum dadurch teilweise korrigiert, dass der Bauvorbescheid nur für einen gewissen Zeitraum Wirkung entfaltet.[1284] So wird dieser in der Regel qua Gesetz auf drei Jahre befristet[1285], welche ab Zustellung an den Antragsteller zu laufen beginnt[1286] und sich nach den §§ 31 VwVfG, 187 ff. BGB berechnet.[1287] In Niedersachsen findet sich die entsprechende Drei-Jahres-Fristenregelung in § 71 S. 1 NBauO. Eine Hemmung der Frist kann durch Widerspruch oder gerichtliche Anfechtung Dritter eintreten (vgl. §§ 80 Abs. 1 VwGO, 71 S. 2 NBauO).[1288] Liegt eine solche Fristhemmung nicht vor und hat der Bauherr auch nicht zwischenzeitlich ausdrücklich oder konkludent auf den Bauvorbescheid verzichtet[1289], endet die Bindungswirkung grundsätzlich mit Ablauf der Drei-Jahres-Frist, wodurch ein vollständiger Rechtsverlust eintritt.[1290] Eine Verlängerung dieser Frist durch einen Antrag auf Zusicherung einer Baugenehmigung ist nicht möglich, da diese nach ihrer Rechtsnatur und ihrer Wirkung – wie bereits oben gezeigt[1291] – nicht auf die besondere bauverfahrensrechtliche Situation passt.[1292]

1282 BVerwG, NVwZ 1998, 729 (730); OVG Lüneburg, BauR 2009, 287; *Stollmann*, Öffentliches Baurecht, § 18 Rn. 59.

1283 Einzige Ausnahme ist, dass der Bauvorbescheid anders als die Baugenehmigung nicht dazu führen darf, dass baurechtswidrige Erschließungsverhältnisse geschaffen werden, da ihm im Gegensatz zur Baugenehmigung keine Gestattungswirkung zukommt, vgl. hierzu umfassend BVerwG, BauR 2000, 247 (248).

1284 Zu diesem (begrüßenswerten) wechselseitigen Ausgleichssystem siehe statt vieler *Kolbeck*, Bauvoranfrage und Bauvorbescheid, S. 105.

1285 Zu abweichenden zeitlichen Regelungen finden sich ansprechende Ausführungen auch bei *Heimpel*, Bauvorbescheid, S. 96.

1286 VGH München, Urt. v. 17.1.2018, 15 ZB 16.1706, JURIS, Rn. 9.

1287 *Drescher*, Rechtsprobleme des Bauvorbescheids, S. 202. Zu den weiteren Einzelfragen der Fristenthematik vgl. auch *Sauter*, in: Ders., LBO BW, § 57 Rn. 11.

1288 *Burzynska*, in: Große-Suchsdorf, NBauO, § 73 Rn. 32 sowie *Pautsch*, in: BeckOK NBauO, § 73 Rn. 35.

1289 Zum ausdrücklichen und konkludenten Verzicht auf die Wirkungen eines einmal wirksam erteilten Bauvorbescheids vgl. auch OVG Lüneburg, ZfBR 2012, 674 (676).

1290 *Kolbeck*, Bauvoranfrage und Bauvorbescheid, S. 288 m.w.N.

1291 Vgl. B. I.

1292 Siehe hierzu auch VG Köln, NVwZ 1984, 675 (676). Das VG Köln listet sehr umfassend die weiteren Argumente auf, weshalb eine Fristverlängerung durch Zusicherung nicht zielführend und daher abzulehnen ist, sodass insoweit voll-

Es ist ebenfalls nicht möglich, die Bindungswirkung faktisch dadurch zu verlängern, dass vor Ablauf der Frist ein erneuter Antrag auf Erlass eines Bauvorbescheids nach § 73 Abs. 1 S. 1 NBauO gestellt wird. Dieser kann zwar positiv beschieden werden, ist aber einerseits anhand der Sach- und Rechtslage zum Zeitpunkt der Verlängerung zu beurteilen[1293] und setzt andererseits eine erneute Frist in Gang.[1294] Damit koexistieren zwei voneinander unabhängige Bauvorbescheide.[1295] Die Bindungswirkung des ersten Bauvorbescheids erlischt nach Ablauf der Drei-Jahres-Frist folglich definitiv und endgültig, sodass die Baugenehmigungsbehörde an ihre vorherigen Rechtsauffassungen nicht mehr gebunden ist.[1296] Dies ist letztlich auch konsequent, da die Befristung der Vermeidung verfestigter Rechtspositionen sowie der Beschleunigung des Genehmigungsverfahrens dient.[1297] Eine zeitliche Bindungswirkung ad Infinitum ist zudem für die Schaffung von Rechts- und Planungssicherheit nicht erforderlich.

---

ständig auf besagte Entscheidung verwiesen werden kann. Zustimmung zur Sichtweise des VG Köln äußert als einer von vielen auch *Reichelt*, Vorbescheid, S. 195.

1293 VG Schleswig, BeckRS 2016, 54531, Rn. 13; *Heimpel*, Bauvorbescheid, S. 99 m.w.N. Damit besteht für die Baugenehmigungsbehörde keine Pflicht, einen rechtswidrigen Bauvorbescheid zu verlängern, vgl. BGHZ 105, 52 (57) sowie *Boujong*, WiVerw 1991, 59 (103), jeweils m.w.N. Eine Verlängerung kann demnach auch etwa dann ausscheiden, wenn der Regelungsgegenstand zwischenzeitlich entfallen ist, vgl. VG Schleswig, BeckRS 2016, 54531. Streiten sich Baugenehmigungsbehörde und Bauherr indes noch gerichtlich über die Verlängerung eines Bauvorbescheids, so ist ausnahmsweise statt auf den Zeitpunkt der Verlängerung auf den der letzten Tatsacheninstanz abzustellen, vgl. nur OVG Lüneburg, NVwZ-RR 2010, 916 m.w.N.

1294 *Drescher*, Rechtsprobleme des Bauvorbescheids, S. 204.

1295 Ähnlich auch *Hauth*, BauR 2012, 887 (89), der richtigerweise konstatiert, dass durch den Verlängerungsantrag ein neues und eigenständiges Verwaltungsverfahren eingeleitet wird. Wie das OVG Lüneburg (NVwZ-RR 2010, 916 m.w.N.) dazu betont, ist „die Verlängerung der Geltungsdauer in der Sache nichts Anderes […] als die Erteilung eines neuen Vorbescheids, wenn auch unter erleichterten Bedingungen".

1296 VG Schleswig, BeckRS 2016, 54531, Rn. 13.

1297 *Reichelt*, Vorbescheid, S. 193. Daneben dient die Befristung auch der Abwägung zwischen der Schutzbedürftigkeit des Bauherrn und dem öffentlichen Interesse an einer Anpassung der Entscheidung an veränderte Umstände in tatsächlicher oder rechtlicher Hinsicht, vgl. OVG Lüneburg, NVwZ-RR 2010, 916 f.

Ist die Sach- und Rechtslage aber identisch, so hat der Bauherr einen Anspruch auf die Verlängerung.[1298] Zudem wird dieser dadurch geschützt, dass im Falle einer rechtzeitigen Stellung des Bauantrags die Feststellungen im Bauvorbescheid die Baugenehmigungsbehörde weiterhin binden, auch wenn aufgrund einer langen Bearbeitung zwischenzeitlich die Drei-Jahres-Frist abläuft.[1299] Gleichwohl bedarf es dafür einer ausdrücklichen Verlängerung, denn für die Annahme, dass die Verlängerung nach Ablauf einer gewissen Zeitdauer im Wege einer Fiktion bereits als erteilt gilt, fehlt es jedenfalls in Niedersachsen an einer gesetzlichen Grundlage.[1300] Damit hat es der Bauherr aber trotzdem selbst in der Hand, die schützende Wirkung des Bauvorbescheids für sich zu reklamieren und die Fortgeltung des Bauvorbescheids durch eine rechtzeitige Antragstellung herbeizuführen. Des Weiteren wirkt es sich für ihn positiv aus, dass nicht nur eine einzige Verlängerung möglich ist, sondern der Bauvorbescheid kann – soweit die entsprechen sonstigen Voraussetzungen für eine Verlängerung vorliegen – beliebig oft verlängert werden.[1301]

D. Gebührenpflicht

Der Antragsteller einer Bauvoranfrage äußert mit der Einreichung des Antrags ein Leistungsverlangen an die Baugenehmigungsbehörde. Erhält er daraufhin den erwünschten Bauvorbescheid, so wirkt sich dies erheblich

---

1298 *Heimpel*, Bauvorbescheid, S. 100. Anders dagegen OVG Lüneburg, NVwZ-RR 2010, 916 (917), welches sich auf den Standpunkt stellt, dass die Baugenehmigungsbehörde eine Verlängerung auch dann ablehnen dürfe, wenn zwar die Sach- und Rechtslage gleichgeblieben ist, sie aber zwischenzeitlich eine andere Rechtsauffassung gewonnen hat.

1299 VGH München, NVwZ 1994, 307; VG Köln, NVwZ 1984, 675 f.; *Reichelt*, Vorbescheid, S. 194. Anders wird dies teilweise gesehen, wenn der Bauantrag zwar rechtzeitig gestellt, dieser jedoch in der Folge bestandskräftig abgelehnt wird. Dadurch verliere auch der Bauvorbescheid seine Wirkung, denn die Bindungswirkung des Bauvorbescheids könne nicht beliebig lange durch neue Bauanträge verlängert werden, obwohl bereits feststeht, dass das Bauvorhaben im Übrigen nicht genehmigungsfähig ist, vgl. VGH München, NVwZ 1994, 307 sowie *Pautsch*, in: BeckOK NBauO, § 73 Rn. 33.

1300 Vgl. zur selben Ausgangslage im sächsischen Recht OVG Bautzen, Urt. v. 29.1.2014, 1 A 705/12, JURIS, welches auch überzeugend darstellt, dass für eine Fiktion außerhalb gesetzlicher Normierung keinerlei Anhaltspunkte bestehen.

1301 *Kolbeck*, Bauvoranfrage und Bauvorbescheid, S. 290.

zu seinem Vorteil aus. Die Baugenehmigungsbehörde gewährt ihm diesen gesetzlich vorgeschriebenen Vorteil allerdings nicht kostenlos, sondern der Bauvorbescheid ist gebührenpflichtig. Die Gebührenpflicht ergibt sich dabei nicht direkt aus der NBauO, sondern ist in der BauGO geregelt. In dem als Anlage 1 beigefügtem Gebührenverzeichnis zu § 1 BauGO findet sich unter Nr. 1.13 für den Bauvorbescheid ein Gebührenrahmen von mindestens 60 € und höchstens 1.620 €. Für die Verlängerung eines Bauvorbescheids werden nach Nr. 1.14 Gebühren von mindestens 60 € und höchstens 810 € erhoben. Die konkrete Gebührenfestsetzung richtet sich nach dem Umfang des Vorhabens, ist also unabhängig vom Gegenstandswert aus Sicht des Antragstellers zu ermitteln. Der Fokus liegt auf dem Bearbeitungsaufwand, der der Baugenehmigungsbehörde durch die Prüfung entsteht, sodass stets der konkrete Einzelfall maßgeblich ist, die Baugenehmigungsbehörde mithin über einen Ermessensspielraum verfügt.[1302]

Zahlt der Bauherr die Gebühr für den Bauvorbescheid, so besteht nach dem Gebührenverzeichnis zudem die Möglichkeit, sich einen Teil davon aufgrund des niedrigeren Prüfungsaufwands im Baugenehmigungsverfahren bereits für dieses anrechnen zu lassen. Soweit ersichtlich ist diese Art der Gebührenbemessung beim Bauvorbescheid auch – anders als bei der verbindlichen Auskunft nach § 89 Abs. 2 AO, bei der dieses Thema zu intensiven Diskussionen in Rechtsprechung und Literatur geführt hat – nicht weiter streitig. Hat der Bauherr gleichwohl Einwände gegen die Gebührenfestsetzung, so kann er diese – genauso wie bei der verbindlichen Auskunft nach § 89 Abs. 2 AO – als eigenständigen VA mit Widerspruch und Anfechtungsklage angreifen, wobei das verwaltungsgerichtliche Verfahren nach allgemeinen Regeln abläuft und keine hier näher zu vertiefenden Besonderheiten aufweist.[1303]

E. Rechtsschutz

Für den Rechtsschutz im Rahmen des Bauvorbescheids nach § 73 Abs. 1 S. 1 NBauO gelten die obigen Ausführungen zur verbindlichen Auskunft nach § 89 Abs. 2 AO[1304] hinsichtlich des außergerichtlichen Rechtsbehelfs-

1302 Siehe hierzu auch VG Köln, Urt. v. 27.2.2018, 2 K 1421/16, JURIS, Rn. 24.

1303 Insofern kann diesbezüglich auf die bereits vorhandenen Ausführungen für die verbindliche Auskunft nach § 89 Abs. 2 AO verwiesen werden, vgl. oben Kapitel 2 E. II. 1.

1304 Vgl. oben Kapitel 2 E. I. und II.

verfahrens sowie des gerichtlichen Primärrechtsschutzverfahren in weiten Teilen entsprechend, sodass hierzu mit Blick auf die dort bereits behandelten Aspekte nicht mehr vertieft Stellung bezogen wird. So muss der Bauherr, soweit seine Bauvoranfrage abgelehnt wird, hiergegen zunächst Widerspruch nach § 69 VwGO einlegen und kann anschließend Verpflichtungsklage in Form der Versagungsgegenklage nach § 42 Abs. 1 Alt. 2 VwGO zum VG erheben. Daneben kann nach § 75 VwGO Untätigkeitsverpflichtungsklage erhoben werden, soweit die Bauvoranfrage nicht beschieden wurde. Möchte der Bauherr den Erlass eines Bauvorbescheids im Eilrechtsschutz erwirken, so muss er nach § 123 VwGO einen Antrag auf Erlass einer einstweiligen Anordnung in Form der Regelungsanordnung stellen.[1305] Insofern kann auch auf die Ausführungen von Heimpel sowie Kolbeck verwiesen werden, die insbesondere auch das Verhältnis von Bauvorbescheid und Baugenehmigung beleuchten und der Frage nachgehen, wie sich dieses auf den Rechtsschutz auswirkt.[1306]

Von besonderer Relevanz ist im Baurecht der Rechtsschutz durch Dritte[1307], der in der bisherigen Darstellung opak geblieben ist. Dies liegt vor allem daran, dass im Steuerrecht vorwiegend bipolare Verwaltungsverhältnisse dominieren und deshalb wohl kaum gegen die Steuerfestsetzung eines fremden Dritten vorgegangen wird[1308], ja vielfach auch mangels Antrags- bzw. Klagebefugnis überhaupt nicht dagegen vorgegangen werden

---

1305 Hierzu instruktiv *S. Weber*, DVBl 2010, 958 ff. Gleichwohl wird dieser – genauso wie bei der verbindlichen Auskunft nach § 89 Abs. 2 AO – in aller Regel erfolglos bleiben, da ansonsten eine unzulässige Vorwegnahme der Hauptsache vorläge, vgl. dazu auch VG Koblenz, BeckRS 2005, 23900.

1306 *Heimpel*, Bauvorbescheid, S. 176 ff.; *Kolbeck*, Bauvoranfrage und Bauvorbescheid, S. 311 ff. Wie Kolbeck überzeugend darlegt, kann der Bauherr parallele Verfahren für die Erteilung eines Bauvorbescheids und die Erteilung einer Baugenehmigung führen. Siehe außerdem *Drescher*, Rechtsprobleme des Bauvorbescheids, S. 230 ff.

1307 *Sachs*, in: Stelkens/Bonk/Ders., VwVfG, § 50 Rn. 25 – 27 m.w.N. Wie Sachs betont, gilt selbiges auch für das Wasser-, Gewerbe-, Atom-, Immissionsschutz- und Abfallrecht, sodass für nahezu sämtliche Rechtsgebiete, in denen bereits Vorbescheide existieren oder zumindest deren Einführung diskutiert wird, der Drittschutz von zentraler Bedeutung ist. Dies verdeutlicht einmal mehr die Ausgangsthese, dass Vorbescheide vor allem in polygonalen Verwaltungsverhältnissen besondere Relevanz entfalten.

1308 Zutr. *Seer*, Verständigungen, S. 256. Wie Seer hervorhebt, existiert auch nach breit konsentierter Rechtsauffassung im Verwaltungs- und Verfassungsrecht kein allgemeiner Gesetzesvollziehungsanspruch aus dem allgemeinen Gleichheitssatz des Art. 3 Abs. 1 GG, sodass der Dritte – wenn er in Steuerangelegenheiten vorgehen möchte – immer eine Gefährdung seiner Individualinteressen

kann.[1309] Selbiges gilt auch für die verbindliche Auskunft nach § 89 Abs. 2 AO, die zudem selbst lediglich eine Zusicherung i.S.d. § 38 VwVfG darstellt und der insofern die abschließende Bindungswirkung fehlt.

Anders ist die Ausgangssituation dagegen im multipolar ausgerichteten Baurecht, da Drittbetroffene aufgrund von zwischenzeitlich geschaffenen vollendeten Tatsachen stets so früh wie möglich gegen sämtliche Baumaßnahmen vorgehen möchten und auch müssen.[1310] So ist es evident, dass der Dritte schon Rechtsschutzmöglichkeiten gegen den Bauvorbescheid als bildlich gesprochen erstes Glied in der Kette haben und nicht erst die Erteilung der Baugenehmigung als zweites und abschließendes Glied abwarten muss. Damit besteht im Baurecht – so viel sei vorweggenommen – eine „Verdoppelung des Verfahrens“[1311].

Am Anfang der hiesigen Darstellung steht das gerichtliche Primärrechtsschutzverfahren (I.). Ebenso wird auch das gerichtliche Sekundärrechtsschutzverfahren näher untersucht werden (II.).

I. Gerichtliches Primärrechtsschutzverfahren

Im Rahmen des gerichtlichen Primärrechtsschutzverfahrens gilt es zunächst näher darzustellen, welche Rechtsmittel der Dritte direkt gegen den Bauvorbescheid hat und inwieweit er auch noch gegen die spätere Baugenehmigung vorgehen kann (1.). Zudem ist von besonderem Interesse, wie die VGe die gerichtliche Kontrolldichte interpretieren (2.).

---

darlegen muss. Dieser Nachweis wird ihm jedoch nur in besonders gelagerten Sonderkonstellationen gelingen.

1309 *Sachs*, in: Stelkens/Bonk/Ders., VwVfG, § 50 Rn. 54 äußert sich gar dahingehend, dass ein Drittschutz weitestgehend abgelehnt wird und nur in Ausnahmefällen, etwa wenn es um Marktverfälschungen geht, Schutzmechanismen für Dritte existieren. In diesen Fällen müsse ausgehend von der Schutznormtheorie geprüft werden, ob sich der Dritte auf eine Norm berufen kann, die nach ihrer – an der Verfassung und den Grundrechten orientierten – objektiven Bedeutung nicht nur Allgemeininteressen, sondern auch Individualinteressen des Dritten schützt. Instruktiv zum Drittschutz in Konkurrenzverhältnissen auch *Seer*, Verständigungen, S. 260 ff.

1310 Ähnlich auch *Seer*, Verständigungen, S. 256, der hierbei betont, dass bereits ins Verwaltungsverfahren der Grundrechtsschutz vorverlagert werden muss, damit der Drittbetroffene wirksam geschützt wird.

1311 *Redeker*, NVwZ 1998, 589.

1. Der Rechtsschutz von Dritten gegen den Bauvorbescheid nach § 73 Abs. 1 S. 1 NBauO

Der Bauvorbescheid nach § 73 Abs. 1 S. 1 NBauO ist ein originäres Institut polygonaler Verwaltungsverfahren[1312], sodass er Drittwirkung entfaltet.[1313] Damit rückt der Rechtsschutz von ebendiesen Dritten in den Fokus der hiesigen Betrachtung, welcher genuin im nachbarschaftlichen Gemeinschaftsverhältnis wurzelt.[1314] Relevant für den Dritten ist hierbei, dass der Bauvorbescheid für diesen einen belastenden VA darstellen kann, gegen den er nur dann wirksam vorgehen kann, wenn nicht bereits Bestandskraft eingetreten ist. Damit beziehen sich die nachfolgenden Ausführungen auf den wirksamen, aber noch anfechtbaren, also nicht bestandskräftig gewordenen Bauvorbescheid in der Anfechtungssituation[1315] und gelten identisch für das Hauptsacheverfahren wie für den einstweiligen Rechtsschutz.[1316] Gegen einen bestandskräftigen Bauvorbescheid ist hingegen direkt kein Rechtsschutz mehr möglich.[1317] In diesem Fall könnte nur gegen die Baugenehmigung vorgegangen werden, jedenfalls soweit in ihr nicht eine bestandskräftige Feststellung aus dem Bauvorbescheid enthalten ist.[1318]

Von besonderer Bedeutung für den Rechtsschutz des Dritten ist zunächst die Bekanntgabe des Bauvorbescheids. So beginnen die Widerspruchs- und Klagefristen der §§ 70, 74 Abs. 1 ff. VwGO erst zu laufen,

---

1312 Begriff und Wesensmerkmale von polygonalen Verwaltungsverfahren sind bei *Stern*, in: FS Mikat, S. 775 (787) erläutert.

1313 Die besondere Drittwirkung von Vorbescheiden beschreibt *Reichelt*, Vorbescheid, S. 199 ff. anschaulich.

1314 BVerwGE 78, 85 (89).

1315 Zur Verpflichtungssituation, in der der Dritte auf ein Einschreiten der Baugenehmigungsbehörde drängt, siehe *Kolbeck*, Bauvoranfrage und Bauvorbescheid, S. 338 f. m.w.N.

1316 Zum weitestgehenden Gleichlauf des Rechtsschutzes im Hauptsacheverfahren sowie im einstweiligen Rechtsschutz, aber auch zu punktuellen Unterschieden siehe *Reichelt*, Vorbescheid, S. 313 m.w.N. Anders dagegen *Redeker*, NVwZ 1998, 589 m.w.N., der einstweiligen Rechtsschutz des Dritten bei Bauvorbescheiden generell nicht zulassen möchte. Insofern fehle es bereits an einem Rechtsschutzbedürfnis.

1317 *Reichelt*, Vorbescheid, S. 226 ff.

1318 OVG Lüneburg, NVwZ-RR 1999, 716; *Reichelt*, Vorbescheid, S. 228. Reichelt erörtert zudem die Möglichkeit, im Falle eines schon bestandskräftigen Bauvorbescheids Verpflichtungsklage auf Wiederaufgreifen des Verfahrens mit dem Ziel einer Rücknahme oder eines Widerrufs des Bauvorbescheids zu erheben, vgl. hierzu S. 255 seiner Arbeit, auch m.w.N.

wenn der Bauvorbescheid dem Dritten nach § 41 VwVfG bekannt gegeben wird.[1319] Damit kann ein dem Dritten nicht bekannt gegebener Bauvorbescheid auch ihm gegenüber grundsätzlich nicht in Bestandskraft erwachsen[1320], sodass auch die spätere Baugenehmigung in vollem Umfang angreifbar bleibt.[1321] Die einzige zeitliche Grenze stellt in diesem Fall die Verwirkung dar[1322], es sei denn, der Dritte erlangt zuverlässig Kenntnis vom Bauvorbescheid, was maßgeblich von den jeweiligen Umständen des Einzelfalls abhängt.[1323] Ist nach den Umständen des Einzelfalls von einer solchen Kenntnisnahme oder einem Kennenmüssen auszugehen, so gilt als Ausfluss der Grundsätze von Treu und Glauben sowie des nachbarlichen Gemeinschaftsverhältnisses (analog) die Jahresfrist der §§ 70 Abs. 2, 58 Abs. 2 VwGO.[1324]

Greift der Dritte nach der Bekanntgabe den Bauvorbescheid oder die spätere Baugenehmigung an, so haben Widerspruch und/oder Anfechtungsklage nicht schon dann Erfolg, wenn der Bauvorbescheid oder die Baugenehmigung objektiv rechtswidrig sind. Hinzukommen muss ein Ver-

1319 VGH Mannheim, DVBl 2012, 1181. Ist der Bauvorbescheid sowohl dem Bauherrn als auch dem Dritten bekanntgegeben worden, stellt dieser ab diesem Zeitpunkt einen sog. VA mit Doppelwirkung dar, vgl. *Pautsch*, in: BeckOK NBauO, § 73 Rn. 10.

1320 *Ipsen*, Die Verwaltung 17 (1984), 169 (175).

1321 *S. Weber*, DVBl 2010, 958 (961). In praxi erweist es sich wiederum als äußerst diffizil, die Zahl der durch den Bauvorbescheid Betroffenen zu ermitteln, vgl. *Mann*, Das gestufte Verwaltungsverfahren, S. 133.

1322 Instruktiv zur Verwirkung, die in Ausnahmefällen bereits vor Ablauf einer etwaigen Klagefrist von einem Jahr eintreten kann, siehe BVerwG, NVwZ 2001, 206 ff.; VGH Mannheim, DVBl 2012, 1181 (1185); OVG Münster, Urt. v. 30.4.2010, 20 D 119/07.AK, JURIS, Rn. 20 ff.; Urt. v. 4.9.2008, 7 A 2358/07, JURIS, Rn. 48 ff.; VG Minden, Urt. v. 30.8.2012, 9 K 2696/09, JURIS, Rn. 45; VG München, Urt. v. 29.2.2016, M 8 K 14.4469, JURIS Rn. 42; *Kolbeck*, Bauvoranfrage und Bauvorbescheid, S. 247 m.w.N.

1323 BVerwG, BeckRS 2010, 48697, Rn. 8.

1324 BVerwGE 44, 294 (299 ff.); 78, 85 (86); BeckRS 2010, 48697, Rn. 8; VGH Mannheim, DVBl 2012, 1181 (1182); OVG Magdeburg, NVwZ-RR 2015, 727 (728); VG Minden, Urt. v. 30.8.2012, 9 K 2696/09, JURIS, Rn. 32; *Drescher*, Rechtsprobleme des Bauvorbescheids, S. 146. Ein Kennenmüssen liegt dann vor, wenn es sich dem Dritten aufgrund von objektiven Anhaltspunkten aufdrängen muss, dass ein Bauvorbescheid erlassen wurde. Dies gilt auch dann, wenn es ihm zumutbar ist, sich abschließend bei der Baugenehmigungsbehörde Gewissheit zu verschaffen, vgl. VG München, Urt. v. 29.2.2016, M 8 K 14.4469, JURIS Rn. 39.

stoß gegen den Dritten schützende Rechtsvorschriften[1325], denn ein allgemeiner Gesetzesvollziehungsanspruch existiert im Baurecht nicht.[1326] Daher ist der Prüfungsumfang des VG in dieser Konstellation auf drittschützende Normen beschränkt.[1327] Welche Normen als drittschützend anzusehen sind, beurteilt sich nach der Schutznormtheorie. Diese besagt, dass eine Norm dann drittschützend ist, wenn sie neben dem Schutz der Allgemeininteressen zumindest auch dem Schutz von Individualinteressen zu dienen bestimmt ist. Der Dritte muss damit in qualifizierter und individualisierender Weise in einem schutzwürdigen Recht betroffen sein.[1328]

Eine Darstellung der umfangreichen Judikatur zu dieser Thematik würde allerdings dem Rahmen dieser Arbeit nicht gerecht werden, sodass insoweit auf die bereits vorhandenen Kommentierungen zu § 42 VwGO verwiesen werden kann, in denen sich eine nach Rechtsgebieten sortierte Auflistung aller bislang anerkannten drittschützenden Normen findet.[1329] Liegt sodann i.S.d. Schutznormtheorie eine drittschützende Norm vor, so ist deren Verletzung nur dann beachtlich, wenn sie von der Feststellungswirkung des Bauvorbescheids umfasst ist, sodass insoweit ein eingeschränkter Prüfungsmaßstab gilt.[1330] Wurde etwa eine rechtswidrige Bebauungsgenehmigung erteilt, so kann sich der Dritte nur auf ihn schützende Vorschriften des Bauplanungsrechts berufen, da nur diese Gegenstand

1325 BVerwGE 82, 343 (344); VGH München, Beschl. v. 24.3.2009, 14 CS 08.3017, JURIS, Rn. 20, 22; VG Augsburg, BeckRS 2017, 106346, Rn. 29; VG Schleswig, Beschl. v. 11.1.2017, 2 B 2/17, JURIS, Rn. 62; VG Karlsruhe, Urt. v. 6.10.2016, 3 K 44/16, JURIS, Rn. 45. Die drittschützenden Regelungen sind zudem stets solche des einfachen Rechts, soweit sie vorhanden sind. Denn existieren Regelungen im einfachen Recht, ist ein unmittelbarer oder mittelbarer Rückgriff auf Art. 14 GG nicht möglich, da die einfachgesetzlichen Regelungen Inhalts- und Schrankenbestimmungen i.S.d. Art. 14 Abs. 1 S. 2 GG darstellen, vgl. BVerwGE 89, 69 (78) sowie VGH München, Beschl. v. 24.3.2009, 14 CS 08.3017, JURIS, Rn. 21.

1326 BVerwG, NVwZ 1994, 686 (687); VG Köln, Urt. v. 18.2.2016, 8 K 5045/14, JURIS, Rn. 26; VG Berlin, Urt. v. 10.2.2014, 19 K 184.12, JURIS, Rn. 35.

1327 Beispiele für drittschützende Normen finden sich bei *Heimpel*, Bauvorbescheid, S. 189 f. Umfassend zu diesen auch *Dürr*, DÖV 2001, 625 ff.

1328 VGH München, Beschl. v. 24.3.2009, 14 CS 08.3017, JURIS, Rn. 20; VG Arnsberg, Beschl. v. 12.8.2015, AN 9 S 15.01274, JURIS, Rn. 30; VG Bayreuth, Urt. v. 27.5.2015, B 2 K 14.712, JURIS, Rn. 22.

1329 *Sennekamp*, in: Fehling/Kastner/Störmer, Verwaltungsrecht, 4. Aufl. 2016, § 42 VwGO Rn. 86 ff.; *Happ*, in: Eyermann, VwGO, 15. Aufl. 2019, § 42 Rn. 113 ff.; *von Nicolai*, in: Redeker/von Oertzen, VwGO, 16. Aufl. 2014, § 42 Rn. 59 ff.

1330 VGH München, Beschl. v. 24.3.2009, 14 CS 08.3017, JURIS, Rn. 22; VG Arnsberg, Beschl. v. 12.8.2015, AN 9 S 15.01274, JURIS, Rn. 30.

der vorherigen Prüfung der Baugenehmigungsbehörde waren, nicht hingegen Fragen des Bauordnungsrechts. Eine Verletzung von drittschützenden Normen, die nicht vom Regelungsgehalt des Bauvorbescheids umfasst sind, kann der Dritte demnach nur im späteren Baugenehmigungsverfahren geltend machen.[1331] Auch für dieses gilt, dass Drittschutz immer nur im Umfang des Regelungsgehalts möglich ist.

Verstößt ein Vorhaben daher gegen eine drittschützende Norm, die weder im Bauvorbescheids- noch im Baugenehmigungsverfahren zu prüfen ist, so kann der Dritte verwaltungsgerichtlichen Rechtsschutz gegen das Vorhaben nur über einen Antrag auf bauaufsichtliches Einschreiten gegen die Ausführung des Vorhabens erlangen.[1332] Ist aufgrund fehlender Bestimmtheit des Bauvorbescheids oder der Baugenehmigung unklar, ob eine Verletzung solcher Rechtsvorschriften in Betracht kommt, die auch dem Schutz des Dritten zu dienen bestimmt sind, so hat dieser ein Abwehrrecht in Form der Anfechtungsklage.[1333]

Abseits der Frage der möglichen Erfolgsaussichten von Widerspruch und/oder Anfechtungsklage tritt bei einem statthaften und auch ansonsten zulässigen Rechtsbehelf[1334] nach § 80 Abs. 1 VwGO grundsätzlich der Suspensiveffekt ein, denn § 212a BauGB findet für den Bauvorbescheid anders als für die Baugenehmigung keine Anwendung.[1335] Daher kann der Bauvorbescheid für die Dauer des Rechtsbehelfsverfahrens keine Rechtswir-

1331 VGH München, Beschl. v. 27.1.2005, 14 ZB 04.2619, JURIS, Rn. 4.

1332 BVerwG, NVwZ 1998, 58; OVG Hamburg, NVwZ-RR 2014, 373 (374); OVG Schleswig, NordÖR 2005, 227; VG Arnsberg, Beschl. v. 12.8.2015, AN 9 S 15.01274, JURIS, Rn. 31; VG Bayreuth, Urt. v. 27.5.2015, B 2 K 14.712, JURIS, Rn. 43.

1333 VG Aachen, Urt. v. 19.5.2015, 3 K 2672/12, JURIS, Rn. 44 m.w.N.

1334 Bei den sonstigen Zulässigkeitsvoraussetzungen ist vor allem das Rechtsschutzinteresse zu nennen, welches nur dann gegeben ist, wenn die Klage bzw. der Antrag geeignet sind, die subjektive Rechtsstellung des Dritten zu verbessern, vgl. BVerwG, NVwZ 1995, 894. Wie das BVerwG betont, ist dieser Grundsatz im Sinne eines effektiven Rechtsschutzes durch Dritte jedoch weit auszulegen.

1335 VGH München, NVwZ 1999, 1363; VGH Mannheim, NVwZ 1997, 1008; *Heimpel*, Bauvorbescheid, S. 93; *Redeker*, NVwZ 1998, 589; *Mann*, Das gestufte Verwaltungsverfahren, S. 122; A.A. OVG Lüneburg, NVwZ-RR 1999, 716; 2005, 69 (70); OVG Münster, NVwZ 1997, 1006 (1007); *Pautsch*, in: BeckOK NBauO, § 73 Rn. 39 f. mit den Argumenten, dass ansonsten ungewollte und unbeabsichtigte zeitliche Verzögerungen einträten und diese Sichtweise der Rechtsnatur des Bauvorbescheids als vorweggenommener Teil der Baugenehmigung nicht gerecht werde. Damit existiere ein praktisches Bedürfnis, die aufschiebende Wirkung entfallen zu lassen. Umfassend zum Streitstand *Kolbeck*, Bauvoranfrage und Bauvorbescheid, S. 339 ff.

kungen entfalten.[1336] Denn es ist allgemein anerkannt, dass sich der Suspensiveffekt auch auf den feststellenden Teil eines VA bezieht[1337], sodass eine Vollziehbarkeitshemmung eintritt.[1338] Folglich ist die Automatik zwischen Bauvorbescheid und Baugenehmigung zeitweilig unterbrochen.[1339]

Somit verliert der Bauvorbescheid i.S.d. § 73 Abs. 1 S. 1 NBauO jedenfalls temporär seine präjudizielle Wirkung, sodass der Bauherr den Bauantrag erst nach Abschluss des gerichtlichen Verfahrens gegen den Bauvorbescheid stellen kann, um sich – soweit das VG den Bauvorbescheid nicht für rechtswidrig erklärt – auf die für ihn positiven Wirkungen des Bauvorbescheids zu berufen.[1340] Diese Stufung des Rechtsschutzes ist Ausfluss und Konsequenz aus der Stufung des Verwaltungsverfahrens.[1341]

Stellt der Bauherr trotz dieser Verfahrens- und Prozessstufung dennoch den Bauantrag und hält sich die Baugenehmigungsbehörde irrtümlich auch mit Blick auf ein laufendes Widerspruchsverfahren oder gerichtliches Verfahren an den Bauvorbescheid gebunden und erteilt die Baugenehmigung, so muss der Dritte getrennt gegen die Baugenehmigung vorgehen, da sie weitere, über den Bauvorbescheid hinausgehende, Regelungselemente aufweist.[1342] Unterlässt der Dritte dies, so läuft er Gefahr, dass seine Einwände gegen den Bauvorbescheid durch die zwischenzeitlich in Be-

---

1336 *Reichelt*, Vorbescheid, S. 214. Anders dagegen *Hauth*, BauR 2012, 887 (888) m.w.N., der die Baugenehmigungsbehörde selbst im Falle eines Drittwiderspruchs an die Feststellung im Bauvorbescheid gebunden sieht. Dies sei zwingende Ausprägung der Bindungswirkung.

1337 Siehe insoweit VGH Mannheim, DVBl 1976, 538 (549) m.w.N sowie Anm. *Fischerhof* und *Fluck*, VerwArch 80 (1989), 223 (229).

1338 *Mann*, Das gestufte Verwaltungsverfahren, S. 212.

1339 VGH Mannheim, DVBl 1976, 538 (549) m. Anm. *Fischerhof*.

1340 Gl. A. OVG Hamburg, HmbJVBl 1986, 34; A.A. BVerwG, NVwZ 1989, 863 f. Das BVerwG geht vielmehr davon aus, dass der Widerspruch nur dazu führt, dass der Bauvorbescheid gegenüber dem Dritten unwirksam wird, nicht aber im Verhältnis zwischen der Baugenehmigungsbehörde und dem Bauherrn. Dem BVerwG folgend VGH München, Urt. v. 17.1.2018, 15 ZB 16.1706, JURIS, Rn. 19; BayVBl 2011, 439; VG Hamburg, Urt. v. 24.6.2014, 9 K 1839/11, JURIS, Rn. 32.

1341 *Reichelt*, Vorbescheid, S. 299 m.w.N.

1342 *Reichelt*, Vorbescheid, S. 216. Damit muss der Dritte jeden Teilakt einzeln angreifen, vgl. *Mann*, Das gestufte Verwaltungsverfahren, S. 203. Dies ist auch aus dem Gesichtspunkt heraus konsequent, dass im Rahmen der gerichtlichen Überprüfung Bauvorbescheid und Baugenehmigung nach der im Zeitpunkt der letzten behördlichen Entscheidung geltenden Sach- und Rechtslage zu beurteilen sind, sodass insoweit getrennte Verfahren gegen den Bauvorbescheid und die Baugenehmigung zu führen sind.

standskraft erwachsende Baugenehmigung präkludiert werden und damit auch das Verfahren gegen den Bauvorbescheid obsolet wird.[1343] Damit trägt der Dritte in dieser Konstellation eine erhöhte Anfechtungslast.[1344] Wird der Bauvorbescheid im ersten Verfahren aufgehoben, so führt dies nach hier vertretener Auffassung allerdings noch nicht dazu, dass auch die Baugenehmigung sowohl formell als auch materiell rechtswidrig ist[1345], denn die Baugenehmigung enthält eine autarke Zweitregelung, die einer eigenständigen und vom Bauvorbescheid unabhängigen Anfechtung bedarf. Somit wird der Dritte nicht zwingend auch im Verfahren gegen die Baugenehmigung Erfolg haben.[1346] Dasselbe gilt auch umgekehrt, sodass im Verfahren gegen die Baugenehmigung auch nicht inzident die Feststellungen, die im vorherigen Bauvorbescheid getroffen wurden, mit überprüfbar sind.[1347]

Anders könnte dies wiederum sein, wenn gegen den Bauvorbescheid noch kein außergerichtliches oder gerichtliches Verfahren eingeleitet wurde und der Dritte etwa erst durch den Erlass der Baugenehmigung überhaupt Kenntnis vom vorherigen Bauvorbescheid erlangt. In einer solchen Konstellation wäre es zunächst wie auch in der vorstehend beschriebenen Konstellation denkbar, nur die Baugenehmigung anzugreifen, jedenfalls

---

1343 *Heimpel*, Bauvorbescheid S. 191. Dem liegt der Gedanke zugrunde, dass bei einem noch nicht bestandskräftigen Bauvorbescheid in der späteren Baugenehmigung keine bloße redaktionelle Übernahme stattfindet, sondern eine eigenständige Zweitregelung getroffen wird, die ihrerseits bestandskräftig werden kann. Anders dagegen wohl *Fluck*, VerwArch 80 (1989), 223 (228), der davon ausgeht, dass bei erfolgreicher Drittanfechtung des Bauvorbescheids auch die schon bestandskräftige Baugenehmigung teilweise rechtswidrig wird, da die Feststellungen aus dem Bauvorbescheid nur wiedergegeben werden, insofern also unabhängig von der Bestandskraft des Bauvorbescheids nur eine redaktionelle Übernahme der in ihm getroffenen Feststellungen in die Baugenehmigung erfolge.

1344 VGH Mannheim, NVwZ 1995, 716; *Mann*, Das gestufte Verwaltungsverfahren, S. 206.

1345 So aber *Reichelt*, Vorbescheid, S. 219 f. *Mann*, Das gestufte Verwaltungsverfahren, S. 221 stellt in Anlehnung hieran fest, dass mit der Feststellung der Rechtswidrigkeit des Bauvorbescheids der Baugenehmigung die Grundlage entzogen werde, sodass die Baufreigabe zwingend entfalle.

1346 Anders dagegen, wenn man die diametrale Position einnimmt und auch bei fehlender Bestandskraft des Bauvorbescheids von einer redaktionellen Übernahme seines Regelungsgehalts in der Baugenehmigung ausgeht, vgl. hierzu insoweit *Drescher*, Rechtsprobleme des Bauvorbescheids, S. 151.

1347 Siehe hierzu auch OVG Münster, NVwZ 1997, 1006 (1007), obgleich dieses die gegenteilige Position bezieht.

soweit der Bauvorbescheid noch nicht bestandskräftig geworden ist.[1348] Dem liegt freilich erneut die Annahme zugrunde, dass mit der früheren Rechtsprechung des BVerwG bei einem noch nicht bestandskräftigen Bauvorbescheid die zwischenzeitlich ergangene Baugenehmigung eine Zweitregelung darstellt und damit die Regelungen, die im Bauvorbescheid getroffen wurden, obsolet werden.[1349] Folgt man dieser älteren Rechtsprechung ohne weitere Einschränkungen, so würde dies im Umkehrschluss dazu führen, dass auch hier sogar ausschließlich die Baugenehmigung angreifbar ist, denn für ein separates Vorgehen gegen den Bauvorbescheid fehlt insoweit das Rechtsschutzbedürfnis.[1350]

Würde man hingegen mit der Literatur davon ausgehen, dass die Baugenehmigung auch im Falle eines noch nicht bestandskräftigen Bauvorbescheids lediglich eine redaktionelle Übernahme der im Bauvorbescheid getroffenen Regelungen darstellt[1351], so müsste der Dritte den Bescheid angreifen, durch den er sich in seinen drittschützenden Rechten verletzt sieht, also parallel den Bauvorbescheid und die Baugenehmigung.[1352] Anderes könnte nur gelten, wenn die Baugenehmigungsbehörde mit Ertei-

---

1348 BVerwG, NVwZ 1989, 863; VGH München, NVwZ 1999, 1363; *Reichelt*, Vorbescheid, S. 238.

1349 BVerwG, NVwZ 1989, 863. Der Entscheidung des BVerwG zustimmend OVG Magdeburg, NVwZ-RR 2015, 727 (728); OVG Berlin-Brandenburg, LKV 2014, 227 (228); VGH Mannheim, NVwZ 1995, 716; *Drescher*, Rechtsprobleme des Bauvorbescheids, S. 158 ff.

1350 OVG Lüneburg, NdsVBl 1998, 142; *Kolbeck*, Bauvoranfrage und Bauvorbescheid, S. 333, jeweils m.w.N. Gleichwohl ist darauf hinzuweisen, dass nach der relativierenden neueren Diktion des BVerwG sowie einiger Obergerichte der Bauvorbescheid durch den Erlass der Baugenehmigung nicht mehr gegenstandslos wird und sich damit erledigt, vgl. BVerwG, NVwZ 1995, 894 (895); OVG Berlin-Brandenburg, Beschl. v. 10.3.2017, OVG 2 N 63.16, JURIS, Rn. 4 sowie OVG Berlin, Urt. v. 11.2.2003, 2 B 16.99, JURIS, Rn. 19. Eine Konsumtion findet damit nicht automatisch statt, vielmehr bedarf es dazu einer expliziten Regelung durch den jeweiligen Landesgesetzgeber, sodass sich hierzu keine verallgemeinernden Aussagen für alle Bundesländer treffen lassen, sondern sich das Vorhandensein eines entsprechenden Rechtsschutzbedürfnisses bundeslandspezifisch bestimmt.

1351 Hierfür plädiert als ein Vertreter von vielen *Kolbeck*, Bauvoranfrage und Bauvorbescheid, S. 310 m.w.N. Die Rechtsprechung hat diese Aussage hingegen bisher – soweit ersichtlich – so eindeutig nicht getroffen, vielmehr deuten die Aussagen in BVerwG, NVwZ 1995, 894 (895) lediglich in diese Richtung. Das BVerwG lässt es im Ergebnis aber offen. Ebenso wie das BVerwG auch das OVG Berlin, Urt. v. 11.2.2003, 2 B 16.99, JURIS, Rn. 19. Damit lassen sich hier bislang keine eindeutigen Aussagen treffen.

1352 Gl. A. *Kolbeck*, Bauvoranfrage und Bauvorbescheid, S. 335.

lung der Baugenehmigung den vorherigen Bauvorbescheid ausdrücklich für erledigt erklärt.[1353]

Unabhängig davon, welcher Ansicht man folgen mag, können für den Bauherrn durch einen Drittwiderspruch oder eine Drittanfechtung in jedem Fall mitunter erhebliche Nachteile entstehen. Einzig vorteilhaft wirkt sich aus, dass nach § 71 S. 2 NBauO die 3-Jahres-Frist für die Stellung des späteren Bauantrags bis zur rechtskräftigen Entscheidung gehemmt ist, sodass der Bauherr nicht in Zeitnot gerät und im laufenden Verfahren schon einen Bauantrag stellen muss.[1354]

Die vorstehend dargestellte Untersuchung zeigt, dass der Bauvorbescheid nach § 73 Abs. 1 S. 1 NBauO aufgrund der umfangreichen Rechtsschutzmöglichkeiten von Dritten und der Wirkung, dass grundsätzlich der Suspensiveffekt eintritt und selbst eine Drittanfechtung des Bauvorbescheids Auswirkungen auf die Baugenehmigung hat, mitunter die Vorteile völlig in ihr Gegenteil verkehren kann.[1355] Insbesondere schwebt – anders als bei der verbindlichen Auskunft nach § 89 Abs. 2 AO – für eine nicht ganz unerhebliche Zeitdauer noch das Damoklesschwert der möglichen gerichtlichen Aufhebung über dem einmal wirksam ergangenen Bauvorbescheid.[1356] Hiergegen hilft letztlich nur, frühzeitig und umfassend Dritte in den Planungsprozess mit einzubinden und die Baugenehmigungsbehörde insbesondere dazu zu drängen, den Bauvorbescheid auch allen potenziell betroffenen Dritten bekanntzugeben[1357], denn im Falle des nachfolgenden Eintritts der Bestandskraft werden die durch den Bauvorbescheid entschiedenen Fragen für die weitere gerichtliche Klärung ausgeklammert.[1358]

1353 OVG Lüneburg, NdsVBl 1998, 142 (143).

1354 *Heimpel*, Bauvorbescheid, S. 93 sowie *Kolbeck*, Bauvoranfrage und Bauvorbescheid, S. 281, jeweils m.w.N.

1355 So führt eine erfolgreiche Drittanfechtung dazu, dass der Bauherr von vorne beginnen muss, also einen modifizierten Bauantrag einzureichen hat, bei dem auch die im Bauvorbescheid geklärten Fragen erneut aufzuwerfen sind, vgl. *Mann*, Das gestufte Verwaltungsverfahren, S. 168.

1356 *Schneider*, BauR 1988, 13 (17) spricht insofern recht deutlich – aber im Ergebnis völlig zutreffend – von einer „Zeitbombe, die erst nach Jahren zündet". Wie Schneider weiter überzeugend darlegt, verstärkt sich dieser Effekt noch durch § 50 VwVfG, der im Falle eines erfolgreichen Drittwiderspruchs bzw. einer erfolgreichen Drittanfechtungsklage dem Bauherrn den Anspruch auf Ausgleich des Vermögensnachteils gegenüber der Baugenehmigungsbehörde versperrt.

1357 So auch *Kolbeck*, Bauvoranfrage und Bauvorbescheid, S. 241; *Heimpel*, Bauvorbescheid, S. 68 sowie *Drescher*, Rechtsprobleme des Bauvorbescheids, S. 145 f., wobei alle Autoren die Vorteile der frühzeitigen Beteiligung von Dritten betonen.

1358 Siehe hierzu auch *Sellner*, NVwZ 1986, 616 für den Vorbescheid im Atomrecht.

Damit empfiehlt es sich in keiner Weise, von der vereinzelt vorgesehenen Antragstellung auf Absehen von der Drittbeteiligung Gebrauch zu machen, denn gerade durch die umfassende Drittbeteiligung wird der Zeitkorridor messbar und überschaubar, in der Dritte den Bauvorbescheid noch zu Fall bringen können.[1359] Danach ist mit hoher Wahrscheinlichkeit davon auszugehen, dass das Bauvorhaben nicht mehr aus den mit dem Bauvorbescheid geregelten Aspekten scheitern wird. Fehlt hingegen eine Drittbeteiligung im Bauvorbescheidsverfahren vollständig, so bleibt die spätere Baugenehmigung für die Dritten unabhängig vom Regelungsgehalt des Vorbescheids in vollem Umfang angreifbar, womit der Bauvorbescheid für den Bauherrn seinen praktischen Wert jedenfalls teilweise oder mitunter sogar vollständig einbüßen kann.

2. Die gerichtliche Kontrolldichte

Die gerichtliche Kontrolldichte bzgl. der formellen und materiellen Voraussetzungen für den Erlass eines Bauvorbescheids nach § 73 Abs. 1 S. 1 NBauO ist nicht auf eine bloße Evidenzkontrolle beschränkt, sondern erfolgt grundsätzlich bezogen auf den Gegenstand der Bauvoranfrage vollumfänglich.[1360] Dies gilt jedenfalls dann, wenn der Bauherr im Wege der Verpflichtungsklage auf Erteilung eines Bauvorbescheids klagt. Der Grundsatz voller gerichtlicher Überprüfbarkeit ist insofern Ausfluss davon, dass die Baugenehmigungsbehörde im Vorbescheid bereits abschließend über einen Teil des Bauvorhabens entscheidet und eine Verlagerung der Klärung dieser Fragen in das spätere Baugenehmigungsverfahren vermieden werden soll. Eine behördliche Einschätzungsprärogative würde damit nicht harmonieren.[1361] Zudem gilt der allgemeine Grundsatz, dass ein behördlicher Entscheidungsspielraum, der gerichtlich nur eingeschränkt überprüfbar

---

1359 In dieselbe Kerbe schlagen auch die Ausführungen von *Kolbeck*, Bauvoranfrage und Bauvorbescheid, S. 242, der zu Recht deutlich macht, dass sich dieser Antrag nur dann lohnen wird, wenn Drittbelange überhaupt nicht berührt werden.

1360 *Werder/Dannecker*, BB 2013, 284 (287).

1361 Dies trägt außerdem dem Umstand Rechnung, dass Rechtsfragen nicht doppelt überprüft werden sollen. Bei einer nur limitierten gerichtlichen Kontrolldichte könnte es dazu kommen, dass dieselbe Frage sowohl im Bauvorbescheids- als auch im Baugenehmigungsverfahren überprüft wird. Eine solche Folge wäre auch vor dem Hintergrund der Prozessökonomie nicht sinnvoll, vgl. auch *Werder/Dannecker*, BB 2013, 284 (287).

ist, entweder expressis verbis im Gesetz angelegt oder sich zumindest im Wege der Auslegung ermitteln lassen und außerdem der besonderen Komplexität und Dynamik im Einzelfall Rechnung tragen muss.[1362] Hieran fehlt es jedoch unisono in den Landesbauordnungen, diese schweigen sich vielmehr über die gerichtliche Kontrolldichte aus.

Eine Ausnahme von diesem allgemeinen Grundsatz kann nur dann gelten, wenn das VG für die Lösung von Rechtsproblemen auf die besondere Sachkunde der Verwaltung zurückgreifen und dieser damit ein Beurteilungsspielraum eingeräumt werden muss, wie es etwa bei vielen Entscheidungen im Atomrecht der Fall ist.[1363] Eine solche Konstellation ist beim Bauvorbescheid aber nicht ersichtlich, denn dieser hat regelmäßig weder einen ungewissen prognostischen Charakter noch lassen sich wie etwa bei Prüfungsentscheidungen die tatsächlichen Gegebenheiten im Nachhinein nicht effektiv nachprüfen. Auch die weiteren anerkannten Fallgruppen des BVerwG zur Annahme eines Beurteilungsspielraums sind nicht ersichtlich. Insofern kann nicht davon ausgegangen werden, dass die Letztverantwortlichkeit alleine auf Ebene der Verwaltung liegt.

Abweichendes zur Behandlung der gerichtlichen Kontrolldichte im bipolaren Verhältnis zwischen Baugenehmigungsbehörde und Bauherrn gilt nur dann, wenn ein Dritter gegen den Bauvorbescheid im Wege der Anfechtungsklage vorgeht. Hier gilt der schon eben dargestellte allgemeine Grundsatz verwaltungsprozessualen Drittschutzes, dass der Dritte nur eine richterliche Nachprüfung derjenigen Rechtsvorschriften verlangen kann, die seinem Schutz zu dienen bestimmt sind.[1364] Zudem ist eine Überprüfung dieser Normen auch nur im Umfang des Schutzzwecks möglich.[1365] Ein allgemeines Recht zur Beanstandung i.S.e. objektiven Rechtswidrigkeit besteht daher für einen Dritten nicht. Insofern würde ihm auch mitunter bereits die nach § 42 Abs. 2 VwGO erforderliche Klagebefugnis fehlen.

1362 VG Berlin, BeckRS 2013, 55193; *Sellner*, NVwZ 1986, 616 (619).

1363 Zur gerichtlichen Kontrolldichte im Atomrecht, welche das BVerwG in dem viel beachteten Wyhl-Urteil (NVwZ 1986, 208 ff.) nochmals konkretisiert und verfeinert hat, siehe nur *Sellner*, NVwZ 1986, 618 f., der das Urteil eingehend analysiert und in den jeweiligen atomrechtlichen Kontext einordnet.

1364 VGH Mannheim, DVBl 1976, 538 (542) m. Anm. *Fischerhof*. Es genügt freilich, dass der Kläger substantiiert Tatsachen vorträgt, die eine Verletzung seiner Rechte jedenfalls als möglich erscheinen lassen, vgl. OVG Münster, BeckRS 2016, 49173. Ob tatsächlich eine Verletzung drittschützender Vorschriften vorliegt, ist eine Frage der Begründetheit.

1365 VGH Mannheim, DVBl 1976, 538 (542) m. Anm. *Fischerhof*.

Nach dieser Darstellung lässt sich zur gerichtlichen Kontrolldichte konstatieren, dass diese beim Bauvorbescheid nach § 73 Abs. 1 S. 1 NBauO zu keinerlei Friktionen führt, während sie bei der verbindlichen Auskunft nach § 89 Abs. 2 AO Gegenstand umfangreichster Erörterungen ist und die Positionen in Rechtsprechung und Literatur mitunter diametral verschieden sind.[1366]

II. Gerichtliches Sekundärrechtsschutzverfahren

Trotz der vorstehend dargestellten „komfortablen" Primärrechtsschutzsituation mit einer umfassenden gerichtlichen Kontrolldichte können auch bei Bauvorbescheiden nach § 73 Abs. 1 S. 1 NBauO immer wieder Amtshaftungsfragen nach § 839 BGB i.V.m. Art. 34 GG virulent werden.[1367] Diese beschäftigten auch den vornehmlich für das Staatshaftungsrecht zuständigen III. Zivilsenat des BGH seit vielen Jahrzehnten in erheblicher Weise, sodass es mittlerweile eine große Anzahl an entsprechenden Judikaten gibt. Die Judikatur gilt es an dieser Stelle in komprimierter Form darzustellen und einzuordnen, wobei aus Gründen der Schwerpunktsetzung und Stoffbegrenzung lediglich mögliche Schadensersatzansprüche des Bauherrn dargestellt werden sollen, während solche von Dritten außerhalb der Betrachtung bleiben.[1368]

Hierbei liegt der Fokus auf der rechtswidrigen Ablehnung der Erteilung eines Bauvorbescheids (1.), der Verzögerung der Antragbearbeitung und Bescheidung (2.) sowie der Erteilung eines rechtswidrigen Bauvorbescheids (3.). Zudem stellt sich auch im Rahmen des Bauvorbescheids die Frage des Mitverschuldens, auch vor dem Hintergrund, dass den Antrag auf Erteilung eines Bauvorbescheids häufig ein Entwurfsverfasser unter-

1366 Siehe insoweit zur gerichtlichen Kontrolldichte bei der verbindlichen Auskunft nach § 89 Abs. 2 AO oben Kapitel 2 E. II. 2. sowie unten Kapitel 4 B. III.

1367 *Hennig*, BauR 2003, 194. Gleichwohl ist ein Amtshaftungsanspruchsprozess erst dann möglich, wenn zuvor sämtliche ordentliche Rechtsbehelfe im Primärrechtsschutzverfahren ausgeschöpft worden sind, dessen Erfolgsaussichten jedenfalls nicht völlig gering und zweifelhaft erscheinen, wie sich aus § 839 Abs. 3 BGB ergibt. Dazu gehören gleichwohl nur solche, die sich unmittelbar gegen die beanstandete Amtshandlung richten und deren Überprüfung gerade bezwecken und ermöglichen, nicht jedoch außerordentliche Rechtsbehelfe wie die Verfassungsbeschwerde, vgl. *Lansnicker/Schwirtzek*, NVwZ 1996, 745 (748).

1368 Zu den Ansprüchen des Dritten aus Amtshaftung *Goerlich*, NVwZ 1985, 90 (91 f.).

schreiben und stellvertretend für den Bauherrn bei der zuständigen Baugenehmigungsbehörde einreichen wird, der selbst fachmännische Erfahrung hat (4.).[1369]

Nicht Gegenstand der nachfolgenden Ausführungen wird dagegen die Untersuchung der Anwendbarkeit und der Ausrichtung des allgemeinen Folgenbeseitigungsanspruchs im Baurecht sein. Hier ergeben sich keine weiteren Besonderheiten zur bereits vorhandenen Darstellung zur verbindlichen Auskunft nach § 89 Abs. 2 AO im vorstehenden Kapitel, sodass auch im Baurecht davon auszugehen ist, dass der allgemeine Folgenbeseitigungsanspruch Anwendung findet, aber auf Rechtsfolgenseite nicht auf den Erlass eines positiven Bauvorbescheids gerichtet sein kann.[1370] Jedes andere Ergebnis würde auch hier dem Charakter des Folgenbeseitigungsanspruchs zuwiderlaufen. Inwiefern die nachstehend erläuterten Amtspflichten drittschützende Wirkung haben und sich die Baugenehmigungsbehörde auf den Einwand des rechtmäßigen Alternativverhaltens berufen kann, wird ebenfalls an dieser Stelle ausgeklammert.[1371]

Des Weiteren sind Haftungsausschlüsse nicht zu thematisieren, da diese in der haftungsrechtlichen Praxis eine beinahe zu vernachlässigende Relevanz haben.[1372] Auch auf eine Darstellung der anderweitigen Ersatzmöglichkeit nach § 839 Abs. 1 S. 2 BGB in Form der Entwurfsverfasserhaftung wird an dieser Stelle im Detail verzichtet.[1373] Selbiges trifft auf etwaige Ersatzansprüche des Dritten zu.[1374] Zuletzt ist aus Gründen der Übersicht-

1369 In Niedersachsen ist sogar in § 67 Abs. 3 S. 1 NBauO verbindlich festgeschrieben, dass der Bauherr und der Entwurfsverfasser (in der Regel ein Architekt oder ein Bauingenieur) die Bauvoranfrage beide gemeinsam unterschreiben müssen. Damit rückt das Problem des Mitverschuldens dort besonders in den Fokus.

1370 Siehe zur Anwendbarkeit des allgemeinen Folgenbeseitigungsanspruchs im Rahmen von verbindlichen Auskünften nach § 89 Abs. 2 AO bereits oben Kapitel 2 E. III. 2.

1371 Zu diesen beiden Fragestellungen vgl. *Rohlfing*, BauR 2006, 947 (949 ff.). Rohlfing zeigt überzeugend auf, dass beide miteinander verwoben sind.

1372 Hierzu umfassend *Heintz*, LKRZ 2013, 279 (282).

1373 Vgl. auch die Ausführungen von *Heimpel*, Bauvorbescheid, S. 29 f. sowie *Johlen/Beutling*, BauR 2002, 263 (268). Erwähnt werden soll an dieser Stelle lediglich, dass genauso wie für den Rechtsanwalt und/oder Steuerberater bei der verbindlichen Auskunft nach § 89 Abs. 2 AO auch für den Entwurfsverfasser die Pflicht besteht, den Bauherrn auf die mögliche Beantragung eines Bauvorbescheids hinzuweisen. Tut er dies nicht, so macht er sich schadensersatzpflichtig, vgl. *Drescher*, Rechtsprobleme des Bauvorbescheids, S. 25 f.

1374 Hierzu *Boujong*, WiVerw 1991, 59 (99) unter Darstellung der Judikatur des BGH.

lichkeit das Planungsschadensrecht nach den §§ 39 – 44 BauGB nicht zu behandeln.

Vorwegzuschicken für die nachfolgende Darstellung ist, dass ein Schaden vor allem dann entstehen kann, wenn aufgrund einer verzögerten Bearbeitung des Antrags die zuständige Gemeinde zwischenzeitlich eine Veränderungssperre erlässt oder im Falle der Erteilung eines rechtswidrigen Bauvorbescheids der Bauherr sämtliche Bauvorlagen für den Bauantrag anfertigen lässt und der Bauantrag später aus Gründen, über die bereits im Bauvorbescheidsverfahren entschieden wurde, abgelehnt wird. Denkbar als Schadenspositionen sind wiederum auch entgangene (Steuer-)vorteile oder Zinsen für bereits gewährte Kredite, Nutzungs- und Gewinnausfälle sowie Verteuerungskosten.[1375] Sämtliche Schadenspositionen müssen allerdings einen unmittelbaren Bezug zum Bauvorbescheid haben und dürfen nicht erst an die spätere Baugenehmigung und damit die Baufreigabe anknüpfen[1376] oder in Bezug auf ein gänzlich andersartiges Bauvorhaben getätigt worden sein.[1377] Außerdem ist für die nachstehende Untersuchung vorab klarzustellen, dass aufgrund des limitierten Umfangs des Bauvorbescheids, insbesondere aufgrund seiner fehlenden Gestattungswirkung, die für die Baugenehmigung anerkannten Pflichten jedenfalls nur in abgestufter Form gelten.[1378]

1. Rechtswidrige Ablehnung der Erteilung eines Bauvorbescheids

Der Bauherr hat einen Anspruch auf die Erteilung des Bauvorbescheids, soweit alle tatbestandlichen Voraussetzungen vorliegen.[1379] Verweigert die Baugenehmigungsbehörde die Erteilung ohne hinreichende rechtliche Gründe darzulegen, so stellt dies einen Verstoß gegen den aus Art. 20 Abs. 3 GG resultierenden Grundsatz der Gesetzmäßigkeit der Verwaltung dar, womit die Baugenehmigungsbehörde zugleich ihre Amtspflicht zur

1375 BGH, NVwZ 1992, 1119 (1120). Weitere mögliche Folgen einer verzögerten Bearbeitung finden sich auch bei *Hoppe/Bönker/Grotefels*, Öffentliches Baurecht, § 19 Rn. 46; *Heintz*, LKRZ 2013, 279 sowie *Boujong*, WiVerw 1991, 59 (61).

1376 *Stüer*, BauR 2000, 1431 (1434).

1377 Hierzu *Krohn*, in: FS Boujong, S. 573 (577).

1378 *Stüer*, in: Ders., Bau- und Fachplanungsrecht, 5. Aufl. 2015, Rn. 2117; *Krohn*, in: FS Boujong, S. 573 (576).

1379 Vgl. oben C. II.

Bescheidung verletzt.[1380] Damit gilt im Grundsatz, dass jede rechtswidrige Ablehnung zur Amtshaftung führt, soweit sich die Baugenehmigungsbehörde nicht exkulpieren kann. Der BGH sieht zudem in jeder rechtswidrigen Ablehnung eines Bauvorbescheids zugleich einen enteignungsgleichen Eingriff. Vor allem im Falle der Nichtexistenz von landesrechtlichen Anspruchsnormen ist ein Rückgriff auf dieses allgemeine Haftungsinstitut möglich.[1381] Dabei stehen die Ansprüche aus Amtshaftung und enteignungsgleichem Eingriff außerdem in Anspruchskonkurrenz.[1382] Gleichwohl wird der enteignungsgleiche Eingriff in dieser Arbeit nicht weiter vertieft werden, da er lediglich auf eine *angemessene Entschädigung* gerichtet ist, während über einen Amtshaftungsanspruch *der volle Schaden* ersetzt werden kann.[1383] Damit erscheint eine instruktive Darstellung des Amtshaftungsanspruchs deutlich ergiebiger.

Bei der Untersuchung der Haftungsfrage im Falle rechtswidriger Ablehnung eines Bauvorbescheids spielt vor allem auch das gemeindliche Einvernehmen nach § 36 BauGB[1384] eine erhebliche Rolle, welches ein originäres Institut der Sicherung gemeindlicher Planungshoheit ist und bereits latent immer in einem gewissen Spannungsverhältnis zur Baufreiheit und zum Grundsatz der Verfahrensbeschleunigung steht.[1385] Nach § 36 Abs. 2 S. 2 BauGB hat die Gemeinde zwei Monate Zeit, um das Einvernehmen zu erteilen oder zu verweigern, sonst gilt es im Wege einer Fiktion als erteilt.[1386] Nach der Diktion des BGH kann die Haftungsfrage vor allem dann viru-

---

1380 BGH, NVwZ 1994, 2091 (2092); *Runkel*, in: Ernst/Zinkahn/Bielenberg/Krautzberger, BauGB, Loseblatt, Vor §§ 39 ff. Rn. 75; *Guckelberger*, DÖV 2010, 109 (111).

1381 BGHZ 125, 258 (264) = NJW 1994, 1647. Auf Rechtsfolgenseite nimmt der BGH einen Anspruch auf Bodenrente an. Hierfür ist der Betrag anzusetzen, den ein Bauwilliger für die Erlaubnis zeitlicher baulicher Nutzung gezahlt hätte, etwa in Form von Miet-, Pacht- oder Erbbauzinsen. Selbiges gilt auch für die rechtswidrige Ablehnung des – noch näher zu erörternden – gemeindlichen Einvernehmens, vgl. *Hellermann*, Jura 2002, 589 (594).

1382 BGH, NVwZ 1992, 1119 (1121) m.w.N.

1383 BGH, NVwZ 1992, 1119 (1121); 2002, 124 (125).

1384 Instruktiv zum gemeindlichen Einvernehmen und der Frage, wie es für das Bauvorbescheidsverfahren Relevanz entfaltet *Pautsch*, in: BeckOK NBauO, § 73 Rn 32 f.: *Kolbeck*, Bauvoranfrage und Bauvorbescheid, S. 259 ff. sowie *Hellermann*, Jura 2002, 589 ff.

1385 *Hellermann*, Jura 2002, 589.

1386 Tiefgreifende und umfangreiche Ausführungen zur Einvernehmensfiktion finden sich auch bei *Kolbeck*, Bauvoranfrage und Bauvorbescheid, S. 266 ff. Dieser legt insbesondere überzeugend dar, dass die 3-Monats-Frist absolut gilt und nicht verlängerbar ist.

lent werden, wenn die Gemeinde ihr Einvernehmen verweigert, obwohl das Vorhaben bauplanungsrechtlich nach den §§ 31 ff. BauGB zulässig ist.[1387] Unterlässt es die Gemeinde demnach rechtswidrig, das Einvernehmen zu erteilen, so ist das Unterlassen der Gemeinde in dieser konkreten Konstellation ausnahmsweise als in den Rechtskreis des Betroffenen eingreifendes Handeln zu qualifizieren.[1388] In diesem Fall ist allerdings selbstverständlich grundsätzlich nicht die Baugenehmigungsbehörde für das rechtswidrige Verhalten der Gemeinde haftbar zu machen, sondern die Gemeinde haftet selbst.[1389] Diese Rechtsfolge ist Ausfluss der Planungshoheit aus Art. 28 Abs. 2 GG[1390] sowie der Bindungswirkung der Versagung[1391], denn es ist der Baugenehmigungsbehörde verwehrt, bei einem verweigerten gemeindlichen Einvernehmen den Bauvorbescheid zu erteilen.[1392]

Mittlerweile hat die Rechtsprechung hier jedoch eine Kehrtwende für die Konstellation vollzogen, dass das gemeindliche Einvernehmen nach § 36 Abs. 2 S. 3 BauGB von der Baugenehmigungsbehörde ersetzt werden kann. Macht die Baugenehmigungsbehörde von der Möglichkeit der Ersetzung des Einvernehmens keinen Gebrauch, so kann darin keine drittschützende Amtspflichtverletzung gesehen werden.[1393] Spiegelbildlich dazu un-

1387 St. Rspr., siehe nur BGH, VersR 1984, 849 (850) m.w.N. In diesem Sinne auch *Rohlfing*, BauR 2006, 947 (948). Unerheblich ist dabei, ob der Hauptverwaltungsbeamte oder die Vertretung das Einvernehmen verweigert hat, denn es gilt der weite haftungsrechtliche Beamtenbegriff, unter den beide fallen, vgl. *Herrmann*, KommJur 2004, 286 (287).

1388 LG Oldenburg, NVwZ 2005, 1457 (1458) m.w.N.

1389 *Desens*, DÖV 2009, 197 (199) m.w.N. auf die Rechtsprechung des BGH, der dies überzeugend damit begründet, dass schon keine Amtspflicht durch die Baugenehmigungsbehörde verletzt wird. Zu etwaigen Ausnahmen von dieser Grundkonstruktion im Amtshaftungsrecht siehe instruktiv statt vieler nur *Rohlfing*, BauR 2006, 947 (948 f.). Dies betritt insbesondere den Fall, dass die Baugenehmigungsbehörde aufgrund einer eigenen Sachprüfung eine Entscheidung trifft, die unabhängig von der rechtswidrigen Versagung des Einvernehmens der Gemeinde ist. In diesem Fall haftet die Baugenehmigungsbehörde alleine.

1390 *Desens*, DÖV 2009, 197 (198).

1391 *Rohlfing*, BauR 2006, 947 (948) m.w.N.

1392 *Kolbeck*, Bauvoranfrage und Bauvorbescheid, S. 265.

1393 BGHZ 187, 51. A.A. *Desens*, DÖV 2009, 197 (204), der von der Entstehung einer besonderen Beziehung zwischen der Baugenehmigungsbehörde und dem Bauherrn ausgeht, aus der die drittgerichtete Amtspflicht resultiere, ein rechtswidrig versagtes Einvernehmen zu ersetzen. Bei einer Verletzung dieser Pflicht sei daher ein Amtshaftungsanspruch unter Vorliegen der weiteren tatbestandlichen Voraussetzungen gegeben. Gl. A. sind auch *Herrmann*, KommJur 2004, 286 (288) und *Hellermann*, Jura 2002, 589 (595).

terliegt auch die Gemeinde bei der Verweigerung des Einvernehmens keinen den Bauherrn schützenden Amtspflichten.[1394] Zur Begründung führt der BGH aus, dass der Grund für die drittschützende Wirkung des gemeindlichen Einvernehmens – die Bindungswirkung – in dieser Konstellation entfällt.

Anders ist dies, wenn Gegenstand des Bauvorbescheidsverfahrens Ausnahmen und Befreiungen nach § 31 BauGB sind. Selbst wenn das jeweilige Vorhaben grundsätzlich nicht genehmigungsfähig ist, aber eine Ausnahme nach § 31 Abs. 1 BauGB oder eine Befreiung nach § 31 Abs. 2 BauGB möglich ist, ist eine Ablehnung der Erteilung des Bauvorbescheids ermessensfehlerhaft und führt damit zur Amtshaftung, soweit die gesetzlichen Voraussetzungen für die Ausnahme- oder Befreiungsentscheidung vorliegen und für die Gemeinde keine Nachteile in Betracht kommen, denn in diesen Fällen ist grundsätzlich von einer Ermessensreduktion auf null auszugehen.[1395]

2. Verzögerung der Antragsbearbeitung und Bescheidung

Über die rechtswidrige Ablehnung eines Bauvorbescheids hinaus kann dadurch ein ersatzfähiger (Verzögerungs-)Schaden entstehen, dass der Antrag auf Erteilung eines Bauvorbescheids nur sehr zurückhaltend bearbeitet wird und auch innerhalb einer angemessenen Frist keine Bescheidung erfolgt.[1396] So kann zwischenzeitlich eine Veränderung der Rechtslage eintreten, die dazu führt, dass der Bauvorbescheid nicht mehr erteilt werden darf und das Vorhaben des Bauherrn damit auch nicht mehr genehmigt werden kann. Im Grundsatz besteht für die Baugenehmigungsbehörde im Bauvor-

---

1394 BGHZ 187, 51. So auch schon *Desens*, DÖV 2009, 197 (205), der nach neuer Rechtslage von einer Enthaftung der Gemeinde ausgeht und insofern die Drittgerichtetheit der Amtspflicht entfallen lässt. Dies gelte allerdings nur in den Bundesländern, in denen die Baugenehmigungsbehörde auch für die Ersetzung des Einvernehmens zuständig ist. Generell a.A. ist *Hellermann*, Jura 2002, 589 (595), der der Gemeinde korrespondierend zum Recht, ihr Einvernehmen zu verweigern auch die haftungsrechtliche Verantwortlichkeit aufoktroyiert.

1395 *Lansnicker/Schwirtzek*, NVwZ 1996, 745 m.w.N.

1396 OLG Dresden, Urt. v. 27.4.2018, 1 U 1701/16, JURIS, Rn. 92 m.w.N. Als konkrete Schadensposition ist der Substanzverlust auszugleichen, vgl. OLG Dresden, Urt. v. 21.3.2013, 1 U 1772/12, JURIS, Rn. 61.

bescheidsverfahren die Pflicht zur zügigen Antragsbearbeitung[1397] sowie zur gewissenhaften Prüfung der Vollständigkeit der eingereichten Unterlagen[1398], was sich vor allem darin manifestiert, dass die Baugenehmigungsbehörde nach der Ermittlung aller entscheidungsrelevanten Umstände unverzüglich über die Bauvoranfrage zu entscheiden hat.[1399] Dies folgt daraus, dass durch die Antragstellung zwischen der Baugenehmigungsbehörde und dem Bauherrn eine besondere Beziehung begründet wird, aus welcher u.a. die Pflicht erwächst, den Antrag förderlich und mit der gebotenen Geschwindigkeit zu bearbeiten[1400], sodass einige Bundesländer eigene Fristen für die zulässige Bearbeitungs- und Entscheidungszeit des Antrags normiert haben.[1401] Zudem stellt diese Pflicht einen zentralen Grundsatz des Verwaltungsverfahrensrechts dar.[1402] Sie führt dazu, dass die Baugenehmigungsbehörde bei Entscheidungsreife die Bescheidung vorzunehmen hat. Verzögert sie die weitere Bearbeitung sowie Bescheidung trotz Entscheidungsreife, so liegt darin eine Amtspflichtverletzung.[1403] Für die zulässige Höchstbearbeitungszeit, die sich bei Nichtexistenz einer gesetzlichen Regelung stets anhand des Einzelfalls bemisst[1404], stellt der BGH zunächst fest, dass die dreimonatige Frist bis zur Erhebung einer verwaltungsrechtlichen Untätigkeitsklage (§ 75 VwGO) nicht maßgeblich sein kann, da es sich hierbei lediglich um eine besondere Prozessvoraussetzung handelt.[1405] So wurde auch in der Folge judiziert, dass die Bearbeitungszeit

---

1397 OLG Dresden, Urt. v. 27.4.2018, 1 U 1701/16, JURIS, Rn. 91; Siehe hierzu auch *Runkel*, in: Ernst/Zinkahn/Bielenberg/Krautzberger, BauGB, Vor §§ 39 ff. Rn. 72; *Rohlfing*, BauR 2006, 947 (949), jeweils m.w.N.

1398 *Groth/Graupeter*, BauR 2000, 1691 (1696) m.w.N.

1399 Vgl. hierzu auch *Dietlein*, in: Landmann/Rohmer, Umweltrecht, § 9 BImschG Rn. 51 für den Vorbescheid im Immissionsschutzrecht.

1400 BGH, WM 1970, 1252 (1255) m.w.N. Daneben ist vor allem der im Baurecht sehr bedeutsame Art. 14 GG zu nennen, vgl. *Krohn/de Witt*, NVwZ 2005, 1387 (1389).

1401 Einzelnachweise bei *Heimpel*, Bauvorbescheid, S. 66.

1402 *Heintz*, LKRZ 2013, 279 (280).

1403 BGH, NVwZ 1993, 299 m.w.N. A.A. *Stüer*, BauR 2000, 1431 (1436), der Verzögerungsschäden im Rahmen eines Bauvorbescheidsverfahren für nicht ersatzfähig erachtet.

1404 *Boujong*, WiVerw 1991, 59 (100).

1405 BGH, NVwZ 1993, 299. A.A. VGH München, BayVBl 2003, 273 (275), der davon ausgeht, dass die 3-Monats-Frist auch für den Bauvorbescheid gilt. Ähnlich wie der VGH Mannheim auch *Heintz*, LKRZ 2013, 279 (280), der zumindest der Auffassung ist, dass diese ein Anhaltspunkt sein könne und nur die besonderen Umstände des Einzelfalls eine kürzere oder längere Frist erforderlich machen.

von drei Monaten bereits verhältnismäßig lang ist.[1406] Dies lässt darauf schließen, dass der BGH nur in außergewöhnlichen Fällen von besonderer rechtlicher Schwierigkeit eine Bearbeitungszeit von drei Monaten oder länger zulässt, im Regelfall allerdings die Entscheidung in weniger als drei Monaten zu erfolgen hat.[1407]

Ausgangspunkt der restriktiven Judikatur des BGH ist das Verfassungsrecht, welches es gebietet, dass Verwaltungsverfahren nur so lange andauern dürfen, wie sie „zur Erreichen des vorgeschriebenen Ziels erforderlich [sind]"[1408], sodass eine Verfahrensbeschleunigung durch die Baugenehmigungsbehörde nicht als besonderer behördlicher Service anzusehen ist, sondern vielmehr grundrechtlich und rechtsstaatlich geboten ist.[1409] Zudem folgt auch einfachgesetzlich aus § 10 S. 2 VwVfG, dass die Baugenehmigungsbehörde zügig zu handeln hat, sodass diese bei Entscheidungsreife nach bestem Wissen und Gewissen über die Bauvoranfrage zu entscheiden hat.[1410] Diese Regelung steht insofern nicht bloß im singulären Interesse des Antragstellers bzw. von Dritten, sondern sichert die nötige Funktionsfähigkeit der Verwaltung verfahrensrechtlich ab.[1411]

In Anlehnung an diese Judikatur wird weiter ausgeführt, dass es nicht zulässig ist, die Bearbeitungszeit dadurch zu verlängern, dass möglicherweise eine Veränderungssperre oder eine Zurückstellung des Baugesuchs nach den §§ 14, 15 BauGB erlassen wird, denn dies käme faktisch einer Ablehnung gleich.[1412] So setzten sich der Bauvorbescheid sowie die spätere Baugenehmigung gegen eine Veränderungssperre durch, sodass nur eine

1406 BGH, NVwZ 1994, 405 (407). Anders dagegen *Heimpel*, Bauvorbescheid, S. 66, die bei fehlender gesetzlicher Normierung grundsätzlich eine Bearbeitungshöchstzeit von drei Monate ansetzen möchte.

1407 Wie hier auch OLG Dresden, Urt. v. 27.4.2018, 1 U 1701/16, JURIS, Rn. 95. In diese Richtung deuten ferner auch Entscheidungen wie des BGH in NVwZ 1991, 298 hin, nach der im Gewerberecht für die Bearbeitung eines Antrags auf Erteilung einer Genehmigung bei besonderer Eilbedürftigkeit eine Bearbeitungszeit von nur 11 Tagen zu lang war. Insofern scheint der BGH generell bei Antragsverfahren einer sehr restriktiven Linie zu folgen und setzt die Bearbeitungsfristen eher kurz an.

1408 *Guckelberger*, DÖV 2010, 109 (110).

1409 *Löher*, Das Verwaltungsverfahren, S. 10. Siehe hierzu mit explizitem Bezug zum Genehmigungsverfahren auch BVerfGE 61, 82 (116).

1410 VGH München, Beschl. v. 18.4.2016, 22 ZB 15.2625, JURIS, Rn. 19.

1411 BVerfGE 61, 82 (116).

1412 BGH, NVwZ 1994, 405 (406); BayObLG, BayVBl 2001, 504 (505). So auch schon BGH, WM 1972, 743 (745) unter besonderer Betonung des Grundsatzes der Verhältnismäßigkeit. Gleichwohl gilt dies nicht innerhalb der regulären Bearbeitungszeit des Antrags, in welcher die Baugenehmigungsbehörde entge-

Verzögerung der Bescheidung noch dazu führen könne, dass dieser Effekt nicht eintrete.[1413] Die Aushebelung dieses für den Bauherrn positiven Effekts dürfe jedoch nicht einseitig durch die Baugenehmigungsbehörde vorgenommen werden.

Dieser Rechtsprechung ist uneingeschränkt zuzustimmen. So ist sie auch und vor allem Ausfluss der allgemeinen Pflicht jedes Beamten, die entsprechenden Rechts- und Verwaltungskenntnisse für die ausgebübte Tätigkeit zu besitzen oder sich zu verschaffen[1414], wozu auch gehört, dass eine Entscheidung über eine Bauvoranfrage nicht beliebig hinausgezögert werden darf.[1415] Zudem verdienen die Ansätze in der Rechtsprechung und in der Literatur Zustimmung, dass selbst in dem Fall, dass der Gesetzgeber ein mit dem Bauvorbescheid angefragtes Vorhaben in der Zukunft bewusst nicht mehr für baurechtlich zulässig erklären möchte, der Bauvorbescheid noch vor der Gesetzgebungsnovelle zu erteilen ist und andernfalls eine Amtspflichtverletzung in Form der rechtswidrigen verzögerten Bescheidung vorliegt.[1416] Dies überzeugt vor dem Hintergrund, dass der Bauvorbescheid aufgrund der gegenwärtigen Rechtslage erteilt wird, die ja gerade noch vorsieht, dass ein solches Vorhaben zulässig ist. Damit muss der Bauherr diese Vorteile noch beanspruchen können. Gleichwohl gelten die vorstehenden Ausführungen nur dann, wenn der Bauherr die konkrete Absicht und die Möglichkeit gehabt hat, das Grundstück selbst zu bebauen oder zu Bebauungszwecken zu veräußern.[1417]

Ein weiterer Haftungsfall für Verzögerungsschaden kann im Rahmen des gemeindlichen Einvernehmens auftreten. Liegt ein Fall rechtswidriger

---

genstehende Planungen vornehmen darf, vgl. BGH, NVwZ 2002, 124; *Rohlfing*, BauR 2006, 947 (949) sowie *Heintz*, LKRZ 2013, 279 (281), jeweils m.w.N.

1413 BGH, NVwZ 1994, 405 (408).

1414 Wie hier auch OLG Dresden, Urt. v. 27.4.2018, 1 U 1701/16, JURIS, Rn. 107. Insofern gilt ein verobjektivierter Verschuldensmaßstab, vgl. *Franckenstein*, BauR 2003, 807 (813). Mit der Formulierung des „sich verschaffens" ist gemeint, dass entweder Fachbehörden oder – soweit diese ebenfalls nicht die erforderliche Kenntnis haben – außerhalb der Verwaltung befindliche Sachverständige hinzuzuziehen sind, vgl. BGH, VersR 1984, 849 (850) sowie *Herrmann*, KommJur 2004, 286 (287). Damit erscheint kaum ein Fall denkbar, in welchem sich die Bauverwaltung auf fehlenden Sachverstand berufen kann.

1415 BGH, NVwZ 1994, 405 (406) m.w.N. Wie *Heintz*, LKRZ 2013, 279 (281) völlig zu Recht betont, ist es auch gerade seit der Geltung des § 10 S. 2 VwVfG nicht mehr hinnehmbar, dass ein Beamter das allgemeine verwaltungsverfahrensrechtliche Beschleunigungsgebot nicht kennt.

1416 BGH, NVwZ 1991, 298; *Heintz*, LKRZ 2013, 279 (280).

1417 OLG München, Urt. v. 21.3.2013, 1 U 1772/12, JURIS, Rn. 36.

Verweigerung vor, kann die zuständige Verwaltungsbehörde dieses – wie bereits eben erwähnt – zunächst nach § 36 Abs. 2 S. 3 BauGB ersetzen. Tut sie dies rechtmäßig und legt die Gemeinde trotzdem dagegen Rechtsmittel ein[1418], hat sie für den Verzögerungsschaden aufzukommen, der durch das gerichtliche Verfahren entsteht.[1419] Hier wirkt sich auch nach neuerer Rechtsprechung die rechtswidrige Verweigerung des gemeindlichen Einvernehmens amtshaftungsrechtlich aus. Hintergrund ist, dass in dem Moment der Einlegung von Rechtsmitteln das gemeindliche Einvernehmen als reines Verwaltungsinternum nicht mehr besteht, sondern der Vorgang Außenwirkung entfaltet.[1420]

Zuletzt ist noch auf den Aspekt der Arbeitsüberlastung der Verwaltung einzugehen. Hierzu ist auszuführen, dass auch diese nicht zu einer verzögerten Bescheidung führen darf, denn eine unzureichende Verwaltungsorganisation fällt in den Verantwortungsbereich der Verwaltungsbehörde, sodass diese sich mit ausreichenden Personal- und Sachmitteln auszustatten hat.[1421]

3. Erteilung eines rechtswidrigen Bauvorbescheids

Wird zunächst ein rechtswidriger Bauvorbescheid erteilt, entsteht für den Bauherrn in Unkenntnis der Rechtswidrigkeit ab dem Zeitpunkt der Erteilung eine Verlässlichkeitsgrundlage, auf die er seine Dispositionen stützt. Wird der Bauvorbescheid später aufgrund dieser Rechtswidrigkeit von der erteilenden Baugenehmigungsbehörde wieder aufgehoben, werden die zwischenzeitlich getätigten Investitionen für den Bauherrn zu nutzlosen Aufwendungen. Daher hat er auch in diesem Fall ein erhebliches Interesse, sich auch fernab der Ausgleichsregelungen in § 48 Abs. 3 VwVfG schadlos zu halten.[1422] So hat die Baugenehmigungsbehörde bereits durch die Erteilung des rechtswidrigen Bauvorbescheids ihre Amtspflicht zu rechtmäßi-

1418 Zu den Rechtsmitteln der Gemeinde *Hellermann*, Jura 2002, 589 (593 f.).

1419 *Schlick*, NJW 2011, 3341 (3344).

1420 *Schlick*, NJW 2011, 3341 (3344).

1421 *Heintz*, LKRZ 2013, 279 (281) m.w.N. A.A. noch BGH, VersR 1963, 1102 (1103 f.).

1422 So ist nach dem Wortlaut des § 48 Abs. 3 VwVfG nur derjenige Vermögensnachteil (= Schaden) zu ersetzen, der dadurch entsteht, dass der Bauherr auf den Bestand des Bauvorbescheids vertraut hat. Dies setzt voraus, dass sein Vertrauen unter Abwägung mit dem öffentlichen Interesse schutzwürdig ist. Dieser Ausgleich des Vertrauensschadens kann gleichwohl mitunter nicht genü-

gem Verwaltungshandeln verletzt[1423], da sie dazu angehalten ist, keine rechtswidrigen Vertrauenstatbestände zu produzieren und dem Bauherrn zu übermitteln.[1424] Folglich besteht grundsätzlich die Möglichkeit, monetär so gestellt zu werden, wie wenn der Bauvorbescheid rechtmäßig erteilt worden wäre.[1425]

Gleichwohl kann die Rücknahme eines erteilten rechtswidrigen Bauvorbescheids noch nicht automatisch zu einem Amtshaftungsanspruch des Bauherrn führen. Einerseits setzt ein Amtshaftungsanspruch auf nächster Stufe noch das Vorliegen eines Verschuldens voraus. Zwar gilt insofern der Durchschnittsbeamte als Maßstab. Jedoch kann auch unter Zugrundlegung dieses Maßstabs ein Verschulden erst angenommen werden, wenn die vom Antragsträger zugrunde gelegte Rechtsauffassung gänzlich und unter allen denkbaren Gesichtspunkten unvertretbar ist.[1426] Ein besonderer Schutz komme dem Beamten vor allem bei neuen Vorschriften zu, bei denen die Zweifelsfragen noch unausgetragen sind.[1427] Insofern ist in dieser Konstellation der Amtshaftung eine sorgfältige Prüfung der baurechtlichen Fragen angezeigt, bevor vorschnell ein Verschulden des handelnden Beamten angenommen wird.[1428] Andererseits setzt ein Amtshaftungsanspruch selbst im Falle eines Verschuldens zusätzlich voraus, dass der Bauherr in schutzwürdiger Weise Vertrauen in Bezug auf den Bestand des Bauvorbescheids entwickelt und ausgeübt hat. Zwar begründet der einmal erteilte Bauvorbescheid grundsätzlich ein schützenswertes Vertrauen, jedoch ist ein solches nicht gegeben, wenn der Bauvorbescheid aus einem der in § 48 Abs. 2 Nr. 1-3 VwVfG genannten Gründen entschädigungslos zurück-

---

gen, um dem Interesse des Bauherrn angemessen Rechnung zu tragen, weshalb es einer zusätzlichen Haftung aus § 839 BGB i.V.m. Art. 34 GG bedarf.

1423 *Hennig*, BauR 2003, 194 (197); *Johlen/Beutling*, BauR 2002, 263 (264), jeweils m.w.N. Dies gilt allerdings nur dann, wenn auch tatsächlich ein Bauvorbescheid erteilt wird, nicht jedoch, wenn dieser bloß im Rahmen einer mündlichen Erklärung des zuständigen Beamten in Aussicht gestellt wird, vgl. BGHZ 117, 83 (87). Eine solche Erklärung biete keine ausreichende Grundlage dafür, etwaige Amtshaftungsansprüche geltend zu machen. Selbiges gelte in dem Fall, dass ein fertiger Entwurf für einen Bauvorbescheid an den beantragenden Entwurfsverfasser versandt wird. Dieser bilde insoweit keine hinreichende Vertrauensgrundlage. Diese Entscheidung bestätigend BGHZ 149, 50 (53).

1424 *Papier/Shirvani*, in: Münchner Kommentar BGB, § 839 Rn. 245.

1425 *Schlick*, NJW 2009, 3487 (3491).

1426 Siehe hierzu statt vieler Judikate nur BGH, NVwZ 1998, 1329 m.w.N.

1427 BGH, VersR 1963, 1102 (1104).

1428 In diesem Sinne auch *Krohn/de Witt*, NVwZ 2005, 1387 (1388).

genommen wird.[1429] Dementsprechend muss auch ein Amtshaftungsanspruch ausscheiden. Jedes andere Ergebnis wäre auch nicht vorstellbar, da nur ein redlicher Bauherr durch einen möglichen Amtshaftungsanspruch geschützt werden soll, nicht jedoch derjenige, der durch Täuschung oder Drohung einen rechtswidrigen Bauvorbescheid erhält.[1430]

Zuletzt ist auch zwischen den einzelnen Schadenspositionen eine Differenzierung erforderlich. Welche Positionen ersatzfähig sind, hängt vor allem davon ab, ob der Bauvorbescheid bereits bestandskräftig ist. Ist dies der Fall, so genießt der redliche Bauherr erhöhten Vertrauensschutz, sodass er – bei Vorliegen der soeben skizzierten weiteren tatbestandlichen Voraussetzungen – etwa auch für die Kosten der Anfertigung der Pläne für die Einholung der Gesamtgenehmigung Ersatz verlangen kann.[1431]

4. Begrenzung des Schadensersatzanspruchs durch Mitverschulden

Ist nach dem bisher Ausgeführten ein Schadensersatzanspruch aus § 839 BGB i.V.m. Art. 34 GG (ausnahmsweise) dem Grunde nach gegeben und liegt auch ein ersatzfähiger Schaden vor, kann dieser auf Rechtsfolgenseite wegen Mitverschulden auf Grundlage von § 254 BGB zu kürzen sein.[1432]

Hierfür ist vor allem die fachliche Qualifikation des Entwurfsverfassers zu berücksichtigen[1433], dessen potenzielles Mitverschulden als erster möglicher Anknüpfungspunkt zu untersuchen ist. Hierbei geht die haftungsrechtliche Judikatur des BGH davon aus, dass bei Fällen von hoher rechtlicher Komplexität der Entwurfsverfasser nicht klüger sein müsse als der handelnde Beamte in der Baugenehmigungsbehörde.[1434] Keinesfalls könne von ihm erwartet werden, dass er über dieselben Kenntnisse wie ein ausgebildeter Rechtsberater verfüge.[1435] Demnach treffe den Entwurfsverfasser

1429 *Hennig*, BauR 2003, 194 (197 f.); *Johlen/Beutling*, BauR 2002, 263 (266).

1430 Gl. A. BGHZ 149, 50 (54).

1431 *Krohn*, in: FS Boujong, S. 573 (576).

1432 Nach Auffassung von *Goerlich*, NVwZ 1985, 90 (91) soll dies sogar der Regelfall sein, da der Bauherr als Beteiligter des Verfahrens in erheblichem Maße Einfluss nehmen könne.

1433 So auch *Franckenstein*, BauR 2003, 807 (809) für einfache baurechtliche Auskünfte. Welche allgemeinen Anforderungen an einen durchschnittlichen Entwurfsverfasser zu stellen sind, stellt das OLG Dresden, Urt. v. 5.3.2014, 1 U 635/13, 1 U 0635/13, JURIS, Rn. 91 ff. instruktiv dar.

1434 BGH, NVwZ 2004, 638 (639) m.w.N.

1435 OLG Dresden, Urt. v. 5.3.2014, 1 U 635/13, JURIS, Rn. 91. Siehe hierzu auch *Boujong*, WiVerw 1991, 59 (98) m.w.N.

bei einer Rechtswidrigkeit des erteilen Bauvorbescheids in der Regel kein eigenes Verschulden, welches dem Bauherrn im Rahmen des Mitverschuldens zugerechnet werden könne. Jedenfalls gilt dies für das komplizierte Bauplanungsrecht, also in den Fällen, in denen eine Bebauungsgenehmigung erteilt wird[1436], denn grundsätzlich trägt die Baugenehmigungsbehörde das Rechtsanwendungsrisiko.[1437] Damit entfällt der Anspruch auch nicht ipso iure durch einen anderweitigen Ersatzanspruch gegen den Entwurfsverfasser nach § 839 Abs. 1 S. 2 BGB, denn für diesen gelten dieselben (strengen) Anforderungen wie für die Annahme eines Mitverschuldens.

Folglich kann hierzu festgehalten werden, dass der Amtshaftungsanspruch in aller Regel nicht an einem Mitverschulden des Entwurfsverfassers scheitern wird. Insofern tragen Rechtsprechung und Literatur hier dem Umstand Rechnung, dass der Entwurfsverfasser kein juristischer Fachmann ist und es sich auch im Baurecht mitunter um hochkomplexe Fragen handeln kann, die derart unklar sind, dass das Risiko einer fehlerhaften Beurteilung immer auf Seiten der Baugenehmigungsbehörde liegen muss.

Außerdem stellt sich die Frage, ob der Bauherr verpflichtet ist, innerhalb der dreijährigen Bindungszeit des Bauvorbescheids einen Antrag auf Erteilung der Baugenehmigung zu stellen. Der Annahme einer solchen Verpflichtung ist entgegenzuhalten, dass der Bauvorbescheid ausschließlich bezweckt, dem Bauherrn Rechts- und Planungssicherheit zu geben und innerhalb der Bindungszeit vor einer Änderung der Rechtslage zu schützen. Zudem ist die Baugenehmigungsbehörde nach Art. 20 Abs. 3 GG an Recht und Gesetz gebunden, sodass der Bauherr grundsätzlich darauf vertrauen kann, dass der Bauvorbescheid auch rechtmäßig und verlängerungsfähig ist, soweit er nicht von dessen Fehlerhaftigkeit Kenntnis hatte oder haben musste.[1438] Vor diesem Hintergrund ist es nicht plausibel, vom Bauherrn zu verlangen, auch infolge eines rechtswidrigen Bauvorbescheids eine Baugenehmigung zu beantragen.[1439] Wenn er den Bauvorbescheid nicht ausnutzt, begibt er sich nur in die Gefahr, dass er nicht mehr vor nachträglichen Rechtsänderungen geschützt ist.[1440] Demnach trifft ihn kein Mitverschulden nach § 254 BGB, wenn er nicht innerhalb der Geltungsdauer des Bauvorbescheids den Bauantrag stellt.

1436 *Dörr*, in: BeckOGK BGB, § 839 Rn. 514.

1437 *Dörr*, in: BeckOGK BGB, § 839 Rn. 514.

1438 BGH, BeckRS 2017, 102065, Rn. 31 m.w.N. auf die ständige Rechtsprechung des III. Senats sowie mehrerer gleichlautender Stimmen aus der Literatur.

1439 Gl. A. BGH, BeckRS 2017, 102065, Rn. 30 ff.

1440 So auch *Hennig*, BauR 2003, 194 (200).

Ein weiterer möglicher Anknüpfungspunkt für ein Mitverschulden ist die Konstellation, dass der Nachbar Widerspruch und/oder Anfechtungsklage gegen den Bauvorbescheid erhebt und der Rechtsbehelf zumindest zulässig ist. Lässt der Bauherr infolgedessen weiterhin umfassende Bauvorlagen für den späteren Bauantrag anfertigen, so begibt er sich bewusst in die Gefahr, dass diese Kosten später nicht vollständig ersatzfähig sind.[1441] Zwar lässt sich aus der Einlegung eines Rechtsbehelfs durch den Nachbarn grundsätzlich kein vollständiger Entfall des Vertrauens für die Zeit des laufenden Rechtsbehelfsverfahrens konstruieren, jedoch wird der Vertrauensschutz dadurch zumindest abgesenkt[1442], sodass die Eigenverantwortung des Bauherrn zunimmt.[1443] Letztlich lassen sich hierzu keine pauschalen Aussagen treffen, sondern der Umfang des weiterhin vorhandenen Vertrauens des Bauherrn auf die Rechtmäßigkeit des Bauvorbescheids hängt von den konkreten Umständen im Einzelfall ab, die sich vor allem nach dem Maß der Eigenverantwortung des Bauherrn und den potenziellen Erfolgsaussichten des Rechtsbehelfs richten.[1444] In jedem Fall kann er sich auf den Grundsatz berufen, dass er nicht klüger zu sein braucht als der mit der Bearbeitung des Vorgangs betraute Beamte der Baugenehmigungsbehörde[1445], sodass ein bloßer Wissensvorsprung nicht genügt[1446] und sich das Mitverschulden nur in besonderen Ausnahefällen dahingehend auswirkt,

---

1441 *Lansnicker/Schwirtzek*, NVwZ 1996, 745 (747); *Boujong*, WiVerw 1991, 59 (97).

1442 *Schlick*, NJW 2009, 3487 (3490). Ein vollständiger Entfall des Vertrauensschutzes ist erst dann denkbar, wenn der Bauvorbescheid durch die Drittanfechtung nicht mehr sofort vollziehbar ist, mithin einem Eilantrag nach §§ 80 Abs. 5, 80a VwGO stattgegeben wird.

1443 *Dörr*, in: BeckOGK BGB, § 839 Rn. 516. Gleichwohl ist stets ausreichend zu berücksichtigen, dass der Bauherr selbst häufig nicht erkennen kann, wie die Erfolgsaussichten einer Drittklage sind, da ihm hierfür die notwendigen baurechtlichen Kenntnisse fehlen, vgl. *Gallois*, BauR 2002, 884 (885). Gleiches gilt insofern, wenn er anwaltlich vertreten ist, da das Risiko des Weiterbauens nicht vollständig auf den Berater übertragen werden kann.

1444 BGHZ 149, 50 (56); OLG Dresden, Urt. v. 5.3.2014, 1 U 635/13, JURIS, Rn. 85 Der BGH betont insoweit, dass der Bauherr die Rechtswidrigkeit dann ernsthaft in Betracht ziehen muss, wenn „Anfechtungsgründe vorgebracht werden, deren Richtigkeit nicht ohne weiteres von der Hand zu weisen ist", vgl. BGH, NVwZ 2003, 501 (502).

1445 *Löher*, Das Verwaltungsverfahren, S. 54; *Schlick*, NJW 2009, 3487 (3493); *Gallois*, BauR 2002, 884.

1446 *Löher*, Das Verwaltungsverfahren, S. 54.

dass der Schadensersatz in Gänze und damit auf 0 € zu reduzieren ist.[1447] Dies gilt nach der Diktion des BGH selbst dann, wenn der Bauherr im Vergleich zur Baugenehmigungsbehörde über die besseren Erkenntnisquellen und die größere Erfahrung verfügt.[1448] Damit erweist sich die Rechtsprechung auch hier als sehr konziliant gegenüber dem Bauherrn. Ihr ist daher einschränkungslos zu folgen.[1449]

F. Ergebnis

Nach alledem kann an dieser Stelle resümiert werden, dass der Bauvorbescheid nach § 73 Abs. 1 S. 1 NBauO zu Recht ein seit Jahrzehnten existierendes und bewährtes Rechtsinstitut ist[1450], das immer häufiger nachgefragt ist.[1451] Er zeichnet sich durch klare und beständige Strukturen aus, sodass er sich im Bauordnungsrecht bewährt hat und damit einen Beitrag hin zu mehr Rechts- und Planungssicherheit schafft.[1452] Unter anderem da-

1447 Der BGH begründet dies vor allem damit, dass aus § 50 VwVfG nicht der Schluss gezogen werden kann, dass mit der Erhebung von Widerspruch und/oder Anfechtungsklage das in den Bestand des VA gesetzte Vertrauen haftungsrechtlich in vollem Umfang seine Schutzwürdigkeit verliert, vgl. BGH, NJW 2008, 2502 (2503).

1448 BGH, NJW 2008, 2502 (2504). Dem BGH folgend OLG Dresden, Urt. v. 5.3.2014, 1 U 635/13, JURIS, Rn. 84.

1449 Noch über die BGH-Rechtsprechung hinaus geht dagegen *Gallois*, BauR 2002, 884 (886), der das Mitverschulden nur dann voll ins Gewicht fallen lässt, wenn der Bauherr nicht redlich ist, also etwa arglistig getäuscht hat.

1450 Anders sieht dies offenbar *Hauth*, BauR 2010, 32 ff., der für eine praxisorientierte Dogmatik plädiert und davon ausgeht, dass die derzeitige Justierung des Bauvorbescheids vollkommen an den Bedürfnissen der Praxis vorbeigeht. Seine Fundamentalkritik fokussiert allerdings ausschließlich darin, dass der Bauvorbescheid nicht für genehmigungsfreie Bauvorhaben erteilt werden kann. So zuvor auch schon *Kuchler/Erhard*, BayVBl 2004, 652 ff. Auf diese zukunftsorientierte Diskussion soll hier gleichwohl nicht vertieft eingegangen werden. Sie zeigt jedoch, dass auch ein solch stabiles Rechtsinstitut wie der Bauvorbescheid durchaus im Wandel ist.

1451 Siehe hierzu *Heimpel*, Bauvorbescheid, S. 196 mit Zahlenmaterial aus Hamburg.

1452 Anders dagegen *Vogelsang/Zartmann*, NVwZ 1993, 855 (858) für den Vorbescheid im Atomrecht, die insoweit zu einer Rückkehr zur (ausschließlichen) Vollgenehmigung plädieren und damit einer Verfahrensstufung generell sehr kritisch gegenüberstehen. Ähnlich auch *Kutscheidt*, in: FS Sendler, S. 303 (320), der feststellt, dass „das gestufte Genehmigungsverfahren die anfänglich hochgeschraubten Erwartungen bei weitem nicht erfüllt [hat]". Dies zeigt, dass sich

durch, dass die NBauO auf weite Teile der Vorschriften über die Baugenehmigung verweist, entsteht hierbei zwar eine nicht gänzlich zu vernachlässigende Zahl von Rechtsproblemen.[1453] Dennoch halten sich diese – anders als bei der verbindlichen Auskunft nach § 89 Abs. 2 AO, die mitunter erhebliches Konfliktpotenzial in sich birgt – noch in einem vergleichsweise vertretbaren Rahmen. Bemerkenswert am Bauvorbescheid ist auch sein hohes Maß an Verbindlichkeit. Wurde ein Bauvorbescheid einmal rechtmäßig und wirksam erlassen, so ist er gegenüber einer späteren Änderung der Rechtslage weitestgehend sakrosankt und gibt dem Bauherrn damit ein hohes Maß an Rechts- und Planungssicherheit.

Eine weitere Besonderheit, die dem Baurecht bereits originär anhaftet, ist der hohe Stellenwert des Rechtsschutzes durch Dritte. Die konkrete Ausgestaltung der Koordinaten des Rechtsschutzsystems sorgt dafür, dass sämtliche Fragen, die den Bauvorbescheid betreffen, bereits im Rechtsschutzverfahren gegen diesen gelöst werden können. Der Bauvorbescheid zieht damit einige Rechtsfragen, die ansonsten im Baugenehmigungsverfahren zu klären wären, vor die Klammer und sorgt dafür, dass alle Fragen, die schon im Bauvorbescheidsverfahren entschieden worden sind, im späteren Baugenehmigungsverfahren ausgeblendet werden.

Zuletzt ist auch das vergleichsweise hohe Maß an Einheitlichkeit zwischen den einzelnen Bundesländern zu betonen. Vor allem die erfolgreiche MBO stellt einen Meilenstein dieser positiven Entwicklung dar.[1454]

Gleichwohl darf aber nicht verschwiegen werden, dass auch die Zukunftsfähigkeit des Bauvorbescheids nach § 73 Abs. 1 S. 1 NBauO angesichts des Trends der rückläufigen Genehmigungsverfahren[1455] in der Dis-

---

nur der Vorbescheid im Baurecht vollauf und zur Zufriedenheit vieler durchsetzen konnte, obgleich er auch in den anderen Gebieten des besonderen Verwaltungsrechts in der Genehmigungspraxis nicht mehr wegzudenken ist, vgl. *Kutscheidt*, in: FS Sendler, S. 303 (320).

1453 So auch das Fazit von *Kolbeck*, Bauvoranfrage und Bauvorbescheid, S. 355.

1454 Positiv der MBO gegenüber steht *Kolbeck*, Bauvoranfrage und Bauvorbescheid, S. 33.

1455 *Heimpel*, Bauvorbescheid, S. 18 spricht insoweit von „Deregulierungstendenzen". Diese Deregulierungstendenzen lassen sich indes primär auf die allgemeine politische Entwicklung zur Verschlankung des Staates sowie den damit unmittelbar korrespondierenden Bürokratieabbau zurückführen, vgl. dazu auch *Mehde*, AnwBl 2015, 748 (749), wobei dies in der gegenwärtigen Literatur durchaus auf beherzte Kritik stößt. So führe die Rücknahme von Genehmigungen vor allem dazu, dass Verwaltungsvorschriften und Rechtsprechung zunehmen, wodurch in der Sache nicht viel gewonnen sei, vgl. *Schulze-Fielitz*, in: Dreier, GG, Art. 20 (Rechtsstaat) Rn. 63.

kussion ist, sodass auch dieser einem gewissen Anpassungsdruck unterliegt.

Viertes Kapitel: Vergleich: Gemeinsamkeiten und Unterschiede von verbindlicher Auskunft nach § 89 Abs. 2 AO und Bauvorbescheid nach § 73 Abs. 1 S. 1 NBauO

Die bisherige Untersuchung hat bereits anklingen lassen, dass die verbindliche Auskunft nach § 89 Abs. 2 AO und der Bauvorbescheid nach § 73 Abs. 1 S. 1 NBauO von der Grundkonstruktion her ähnlich sind, da sie beide dem Bedürfnis entstammen, frühzeitig Rechts- und Planungssicherheit zu erhalten und den Fall regeln, dass die rechtliche Beurteilung eines zukünftigen noch nicht verwirklichten Sachverhalts unsicher ist und hierfür die Finanz- bzw. Bauverwaltung zu ihrer Rechtmeinung befragt werden soll. Betrachtet man jedoch einmal näher die Detailfragen, wird deutlich, dass sich beide Institute an mehreren Stellen doch wesentlich unterscheiden und ebendiese Unterschiede auch zu einer stark differierenden Konfliktträchtigkeit führen. Dies mag zum Teil der Tatsache geschuldet sein, dass das Steuerrecht eine besondere Spezialmaterie ist, die auch aus diesem Grunde mit der AO eine eigene Verfahrensordnung erhalten hat, das Baurecht hingegen zwar Teil des besonderen Verwaltungsrechts ist, sich jedoch verfahrensrechtlich an das VwVfG anlehnt. Andere Differenzierungen und daraus entstehende Rechtsprobleme waren hingegen nicht zwingend, sondern wurden teilweise rein rechtspolitisch getroffen bzw. resultieren aus der Entwicklung in der Rechtspraxis.[1456]

Um hierbei zu einer weiteren Systematisierung beizutragen, gilt es an dieser Stelle die Gemeinsamkeiten und Unterschiede darzustellen, wobei eine Begrenzung auf die wesentlichen Teilaspekte geboten ist. Die vergleichende Analyse in diesem Kapitel dient ebenfalls der Vorarbeit für das nachfolgende Kapitel, in dem es gilt, die vorher destillierten Erkenntnisse für eine verbindliche Auskunft im allgemeinen Verwaltungsrecht fruchtbar zu machen.

1456 Entgegen *Mann*, Das gestufte Verwaltungsverfahren, S. 18 f. erweist sich das Steuerrecht – wie noch zu zeigen sein wird – nicht als derart speziell und sonderbar, dass es einer Verallgemeinerung nicht zugänglich wäre. Entscheidend ist es vor allem, die steuerrechtlichen Besonderheiten auszuklammern und vielmehr von den verfahrensrechtlichen Grundlagen auszugehen, die auch die gesamte Architektur der AO durchziehen.

A. Gemeinsamkeiten

Blickt man zunächst auf die Gemeinsamkeiten zwischen verbindlicher Auskunft nach § 89 Abs. 2 AO und Bauvorbescheid nach § 73 Abs. 1 S. 1 NBauO, so zeigt sich, dass bereits einige zentrale Fragestellungen sehr ähnlich beantwortet werden. Dies betrifft die Gebundenheit des Anspruchs (I.), die Entstehung der Bindungswirkung (II.), die grundsätzliche Gebührenpflichtigkeit (III.) sowie weite Teile des Primär- und Sekundärrechtsschutzes (IV. und V.), also viele derjenigen Bereiche, deren ähnliche Handhabung erst dazu führt, dass eine grundsätzliche Vergleichbarkeit zwischen beiden Instituten hergestellt werden kann.

I. Bestehen eines gebundenen Rechtsanspruchs

Die erste zumindest im Ergebnis vorhandene Gemeinsamkeit zeigt sich auf Rechtsfolgenseite bei der Gebundenheit der Entscheidung. Aufgrund der Ausstrahlungswirkung von Art. 14 GG und Art. 2 Abs. 1 GG hat der Bauherr auf den Bauvorbescheid nach § 73 Abs. 1 S. 1 NBauO einen Anspruch[1457], sodass der Baugenehmigungsbehörde auf Rechtsfolgenseite kein Ermessen zusteht. Es handelt sich daher um eine gebundene Entscheidung. Anders dagegen prima facie bei der verbindlichen Auskunft nach § 89 Abs. 2 AO, die jedenfalls nach ihrem Wortlaut („kann") grundsätzlich im Ermessen der Finanzverwaltung steht, denn es handelt sich bei dieser nach der bisherigen vorherrschenden Meinung um eine bloße Zusicherung i.S.d. § 38 VwVfG, auf die auch nach herkömmlicher Dogmatik im allgemeinen Verwaltungsrecht kein Anspruch besteht.[1458] Hier hat sich vor

1457 BVerwGE 18, 247 (250); *Axer*, in: BeckOK GG, Art. 14 Rn. 45; *Krohn/de Witt*, NVwZ 2005, 1387 (1388); *Lansnicker/Schwirtzek*, NVwZ 1996, 745, jeweils m.w.N. Anders dagegen *Drescher*, Rechtsprobleme des Bauvorbescheids, S. 224, der davon ausgeht, dass aus Art. 14 Abs. 1 GG kein Rechtsanspruch auf Erteilung eines Bauvorbescheids folgt.

1458 *Schröder*, BayVBl 2009, 495 (496); *Kuchler/Erhard*, BayVBl 2004, 652, jeweils m.w.N. Bei der Zusicherung nach § 38 VwVfG wird gleichwohl diskutiert, ob zumindest ein Anspruch auf ermessensfehlerfreie Entscheidung über den Antrag auf Zusicherung besteht. Zu dem Streitstand sei auf *Kolbeck*, Bauvoranfrage und Bauvorbescheid, S. 60 verwiesen, der auch dazu Stellung bezieht, ob nach den Regeln des allgemeinen Verwaltungsrechts – analog zur verbindlichen Auskunft nach § 89 Abs. 2 AO – eine Ermessensreduzierung auf null im Rahmen der Zusicherung möglich ist.

allem getrieben durch die Vertreter aus dem Schrifttum[1459] das Bild jedoch dahingehend gewandelt, dass bei Vorliegen der tatbestandlichen Voraussetzungen sowie der Sicherheit, dass der Antragsteller die fälligen Gebühren zahlen wird, in aller Regel eine Reduktion des Entschließungsermessens auf null vorliegt, sodass jede andere Entscheidung als die Erteilung der verbindlichen Auskunft (ob als Positiv- oder als Negativauskunft) ermessensfehlerhaft wäre.[1460]

Dies ist im Steuerrecht vor allem dem Umstand geschuldet, dass bereits auf Tatbestandsebene die Voraussetzungen sehr hoch angesetzt werden und insofern ein ausreichendes Korrektiv vorhanden ist, mithin der Gesetzgeber bereits alle ermessensentscheidungserheblichen Kriterien in den Tatbestand integriert hat.[1461] Zudem dient die verbindliche Auskunft nach § 89 Abs. 2 AO im besonders grundrechtssensiblen Steuerrecht der Schaffung von Rechts- und Planungssicherheit, sodass auch der Telos der Norm nahelegt, dass bei Vorliegen aller tatbestandlichen Voraussetzungen nur die Erteilung der verbindlichen Auskunft dem Gesetzeszweck Rechnung tragen kann.[1462] Folglich hat sich auch die verbindliche Auskunft nach § 89 Abs. 2 AO im Ergebnis zu einer Anspruchsnorm entwickelt[1463] und sich damit zugleich dem Bauvorbescheid nach § 73 Abs. 1 S. 1 NBauO angenähert, bei dem die Baugenehmigungsbehörde den Vorbescheid bei Erfüllung des gesetzlichen Tatbestandes zu erteilen hat.[1464] Damit besteht zwar im Grundsatz vom Normtext her zwischen beiden Instituten ein Unter-

1459 Für die jeweiligen Einzelnachweise siehe oben Kapitel 2 C. V.

1460 Vgl. hierzu auch *von Sothen*, in: Anwaltshandbuch Erbrecht, § 36 Rn. 12 m.w.N.

1461 Zur Indizwirkung der Tatbestandsintensivierung für die Erfüllung des Ermessenstatbestandes siehe auch *Gern*, DVBl 1987, 1194 (1198).

1462 Allgemein zur Einwirkung des Telos einer Norm auf die Reduzierung des Ermessens *Gern*, DVBl 1987, 1194 (1197 f.).

1463 Explizit von einer Anspruchsnorm geht sogar *Kobor*, in: BeckOK AO, § 89 Rn. 31 m.w.N. aus. Anders dagegen *Hain/Schlette/Schmitz*, AöR 122 (1997), 32 (34), welche davon sprechen, dass durch die Ermessensreduktion auf null lediglich eine Annäherung an die gebundene Entscheidung stattfinde. Beide Ansätze überzeugen nicht vollauf, vielmehr ist aus dogmatischer Sicht eine vermittelnde Position einzunehmen. Zutreffend insoweit *Di Fabio*, VerwArch 86 (1995), 214 (215, 225), der überzeugend davon ausgeht, dass auch bei einer Ermessensreduzierung auf null weiterhin eine Ermessensentscheidung vorliegt, diese sich jedoch im Ergebnis in das gebundene Verwaltungshandeln eingliedert, womit aber keine „mechanische Umwandlung der Ermessensentscheidung in eine gebundene Entscheidung“ verbunden ist.

1464 *Gern*, DVBl 1987, 1194 (1198 f.) spricht in Bezug auf das Baurecht davon, dass eine Überlagerung des Ermessens durch Art. 14 GG stattfinde, welche zu einer Ermessensreduzierung auf null führe.

schied, dieser gleicht sich in praxi allerdings dadurch aus, dass die verbindliche Auskunft nach § 89 Abs. 2 AO und der Bauvorbescheid nach § 73 Abs. 1 S. 1 NBauO beide als Anspruchsnormen verstanden werden, sodass eine Gemeinsamkeit gegeben ist.

II. Bindungswirkung – Entstehung

Die zweite anzusprechende Gemeinsamkeit ist die besonders wichtige Bindungswirkung, welche gerade den Grund dafür darstellt, dass eine verbindliche Auskunft nach § 89 Abs. 2 AO oder ein Bauvorbescheid nach § 73 Abs. 1 S. 1 NBauO überhaupt beantragt werden.[1465] So tritt bei beiden Instituten die Bindungswirkung für die erteilende Finanz- bzw. Baugenehmigungsbehörde mit der Bekanntgabe an den Empfänger ein, sodass Bekanntgabe und Bindungswirkung in beiden Fällen zeitlich zusammenfallen.[1466] Zudem zeitigt die Bindungswirkung vor allem im nachgelagerten Verwaltungsverfahren Wirkung, da bereits vorab verbindlich über Rechtsfragen entschieden wird. Eine Abweichung ist damit – vorbehaltlich einiger Ausnahmen – nicht mehr möglich. Insofern ist es für die Entstehung der Bindungswirkung unerheblich, dass § 89 Abs. 2 AO an die Zusicherung i.S.d. § 38 VwVfG angelehnt ist, während der Bauvorbescheid nach § 73 Abs. 1 S. 1 NBauO als Vorbescheid einen Teil der endgültigen Entscheidung bereits abschließend vorwegnimmt, denn auch ohne eine abschließende Sachentscheidung muss sich die jeweilige Behörde aufgrund ihrer eigenen Selbstverpflichtung an den Inhalt halten.

Bei beiden Instituten lässt sich dies auf den aus dem Rechtstaatsprinzip aus Art. 20 Abs. 3 GG resultierenden Grundsatz der Rechtssicherheit zurückführen, der verlangt, dass die Äußerungen der Finanz- oder Baugenehmigungsbehörde verbindlich sind und damit objektiv ein Mindestmaß an Kontinuität des Rechts besteht.[1467] Identisch ist darüber hinaus der Umstand, dass sich die sachliche Reichweite der Bindungswirkung nach dem

1465 *Heimpel*, Bauvorbescheid, S. 86 geht insoweit auch von einem unmittelbaren Zusammenhang zwischen dem Stellenwert eines Rechtsinstituts und dessen Wirkung aus.

1466 Siehe hierzu *Ermisch*, NordÖR 2013, 49 (51), der überzeugend die Gegenposition, dass die Bindungswirkung erst mit der Bestandskraft eintritt, entkräftet.

1467 *Dalichau*, Auskünfte und Zusagen, S. 155. Zum objektiven Gehalt des Gebots der Rechtssicherheit als Ausfluss aus dem Rechtsstaatsprinzip des Art. 20 Abs. 3 GG vgl. auch *Schulze-Fielitz*, in: Dreier, GG, Art. 20 (Rechtsstaat) Rn. 146.

jeweiligen Inhalt des Bescheids richtet.[1468] Der einzige maßgebliche Unterschied liegt insofern bloß darin, dass die verbindliche Positivauskunft nach § 89 Abs. 2 AO nur die Finanzverwaltung bindet (Selbstbindung ohne Fremdbindung), während der positive Bauvorbescheid nach § 73 Abs. 1 S. 1 NBauO beiderseitige Bindungswirkung entfaltet und der Bauherr somit später keine andere Sachbeurteilung verlangen kann.[1469]

III. Gebührenpflichtigkeit

Eine weitere Übereinstimmung von verbindlicher Auskunft nach § 89 Abs. 2 AO und Bauvorbescheid nach § 73 Abs. 1 S. 1 NBauO zeigt sich bei der Frage der Gebührenpflichtigkeit. Zwar waren verbindliche Auskünfte vor der expliziten gesetzlichen Normierung und auch noch in den ersten Monaten unter der Geltung von § 89 Abs. 2 AO gebührenfrei, jedoch hat sich dies bereits zum Jahresübergang 2006/2007 geändert. Anders dagegen bei Bauvorbescheiden, die schon von Beginn an gebührenpflichtig waren. Damit ist lediglich der Zeitpunkt der Einführung der Gebührenpflicht verschieden, was allerdings insofern nur am Rande erwähnt sei. Zudem sei Colorandi causa darauf hingewiesen, dass die Gebührenpflichtigkeit der verbindlichen Auskunft nach § 89 Abs. 2 AO direkt in den Normtext mit integriert wurde, während sich die Gebührenpflichtigkeit des Bauvorbescheids nicht aus § 73 NBauO oder den entsprechenden Verweisnormen zum Baugenehmigungsverfahren, sondern aus der BauGO ergibt. Beide Unterschiede stehen der Annahme einer Gemeinsamkeit jedoch nicht entgegen, denn die Tatsache, dass beide nunmehr gebührenpflichtig sind und die Antragsbearbeitung damit nicht kostenneutral erfolgt, ist entscheidend. Obgleich – wie bereits aufgezeigt[1470] – nach hier vertretener Auffassung die Gebührenpflichtigkeit verbindlicher Auskünfte nach § 89 Abs. 2 AO aufgrund der besonderen Verhältnisse im Steuerrecht verfassungswidrig ist, so lässt sich die Gebührenpflicht doch bei beiden Instituten dem Grunde nach zunächst aus den Grundsätzen des Kostenaus-

---

1468 Vgl. hierzu bereits oben Kapitel 2 C. VI. für die verbindliche Auskunft nach § 89 Abs. 2 AO sowie Kapitel 3 C. II. für den Bauvorbescheid nach § 73 Abs. 1 S. 1 NBauO.

1469 BayVGH, BauR 2011, 1466 (1467). Erweiternd ist noch darauf hinzuweisen, dass der Bauvorbescheid auch den Dritten bindet, sodass insoweit von einer allseitigen Bindungswirkung gesprochen werden kann.

1470 Vgl. oben Kapitel 2 D. V.

gleichs und der Vorteilsabschöpfung rechtfertigen, sodass sich auch diesbezüglich Gemeinsamkeiten zeigen.

IV. Primärrechtsschutz

Als eine besondere Gemeinsamkeit ist an vierter Stelle auch der Primärrechtsschutz zwischen der jeweiligen Verwaltungsbehörde und dem Steuerpflichtigen bzw. Bauherrn zu nennen, jedenfalls soweit es den Gerichtszugang betrifft. So legen alle obersten Bundesgerichte auf Primärebene die gleichen Maßstäbe an. Zwar ergeht die verbindliche Auskunft nach § 89 Abs. 2 AO in Anlehnung an die Zusicherung i.S.d. § 38 VwVfG und der Bauvorbescheid nach § 73 Abs. 1 S. 1 NBauO als vorweggenommener abschließender Teil der Baugenehmigung und damit als Vorbescheid, jedoch sind beide feststellende VAe, sodass auf Primärebene je nach der jeweiligen Ausgangskonstellation – nach erfolgloser Durchführung des Einspruchs- bzw. Widerspruchsverfahrens – Anfechtungs-, Verpflichtungs- oder (Fortsetzungs-)Feststellungsklage zu erheben ist. Spiegelbildlich dazu verläuft auch der Eilrechtsschutz. Hierbei gilt in beiden Fällen die Besonderheit, dass regelmäßig eine Vorwegnahme der Hauptsache vorliegt, sodass der einstweilige Rechtsschutz nicht erfolgversprechend sein wird und der Steuerpflichtige bzw. der Bauherr insofern auf das Hauptsacheverfahren angewiesen sind. Die einzige Ausnahme davon ist, dass es dem Steuerpflichtigen bzw. Bauherrn gelingt, einen besonders intensiven Anordnungsgrund darzulegen, der in aller Regel nur dann vorliegen kann, wenn eine Existenzbedrohung vorliegt.[1471]

V. Sekundärrechtsschutz

Ein ähnlich einheitliches Bild zeigt sich auch beim Sekundärrechtsschutz, dort vor allem mit Blick auf einen möglichen Amtshaftungsanspruch aus § 839 BGB i.V.m. Art. 34 GG. Bei beiden Instituten kann es in den drei Konstellationen zu Haftungsfällen der öffentlichen Hand kommen, dass die Erteilung der Auskunft bzw. des Vorbescheids aus formalen Gründen abgelehnt wird, sich verzögert oder eine rechtswidrige Erteilung stattfindet.

1471 *Seer*, in: Tipke/Kruse, AO/FGO, § 89 AO Rn. 63.

In der ersten Konstellation, dass die Erteilung aus formalen Gründen verweigert wird, verletzt der handelnde Beamte, soweit der Antrag zulässig ist, bei beiden Instituten seine auch verfassungsrechtlich indizierte Pflicht zur Bescheiderteilung. Insofern liegt in jeder rechtswidrigen Ablehnung grundsätzlich auch eine Amtspflichtverletzung. Im Baurecht ergeben sich dabei noch Besonderheiten durch das gemeindliche Einvernehmen nach § 36 BauGB, während ein solches Einvernehmenserfordernis mit anderen Finanzbehörden bei der verbindlichen Auskunft nach § 89 Abs. 2 AO grundsätzlich nicht existiert.[1472] Damit ist auch diesbezüglich zwischen beiden Instituten in weiten Teilen eine Gemeinsamkeit gegeben, insbesondere auch insoweit, als dem handelnden Beamten hierbei grundsätzlich kein Entscheidungsspielraum eingeräumt wird.

In der zweiten Konstellation der verzögerten Antragsbearbeitung existiert bei beiden Instituten kein Recht der Finanzverwaltung bzw. Baugenehmigungsbehörde, den Antrag ad Infinitum zu prüfen, denn damit würden die Verfahrensrechte des Antragstellers erheblich eingeschränkt werden. Es besteht auch grundsätzlich eine Gemeinsamkeit insoweit, als nach Ablauf der zulässigen Bearbeitungszeit der Verzögerungsschaden ersatzfähig ist. Different erweisen sich insoweit lediglich die Bearbeitungsfristen. Während bei der verbindlichen Auskunft nach § 89 Abs. 2 AO nach der jüngsten AO-Novelle wohl von einer Bearbeitungshöchstzeit von sechs Monaten auszugehen ist, ist die Bearbeitungszeit beim Bauvorbescheid nach § 73 Abs. 1 S. 1 NBauO mit regelmäßig maximal drei Monaten deutlich kürzer. Dies ist insofern jeweils dem Umstand geschuldet, dass auch der Untätigkeitseinspruch bzw. Untätigkeitswiderspruch erst nach Ablauf der entsprechenden Fristen erhoben werden kann, sodass sich beide Vorgaben insofern innerhalb der jeweiligen Rechtsmaterie als kohärent erweisen.

In der dritten Konstellation der Erteilung einer rechtswidrigen verbindlichen Auskunft bzw. eines rechtswidrigen Bauvorbescheids wird dem jeweils handelnden Beamten bei beiden Instituten ein gewisser Spielraum gewährt, sodass es nur zur Haftung kommen kann, wenn offensichtliche Fehler vorliegen. Insofern wird jeweils dem Umstand Rechnung getragen, dass Rechtsfragen zu prüfen sind, die derart komplex waren, dass sie auch ein Fachmann nicht mit letzter Gewissheit beantworten konnte. Insofern kann vom handelnden Beamten nicht verlangt werden, über einen beson-

1472 Die einzige Ausnahme ist, dass es in bestimmten Fällen erforderlich sein kann, sich aus Gründen der Zuständigkeit mit anderen Finanzbehörden abzustimmen, vgl. hierzu bereits oben Kapitel 2 C. I.

deren Wissensvorsprung zu verfügen. Mithin kann also nur erwartet werden, dass er eine vertretbare Lösung findet, die jedenfalls nicht evident fernliegend ist.

Auch bei der Frage eines etwaigen Mitverschuldens zeigen sich gemeinsame Strukturen. Zwar stellt im Steuerrecht in aller Regel ein Rechtanwalt und/oder Steuerberater den Antrag und damit ein juristischer Fachmann, während dies im Baurecht ein Entwurfsverfasser tut, der selbst regelmäßig keine vergleichbare juristische Expertise besitzt. Gleichwohl ist der Maßstab ähnlich. So scheitert ein Mitverschulden des Rechtsanwalts und/oder Steuerberaters bei § 89 Abs. 2 AO zumeist daran, dass schon tatbestandlich eine Rechtsunsicherheit selbst aus Sicht eines Fachmanns besteht und eine materiellrechtlich fehlerhafte Auskunft damit für diesen in aller Regel nicht erkennbar ist. Im Baurecht dagegen wird dem Umstand Rechnung getragen, dass der Entwurfsverfasser eben kein solcher Fachmann ist und damit selbst die für einen Rechtsanwalt erkennbaren Rechtsfehler vom Entwurfsverfasser nicht erkannt werden müssen. Dies führt im Ergebnis dazu, dass ein Mitverschulden in aller Regel zu verneinen ist. Anders dagegen bei offensichtlichen Fehlern, bei denen ein Mitverschulden von nahezu 100 % angenommen wird.

Zuletzt ist noch auf den Folgenbeseitigungsanspruch und den sozialrechtlichen Herstellungsanspruch einzugehen. Hierbei zeigt sich, dass der sozialrechtliche Herstellungsanspruch bei beiden Instituten aufgrund des besonderen Zuschnitts auf das Sozialrecht nicht anwendbar ist, sondern insofern nur Raum für den allgemeinen Folgenbeseitigungsanspruch bleibt. Dieser liegt dann im Falle der Erteilung einer rechtswidrigen verbindlichen Auskunft bzw. eines rechtswidrigen Bauvorbescheids tatbestandlich auch vor, sodass sich alleine die Frage stellt, ob er auf Rechtsfolgenseite auch darauf gerichtet sein kann, dass der Steuerpflichtige bzw. der Bauherr eine Positivauskunft bzw. einen Positivbescheid erhält. Dies ist in beiden Konstellationen zu verneinen, da dies dem allgemeinen Folgenbeseitigungsanspruch faktisch das Gepräge eines Herstellungsanspruchs verleihen würde und dieser bislang einzig im Sozialrecht anerkannt ist.

B. Unterschiede

Steuerrecht und Baurecht folgen – wie bereits schon in der Einleitung zu diesem Kapitel angeklungen – zwei grundlegend verschiedenen Systemen. Während das Steuerrecht davon geprägt ist, dass eine Veranlagung immer erst nach dem Veranlagungszeitraum erfolgt und es damit eine Steuergenehmigung nicht geben kann[1473], ist das System im Baurecht grundsätzlich spiegelverkehrt. So benötigt der Bauherr – soweit das Bauvorhaben genehmigungspflichtig ist – zuerst von der zuständigen Baugenehmigungsbehörde eine Erlaubnis, bevor er mit dem Bauen beginnen darf. Ansonsten läuft er Gefahr, dass Ordnungsmaßnahmen gegen das Bauvorhaben ergriffen werden, etwa in Form einer vorübergehenden Einstellung oder im schlimmsten Fall gar einer Abrissverfügung. Diese Verschiedenheit spiegelt sich auch in der Ausgestaltung der verbindlichen Auskunft nach § 89 Abs. 2 AO und des Bauvorbescheids nach § 73 Abs. 1 S. 1 NBauO wieder. Nachdem nunmehr durch die vorhergehende Betrachtung aufgezeigt wurde, dass die verbindliche Auskunft nach § 89 Abs. 2 AO und der Bauvorbescheid nach § 73 Abs. 1 S. 1 NBauO durchaus in mehreren wichtigen Aspekten Gemeinsamkeiten aufweisen, gilt es daher als Kehrseite dazu nun die Unterschiede zu betrachten. Im Mittelpunkt der nachstehenden Ausführungen werden die Antragsvoraussetzungen (I.), das Gebührenberechnungsmodell (II.), die gerichtliche Kontrolldichte (III.), die zeitlichen Vorgaben zur Bindungswirkung (IV.), der Entfall der Bindungswirkung (V.), die Einengung des Anwendungsbereichs (VI.) und die Rolle der Rechtsprechung (VII.) stehen.

I. Antragsvoraussetzungen

Der erste Unterschied wird bei einem Blick auf die Antragsvoraussetzungen offenbar. Während bei der verbindlichen Auskunft nach § 89 Abs. 2 AO sehr hohe Hürden gesetzt werden, indem der Sachverhalt und die Rechtslage geradezu minutiös für die Finanzverwaltung aufgearbeitet werden müssen und zahlreiche Ausschlussgründe existieren, ist dies beim Bauvorbescheid nach § 73 Abs. 1 S. 1 NBauO nicht der Fall. Hier genügt es, dass lediglich konkrete Rechtsfragen gestellt werden und der Bauherr korrespondierend die zu deren Beantwortung erforderlichen Bauvorlagen einreicht. Es dürfen keine überhöhten Anforderungen angelegt werden, sodass die Bauvoranfrage in der Regel bescheidungsfähig sein wird. Damit ist es grundsätzlich selbst für den baurechtlich jedenfalls ansatzweise bewanderten Bauherrn theoretisch auch ohne einen Entwurfsverfasser oder einen Rechtsanwalt möglich, zumindest die Bauvoranfrage erst einmal selbst zu

1473 Auch im Übrigen erweist sich die grassierende Armut an Genehmigungstatbeständen als besonderes Kennzeichen des Steuerrechts, vgl. *Hey*, Steuerplanungssicherheit, S. 695.

stellen und den formalen Anforderungen zu genügen. In Niedersachsen gilt hierzu jedoch qua gesetzlicher Anordnung eine Ausnahme, denn jede Bauvoranfrage muss von einem Entwurfsverfasser mit gezeichnet und eingereicht werden.[1474]

Im Steuerrecht erscheint eine eigenständige und von einem Berater unabhängige Antragstellung dagegen schon faktisch nahezu unmöglich, da der Steuerpflichtige dann derart umfassende Steuerrechtkenntnisse haben müsste, dass er schon fast selbst zum Berater wird.[1475] Zudem erschweren hier die zahlreichen Ablehnungs- und Ausschlussgründe die Erteilung der verbindlichen Auskunft, sodass eine gründliche Vorbereitung des Antrags auch unter umfassender Recherche möglicher anstehender Novellen erforderlich ist. Beim Bauvorbescheid nach § 73 Abs. 1 S. 1 NBauO werden die Ausschlussgründe im Gegensatz zum Steuerrecht nicht extensiv, sondern restriktiv verstanden, sodass nur in Fällen, in denen eine Bescheidung unter keinen Umständen möglich ist, eine solche versagt wird. Hierdurch trägt die Baugenehmigungsbehörde dem Umstand Rechnung, dass ein Bauvorhaben aufgrund des Art. 14 GG grundsätzlich erlaubt ist und das öffentlich-rechtliche Baurecht durch die in der Verfassung vorgegebene Eigentumsgarantie nur eine kanalisierende und ordnende Funktion hat[1476], denn die bauliche Nutzbarkeit ist essentieller Bestandteil des Eigentums.[1477]

Zudem bewegt sie sich damit im Einklang mit der bundesverfassungsgerichtlichen Lehrformel, dass diejenige Auslegung zu wählen ist, welche die juristische Wirkungskraft des jeweiligen Grundrechts am stärksten entfal-

---

1474 Hintergrund der verpflichtenden Mitunterzeichnung und der anschließenden Einreichung der Bauvoranfrage durch einen Entwurfsverfasser ist es, dass aufgrund von dessen hoher Fachkompetenz davon auszugehen ist, dass die Bauvoranfrage bescheidungsfähig ist, sodass die Baugenehmigungsbehörde i.d.R. keine umständlichen und zeitintensiven Nachforderungen von Unterlagen vornehmen muss, sondern unmittelbar mit der Bearbeitung der Bauvoranfrage beginnen und diese damit auch zeitnah bescheiden kann, vgl. hierzu OVG Münster, Urt. v. 6.10.2014, 2 A 434/13, JURIS, Rn. 15.

1475 Dass dieser Befund keine bloße theoretische Mutmaßung, sondern bereits heute gelebte (Rechts-)praxis ist, zeigt vor allem der Blick auf die Statistik, der verdeutlicht, dass die Mehrzahl von verbindlichen Auskünften i.S.d. § 89 Abs. 2 AO durch Rechtsanwälte und/oder Steuerberater beantragt werden, vgl. hierzu die Nachweise oben in Kapitel 2 C. II.

1476 Zur Eigentumsgarantie und ihrer Auswirkung auf das öffentlich-rechtliche Baurecht grundlegend *Erbguth/Schubert*, Öffentliches Baurecht, 6. Aufl. 2014, S. 18 ff.

1477 *Axer*, in: BeckOK GG, Art. 14 Rn. 45; *Papier*, in: Maunz/Dürig, GG, Art. 14 Rn. 57.

tet.[1478] Damit ist es für das Baurecht unmittelbar einleuchtend, die Antragsvoraussetzungen für einen Bauvorbescheid auf das für eine sinnvolle Verbescheidung erforderliche Maß zu reduzieren. Tendenziell eher unverständlich ist es dagegen, dass spiegelbildlich dazu im Steuerrecht die Strenge der Antragsvoraussetzungen besonders extensiv verstanden wird. So genießt auch der Steuerpflichtige Schutz für seine vermögensrechtliche Handlungsfreiheit aus Art. 14 GG[1479] und subsidiär auch aus der allgemeinen Handlungsfreiheit nach Art. 2 Abs. 1 GG[1480], denn dieser muss einen Freiheitsraum im vermögensrechtlichen Bereich haben, der ihm eine eigenständige Gestaltung ermöglicht.[1481] Das BVerfG nimmt zumindest einen Erdrosselungsschutz an.[1482] Damit hat der Steuerpflichtige grundsätzlich ein Recht darauf, potenziell eine erdrosselnde Wirkung verursachende Steuern zu sparen, soweit es sich nicht um einen Fall von Steuermissbrauch handelt. Dieses Recht ist auch Ausfluss daraus, dass Art. 14 GG gewährleistet, vermögensrechtliche Rechtspositionen innezuhaben, zu nutzen, zu verwalten und über sie zu verfügen.[1483] Zur Verwirklichung gerade dieses Rechts leistet die verbindliche Auskunft nach § 89 Abs. 2 AO einen Beitrag, denn sie schafft Rechts- und Planungssicherheit und sorgt dafür, dass der Steuerpflichtige sich vor einem aus seiner Sicht unverhältnismäßig hohen Steuerzugriff schützen kann, mithin ihm ermöglicht wird, steuerplanerisch tätig zu werden. Dieser Umstand wird im Rahmen von verbindlichen Auskünften besonders virulent, da der Steuerpflichtige häufig des-

---

1478 BVerfGE 39, 1 (38) m.w.N.

1479 Zur umstrittenen Frage, inwieweit Abgabepflichten in Form von Steuern an Art. 14 GG zu messen sind, siehe nur *Axer*, in: BeckOK GG, Art. 14 Rn. 45 sowie *Papier*, in: Maunz/Dürig, GG, Art. 14 Rn. 165 f., jeweils m.w.N. auf die vertretenen Ansichten. Axer legt überzeugend dar, dass Abgabenpflichten jedenfalls partiell an Art. 14 GG zu messen sind, wie auch das BVerfG für die Einkommen- und Gewerbesteuer im Jahr 2006 entschieden hat (BVerfGE 115, 97 (110 ff.)). Papier konkretisiert diese Sichtweise dahingehend, dass vom Schutz des Art. 14 GG zumindest alle Steuerpflichten umfasst sind, die die „Innehabung und Nutzung von Eigentum, das Verfügen über Eigentum und das Vererben vermögensmäßig belasten", vgl. *Papier*, in: Maunz/Dürig, GG, Art. 14 Rn. 170. Nach dieser Lesart sind dementsprechend weite Teile des Steuerrechts an Art. 14 GG zu messen.

1480 Hierzu *Papier*, in: Maunz/Dürig, GG, Art. 14 Rn. 175. Art. 2 Abs. 1 GG gewährleistet damit einen allgemeinen und Art. 14 GG einen besonderen Vermögensschutz.

1481 St. Rspr., siehe BVerfGE 95, 267 (300); 115, 97 (110). Diesen Aspekt betont auch *Seer*, NWB 2016, 601 in besonderer Weise.

1482 So explizit auch BVerfGE 95, 267 (300) m.w.N.

1483 BVerfGE 115, 97 (111) m.w.N.

halb einen Antrag auf Erteilung einer verbindlichen Auskunft stellt, um sich vor derart drakonischen Steuerzahlungen zu schützen, die dazu führen könnte, dass die eigene wirtschaftliche Existenz bedroht ist.[1484]

Das „Paradebeispiel" dafür ist die Aufdeckung sämtlicher stiller Reserven im Rahmen von Umstrukturierungen.[1485] Besonders in diesen Grenzfällen hat die verbindliche Auskunft nach § 89 Abs. 2 AO einen intensiven Bezug zu Art. 14 GG. Die Anlegung derart hoher Antragsvoraussetzungen – wie in Kapitel 2 skizziert[1486] – führt allerdings gerade dazu, dass Art. 14 GG jedenfalls mittelbar tangiert ist und dem Steuerpflichtigen damit kein wirksamer Grundrechtsschutz möglich ist. Folglich bietet der Blick auf die Antragsvoraussetzungen einen ersten Beweis dafür, dass zwei ähnliche grundrechtliche Ausgangssituationen jedenfalls in Bezug auf die Antragsvoraussetzungen ohne erkennbaren sachlichen Grund verschieden behandelt werden.

II. Gebührenberechnungsmodell

Ein zweiter Unterschied tritt bei der Betrachtung des konkreten Gebührenberechnungsmodells zutage. Im Steuerrecht wird bis auf wenige Ausnahmen dem Grundsatz der Bemessung der Gebühr nach dem Gegenstandswert gefolgt, sodass der konkrete Zeitaufwand im Sinne einer Zeitgebühr nur subsidiär Anwendung findet. Dies führt dazu, dass unabhängig vom tatsächlichen Aufwand die Gebühr umso höher wird, je höher auch der Wert der verbindlichen Auskunft für den Antragsteller ist. Erst bei einem Gegenstandswert von 30 Mio. € wird eine Obergrenze gesetzt, bei der die Gebühr bereits knapp in den sechsstelligen Bereich gelangt. Insbesondere bei hohen Gegenstandswerten und einem damit korrespondierenden ge-

---

1484 Ähnlich auch *Seer*, NWB 2016, 601.

1485 *Joisten/Bergmann*, FR 2014, 923; *Stark*, DB 2007, 2333. Der Begriff der stillen Reserven meint alle Teile des Eigenkapitals eines Unternehmens, die für Außenstehende nicht aus der Bilanz ersichtlich sind und durch eine Unterbewertung von Aktiva oder einer Überbewertung von Passiva entstehen. Sie wirken insofern werterhöhend, sorgen aber bis zu ihrer Aufdeckung für eine Minderung der steuerlichen Bemessungsgrundlage. Werden diese nun im Rahmen einer Umstrukturierung vollständig aufgedeckt, sind sie vollumfänglich zu versteuern, wodurch ungeplante Steuerlasten entstehen können, die das jeweilige Unternehmen nicht ablösen kann. Zur großen Bedeutung der verbindlichen Auskunft nach § 89 Abs. 2 AO in Umstrukturierungsfällen siehe auch jüngst *Rapp*, FR 2017, 520.

1486 Vgl. oben Kapitel 2 C. II.

ringen Prüfaufwand der Finanzverwaltung kann dies – wie noch zu zeigen sein wird[1487] – rechtsstaatliche Probleme hervorrufen.

Wohl auch aus diesem Grund wird die Gebühr beim Bauvorbescheid anders berechnet und fällt dementsprechend auch in der Höhe regelmäßig deutlich niedriger aus. So gibt die Anlage 1 zu § 1 BauGO in Nr. 1.13 für Bauvorbescheide in Niedersachsen vor, dass eine Mindestgebühr von 60 € und eine Höchstgebühr von 1.620 € anfällt. Diese bemisst sich nach dem jeweiligen Bearbeitungsaufwand und unabhängig vom Gegenstandswert aus Sicht des Antragstellers. Damit folgt der Gesetzgeber hier einer streng synallagmatischen Betrachtungsweise, sodass die Leistung der Baugenehmigungsbehörde in Form der Bearbeitung und Verbescheidung der Bauvoranfrage und die Gegenleistung des Bauherrn in Form der Gebühr immer in einem angemessenen Gegenseitigkeitsverhältnis stehen und von allgemeinen Pauschalierungen abgesehen wird.

Obschon das unterschiedliche Gebührenberechnungs- und Höhenmodell bei der Mindestgebühr keine besonderen Auswirkungen hat (200 € Mindestgebühr bei der verbindlichen Auskunft und 60 € Mindestgebühr beim Bauvorbescheid), so gestaltet sich dies bei der Höchstgebühr grundlegend anders. Hier stehen sich maximal 109.736 € für eine verbindliche Auskunft und 1.620 € für einen Bauvorbescheid gegenüber. Obgleich zu berücksichtigen ist, dass im Nachgang zum Bauvorbescheid noch Gebühren für die Baugenehmigung anfallen[1488], während dies im Steuerrecht bei der verbindlichen Auskunft nach § 89 Abs. 2 AO nicht der Fall ist, denn das nachfolgende Steuerveranlagungsverfahren ist gebührenfrei, so klaffen die Gebührenrahmen dennoch weit auseinander. Obschon dieser Vergleichsaspekt – soweit ersichtlich – bislang noch nicht in der Diskussion um die Zulässigkeit der Gebührenpflichtigkeit verbindlicher Auskünfte nach § 89 Abs. 2 AO vorgebracht wurde, so stellt er doch ein weiteres Indiz dafür dar, dass die Gebühr – soweit man sie entgegen der hier vertretenen Auffassung auf erster Stufe dem Grunde nach für zulässig erachtet – hinsichtlich der Höhe zumindest in besonderer Weise rechtfertigungsbedürftig ist.

1487 Siehe hierzu unten Kapitel 5 D. II. 2. a).

1488 Ausgehend vom vereinfachten Baugenehmigungsverfahren nach § 63 NBauO fallen nach Anlage 1 zu § 1 BauGO Nr. 1.1 lit. a) pro 500 € Rohbauwert 4,30 € an Gebühren an, jedoch mindestens 60 €.

III. Gerichtliche Kontrolldichte

Ein weiteres Spannungsfeld ergibt sich bei der gerichtlichen Kontrolldichte. Im Rahmen der verbindlichen Auskunft nach § 89 Abs. 2 AO ist der BFH mittlerweile durch drei übereinstimmende Senatsentscheidungen[1489] unisono dazu übergegangen, die gerichtliche Kontrolldichte so weit wie möglich zu minimalisieren und übt insofern nur noch eine reine Vertretbarkeitskontrolle aus. Dem liegen die Annahmen zugrunde, dass die Finanzverwaltung einerseits a priori einen Beurteilungsspielraum hat[1490] und andererseits, dass die gerichtliche Kontrolle der Exekutive streng gesetzesakzessorisch erfolgt[1491] und der BFH insoweit – in diesem Aspekt zutreffend – in § 89 Abs. 2 AO keine normative Stütze für eine vollumfängliche gerichtliche Kontrolle findet. Diese restriktive Rechtsprechungstendenz führt dazu, dass eine erteilte Negativauskunft bereits dann nicht mehr von den Finanzgerichten aufzuheben ist, wenn in ihr zwar eine abwegige, aber bereits an einer beliebigen Stelle vertretene und diskutierte Rechtsposition bezogen wird.[1492] Der Fokus der gerichtlichen Kontrolle verlagert sich damit hin zum Steuerveranlagungsverfahren, in welchem der BFH vollumfänglich die steuerliche Behandlung prüft. Gleichwohl ist der durch die verbindliche (Negativ-)Auskunft beschiedene Sachverhalt dann schon vollendet und nicht mehr reversibel, sodass die verbindliche Auskunft in der Rechtsprechung des BFH de facto ausgeblendet wird.[1493] Die finanzgerichtliche Rechtsprechung nimmt damit den Grundsatz, dass die gerichtliche Kontrolle nicht zu einem Kontrollexzess werden darf[1494], allzu wört-

---

1489 BFHE 239, 38; BB 2014, 1318 ff.; BeckRS 2015, 96082.

1490 Diametral entgegengesetzt dazu *G. Mayer*, Zusage, S. 77, der solche Beurteilungsspielräume für nicht rechtfertigbar erachtet. Hierzu auch umfassend oben Kapitel 2 E. II. 2.

1491 *Papier*, DÖV 1986, 621.

1492 *Werder/Dannecker*, BB 2015, 1687 (1688). Überspitzt gesagt könnte der Finanzbeamte selbst bevor er den Antrag verbescheidet einen Aufsatz in einer Fachzeitschrift veröffentlichen und die in diesem Aufsatz vertretene Rechtsposition, die vor ihm noch niemand so vertreten hat, genau so in die verbindliche Negativauskunft aufnehmen. Bereits dies würde dazu führen, dass der BFH sie jedenfalls im gerichtlichen Verfahren, das die verbindliche Auskunft betrifft, nicht mehr aufheben würde. Folglich hat es der Finanzbeamte gewissermaßen in der Hand, das Auskunftsverfahren zugunsten des Fiskus zu lenken.

1493 Ähnlich auch *Joisten/Bergmann*, FR 2014, 923 (924), die davon ausgehen, dass es nur wenige verbindliche Auskünfte i.S.d. § 89 Abs. 2 AO gibt, bei denen die Rechtsauffassung der Finanzverwaltung unvertretbar ist.

1494 *Papier*, DÖV 1986, 621 (625).

lich und verkehrt ihn beinahe in sein Gegenteil. Damit erweist sich diese restriktive Judikatur insoweit jedenfalls als verfassungsrechtlich bedenklich, als für eine behördliche Letztentscheidungskompetenz grundsätzlich verlangt wird, dass sich diese unmittelbar aus dem Gesetz ergibt, mithin ein vorheriges proaktives Handeln des Gesetzgebers vorliegen muss.[1495] Aus § 89 Abs. 2 AO ergeben sich jedoch weder Anhaltspunkte, die in die eine, noch in die andere Richtung gehen, sodass insofern zumindest eine Vermutung dafür spricht, verbindliche Auskünfte vollumfänglich zu prüfen.

Anders ist die Ausgangssituation im Baurecht, in welchem die Verwaltungsgerichte vollumfänglich prüfen und eine behördliche Einschätzungsprärogative nicht anerkannt wird. Diese Sichtweise folgt insoweit der Grundannahme, dass das Bauvorbescheidsverfahren aus Gründen der Verfahrensstufung ein eigenständiges Verwaltungsverfahren darstellt, in welchem vorab und verbindlich über Teilfragen des späteren Baugenehmigungsverfahrens entschieden wird. Mit der zeitlichen Trennung korrespondiert auch eine inhaltliche Trennung, sodass alle Rechtsfragen, die durch die Bauvoranfrage der Baugenehmigungsbehörde gestellt wurden, auch in diesem ersten Verfahrensschritt endgültig beantwortet werden müssen. Letztlich ist im Baurecht auch jedes andere Ergebnis nicht möglich, da ansonsten im späteren Baugenehmigungsverfahren erneut über schon bestandskräftige Feststellungen des Bauvorbescheidsverfahrens entschieden werden müsste und eine solche Durchbrechung der Bestandskraft grundsätzlich unzulässig ist.

IV. Bindungswirkung – Zeitliche Vorgaben

Zu den zeitlichen Vorgaben für die Bindungswirkung ist an dieser Stelle zunächst hervorzuheben, dass der Bauvorbescheid i.S.d. § 73 Abs. 1 S. 1 NBauO qua Gesetz nach § 71 S. 1 NBauO befristet auf drei Jahre Bindungswirkung entfaltet, soweit er nicht innerhalb besagter Frist verlängert wird.[1496] Stellt der Bauherr nicht innerhalb der Frist den Bauantrag, so ist die Baugenehmigungsbehörde an die im Bauvorbescheid getroffenen Fest-

1495 *Ehlers*, in: Ders./Pünder, Allg. VwR, § 6 Rn. 27; siehe hierzu auch *Schmidt-Assmann*, in: HStR II, § 26 Rn. 59.

1496 Genau dieselbe Regelung findet sich auch bei der vZTA im Zollrecht.

stellungen nicht mehr gebunden.[1497] Damit ist der Bauvorbescheid nach § 73 Abs. 1 S. 1 NBauO bewusst darauf ausgelegt, dass der Bauherr nach seiner Erteilung zeitnah den Bauantrag stellt, um das Bauvorhaben in die nächste Stufe zu bringen, sodass man ihn auch als „feststellenden VA mit befristeter Dauerwirkung“[1498] bezeichnen kann. Dies ist insbesondere Ausfluss des Grundsatzes, dass die Baugenehmigungsbehörde nicht ad Infinitum an eine einmal vorgenommene Planungsentscheidung gebunden sein soll, sondern nach einer gewissen Zeit einer veränderten Sach- und Rechtslage Rechnung tragen muss.[1499]

Ferner besteht auch ein Bedürfnis nach Rechtsklarheit hinsichtlich der Bindungswirkung.[1500] Zudem existiert kein zeitlich unbefristetes Vertrauen in den Fortbestand einer günstigen Rechtslage.[1501] Zahlreiche wirksame und verbindliche Bauvorbescheide sind hierbei mit Blick auf die Rechtsklarheit hinderlich und würden das Verwaltungsverfahren nicht wie gewünscht beschleunigen, sondern nur verlangsamen oder gar vollständig und dauerhaft lähmen. Zudem muss eine wirksame Überwachung der erteilten Bauvorbescheide möglich sein.[1502] Folglich ist die gesetzliche Zeitvorgabe für die Bindungswirkung konsequent und stellt auch vor dem Hintergrund des Art. 14 Abs. 1 S. 2 GG eine zulässige Inhalts- und Schrankenbestimmung für das Eigentumsgrundrecht dar.[1503]

Die verbindliche Auskunft nach § 89 Abs. 2 AO gilt hingegen, solange die Finanzverwaltung keine Befristung vorgenommen hat, grundsätzlich zeitlich unbegrenzt und solange, bis der Antragsteller den Sachverhalt verwirklicht.[1504] Damit erweist sich die verbindliche Auskunft mit Blick auf ihren überwiegend angenommenen Zusicherungscharakter ebenfalls als

---

1497 Selbiges trifft auch auf den Vorbescheid im Immissionsschutzrecht zu, vgl. *Dietlein*, in: Landmann/Rohmer, Umweltrecht, § 9 BImschG Rn. 86.

1498 So das OVG Berlin, Urt. v. 11.2.2003, 2 B 16.99, JURIS, Rn. 19.

1499 *Kolbeck*, Bauvoranfrage und Bauvorbescheid, S. 276, der zudem noch betont, dass die zeitlich befristete Bindungswirkung einer adäquaten gemeindlichen Planungshoheit zuträglich ist und Rechnung trägt.

1500 *Dietlein*, in: Landmann/Rohmer, Umweltrecht, § 9 BImschG Rn. 82.

1501 *Schulze-Fielitz*, in: Dreier, GG, Art. 20 (Rechtsstaat) Rn. 148.

1502 Gl. A. *von Bomhard*, Auskunft und Zusage im Steuerrecht, S. 57 für die vZTA.

1503 *Kolbeck*, Bauvoranfrage und Bauvorbescheid, S. 276.

1504 Nach Tz. 3.5.6. AEAO zu § 89 AO soll die Finanzverwaltung gleichwohl Angaben darüber machen, für welchen Zeitraum die verbindliche Auskunft gilt. Dadurch wird allerdings nicht von der Grundregel der unbegrenzten Wirksamkeit abgewichen, denn eine zeitliche Befristung ist insbesondere vor dem Hintergrund der Gebührenpflicht nur in Ausnahmefällen zulässig, vgl. *Horst*, Verbindliche Auskunft, S. 130.

konsequent, denn der Zusicherung nach § 38 VwVfG ist eine Befristung grundsätzlich fremd[1505], eine solche wird allerdings auch nicht ausgeschlossen. Einziges Vehikel bei der verbindlichen Auskunft nach § 89 Abs. 2 AO ist somit, dass der Sachverhalt ernsthaft geplant sein muss, wodurch rein hypothetische Sachverhaltsgestaltungen ausgeschlossen werden.[1506] Zudem trägt der Steuerpflichtige das Risiko, dass die verbindliche Auskunft durch eine spätere Änderung der Rechtslage hinfällig wird, sodass er im Falle einer Positivauskunft ein Eigeninteresse daran hat, den Sachverhalt zeitnah zu verwirklichen. Damit wird ein Zeitdruck jedenfalls faktisch erzeugt, denn im besonders volatilen Steuerrecht, insbesondere dem Unternehmenssteuerrecht, werden Regelungen bisweilen in sehr kurzen Zeitintervallen geändert[1507], sodass der Steuerpflichtige in den allermeisten Fällen deutlich vor Ablauf von drei Jahren, die für den Bauvorbescheid vorgesehen sind, den Sachverhalt vollenden wird, um gegenüber späteren Änderungen der Rechtslage abgesichert zu sein. Damit ergibt sich hier kein Bedarf für eine starre Zeitregelung.

V. Entfall der Bindungswirkung

Besonders augenscheinlich werden die vorhandenen Unterschiede auch bei der vergleichenden Betrachtung des Entfalls der Bindungswirkung.[1508] Während beide insofern harmonieren, als im Falle einer wirksamen verbindlichen Auskunft nach § 89 Abs. 2 AO und eines wirksamen Bauvorbe-

1505 *Kolbeck*, Bauvoranfrage und Bauvorbescheid, S. 53.

1506 Dass ein ernsthaft geplanter Sachverhalt zugrunde gelegt wird, ist auch für den Erlass eines Bauvorbescheids erforderlich, wie von *Schmaltz*, BauR 2007, 975 (976) – entgegenstehenden Ansichten zum Trotz – überzeugend dargelegt wird. Insofern können abstrakte Rechtsfragen nicht durch einen Vorbescheid geklärt werden.

1507 Allein die jeweiligen Jahressteuergesetze erweisen sich als äußerst umfangreich. Hinzu kommen die Umstände, dass einerseits häufig Regelungen vom BVerfG für verfassungswidrig erklärt werden und damit geändert werden müssen und andererseits etwa im Bereich der Umsatzsteuer oder im internationalen Steuerrecht auch andere Akteure wie die Europäische Union auf die nationale Gesetzgebung Einfluss ausüben, wodurch vermehrter Anpassungsdruck besteht.

1508 Wie die Ausführungen von *G. Mayer*, Zusage, S. 138 zeigen, ist die Frage der Bindungswirkung auch in der Literatur immer wieder intensiv in der Diskussion. Selbst für den exklusiven Bereich der Zusage besteht über diese Frage nach wie vor keinesfalls Einigkeit.

scheids nach § 73 Abs. 1 S. 1 NBauO die durch diese geregelten (Teil-)bereiche als rechtlich verbindlich anzusehen sind und die erteilende Finanz- bzw. Baugenehmigungsbehörde insoweit ihren Einstands- und Garantiewillen zum Ausdruck bringt, verläuft der Entfall der Bindungswirkung geradezu diametral.

So führt eine Änderung der Sach- und Rechtlage bei der verbindlichen Auskunft nach § 89 Abs. 2 AO bereits ipso iure dazu, dass die Bindungswirkung entfällt.[1509] Damit kann der Antragsteller nur im Zeitpunkt der Auskunftserteilung darauf vertrauen, dass die im Auskunftsbescheid geäußerte rechtliche Würdigung des dargestellten Sachverhalts auch verbindlich gilt, während in der Zeit zwischen Auskunftserteilung und Verwirklichung des Sachverhalts immer ein Damoklesschwert über ihm schwebt, welches herunterfällt, sobald der Gesetzgeber eine Neuregelung erlässt oder auch nur eine neue Verwaltungsvorschrift ergeht.[1510] Dies führt faktisch dazu, dass bei hochumstrittenen Punkten, in denen sich eine (Gesetzes)novelle abzeichnet, die Erteilung einer verbindlichen Auskunft nach § 89 Abs. 2 AO zwar möglich, aber ineffektiv ist. Der Steuerpflichtige kann sich insofern selbst schon vorrechnen, wie lange er etwas von der Auskunft hat, denn die clausula rebus sic stantibus stellt insoweit auch keinesfalls auf die jeweiligen Umstände des Einzelfalls ab, sondern greift generell durch.[1511]

Diese große Volatilität ist wohl vor allem Ausfluss dessen, dass verbindliche Auskünfte im Steuerrecht über viele Jahrzehnte nur auf Grundlage von Treu und Glauben erteilt wurden und ihnen insofern insbesondere von der Rechtsprechung über Jahrzehnte die VA-Qualität versagt wur-

---

1509 Dies ist ein Wesenselement von Zusage und Zusicherung, vgl. *Reichelt*, Vorbescheid, S. 173. Einschränkend insoweit aber das BVerfG, das eine Aufhebung der Bindungswirkung nur bei grundlegenden Veränderungen zulässt, vgl. BVerfGE 34, 216 (232). Dem kommt die Steuerrechtspraxis dadurch nach, dass nur wesentliche Änderungen die Bindungswirkung entfallen lassen und nicht jede minimale Nuance bereits schädlich ist.

1510 Kritisch auch *Hey*, Steuerplanungssicherheit, S. 727, die insoweit anstatt der clausula rebus sic stantibus die Einfügung eines Korrekturtatbestandes erwägt, welcher eine individuelle Abwägung unter Berücksichtigung des bereits gebildeten Vertrauens berücksichtigt.

1511 *Maurer*, Kontinuitätsgewähr und Vertrauensschutz, in: HStR IV, 2006, § 79 Rn. 116 konstatiert zutreffend, dass im Bereich der verbindlichen Auskunft in Gestalt einer Zusage ein etwaiger Vertrauensschutz keine größere Bewandtnis hat: „Soweit die Zusage verbindlich ist, ist er [der Vertrauensschutz] nicht erforderlich; soweit er erforderlich wäre, greift er nicht durch".

de.[1512] Zu berücksichtigen ist ferner auch der Respekt der Finanzverwaltung vor der Legislative, da es dieser weitestgehend verwehrt ist, die Rechtslage als solche für den Einzelfall in die Zukunft hinein zu zementieren.[1513] Daher ist die Regelung im Steuerrecht aus diesem Blickwinkel heraus konsequent, zumal mit der h.M. die verbindliche Auskunft nach § 89 Abs. 2 AO als Spezialfall der Zusicherung i.S.d. § 38 VwVfG anzusehen ist. Bei einer Zusicherung ist es – dies zeigt § 38 Abs. 3 VwVfG deutlich – ein Normalzustand, dass ein für die Zukunft zugesagtes Verhalten immer nur unter dem Vorbehalt gleichbleibender Sach- und Rechtlage stehen kann.[1514] So hat auch das BVerfG ausgeführt, dass der Grundsatz der gleichbleibenden Umstände stets ein ungeschriebener Bestandteil des Bundesverfassungsrechts ist.[1515]

Aus dieser Rechtsprechung des BVerfG ergeben sich aber ebenso grundlegende Bedenken gegen die einengende Auffassung der Finanzverwaltung. Zwar erkennt es das BVerfG grundsätzlich an, dass bei einer wesentlichen Änderung der Sach- und Rechtslage die Bindungswirkung entfällt. Verlangt wird darüber hinaus aber noch, dass diese wesentliche Änderung dazu führt, dass das Festhalten der Finanzverwaltung an der einmal erteilten verbindlichen Auskunft unzumutbar wird.[1516] So führe eine Änderung der äußeren Umstände nicht automatisch zu einem Entfall der Bindungswirkung, sondern es sei stets eine Prüfung des Einzelfalls erforderlich, die insbesondere auch Vertrauensschutzgesichtspunkte berücksichtigt.[1517] Genau diese Prüfung findet nach Auffassung der Finanzverwaltung im Fall der Änderung der Rechtslage nicht statt, sondern lediglich im Rahmen der Prüfung der Änderung der Sachlage. Obgleich hierauf nicht im Detail eingegangen werden soll, zeigt sich hier erneut eine strukturell und verfassungsrechtlich zumindest zweifelhafte Schwäche der verbindlichen Auskunft nach § 89 Abs. 2 AO.[1518] Diese wird umso stärker, als gerade der VA im Steuerrecht eine im Vergleich zum allgemeinen Verwaltungsrecht er-

---

1512 Siehe zu dieser lange Zeit die verbindliche Auskunft im Steuerrecht dominierenden Diskussion bereits oben Kapitel 2 B.

1513 *Seer*, Verständigungen, S. 434; *G. Mayer*, Zusage, S. 138.

1514 Wie *G. Mayer*, Zusage, S. 137 aufzeigt, gilt dies auch für alle weiteren Rechtsgebiete, in denen Zusageregelungen existieren.

1515 BVerfGE 34, 216 (231).

1516 BVerfGE 34, 216 (232).

1517 Zur Bedeutung des Vertrauensschutzes bei einer späteren Änderung der Rechtslage siehe auch *Seer*, Verständigungen, S. 433 f. m.w.N.

1518 A.A *Hey*, Steuerplanungssicherheit, S. 736, die die fehlende Rechtsänderungsfestigkeit der verbindlichen Auskunft sogar mit dem Argument begrüßt, dass

höhte Bestandskraft genießt.[1519] Dadurch, dass die verbindliche Auskunft im Steuerrecht als feststellender VA ergeht[1520], wäre es aus hiesiger Sicht konsequenter gewesen, aufgrund der Bestandskraft eine stärkere Bindungswirkung zu konstruieren, indem der Einzelfall betrachtet wird.

Anders ist die Ausgangssituation im Baurecht. Zwar könnte hier mit derselben Argumentation der Schluss gezogen werden, dass auch der Bauvorbescheid nach § 73 Abs. 1 S. 1 NBauO letztlich bezogen auf die Sach- und Rechtlage nur eine Momentaufnahme darstellt und daher einem Situationsvorbehalt unterliegt. Dem ist das BVerwG jedoch entschieden entgegengetreten und hat vor allem aus Schutzgesichtspunkten für den Bauherrn dem Bauvorbescheid ein hohes Maß an Beständigkeit verliehen, indem er vor einer Änderung der Rechtlage fast vollständig unabhängig Bindungswirkung entfaltet.[1521] Damit stellt der Bauvorbescheid bei einer späteren Änderung der Rechtslage weiterhin eine Anspruchsgrundlage auf den Erlass der späteren Baugenehmigung dar.[1522] Dies lässt sich auch darauf zurückführen, dass es dem Vorbescheid als Rechtsinstitut immanent ist, dass dieser ab dem Zeitpunkt der Bestandskraft nur unter erschwerten Bedingungen widerrufen oder zurückgenommen werden kann und er insofern auf eine Bindungswirkung auf Dauer angelegt ist.[1523] Zudem ist auch das eben geschilderte Argument des Respekts der Verwaltung vor der Legislative nicht durchgreifend. Während dieses hauptsächlich für den öffentlich-rechtlichen Vertrag entwickelt wurde und den Hintergrund hat, dass nicht im Wege eines Vertragsschlusses über zwingendes Gesetzesrecht „bis in alle Ewigkeit“[1524] entschieden werden soll, gilt dies für den Bauvorbescheid nicht. Dieser ist ein feststellender VA und dem VA ist es seinem Wesen nach immanent, dass er eine erhöhte Bestandskraft hat und gerade in Gestalt eines Vorbescheids auch eine abschließende Regelung trifft. Aus diesem Blickwinkel heraus erscheint es schlüssig, ihm eine Beständigkeit

---

das Steuerrecht genuin hoher Volatilität unterworfen ist und durch eine Rechtsänderungsfestigkeit ein Zustand entstünde, in dem u.U. über Jahre verfassungswidrige Gesetze auch nach der Feststellung von deren Verfassungswidrigkeit angewendet würden.

1519 *Seer*, Verständigungen, S. 444 unter Verweis auf §§ 172 ff. AO.

1520 Vgl. oben Kapitel 2 B.

1521 Siehe hierzu die umfassenden Nachweise oben in Kapitel 3 C. II.

1522 So ausdrücklich *Ermisch*, NordÖR 2013, 49.

1523 So gilt selbiges auch für den Vorbescheid im Atomrecht, vgl. *Mann*, Das gestufte Verwaltungsverfahren, S. 160 m.w.N. in Fn. 167, was den Schluss nahelegt, dass es ein allgemeines Merkmal von Vorbescheiden ist, dass diese im Falle der Bestandskraft rechtsänderungsfest sind.

1524 *Seer*, Verständigungen, S. 435.

gegenüber der späteren Änderung oder Konkretisierung der Rechtslage zuzusprechen, jedenfalls soweit die regelmäßig auf drei Jahre befristete Bindungswirkung noch nicht abgelaufen ist und kein fristgerechter Antrag auf Verlängerung gestellt wurde.[1525]

VI. Einengung des Anwendungsbereichs

Die Untersuchung zur verbindlichen Auskunft nach § 89 Abs. 2 AO hat gezeigt, dass die Finanzverwaltung dort die Ausschlussgründe besonders extensiv auslegt und auch die Rechtsprechung hierbei im Wesentlichen keine Einschränkungen vornimmt.[1526] Dies führt dazu, dass im Falle einer anstehenden Änderung der Rechtslage (wozu nach der Diktion der Finanzverwaltung auch Rechtsprechungsänderungen sowie neue Verwaltungsvorschriften zählen[1527]) verbindliche Auskünfte im Regelfall nicht erteilt werden, obgleich die Finanzverwaltung hierüber zumindest nach pflichtgemäßem Ermessen entscheidet, welches sich am Gesetzeszweck des § 89 Abs. 2 AO zu orientieren hat.[1528] Korrelierend zu der regelmäßig viele Monate umfassenden Bearbeitungszeit resultiert daraus, dass selbst rechtzeig gestellte Ersuchen auf verbindliche Auskunft nach § 89 Abs. 2 AO aufgrund einer besonders langsamen Bearbeitung noch abgelehnt werden können, wenn sich zwischenzeitlich eine Neuregelung abzeichnet. Der Steuerpflichtige kann daher – überspitzt gesprochen – in einigen Fällen nur hoffen, dass der Finanzbeamte sein Auskunftsersuchen zügig bearbeitet.[1529]

1525 Dabei erweist es sich in der vergleichenden Betrachtung als typisch, dass Vorbescheide zeitlich befristet werden. So kannte eine solche auch das Sozialrecht für den Vorbescheid in Bezug auf Arbeitsbeschaffungsmaßnahmen. Dort wurde die Bindungswirkung ebenfalls auf drei Monate begrenzt, vgl. *Bieback*, in: Gabel, SGB II/ SGB III, § 260 Rn. 109.

1526 Siehe hierzu auch *Kobor*, in: BeckOK AO, § 89 Rn. 32.2.

1527 AEAO zu § 89 Nr. 3.5.4.

1528 Vgl. BVerfGE 18, 353 (363).

1529 Diese Ausgangslage im Steuerrecht dürfte ebenfalls darauf zurückzuführen sein, dass die verbindliche Auskunft nach § 89 Abs. 2 AO nach herkömmlicher Dogmatik eine Zusicherung ist, die dann keine Bindungswirkung mehr entfaltet, wenn sich die Rechtslage ändert. Insofern könnte der Steuerpflichtige diese Wirkung einzig umgehen, indem er unmittelbar vor der Änderung der Rechtslage die verbindliche Auskunft erhält, dann in sehr kurzer Zeit sein geplantes und durch die verbindliche Auskunft beschiedenes Vorhaben ins Werk setzt und sich in der späteren Steuerveranlagung auf den Vertrauensschutz beruft, sodass die Finanzverwaltung nicht mehr von der erteilten verbindlichen

Hierbei wird mit Recht kritisiert, dass die Finanzverwaltung dem Steuerpflichtigen gerade in der Situation den Weg zur Erlangung einer verbindlichen Auskunft versperrt, in welcher er ein erhöhtes Bedürfnis nach Rechts- und Planungssicherheit hat.[1530]

Anders stellt sich die Ausgangslage im Baurecht dar. Hier hat die Rechtsprechung selbst ein Gebot entwickelt, bei einer sich abzeichnenden Änderung der Rechtslage noch die alte Rechtslage ausnutzen zu können, sodass die Baugenehmigungsbehörde gehalten ist, schnell zu entscheiden.[1531] So wird der Bauherr, soweit sich eine Änderung der Rechtsage abzeichnet, auch in aller Regel nicht erst umfassende Bauvorlagen anfertigen und einen Bauantrag einreichen, sondern vielmehr die sich demnächst ändernden rechtlichen Parameter vorher durch einen Bauvorbescheid unter Geltung der alten Rechtslage absichern lassen.[1532] Damit zeigt sich auch hier ein sehr gegensätzliches Bild. Während im Baurecht vor allem die aus Art. 14 GG resultierende Baufreiheit umfassend geschützt werden soll[1533], sieht die Finanzverwaltung die ebenfalls aus Art. 14 GG resultierende vermögensrechtliche Handlungsfreiheit[1534] offensichtlich auch mit Blick auf die möglichen Ablehnungsgründe als weniger schützenswert an und lässt es zu, dass mitunter allein aufgrund einer zögerlichen Bearbeitung unvorhersehbare Steuerfolgen entstehen können.

Anders als bei der verbindlichen Auskunft nach § 89 Abs. 2 AO sind damit beim Bauvorbescheid nach § 73 Abs. 1 S. 1 NBauO nicht die möglichen Ablehnungsgründe problematisch, sondern vielmehr die zunehmende Tendenz zur Deregulierung, die auch zu Einbußen beim Rechtsschutz geführt hat.[1535] Denn mit der Deregulierung wurden zahlreiche Vorhaben

---

Auskunft abweichen darf. Ein solcher hypothetischer Fall wirkt allerdings arg konstruiert und wäre wohl auch nicht praxistauglich. Gerade große Wirtschaftsunternehmen werden nicht innerhalb kürzester Zeit komplizierteste Vorhaben umsetzen können und wollen.

1530 *Seer*, in: Tipke/Kruse, AO/FGO, § 89 AO Rn. 44; *Horst*, Verbindliche Auskunft, S. 78 f.; *Hey*, Steuerplanungssicherheit, S. 701.

1531 BGH, NVwZ 1991, 298.

1532 *Mann*, Das gestufte Verwaltungsverfahren, S. 61.

1533 Zum grundrechtlichen Schutz der Baufreiheit siehe auch BGH, NVwZ 2002, 124 (125) sowie *Kolbeck*, Bauvorbescheid und Bauvoranfrage, S. 19.

1534 Zum Schutz des Steuerpflichtigen durch Art. 14 GG vgl. *von Bomhard*, Auskunft und Zusage im Steuerrecht, S. 239.

1535 Hierzu umfassend *Heimpel*, Bauvorbescheid, S. 196 ff. und *Mehde*, AnwBl 2015, 748 ff. Kritisch besonders in Bezug auf eine fehlende Einheitlichkeit der Deregulierung im Bauordnungsrecht zwischen den einzelnen Bundesländern *Wahl*, NVwZ 2002, 1192 (1193).

baugenehmigungsfrei gestellt, für die kein Bauvorbescheid mehr beantragt werden kann.[1536] Folglich haben die verbindliche Auskunft nach § 89 Abs. 2 AO und der Bauvorbescheid nach § 73 Abs. 1 S. 1 NBauO insofern doch wieder gemein, dass ihr Anwendungsbereich eher zu eng ist, jedoch resultiert diese Folge aus unterschiedlichen Gründen. Während dies im Steuerrecht vor allem an der restriktiven Haltung der Finanzverwaltung liegt, ist im Baurecht der Gesetzgeber durch seine in den letzten zweieinhalb Jahrzehnten zunehmend forcierte Beschleunigungsgesetzgebung der Treiber dieser Entwicklung.[1537]

C. Ergebnis

Zusammenfassend erweist sich der Vergleich zwischen verbindlicher Auskunft nach § 89 Abs. 2 AO und Bauvorbescheid nach § 73 Abs. 1 S. 1 NBauO als sehr erkenntnisreich. So werden einerseits viele Gemeinsamkeiten, andererseits aber auch zahlreiche Unterschiede offenbar. Insbesondere Kernbereiche wie die Antragsvoraussetzungen, das Gebührenberechnungsmodell, die gerichtliche Kontrolldichte oder der Entfall der Bindungswirkung werden unterschiedlich gehandhabt. Dies mag insofern zu erklären sein, als die h.M. die verbindliche Auskunft nach § 89 Abs. 2 AO als Spezialfall der Zusicherung i.S.d. § 38 VwVfG ansieht, während der Bauvorbescheid nach § 73 Abs. 1 S. 1 NBauO als vorweggenommene und abschlie-

1536 Stattdessen können für diese nur noch (unverbindliche) Rechtsauskünfte, Zusicherungen und Zusagen erteilt werden, vgl. VG München, Urt. v. 11.4.2016, M 8 K 14.4954, JURIS, Rn. 36 sowie *Kolbeck*, Bauvoranfrage und Bauvorbescheid, S. 177. Anders ist dies, wenn ein Vorhaben grundsätzlich genehmigungspflichtig ist und sich die Frage des Antragstellers auf einen Aspekt bezieht, der nicht vom behördlichen Prüfprogramm umfasst ist. Hier kann die Baugenehmigungsbehörde freiwillig einen Bauvorbescheid erteilen und dem Antragsteller damit ein höheres Maß an Rechtssicherheit geben, verpflichtet ist sie dazu aber nicht. In diesem Sinne auch *Löher*, Das Verwaltungsverfahren, S. 64 für das Baugenehmigungsverfahren. Anders dagegen OVG Koblenz, BauR 2009, 799 (800), welches es als Konsequenz der Einführung vereinfachter Verfahren ansehen, dass die Baugenehmigungsbehörde ihren gesetzlich vorgeschriebenen Prüfumfang nicht erweitern darf.

1537 Insofern hat sich im Baurecht die mit der Verschlankung von Genehmigungstatbeständen erhoffte positive Wirkung nicht bewahrheitet, vielmehr gehen die nunmehr vorhandenen Strukturen häufig zulasten der Rechtssicherheit und bewirken damit gerade das Gegenteil dessen, was der Bauherr wirklich benötigt. Instruktiv zu den praktischen Auswirkungen der Verfahrensmodifizierungen im Baurecht *Löher*, Das Verwaltungsverfahren, S. 67 ff.

ßende Teilentscheidung ein Vorbescheid ist, der bereits einen Ausschnitt aus der späteren Baugenehmigung verbindlich feststellt. Dennoch sorgt es zumindest für Erstaunen, dass zwei im Grunde genommen dieselbe Konstellation betreffende Rechtsinstitute – die auch beide von der Rechtspraxis entwickelt und erst dann durch die Rechtsordnung positiv geregelt worden sind[1538] – derart unterschiedlich praktiziert werden.

Vorteilhafter aus Sicht des Antragstellers erweist sich der Bauvorbescheid, denn durch diesen kann zwar nur ein Teil des Gesamtvorhabens vorab verbindlich geklärt werden, jedoch sind die Gebühren dafür sehr moderat und der Bauherr erhält einen weitestgehend rechtsänderungsfesten feststellenden VA[1539], den er auch vollumfänglich gerichtlich überprüfen lassen kann. Der Bauvorbescheid nach § 73 Abs. 1 S. 1 NBauO ist damit – von seinem möglicherweise mittlerweile zu engen Anwendungsbereich abgesehen – ein „flexibles, einfaches und kostensparendes Instrument“[1540], während davon bei der verbindlichen Auskunft nach § 89 Abs. 2 AO überwiegend nicht gesprochen werden kann. Es wäre daher wünschenswert gewesen, wenn der Steuergesetzgeber – unabhängig von der jeweiligen landesrechtlichen Regelung – mehr Anleihen beim Bauvorbescheid nähme und auch der BFH sich bei Fragen des Gebührenverfassungsrechts oder der gerichtlichen Kontrolldichte enger am BVerwG und den OVGen bzw. VGHen der Länder orientiert.

Alles in allem sind durch den in diesem Kapitel angestellten Vergleich ausreichend Erkenntnisse gesammelt worden, um nachfolgend die verbindliche Auskunft im allgemeinen Verwaltungsrecht darzustellen.

1538 *Gailus*, NVwZ 1990, 536.

1539 Eine vollständige Rechtsänderungsfestigkeit um jeden Preis ist gleichwohl nicht möglich, da auch das Recht selbst nicht nur statisch, sondern dynamisch ist, sodass es nicht allein auf Beharrungsinteressen begrenzt sein darf, sondern offen sein muss für Veränderungen, vgl. *Schmidt-Assmann*, in: HStR II, § 26 Rn. 81. Gleichwohl besteht beim Bauvorbescheid ein erhöhtes Maß an Rechtsänderungsfestigkeit, die insoweit Ausfluss aus dem Prinzip der Rechtssicherheit ist, welches die Verlässlichkeit der Rechtsordnung gewährleistet. Daneben ergeben sich für das hier gefundene Ergebnis wesentliche Garantien aus dem mehrfach erörterten Art. 14 GG, vgl. erneut *Schmidt-Assmann*, in: HStR II, § 26 Rn. 81.

1540 So auch *Weiblen*, in: BeckOK Bauordnungsrecht Baden-Württemberg, § 57 LBO BW, in der Einleitung für den Bauvorbescheid in Baden-Württemberg.

Fünftes Kapitel: Die verbindliche Auskunft im allgemeinen Verwaltungsrecht

A. *Einleitung und Hinführung*

Nachdem die verbindliche Auskunft in den voranstehenden Kapiteln durch eine eingehende (vergleichende) Analyse der verbindlichen Auskunft nach § 89 Abs. 2 AO und des Bauvorbescheids nach § 73 Abs. 1 S. 1 NBauO als Institute des besonderen Verwaltungsrechts aufbereitet wurde und damit zugleich die Vorteile des gestuften Verwaltungsverfahrens offenbar geworden sind, ist nun der Transfer zum allgemeinen Verwaltungsrecht und damit zum Kern dieser Arbeit zu erbringen.[1541] So bringt die Vielgestaltigkeit des Wirtschaftslebens immer wieder rechtliche Ungewissheiten mit sich.[1542] Damit ergibt sich ein steigender Bedarf, der verbindlichen Auskunft den Weg ins allgemeine Verwaltungsrecht und damit in die Generalkodifikation des VwVfG zu ebnen statt neben den bereits vorhandenen zahlreichen Vorschlägen[1543] weitere Lösungsansätze im besonderen

---

1541 Zweierlei ist für die nachfolgende Untersuchung vorab klarzustellen. Erstens ist es nicht das Ansinnen dieser Arbeit, über das allgemeine Verwaltungsrecht zu einer totalen Harmonisierung der verbindlichen Auskunft als Rechtsinstitut beizutragen, denn dies wird mit Blick auf die Besonderheiten des allgemeinen und des besonderen Verwaltungsrechts nicht gelingen, vgl. auch überzeugend *von Bombard*, Auskunft und Zusage, S. 23. Zweitens geht es nachfolgend nicht darum, eine allgemeine Auskunft „schlechthin" zu konstruieren, welche stets und für jeden Einzelfall gilt. Eine solche allgemeine Auskunftspflicht wird auch – soweit ersichtlich – nicht ernsthaft vertreten, vgl. auch *von Bombard*, Auskunft und Zusage im Steuerrecht, S. 194. Vielmehr geht es hier um einen möglichen Auskunftsanspruch in der konkreten Konstellation, dass der Bürger eine rechtliche Einschätzung zu einem zukünftigen, noch nicht verwirklichten Sachverhalt benötigt. Hierzu sollen die allgemeinen Voraussetzungen, Merkmale und Grenzen mit besonderem Fokus auf dem allgemeinen Verwaltungsrecht betrachtet werden.

1542 *Kopp*, GewArch 1986, 41.

1543 Siehe hierzu bereits oben Kapitel 3, in der Einleitung. Soweit ersichtlich existieren damit schon bislang über 10 verschiedene Ansätze, eine verbindliche Auskunft in Form der Zusicherung oder des Vorbescheids im besonderen Verwaltungsrecht zu regeln, während sich die Verallgemeinerungsansätze bislang mit Ausnahme der sehr umfangreichen Arbeit von Reichelt noch sehr stark in

Verwaltungsrecht zu suchen.[1544] Zugleich würde das Verwaltungsverfahren dadurch generell für ein weiteres Institut der Verfahrensstufung geöffnet werden, was auch zu einer Stabilisierung der verbindlichen Auskunft und einer Unabhängigkeit von allgemeinen tagespolitischen Entwicklungen beitragen würde.[1545] Zudem existieren weder sachliche noch rechtliche Gründe dafür, die verbindliche Auskunft lediglich auf ausgewählte Sachbereiche zu begrenzen.[1546] Auch haben die Erfahrungen mit der verbindlichen Zusage nach § 204 AO gezeigt, dass es nicht zielführend ist, lediglich die Möglichkeit verbindlicher Vorabentscheidungen nur für eng umgrenzte Teilbereiche zu normieren, denn dann wird hiervon regelmäßig nur sehr selten Gebrauch gemacht werden.[1547] Vielmehr sind nur solche Institute mit einem breiten Anwendungsbereich effektiv und praxistauglich. Dies zeigt allen voran die regelmäßige Einholung verbindlicher Auskünfte nach § 89 Abs. 2 AO eindrucksvoll.[1548]

Grenzen halten. Siehe zur bisherigen wissenschaftlichen Aufbereitung auch oben Kapitel 1 B. IV.

1544 Neuschöpfungen von verbindlichen Auskünften im Fachrecht erweisen sich sogar als dysfunktional, denn sie sind vielfach nicht durch fachspezifische Gegebenheiten vorgegeben, sondern einer Verallgemeinerung zugänglich, vgl. hierzu auch *Burgi/Durner*, Die Modernisierung des Verwaltungsverfahrens, S. 18. Insofern sprechen Burgi und Durner auch zutreffend davon, dass bei einer Überbetonung von Bereichskodifikationen die „Nachteile der Zerschneidung, Nivellierung und Zementierung fachgesetzlicher Besonderheiten" drohen, vgl. S. 22 ihres Gutachtens. Mithin ergibt sich ein zunehmender Bedarf, entgegen der beinahe schon ubiquitär anmutenden Spezialisierung des Verfahrensrechts jedenfalls das Institut der verbindlichen Auskunft einer allgemeinen Regelung zuzuführen.

1545 Gl. A. *Reichelt*, Vorbescheid, S. 64, der auch zu Recht allen Versuchen, in sämtlichen Gebieten des besonderen Verwaltungsrechts entsprechende Regelungen zu erlassen, die Chance der Realisierbarkeit abspricht. Gleichwohl untersucht er – wie bereits oben unter Kapitel 1 B. IV. erwähnt – zumindest bruchstückhaft einige mögliche zusätzliche Anwendungsbereiche im besonderen Verwaltungsrecht, vgl. S. 87 ff. seiner Arbeit. Er gelangt dabei jedoch zu dem zutreffenden Ergebnis, dass hierfür vorher erst einmal allgemeine und einheitliche Anforderungen entwickelt werden müssen, mithin also – vereinfacht ausdrückt – nicht vom besonderen auf das besondere Verwaltungsrecht, sondern vielmehr vom allgemeinen auf das besondere Verwaltungsrecht Schlüsse gezogen werden müssen. Insofern bedarf es zunächst einer umfassenden Aufbereitung für das allgemeine Verwaltungsrecht.

1546 *G. Mayer*, Zusage, S. 78.

1547 Siehe hierzu oben Kapitel 1 C. V.

1548 Einen weiten Anwendungsbereich befürworten ebenso *Burgi/Durner*, Die Modernisierung des Verwaltungsverfahrensrechts, S. 94.

Insofern vermag es durchaus zu überraschen, dass die verbindliche Auskunft – von der bereits existierenden Zusicherung nach § 38 VwVfG abgesehen[1549] – trotz ihrer langen Entstehungsgeschichte noch nicht als ausdifferenzierte allgemeine Regelung in den Verwaltungsverfahrensgesetzen kodifiziert wurde.[1550] Um dies zu ändern, ist in einem ersten Schritt die Rechtsnatur einer solchen verbindlichen Auskunft i.S.e. „materiellen" Auskunft zu untersuchen (B.). So kann eine verbindliche Auskunft entweder als Zusicherung i.S.d. § 38 VwVfG[1551] oder als Vorbescheid[1552] ergehen. Die Frage, welche dieser beiden VA-Ausprägungen im allgemeinen Verwaltungsrecht aus welchen Gründen vorzugswürdig ist, muss am Anfang der Darstellung stehen, wobei der vornehmlich vom BFH angenommenen unscharfen Treu und Glauben-Doktrin[1553] – wie die Untersuchung bis zu dieser Stelle gezeigt hat – in jedem Fall nicht zu folgen ist.[1554]

Sodann ist ausgehend von der Rechtsnatur näher zu untersuchen, inwieweit die verbindliche Auskunft Eingang in das allgemeine Verwaltungsrecht finden kann. Hierzu kommen freilich zwei unterschiedliche Modelle in Betracht.

Der erste Ansatz, der hier aber lediglich im Wege eines Exkurses und aus Gründen der Vollständigkeit dargestellt werden soll, ist eine Erteilung von verbindlichen Auskünften außerhalb gesetzlicher Normierung (C.). So erscheint eine solche Überlegung jedenfalls vor dem Hintergrund naheliegend, dass auch im Steuerrecht vor Schaffung von § 89 Abs. 2 AO im Jahr 2006 über zwei Jahrzehnte ein Erlass auf Basis von Verwaltungsvorschriften und damit ohne eine geschriebene gesetzliche Grundlage (erfolgreich) praktiziert wurde. Hierbei stellt sich vor allem die Frage, inwieweit die Verwaltungsbehörden überhaupt das Recht besitzen, solche Auskünfte mit Selbst- und Fremdbindung ohne eine geschriebene Rechtsgrundlage zu erteilen (I.). Von Interesse sind in diesem Zusammenhang zuvorderst die dogmatische Anknüpfung (1.) sowie eine Untersuchung des möglicherwei-

---

1549 Umfassend zu den Wesensmerkmalen und Besonderheiten der Zusicherung nach § 38 VwVfG siehe bereits oben Kapitel 3 B. I.

1550 Ähnlich auch *Selmer/Schulze-Osterloh*, JuS 1981, 393.

1551 So bei der verbindlichen Auskunft nach § 89 Abs. 2 AO, vgl. Kapitel 2 B. Ähnlich vermutlich auch bei der von Scholz andiskutierten verbindlichen Auskunft im Vertragsarztrecht, vgl. insoweit *Scholz*, MedR 2015, 572 ff.

1552 So beim Bauvorbescheid, vgl. Kapitel 3 B. IV.

1553 Vgl. hierzu bereits oben Kapitel 2 B. zur verbindlichen Auskunft nach § 89 Abs. 2 AO, wobei die dort dargestellte Kritik auch für das allgemeine Verwaltungsrecht gilt.

1554 Ablehnend auch *von Bombard*, Auskunft und Zusage im Steuerrecht, S. 125.

se entgegenstehenden Vorbehalts des Gesetzes aus Art. 20 Abs. 3 GG i.V.m. den Grundrechten und der Wesentlichkeitstheorie des BVerfG (2.).

Nachdem das Recht zur Erteilung verbindlicher Auskünfte untersucht wurde, ist sodann darauf einzugehen, ob sich auch eine Pflicht i.S.e. gebundenen Anspruchs dazu konstruieren lässt (II.). Als unmittelbar in der Verfassung wurzelnde Anknüpfungspunkte kommen hierfür die Grundrechte (1.), das Sozialstaatsprinzip aus Art. 20 Abs. 1 GG (2.) sowie das Rechtsstaatprinzip aus Art. 20 Abs. 3 GG (3.) in Betracht.

Wie zu zeigen sein wird, haben die Verwaltungsbehörden zwar das Recht dazu, verbindliche Auskünfte auch außerhalb gesetzlicher Normierung zu erteilen, eine Verpflichtung lässt sich aber nicht herleiten. Vielmehr stünde eine solche verbindliche Auskunft im Verwaltungsermessen, sodass die Verwaltungsgerichte die behördliche Entscheidung nach § 114 VwGO nur auf Ermessensfehler nachprüfen könnten, womit dem Interesse des Antragstellers nur bedingt gedient wäre.

Ins Zentrum des Interesses steht aufgrund der noch näher nachzuweisenden Unergiebigkeit einer verbindlichen Auskunft außerhalb gesetzlicher Normierung somit als zweiter möglicher Ansatz die verbindliche Auskunft auf gesetzlicher Grundlage (D.), auf welche die bisherige Untersuchung auch primär abzielte.[1555] Hierbei ist zunächst auf die Tatbestandsmerkmale und die Rechtsfolgenseite (I.) dieser neuen Auskunftsform einzugehen. Hierzu hat die Darstellung der schon vorhandenen Institute im besonderen Verwaltungsrecht bereits zahlreiche Erkenntnisse geliefert, sodass es gilt, diese für das allgemeine Verwaltungsrecht fruchtbar zu machen.[1556] Als besonders streitanfällig bei der verbindlichen Auskunft nach § 89 Abs. 2 AO erweist sich nach wie vor die Gebührenpflicht, sowohl dem Grunde nach als auch mit Blick auf die konkrete Gebührenberechnung nach dem Gegenstandswert.[1557] Damit stellt sich auch für das allgemeine

---

1555 Damit fokussiert sich die Darstellung ausschließlich auf die Frage, welche allgemeinen Anforderungen an eine gesetzliche Grundlage zu stellen sind und wie diese im Detail ausgestaltet werden könnte. Nicht Gegenstand der Darstellung werden daher weitergehende Fragen sein, etwa dahingehend, welche Auswirkungen die neue verbindliche Auskunft im allgemeinen Verwaltungsrecht etwa auf Anhörungs- oder Beteiligtenrechte hat. Letztlich wurde gerade zu diesen Fragen auch schon vieles von *Reichelt*, Vorbescheid, S. 283 ff. geschrieben, sodass insoweit auf seine Ausführungen verwiesen werden kann.

1556 Dass die jeweiligen Institute zwar spezialgesetzlich geregelt, jedoch keinesfalls verallgemeinerungsunfähig sind, zeigt bereits die Entscheidung des VGH München, NJW 1981, 2076 (2077) anschaulich.

1557 Hierzu umfassend oben Kapitel 2 D.

Verwaltungsrecht die Frage, ob eine Gebührenpflichtigkeit dem Grunde nach überhaupt zulässig ist und wenn ja ob sie es auch der Höhe nach ist, wenn man eine pauschalierte Berechnungsmethode zugrunde legt (II.). Nicht dargestellt wird hingegen der Rechtsschutz, denn dieser wurde bereits im Rahmen der Darstellungen der verbindlichen Auskunft nach § 89 Abs. 2 AO[1558] sowie des Bauvorbescheids nach § 73 Abs. 1 S. 1 NBauO[1559] eingehend betrachtet. Hierbei hat die Untersuchung gezeigt, dass sich einheitliche Maßstäbe für alle spezialgesetzlichen Institute entwickeln lassen, sodass diese auch für das allgemeine Verwaltungsrecht Geltung beanspruchen können, mithin insoweit vollständig auf die Ausführungen in den vorstehenden drei Kapiteln verwiesen werden kann.[1560]

Sodann soll auf Grundlage der Analysen in dieser Arbeit ein konkreter Gesetzgebungsentwurf für einen neuen § 25a VwVfG präsentiert werden, der neben der Zusicherung nach § 38 VwVfG und der allgemeinen Auskunfts- und Beratungspflicht nach § 25 VwVfG das VwVfG um einen Anspruch auf Erlass einer verbindlichen Auskunft bereichert und damit einen weiteren Schritt in Richtung einer stärker werdenden Verfahrensstufung darstellt (III.)[1561] oder m.a.W. die „herbstlichen Grautöne des in die Jahrzehnte gekommenen VwVfG“[1562] wieder zu erhellen und das VwVfG um ein modernes Institut der Verfahrensstufung zu erweitern.[1563]

1558 Oben Kapitel 2 E.

1559 Oben Kapitel 3 E.

1560 So hat die bisherige Untersuchung gezeigt, dass nur eine volle gerichtliche Kontrolldichte den Anforderungen der Rechtsschutzgarantie aus Art. 19 Abs. 4 GG gerecht werden kann. Diese trägt auch dazu bei, rechtsstaatskonforme Zustände zu schaffen, denn ein effektiver Rechtsschutz erweist sich als rechtsstaatliches Gebot, vgl. nur *Maurer*, in: FS 50 Jahre BVerfG, S. 467 (469).

1561 Wie *von Bomhard*, Auskunft und Zusage im Steuerrecht, S. 12 deutlich macht, kommt wegen der grundsätzlichen Bedeutung der verbindlichen Auskunft nur eine Regelung im allgemeinen Teil des Verwaltungsrechts in Betracht. Deshalb bedarf es – soweit man die verbindliche Auskunft nach der hier vertretenen rechtspolitischen Forderung in Zukunft gesetzlich verankert – zwingend einer Änderung des auch als „Grundgesetz des Verwaltungsrechts“ (*Schily*, NVwZ 2000, 883 (887)) bezeichneten VwVfG.

1562 So die treffende Formulierung von *Burgi*, JZ 2010, 105. Zur Kritik an der derzeitigen Justierung und den Mangelerscheinungen des VwVfG siehe auch *Pünder*, JuS 2011, 289 f.

1563 Vgl. zudem *Reichelt*, Vorbescheid, S. 46 ff., 52 f., 274. Damit fügt sich die nachfolgende Darstellung auch nahtlos in den allgemeinen politischen Trend zur Stärkung des VwVfG ein. Umfassend hierzu und zu den neuen Impulsen kodifikatorischer Novellen des Verwaltungsverfahrensrechts ist das von Burgi und

Zum Ende des Kapitels sind noch einige Schlussbetrachtungen anzustellen, die insbesondere auch einen Blick auf die weitere mögliche Entwicklung der verbindlichen Auskunft im allgemeinen Verwaltungsrecht werfen (IV.).

B. Rechtsnatur der verbindlichen Auskunft im allgemeinen Verwaltungsrecht

Bevor näher darauf eingegangen werden kann, inwieweit die Verwaltungsbehörde zur Erteilung von verbindlichen Auskünften berechtigt ist und u.U. sogar verpflichtet werden kann, ist zuvorderst ihre Rechtsnatur zu betrachten. Wie die bisherige Darstellung gezeigt hat, ist ein einheitliches Merkmal der verbindlichen Auskunft – obgleich sich dies nicht expressis verbis aus den jeweiligen Normierungen ergibt[1564] –, dass diese keine bloße behördliche Wissenserklärung mit Bindungswirkung auf Grundlage von Treu und Glauben (mehr) ist, sondern als VA ergeht und damit auch Teil des bedeutsamsten Handlungsinstrumentariums der Verwaltung ist.[1565] Zudem enthält sie kein verfügendes Element, sondern hat nur feststellende Wirkung, sodass diese kein befehlender oder gestaltender VA sein kann.[1566] Damit ist zugleich geklärt, dass die verbindliche Auskunft im Falle ihrer Wirksamkeit und ab diesem Zeitpunkt Bindungswirkung entfaltet[1567], sodass hierauf nicht mehr gesondert einzugehen ist. Uneinheitlich zeigt sich das Bild hingegen, wenn man die tieferen Verästelungen der VA-Dogmatik betrachtet. So sieht die weit überwiegende Auffassung in der verbindlichen Auskunft nach § 89 Abs. 2 AO eine spezialgesetzliche Aus-

---

Durner angefertigte umfassende Gutachten für das Ministerium für Inneres und Kommunales des Landes NRW unter dem Arbeitstitel „Modernisierung des Verwaltungsverfahrensrechts durch Stärkung des VwVfG“ aus dem Jahr 2012 sehr lesenswert.

1564 *Von Bomhard*, Auskunft und Zusage im Steuerrecht, S. 99 führt die fehlende ausdrückliche Regelung der Rechtsnatur im Fachrecht darauf zurück, dass der Gesetzgeber sich nicht festlegen wollte und es vielmehr der Rechtspraxis überlassen hat, der verbindlichen Auskunft ein „Rechtsnaturkleid“ zu geben.

1565 *Schoch*, Jura 2010, 670.

1566 Anders dagegen *von Bomhard*, Auskunft und Zusage im Steuerrecht, S. 106, der davon ausgeht, dass jeder feststellende VA „eine gehörige Portion Auskunft“ beinhalte, aber dementsprechend die verbindliche Auskunft kein feststellender VA sein könne.

1567 Zur Bindungswirkung als Wesensmerkmal des VA vgl. statt vieler nur *von Bomhard*, Auskunft und Zusage, S. 134.

formung der Zusicherung i.S.d. § 38 VwVfG[1568] mit der Folge *einseitiger* Bindungswirkung der Finanzverwaltung[1569], während der Bauvorbescheid i.S.d. § 73 Abs. 1 S. 1 NBauO nach breit konsentierter Auffassung als Vorbescheid ergeht und damit nicht nur eine zukünftige Regelung in Aussicht stellt, sondern bereits einen Teil der späteren Entscheidung mit definitiver und abschließender feststellender Wirkung vorwegnimmt und damit *beiderseitige* Bindungswirkung entfaltet.[1570]

Wie die Darstellung der Gemeinsamkeiten und Unterschiede indes gezeigt hat, ist der Vorbescheid gerade und vor allem mit Blick auf seine Rechtsänderungsfestigkeit und die volle gerichtliche Kontrolldichte zur Schaffung einer wirksamen und dauerhaften Rechts- und Planungssicherheit im Vergleich zur Zusicherung das vorzugswürdige Rechtsinstitut, denn der jeweilige Adressat erhält alleine hierdurch schon eine merklich stärkere Rechtsposition.[1571] Zudem ist der Vertrauensschutz beim rechtswidrigen Vorbescheid wesentlich intensiver, während bei der rechtswidrigen Zusicherung in der behördlichen Abwägung das Pendel zumeist zulasten des Vertrauensschutzes ausschlagen wird, sodass der Bürger insofern nur den zweitbesten Vertrauensschutz genießt.[1572] Daneben bietet der Vorbescheid auch den – bislang noch nicht so klar herausgestellten – Vorteil, dass die ihm inhärente Verfahrensstufung dazu führt, dass zeitraubende Doppelprüfungen vermieden werden, womit dem (Neben-)Zweck einer verbindlichen Auskunft, zur Rationalisierung und Effektuierung des gesamten Verwaltungsverfahrens beizutragen, adäquat Rechnung getragen wird.[1573] Damit kann die verbindliche Auskunft im allgemeinen Verwaltungsrecht nur ein Vorbescheid sein[1574], bei dem nicht bloß die Subsum-

1568 Umfassende Nachweise zur allgemeinen Auffassung, dass die verbindliche Auskunft nach § 89 Abs. 2 AO lediglich eine Zusicherung ist und nur eine Regelung in Aussicht stellt, finden sich oben in Kapitel 2 B.

1569 Dazu auch *Krekeler*, BLJ 2016, 24 (26) m.w.N.

1570 Vgl. bereits oben Kapitel 3 B. IV.

1571 *Degenhardt*, DVBl 1981, 994 (997). Siehe zur vergleichsweise „schwächeren" Zusicherung i.S.d. § 38 VwVfG auch *Reichelt*, Vorbescheid, S. 118.

1572 Ebenso die Annahme von *Maurer*, in: HStR IV, § 79 Rn. 115.

1573 *Mann*, Das gestufte Verwaltungsverfahren, S. 46.

1574 Mit der Einordnung der verbindlichen Auskunft als Vorbescheid und der so geschaffenen Verbindung zu Genehmigungsverfahren schließt sich die Folgefrage an, ob es neben der bereits in § 42a VwVfG normierten Genehmigungsfiktion auch eine verbindliche Auskunftsfiktion geben kann. Auf diese Spezialfrage soll hier allerdings nicht im Detail eingegangen werden. Insoweit kann zur Vertiefung vollständig auf OVG Hamburg, NordÖR 2003, 448 ff.; VGH

tion[1575], sondern auch die Entscheidung (im Umfang der Regelung) vorweggenommen wird[1576], mithin also keine Zusicherung vorliegen kann.[1577]

Diese Sichtweise bringt insofern auch aus Verwaltungssicht den Vorteil mit sich, dass sich der Bürger im nachgelagerten Verwaltungsverfahren nicht mehr auf eine für ihn möglicherweise noch vorteilhaftere Änderung der Rechtslage berufen kann. Obgleich damit mit der herkömmlichen Auffassung im allgemeinen Verwaltungsrecht, dass eine verbindliche Auskunft stets nur eine Selbstverpflichtung der Verwaltungsbehörde zu einem Handeln im zugesagten Sinne enthält und damit lediglich die gegenwärtige Rechtslage beurteilt[1578], gebrochen werden muss, so stellt sich dies als hinzunehmende Konsequenz dar, denn die Vorteile der Annahme der Rechtsnatur als Vorbescheid überwiegen hier bei weitem. Zudem ist – wie das BVerwG selbst eingesteht – nicht die Bezeichnung als Auskunft maßgeblich, sondern das, was jeweils Gegenstand der Auskunft ist.[1579]

Anknüpfend an die vorstehenden Ausführungen kann damit auch bereits zum Umfang und zum Anwendungsbereich der verbindlichen Auskunft Stellung bezogen werden. So ist es ein wesentliches und rechtsformprägendes Merkmal des Vorbescheids, dass er nicht bereits den gesamten Sachverhalt rechtsverbindlich einschätzen kann, sondern eine Entscheidung nur über Teilaspekte möglich ist, mithin nur darüber eine verbindli-

München, BayVBl 2002, 240 ff. sowie *Guckelberger*, DÖV 2010, 109 (112) verwiesen werden.

1575 So aber die Ausgangslage bei der (hier abzulehnenden) Zusicherung, vgl. *von Bombard*, Auskunft und Zusage im Steuerrecht, S. 148.

1576 Damit bedarf es auch keines Rückgriffs auf den von *G. Rose*, StbJb 1987/88, 361 (383 ff.) kreierten Vertrauensschutzbescheid, der zwar von seinen Rechtswirkungen her dem Vorbescheid ähnlich ist, jedoch noch eine weitere Kategorie von Bescheiden schafft, für welche durch die Existenz des Vorbescheids der Bedarf fehlt.

1577 Die verbindliche Auskunft kann damit auch keine Zusageelemente enthalten, denn sobald mehr mitgeteilt wird als ein bloßes Wollen, etwa in Form einer bereits teilweise endgültigen Entscheidung, ist der Anwendungsbereich für eine Zusage nicht mehr eröffnet, vgl. *von Bombard*, Auskunft und Zusage im Steuerrecht, S. 92. Insofern sind die Institute hier zu trennen und können nicht miteinander vermengt werden.

1578 BVerwG, DVBl 1982, 552 (554); *Hey*, Steuerplanungssicherheit, S. 735; *Kopp*, GewArch 1986, 41 (43). *Pfeiffer*, DB 1987, 2380 (2381) sieht die Begriffe verbindliche Zusage und verbindliche Auskunft gar als Synonyme an, sodass man die verbindliche Auskunft sowohl begrifflich als auch inhaltlich der Zusicherung nach § 38 VwVfG zuordnen müsse.

1579 BVerwG, DVBl 1982, 552 (554).

che Auskunft ergehen kann, ob ein Vorhaben grundsätzlich rechtlich zulässig ist.[1580] Damit lassen sich nicht alle auftretenden Rechtsfragen „auf einen Schlag" abhandeln, sondern es findet eine sukzessive Verfestigung der Rechtslage statt, wobei sich die auftretenden Rechtsfragen mit dem Fortschreiten des Verfahrens verringern.[1581] Jede andere Auffassung würde zu einem systematischen Bruch führen, denn für eine vollumfassende rechtliche Würdigung eines zukünftigen, unverwirklichten Sachverhalts ist gerade das Institut der Zusicherung nach § 38 VwVfG geschaffen worden, mit der negativen Folge, dass das Schicksal der Zusicherung mit der Erhaltung bzw. Änderung der Rechtslage steht und fällt.[1582] Damit kann der Antragsteller durch eine verbindliche Auskunft im allgemeinen Verwaltungsrecht nicht „das Beste aus zwei Welten" für sich in Anspruch nehmen, sondern muss sich entscheiden, ob er eine vollumfassende Würdigung des gesamten Sachverhalts mit dem Risiko der fehlenden Rechtsänderungsfestigkeit (dann muss er eine Zusicherung nach § 38 VwVfG beantragen) oder eine rechtliche Würdigung eines Sachverhaltsteiles mit dem Vorteil der definitiven und nahezu sakrosankten Feststellungswirkung (dann muss er die – sogleich näher zu spezifizierende – verbindliche Auskunft beantragen) erhalten möchte.[1583] Zudem wird er eine verbindliche Auskunft nur in den Fällen beantragen, in denen der verbindlichen Auskunft als Vorbescheid auch jedenfalls potentiell ein Endbescheid nachfolgt, sodass diese ihren Hauptanwendungsfall in umfangreichen Genehmigungsverfahren haben würde.[1584] Für alle anderen Fälle wäre weiterhin vor allem die Zusi-

---

1580 *Dietlein/Thiel*, DV 38 (2005), 211 (219).

1581 *Mann*, Das gestufte Verwaltungsverfahren, S. 17 m.w.N.

1582 Mit der hier vertretenen Auffassung im Einklang stehen auch die Ausführungen von *Dietlein/Thiel*, DV 38 (2005), 211 (224), die einen solchen „Gesamtvorbescheid" ablehnen.

1583 Für die klare Trennung zwischen Zusicherung und verbindlicher Auskunft in Gestalt eines Vorbescheids im allgemeinen Verwaltungsrecht plädiert auch *Reichelt*, Vorbescheid, S. 125, 173, sodass er VAe ablehnt, die sowohl einen zusagenden als auch einen teilweise vorwegnehmenden Teil enthalten.

1584 Umfangreiche Genehmigungsverfahren finden sich vor allem im Bereich der Anlagengenehmigung, sodass die verbindliche Auskunft hier Maßstäbe setzen kann. Anders jedoch bei den Personalgenehmigungen, die nicht von derartiger Komplexität sind, dass sich über eine Verfahrensstufung ein Mehrwert generieren lässt. Gl. A. sind auch *Burgi/Durner*, Die Modernisierung des Verwaltungsverfahrensrechts, S. 94.

cherung nach § 38 VwVfG das anzuwendende Rechtsinstitut.[1585] Damit ist zugleich auch gesagt, dass die verbindliche Auskunft nicht dazu geeignet ist, die allgemeine Reduktion der staatlichen Präventivkontrolle durch Verringerung der Genehmigungstatbestände zu kompensieren, sondern sie verhält sich stets akzessorisch zur behördlichen Endentscheidung.[1586]

C. Exkurs: Die verbindliche Auskunft außerhalb gesetzlicher Normierung

Als erste mögliche Implementierung einer verbindlichen Auskunft im allgemeinen Verwaltungsrecht ist – analog der Entwicklung der verbindlichen Auskunft im Steuerrecht – im Wege eines Exkurses auf die Erteilung verbindlicher Auskünfte außerhalb gesetzlicher Normierung einzugehen. Dabei sind zunächst weniger die konkreten tatbestandlichen Anforderungen von Interesse, denn bereits auf einer Vorstufe stellt sich die Frage danach, ob die Verwaltungsbehörden überhaupt das Recht dazu haben, diese zu erteilen. Würde man dies verneinen, so stellt sich gar nicht mehr die Frage nach den tatbestandlichen Voraussetzungen.[1587] Ließe sich das Recht zur Auskunftserteilung hingegen bejahen, so stellt sich vor allem die Anschlussfrage, ob der Bürger die Verwaltungsbehörde hierzu auch verpflichten kann. Wäre dies nicht der Fall, so könnte die verbindliche Auskunft im allgemeinen Verwaltungsrecht nach der derzeitigen Ausgestaltung des VwVfG als „zahnlosen Tiger“ angesehen werden, denn trotz Vorliegens der

---

1585 Damit erweist es sich letztlich als konsequent, dass nach weit überwiegender Auffassung die verbindliche Auskunft nach § 89 Abs. 2 AO eine spezialgesetzliche Ausformung der Zusicherung i.S.d. § 38 VwVfG darstellt, denn eine „Steuergenehmigung“ gibt es nicht, sodass die verbindliche Auskunft im Steuerrecht auch nicht als (aufschiebend bedingter) Vorbescheid ergehen kann. Selbiges trifft auch auf das Vertragsarztrecht zu, in welchem die jeweiligen Verträge ebenfalls keiner vorherigen Genehmigung bedürfen. Gl. A. sind *Selmer/ Schulze-Osterloh*, JuS 1981, 393 (396), die zu Recht dafür plädieren, solche besonderen Bescheidregelungen aus dem Kanon der Vorbescheide auszuklammern.

1586 So auch das Resümee von *Löher*, Das Verwaltungsverfahren, S. 124, die aber dennoch in der verbindlichen Auskunft in Gestalt des Vorbescheids mit Blick auf die Möglichkeit der Verfahrensbeschleunigung Vorzüge erblickt.

1587 Vgl. auch *von Bombard*, Auskunft und Zusage im Steuerrecht, S. 128, nach dessen Ausführungen es eine (allgemeine) verbindliche Auskunft grundsätzlich nicht geben könne und der Gesetzgeber selbst die Ausnahmen festzulegen habe.

tatbestandlichen Voraussetzungen hätte die Verwaltungsbehörde weitestgehend freie Hand, ob sie sich selbst binden möchte oder nicht.

I. Das Recht zur Erteilung verbindlicher Auskünfte

Zunächst stellt sich die Frage nach der dogmatischen Anknüpfung für eine verbindliche Auskunft außerhalb gesetzlicher Normierung (1.). Sodann ist der Grundsatz vom Vorbehalt des Gesetzes zu erörtern, welcher es grundsätzlich verbietet, ohne eine geschriebene Rechtsgrundlage verbindliche Einzelfallentscheidungen zu treffen (2.).[1588] Betrachtet wird damit im nachfolgenden Teil vor allem die materiellrechtliche Zulässigkeit von verbindlichen Auskünften, während für die davon zu unterscheidende verfahrensrechtliche Zulässigkeit (insb. vor dem Hintergrund der §§ 9, 10 VwVfG) auf die schon vielfach zitierte Dissertation von Reichelt verwiesen werden kann.[1589]

1. Dogmatische Anknüpfung

Für die dogmatische Anknüpfung der Erteilung verbindlicher Auskünfte wurden bereits zahlreiche Vorschläge geliefert, die sich aber häufig ausschließlich mit dem Steuerrecht befassen.[1590] Herauskristallisiert haben sich dabei vor allem zwei Ansätze, die es nachfolgend darzustellen gilt, wobei die Frage zu stellen ist, ob diese Ansätze auch für die verbindliche Auskunft im allgemeinen Verwaltungsrecht fruchtbar gemacht werden können.

Klarstellend ist vorab darauf hinzuweisen, dass in dieser Arbeit die Idee nicht weiterverfolgt wird, das Recht im Wege einer Analogie zur bereits bestehenden Regelung des § 89 Abs. 2 AO zu begründen. Denn für eine solche Konstruktion müsste eine planwidrige Regelungslücke vorlie-

1588 Nicht entgegenstehen kann dagegen von vornherein der rechtsstaatlich indizierte Grundsatz der Verhältnismäßigkeit, denn die verbindliche Auskunft dient als Mittel zum Dispositionsschutz gerade dazu, unnötige Kosten und Mühen zu sparen, trägt zum aktiven Grundrechtsschutz bei und ist damit ausschließlich begünstigend, vgl. insoweit auch *Reichelt*, Vorbescheid, S. 62 f.

1589 *Reichelt*, Vorbescheid, S. 61 ff.

1590 Umfangreiche Darstellungen der Meinungsvielfalt finden sich u.a. bereits bei *Tipke*, StuW 1962, 697 (699) sowie *von Bomhard*, Auskunft und Zusage im Steuerrecht, S. 180 ff.

gen[1591], m.a.W. müsste eine Nichtregelung trotz Regelungsbedarfs bestehen, wobei der klassische Fall der der unbewussten Nichtregelung ist.[1592] Blickt man vor diesem Hintergrund auf die verbindliche Auskunft nach § 89 Abs. 2 AO, so fehlt es bereits an der Nichtregelung, denn diese Norm erfasst nach dem Willen des Steuergesetzgebers bewusst nur das Steuerrecht und kann damit schon alleine deswegen nicht analog auf eine verbindliche Auskunft im allgemeinen Verwaltungsrecht anwendbar sein. Insofern liegt statt einer Nichtregelung eine sog. negative Regelung vor, also eine bewusste Verengung des Anwendungsbereichs, womit der Weg für eine Analogie versperrt ist.[1593]

Zudem kann das Recht zur Erteilung verbindlicher Auskünfte auch nicht aus richterlicher Rechtsfortbildung folgen, denn es existiert bislang – soweit ersichtlich – noch keine Entscheidung, die eine verbindliche Auskunft im allgemeinen Verwaltungsrecht in Gestalt eines Vorbescheids anerkannt hat.[1594] Damit fehlt für eine mögliche richterliche Rechtsfortbildung jeder Anknüpfungspunkt.

a) Kein explizites gesetzliches Verbot

Die zunächst naheliegende Begründung für die Zulässigkeit der Erteilung von verbindlichen Auskünften ohne gesetzliche Grundlage ist die, dass im geschriebenen Recht kein explizites gesetzliches Verbot besteht. Tatsächlich wurde dies auch vom BFH betreffend die verbindliche Auskunft im Steuerrecht so vertreten.[1595] Hierzu führt der BFH aus: „Wenn das Finanzamt es für zweckmäßig hält, im Einzelfall einen bestimmten Sachverhalt, dessen steuerliche Behandlung zweifelhaft und für die wirtschaftlichen Dispositionen des Steuerpflichtigen von Bedeutung ist, vorher zu klären und dem Steuerpflichtigen seine Stellungnahme mitzuteilen, so verstößt es nicht gegen das Gesetz."[1596] Der Sichtweise des BFH haben sich auch ver-

1591 *Reimer*, Juristische Methodenlehre, 1. Aufl. 2016, Rn. 568.
1592 *Reimer*, Juristische Methodenlehre, Rn. 568.
1593 *Reimer*, Juristische Methodenlehre, Rn. 573.
1594 Vgl. insoweit auch bereits die Darstellung oben unter Kapitel 1 B. IV., wonach sich die bisherige Judikatur ausschließlich auf das besondere Verwaltungsrecht bezieht.
1595 BFHE 68, 137 (139).
1596 BFHE 68, 137 (139).

einzelt Autoren im Schrifttum angeschlossen.[1597] Zudem deuten auch die Ausführungen des BVerwG in der schon vorgestellten Entscheidung zur grundsätzlichen Zulässigkeit eines Vorbescheids im Gewerberecht in diese Richtung.[1598] Für die Sichtweise des BFH, des BVerwG und der Teile des Schrifttums spricht, dass die verbindliche Auskunft lediglich zur Verfahrensstufung führt und damit eine einheitliche Entscheidung in zwei Teilkomplexe aufgespalten wird, die Entscheidung aber alleine durch die Möglichkeit der Stufung nicht inhaltlich verändert wird. Dementsprechend steht das Gesetz der Stufung des Verwaltungsverfahrens auch grundsätzlich neutral gegenüber.[1599] Zudem kann die Verwaltungsbehörde ohne ein entgegenstehendes Verbot das Verwaltungsverfahren grundsätzlich autark nach Zweckmäßigkeitsgesichtspunkten gestalten.[1600] Dagegen spricht wiederum, dass die Verwaltungsbehörde durch die Erteilung einer verbindlichen Auskunft im allgemeinen Verwaltungsrecht in Gestalt eines Vorbescheids nicht bloß eine Selbstbindung, sondern sogar eine darüber hinausgehende Fremdbindung verursacht (insbesondere in Dreipersonenkonstellationen). Deshalb ist der Ansatz des Nichtvorhandenseins eines expliziten gesetzlichen Verbots als Begründung alleine nicht ausreichend und vermag nicht vollauf zu überzeugen.

b) Als Annexkompetenz

Der andere mögliche Anknüpfungspunkt liegt in der Konstruktion einer Annexkompetenz. So könnte aus der expliziten gesetzlichen Ermächtigung zum Endakt als abschließender Sachentscheidung (i.d.R. einer Genehmigung) im Wege des argumentum a maiore ad minus auch geschlossen werden, dass auch ohne gesetzliche Grundlage der Vorakt als vorgelagerter Teil

---

1597 So etwa *Wernicke*, DVBl 1977, 914 (915) für einen möglichen Vorbescheid im Wasserrecht. Ähnlich offenbar auch der langjährige Bundesinnenminister Schily, der jedenfalls der jetzigen Ausgestaltung des VwVfG eine Offenheit für weitere Handlungsformen attestiert, sodass demzufolge auch einer verbindlichen Auskunft im allgemeinen Verwaltungsrecht außerhalb einer Normierung im VwVfG nichts entgegenstünde, vgl. *Schily*, NVwZ 2000, 883 (888).

1598 BVerwGE 24, 23 ff.

1599 Wie hier *Zeidler*, Gutachten, S. 47 ff.

1600 *Wernicke*, DVBl 1977, 914 (915).

des Endakts und Teilentscheidung erteilt werden kann[1601] oder in den Vorschriften zur Endentscheidung eine stillschweigende Ermächtigung zum Erlass der teilweisen Vorentscheidung zu erblicken ist.[1602] Dafür spricht, dass sich bei einem Vorbescheid das Verfahren lediglich formal verselbständigt, sich jedoch alle Teilakte an der Gesamtgenehmigung orientieren, denn End- und Vorbescheid stehen zueinander im Verhältnis des mehr zum weniger.[1603] Flankierend hierzu ist auch zu betonen, dass es der Verwaltungsbehörde bei vorhandener gesetzlicher Ermächtigung zum Endakt grundsätzlich freisteht, das Verwaltungsverfahren wirksam und effektiv, mithin nach Zweckmäßigkeitsgesichtspunkten zu gestalten.[1604] Insofern erscheint es konsequent, ihr auch eine Verfahrensstufung zu gestatten, soweit dadurch das Verfahren effektuiert wird, es sei denn, dass einer solchen Stufung rechtsstaatliche Grundsätze entgegenstehen. Solche sind allerdings bei der verbindlichen Auskunft nicht ersichtlich. Sie dient vielmehr prototypisch in verfahrensrechtlicher Hinsicht zur Verwirklichung des Rechtsstaates.[1605] Damit ist der überwiegend im Steuerverfahrensrecht präferierte Ansatz der Annahme einer Annexkompetenz auch für das allgemeine Verwaltungsrecht zu wählen.[1606]

1601 So etwa BVerwGE 24, 23 (27 f.); *Hey*, Steuerplanungssicherheit, S. 700; *Mann*, Das gestufte Verwaltungsverfahren, S. 33; *Reichelt*, Vorbescheid, S. 61; G. *Mayer*, Zusage, S. 66; *Osterloh*, JuS 1983, 280 (285) sowie *Wernicke*, DVBl 1977, 914 (916). Anders hingegen *von Bomhard*, Auskunft und Zusage im Steuerrecht, S. 187, der meint, dass durch die Annexkompetenz zur Frage der „Berechtigung" noch nichts gesagt sei.

1602 So die Annahme von BVerwGE 114, 226 (228). Ähnlich auch BVerwGE 119, 123 (125), wonach es genügt, dass sich die Ermächtigung durch Auslegung ermitteln lässt. Demnach könnte u.U. die Ermächtigung zur Endentscheidung auch so ausgelegt werden, dass davon als Minusmaßnahme das Recht umfasst ist, einen Ausschnitt aus dem Gesamtvorhaben vorab durch verbindliche Auskunft zu regeln.

1603 VGH Mannheim, Urt. v. 15.2.1990, 10 S 2983/88, JURIS, Rn. 27; *Mann*, Das gestufte Verwaltungsverfahren, S. 22.

1604 So schon die ältere Rechtsprechung und Literatur: BVerwGE 24, 23 (27); DVBl 1972, 678 (679); OVG Lüneburg, DVBl 1983, 184 (186); *Osterloh*, JuS 1983, 280 (285). Siehe hierzu auch § 10 S. 2 VwVfG, der die Verwaltungsbehörde sogar dazu verpflichtet, das Verfahren einfach, zweckmäßig und zügig durchzuführen.

1605 Wie hier *Reichelt*, Vorbescheid, S. 62.

1606 So auch *Löher*, Das Verwaltungsverfahren, S. 125; *Reichelt*, Vorbescheid, S. 61, jeweils m.w.N. A.A. VGH Mannheim, Urt. v. 15.2.1990, 10 S 2983/88, JURIS, Rn. 20, wonach die verbindliche Auskunft allgemein nur dann zulässig sei, wenn das Gesetz dies ausdrücklich gestatte. Einschränkend auch VG Potsdam, LKV 2004, 236 (238), welches den hier präsentierten Lösungsansatz jedenfalls

2. Kein entgegenstehender Vorbehalt des Gesetzes

Jede Erteilung verbindlicher Auskünfte bzw. spiegelbildlich auch deren Verweigerung aus formellen oder materiellrechtlichen Gründen unterliegt trotz der Möglichkeit der Konstruktion einer Annexkompetenz bei Existenz einer ausdrücklichen Ermächtigung zur endgültigen Sachentscheidung mit Blick auf den zwar im Grundgesetz nicht explizit erwähnten, jedoch aus Art. 20 Abs. 3 GG folgenden Vorbehalt des Gesetzes[1607] prima facie Bedenken, sodass dieser ebenfalls zu betrachten ist.[1608] Obgleich dieser nicht als „Totalvorbehalt" anzusehen ist, mithin also nicht generell eine gesetzliche Grundlage für das Handeln der Verwaltung erforderlich ist[1609], kann er eine solche doch im konkreten Einzelfall verlangen. Im Zusam-

---

für das besondere Verwaltungsrecht ablehnt. Wobei das VG Potsdam auf die Frage, ob eine verbindliche Auskunft im allgemeinen Verwaltungsrecht zulässig ist, nicht eingeht.

1607 Hierzu BVerfGE 78, 179 (197) sowie *Schulze-Fielitz*, in: Dreier, GG, Art. 20 (Rechtsstaat) Rn. 105 m.w.N., wobei Letzterer auch überzeugend darlegt, dass der Grundsatz vom Vorbehalt des Gesetzes neben der rechtsstaatlichen auch eine demokratische Dimension hat. So auch *Gusy*, JA 2002, 610 (612). Allgemein zu den vertretenen Auffassungen zur Herleitung des Vorbehalts des Gesetzes *Detterbeck*, Jura 2002, 235 (236).

1608 Anders wäre dies hingegen, wenn sich zwar keine explizite („wahrhaft ausdrückliche") Ermächtigung für verbindliche Auskünfte finden lässt, eine solche aber durch Auslegung ermittelt werden kann, denn dann wäre dem Vorbehalt des Gesetzes genüge getan (BVerwGE 119, 123 (124f.); 143, 203 (204)). Dies mag im Einzelfall möglich sein, jedoch kann nicht a priori davon ausgegangen werden, dass eine solche bei verbindlichen Auskünften im allgemeinen Verwaltungsrecht stets gegeben ist. Jedenfalls ergibt sich eine solche noch nicht automatisch aus der Annahme einer Annexkompetenz. Die Bedenken potenzieren sich zudem, wenn man die Konstruktion einer Annexkompetenz ganz ablehnen würde, sodass an dieser Stelle der Vorbehalt des Gesetzes eingehend zu untersuchen ist.

1609 BVerfGE 68, 1 (109); *Maurer*, Allg. VwR, § 6 Rn. 11; *Löher*, Das Verwaltungsverfahren, S. 143; *Detterbeck*, Jura 2002, 235 (238); *Kunig*, Das Rechtsstaatsprinzip, S. 321. Siehe hierzu auch *Antoni*, in: Hömig/Wolff, GG, Art. 20 Rn. 15 sowie *Grzeszick*, in: Maunz/Dürig, GG, Art. 20 Rn. 108. Allgemein zum Streitstand um die Lehre vom Totalvorbehalt vgl. nur *Schulze-Fielitz*, in: Dreier, GG, Art. 20 (Rechtsstaat) Rn. 108. Der Begriff des Totalvorbehalts wird in dieser Arbeit so verstanden, dass er eine Rechtsgrundlage für jedwedes staatliche Handeln fordert, mithin alles vom Gesetzgeber zu regeln, was freilich nicht der Fall ist. Anders etwa *Dalichau*, Auskünfte und Zusagen, S. 282, die dessen Existenz unter der Annahme bejaht, dass er sowohl für die Eingriffs- als auch für die Leistungsverwaltung gilt, also kein Bereich grundsätzlich per se ausgenommen werden kann.

menhang mit verbindlichen Auskünften im allgemeinen Verwaltungsrecht sind dabei vor allem der allgemeine grundrechtliche Gesetzesvorbehalt (a) sowie die Wesentlichkeitstheorie des BVerfG (b) in den Fokus der Betrachtung zu rücken.[1610]

a) Der allgemeine grundrechtliche Gesetzesvorbehalt

Der rechtsstaatlich und demokratisch tragende und aus dem Prinzip der Gesetzmäßigkeit der Verwaltung folgende allgemeine grundrechtliche Gesetzesvorbehalt[1611] besagt, dass die Exekutive nicht ohne geschriebene Ermächtigungsgrundlage die Grundrechte der Bürger beeinträchtigen darf.[1612] Eingriffe in „Freiheit und Eigentum" bedürfen daher einer parlamentarisch legitimierten Rechtsgrundlage, mithin eines formellen Geset-

1610 Abzugrenzen sind beide dagegen vom Parlamentsvorbehalt, was hier allerdings aus Gründen der Stoffbegrenzung nicht erfolgt. Insofern sei vielmehr auf die Ausführungen von *Grzeszick*, in: Maunz/Dürig, GG, Art. 20 Rn. 76 sowie *Detterbeck*, Jura 2002, 235 (237) verwiesen. Eine weitere Abgrenzung kann zudem zur Rechtsschutzgarantie aus Art. 19 Abs. 4 GG vorgenommen werden, aus der nach mittlerweile breit konsentierter Auffassung kein eigenständiger Gesetzesvorbehalt folgt, vgl. insoweit nur *Maurer*, in: FS 50 Jahre BVerfG, 467 (476) mit den entsprechenden Nachweisen.

1611 Siehe zum allgemeinen grundrechtlichen Gesetzesvorbehalt auch *Gusy*, JA 2002, 610 (611 ff.) sowie *Görisch*, JuS 1997, 988 (989). Diese legen anschaulich dar, dass der allgemeine grundrechtliche Gesetzesvorbehalt nur einer unter mehreren Gesetzesvorbehalten ist. Dieser ist jedoch der einzige, der für die hier erörterte Frage virulent wird. Zu den anderen, insbesondere den besonderen grundrechtlichen Gesetzesvorbehalten sei ebenfalls auf die vorbenannten beiden Beiträge verwiesen.

1612 Der Begriff der Grundrechte meint in diesem Zusammenhang alle Grundrechte, sodass – wenn kein spezielles Freiheits- oder Gleichheitsrecht betroffen ist – jedenfalls ein Rückgriff auf die allgemeine Handlungsfreiheit aus Art. 2 Abs. 1 GG möglich ist, denn der Grundrechtsschutz wird lückenlos gewährleistet, vgl. nur *Detterbeck*, Jura 2002, 235 (236) sowie *Kunig*, Das Rechtsstaatsprinzip, S. 320. Dementsprechend gelten die Grundrechte auch nach mittlerweile unumstrittener Auffassung in den früher vielfach postulierten „besonderen Gewaltverhältnissen", vgl. dazu die u.a. maßgebliche Strafgefangenen-Entscheidung des BVerfG (BVerfGE 33, 1 (10)).

zes.[1613] Dies gilt umso mehr, wenn die jeweilige staatliche Handlung existenzielle Fragen betrifft.[1614]

Zur Beantwortung der Frage, ob im Rahmen von verbindlichen Auskünften eine solche Beeinträchtigung vorliegt, ist zunächst das Verhältnis zwischen der Endentscheidung und dem Vorbescheid (als solcher die verbindliche Auskunft ergeht) zu betrachten. So wird die Endentscheidung – wie bereits dargestellt – i.d.R. eine Genehmigung sein, die ein zunächst von der Rechtsordnung errichtetes Verbot durch die Erteilung der Erlaubnis beseitigt (sog. präventives Verbot mit Erlaubnisvorbehalt). Für diese ist anerkannt, dass eine gesetzliche Grundlage erforderlich ist.[1615] Fraglich erscheint jedoch, ob selbiges auch für die verbindliche Auskunft als Vorbescheid gelten kann, die jedenfalls einen Teil der Entscheidung abschließend vorwegnimmt, jedoch selbst – anders als die Genehmigung – keine gestattende Wirkung i.S.e. Freigabe hat. Insofern stellt diese – wie schon oben konstatiert[1616] – lediglich einen feststellenden VA dar.

Ob für die Erteilung eines solchen eine gesetzliche Grundlage erforderlich ist, ist bislang nicht abschließend geklärt.[1617] Das BVerwG und der BFH gehen hierzu übereinstimmend davon aus, dass eine gesetzliche Grundlage dann erforderlich ist, wenn einerseits durch die behördliche Entscheidung eine förmliche Feststellung des Bestehens oder Nichtbestehens eines Rechtsverhältnisses erfolgt und sich diese andererseits aus Sicht des Adressaten als eine solche belastender Art darstellt, indem der Inhalt der Entscheidung etwas als rechtens feststellt, was der Betroffene erklärtermaßen für nicht rechtens hält.[1618] Damit müssen kumulativ zwei Voraussetzungen erfüllt sein. Zur näheren Begründung wird ausgeführt, dass

---

1613 *Schulze-Fielitz*, in: Dreier, GG, Art. 20 (Rechtsstaat), Rn. 107; *Gusy*, JA 2002, 610 (612). Insofern ist es auch nicht ausreichend, dass ein Rechtszustand richterrechtlich bereits anerkannt ist, denn Richterrecht kann allenfalls eine Rechtsnorm im materiellen, nicht jedoch im formellen Sinne sein.

1614 BVerfGE 68, 1 (13).

1615 *Engel*, Planungssicherheit, S. 99.

1616 Vgl. Kapitel 2 B. III. 3.

1617 *Sauthoff*, BauR 2013, 415 (420).

1618 BVerwGE 72, 265 (267); 114, 226 (227); 119, 123 (124 f.); 143, 203 (204); BFHE 212, 297 (301). Gleichwohl erkennt das BVerwG an, dass diese gesetzliche Grundlage nicht „wahrhaft ausdrücklich" sein muss, sondern auch im Wege der Auslegung ermittelt werden kann, vgl. BVerwGE 72, 265 (268). Bloße Zuständigkeitsregeln genügen dem aber nicht. Kritisch dazu *Jeremias*, DVBl 2014, 1047 (1048 f.), der für eine Abkehr von dieser restriktiven Rechtsprechung plädiert und eine Befugnisnorm als entbehrlich erachtet. Dies gelte jedenfalls dann, wenn der Bürger den feststellenden VA beantragt habe.

auch feststellende VAe zwar nicht aufgrund ihrer Rechtsnatur, jedoch wegen ihrer Rechtswirkungen stets von zumindest latent belastender Qualität seien, da auch bei diesen die Regelung i.S.d. § 35 S. 1 VwVfG in Bestandskraft erwachsen könne, was dazu führe, dass sich der Bürger an etwas halten müsse, was ihm selbst nicht genehm sei.[1619] Die h.M. hat sich dieser Rechtsprechung angeschlossen und bestimmt die belastende Wirkung nach Inhalt und Funktion des feststellenden VA.[1620]

Wendet man diese allgemeinen Grundsätze auf die verbindliche Auskunft an, so zeigt sich, dass der grundrechtliche Vorbehalt des Gesetzes bei einer Positivauskunft, die den Rechtskreis des Bürgers ausschließlich erweitert, offensichtlich nicht einschlägig ist, denn es handelt sich insoweit ausschließlich um einen begünstigenden VA, der zwar ein Rechtsverhältnis als bestehend feststellt, jedoch erfolgt dies in Übereinstimmung mit dem Willen des Bürgers, sodass es an der zweiten Voraussetzung fehlt.[1621] Weiterer Argumentation bedürfen daher lediglich die Auskunftsverweigerung aus formalen Gründen bzw. die Negativauskunft. Hier ist der grundrechtliche Gesetzesvorbehalt aber im Grundsatz ebenfalls nicht tangiert. Dies ist jedenfalls dann der Fall, wenn davon ausgegangen wird, dass der Auskunftverweigerung aus formalen Gründen und der Negativauskunft keine Bindungswirkung zukommt und in ihr lediglich ein versagender „Vorbescheid" liegt, er also nicht mehr als das „Nein" der jeweiligen Verwaltungsbehörde enthält.[1622] Insofern wird durch sie kein Rechtsverhältnis als bestehend oder nicht bestehend festgestellt, denn ein Rechtsverhälnis erfordert, dass eine rechtliche Beziehung, ein subjektives Recht oder eine

---

1619 BVerwGE 72, 265 (267).

1620 *Schoch*, Jura 2010, 670 (675) mit zahlreichen Einzelnachweisen und weitergehenden Erläuterungen. Partiell anders hingegen etwa *Seer*, Verständigungen, S. 155, der für feststellende VAe grundsätzlich von der Geltung des grundrechtlichen Gesetzesvorbehalts ausgeht und insofern den Fokus auf die Frage legt, ob die VA-Befugnis in anderen gesetzlichen Vorschriften impliziert ist.

1621 *Löher*, Das Verwaltungsverfahren, S. 143; *G. Mayer*, Zusage, S. 62. Möglicherweise anders *Seer*, Verständigungen, S. 158, dessen Ausführungen den Schluss nahelegen, dass er aufgrund der beiderseitigen Bindungswirkung und der damit verbundenen Nichtmöglichkeit der Geltendmachung einer abweichenden Behandlung im nachgelagerten Entscheidungsverfahren von der Geltung des Vorbehalts des Gesetzes auch bei einer Positivauskunft ausgeht.

1622 *Dietlein*, in: Landmann/Rohmer, Umweltrecht, § 9 BImSchG Rn. 54 sowie *Kollmann*, DÖV 1990, 189 (193), wobei Letzterer mit Recht betont, dass ein ablehnender VA keine verbindliche Stellungnahme zur materiellen Rechtslage beinhaltet. Siehe hierzu auch *Reichelt*, Vorbescheid, S. 164.

Pflicht ensteht.[1623] Besagte Entstehung findet jedoch hinsichtlich subjektiver Rechte bzw. Pflichten gerade nicht statt, denn weder die Auskunftsverweigerung aus formalen Gründen noch die Negativauskunft enthalten selbst eine Regelung i.S.d. § 35 S. 1 VwVfG, die in Bestandskraft erwachsen kann.[1624] Auch eine rechtliche Beziehung wird alleine durch eine negative, unverbindliche Stellungnahme nicht begründet.[1625] Somit fehlt es in diesen beiden Konstellationen an beiden Voraussetzungen.[1626]

Anders ist dies, wenn man mit der Gegenansicht davon ausgeht, dass auch der negative „Vorbescheid" eine verbindliche Feststellung für das nachgelagerte Verwaltungsverfahren enthält, die als solche bestandskräftig werden und der Bürger somit im nachgelagerten Verwaltungsverfahren keine abweichende Sachbehandlung geltend machen kann.[1627] Dann würde jedenfalls die Negativauskunft, nicht jedoch die Auskunftsverweigerung aus formalen Gründen[1628] aufgrund ihrer belastenden und in grundrechtlich geschützte Positionen eingreifenden Wirkung gegen den Vorbehalt des Gesetzes verstoßen, sodass die Verwaltungsbehörde einen entsprechenden Antrag lediglich bearbeiten, nicht jedoch bescheiden dürfte.

Unabhängig von der höchstrichterlichen Rechtsprechung von BVerwG und BFH spricht allerdings in jedem Fall noch ein weiteres Argument gegen die Annahme, dass der grundrechtliche Vorbehalt des Gesetzes der Erteilung verbindlicher (Negativ-)Auskünfte entgegensteht. So ist die verbindliche Auskunft ein mitwirkungsbedürftiger VA, sodass diese nur auf

---

1623 *Pietzcker*, in: Schoch/Schneider/Bier, VwGO, Loseblatt, § 43 Rn. 5 m.w.N. Eingehend zur Definition des Rechtsverhältnisses unter Rezeption der bereits ergangenen Rechtsprechung siehe auch BVerwGE 100, 262 (264 f.).

1624 Gl. A. BVerwGE 100, 262 (268). A.A. *Happ*, in: Eyermann, VwGO, § 43 Rn. 17.

1625 Siehe hierzu auch *Happ*, in: Eyermann, VwGO, § 43 Rn. 15, wonach die Frage nach dem Vorliegen einzelner Tatbestandsmerkmale oder der Auslegung einer Rechtsnorm kein Rechtsverhältnis zum Gegenstand hat. Ebenso *von Nicolai*, in: Redeker/von Oertzen, VwGO, § 43 Rn. 6. Letztlich handelt es sich insbesondere bei der Negativauskunft genau um diesen Fall, denn mangels Verbindlichkeit hat der Antragsteller lediglich eine Auskunft dahingehend erhalten, wie die Verwaltung eine Norm derzeit auslegt.

1626 *G. Mayer*, Zusage, S. 63. Noch weitergehender etwa *Hey*, Steuerplanungssicherheit, S. 732 m.w.N., die sogar bei einer Negativauskunft von einer Begünstigung ausgeht, da der Antragsteller auch durch diese Dispositionssicherheit erhalte.

1627 So die Auffassung vom VGH München, BayVBl 2011, 1466 (1467) sowie von *Dietlein*, in: Landmann/Rohmer, Umweltrecht, § 9 BImschG Rn. 54 unter Verweis auf die allgemeinen verwaltungsverfahrensrechtlichen Regelungen für feststellende VAe.

1628 *Dietlein*, in: Landmann/Rohmer, Umweltrecht, § 9 BImschG Rn. 52, 67.

Antrag des Bürgers ergeht und damit ein freiwilliges Verfahren darstellt. Zudem kann er das Prüfprogramm im Auskunftsverfahren einseitig diktieren.[1629] Somit hat er es auch selbst in der Hand, ob er sich auf mögliche Nachteile der verbindlichen Auskunft, insbesondere mit Blick auf die aus der Handlungsform folgende Bestandskraft, einlässt. Stellt er den Antrag, so ist es sein ausdrückliches Begehren, die Verbindlichkeit in Form der Bestandskraft auch zu erhalten, sodass es vertretbar erscheint, ihn nicht – entgegen seinem eigenen Willen – durch eine extensive Lesart des grundrechtlichen Gesetzesvorbehalts vor dieser verbindlichen Auskunft mit Bindungswirkung zu bewahren.[1630]

Folglich steht der grundrechtliche Gesetzesvorbehalt der Erteilung verbindlicher Auskünfte außerhalb gesetzlicher Normierung im Verhältnis Verwaltungsbehörde – Antragsteller, also bipolar, nicht entgegen.[1631]

Abweichendes gilt jedoch dann, wenn die Erteilung der verbindlichen Positivauskunft einen Drittbezug aufweist.[1632] So stellt die aus Sicht des Antragstellers positive Auskunft zwar für diesen einen begünstigenden VA dar, aus Sicht des Dritten ist sie dagegen ein solcher belastender Art, denn er konstatiert abschließend, dass der durch die verbindliche Auskunft geregelte Teil des Vorhabens zulässig ist. Insofern enthält die Positivauskunft gegenüber dem Dritten auch eine „Regelung" i.S.d. § 35 S. 1 VwVfG, die in Bestandskraft erwachsen kann. Somit liegen beide Voraussetzungen vor, die das BVerwG und der BFH entwickelt haben. Auch das zweite Argument der eigenverantwortlichen Antragstellung kann hier nicht durchgreifen, denn der Dritte stellt selbst keinen Antrag auf verbindliche Auskunft und willigt insofern weder ausdrücklich noch konkludent in deren Erlass ein. Damit gilt im Falle eines Drittbezugs der grundrechtliche Vorbehalt

1629 *Ermisch*, NordÖR 2013, 49 (50).

1630 So auch *Jeremias*, DVBl 2014, 1047 (1049). Anders hingegen BVerwGE 72, 265 (267), wobei dieses davon ausgeht, dass in der Antragstellung kein ausdrückliches oder konkludentes Einverständnis liegen könne. Ähnlich auch *Löher*, Das Verwaltungsverfahren, S. 141, nach deren Auffassung die Geltung des Vorbehalts des Gesetzes nicht in die Dispositionsgewalt des Antragtellers gelegt werden dürfe.

1631 Der hier vertretenen Ansicht folgend VGH München, NJW 1981, 2076; *Scholz*, MedR 2015, 572 (575); *Löher*, Das Verwaltungsverfahren, S. 145; *Dalichau*, Auskünfte und Zusagen. S, 285 („verfassungsrechtlich gesichertes Terrain"); *Engel*, Planungssicherheit, S. 102; *Reichelt*, Vorbescheid, S. 61 sowie *Osterloh*, JuS 1983, 280 (282).

1632 Nicht jedoch bei einer Auskunftsverweigerung aus formalen Gründen oder bei einer Negativauskunft, denn beide Konstellationen erweisen sich aus Sicht des Dritten als ausschließlich vorteilhaft.

des Gesetzes, sodass eine Erteilung einer Positivauskunft außerhalb gesetzlicher Normierung nicht möglich ist.

b) Die Wesentlichkeitstheorie des BVerfG

Obschon durch die Erteilung verbindlicher Auskünfte außerhalb gesetzlicher Normierung jedenfalls im rein bipolaren Verhältnis zwischen Verwaltungsbehörde und Antragsteller kein Verstoß gegen den grundrechtlichen Gesetzesvorbehalt festgestellt werden konnte, kann die Prüfung an dieser Stelle noch nicht beendet werden. So erschöpft sich der Vorbehalt des Gesetzes nicht in der Forderung nach einer (mittelbaren) Rechtsgrundlage für Grundrechtseingriffe in „Freiheit und Eigentum“, sondern er geht in einer modernen demokratisch-parlamentarischen Staatsverfassung noch darüber hinaus.[1633] So ist es jedenfalls diskutabel, ob nicht die primär dem Schulrecht entstammende[1634], jedoch auch für die Ausgestaltung des Verwaltungsverfahrens anwendbare[1635] Wesentlichkeitstheorie des BVerfG erfordert, dass nur das Bundes- oder Landesparlament darüber zu befinden hat, ob eine gesetzliche Regelung geschaffen wird und damit nur auf Grundlage dieser verbindliche Auskünfte erteilt bzw. negativ beschieden oder verweigert werden dürfen.[1636] Die Wesentlichkeitstheorie, die selbst kein eigenständiger Gesetzesvorbehalt ist[1637], sondern vielmehr eine Art „Ausdehnung“[1638] von diesem darstellt, besagt, dass der Gesetzgeber in grundlegenden normativen Bereichen alle wesentlichen Entscheidungen selbst zu treffen hat, sodass auch bereits allseitig anerkanntes Gewohnheitsrecht der Wesentlichkeitstheorie nicht genügen kann.[1639] Insofern ist dieser

---

1633 BVerfGE 47, 46 (79); 95, 267 (307). Siehe zum Transformationsprozess vom allgemeinen grundrechtlichen Gesetzesvorbehalt hin zur Wesentlichkeitstheorie auch *Lipphardt*, EuGRZ 1986, 149 (155).

1634 Vgl. hierzu anschaulich BVerfGE 41, 251 (259 ff.).

1635 BVerfGE 83, 130 (152); *Schulze-Fielitz*, in: Dreier, GG, Art. 20 (Rechtsstaat) Rn. 116 sowie *Wehr*, JuS 1997, 419 (423).

1636 Zur allgemeinen Entwicklung der Wesentlichkeitstheorie im Schulrecht siehe nur BVerfGE 47, 46 (78 f.) m.w.N. Aus neuerer Zeit BVerfGE 108, 282 (312) betreffend das Kopftuchverbot für Lehrkräfte.

1637 *Hofmann*, in: Schmidt-Bleibtreu/Ders./Henneke, GG, Art. 20 Rn. 69.

1638 BVerwGE 72, 265 (266).

1639 BVerfGE 49, 89 (126); 95, 267 (307), jeweils m.w.N.; BVerwGE 51, 235 (242).

auch ein Verbot uferloser Delegation von Kompetenzen an die Exekutive sowie dem grenzenlosen Grassieren von Richterrecht inhärent.[1640]

Wesentlich ist dabei vor allem, was für die Grundrechtsverwirklichung wesentlich ist, womit zugleich der Bezug zum grundrechtlichen Gesetzesvorbehalt hergestellt ist.[1641] Betrachtet wird, wie grundrechtlich bedeutend eine Regelung für die Allgemeinheit und den einzelnen Bürger ist[1642], sodass eine hohe politische Bedeutung alleine nicht genügt.[1643] Die Wesentlichkeit ist dabei jedoch nicht fest zementiert, sondern eher gleitend i.S.e. „Je-desto-Formel" zu verstehen, sodass sich völlig eindeutige und abschließende Aussagen nicht abstrakt-generell, sondern nur einzelfallbezogen entwickeln lassen.[1644] So richtet sich die Frage der Wesentlichkeit auch nach dem jeweils betroffenen Sachbereich und den Eigenarten des betroffenen Regelungsgegenstands.[1645] Minder wesentliche Angelegenheiten müssen demnach jedenfalls nicht zwingend durch den Gesetz- oder Verordnungsgeber selbst geregelt werden, soweit sie die Grundrechte des Bürgers nicht nachhaltig bedrohen oder betreffen, sich mithin als grundrechtsneutral erweisen.[1646] Auch eine bloße Grundrechtsrelevanz ist als solche alleine noch nicht ausreichend.[1647]

1640 BVerfGE 83, 130 (142); 98, 218 (251); *Sommermann*, in: v. Mangoldt/Klein/Starck, GG, Art. 20 Rn. 273; *Grzeszick*, in: Maunz/Dürig, GG, Art. 20 Rn. 106; *Gusy*, JA 2002, 610 (613). Insofern ergänzen sich der grundrechtliche Vorbehalt des Gesetzes und die Wesentlichkeitstheorie hinsichtlich des Delegationsverbots, da beide ein solches statuieren.

1641 BVerfGE 34, 165 (193); 47, 46 (79); 57, 295 (321); 80, 124 (132); 84, 212 (226); 95, 267 (308); 98, 218 (251); 101, 1 (34); 123, 39 (78); 125, 175 (223). Daneben kann sich die Wesentlichkeit auch aus der besonderen Bedeutung des Gegenstands für den Rechtstaat ergeben, vgl. *Engel*, Planungssicherheit, S. 100. Dadurch, dass die Grundrechte und das Rechtsstaatsprinzip jedoch in einem engen Zusammenhang zueinanderstehen, ist i.d.R. auch das, was für die Grundrechtsverwirklichung wesentlich ist, für den Rechtsstaat bedeutsam, sodass die jeweiligen Übergänge fließend sind. So formuliert auch Kunig, dass „Vorbehaltsprinzip und Grundrechte den gleichen Gegenstand betreffen", vgl. *Kunig*, Das Rechtsstaatsprinzip, S. 321.

1642 *Ladeur/Gostomzyk*, DV 36 (2003), 141 (146).

1643 BVerfGE 49, 89 (126); 68, 1 (109); 98, 218 (251); *Sommermann*, in: v. Mangoldt/Klein/Starck, GG, Art. 20 Rn. 275; *Gusy*, JA 2002, 610 (614).

1644 BVerfGE 49, 89 (127); *Maurer*, Allg. VwR, § 6 Rn. 14; *Schulze-Fielitz*, in: Dreier, GG, Art. 20 (Rechtsstaat) Rn. 113; *Ladeur/Gostomzyk*, DV 36 (2003), 141, 147, 149; *Detterbeck*, Jura 2002, 235 (237).

1645 BVerfGE 98, 218 (251); 108, 282 (312).

1646 *Engel*, Planungssicherheit, S. 100.

1647 *Detterbeck*, Jura 2002, 235 (237).

Wird eine Sachmaterie jedoch als wesentlich eingestuft, so beantwortet die Wesentlichkeitstheorie nicht nur die Frage, ob sie gesetzlich geregelt werden muss, sondern auch wie weit sie zu gehen hat.[1648] Was dabei wesentlich oder nicht wesentlich ist, ist zu einem nicht unerheblichen Maße dadurch geprägt, was das BVerfG für wesentlich oder nicht wesentlich hält, sodass die Wesentlichkeitstheorie durch die entschiedenen Einzelfälle sukzessive konturiert wurde und nur ausgehend von ebendieser Rechtsprechung weitere Erkenntnisse möglich sind.[1649] Allgemeine Kriterien sind dabei vor allem die Bedeutung der betroffenen Rechtsgüter, die individuelle oder kollektive Langzeitwirkung des staatlichen Handelns sowie der Umfang des Adressatenkreises und die Unmittelbarkeit und Zielgerichtetheit einer gesetzlichen Regelungswirkung.[1650] Zudem ist bei jeder Einzelentscheidung der Sinn und Zweck der Wesentlichkeitstheorie mit einzubeziehen, das Bundes- oder Landesparlament gewissermaßen vor sich selbst zu schützen, indem globale Ermächtigungen an die Exekutive vermieden und damit zugleich deren Ermessen entzogen wird.[1651] Während die Wesentlichkeitstheorie früher sehr extensiv ausgelegt wurde[1652], hat in der jüngeren Rechtsprechung eine Kehrtwende eingesetzt, sodass die Wesentlichkeitstheorie zunehmend restriktiver verstanden wird.[1653]

Werden diese allgemeinen Maßstäbe auf die verbindliche Auskunft übertragen, so lässt sich die Grundrechtsrelevanz durchaus mit der Erwägung bejahen, dass die Kenntnis von der rechtlichen Würdigung eines Teiles eines zukünftigen Sachverhalts der grundrechtlichen Freiheitsausübung för-

---

1648 BVerfGE 49, 89 (127, 129); 83, 130 (152); 101, 1 (34); 123, 39 (78); *Hofmann*, in: Schmidt-Bleibtreu/Ders./Henneke, GG, Art. 20, Rn. 84; *Detterbeck*, Jura 2002, 235 (237).

1649 *Ladeur/Gostomzyk*, DV 36 (2003), 141 (148); *Seer*, Verständigungen, S. 162. So wurde etwa vom BVerfG für die Frage der grundsätzlichen Zulässigkeit der friedlichen Nutzung von Kernenergie eine explizite parlamentarische Regelung verlangt, vgl. BVerfGE 49, 89 (127), für die Stationierung von Pershing-2-Raketen und Marschflugkörpern genüge hingegen ein bloßer parlamentarischer Beschluss, vgl. BVerfGE 68, 1 (109 f.). Die beiden zitierten Entscheidungen zeigen, dass sich bei prima facie ähnlich bedeutsamen Fragen grundlegend verschiedene Auffassungen finden, weshalb sich ein einheitliches System freilich nur schwer erkennen lässt.

1650 *Schulze-Fielitz*, in: Dreier, GG, Art. 20 (Rechtsstaat) Rn. 113; siehe hierzu auch *Gusy*, JA 2002, 610 (614).

1651 BVerfGE 34, 165 (193) m.w.N.; *Ladeur/Gostomzyk*, DV 36 (2003), 141 (149).

1652 So forderte das BVerfG selbst für Sexualkunde an staatlichen Schulen eine gesetzliche Grundlage, vgl. BVerfGE 47, 46 (82).

1653 Vgl. hierzu nur die Darstellung von *Grzeszick*, in: Maunz/Dürig, GG, Art. 20 Rn. 105 mit den entsprechenden Nachweisen zu den einschlägigen Judikaten.

derlich ist und gerade dann, wenn beträchtliche Geldsummen damit verknüpft sind, auch existenziell notwendig sein kann. Zu beachten ist jedoch, dass sich die Einschlägigkeit der Wesentlichkeitstheorie vor allem nach dem Grad der Betroffenheit der Grundrechte bemisst.[1654] Insofern sind auch hier die Einwände maßgeblich, die bereits beim eben dargestellten allgemeinen grundrechtlichen Gesetzesvorbehalt vorgebracht wurden. So erfolgt die Auskunftserteilung stets nur auf Geheiß des Bürgers als Antragsteller und kann – ob sie nun positiv oder negativ ausfällt – die grundrechtliche Situation nur verbessern, jedoch nicht verschlechtern, da eine Auskunftsverweigerung aus formalen Gründen oder eine Negativauskunft für das nachfolgende Verwaltungsverfahren keine Bindungswirkung entfalten, sondern der Bürger vielmehr eine vollständig abweichende Sachbehandlung geltend machen kann. Zudem hat der Gesetzgeber – soweit das Genehmigungsverfahren im Fachrecht selbst expressis verbis normiert ist[1655] – bereits zum Ausdruck gebracht, dass die Verwaltung die Vollregelung jedenfalls im jeweiligen Spezialgebiet erlassen darf, sodass grundsätzlich kein sachlicher Grund ersichtlich ist, der Verwaltungsbehörde den Erlass einer Teilentscheidung zu verwehren.[1656] Obgleich aus dem Fachrecht keine Analogie für das allgemeine Verwaltungsrecht gezogen werden kann, spricht insofern bereits eine gewisse Vermutung auch im allgemeinen Verwaltungsrecht für die Möglichkeit der Erteilung verbindlicher Auskünfte. Erwähnenswert ist des Weiteren, dass sich im bipolaren Verhältnis keine weitreichenden Auswirkungen für unbeteiligte Dritte ergeben, sodass aus diesem Gesichtspunkt heraus die Wesentlichkeitstheorie der Erteilung verbindlicher Auskünfte in allen drei Variationen nicht entgegensteht.

Eine Ausnahme kommt allerdings dann in Betracht, wenn die verbindliche Auskunft ebendiesen Drittbezug und damit eine erhöhte „Streubreite“ aufweist und in der Erteilung der verbindlichen Auskunft zugunsten des Antragstellers zwar kein Eingriff in die Grundrechte Dritter zu erblicken ist, sodass der grundrechtliche Gesetzesvorbehalt nicht entgegensteht, je-

---

1654 BVerfGE 83, 130 (142); 98, 218 (252); 111, 191 (217); *Sommermann*, in: v. Mangoldt/Klein/Starck, GG, Art. 20 Rn. 279. Man könnte insofern sagen, dass das BVerfG hier die am Grundsatz der Verhältnismäßigkeit ausgerichtete Stufentheorie entsprechend anwendet, so wie es etwa auch im Bereich des Gesetzesvorbehalts für die Berufsfreiheit aus Art. 12 GG üblich ist, vgl. insoweit auch BVerfGE 33, 125 (160).

1655 Zur Voraussetzung, für die Erteilung verbindlicher Auskünfte auch das Genehmigungsverfahren selbst im VwVfG zu regeln, siehe unten E.

1656 Siehe hierzu auch die Ausführungen zur Konstruktion einer Annexkompetenz oben unter C. I. 1. b).

doch deren Grundrechtsverwirklichung in erheblicher Weise beeinträchtigt wird.[1657] Insofern könnte hier dasselbe wie auch im Subventionsrecht gelten, in welchem nach der hierzu ergangenen Rechtsprechung grundsätzlich auch ohne gesetzliche Grundlage Subventionen erteilt werden dürfen[1658], jedoch dann ein Gesetz erforderlich ist, wenn die Grundrechtsverwirklichung Dritter beeinträchtigt wird[1659], obgleich die Rechtsprechung inzwischen dahin tendiert, eher keine gesetzliche Grundlage zu verlangen.[1660]

Dieser Tendenz in der Rechtsprechung ist auch hier zu folgen, sodass eine gesetzliche Grundlage für eine verbindliche Auskunft aufgrund der Wesentlichkeitstheorie auch im Dreipersonenverhältnis nicht verlangt werden kann. Maßgeblich hierfür ist vor allem die Erwägung, dass die Wesentlichkeitstheorie selbst bei einer Beeinträchtigung der Grundrechtsausübung und damit einhergehend einer Annahme des Bestehens eines Parlamentsvorbehalts nicht zwingend ein Parlamentsgesetz verlangt, sondern regelmäßig eine bloße parlamentarische Befassung. Insofern kann der Wesentlichkeitstheorie – wie im Wehrverfassungsrechts – auch dadurch Genüge getan werden, dass ein schlichter Parlamentsbeschluss gefasst wird. Hier

1657 Damit ist auch hier kurz vorab darauf hinzuweisen, dass sich die nachfolgenden Darstellungen nur auf die Positivauskunft beziehen, während die Wesentlichkeitstheorie bei der Auskunftsverweigerung aus formalen Gründen oder der Negativauskunft mangels Beschwer des Dritten nicht entgegenstehen kann.

1658 Die Rechtsprechung lässt es insofern genügen, dass sich die Ermächtigung zur Vergabe von Subvention aus dem jeweiligen Haushaltsgesetz ergibt und die Vergabe der Subventionsmittel sodann auf Grundlage von Verwaltungsvorschriften erfolgt, vgl. BVerwGE 6, 282 (287 f.); NJW 1977, 1838 (1839); 58, 45 (48). Anders hingegen *Sommermann*, in: v. Mangoldt/Klein/Starck, GG, Art. 20 Rn. 281 f., der dies nur für kurzfristige Maßnahmen etwa im Zusammenhang mit Konjunktureinbrüchen oder Naturkatastrophen genügen lässt, jedoch ansonsten eine parlamentarische Grundlage außerhalb des Haushaltsgesetzes verlangt. Ähnlich auch *Schmidt-Assmann*, in: HStR II, § 26 Rn. 65, der sich für bereichsspezifische Vorbehalte ausspricht, einen durchgängigen Gesetzesvorbehalt im Subventionsrecht aber deutlich ablehnt.

1659 BVerwGE 6, 282 (288) spricht hier von einer „untrennbare(n) Wechselbeziehung zwischen der Auferlegung von Belastungen und der Gewährung von Begünstigungen". Insofern gilt demnach, dass der verstärkte Grundrechtsschutz des einen nicht zu einem minderen Grundrechtsschutz des anderen führen darf, sondern ein Ausgleich im Sinne praktischer Konkordanz zu finden ist. Siehe zum Subventionsrecht auch grundlegend *Maurer*, Allg. VwR, § 6 Rn. 19 ff. sowie *Detterbeck*, Jura 2002, 235 (238 f.) mit eingehender Darstellung des Meinungsspektrums und zahlreichen Einzelnachweisen.

1660 Recht deutlich in diese Richtung gehend BVerwG, NJW 1977, 1838 (1839).

etwa des Inhalts, dass der Deutsche Bundestag die Erteilung verbindlicher Auskünfte begrüße. Anders wäre dies nur dann, wenn – wie beim Sexualkundeunterricht – eine Vielzahl von Grundrechtsträgern betroffen wäre, was bei der Erteilung verbindlicher Auskünfte jedoch nicht der Fall ist.

II. Herleitung einer Verpflichtung zur Erteilung verbindlicher Auskünfte

Nachdem festgestellt wurde, dass die Verwaltungsbehörden aufgrund einer Annexkompetenz das Recht haben, verbindliche Auskünfte außerhalb gesetzlicher Normierung zu erteilen und auch der Vorbehalt des Gesetzes aus Art. 20 Abs. 3 GG i.V.m. den Grundrechten jedenfalls in rein bipolaren Verhältnissen nicht entgegensteht, ist nun die Frage aufzuwerfen, inwieweit der Einzelne einen Anspruch darauf hat, eine beantragte verbindliche Auskunft im Falle des Vorliegens der tatbestandlichen Voraussetzungen sowie der möglichen positiven rechtlichen Beurteilung der gestellten Fragen auch zu erhalten. Letztlich stellt sich diese Frage als Kernelement von verbindlichen Auskünften dar, denn der Bürger hat nur dann einen echten Mehrwert, wenn er die Verwaltungsbehörde – notfalls auch erst infolge einer gerichtlichen Entscheidung – dazu verpflichten kann, ihm die beiderseitig bindende verbindliche Auskunft auch zu erteilen. Als mögliche Anknüpfungspunkte für einen entsprechenden Anspruch kommen die Grundrechte (1.), das Sozialstaatsprinzip aus Art. 20 Abs. 1 GG (2.) sowie das Rechtsstaatprinzip aus Art. 20 Abs. 3 GG (3.) in Betracht, denn überall dort, wo es an einer gesetzlichen Konkretisierung fehlt, ist die Verwaltung auf den Rückgriff auf das Verfassungsrecht und die aus diesem destillierten Rechtsgrundsätze verwiesen.[1661] Als unergiebig erweist es sich dagegen von vornherein, eine Verpflichtung über eine analoge Anwendung der Grundsätze aus dem besonderen Verwaltungsrecht, im Anwendungsbereich verbindlicher Auskünfte vorwiegend des Steuerrechts, zu konstruieren, denn hierfür fehlt – wie im Rahmen des Rechts zur Erteilung erläutert – die planwidrige Regelungslücke.[1662]

1661 *Von Bombard*, Auskunft und Zusage im Steuerrecht, S. 26.

1662 Ähnlich auch *von Bombard*, Auskunft und Zusage im Steuerrecht, S. 26, der zu Recht für eine unmittelbare Anknüpfung an das Verfassungsrecht plädiert, alleine schon mit Blick darauf, dass dieses den individuellen Besonderheiten besser Rechnung tragen kann.

1. Grundrechte

Zunächst könnte sich eine Pflicht zur Erteilung sachkompetenzneutraler verbindlicher Auskünfte aus den Grundrechten ergeben. So sind die Grundrechte nach mittlerweile jahrzehntelanger Rechtsprechung des BVerfG nicht nur aufgrund ihrer geistesgeschichtlichen Entwicklung in allererster Linie Eingriffsabwehrrechte als status negativus[1663], sondern sie haben auch einen leistungsrechtlichen Gehalt als status positivus des Bürgers[1664], was sich auch im Verfahrensrecht und der Verfahrenspraxis niederschlagen muss.[1665] Damit können die Grundrechte in ihrer subjektiv-rechtlichen Dimension[1666] grundsätzlich unmittelbare Ansprüche des Bürgers schaffen, jedenfalls soweit keine untergesetzliche Regelung existiert, die einen Rückgriff auf die Grundrechte ausschließen würde.[1667]

Blickt man vor diesem Hintergrund auf verfassungsunmittelbare Auskunftsansprüche, so zeigt sich, dass diese bislang unter anderem im Presserecht jedenfalls von der Rechtsprechung anerkannt wurden. So geht das BVerwG seit 2013 davon aus, dass aus Art. 5 Abs. 1 S. 2 GG ein sachkompetenzneutraler Anspruch der Presse auf Auskunft folge[1668] und hat mit der herkömmlichen und anerkannten Dogmatik im Presserecht gebrochen,

1663 Der vorrangige Charakter der Grundrechte als Eingriffsabwehrrechte (BVerfGE 1, 97 (104); 7, 198 (204 f.); 61, 82 (101); *Ossenbühl*, Grundrechtsschutz im und durch Verfahrensrecht, in: Freiheit, Verantwortung, Kompetenz, Ausgewählte Abhandlungen von Fritz Ossenbühl, 1994, S. 245) sei hier auch nur am Rande erwähnt, denn ein Verstoß in dieser Hinsicht kann bei verbindlichen Auskünften – unabhängig von der sich jeweils stellenden Sachfrage – nicht gegeben sein, vgl. *Stark*, DB 2007, 2333 (2337).

1664 *Görisch*, JuS 1997, 988 (989). Wie Breuer aber zu Recht betont, sind die Grundrechte weiterhin hauptsächlich als negatorische Abwehrrechte gegen Eingriffe der öffentlichen Gewalt konzipiert, vgl. *Breuer*, Grundrechte als Anspruchsnormen, in: FG 25 Jahre BVerwG, S. 89. So auch *Lipphardt*, EuGRZ 1986, 149 (153). Siehe eingehend zu den verschiedenen Funktionen der Grundrechte und ihrer praktischen Relevanz auch *Epping*, Grundrechte, 7. Aufl. 2017, S. 5 ff.

1665 BVerfGE 63, 131 (143) m.w.N. Insofern ist ausgehend vom leistungsrechtlichen Gehalt der Grundrechte auch ein Anspruch auf Dispositionssicherheit anerkannt, vgl. nur *Eilers*, in: FS Streck, S. 305 (312).

1666 Siehe zur subjektiv-rechtlichen Dimension der Grundrechte und ihrem Zusammenspiel mit der objektiv-rechtlichen Dimension allgemein *Epping*, Grundrechte, S. 4. Plastisch zum Zusammenspiel bei der Meinungsfreiheit BVerfGE 7, 198 (204 f.); 57, 295 (320).

1667 *Ehlers*, in: Ders./Pünder, Allg. VwR, § 6 Rn. 4.

1668 BVerwGE 146, 56 ff.; 151, 348 ff.

nach welcher die Grundlage für Auskunftsansprüche der Presse auch gegenüber Bundesbehörden in den Landespressegesetzen zu verorten sind und die Pressefreiheit lediglich im Wege der verfassungskonformen Auslegung der Landespressegesetze Eingang gefunden hat.[1669] Zur Begründung führen die Leipziger Richter aus, dass unmittelbar aus Art. 5 Abs. 1 S. 2 GG in seinem objektivrechtlichen Gehalt die Pflicht folge, die institutionelle Eigenständigkeit der Presse zu sichern, wozu auch behördliche Auskunftspflichten zählten.[1670] So benötige die Presse gerade diese, um ihre Kontroll- und Vermittlungsfunktionen zu erfüllen, die beide in einer repräsentativen Demokratie unerlässlich seien. Folgt man dieser Argumentation, so kann die Presse aus Art. 5 Abs. 1 S. 2 GG eine Tatsachenauskunft verlangen, die allerdings auf das Niveau eines „Minimalstandards"[1671] beschränkt ist, welches auch der Gesetzgeber bei einer eigenen Regelung nicht unterschreiten dürfte.[1672]

Einen weiteren Auskunftsanspruch betreffend die Laufzeit und Bedingungen von Genehmigungen für den Betrieb von Omnibus- und Straßenbahnlinien hat das BVerwG zudem bereits früher aus der Berufsfreiheit nach Art. 12 Abs. 1 GG hergeleitet.[1673]

Obschon damit – soweit ersichtlich – zwar höchstrichterlich kein verfassungsunmittelbarer Anspruch auf Rechtsauskünfte, sondern nur auf Tatsachenauskünfte anerkannt ist, so zeigt die Diktion des BVerwG, dass Auskunftsansprüche aus Grundrechten grundsätzlich möglich und aufgrund der besonderen Bedeutung des jeweiligen Grundrechts auch partiell anerkannt werden, jedenfalls soweit dadurch die Interessen Dritter nicht in unvertretbarer Weise tangiert sind.[1674]

Hinsichtlich eines Anspruchs auf Rechtsauskunft und damit zu der hier im Fokus stehenden Frage äußerte sich bislang – soweit ersichtlich – lediglich der VGH München. Nach dessen Auffassung kann ein Anspruch auf

1669 Hierzu umfassend *Cornils*, AfP 2016, 205 ff., der auch eine äußerst kritische Position zu den jeweiligen Judikaten des BVerwG einnimmt und ein deutlicher Verfechter der bisherigen Dogmatik zu sein scheint. Seine Kritik fokussiert vor allem in den kompetenzrechtlichen Ausführungen des BVerwG.

1670 BVerwGE 146, 56 (63); 151, 348 (355).

1671 BVerwGE 146, 56 (64); siehe zum erforderlichen Minimalstandard auch *Löher*, Das Verwaltungsverfahren, S. 104.

1672 An anderer Stelle in der 2013-Entscheidung spricht das BVerwG auch davon, dass ein solcher Auskunftsanspruch hinreichend effektiv sein müsse, damit eine funktionsgemäße Betätigung der Presse möglich sei, vgl. BVerwGE 146, 56 (64).

1673 BVerwGE 118, 270 (272).

1674 Siehe hierzu nur BVerwGE 118, 270 (275).

Erlass eines feststellenden VA im Gewerberecht aus der Berufsfreiheit des Art. 12 GG folgen, jedenfalls dann, wenn ernsthafte Zweifel an der Reichweite der die Berufsausübung beschränkenden Norm bestehen und der Gewerbetreibende über ein berechtigtes Interesse an der Klarstellung verfügt.[1675] Damit zeigt sich bislang in der Rechtsprechung, dass jedenfalls partiell und punktuell Auskunftsansprüche sowohl bezüglich Tatsachen als auch der Rechtslage anerkannt werden, die einzelnen Judikate jedoch sehr stark kasuistisch geprägt sind und sich bislang kein geschlossenes und einheitliches System ergibt.[1676] Vielmehr greift die Rechtsprechung lediglich an ausgewählten Stellen korrigierend ein, an denen ohne eine entsprechende Auskunft ein unzumutbarer Rechtszustand – in den Worten des BVerwG ein „Dilemma“ – eintreten würde.[1677] Dies lässt sich vor allem darauf zurückführen, dass dem Staat bei der Erfüllung seiner Leistungspflicht ein weiter Gestaltungsspielraum zukommt.[1678]

Werden diese Überlegungen auf die verbindliche Auskunft übertragen, so ist zunächst festzustellen, dass es nicht nur ein einziges und damit generelles Grundrecht geben kann, aus dem Auskunftsansprüche für sämtliche Einzelfälle folgen können, denn für eine Deduktion identischer Verfahrensrechte sind die Grundrechte als solche zu verschieden.[1679] Vielmehr sind der jeweilige Sachbereich und die betroffenen Grundrechte zu betrachten, sodass – würde man einen Anspruch auf verbindliche Auskunft dem Grunde nach anerkennen – ein solcher aus jedem Grundrecht folgen könnte, welches im jeweiligen Einzelfall tangiert ist.[1680] Dies setzt jedoch voraus, dass Ansprüche auf verbindliche Rechtsauskünfte überhaupt aus Grundrechten abgeleitet werden können. Dadurch, dass Grundrechte aufgrund ihres Wortlauts und ihrer Funktion überwiegend nicht als An-

---

1675 VGH München, NJW 1981, 2076 (2077).

1676 In diesem Sinne auch *Schmidt-Assmann*, in: HStR II, § 26 Rn. 8, der feststellt, dass die verfahrensrechtlichen Probleme – zu denen auch eine verbindliche Auskunft im allgemeinen Verwaltungsrecht zählt – nur punktuell, jedoch nicht in ihrer vollen Breite ein Grundrechtsproblem sind.

1677 BVerwGE 118, 270 (272).

1678 *Epping*, Grundrechte, S. 6.

1679 Gl. A. *Laubinger*, VerwArch 73 (1982), 60 (83). Siehe zudem *Kunig*, Das Rechtsstaatsprinzip, S. 375.

1680 Anders dagegen *von Bombard*, Auskunft und Zusage, S. 194 f., der den Versuch unternimmt, explizit aus Art. 5 Abs. 1 S. 1 GG sowie Art. 17 GG Auskunftsansprüche für sämtliche Einzelfälle und unabhängig von der jeweiligen Materie herzuleiten.

spruchsgrundlage anerkannt sind[1681], bedarf dies freilich einer sorgfältigen und stichhaltigen Begründung.

Dagegen spricht zunächst, dass durch die Anerkennung einer solchen Auskunftspflicht der Gewaltenteilungsgrundsatz aus Art. 20 Abs. 2 S. 2 GG nicht nur unerheblich tangiert wäre.[1682] So hat der Gesetzgeber selbst und nicht die öffentliche Verwaltung die politische Kompetenz zur Gestaltung des Sozial- und Wirtschaftslebens[1683] und deshalb hat auch dieser das Entscheidungsprimat darüber, welche Auskunftsansprüche er schaffen möchte. Andernfalls wären Kontrolle, Hemmung und Mäßigung als besondere Ausflüsse des Gewaltenteilungsgrundsatzes[1684] seitens der Legislative mit Blick auf die Exekutive zumindest gefährdet.[1685] Daneben verlangt der Grundsatz der Organadäquanz, dass jede staatliche Entscheidung möglichst richtig, also von demjenigen Organ getroffen werden muss, das da-

---

1681 *Stark*, DB 2007, 2333 (2337).

1682 Umfassend zu den Wirkungen des Gewaltenteilungsgrundsatzes im Auskunftswesen *Dalichau*, Auskünfte und Zusagen, S. 148 ff. Allgemein zur grundgesetzlichen Gewaltenteilung vgl. dagegen *Schmidt-Assmann*, in: HStR II, § 26 Rn. 46 ff.

1683 *Breuer*, in: FG 25 Jahre BVerwG, S. 89 (93).

1684 BVerfGE 95, 1 (15); *Schmidt-Assmann*, in: HStR II, § 26 Rn. 4. Daneben betont Schmidt-Assmann auch noch die Begrifflichkeiten der Konstituierung, Zuordnung und Balancierung, vgl. *Schmidt-Assmann*, in: HStR II, § 26 Rn. 50. Zu den weiteren Funktionen und Ausprägungen des Gewaltenteilungsgrundsatzes vgl. *Schulze-Fielitz*, in: Dreier, GG, Art. 20 (Rechtsstaat) Rn. 68 m.w.N.

1685 Noch weitergehender *Dalichau*, Auskünfte und Zusagen, S. 149, die gar eine mögliche Kettenreaktion heraufbeschwört, die auch die Balance zwischen der Legislative und der Judikative in eine Schieflage bringen könne. Sie begründet dies vor allem damit, dass durch eine extensive Auskunftskultur viele Rechtsprobleme bereits auf Verwaltungsebene erledigt werden und damit nicht zu den Gerichten gelangen, sodass auch die effektive gerichtliche Kontrolle beeinträchtigt sei und folglich auch weniger gerichtliche Inzidenter-Prüfungen von Gesetzen auf Verfassungskonformität stattfänden. Dieser Befund ist sicher zutreffend, jedoch ist es nicht im Sinne der Gewaltenteilung, „künstlich" so viele Rechtsstreitigkeiten wie möglich zu den Gerichten zu tragen. Vielmehr soll der Bürger nur dann etwa vor den Verwaltungsgerichten gegen die Verwaltung klagen, wenn er sich durch die Verwaltungsentscheidung in seinen subjektiven Rechten verletzt fühlt und eine Entscheidung von unabhängiger Stelle begehrt. Diese Konstellation ist bei einer für beide Seiten zufriedenstellenden Klärung auf Verwaltungsebene gerade nicht gegeben. Insofern sind die Bedenken von Dalichau zwar prinzipiell berechtigt, sie sollten jedoch nicht als grundsätzliches Argument gegen eine verstärkte Auskunftskultur in Stellung gebracht werden. Dies erkennt letztlich auch Dalichau selbst an, indem sie konstatiert, dass die verbindliche Auskunft den Gewaltenteilungsgrundsatz nicht in besonderer Weise tangiert.

für nach ihrer Organisation, Zusammensetzung, Funktion und Verfahrensweise über die besten Voraussetzungen verfügt.[1686] Die Frage, ob auf eine verbindliche Auskunft ein Anspruch bestehen soll oder eine solche nicht vielmehr (zumindest) nach pflichtgemäßem Ermessen erteilt werden kann, erscheint als Frage, die zuvorderst vom Bundes- oder Landesparlament zu regeln ist, denn eine solche zentrale Frage setzt einen öffentlichen parlamentarischen Diskurs voraus.[1687] Eine Ausnahme könnte allenfalls dann gemacht werden, wenn verbindliche Auskünfte zur Schaffung und Erhaltung grundrechtlicher Freiheit notwendig und erforderlich sind, mithin ohne ihre Erteilung der Minimalstandard staatlicher Unterstützung unterlaufen werden würde, also eine Verletzung des staatlichen Untermaßverbots vorläge.[1688]

Ausgehend von diesen Prämissen fällt die verbindliche Auskunft jedoch nicht unter diese Ausnahme. Obgleich der Bürger sie als Instrument der Verfahrensstufung zur Sicherung seiner grundrechtlichen Freiheiten gebraucht und mit ihr bereits frühzeitig Rechts- und Planungssicherheit erlangt, gehört sie – mit Ausnahme äußerst seltener Sonderkonstellationen – nicht zum Minimalstandard staatlicher Unterstützung. Zwar darf der Staat den Bürger im Verwaltungsverfahren nicht schutzlos stellen und hat ihm daher etwa in Form der einfachen Auskunfts- und Beratungspflichten Un-

1686 BVerfGE 68, 1 (86); 95, 1 (15); 98, 218 (252). Dem BVerfG folgend *Schulze-Fielitz*, in: Dreier, GG, Art. 20 (Rechtsstaat), Rn. 71.

1687 A.A. *Eilers*, in: FS Streck, S. 305 (312 f.) für die verbindliche Auskunft nach § 89 Abs. 2 AO, bei der aus dem grundrechtlichen Anspruch auf Dispositionsschutz auch ein Anspruch auf ihre Erteilung folge.

1688 BVerwGE 118, 270 (272); *Epping*, Grundrechte, S. 7; *Ehlers*, in: Ders./Pünder, Allg. VwR, § 6 Rn. 25. Breuer spricht insoweit auch davon, dass nur dann positive Ansprüche unmittelbar aus Grundrechten konstruierbar seien, wenn ansonsten die grundrechtliche Freiheit derart „notleidend“ wäre, dass der Bürger ohne die staatliche Unterstützung zur autonomen Ausübung dieser Freiheit nicht mehr in der Lage wäre, vgl. *Breuer*, in: FG 25 Jahre BVerwG, S. 89 (94). In diesem Sinne auch Epping: „Noch seltener wird eine Verurteilung des Staates zu einer konkreten Handlung in Betracht kommen, nämlich nur, wenn ausschließlich diese Handlung zur Herstellung eines verfassungsgemäßen Zustands in Frage kommt“, vgl. *Epping*, Grundrechte, S. 7. Ähnlich auch BVerfGE 1, 97 (105): „Aber nur, wenn der Gesetzgeber diese Pflicht [die Herstellung erträglicher Lebensbedingungen] willkürlich, d.h. ohne sachlichen Grund versäumte, könnte möglicherweise dem Einzelnen hieraus ein mit der Verfassungsbeschwerde verfolgbarer Anspruch erwachsen“.

terstützung und Hilfe zu leisten.[1689] Dies umfasst allerdings nicht die verbindliche Auskunft als Steigerung der allgemeinen Fürsorgepflichten. Zudem ist zu beachten, dass sich die Grundrechte über die verfahrensrechtlichen Voraussetzungen und die Ausgestaltung der Rechtsfolgenseite einer solchen verbindlichen Auskunft ausschweigen und damit die materielle Grundrechtsverbürgung erst durch eine eigene Verfahrensregelung zur Geltung kommen kann.[1690]

Abschließend lässt sich damit festhalten, dass aus den Grundrechten kein unmittelbarer Anspruch auf Erteilung einer verbindlichen Auskunft hergeleitet werden kann.[1691] Vielmehr bedarf es dazu einer geschriebenen Anspruchsgrundlage im einfachen Recht, die als solche dem Gestaltungsspielraum des Gesetzgebers obliegt.[1692]

1689 Ähnlich *von Bomhard*, Auskunft und Zusage im Steuerrecht, S. 227, der jedoch selbst in besonderen Ausnahmefällen eine Verpflichtung der Verwaltungsbehörde nicht anerkennt.

1690 So auch *Ossenbühl*, In: Freiheit, Verantwortung, Kompetenz, S. 245 (247). Zur Forderung nach einer Verfahrensgestaltung aus den grundrechtlichen Verbürgungen heraus siehe auch noch unten D. I.

1691 Wie hier auch *Schmidt-Assmann*, Grundrechtsschutz durch Verfahrensgestaltung – Perspektive oder nur Erinnerungsposten?, in: Liber Amicorum Hans-Uwe Erichsen zum 70. Geburtstag am 15. Oktober 2004, 2004, S. 207 (212): „Doch verfassungsunmittelbare Rechtsfolgen sind aus dem jeweils einschlägigen Leistungs- oder Teilhabegrundrecht schwer abzuleiten." Siehe auch BVerwG, Beschl. v. 6.7.1977, IV B 118.77, JURIS, Rn. 6, welches einen Anspruch aus Art. 19 Abs. 4 GG überzeugend verneint. A.A. aber wohl *Reichelt*, Vorbescheid, S. 79 mit dem Argument der Grundrechtseffektuierung. Ähnlich wie Reichelt argumentiert zudem *Horst*, Verbindliche Auskunft, S. 25, dessen Ausführungen sich aber offensichtlich exklusiv auf das Steuerrecht und damit § 89 Abs. 2 AO beziehen und nicht verallgemeinerungsfähig sind, denn er begründet seine Auffassung damit, dass ein Auskunftsanspruch zur effektiven Planung der Steuerlast erforderlich sei. Eine solche Grundkonstellation kann dem allgemeinen Verwaltungsrecht nicht zugrunde liegen. In eine ähnliche Richtung deuten freilich auch die vorstehend skizzierten Judikate, die allesamt eine Pflicht zur Auskunftserteilung nur für das besondere Verwaltungsrecht und nur für eng umgrenzte Einzelfälle anerkannt haben, mithin also eine Verallgemeinerungsfähigkeit nicht ersichtlich ist.

1692 *Löher*, Das Verwaltungsverfahren, S. 104. Siehe hierzu auch umfassend unten D. I.

2. Sozialstaatsprinzip (Art. 20 Abs. 1 GG)

Ein zweiter möglicher Anknüpfungspunkt für eine Pflicht zur Erteilung verbindlicher Auskünfte ist das Sozialstaatsprinzip aus Art. 20 Abs. 1 GG. Ein Ausfluss aus diesem ist die schon vielfach an anderer Stelle angesprochene Fürsorgepflicht der Verwaltung[1693], die im allgemeinen Verwaltungsrecht in § 25 VwVfG eine einfachgesetzliche Ausformung gefunden hat[1694] und dazu führt, dass die Verwaltungsbehörde „Helfer des Bürgers“[1695] zu sein hat und damit „Waffengleichheit“[1696] herstellen muss. Um eine solche zu ermöglichen, muss die Verwaltungsbehörde den Bürger in Kenntnis seiner Rechte und Pflichten setzen.[1697]

In der älteren Literatur wurde daher vereinzelt die Auffassung vertreten, dass es auch zur Fürsorgepflicht der Verwaltung gehöre, verbindliche Auskünfte zu erteilen.[1698] Diese Ansicht verkennt jedoch, dass sich aus dem Sozialstaatsprinzip – als Staatsstrukturprinzip – keine individuellen Ansprüche ableiten lassen.[1699] So ist das Sozialstaatsprinzip letztlich nur eine allgemeine Richtschnur[1700], sodass es seine Wirkungen vor allem durch die verfassungskonforme Auslegung des einfachen, geschriebenen Gesetzesrechts entfalten kann. Die genaue Ausgestaltung obliegt damit in weiten Teilen dem Gesetzgeber[1701], sodass sich aus dem Sozialstaatsprinzip kein Anspruch auf Erteilung einer verbindlichen Auskunft herleiten lässt.

3. Rechtsstaatsprinzip (Art. 20 Abs. 3 GG)

Zuletzt ist für eine mögliche Herleitung der Verpflichtung zur Erteilung verbindlicher Auskünfte auch das Rechtsstaatsprinzip aus Art. 20 Abs. 3

1693 *W. Steinberg*, Selbstbindung, S. 142. Daneben folgt die Fürsorgepflicht auch aus dem Rechtsstaatsprinzip aus Art. 20 Abs. 3 GG.

1694 *Stark*, DB 2007, 2333 (2335).

1695 *Von Bomhard*, Auskunft und Zusage im Steuerrecht, S. 187.

1696 *Spilker*, StuW 2013, 19 (20).

1697 *Stark*, DB 2007, 2333 (2335). Dementsprechend hat etwa das VG Wiesbaden, NVwZ 2008, 110 entschieden, dass aus dem Sozialstaatsprinzip die Pflicht folge, einem ratsuchenden Bürger Auskunft über die behördliche Zuständigkeit zu geben.

1698 Pars pro toto *Bachmayr*, Anm. zum BFH-Urteil v. 29.3.1966 (V 109/61), BB 1966, 886 (887).

1699 Ablehnend daher auch *G. Mayer*, Zusage, S. 69.

1700 *Von Bomhard*, Auskunft und Zusage, S. 286.

1701 BVerfGE 36, 73 (84); 56, 1 (22).

GG zu betrachten. So ist die bereits im Rahmen der Darstellung der Erforderlichkeit von verbindlichen Auskünften in Stellung gebrachte und häufig in dieser Arbeit thematisierte Rechtssicherheit als prägender Grundsatz nicht nur ein Konstitutionsprinzip des Grundgesetzes[1702], sondern auch und vor allem ein Wesensmerkmal des Rechtsstaatsprinzips.[1703] Ausfluss aus dem Prinzip der Rechtssicherheit ist neben sogleich noch darzustellenden Vertrauensschutzgesichtspunkten vor allem auch, dass das gesetzliche Regelungssystem nicht dazu führen darf, dass es der Bürger ohne fachliche Unterstützung nicht mehr zu überblicken vermag.[1704] Die Rechtslage muss vielmehr klar und bestimmt sein.[1705] Jedes staatliche Handeln hat dazu für den Bürger beherrschbar und prognostizierbar zu sein[1706], was nicht zuletzt auch aus dem ebenfalls im Rechtsstaatsprinzip angesiedelten Grundsatz der Gesetzmäßigkeit der Verwaltung folgt.[1707] Ehlers entwickelt daraus die Verpflichtung zur umfassenden Klärung der Sach- und Rechtslage im Verwaltungsverfahren.[1708] Jedenfalls fordere das Rechtsstaatsprinzip laut Maurer „nicht nur eine klare und berechenbare, sondern auch faire Verfahrensgestaltung“[1709]. Zudem ist das Vertrauensschutzprinzip in diesem Zu-

1702 BVerfGE 60, 253 (267) m.w.N.

1703 BVerfGE 2, 380 (403); 15, 313 (319); 20, 323 (331); 30, 367 (386); 74, 129 (152); 105, 48 (57); 133, 143 (158); *von Bomhard*, Auskunft und Zusage im Steuerrecht, S. 27. Daneben zeichnet sich das Rechtstaatsprinzip dadurch aus, dass es zahlreiche Einzelausprägungen enthält (genannt wurden in der Literatur mitunter sogar dreistellige Zahlen), die in ihrer gesamten Fülle kaum zu erfassen sind, vgl. hierzu auch *Kunig*, in: FS 50 Jahre BVerwG, 421 (432) sowie *Schmidt-Assmann*, Der Rechtsstaat, in: HStR II, § 26 Rn. 2, jeweils m.w.N. Das Prinzip der Rechtssicherheit gehört allerdings eindeutig zu den wesentlichen und prägenden Merkmalen, sodass es auch in dieser Arbeit eine bedeutende Rolle einnehmen sollte.

1704 *Von Bomhard*, Auskunft und Zusage im Steuerrecht, S. 196. Zudem lassen sich aus dem Grundsatz der Rechtssicherheit vor allem die Elemente der Rechtsklarheit, der Bestimmtheit von Normen sowie der Rechtsbeständigkeit rechtskräftiger Entscheidungen destillieren, vgl. bereits oben Kapitel 2 D. V. 3.

1705 *Löher*, Das Verwaltungsverfahren, S. 90.

1706 *Spilker*, StuW 2013, 19 (20); *Borggreve*, AO-StB 2008, 108 (110). Man könnte insofern auch allgemein davon sprechen, dass der Bürger Gewissheit über die Art und Weise der Anwendung des Rechts benötigt, vgl. hierzu *Dalichau*, Auskünfte und Zusagen, S. 155 sowie *Reichelt*, Vorbescheid, S. 62.

1707 *Spitaler*, BB 1961, 1333.

1708 *Ehlers*, in: Ders./Pünder, Allg. VwR, § 6 Rn. 26.

1709 *Maurer*, Allg. VwR, § 19 Rn. 9.

sammenhang von nicht zu vernachlässigender Relevanz, denn es schafft einen „Anspruch auf Planbarkeit“[1710].

Ausgehend von dem „Dilemma“, dass genau die soeben umschriebene Situation hoher Rechtsunsicherheit mittlerweile ein Faktum der deutschen Rechtsordnung ist, versuchte bereits von Bomhard einen eigenen Anspruch des Bürgers auf Auskunft als Kompensation zu konstruieren. Ein ähnlicher Ansatz findet sich auch bei Horst.[1711] Dies würde jedoch – wie zumindest von Bomhard selbst zutreffend feststellt – voraussetzen, dass die verbindliche Auskunft nicht nur eine Ausprägung des Rechtsstaatprinzips ist[1712], sondern das Staatsstrukturprinzip Rechtstaat[1713] selbst als unmittelbare Anspruchsgrundlage in Betracht käme.[1714] Hierzu gelten jedoch dieselben Erwägungen wie auch für das soeben untersuchte Sozialstaatsprinzip, sodass ein unmittelbarer Auskunftsanspruch nicht konstruiert werden kann.[1715]

III. Zwischenergebnis

Als Zwischenergebnis lässt sich festhalten, dass das Recht zur Erteilung verbindlicher Auskünfte außerhalb gesetzlicher Normierung als Annexkompetenz aus dem Recht auf Erteilung des Endbescheids folgt. Dem steht im bipolaren Verhältnis auch der Vorbehalt des Gesetzes aus Art. 20 Abs. 3 GG i.V.m. den Grundrechten nicht entgegen, da dieser nur dann

---

1710 *Horst*, Verbindliche Auskunft, S. 24; *Hey*, Steuerplanungssicherheit, S. 709 ff. Umfassend zum Vertrauensschutzprinzip bereits BVerfGE 18, 135 (143 f.), wobei diese Rechtsprechung bis heute unverändert gilt.

1711 *Horst*, Verbindliche Auskunft, S. 25.

1712 In diese Richtung gehend *Mann*, Das gestufte Verwaltungsverfahren, S. 40, der jedenfalls das gestufte Verwaltungsverfahren als Ausprägung des Rechtsstaatprinzips ansieht. Da die verbindliche Auskunft als Vorbescheid Teil eines solchen gestuften Verwaltungsverfahrens ist, kann davon ausgegangen werden, dass Mann dies wohl auch für die hier dargestellte verbindliche Auskunft so sehen würde.

1713 Zum Charakter des Rechtsstaates als Staatsstrukturprinzip siehe nur *Schulze-Fielitz*, in: Dreier, GG, Art. 20 (Rechtsstaat) Rn. 41.

1714 So wohl auch *Dalichau*, Auskünfte und Zusagen, S. 156, die davon ausgeht, dass aus Art. 20 Abs. 3 GG lediglich ein „Mindestmaß“ an Information folge und sich dieses Mindestmaß dynamisch anhand der individuellen Umstände des Einzelfalls bestimme. Dies legt den Schluss nahe, diesen Anforderungen auf Ebene des einfachen Rechts nachzukommen, nicht jedoch durch einen verfassungsunmittelbaren Anspruch.

1715 In diesem Sinne ebenso *Löher*, Das Verwaltungsverfahren, S. 91.

einschlägig ist, wenn ohne gesetzliche Grundlage in belastender Weise in Grundrechte eingriffen wird. Die verbindliche Auskunft kann sich für den Antragsteller hingegen im Falle einer Positivauskunft ausschließlich positiv und im Falle einer Negativauskunft oder einer Auskunftsverweigerung aus formalen Gründen allenfalls neutral auswirken, da nur einer Positivauskunft eine beiderseitige Bindungswirkung zukommt, während im Falle einer Ablehnung im nachgelagerten Verwaltungsverfahren jederzeit unabhängig von dem vorgelagerten Verwaltungsverfahren eine abweichende rechtliche Beurteilung geltend gemacht werden kann.

Anders ist dies jedoch, wenn die verbindliche Positivauskunft, nicht jedoch die Auskunftsverweigerung aus formalen Gründen oder die Negativauskunft, einen Drittbezug aufweist. Liegt in einem solchen Fall ein Grundrechtseingriff vor, verlangt der grundrechtliche Vorbehalt des Gesetzes, dass die Erteilung der verbindlichen Positivauskunft nur auf gesetzlicher Grundlage erfolgen darf. Erforderlich ist damit jedoch, dass die Schwelle des Eingriffs erreicht ist, während eine bloße Betroffenheit der Grundrechtsverwirklichung i.S.d. Wesentlichkeitstheorie nicht ausreichend ist, da der hieraus folgende Parlamentsvorbehalt keine gesetzliche Regelung verlangt, sondern lediglich – wenn überhaupt – eine parlamentarische Befassung, die auch etwa in Form eines einfachen Parlamentsbeschlusses möglich ist.

Somit ergeben sich im multipolaren Verhältnis für den grundrechtlichen Gesetzesvorbehalt und die Wesentlichkeitstheorie unterschiedliche Ergebnisse, während im bipolaren Verhältnis beide gleichermaßen der Erteilung verbindlicher Auskünfte in allen drei Variationen nicht entgegenstehen.

Auch wenn kein Eingriff in Grundrechte Dritter vorliegt, erweist sich die verbindliche Auskunft außerhalb gesetzlicher Normierung gleichwohl aus Sicht des Antragstellers insoweit als nachteilig, als sich ein verfassungsunmittelbarer Leistungsanspruch für diesen nicht konstruieren lässt. Vielmehr liegt die Erteilung einer verbindlichen Auskunft im pflichtgemäßen Ermessen der Verwaltungsbehörde, sodass der Antragsteller nur einen Anspruch auf ermessensfehlerfreie Entscheidung hat.[1716] Folglich kann er sich nicht darauf verlassen, die für ihn erforderliche Rechtssicherheit durch

1716 Ebenso BFHE 68, 137 (139); *von Bomhard*, Auskunft und Zusage im Steuerrecht, S. 248; *G. Mayer*, Zusage, S. 70.

eine verbindliche Auskunft auch zu erhalten.[1717] Damit ist dem (potenziellen) Antragsteller hinsichtlich verbindlicher Auskünfte im allgemeinen Verwaltungsrecht nach aktueller Rechtslage nicht geholfen.[1718]

D. *Die verbindliche Auskunft auf gesetzlicher Grundlage de lege ferenda – Rechtspolitische Erwägungen*

Wie soeben dargestellt wurde, ist die Erteilung verbindlicher Auskünfte außerhalb gesetzlicher Normierung zulässig. Einen Anspruch auf die Erteilung hat der einzelne Bürger jedoch nicht. Somit ist als Alternative die Erteilung verbindlicher Auskünfte auf gesetzlicher Grundlage eingehend zu untersuchen. Dies auch vor dem Hintergrund, dass nur eine gesetzliche Regelung der verbindlichen Auskunft scharfe Konturen verleihen kann und damit jede außerhalb der gesetzlichen Normierung vorhandene Diffusität beseitigen würde.[1719] Außerdem hat die Darstellung der fachrechtli-

---

1717 So auch *Mann*, Das gestufte Verwaltungsverfahren, S. 33, der von der Eröffnung von Ermessen i.S.d. § 10 VwVfG ausgeht. Ähnlich *Reichelt*, Vorbescheid, S. 80, welcher jedoch eine Ermessensreduzierung auf null bei Vorliegen der von ihm kreierten tatbestandlichen Voraussetzungen annimmt. Anders dagegen *Wernicke*, DVBl 1977, 914 (916), der eine Verpflichtung aus Zweckmäßigkeitsgesichtspunkten zu begründen versucht. An welcher Stelle die dogmatische Anbindung erfolgen soll, bleibt jedoch offen.

1718 So auch *Flick*, FR 1959, 502, der nur bei einer generellen Auskunftsverpflichtung der Verwaltungsbehörde einen Mehrwert erblickt. Anders jedoch *Reichelt*, Vorbescheid, S. 80, welcher bei Vorliegen eines berechtigten Interesses auch ohne eine gesetzliche Grundlage eine Ermessensreduzierung auf null annimmt, womit der Antragsteller jedenfalls faktisch einen Anspruch auf Bescheidung hätte. Obgleich dieses Ergebnis an sich zu begrüßen wäre, bleibt doch unklar, woraus Reichelt die Tatbestandsvoraussetzungen derart dezidiert herleiten möchte, dass bei deren Vorliegen eine Ermessensreduktion auf null vorliegt.

1719 Daneben würde eine gesetzliche Regelung der verbindlichen Auskunft zwar nicht der allgemeinen Forderung nach einer Stärkung von Genehmigungsverfahren im VwVfG (hierzu *Löher*, Das Verwaltungsverfahren, S. 7 sowie *Wahl*, NVwZ 2002, 1192 ff., beide m.w.N.) vollumfänglich Rechnung tragen können, jedoch als Vorbescheid jedenfalls eine Vorstufe für diese gesetzlich normieren, womit zumindest ein erster Schritt in diese Richtung getan wäre, obgleich – wie noch unten unter D. IV. darzulegen sein wird – die allgemeine verbindliche Auskunft und das allgemeinen Genehmigungsverfahren zur gegenseitigen Effektuierung zwingend zusammengehören.

chen Institute gezeigt, dass diese aufgrund ihrer großen Ähnlichkeit einer Zusammenführung zugänglich sind.[1720]

In der nachfolgenden Darstellung ist der Blick nunmehr auf das einfache Recht und damit die „inneren" Voraussetzungen und Grenzen einer verbindlichen Auskunft im allgemeinen Verwaltungsrecht zu legen. Hier gilt es zunächst, die Tatbestandsmerkmale und die Rechtsfolgenseite darzustellen (I.). Sodann ist auf die bisweilen jedenfalls im Fachrecht weiterhin umstrittene mögliche Gebührenpflichtigkeit einzugehen (II.). Nachdem auch infolge dieser Darstellung der Grundstein für eine gesetzliche Grundlage gelegt wurde, ist schlussendlich ein konkreter Gesetzgebungsvorschlag zu präsentieren (III.).

Die nachfolgenden Ausführungen beschränken sich somit auf eine mögliche gesetzliche Grundlage, während die Interaktionen mit den weiteren Normen des VwVfG weitestgehend außer Betracht bleiben müssen. Dies betrifft etwa die Zulässigkeit von Nebenbestimmungen nach § 36 VwVfG oder auch die genauen Spezifikationen der Rücknahme- und Widerrufsmöglichkeiten nach §§ 48, 49 ff. VwVfG, wobei hierzu bereits durch die schon vorhandene Arbeit von Reichelt vieles gesagt wurde.[1721]

I. Tatbestandsmerkmale und Rechtsfolgenseite

Der praktische Nutzen von verbindlichen Auskünften im allgemeinen Verwaltungsrecht hängt maßgeblich von der Ausgestaltung der Tatbestands- und Rechtsfolgenseite ab. Werden die tatbestandlichen Anforderungen auf der „Zulässigkeitsebene" überspannt, so wird es vielfach den Angehörigen der rechtsberatenden Berufe vorbehalten bleiben, verbindliche Auskünfte zu beantragen. Das führt zur Abschreckung des Bürgers, denn nicht jeder Bürger wird die mitunter erheblichen Honorare für spezialisierte Rechtsberater zahlen können und wollen. Zudem käme es hierdurch zu einer Kollision mit dem Grundsatz der effektiven Durchsetzung der Grundrechte im Verwaltungsverfahren.[1722] Schließlich kann die verbindliche Aus-

1720 Wie hier *Burgi/Durner*, Modernisierung des Verwaltungsverfahrensrechts, S. 54.

1721 Zu § 36 VwVfG *Reichelt*, Vorbescheid, S. 176 ff.; zu §§ 48, 49 VwVfG s. S. 199 ff. Siehe zu Letzterem im Übrigen auch schon die Ausführungen oben in Kapitel 3 C. I. zum Bauvorbescheid.

1722 Wie das BVerfG, JurionRS 1998, 13658 Rn. 14 betont, dürfen dem Bürger nicht „unangemessen hohe verfahrensrechtliche Hindernisse in den Weg gelegt werden".

kunft dadurch schnell ihres eigentlichen Zwecks „beraubt“ werden.[1723] Wird andererseits die Rechtsfolgenseite nicht adäquat ausgestaltet, so wird dies ebenfalls faktisch zu einem Schattendasein der verbindlichen Auskunft führen, denn der Bürger wird diese nur beantragen, wenn er durch sie einen Mehrwert generieren kann bzw. sie bei Vorliegen der tatbestandlichen Voraussetzungen auch erhält. Die Tatbestandsmerkmale und die Rechtsfolgenseite sind damit jeweils eine Seite derselben Medaille. Beide gilt es im Folgenden darzustellen, wobei von der Prämisse auszugehen ist, dass das Rechtsstaatsprinzip aus Art. 20 Abs. 3 GG fordert, dass der Bürger seine Rechte im Verfahren effektiv durchsetzen können muss.[1724] Dies muss insofern auch in den Verfahrensvoraussetzungen und der konkreten Ausgestaltung hinreichend seinen Niederschlag finden.[1725]

1. Form und Inhalt des Antrags

Die Betrachtung von Form und Inhalt der jeweiligen Anträge im besonderen Verwaltungsrecht hat ein gespaltenes Bild offenbar werden lassen.[1726] Während die Anforderungen bei der verbindlichen Auskunft nach § 89 Abs. 2 AO besonders hoch angesetzt werden, wird beim Bauvorbescheid nach § 73 Abs. 1 S. 1 NBauO dem Umstand Rechnung getragen, dass dieser nur einen Teilaspekt des Bauvorhabens verbindlich regelt und damit auch die Anforderungen an den Antrag nicht überspannt werden dürfen, zumal der Antrag von einem Entwurfsverfasser, der in der Regel selbst Architekt oder Bauingenieur ist, mit unterzeichnet wird und nicht wie vielfach im Steuerrecht von einem Rechtsanwalt und/oder Steuerberater.

Einigkeit besteht zwischen den Instituten im Steuerrecht und Baurecht insoweit lediglich darin, dass ein Antrag stets erforderlich ist, sodass sich der Steuerpflichtige bzw. der Bauherr eine Vergünstigung nicht aufdrängen lassen muss, mithin also die Erteilung von Amts wegen generell ausge-

1723 Gl. A. *Ermisch*, NordÖR 2013, 49 (54).
1724 *Löher*, Das Verwaltungsverfahren, S. 10; *Laubinger*, VerwArch 73 (1982), 60 (74).
1725 Daneben ist an dieser Stelle auch an die dienende Funktion des Verwaltungsverfahrensrechts für das materielle Recht zu erinnern, vgl. hierzu auch insbesondere *Burgi*, JZ 2010, 105 (108).
1726 Hierzu bereits umfassend oben Kapitel 4 B. I.

schlossen ist.[1727] Evident ist auch für das allgemeine Verwaltungsrecht, dass aus dem Antragserfordernis und der Ausgestaltung der inhaltlichen Voraussetzungen des Antrags für die Endentscheidung (etwa der Normierung eines allgemeinen Genehmigungstatbestandes) für die verbindliche Auskunft keine allgemeinen Aussagen abgeleitet werden können, sondern vielmehr im Rahmen der gesetzlichen Normierung der verbindlichen Auskunft ein eigenständiges Antragserfordernis mit den weiteren inhaltlichen Anforderungen statuiert werden muss.[1728] Der Erst-Recht-Schluss ist insofern untunlich.

Welchem Modell bei der konkreten Ausgestaltung der Antragsanforderungen für das allgemeine Verwaltungsrecht gefolgt wird, hängt auch maßgeblich vom Verfassungsrecht ab, obgleich hieraus keine zwingenden Forderungen abgeleitet werden können. Gleichwohl gewährleistet das Rechtsstaatsprinzip aus Art. 20 Abs. 3 GG, dass der Bürger insbesondere bei sehr abstrakten und undurchdringlichen Rechtsnormen ein verstärktes Recht darauf hat, jedenfalls ein Mindestmaß an Informationen zu erhalten.[1729] Damit der Bürger auch an diese Informationen gelangen kann, dürfen die Anforderungen verfahrensrechtlich nicht zu hoch angesetzt werden, sodass schon vor diesem Hintergrund das Modell des Bauvorbescheids i.S.d. § 73 Abs. 1 S. 1 NBauO überzeugt und damit nachfolgend skizziert wird, wie dieses in das allgemeine Verwaltungsrecht implementiert werden kann.

Eindeutig ist zunächst, dass ein Antrag nur schriftlich gestellt werden kann, denn jede Unklarheit würde im Falle einer mündlichen Antragstellung zulasten des Antragstellers gehen.[1730] Das kann nicht dem Sinn und Zweck der verbindlichen Auskunft gerecht werden.[1731] Zudem erscheint das Schriftformerfordernis auch aus dem Grundsatz der Formenakzessorie-

1727 *Dietlein*, in: Landmann/Rohmer, Umweltrecht, § 9 BImschG Rn. 29; *Ders./Thiel*, DV 38 (2005), 211 (225); *Engel*, Planungssicherheit, S. 106 f. Es handelt sich damit stets um ein gebundenes Verfahren, vgl. *Krekeler*, BLJ 2016, 24 m.w.N. Obgleich damit rein rechtlich gesehen eine Wahlmöglichkeit des Bürgers besteht, existiert regelmäßig – wie Engel richtigerweise betont – ein faktischer Zwang zu einer Verfahrensstufung.

1728 Siehe hierzu auch *Reichelt*, Vorbescheid, S. 66.

1729 *Dalichau*, Auskünfte und Zusagen, S. 156.

1730 *Von Bomhard*, Auskunft und Zusage im Steuerrecht, S. 41; *W. Steinberg*, Selbstbindung, S. 150.

1731 *Hahn*, DStZ 2003, 69 (72) und *Pfeiffer*, DB 1987, 2380 (2381) halten das beiderseitige Schriftformerfordernis daher zu Recht für unabdingbar, um ein funktionsfähiges Auskunftsverfahren zu gewährleisten.

tät heraus als sinnvoll, jedenfalls soweit auch für die Beantragung einer etwaigen Endentscheidung die Schriftform verlangt wird.[1732]

In inhaltlicher Hinsicht muss der Antrag den fixen Sachverhalt umfassend darstellen und zu diesem einzelne und konkrete Rechtsfragen stellen. Dass die Rechtsfrage(n) nur aus der Gesamtbetrachtung des Antrags deduzierbar sind, würde zwar dem Charakter des Antrags als nach §§ 133, 157 BGB auslegungsfähige Willenserklärung entsprechen, wäre aber mit Blick auf die Bindungswirkung äußerst misslich, da in einem solchen Fall immer wieder Einzelfallprobleme auftauchen, insbesondere mit Blick auf die zentrale Frage, was durch die verbindliche Auskunft schon beantwortet wurde und was nicht. Streitigkeiten wären damit vorprogrammiert, sodass eindeutige und präzise ausformulierte Fragen zu stellen sind.

Zu beachten ist dabei, dass die zu stellenden Einzelfragen zwar nicht zahlenmäßig begrenzt sind, jedoch nicht dazu führen dürfen, dass die Verwaltungsbehörde gezielt ausgefragt wird. „Denksportlerische Antragstellungen" sind daher zu vermeiden.[1733] Vice versa muss wiederum auch eine Zersplitterung einzelner Fragekomplexe vermieden werden, damit nicht – wie bei der Teilgenehmigung im Immissionsschutz- und Atomrecht – mitunter fünfzig oder sechzig verschiedene Teilgenehmigungen existieren[1734], sondern alle zu klärenden Fragen im Regelfall in einer einzigen verbindlichen Auskunft abschließend geklärt werden können, obgleich auch eine spätere verbindliche Ergänzungsauskunft in Anlehnung an den Ergänzungsvorbescheid im Baurecht als möglich erscheint.[1735]

Eine eigene rechtliche Würdigung der gestellten Fragen kann hingegen – anders als bei der verbindlichen Auskunft nach § 89 Abs. 2 AO – nicht verlangt werden, da der Antragsteller, soweit er selbst nicht rechtskundig ist, sich zur Antragstellung einen Rechtsbeistand nehmen müsste und die verbindliche Auskunft damit – überspitzt formuliert – eine verbindliche „Beraterauskunft" statt eine verbindliche „Bürgerauskunft" wäre.

Zuletzt kann der reine ausformulierte Antrag dann alleine nicht ausreichend sein, wenn weitere Anlagen zur Beurteilung des Vorhabens erforderlich sind. Insofern darf vom Antragsteller verlangt werden, dass er diejenigen Anlagen beifügt, die der Verwaltungsbehörde eine hinreichend sichere

---

1732 *Seer*, in: Tipke/Kruse, AO/FGO, § 89 AO Rn. 48.

1733 So auch *Spitaler*, BB 1961, 1333 (1335).

1734 *Kutscheidt*, in: FS Sendler, S. 303 (309) spricht insoweit davon, dass eine solch hohe Zahl im Immissionsschutz- und Atomrecht „keine Seltenheit" sei.

1735 Siehe zum Ergänzungsvorbescheid eingehend *Reichelt*, Vorbescheid, S. 195, dessen Ausführungen – wie erwähnt – auch auf die verbindliche Auskunft im allgemeinen Verwaltungsrecht übertragbar sind.

Beantwortung der Prüfungsfrage ermöglichen, mithin eine „ausreichende Beurteilung“ als Mindestmaßstab anzulegen ist.[1736] Insofern muss der Antragsteller stets durch seinen Antrag hinreichend genau festlegen, was das zur Verbescheidung gestellte Vorhaben sein soll.[1737] Um dem Antragsteller dabei ausreichend Sicherheit zu geben, ob er auch tatsächlich alle erforderlichen Angaben eingereicht hat und sein Antrag damit vollständig ist, empfiehlt sich die verpflichtende Übersendung einer Vollständigkeitsbescheinigung der Verwaltungsbehörde. Ähnliche Regelungen existieren auch im Rahmen von Genehmigungsfiktionen, welche sich dort grundsätzlich bewährt haben.[1738]

2. Das berechtigte Interesse

Sowohl die verbindliche Auskunft nach § 89 Abs. 2 AO als auch der Bauvorbescheid nach § 73 Abs. 1 S. 1 NBauO erfordern auf tatbestandlicher Ebene beide ein (dringendes und zwingendes) berechtigtes Interesse. Ein solches auch für das allgemeine Verwaltungsrecht zu verlangen, ist daher naheliegend, zumal der Bürger mit der Antragstellung auf Erteilung einer verbindlichen Auskunft eine über die allgemeine Auskunfts- und Beratungspflicht nach § 25 VwVfG weit hinausgehende Leistung der Verwaltungsbehörde verlangt, mithin eine Abweichung vom gesetzlichen Normaltypus des einstufigen Verwaltungsverfahrens vorliegt.[1739] Zur Gewährung dieser Zusatzleistung kann für die Verwaltungsbehörde je nach Komplexität der gestellten Rechtsfrage(n) ein erheblicher Zusatzaufwand entstehen, der sogar die (parallele) Befassung mehrerer (vorgesetzter) Behörden erfor-

---

1736 So auch bereits oben unter Kapitel 3 C. I. 1. a) für den Bauvorbescheid sowie *Dietlein*, in: Landmann/Rohmer, Umweltrecht, § 9 BImschG Rn. 30 für den immissionsschutzrechtlichen Vorbescheid. Eine präzise Beschreibung liegt auch im Interesse des Antragstellers, denn so vermeidet er weitere Zweifelsfragen zum Umfang der Regelungswirkung der verbindlichen Auskunft im nachgelagerten Verwaltungsverfahren, vgl. nur *Kutscheidt*, in: FS Sendler, S. 303 (307 f.), der gerade in diesem Aspekt auf die besonderen Risiken der Verfahrensstufung hinweist.

1737 OVG Münster, BauR 2016, 643.

1738 Zu Vollständigkeitsbescheinigungen und ihrem praktischen Wert im Rahmen von Genehmigungsfiktionen siehe *Löher*, Das Verwaltungsverfahren, S. 37.

1739 So auch *Burgi/Durner*, Modernisierung des Verwaltungsverfahrensrechts, S. 87, *Reichelt*, Vorbescheid, S. 69 sowie *Selmer/Schulze-Osterloh*, JuS 1981, 393 (397).

derlich werden lässt. Um diesen Zusatzaufwand zu rechtfertigen, bedarf der Bürger daher eines schützenswerten Interesses.[1740]

Ein berechtigtes Interesse kann in jedem Fall nur dann vorliegen, wenn aus Sicht des Antragstellers eine Rechtsunsicherheit vorliegt (a).[1741] Ob zusätzlich die rechtliche Beurteilung des zukünftigen Sachverhalts für den Antragsteller von erheblicher wirtschaftlicher Bedeutung sein muss, erscheint fraglich und bedarf daher ebenfalls einer eingehenden Untersuchung (b).[1742] Zudem ist das Sachbescheidungsinteresse zu betrachten (c).

a) Die Rechtsunsicherheit als Ausgangspunkt

Eine Rechtsunsicherheit liegt einerseits dann vor, wenn zu einer Rechtfrage mehrere divergierende Auffassungen existieren, die insbesondere noch nicht durch höchstrichterliche Rechtsprechung abgesichert sind und andererseits auch dann, wenn eine Rechtsfrage kaum behandelt wurde und sich ein Meinungsbild damit noch nicht oder kaum bilden konnte. Der Ursprung der Rechtsunsicherheit ist wiederum unbeachtlich.[1743] Ausgeschlossen sind damit lediglich ganz eindeutige Fälle, bei denen die rechtliche Lösung jedem durchschnittlichen Fachmann anhand der vorhandenen Rechtsprechung und Literatur gelingen kann[1744] oder sich die rechtliche Lösung sogar direkt und expressis verbis aus dem Gesetz ergibt.[1745] Somit ist der h.M. im Steuerrecht folgend ein objektivierter Ansatz zugrunde zu legen, während die subjektiven Fähigkeiten des einzelnen Bürgers nicht

1740 Ebenso die überzeugende Begründung von Seer für die Forderung eines „Dispositionsinteresses“ für § 89 Abs. 2 AO, vgl. *Seer*, in: Tipke/Kruse, AO/FGO, § 89 AO Rn. 32. Wie hier auch etwa *Reichelt*, Vorbescheid, S. 69.

1741 Anders hingegen *Reichelt*, Vorbescheid, S. 69, der es genügen lässt, dass ein wirtschaftliches, rechtliches *oder* ideelles Interesse des Antragstellers vorliegt.

1742 Siehe hierzu bereits *Seer*, in: Tipke/Kruse, AO/FGO, § 89 AO Rn. 32 sowie *Joisten/Bergmann*, FR 2014, 923 (924) für die verbindliche Auskunft nach § 89 Abs. 2 AO, wobei sich die erhebliche Bedeutung dort selbstverständlich auf die drohende Steuerlast bezieht.

1743 Wie hier *von Bomhard*, Auskunft und Zusage im Steuerrecht, S. 44.

1744 Gl. A. *Joisten/Bergmann*, FR 2014, 923 (926).

1745 Erforderlich ist damit stets auch ein „gewisses Maß an Gesetzesunbestimmtheit“, sodass dessen Auslegung zumindest mehrere Möglichkeiten offenbaren muss, vgl. *Horst*, Verbindliche Auskunft, S. 26.

maßgeblich sein dürfen.[1746] Gleichwohl dürfen die Anforderungen an die objektive Rechtsunsicherheit nicht überbetont werden, da nicht vom Bürger erwartet werden kann, dass er im Vorfeld der Stellung des Antrags erst einmal umfangreiche Rechtsdienstleistungen in Anspruch nimmt.[1747]

b) Die erhebliche Bedeutung aus wirtschaftlicher Sicht als (zusätzlicher) Bestandteil des berechtigten Interesses?

Ob zusätzlich zur Rechtsunsicherheit auch eine erhebliche Bedeutung aus wirtschaftlicher Sicht vorliegen muss, erscheint jedenfalls für das allgemeine Verwaltungsrecht äußerst fraglich. Zwar wird dies für das besondere Verwaltungsrecht überwiegend für erforderlich gehalten, denn es bedürfe insbesondere dann einer Verfahrensstufung, wenn die finanziellen Auswirkungen mitunter erheblich sein könnten, sodass sich die Stufung gleichsam als Dispositionsschutz darstelle[1748], nicht jedoch dann, wenn lediglich eine Rechtsunsicherheit besteht, sich diese für den Bürger aber kaum wirtschaftlich nachteilig auswirken könne.[1749] Eine erhebliche wirtschaftliche

1746 *Hey*, Steuerplanungssicherheit, S. 703. Ein rein subjektiver Maßstab würde insofern die Gefahr mit sich bringen, dass die Kenntnisse des einzelnen Bürgers darüber bestimmen könnten, ob eine verbindliche Auskunft erteilt werden muss oder nicht. Letztlich wäre dadurch mit einer Potenzierung des Antragsaufkommens zu rechnen, die weder dem Sinn und Zweck der verbindlichen Auskunft Rechnung tragen noch durch die Verwaltungsbehörde administrativ und personell zu leisten wäre. Für die Anlegung eines subjektiven Maßstabs wurde insofern auch bereits § 25 VwVfG normiert, der den individuellen Beratungs- und Betreuungsbedarf anhand des jeweiligen Adressanten bestimmt. Hey bringt es zutreffend auf den Punkt, dass die verbindliche Auskunft nicht zur Information, sondern zur Einengung von Wertungs- und Entscheidungsspielräumen durch die Festlegung der Verwaltung auf eine unter mehreren möglichen Entscheidungsalternativen bestimmt ist.

1747 *Spilker*, StuW 2013, 19 (21); a.A. *Spitaler*, BB 1961, 1333 (1335), der gar für die Einführung eines Vertreterzwangs plädiert, sodass der Antrag ausschließlich durch Angehörige der rechts- und/oder steuerberatenden Berufe zu stellen wäre.

1748 Siehe hierzu auch VGH Mannheim, Urt. v. 15.2.1990, 10 S 2893/88, JURIS, Rn. 24.

1749 Ähnlich auch *Pfeiffer*, DB 1987, 2380 (2381) für die seinerzeit noch ungeregelte verbindliche Auskunft im Steuerrecht. Gleichwohl verbieten sich hier – wie die Erfahrungen bei der verbindlichen Auskunft nach § 89 Abs. 2 AO gezeigt haben – in jedem Fall und von vornherein Pauschalierungen, etwa dahingehend, dass eine verbindliche Auskunft erst ab einen möglichen „Schaden" i.H.v. 5.000 € erteilt werden kann. Vielmehr würde sich die wirtschaftliche Be-

Bedeutung liege indes dann vor, wenn der Bürger von der Entscheidung der Behörde seine Dispositionen abhängig macht[1750], was nicht nur bei einer möglicherweise erheblichen Kostenbelastung gegeben sei, sondern ebenso bei erheblichen Kostenvorteilen wie etwa Vergünstigungen.[1751] Obgleich dies gerade für das wirtschaftlich besonders bedeutsame Steuerrecht und damit die verbindliche Auskunft nach § 89 Abs. 2 AO unmittelbar einleuchtend ist, kann davon im allgemeinen Verwaltungrecht nicht ausgegangen werden. So sind dort viele Konstellationen zwar rechtlich mitunter höchst problematisch, jedoch nicht von wirtschaftlich erheblicher Bedeutung. Würde man daher zwingend eine erhebliche Bedeutung aus wirtschaftlicher Sicht verlangen, wäre der Anwendungsbereich der verbindlichen Auskunft im allgemeinen Verwaltungsrecht stark verengt. Zu beachten ist zudem, dass eine mögliche noch darzustellende Gebührenpflicht die erhebliche (wirtschaftliche) Bedeutung indizieren würde, da die Verwaltungsbehörde für ihre Zusatzleistung an den Bürger einen monetären Ausgleich erhält. Somit erscheint es dann in besonderer Weise gerechtfertigt, neben der Darlegung einer Rechtsunsicherheit auf das wirtschaftliche Interesse gänzlich zu verzichten, vice versa jedoch auch ein wirtschaftliches Interesse bei einer nicht vorhandenen Rechtsunsicherheit nicht genügen zu lassen. Somit fokussiert sich im allgemeinen Verwaltungsrecht das berechtigte Interesse nach hiesiger Betrachtungsweise ausschließlich auf die rechtliche Unsicherheit, nicht dagegen auf die wirtschaftliche Bedeutung.

c) Kein fehlendes Sachbescheidungsinteresse

Selbst wenn eine rechtliche Unsicherheit besteht, muss der Bürger auch einen rechtlichen oder tatsächlichen Nutzen von einer verbindlichen Auskunft haben bzw. spiegelbildlich dazu darf die Verwaltungsbehörde keinem Aufwand ausgesetzt sein, der unter verwaltungsökonomischen Ge-

---

deutung – wenn man sie denn anerkennen würde – immer anhand des Einzelfalls bemessen, sodass der Antragsteller darzulegen hätte, weshalb die Rechtsfrage für ihn wirtschaftliche Relevanz hat. Gl. A. *Hey*, Steuerplanungssicherheit, S. 708. Entgegen der Auffassung von *Wernicke*, DVBl 1977, 914 (915) für einen möglichen Vorbescheid im Wasserrecht müsste die wirtschaftliche Bedeutung jedoch nicht „gravierend" sein, es würden mithin vernünftige wirtschaftliche Gründe genügen.

1750 *Horst*, Verbindliche Auskunft, S. 69.

1751 Siehe hierzu *Kment/Braun*, Jura 2011, 414 (419) für den immissionsschutzrechtlichen Vorbescheid.

sichtspunkten als ungerechtfertigt erscheint.[1752] Angesprochen ist damit das (bislang im positiven Recht unerwähnte) Sachbescheidungsinteresse[1753], welches keinen eigenständigen Anwendungsbereich neben einem berechtigten Interesse hat, sondern vielmehr als eine Ausprägung von ebendiesem anzusehen ist.[1754] Insofern gilt es das Sachbescheidungsinteresse an dieser Stelle mit der Maßgabe näher zu entfalten, dass der Antragsteller das Sachbescheidungsinteresse nicht selbst darlegen, sondern die Verwaltungsbehörde vielmehr dessen Fehlen nachweisen muss.

Eine solche Darstellung kann dabei freilich nicht abstrakt sein, sondern hat in Anlehnung an die – soweit ersichtlich – bislang letzte umfangreichere allgemeine Analyse zu dieser Thematik von Wittreck[1755] induktiv anhand von denjenigen Fallgruppen zu erfolgen, in denen das Sachbescheidungsinteresse in der Regel fehlt. An dieser Stelle kann jedoch von einer erneuten umfassenden Darstellung insoweit abgesehen werden, denn eine solche erfolgte bereits im Rahmen der Ausführungen zum Bauvorbescheid i.S.d. § 73 Abs. 1 S. 1 NBauO.[1756] Insofern gelten für das allgemeine Verwaltungsrecht dieselben Anforderungen, sodass das Sachbescheidungsinteresse zunächst typischerweise dann fehlt, wenn dem Vorhaben Hindernisse entgegenstehen, die sich „schlechthin“ nicht ausräumen lassen. Dies betrifft indes vor allem zivilrechtliche Hindernisse. Außerdem fehlt das Sachbescheidungsinteresse dann, wenn sämtliche Fragen des späteren Verwaltungsverfahrens bereits zum Gegenstand des verbindlichen Auskunftsverfahrens gemacht werden, denn dann würde ebendieses nachfolgende Verfahren ausgehöhlt werden. Insofern ist es nur möglich, das Verfahren abzustufen und damit Teile des Vorhabens verbindlich klären zu lassen.

Zu weiteren möglichen Fallgruppen sei an dieser Stelle aus Gründen der Stoffbegrenzung zudem auf Wittreck verwiesen, dessen Ausführungen sich diese Arbeit anschließt.[1757] Zudem ist diesem darin zuzustimmen, dass der in den letzten Jahrzehnten zu beobachtenden Entwicklung hin zu einer „Inflationierung“ des Sachbescheidungsinteresses entgegengetreten wer-

---

1752 *Reichelt*, Vorbescheid, S. 69.

1753 Wittreck geht trotz der Nichterwähnung davon aus, dass das Sachbescheidungsinteresse ein ungeschriebenes Rechtsinstitut des allgemeinen Verwaltungsrechts ist, vgl. *Wittreck*, BayVBl 2004, 193.

1754 Anders wohl *Wittreck*, BayVBl 2004, 193 (194), der das Sachbescheidungsinteresse erst nach dem Tatbestand prüft und insofern dieses offenbar eher den Ausschluss- und Ablehnungsgründen zuordnen würde.

1755 *Wittreck*, BayVBl 2004, 193 ff.

1756 Vgl. oben Kapitel 3 C. I. 2.

1757 Hierzu *Wittreck*, BayVBl 2004, 193 (195 ff.).

den sollte. Das fehlende Sachbescheidungsinteresse bedarf insoweit auch für eine verbindliche Auskunft im allgemeinen Verwaltungsrecht behutsamer Anwendung.[1758] Zu dieser behutsamen Anwendung gehört es, dass die Verwaltungsbehörde einen Evidenzprüfungsmaßstab anzulegen hat, sodass insoweit ebenfalls dieselben Maßstäbe wie auch beim Bauvorbescheid nach § 73 Abs. 1 S. 1 NBauO gelten, mithin also das Sachbescheidungsinteresse im Regelfall vorliegen und nur im Ausnahmefall nicht gegeben sein wird.[1759]

3. Ausschluss- und Ablehnungsgründe

Selbst bei Vorliegen eines ordnungsgemäßen Antrags sowie des Vorhandenseins eines berechtigten Interesses und damit der grundsätzlichen Erfüllung des Tatbestands muss es der Verwaltungsbehörde in atypischen Einzelfällen möglich sein, die Erteilung einer verbindlichen Auskunft trotzdem abzulehnen. Zu betrachten sind daher die Ausschluss- und Ablehnungsgründe.

Wie bereits in den vergangenen Kapiteln erörtert, stehen sich auch hier zwei verschiedene „Modelle" gegenüber. Während sich die Praxis der verbindlichen Auskunft nach § 89 Abs. 2 AO durch beinahe schon überbordende Ausschluss- und Ablehnungsgründe auszeichnet, wird in der Bauvorbescheidspraxis deren Ausnahmecharakter betont, sodass die Erteilung des Bauvorbescheids in der Regel jedenfalls hieran nicht scheitern wird. Zur Frage, welche Maßstäbe für das allgemeine Verwaltungsrecht anzulegen sind, ist vom Sinn und Zweck der verbindlichen Auskunft auszugehen. So soll der Bürger durch diese Rechts- und Planungssicherheit erhalten und damit in Form einer besonderen Verfahrensstufung frühzeitig disponieren können. Es wäre insofern ein erkennbarer Widerspruch, wenn der Bürger zwar die tatbestandlichen Voraussetzungen erfüllen könnte, die Verwaltungsbehörde aber über den „Anker" der Ausschluss- und Ablehnungsgründe eine eigenständig „Feinjustierung" danach vornehmen dürfte, welche Anträge sie bescheiden möchte und welche nicht. Demensprechend sind diese auf das absolut erforderliche Mindestmaß zu reduzieren.

Von diesem Mindestmaß umfasst sind als erster möglicher Ablehnungsgrund vor allem sämtliche rechtsmissbräuchlichen Anträge, die gewisser-

---

1758 *Wittreck*, BayVBl 2004, 193 (203).

1759 Zur Evidenzkontrolle beim Sachbescheidungsinteresse im Bauvorbescheidsverfahren siehe insoweit bereits oben Kapitel 3 C. I. 2.

maßen nur das „Rechtskleid“ eines Antrags auf verbindliche Auskunft tragen, jedoch nach der Intention des Antragstellers offensichtlich darauf ausgelegt sind, das geschriebene Recht zu umgehen[1760] oder aber die Verwaltungsbehörde beinahe schon inquisitorisch auszufragen.[1761] Obgleich dies auf den ersten Blick unmittelbar einleuchtet, so zeigt sich auf den zweiten Blick, dass es im Einzelfall erhebliche Probleme bereiten kann, trennscharf eine zulässige rechtliche Gestaltung und einen unzulässigen rechtlichen Missbrauch zu differenzieren. Abstrakte Definitionen lassen sich hier kaum finden. Vielmehr kann diese Abgrenzung nur induktiv anhand von Einzelfällen erfolgen, sodass es vor allem der Rechtsprechung zu überantworten ist, den rechtlichen „Graubereich“ näher zu konturieren.[1762] Möglich ist es allerdings, die hierfür maßgeblichen Argumentationstopoi in abstrakter Form zu skizzieren. So muss jede Abgrenzung zunächst immer anhand des Telos der verbindlichen Auskunft erfolgen. Insofern kann nur dort noch von einer rechtlich zulässigen Gestaltung gesprochen werden, wo diese noch der Schaffung von Rechts- und Planungssicherheit dienlich ist. Daneben ist zu berücksichtigen, dass die verbindliche Auskunft ein Instrument der Verfahrensstufung ist, damit nur punktuell verbindliche Aussagen zur rechtlichen Behandlung eines Sachverhalts enthalten kann und nur dort eine Erteilung möglich ist, wo ein schützenswertes Interesse an einer Verfahrensstufung besteht. Wird die Verfahrensstufung hingegen bewusst dazu „pervertiert“, einen einheitlichen Entscheidungsprozess künstlich in zwei Teile aufzuspalten, kann kein Raum für deren Erteilung bleiben.

Ein zweiter möglicher Ablehnungsgrund folgt aus dem Sinn und Zweck der Verfahrensstufung sowie aus dem Charakter der verbindlichen Auskunft als vorweggenommene Teilentscheidung. So kann es – genauso wie bei den schon vorhandenen Vorbescheiden im besonderen Verwaltungsrecht[1763] – mitunter unmöglich sein, die vom Antragsteller dargelegten

---

1760 So auch bereits *Spitaler*, BB 1961, 1333 (1335) für eine mögliche Zusicherung im Steuerrecht: „Eine gesetzliche Bestimmung sollte den Mißbrauch des Antragsrechts mit der Rechtsfolge belegen, daß eine verbindliche Zusicherung nicht gegeben wird.“.

1761 *Pfeiffer*, DB 1987, 2380 (2383). Siehe hierzu auch oben Kapitel 5 C. I. 1. A.A. hingegen *Wittreck*, BayVBl 2004, 193 (200), der solche Fälle über ein fehlendes Sachbescheidungsinteresse lösen möchte, sie damit jedoch lediglich dogmatisch anders verortet.

1762 Die bislang in der Rechtsprechung anerkannten Fallgruppen stellt *Wittreck*, BayVBl 2004, 193 (200) der Reihe nach dar.

1763 Siehe hierzu pars pro toto zum Bauvorbescheid oben Kapitel 3 C. I. 3.

Fragen bereits im Vorfeld zu beantworten, ohne die Auswirkungen der Endentscheidung zu kennen. Insofern muss die Erteilung der verbindlichen Auskunft auch dann abgelehnt werden, wenn sie faktisch dazu führen würde, dass bereits sämtliche Folgefragen durch diese denklogisch mit beantwortet werden[1764], denn andernfalls würden Vor- und Endentscheidung miteinander „verschmelzen".[1765] Gleichwohl gilt auch für diesen Ausschlussgrund, dass er nur dann zur Anwendung kommen kann, wenn eine vorweggenommene Beurteilung schlechthin nicht möglich ist, was nur bei besonders gelagerten Ausnahmefällen von hoher Komplexität der Fall sein dürfte.

4. Rechtsfolge: gebundene Entscheidung in schriftlicher Form

Auf Rechtsfolgenseite stellt sich nun die Folgefrage, ob aus Gründen der stärkeren Einzelfallgerechtigkeit die Erteilung der verbindlichen Auskunft im Ermessen der Verwaltungsbehörde stehen soll oder nicht vielmehr aus Gründen der Rechtssicherheit ein Anspruch des Bürgers zu normieren ist. Wie die vergleichende Untersuchung im letzten Kapitel gezeigt hat, hat diese Frage jedoch kein derart hohes Gewicht wie zunächst erwartet. So ist es zwar dem Bauvorbescheid nach § 73 Abs. 1 S. 1 NBauO grundsätzlich immanent, dass auf seine Erteilung aufgrund der Ausstrahlungswirkung der dahinter stehenden Grundrechte ein Anspruch besteht[1766], jedoch erweist sich auch die Ermessensvorschrift des § 89 Abs. 2 AO als wirksam, indem bei Vorliegen aller tatbestandlichen Voraussetzungen eine Ermessens-

1764 Gerade die Eigenschaft der *denklogischen Mitbeantwortung* unterscheidet diesen Ausschlussgrund auch vom fehlenden Sachbescheidungsinteresse, im Rahmen dessen bereits dargestellt wurde, dass eine Erteilung der verbindlichen Auskuft über sämtliche Fragen des Gesamtvorhabens nicht möglich ist. Während bei Letzterer der Antragsteller selbst alle Fragen stellt, tut er dies in der hier behandelten Konstellation nicht, sondern beschränkt sich auf Teilaspekte. Gleichwohl kommt es *faktisch* dazu, dass eine vollständige Beantwortung vorläge, weshalb zwar ein Sachbescheidungsinteresse gegeben ist, die Erteilung der verbindlichen Auskunft gleichwohl durch das Eingreifen eines Ausschlussgrundes abgelehnt werden muss. Insofern sind diese beiden Konstellationen zu unterscheiden, obgleich sie sich durchaus stark ähneln.

1765 Vergleichbares gilt auch für die verbindliche Auskunft im dänischen Steuerrecht, vgl. hierzu nur *Lauesen*, DStZ 1987, 147 (148).

1766 Siehe oben Kapitel 3 C. II.

reduktion auf null anzunehmen ist.[1767] Ihr soll hier gleichwohl breiterer Raum verschafft werden, da diese Frage im Gesetz selbst zu regeln ist und nicht offen gelassen werden kann. Die Einräumung von Verwaltungsermessen oder eines gebundenen Anspruchs orientiert sich dabei sowohl an den unmittelbaren Forderungen aus der Verfassung als auch an Zweckmäßigkeitserwägungen.[1768]

Die verfassungsrechtlichen Grundlagen des Verwaltungsermessens sind u.a. im Grundsatz der Einzelfallgerechtigkeit[1769] zu finden, welche ebenfalls ein Ausfluss aus dem Rechtsstaatsprinzip des Art. 20 Abs. 3 GG ist.[1770] Einzelfallgerechtigkeit ist besonders dort erforderlich, wo aufgrund der einzigartigen Besonderheiten eine hohe „Streubreite" der Anwendungsfälle zu verzeichnen ist[1771], denn es ist dem Gesetzgeber nicht möglich, alle auch nur entfernt denkbaren regelungsbedürftigen Sachverhalte selbst gesetzlich zu manifestieren.[1772] Bei der Frage nach der „Streubreite" kommt dem Gesetzgeber indes eine gewisse Freiheit dahingehend zu, nach eigenen Vorstellungen zu typisieren und zu pauschalieren.[1773] Damit spricht zunächst eine Vermutung dafür, dass die Erteilung der verbindlichen Auskunft in das Ermessen der Verwaltungsbehörde gestellt werden kann. Insofern existieren auch in anderen Rechtsordnungen Regelungen zum Genehmigungsverfahren, bei denen statt einer gebundenen Entscheidung eine

---

1767 Zudem ist die Argumentation, dass aus der Ausstrahlungswirkung der Grundrechte stets ein Anspruch i.S.e. gebundenen Entscheidung folge, durchaus mit Vorsicht zu genießen, da ansonsten die Gefahr droht, dass die Judikative schlicht eine Abwägung zwischen mehreren kollidierenden Grundrechten vornimmt und dadurch genau genommen alleine die Prüfung vornimmt, die ansonsten gerade im Wege des Ermessens auf Verwaltungsebene stattfinden würde. Siehe hierzu auch *Di Fabio*, VerwArch 86 (1995), 214 (226 f.).

1768 Anders *Kunig*, in: FS 50 Jahre BVerfG, S. 421 (439), der ausschließlich auf Zweckmäßigkeitserwägungen abstellen möchte. Keine zuverlässigen Anhaltspunkte ergeben sich dagegen dahingehend, ob vom Rechtsanspruch auf die Endentscheidung auch auf einen Rechtsanspruch auf die verbindliche Auskunft geschlossen werden kann. Wie die Darstellung von *Reichelt*, Vorbescheid, S. 81 ff. zeigt, sind dazu insbesondere die schon existierenden Regelungen im besonderen Verwaltungsrecht zu heterogen und im VwVfG fehlen bislang vielfach Regelungen zur Endentscheidung, insbesondere mit Blick auf ein allgemeines Genehmigungsverfahren.

1769 *Hein/Schlette/Schmitz*, AöR 122 (1997), 32 (35).

1770 So etwa *Gern*, DVBl 1987, 1194 (1199) m.w.N.

1771 *Schulze-Fielitz*, in: Dreier, GG, Art. 20 (Rechtsstaat) Rn. 137 sowie auch *Hein/Schlette/Schmitz*, AöR 122 (1997), 32 (35).

1772 *Seewald*, Jura 1980, 175 (177).

1773 *Schulze-Fielitz*, in: Dreier, GG, Art. 20 (Rechtsstaat), Rn. 137.

Ermessensentscheidung als präferiertes Modell gewählt wurde.[1774] Obgleich daraus nicht automatisch auf die verbindliche Auskunft im allgemeinen Verwaltungsrecht – etwa im Wege eines Erst-Recht-Schlusses – Forderungen entwickelt werden können, so spricht doch jedenfalls eine Vermutung dafür, dass auch eine Ermessensentscheidung durchaus gangbar wäre.

Andererseits ist die Einstrahlung der Grundrechte auf das Verwaltungsverfahrensrecht zu beachten. So fordert auch das BVerfG einen Rechtsanspruch auf Erteilung, wenn das dazugehörige Verwaltungsverfahren die Ausübung grundrechtlich gesicherter Befugnisse zum Gegenstand hat, denn Verfahren wie die verbindliche Auskunft dienen aus Verwaltungssicht primär der Feststellung dahingehend, ob eine rechtmäßige Grundrechtsausübung beabsichtigt ist.[1775] Die demnach geforderte Grundrechtsrelevanz wurde bereits oben eingehend untersucht[1776] und kann hier zweifelsohne bejaht werden. Somit legen die Grundrechte eher nahe, einen Anspruch i.S.e. gebundenen Entscheidung zu normieren.

Folglich gestaltet sich die Frage nach dem Anspruchscharakter der verbindlichen Auskunft aus verfassungsrechtlicher Sicht mehrdeutig, sodass sich daraus kein zuverlässiges Ergebnis destillieren lässt.

Zu beachten ist jedoch, dass ein nicht vorhandenes Ermessen auf Rechtsfolgenseite zumindest teilweise durch unbestimmte Rechtsbegriffe auf Tatbestandsseite „kompensiert" werden kann, indem der Verwaltungsbehörde zusätzliche Einzelfallflexibilität eingeräumt wird.[1777] Dies gilt insbesondere dann, wenn bereits tatbestandlich eine Rechtsunsicherheit sowie eine erhebliche wirtschaftliche Auswirkung gefordert werden, denn dann gebietet es der effektive Grundrechtsschutz, dass die verbindliche Auskunft zu erteilen ist.[1778] Insofern sprechen vor diesem Hintergrund gewichtige Argumente für die Schaffung eines gebundenen Anspruchs, denn

---

1774 Hierzu *Schulze-Fielitz*, in: Dreier, GG, Art. 20 (Rechtsstaat) Rn. 138.

1775 BVerfGE 58, 300 (347).

1776 Siehe nur oben C. I. 1. sowie D. I.

1777 *Dalichau*, Auskünfte und Zusagen, S. 292; *Reichelt*, Vorbescheid, S. 86; *Seewald*, Jura 1980, 175 (180). So betonte frühzeitig auch das BVerwG (BVerwGE 18, 247 (251)), dass dann kein Raum mehr für eine Ermessensentscheidung bleibe, wenn bereits bei der Ausfüllung eines unbestimmten Gesetzesbegriffs auf Tatbestandsebene alle rechtlich relevanten Gesichtspunkte geprüft werden müssen.

1778 *Dalichau*, Auskünfte und Zusagen, S. 213. In dieselbe Richtung argumentiert auch *Reichelt*, Vorbescheid, S. 79, der es angesichts der immer komplexer werdenden Genehmigungsverfahren zu einer Grundrechtseffektuierung für erforderlich hält, dass der Antragsteller einen Anspruch auf die verbindliche Aus-

letztlich wäre eine Ermessensform eine reine „Formsache", da bei Vorliegen des berechtigten Interesses stets eine Ermessensreduktion auf null vorliegt.

Insofern kann der Gesetzgeber dem auch nicht den Einwand entgegenhalten, dass die Funktionsfähigkeit der Verwaltung gefährdet wäre, zumal bereits die Erfahrungen mit dem IFG gezeigt haben, dass von allgemeinen Auskunftsansprüchen nicht inflationär, sondern moderat Gebrauch gemacht wird.[1779] Auch ein mögliches Gegenargument, dass im Bereich der gebundenen Verwaltung die Gefahr rechtswidriger verbindlicher Auskünfte größer sei als im Bereich der Ermessensverwaltung[1780], vermag letztlich nicht durchzugreifen, da einerseits – soweit ersichtlich – keine empirischen Daten hierzu existieren und andererseits eine höhere Einzelfallflexibilität nicht zulasten der Rechtssicherheit gehen darf, die im Fall einer Ermessensnorm durchaus gegeben wäre. Zudem existiert gerade für diese Konstellation in § 48 VwVfG ein ausdifferenziertes Rücknahmesystem, mit welchem im Falle einer rechtswidrigen verbindlichen Auskunft die notwendigen Korrekturen vorgenommen werden können.

Arrondierend zu den vorstehenden Argumenten liegt die Schaffung eines solchen auch im Interesse einer einheitlichen Rechtsanwendung, denn auch die anderen Vorbescheide ergehen unisono als gebundene Entscheidung.[1781] Zuletzt ist noch zu erwähnen, dass insbesondere dann ein Anspruch auf Erteilung der verbindlichen Auskunft zwingend ist, wenn auch ein Rechtsanspruch auf die Endentscheidung besteht, denn es ist kein sachlicher Grund dafür ersichtlich, einen Anspruch auf die Endentscheidung anzunehmen, die vorhergehende Teilentscheidung jedoch in das Ermessen der Verwaltungsbehörde zu stellen.[1782] Jedes andere Ergebnis würde sogar einen logischen Bruch darstellen.

Nach alledem erscheint es überzeugender, dass die verbindliche Auskunft im allgemeinen Verwaltungsrecht in Form einer gebundeneren Ent-

---

kunft hat. Anders hingegen *G. Mayer*, Zusage, S. 71, der es für untunlich erachtet, aus der Kompliziertheit des Rechts einen generellen Anspruch auf Vorverlagerung der (Teil-)Entscheidung zu schaffen. Eine solche Überlegung setze insofern nur an den „Symptomen, nicht aber am Grund des Übels an (...)". Vielmehr sei es daher die Aufgabe des Gesetzgebers, für eine Vereinfachung des Rechts zu sorgen.

1779 Vgl. oben Kapitel 1 C. I. 1.

1780 Angedacht durch *von Bomhard*, Auskunft und Zusage im Steuerrecht, S. 188.

1781 Gl. A. *Spilker*, StuW 2013, 19 (23).

1782 *Reichelt*, Vorbescheid, S. 85.

scheidung ergeht, sodass dem Ansatz der „vergleichsweise blasse[n]“[1783] Schaffung eines Anspruchs auf ermessensfehlerfreie Entscheidung nicht gefolgt wird.[1784]

Abseits der Fragestellung nach der Gebundenheit oder Nichtgebundenheit der Auskunftserteilung ist die verbindliche Auskunft als solche in jedem Fall schriftlich zu erteilen.[1785] Insofern gelten dieselben Argumente wie auch für die Pflicht zur schriftlichen Antragstellung. Zudem ist auch noch in besonderer Weise auf den vor allem von Seer betonten Grundsatz der „Formenakzessorietät“ hinzuweisen.[1786] Bedarf dementsprechend die Endentscheidung bereits der Schriftform, so muss die verbindliche Auskunft als vorweggenommene Teilentscheidung formenakzessorisch auch schriftlich ergehen, m.a.W. muss die verbindliche Auskunft dann erst recht schriftlich ergehen, wenn die Endentscheidung der Schriftform bedarf. Die Formenakzessorietät, die bei der Antragstellung noch als Indiz für eine Schriftlichkeit des Antrags formuliert wurde, wirkt sich somit auf Ebene der Erteilung der verbindlichen Auskunft als zwingende rechtliche Vorgabe aus und stellt insoweit mit Blick auf ihre Beweissicherungsfunktion keine bloße Zweckmäßigkeitserwägung dar, denn während der Antrag erst zur Verfahrenseinleitung führt, entfaltet die verbindliche Auskunft ab Erteilung beiderseitige Bindungswirkung und zementiert die Rechtslage. Eine solche Zementierung kann schon aus Gründen der Rechtssicherheit nicht mündlich erfolgen.

1783 So die treffende Bezeichnung von *Salzwedel*, ZfW 1973, 85 (88) zur Frage der Schaffung von Ansprüchen auf fehlerfreie Ermessensausübung bei Vorbescheiden.

1784 Gl. A. *W. Steinberg*, Selbstbindung, S. 148, der hierfür auch noch das weitere Argument anführt, dass im Verhältnis zwischen Verwaltungsbehörde und Bürger die stärkere Verwaltungsbehörde nicht auch noch Ermessen erhalten dürfe. So auch grundsätzlich *Reichelt*, Vorbescheid, S. 77. Anders hingegen *Scholz*, MedR 2015, 572 (576), der jedenfalls bezogen auf eine mögliche verbindliche Auskunft im Vertragsarztrecht davon ausgeht, dass es sich um eine Ermessensentscheidung handeln müsse. Wie Scholz wiederum auch *Reichelt*, Vorbescheid, S. 85 für den Fall, dass die Endentscheidung im Ermessen der Verwaltungsbehörde steht, denn dann müsse auch hinsichtlich der verbindlichen Auskunft Ermessen bestehen. In diesem Sinne zudem *G. Mayer*, Zusage, S. 72 ff. sowie *Burgi/Durner*, Die Modernisierung des Verwaltungsverfahrensrechts, S. 95, letztere sogar in Bezug auf eine verbindliche Auskunft im allgemeinen Verwaltungsrecht.

1785 Anders *von Bombard*, Auskunft und Zusage im Steuerrecht, S. 150, der einem generellen Schriftformerfordernis die Notwendigkeit abspricht.

1786 *Seer*, Verständigungen, S. 464, 465.

II. Gebührenpflicht

Ausgehend vom Anspruch auf Erteilung einer verbindlichen Auskunft bei Vorliegen der tatbestandlichen Anforderungen ist die Frage nach der möglichen Gebührenpflichtigkeit von verbindlichen Auskünften im allgemeinen Verwaltungsrecht zu untersuchen. Zu erinnern ist zuvorderst an die eingehende Untersuchung im zweiten Kapitel zur verbindlichen Auskunft nach § 89 Abs. 2 AO, die offenbart hat, dass die Gebührenpflichtigkeit bisweilen besonders streitanfällig ist. Zwar hat die Gebühr eine grundsätzlich begrüßenswerte kanalisierende Wirkung, indem sie ein überbordendes Antragsaufkommen vermeidet und damit administrative Leistungsfähigkeit sichert[1787], jedoch taugt alleine dies nicht als Rechtfertigungsgrund. Vielmehr hat die bundesverfassungsgerichtliche Judikatur dem Gesetzgeber hier enge Grenzen gesetzt, sodass jede Gebührenerhebung unter eine der anerkannten Fallgruppen subsumiert werden muss. Ansonsten ist eine Gebührenerhebung unzulässig. Demnach stellt sich für das allgemeine Verwaltungsrecht zunächst die zentrale Frage, ob entsprechende Gebühren unter eine oder mehrere dieser Fallgruppen subsumiert werden können und somit dem Grunde nach überhaupt zulässig sind (1.). Bejaht man diese Frage, ist sodann der Blick auf die konkrete Gebührenberechnungsmethode zu lenken und zu erörtern, ob eine Berechnung nach dem Gegenstandswert oder nach dem Zeitwert vorzugswürdig ist (2.). Vorwegzuschicken ist indes, dass es einer expliziten Regelung zur Gebührenpflicht im VwVfG nicht bedarf[1788], denn insoweit kann auf das BGebG zurückgegriffen werden, welches nunmehr die zuvor zahlreich vorhandenen Regelungen in den Fachgesetzen einer allgemeinen und universal anwendbaren Regelung zugeführt und damit auch das alte VwKostG des Bundes obsolet gemacht hat.[1789] Ermächtigungsgrundlage für eine Gebührenerhebung wäre somit § 1 BGebG.[1790]

1787 *Hey*, Steuerplanungssicherheit, S. 732.

1788 Gleichwohl wäre eine solche unmittelbare Regelung im VwVfG (ausnahmsweise) zulässig, vgl. BT-Drs. 17/10422, S. 91.

1789 BT-Drs. 17/10422, S. 78. Anders dagegen – wie gezeigt – für die Gebührenregelung der verbindlichen Auskunft nach § 89 Abs. 2 AO, welche explizit in die AO implementiert werden musste. Dies hat den Hintergrund, dass das BGebG nach § 2 Abs. 2 S. 2 Nr. 1 BGebG in Verfahren nach der Abgabenordnung keine Anwendung findet.

1790 BT-Drs. 17/10422, S. 88. Dies gilt allerdings nur soweit eine Bundes- und keine Landesbehörde gehandelt hat, denn das BGebG gilt unmittelbar nur für Bun-

1. Gebührenerhebung dem Grunde nach

Auf erster Stufe ist nach der Gebührenerhebung dem Grunde nach zu fragen. Auch hier kommen wie bei der verbindlichen Auskunft nach § 89 Abs. 2 AO die Fallgruppen der Kostendeckung sowie des Vorteilsausgleichs in Betracht.

Zur Kostendeckung ist auszuführen, dass durch den Antrag auf Erteilung einer verbindlichen Auskunft – insoweit analog dem Steuerrecht und dem Baurecht – eine Verfahrensstufung eintritt. Damit ist auch ein mitunter nicht zu vernachlässigender zusätzlicher Arbeitsaufwand für die Verwaltungsbehörde verbunden, vor allem dann, wenn sie sich mit mehreren (vorgesetzten) Behörden erst einmal abstimmen muss. Somit liegt die Fallgruppe der Kostendeckung zweifelsohne vor.

Zur Fallgruppe des Vorteilsausgleichs gilt, dass der Bürger durch die Beantragung und Erteilung der verbindlichen Auskunft eine individuelle Sonderleistung in Anspruch nimmt, die anders als im Steuerrecht auch nicht dem faktischen Zwang einer möglicherweise drakonischen Steuerfestsetzung unterliegt, sondern im Regelfall rein freiwillig erfolgt und insofern ein Ausfluss grundrechtlicher Freiheitsverbürgung ist.[1791] Folglich ist es auch vor dem Hintergrund der staatlichen Fürsorgepflicht nicht zwingend, dass die Verwaltungsbehörde ihre Fürsorge gebührenfrei anbietet, denn es handelt sich bei vielen Vorhaben um die Verfolgung privater Ziele und Zwecke, sodass die Verwaltungsleistung in erster Linie dem persönlichen Nutzen und Mehrwert dient, jedoch an ein Untätigbleiben des Bürgers keinerlei aus seiner Sicht negative Rechtsfolgen geknüpft werden.[1792] So gebietet auch das Rechtsstaatprinzip aus Art. 20 Abs. 3 GG jedenfalls außerhalb des zwingenden und unentziehbaren Steuerrechts nur, dass der Staat Fürsorge betreibt und daher verbindliche Auskünfte beim Vorliegen der tatbestandlichen Voraussetzungen erteilt werden. Es gebietet jedoch nicht, dass der Staat sich seine Fürsorgeleistungen nicht angemessen über Gebühren bezahlen lassen darf.[1793]

---

desbehörden. Die Gebührenerhebung von Landesbehörden richtet sich indes nach Landesrecht.

1791 In dieselbe Richtung tendierend auch *Scholz*, MedR 2015, 572 (576).

1792 Anders *Spilker*, StuW 2013, 19 (26): „Zwar stehen Pflichten oftmals in einem Gegenseitigkeitsverhältnis, ihre Erfüllung ist jedoch keine äquivalente Gegenleistung für die Entrichtung einer Gebühr, sondern eine rechtsstaatlich gebotene Selbstverständlichkeit."

1793 A.A. *Simon*, DStR 2007, 557 (564), der vor dem Hintergrund des Rechtsstaatsprinzips von einer generellen Kostenfreiheit von verbindlichen Auskünften –

Obgleich im Rahmen der Darstellung zu § 89 Abs. 2 AO eine diametrale Auffassung vertreten wurde, ist dies dem Umstand geschuldet, dass das Besteuerungsverfahren allen Bürgern vom Staat aufgezwängt wird, weshalb sie ja gerade auch als Steuerpflichtige bezeichnet werden.[1794] Insofern erscheint es sachgerecht, für das Steuerrecht eine gebührenrechtliche Sondersituation anzunehmen, die mit der im allgemeinen Verwaltungsrecht nicht vergleichbar ist. Zudem kann im allgemeinen Verwaltungsrecht der Vorteil nicht mit dem Argument negiert werden, dass der Bürger einen grundrechtlichen Anspruch auf Erteilung der verbindlichen Auskunft hat[1795], denn ein solcher besteht – wie bereits geprüft[1796] – gerade nicht.

Folglich ist eine Gebührenerhebung im allgemeinen Verwaltungsrecht dem Grunde nach verfassungskonform[1797], jedenfalls soweit sie nicht nur für die reine Bearbeitung, sondern auch für die Erteilung der verbindlichen Auskunft anfällt, denn nur in diesem Endresultat liegt neben dem auch sonst vorhandenen Kostendeckungsargument aus der Sicht des Bürgers ein Sondervorteil vor.[1798] Dementsprechend wurde auch zu Recht in § 7 Nr. 1 BGebG eine sachliche Gebührenfreiheit nur für mündliche, einfach schriftliche und elektronische Auskünfte und nicht für verbindliche Auskünfte in Gestalt von Vorbescheiden aufgenommen.

2. Wahl eines Berechnungsmodells – Gegenstandswert oder Zeitwert?

Für die Erteilung verbindlicher Auskünfte im allgemeinen Verwaltungsrecht darf die Verwaltungsbehörde – anders als bei der verbindlichen Auskunft nach § 89 Abs. 2 AO – grundsätzlich Gebühren verlangen. Damit ist allerdings noch keine Aussage darüber getroffen, welches Gebührenbe-

---

offenbar unabhängig davon, welche Sachmaterie ihr zugrunde liegt – ausgeht. Dem liegt letztlich die (nach hiesiger Ansicht verfehlte) Annahme zugrunde, dass es grundsätzlich die Aufgabe der Verwaltung sei, gebührenfrei sämtliche Rechtsunsicherheiten zu beseitigen.

1794 In diesem Sinne auch *Stark*, DB 2007, 2333 (2335).

1795 Dann wäre das Argument des Vorteilsausgleichs nämlich aufgrund der Ausstrahlungswirkung der Grundrechte untunlich, vgl. *Horst*, Verbindliche Auskunft, S. 166 m.w.N.

1796 Vgl. oben C. II. 1.

1797 So auch *Wienbracke*, NVwZ 2007, 749 (753).

1798 *Wienbracke*, NVwZ 2007, 749 (751). Diese Sichtweise entspricht auch § 4 Abs. 1 BGebG, nach dem die Gebührenschuld erst nach Beendigung der individuell zurechenbaren öffentlichen Leistung entsteht. Dies ist hier die Erteilung der verbindlichen Auskunft bzw. dessen Ablehnung.

rechnungsmodell gewählt werden könnte. Ein solches bedarf zunächst in jedem Fall eigens einer besonderen Rechtfertigung.[1799] In Betracht kommt insoweit auf der einen Seite eine pauschalierte Berechnung nach dem Gegenstandswert[1800], auf der anderen Seite eine einzelfallbezogene und aufwandsorientierte Berechnung nach dem Zeitwert. Ein besonderer Fokus liegt dabei – wie bereits oben angesprochen – zunächst auf den Anforderungen, die aus dem Rechtsstaatsprinzip (Art. 20 Abs. 3 GG) folgen (a).[1801] Ausgehend davon erfolgt in einem zweiten Schritt die Festlegung und nähere Umschreibung des Gebührenberechnungsmodells (b).

Nicht Gegenstand der folgenden Darstellung werden dagegen mögliche Gebührenbefreiungen oder -ermäßigungen sein, denn hierzu sieht bereits die bestehende Regelung des § 9 Abs. 4 und 5 BGebG i.V.m. den auf Grundlage von § 22 Abs. 3 und 4 BGebG erlassenen Gebührenverordnungen vor, dass eine solche bei Unbilligkeit möglich ist, sodass es keiner weiteren Ausführungen bedarf. Ebenso kann für alle weiteren besonderen Modalitäten auf das sehr umfangreich kodifizierte BGebG und die auf Grundlage von § 22 Abs. 3 BGebG erlassene AGebV verwiesen werden, welche auch bei einer möglichen verbindlichen Auskunft im allgemeinen Verwaltungsrecht vollständig zur Anwendung kämen.

1799 Wie *Wienbracke*, NVwZ 2007, 749 (752) zutreffend betont, besteht kein „konstitutionelles Rechtfertigungsprivileg".

1800 Auch wenn das BGebG die Gebühr nach dem Gegenstandswert als eigene Gebührenart nicht kennt, sondern neben der Zeitgebühr i.S.d. § 11 Nr. 2 BGebG lediglich die Festgebühren nach § 11 Nr. 1 BGebG sowie die Rahmengebühren nach § 11 Nr. 3 BGebG, soll diese hier dennoch gerade vor dem Hintergrund der massiven Diskussion im Steuerrecht auch für das allgemeine Verwaltungsrecht untersucht werden. Zudem wäre es jedenfalls unter Beachtung der einfachgesetzlichen Gebührensystematik durchaus möglich, eine solche vom BGebG abweichende Gebührenbemessung ins VwVfG zu implementieren. Diese würden dann den allgemeinen Regelungen des BGebG vorgehen, vgl. BT-Drs. 17/10422, S. 91.

1801 Ausgeblendet werden dagegen aus Gründen der Stoffbegrenzung die Anforderungen, die aus der Finanzverfassung oder aus anderen Verfassungsprinzipien folgen. Zudem lassen sich – wie sogleich zu zeigen sein wird – alleine aus dem Rechtsstaatsprinzip bereits überzeugende Lösungen entwickeln, die durch die weiteren Verfassungsprinzipien nicht mehr wesentlich verschoben werden.

a) Anforderungen aus dem Rechtsstaatsprinzip (Art. 20 Abs. 3 GG)

Zunächst sind die Anforderungen aus dem Rechtsstaatsprinzip nach Art. 20 Abs. 3 GG darzustellen. Anders als bei der Frage der Gebührenerhebung dem Grunde nach treten bei der Frage der Gebührenhöhe die allgemeinen staatlichen Fürsorgepflichten in den Hintergrund. Maßgeblich ist vielmehr der ebenfalls aus dem Rechtsstaatsprinzip hergeleitete Grundsatz der Verhältnismäßigkeit als Ausprägung des Übermaßverbots. Ausgehend hiervon erkennt die Rechtsprechung im Grundsatz eine Befugnis des Gesetzgebers zur pauschalierenden und typisierenden Gebührenberechnung an. Eine Grenze ist jedoch dort erreicht, wo die Gebühr entweder in einem groben Missverhältnis zu den mit ihr verfolgten Zwecken steht[1802] oder die Höhe völlig unabhängig von der konkreten Leistung, die der Bürger erhält, ist.[1803]

Wann ein Verstoß vorliegt, entscheidet sich anhand des Einzelfalls[1804], wobei der Gesetzgeber jedoch einen weiten Entscheidungs- und Gestaltungsspielraum hinsichtlich der Bemessung der Gebührenberechnungsmethode und der Gebührenhöhe hat. Denn es ist unmöglich, jede einzelne Gebühr nach Kosten, Wert und Vorteil „centgenau“ zu berechnen.[1805] Insofern sind Vergröberungen und Pauschalierungen nicht zu vermeiden[1806], jedoch gerade bei benachteiligenden Typisierungen schonend anzuwenden.[1807] Der Gesetzgeber darf zudem den Aspekt der Kostendeckung nicht

---

1802 So ausdrücklich FG Münster, EFG 2010, 1973. In einem besonders augenscheinlichen Fall, der dem BVerwG zur Entscheidung vorlag, überstieg die Verwaltungsgebühr die Höhe der Kosten des Verwaltungsaufwands um ca. das 4444fache, vgl. BVerwGE 118, 123. Obgleich die zulässige Grenze deutlich niedriger liegen wird, zeigt die Entscheidung jedenfalls, dass die Gebühr deutlich über den tatsächlichen Kosten liegen muss. Pauschalierende Aussagen werden sich hier aber nicht finden lassen, vielmehr können insoweit nur Richtwerte gebildet werden.

1803 BVerfGE 20, 257 (270); 50, 217 (226 und 230 f.); 85, 337 (346).

1804 *Lahme/Reiser*, BB 2007, 408 (412).

1805 BVerfGE 108, 1 (19); BVerwGE 118, 123 (126); FG Münster, EFG 2010, 1973.

1806 BVerfGE 108, 1 (19).

1807 Ähnlich auch BVerfGE 103, 310 (319): „Die Gestaltungsfreiheit des Gesetzgebers ist im Übrigen bei bevorzugender Typisierung weiter gespannt als bei benachteiligender Typisierung (vgl. BVerfGE 17, 1 (24))“. Zudem ist zu betonen, dass eine Typisierungsbefugnis auch primär nur im Wahlrecht, im Steuerrecht und im Sozialversicherungsrecht vom BVerfG anerkannt wird, vgl. hierzu nur BVerfGE 132, 39 (49), sodass hinsichtlich des allgemeinen Verwaltungsrechts bei pauschalierenden Gebührenberechnungen schon aus diesem Gesichtspunkt heraus Zurückhaltung geboten ist.

völlig außer Acht lassen, denn er unterliegt jedenfalls einem Mindestmaß an Sachgerechtigkeit und innerer Regelungskonsistenz, darf mithin nicht völlig beliebig agieren.[1808]

Ausgehend von diesen Maßstäben ist eine Gebührenberechnung nach dem Gegenstandswert dann zulässig, wenn die Gebührenhöhe und der Aufwand grundsätzlich kongruent sind und zudem der Wert der Leistung angemessen Berücksichtigung findet, denn ansonsten läge eine „voraussetzungslose" Geldzahlung vor, die einer Steuer gleichkäme und unzulässig ist.[1809]

Beachtet der Gesetzgeber jedoch diese Maßstäbe hinreichend, so kann selbst eine Gebühr im sechsstelligen Bereich durchaus gerechtfertigt sein, jedenfalls dann wenn durch den Antrag mehrere Fachbereiche innerhalb einer Verwaltungsbehörde oder auch verschiedene Behörden über Wochen faktisch nur damit befasst sind, die gestellte Rechtsfrage zu beantworten.[1810] Von Ausnahmen abgesehen dürften solche Fälle aber eher selten sein, denn der Bürger muss der Verwaltungsbehörde – wie soeben gezeigt – den Sachverhalt aufbereiten und die zur rechtlichen Beurteilung erforderlichen Unterlagen mit einreichen, sodass diese direkt mit der rechtlichen Prüfung beginnen kann. Der Regelfall wird sich daher aller Voraussicht nach so darstellen, dass die Verwaltungsbehörde im Vergleich zum Bürger einen geringeren Arbeitsaufwand hat, mithin vielfach auch Fragen gewissermaßen „abhaken" kann.

Genau in diesem Umstand liegt auch das Problem der Berechnung nach dem Gegenstandswert, denn der Arbeitsaufwand wird sich regelmäßig vorab nicht pauschal bestimmen lassen und kann auch völlig unabhängig vom Gegenstandswert sein. Insofern erweisen sich insbesondere die Fälle als äußerst bedenklich, bei denen der Gegenstandswert sehr hoch, die Rechtsfrage hingegen zwar bislang ungeklärt, aber doch von der rechtlichen Lösung her sehr einfach ist[1811], denn dann beträgt die zu zahlende Gebühr ein Vielfaches der Höhe des tatsächlichen Aufwands. Damit wird es sich kaum verneinen lassen, von einem groben Missverhältnis auszuge-

---

1808 BVerfGE 85, 337 (346); 97, 332 (345); 108, 1 (20); BVerwGE 118, 123 (126).

1809 BVerfGE 85, 337 (346); 93, 319 (343).

1810 A.A. *Fatouros*, DStZ 2007, 382 (391), der bereits bei Gebühren von mehreren Zehntausend Euro auch mit Blick auf das Kostendeckungsprinzip und das Äquivalenzprinzip erhebliche Bedenken äußert.

1811 So auch *Eilers*, in: FS Streck, S. 305 (314 f.) sowie *Lahme/Reiser*, BB 2007, 408 (412).

hen, denn Kosten und Gebührenhöhe sind dann nicht mehr sachgerecht.[1812]

Selbst wenn man davon ausgeht, dass dann aufgrund des Umstands, dass die verbindliche Auskunft als Vorbescheid nur einen Sachverhaltsteil erfasst, auch die Gegenstandsgebühr anteilig reduziert wird, lassen sich die hier geäußerten Bedenken nicht vollständig beseitigen. Zudem wird die Gebührenhöhe dann häufig immer noch derart abschreckend wirken, dass der Bürger von der Beantragung einer verbindlichen Auskunft absehen wird. Zuletzt erweist sich eine Berechnung nach dem Gegenstandswert auch deshalb als jedenfalls in erhöhter Weise begründungsbedürftig, weil sie dazu führen kann, dass der Zugang zur verbindlichen Auskunft von der wirtschaftlichen Leistungsfähigkeit des Einzelnen abhängt. Solchen Auswirkungen einer Gebühr schiebt das BVerfG jedoch überzeugend „einen Riegel vor", indem es eine entsprechende Gebührenberechnung für verfassungswidrig erklärt.[1813]

b) Die Zeitwertberechnung als Präferenzmodell

Nach dem soeben gesagten bestehen jedenfalls für eine verbindliche Auskunft im allgemeinen Verwaltungsrecht erhebliche rechtsstaatliche Bedenken gegen eine Gebührenerhebung nach dem Gegenstandswertmodell.[1814] Diese ließen sich zwar möglicherweise jedenfalls in Teilen durch die Annahme großzügiger Bereichsausnahmen und Billigkeitsvorschriften ausräumen[1815], jedoch erscheint auch diese Konstruktion eher als „dogmatischer Kunstgriff". Daher ist dem Zeitwertmodell i.S.e. Zeitgebühr nach § 11 Nr. 2 BGebG auch aus Gründen der Einfachheit und Klarheit der Berech-

---

1812 Daneben sei auch auf das hier nicht weiter zu erörternde gleichheitsrechtliche Problem hingewiesen, denn der allgemeine Gleichheitssatz aus Art. 3 Abs. 1 GG verlangt, dass Gebühren nicht völlig unabhängig von den Kosten der gebührenpflichtigen Staatsleistung festgesetzt werden dürfen und sich damit vom Sinn und Zweck der Kostendeckung entfernen, vgl. hierzu vor allem BVerfGE 50, 217 (227).

1813 BVerfGE 50, 217 (231); 85, 337 (347).

1814 A.A. pars pro toto *Seer*, in: Tipke/Kruse, AO/FGO, § 89 AO Rn. 66 sowie *Horst*, Verbindliche Auskunft, S. 169 f. mit Blick auf die antizipierte Rechtsschutzfunktion.

1815 Auf diesen hier nicht näher zu erörternden Aspekt sei verwiesen auf *Krekeler*, DLJ 2016, 24 (27) sowie *Drüen*, DStR 2010, 2 (5 f.).

nung der Vorzug zu geben[1816], zumal bei einem rein an Kostengesichtspunkten ausgerichteten Gebührenmodell nicht die Gefahr besteht, dass bereits die Beantragung einer verbindlichen Auskunft aufgrund einer möglicherweise abschreckenden Wirkung unterbleibt.[1817] Maßgeblich für die von diesem Ausgangspunkt anzustellende Gebührenberechnung sind auch hierbei vor allem die Prinzipien der Kostendeckung, des Vorteilsausgleichs und der Äquivalenz, welche als zentrale Bemessungsgrundsätze für jede Art von Gebühr anzusehen sind, die an dieser Stelle durch den veränderten Gebührenkontext erneut darzustellen sind.[1818]

Das in § 9 Abs. 1 BGebG normierte und als zentrales Prinzip des allgemeinen einfachen Gebührenrechts anzusehende Kostendeckungsprinzip[1819] besagt, dass die Gebührenhöhe – um sie von der Steuer abgrenzen zu können – betragsmäßig auf Kostendeckung und nicht auf Gewinnerzielung ausgerichtet sein muss. Insofern darf die Verwaltungsbehörde dem Antragsteller nur die Kosten als Gebühr aufoktroyieren, die sie durch die Bearbeitung des Antrags tatsächlich hatte, muss allerdings auch keine Abstriche machen, sodass eine Kostenunterdeckung vermieden werden darf. Bei der Frage der konkreten Höhe des nach Arbeitsstunden zu berechnenden Zeitwerts ist indes die Vorlage einer Kalkulationsgrundlage erforderlich, die insbesondere die Personal- und Sachkosten aufschlüsselt und daneben auch Gemeinkostenanteile und ggf. auch kalkulatorische Kosten berücksichtigt.[1820]

1816 Dafür spricht freilich auch die Gesetzesbegründung, vgl. BT-Drs. 17/10422, S. 78, nach der es Sinn und Zweck des neuen BGebG ist, dass die Verwaltungsbehörde alleine anhand einer Zeitermittlung kostendeckende Gebühren berechnen und festsetzen kann. Ebendiese Berechnungsmethode findet auch bei der verbindlichen Auskunft in Steuersachen in Luxemburg statt, sodass die Gebühr dort regelmäßig zwischen 3.000 € und 10.000 € liegt, vgl. hierzu umfassend *Keusen/Krämer*, IStR 2015, 279 ff. Insofern spricht auch die rechtsvergleichende Perspektive dafür, von einem Berechnungsmodell anhand des Gegenstandswerts Abstand zu nehmen. Partiell anders im Vergleich zu den bisher präsentierten Lösungen dagegen *Fatouros*, DStZ 2007, 382 (391), der es befürwortet, die Gebühr für verbindliche Auskünfte pauschal anhand einer Staffelung (etwa 500 €, 1000 €, 2000 €, 3000 €) festzusetzen.

1817 Wie hier auch *Horst*, Verbindliche Auskunft, S. 165. Kosten im hier behandelten Sinne sind dabei nach § 3 Abs. 3 BGebG „solche, die nach betriebswirtschaftlichen Grundsätzen als Einzel- oder Gemeinkosten ansatzfähig sind".

1818 *Lahme/Reiser*, BB 2007, 408 (411).

1819 *Prömper*, DÖV 2016, 293 (294). So auch die Ratio hinter der Novelle hin zum BGebG, vgl. nur BT-Drs. 17/10422, S. 78.

1820 BT-Drs. 17/10422, S. 102. Ebenso die berechtigte Forderung von *Hans*, DStZ 2007, 421 (424). Welche Kosten dabei zu den Personalkosten und zu den Sach-

In § 9 Abs. 2 BGebG ist das zweite zentrale Prinzip des Vorteilsausgleichs geregelt. Demnach kann eine kalkulierte Kostenüberdeckung ausnahmsweise dann zulässig sein, wenn dem Antragsteller einer verbindlichen Auskunft durch dessen Erteilung ein in Geld berechenbarer wirtschaftlicher Wert bzw. Nutzen zukommt.

Das in § 9 Abs. 3 BGebG zwar als gebührenrechtliches Leitprinzip abgelöste[1821], aber weiterhin normierte Äquivalenzprinzip gewährleistet schlussendlich, dass ein angemessenes Verhältnis zwischen der Gebühr und dem Wert der besonderen Leistung für den Empfänger besteht.[1822] Es stellt insofern eine einfachgesetzliche Übernahme des Grundsatzes der Verhältnismäßigkeit dar.[1823] Besondere Probleme bei der Bestimmung des Werts für den Empfänger entstehen immer dann, wenn sich dieser im Vorfeld nicht exakt bestimmen lässt. Anders ist dies hingegen, wenn sich die Amtshandlung auf Objekte bezieht, die einen eigenen feststellbaren Wert haben. Ist dies der Fall, so darf dieser Wert als Grundlage für die Gebührenbemessung verwendet werden. Ist die Amtshandlung für den Bürger hingegen ersichtlich wertlos, so ist von einer Gebührenerhebung abzusehen. Ein Verstoß gegen das Äquivalenzprinzip ist freilich erst gegeben, wenn dieses gröblich verletzt wurde.[1824]

Insgesamt gilt auch bei hinreichender Beachtung des Kostendeckungs-, des Vorteilsausgleichs- und des Äquivalenzprinzips, dass die Gebührenhöhe nicht abschreckend wirken darf[1825], was dann gegeben ist, wenn der Bürger intensive Überlegungen anstellen muss, ob er sich eine Amtshandlung mit Blick auf die entstehenden Gebühren leisten kann.[1826] Der Gesetzgeber hat dies auch in § 9 Abs. 2 Hs. 2 BGebG zum Ausdruck gebracht, in welchem normiert ist, dass die Gebührenhöhe kein wesentliches Hin-

---

kosten zählen, erläutert *Schlabach*, NVwZ 2013, 1443 (1446). Dieser äußert sich auch zu den anderen genannten Kostenkategorien, die in Ansatz gebracht werden können.

1821 BT-Drs. 17/10422, S. 102.

1822 BVerwGE 115, 32 (44).

1823 *Schlabach*, NVwZ 2013, 1443 (1447).

1824 BVerwG, NJW 1961, 2128 (2129) m.w.N.

1825 Hierzu BT-Drs. 17/10422, S. 102 m.w.N.

1826 BVerwG, NJW 1961, 2128 (2129). Mit den Worten des BVerwG darf damit die „Gesamtheit der Gebühren für besondere Leistungen bestimmter Art die Gesamtheit der Aufwendungen für diese besonderen Leistungen (nicht) übersteigen". Ausgehend hiervon erweckt auch der Vorschlag von *Fatouros*, DStZ 2007, 382 (391) durchaus Sympathien, indem er den Umfang der gebührenpflichtigen Bearbeitungszeit auf maximal 30 bis 35 Stunden begrenzen möchte, um die Gebührenhöhe nicht ausufern zu lassen.

dernis für die Inanspruchnahme der Leistung durch den Gebührenschuldner darstellen darf.

Ausgehend von diesen Maximen und dem weiten Ermessensspielraum zur Gebührenfestlegung ergeben sich die näheren Einzelheiten zur Gebührenberechnung aus der auf Grundlage von § 22 Abs. 3 BGebG erlassenen AGebV. Auf Grundlage besagter AGebV sowie von § 9 BGebG soll daher an dieser Stelle ein möglicher Ansatz für die Festsetzung des Zeitwerts dargestellt werden.

Ausgangspunkt ist zunächst der Stundensatz für den den Antrag auf verbindliche Auskunft prüfenden Sachbearbeiter. Für die Berechnung von ebendiesem hält § 10 Abs. 2 AGebV drei Möglichkeiten bereit, die nach § 10 Abs. 3 AGebV auch miteinander kombinierbar sind: den allgemeinen pauschalen Stundensatz nach Anlage 1 zur AGebV (Nr. 1), den besonderen pauschalen Stundensatz nach Anlage 2 zur AGebV (Nr. 2) sowie den Stundensatz, der durch eine Kosten- und Leistungsrechnung ermittelt worden ist (Nr. 3). Alle drei Optionen erscheinen als praktikabel, sodass an dieser Stelle keine weitere Festlegung erfolgen muss. Auch die weiteren ansatzfähigen Sachkosten sowie sonstigen Kosten ergeben sich aus der Anlage zur AGebV. Neben diesem rein kostenorientierten Ansatz, der – wie bereits erwähnt – nach § 9 Abs. 1 BGebG vorrangig ist, kann daneben auch nach § 9 Abs. 2 BGebG ein Vorteilsausgleich stattfinden. Der Sondervorteil aus Sicht des Antragstellers ergibt sich im Rahmen von verbindlichen Auskünften sowohl bei einer Positivauskunft als auch bei einer Negativauskunft, denn beides schafft Gewissheit und stellt aus Sicht des Antragstellers einen finanziell quantifizierbaren wirtschaftlichen Wert dar.[1827] Insofern kann in diesen beiden Konstellationen, die freilich nahezu sämtliche praktische Fälle abdecken sollten, auch ein Sondervorteil angemessen berücksichtigt werden. Die weiche Formulierung der angemessenen Berücksichtigung eröffnet dabei nicht nur unerhebliche Spielräume.

Die Spielräume lassen sich dahingehend ausnutzen, eine Anpassung an die Gebühren vorzunehmen, die ein Rechtsanwalt nach dem RVG berechnen darf, denn Rechtsanwalt und Sachbearbeiter übernehmen im Wesentlichen dieselbe Aufgabe, sodass es auch sachgerecht erscheint, die jeweiligen Stundensätze aneinander anzunähern. Damit wäre auch der Kritik aus dem Steuerrecht angemessen begegnet, nach der der Sachbearbeiter nicht teurer sein dürfe als der Steuerberater. Zudem würde eine solche Orientie-

---

1827 Zur Erforderlichkeit eines finanziell quantifizierbaren wirtschaftlichen Werts für einen vorzunehmenden Vorteilsausgleich nach § 9 Abs. 2 BGebG siehe statt vieler auch BT-Drs. 17/10422, S. 104.

rungsweise auch dem erklärten Ziel des Gebührengesetzgebers Rechnung tragen, dass die Verwaltungsbehörde so weit wie möglich typisieren und pauschalieren darf[1828], denn sie hätte hierdurch einen sicheren und verlässlichen Anhaltspunkt. Zuletzt würde eine solche Regelung auch nicht gegen das Äquivalenzprinzip nach § 9 Abs. 3 BGebG verstoßen, denn die Leistung des Sachbearbeiters und das, was der Antragsteller dafür erhält, stehen auch aufgrund der nicht anzunehmenden abschreckenden Wirkung der Gebührenhöhe in einem angemessenen Verhältnis zueinander.[1829]

Insofern kann ohne grundlegende rechtliche Bedenken vorgeschlagen werden, in eine besondere Gebührenverordnung i.S.d. § 22 Abs. 4 BGebG aufzunehmen, dass es den Verwaltungsbehörden bei allgemeinen verbindlichen Auskünften erlaubt ist, in etwa oder sogar genauso viel für jede Bearbeitungsstunde zu berechnen wie ein Rechtsanwalt nach dem RVG verlangen darf. Dies wohlgemerkt jedoch unter Berücksichtigung der Vorgabe des § 10 Abs. 4 AGebV, nach dem bei der Festsetzung der Zeitgebühr für jede angefangene Viertelstunde ein Viertel des jeweiligen Stundensatzes anzusetzen ist. Ist eine solche Grundlage erst einmal geschaffen, wird es sodann auch für die jeweilige Verwaltungsbehörde gleich welcher Größe und welcher Ausstattung ein Leichtes sein, die Gebühr festzusetzen, denn es genügt eine einfache Zeitaufschreibung[1830], wobei die bearbeiteten Stunden sodann mit dem jeweiligen Stundensatz zu multiplizieren sind. Dies beugt auch späteren Rechtsstreitigkeiten wirksam und präventiv vor.

III. Ein konkreter Entwurfsvorschlag für eine gesetzliche Regelung

Nachdem vorstehend die Leitlinien und Rahmenbedingungen für eine gesetzliche Grundlage der verbindlichen Auskunft im allgemeinen Verwaltungsrecht abgesteckt wurden, kann daraus auch ein konkreter Gesetzgebungsvorschlag und damit eine Forderung aus der Wissenschaft an den Gesetzgeber entwickelt werden.[1831]

1828 BT-Drs. 17/10422, S. 102.

1829 Siehe hierzu auch BT-Drs. 17/10422, S. 115.

1830 BT-Drs. 17/10422, S. 116.

1831 Damit fügt sich der hier formulierte Vorschlag in einen allgemeinen Kanon von Forderungen ein, das VwVfG umfassend zu novellieren. Einen allgemeinen Überblick zu der Diskussion gibt *Burgi*, JZ 2010, 105 ff., der diese Fragestellung auch aus der europäischen Perspektive betrachtet. Siehe hierzu zudem instruktiv *Ders./Durner*, Modernisierung des Verwaltungsverfahrensrechts, 2012.

Bevor dieser jedoch präsentiert werden kann, ist zunächst zur systematischen Einordnung Stellung zu beziehen. Hier kommen mehrere Varianten in Betracht.

Eine erste mögliche Verortung wurde dem Land NRW von Burgi und Durner vorgeschlagen. So plädieren diese dafür, einen neuen Abschnitt 1c (Genehmigungsverfahren) in den §§ 71i ff. VwVfG zu implementieren und innerhalb von diesem einen Anspruch auf Vorbescheid in § 71k VwVfG zu normieren. Dieser Vorschlag erweist sich zunächst als stringent und systematisch nachvollziehbar eingeordnet, da der Vorbescheid ein Ausschnitt aus dem feststellenden Teil der Genehmigung ist und insofern auch in unmittelbarer Nähe zu dieser geregelt werden kann. Gleichwohl ist eine solche Verortung auch nach dem Entwurfsvorschlag nicht zwingend, da beide im neuen § 71i VwVfG die §§ 9 bis 62 des VwVfG für entsprechend anwendbar erklären, sodass es auch möglich wäre, die verbindliche Auskünfte weiter vorne im Gesetz zu regeln. So hat die verbindliche Auskunft als Vorbescheid zwar ihren Hauptanwendungsbereich in Genehmigungsverfahren. Vollständig zwingend ist dies aber nicht, sodass eine Verortung an anderer Stelle ihre Anwendbarkeit auch für weitere Konstellationen ermöglichen würde und insofern die verbindliche Auskunft jedenfalls nicht zu einem exklusiven Institut von Genehmigungsverfahren werden würde.

So wäre es auch denkbar, die verbindliche Auskunft als neuen § 38a VwVfG direkt hinter der Zusicherung nach § 38 VwVfG und damit im Abschnitt „Zustandekommen des Verwaltungsakts“ zu regeln, was seine Verwandtheit zur Zusicherung und seine Qualität als feststellender VA ausdrücken würde. Allerdings grenzt sich diese insbesondere mit Blick auf ihren Charakter als vorweggenommene Teilentscheidung und ihrer Rechtsänderungsfestigkeit deutlich von der Zusicherung ab, sodass die unmittelbar nacheinander stehende Verortung die Trennung der beiden Institute nicht adäquat zum Ausdruck bringen würde. Damit ist es überzeugender, die verbindliche Auskunft in einem anderen Abschnitt des VwVfG zu regeln.

Nachdem den vorgenannten beiden Vorschlägen nicht gefolgt werden kann, lässt sich die verbindliche Auskunft systematisch am sinnvollsten in einem neuen § 25a VwVfG verorten. Dies vor dem Hintergrund, dass die verbindliche Auskunft als Rechtsinstitut im allgemeinen Verwaltungsrecht letztlich eine Steigerung der allgemeinen Auskunfts- und Beratungspflichten aus § 25 VwVfG darstellt, indem die erteilten Auskünfte nicht wie bei § 25 VwVfG als reine unverbindliche Wissenserklärungen ergehen, sondern als verbindliche Willenserklärungen mit VA-Charakter. Zudem würde dies die enge Verbundenheit zwischen einfachen und verbindlichen Auskünften zum Ausdruck bringen, denn beide zielen auf eine Effektuierung der Zusammenarbeit zwischen Verwaltungsbehörde und Bürger ab und leisten somit einen Beitrag dazu, ein Vertrauensverhältnis zu begründen und zu verstetigen.[1832] Des Weiteren würde dies auch mit der Ausgestaltung der verbindlichen Auskunft im Steuerrecht harmonieren, in welchen in § 89 Abs. 1 AO die allgemeinen Auskunfts- und Beratungspflichten und direkt im Anschluss daran in § 89 Abs. 2 AO die verbindliche Auskunft normiert ist.

Ausgehend davon, dass die verbindliche Auskunft in § 25a VwVfG zu verorten ist, ist es für eine gesetzliche Ausgestaltung entscheidend, dass die Kernfragen wie die Antragsvoraussetzungen, die Bindungswirkung sowie die Frage der Gebundenheit bzw. Nichtgebundenheit des Anspruchs direkt expressis verbis im Normtext selbst geregelt werden und nicht wie bei der verbindlichen Auskunft nach § 89 Abs. 2 AO lediglich die Gebührenpflicht bis ins letzte Detail im Gesetz determiniert ist, ansonsten allerdings die wichtigen Detailfragen im Verordnungswege in die Steuerauskunftsverordnung ausgelagert[1833] oder sogar vollständig der richterlichen Entscheidung überlassen werden.[1834] Dies erschwert einerseits die Übersichtlichkeit und Transparenz, führt andererseits mit Blick auf den Grundsatz der Gesetzmäßigkeit der Verwaltung[1835], die Wesentlichkeitstheorie[1836], dem ebenfalls aus dem Rechtstaatsprinzip folgenden Bestimmtheitsgrundsatz[1837], dem

---

1832 *Pünder*, JuS 2011, 289 (291).

1833 Gl. A. *Seer*, in: Tipke/Kruse, AO/FGO, § 89 AO Rn. 21 sowie *H. Jochum*, in: FS Fiedler, S. 793 (795).

1834 So erweist sich der Verzicht auf eine gesetzliche Regelung auch nur dann als sinnvoll, wenn eine legislative Festlegung einen zu starren und unflexiblen Rahmen schaffen würde, vgl. *Schwintowski*, Juristische Methodenlehre, S. 83. Bei den soeben genannten grundlegenden Merkmalen einer verbindlichen Auskunft ist dies jedoch nicht der Fall, sodass eine Normierung direkt im Parlamentsgesetz angezeigt ist.

1835 Das BVerfG betont insofern, dass aus dem Grundsatz der Gesetzmäßigkeit der Verwaltung folgt, dass der Gesetzgeber durch eine gesetzliche Regelung die Tätigkeit der Verwaltung grundsätzlich selbst inhaltlich normieren muss und sich nicht darauf beschränken darf, lediglich allgemein gehaltene Grundsätze aufzustellen, vgl. BVerfGE 8, 274 (325); 20, 150 (158); 21, 73 (80); 52, 1 (41), jeweils m.w.N., obgleich dies keinem Totalvorbehalt entspricht.

1836 Siehe hierzu umfassend bereits oben § 3 A. II. 2.

1837 So verlangt der Bestimmtheitsgrundsatz, dass sich Auslegungsprobleme einer Vorschrift noch mit den herkömmlichen juristischen Auslegungsmethoden (vor allem Wortlautauslegung, systematische, teleologische und genetische Auslegung) lösen lassen, vgl. BVerfGE 83, 130 (145); 85, 337 (353), jeweils

Grundsatz der Verfahrensklarheit[1838], dem Grundsatz effektiven Rechtsschutzes aus Art. 19 Abs. 4 GG[1839] sowie der Ausstrahlungswirkung der Grundrechte[1840] durchaus zu Bedenken und zeugt letztlich von einer „Denkfaulheit" des Gesetzgebers.[1841] Zudem geht einer gesetzlichen Regelung stets ein umfassender parlamentarischer sowie öffentlicher Diskurs voraus, sodass die Interessen der Verwaltung auf der einen und die Interessen des Bürgers auf der anderen Seite in einen schonenderen Ausgleich gebracht werden können.[1842]

Zuletzt dürfen bei einem derart wichtigen Rechtsinstitut wie der verbindliche Auskunft auch nicht die grundsätzlich zulässigen[1843] Abstriche beim Verwaltungsverfahren zugunsten des verwaltungsgerichtlichen Verfahrens gemacht werden, denn es ist gerade die Verwaltungsebene, auf der strategische und dispositionssichernde Fragen geklärt werden müssen. Diese muss insofern bereits unmittelbar im Gesetz „steuernde und begrenzende Handlungsmaßstäbe" vorfinden.[1844] Dies steht sowohl im Interesse des antragstellenden Bürgers wie auch von Dritten. Der Rechtsprechung kann damit lediglich die Aufgabe zukommen, die bestehenden gesetzlichen Re-

---

m.w.N. auf die st. Rspr. des BVerfG. Diese Grenze ist insbesondere dann überschritten, wenn eine Regelung derart unbestimmt ist, dass sie praktisch in das unüberprüfbare Ermessen der Verwaltung gestellt wird, vgl. BVerfGE 80, 137 (161).

1838 Der rechtsstaatlich indizierte Grundsatz der Verfahrensklarheit entfaltet gerade bei gestuften Verwaltungsverfahren wie der verbindlichen Auskunft seine besondere Wirkung, denn allen Beteiligten muss zu jedem Zeitpunkt klar sein, in welcher Entscheidungsphase sich das Verfahren befindet und welcher Entscheidungsgehalt gegeben ist. Siehe hierzu anschaulich auch *Schmidt-Assmann*, in: HStR II, § 26 Rn. 77.

1839 Bzgl. des Grundsatzes effektiven Rechtsschutzes aus Art. 19 Abs. 4 GG gilt das zum Grundsatz der Gesetzmäßigkeit der Verwaltung Ausgeführte entsprechend, vgl. BVerfGE 8, 274 (326); 52, 1 (41).

1840 So judiziert auch das BVerfG, dass bei Genehmigungen, auf die ein grundrechtlich fundierter Rechtsanspruch besteht, die Voraussetzungen der Genehmigung bzw. Nichtgenehmigung möglichst detailliert im Gesetz selbst zu regeln sind, vgl. BVerfGE 52, 1 (41). Dies betrifft insbesondere die Voraussetzungen für die Erteilung sowie die Gründe, aus denen eine Genehmigung versagt werden darf. Für die verbindliche Auskunft in Gestalt eines Vorbescheids und damit Teilentscheidung kann nichts anderes gelten.

1841 So die plakative, aber zutreffende Formulierung von *Seer*, in: Tipke/Kruse, AO/FGO, § 89 AO Rn. 21.

1842 Diesen Aspekt betonend auch BVerfGE 85, 386 (403 f.); 108, 282 (312) sowie *Dalichau*, Auskünfte und Zusagen, S. 286.

1843 *Mehde*, AnwBl 2015, 748.

1844 BVerfGE 128, 282 (317) m.w.N.

gelungen auszulegen und fortzubilden und insofern zu einer wirksamen Kontrolle von Verwaltungstätigkeit beizutragen. Nicht jedoch selbst erst jene Regelungen zu schaffen und damit das nachzuholen, was der Gesetzgeber zuvor versäumt hat[1845], obschon ein Maximum an Regelungsdichte und Normenbestimmtheit in einem gewaltenteiligen Rechtssystem nicht verlangt werden kann.[1846]

Unter Beachtung dieser Prämissen könnte ein geschriebener Anspruch auf Erteilung einer verbindlichen Auskunft nach § 25a VwVfG wie folgt lauten:

§ 25a Verbindliche Auskunft

(1) [1]Die zuständige Behörde hat auf schriftlichen Antrag verbindliche Auskünfte über die rechtliche Beurteilung von genau bestimmten, noch nicht verwirklichten Sachverhalten zu erteilen. [2]Der Antrag muss sich auf einzelne Rechtsfragen und Teile des zu beurteilenden Sachverhalts beschränken. [3]Eine verbindliche Auskunft ist ferner nur dann zu erteilen, wenn der Antragsteller ein berechtigtes Interesse daran hat und eine vorläufige Prüfung ergibt, dass dem Gesamtvorhaben keine unüberwindbaren Hindernisse entgegenstehen. [4]Ein berechtigtes Interesse liegt dann vor, wenn objektiv eine Rechtsunsicherheit vorliegt. [5]Kein berechtigtes Interesse liegt hingegen vor, wenn die Rechtsunsicherheit ausschließlich oder teilweise die persönlichen Verhältnisse eines Dritten betrifft.

(2) Der Antrag auf Erteilung einer verbindlichen Auskunft hat Folgendes zu enthalten:

1. die genaue Bezeichnung des Antragstellers bzw. der Antragstellerin (Name, bei natürlichen Personen Wohnsitz oder gewöhnlichen Aufenthalt, bei Körperschaften, Personenvereinigungen und Vermögensmassen Sitz oder Ort der Geschäftsleitung),
2. eine umfassende und abgeschlossene Darstellung des zum Zeitpunkt der Antragstellung noch nicht verwirklichten Sachverhalts

1845 Insofern greift auch der Entwurf für einen Vorbescheid von Burgi und Durner (Modernisierung des Verwaltungsverfahrensrechts, S. 87) in einem neuen § 71k VwVfG zu kurz. Zwar ist diesem Entwurf zugute zu halten, dass er mit seinen kurzen drei Absätzen prägnant gehalten ist, jedoch verwenden beide zu viele abstrakte Rechtsbegriffe, ohne diese jedoch zu konkretisieren. So sind etwa grundlegende Fragen wie die danach, wann ein berechtigtes Interesse vorliegt oder welchen Antragsvoraussetzungen der Antragsteller genügen muss, zwingend im Gesetz zu regeln, sodass insoweit auch keine Verweise genügen.

1846 *Kunig*, Das Rechtsstaatsprinzip, S. 401.

inklusive aller zur rechtlichen Beurteilung des Sachverhalts erforderlichen Unterlagen,
3. die Darlegung des berechtigten Interesses des Antragstellers,
4. die Formulierung konkreter selbstständig beurteilbarer Rechtsfragen,
5. die Erklärung, dass über den zur Beurteilung gestellten Sachverhalt bei keiner anderen Behörde eine verbindliche Auskunft beantragt wurde, sowie
6. die Versicherung, dass alle für die Erteilung der Auskunft und für die Beurteilung erforderlichen Angaben gemacht wurden und der Wahrheit entsprechen.

(3) [1]Die zuständige Behörde hat dem Antragsteller nach Eingang des Antrags zeitnah eine Vollständigkeitsbestätigung hinsichtlich der nach Absatz 2 erforderlichen Angaben zu übersenden oder ihm im Falle der Unvollständigkeit hierauf hinzuweisen und diesem die Möglichkeit zu geben, alle erforderlichen Angaben nachzureichen. [2]Kommt der Antragsteller dem binnen angemessener Frist nicht nach, so darf die Auskunftserteilung abgelehnt werden. [3]Eine Ablehnung aus sonstigen Gründen ist nur dann möglich, wenn sich das Antragsbegehren als missbräuchlich erweist oder eine Erteilung ohne weitere Kenntnis vom Gesamtvorhaben nicht möglich ist. [4]Die zuständige Behörde trägt hierfür die Beweislast.

(4) [1]Die zuständige Behörde hat innerhalb von drei Monaten über den Antrag auf Erteilung einer verbindlichen Auskunft zu entscheiden. [2]In Fällen besonderer rechtlicher oder tatsächlicher Komplexität beträgt die zulässige Bearbeitungszeit ausnahmsweise sechs Monate. [3]Liegt ein solcher Fall vor, so hat die Behörde dem Antragsteller dies zu begründen und rechtzeitig mitzuteilen.

(5) [1]Die verbindliche Auskunft bedarf zu ihrer Wirksamkeit der schriftlichen Form. [2]Ist die verbindliche Auskunft einmal wirksam erteilt worden, so entfaltet sie für drei Jahre beiderseitige Bindungswirkung. [3]Die Bindungswirkung kann um jeweils drei Jahre verlängert werden. [4]Sie kann rückwirkend verlängert werden, wenn der Antrag vor Fristablauf bei der zuständigen Behörde eingegangen ist.

(6) [1]Ändert sich nach Abgabe der verbindlichen Auskunft die Rechtslage, so berührt dies nicht die Bindungswirkung der verbindlichen Auskunft. [2]Weichen der der Auskunft zugrundeliegende Sachverhalt und der später verwirklichte Sachverhalt wesentlich voneinander ab, so ist die Behörde an die erteilte verbindliche Auskunft nicht mehr gebunden.

(7) Auf die Unwirksamkeit der verbindlichen Auskunft findet, unbeschadet des Absatzes 5 Satz 1, § 44, auf die Heilung und die Folgen von Verfahrens- und Formfehlern §§ 45, 46, auf die Rücknahme, unbeschadet des Absatzes 6 Satz 1, § 48, und auf den Widerruf § 49 entsprechende Anwendung.

IV. Schlussbetrachtungen

Wie die Darstellung der verbindlichen Auskunft im allgemeinen Verwaltungsrecht gezeigt hat, ist eine gesetzliche Regelung von dieser im VwVfG sowohl aus Sicht des Verfassungsrechts geboten wie auch rechtspolitisch wünschenswert. Das Fachrecht leistet dabei einen wertvollen Beitrag, indem es für eine gesetzliche Ausgestaltung reiches Anschauungsmaterial liefert, sodass sich einige der bereits bewährten Strukturen der verbindlichen Auskunft nach § 89 Abs. 2 AO und des Bauvorbescheids nach § 73 Abs. 1 S. 1 NBauO in das allgemeine Verwaltungsrecht transformieren lassen. Damit lässt sich eine verbindliche Auskunft auch harmonisch in die derzeitigen Strukturen des VwVfG einpassen und stellt eine wertvolle Ergänzung und Komplettierung der schon bestehenden Regelungen zur einfachen Auskunftspflicht nach § 25 VwVfG sowie zur Zusicherung nach § 38 VwVfG dar.

Schlussendlich darf jedoch nicht verschwiegen werden, dass die in dieser Arbeit dargestellten Erkenntnisse erst den Anfang und nicht den Schlusspunkt bilden und insofern eine umfassendere Novellierung des VwVfG geboten erscheint. Dies betrifft vor allem die Normierung einer allgemeinen Genehmigungsregelung, denn ohne eine solche wäre auch eine verbindliche Auskunft in Form eines Vorbescheids für ihren Hauptanwendungsfall in Genehmigungsverfahren nicht zielführend, sodass sich beides sogar denklogisch bedingt.[1847] Insofern sollte – soweit der Gesetzgeber den hier formulierten Vorschlag aufgreifen möchte – parallel sowohl das allgemeine Genehmigungsverfahren wie auch das verbindliche Auskunftsverfahren zeitgleich geregelt werden.[1848] Tut er dies nicht, so wäre die allgemeine ver-

1847 So auch die Feststellung von *Burgi/Durner*, Modernisierung des Verwaltungsverfahrensrechts, S. 54.

1848 Umfassend zu den rechtspolitischen Erwägungen zur Schaffung von Genehmigungsverfahrensregelungen im VwVfG *Burgi/Durner*, Modernisierung des Verwaltungsverfahrensrechts, S. 49 ff. Burgi und Durner kommen dabei zu dem zutreffenden Schluss, dass ein allgemeines Genehmigungsverfahren nicht nur

bindliche Auskunft nur zur Verfahrensstufung für solche Verfahren anwendbar, bei denen die Ermächtigung für die Endentscheidung ausdrücklich geregelt ist, diese aber gerade nicht in einer Genehmigung liegen kann. Die Folge wäre eine erhebliche Einengung des möglichen Anwendungsbereichs, die angesichts der besonderen Bedeutung der verbindlichen Auskunft nach hiesiger Sichtweise nicht zu empfehlen ist.

kodifikationsfähig, sondern auch „kodifikationswürdig und gesetzgebungstechnisch sinnvoll" ist, vgl. S. 69 ihres Gutachtens.

Sechstes Kapitel: Zusammenfassung der Ergebnisse der Arbeit in Thesen

A. *Einführung und Problemaufriss (Kapitel 1)*

Das Rechtssystem hat sich in den vergangenen Jahrzehnten immer weiter verkompliziert, sodass es dem nicht rechtskundigen Bürger zunehmend Probleme bereitet, das geltende Recht zu überblicken und sein persönliches Handeln hieran auszurichten. Insofern unterliegt er einer ständigen Rechtsunsicherheit, zu dessen Abmilderung er sich neben dem fachkundigen Rechtsberater auch zunehmend an die Verwaltung wendet. Letztere reagiert darauf etwa dadurch, dass sie regelmäßig Auskünfte an den Bürger erteilt. Als eine Ausprägung von Auskünften fällt darunter auch die verbindliche Auskunft, die bislang vor allem im besonderen Verwaltungsrecht erhebliche Bedeutung hat und dazu dient, dem Bürger zu einem konkreten zukünftigen Vorhaben eine rechtsverbindliche Stellungnahme zu geben, auf die er sich grundsätzlich im nachfolgenden Verwaltungsverfahren berufen kann.

Die verbindliche Auskunft ist zunächst trennscharf von der öffentlichen Einsicht in Dokumente und Akten nach dem IFG sowie die UIG zu unterscheiden, denn bei diesen handelt es um eine Tatsachenauskunft, während die verbindliche Auskunft eine Rechtsauskunft ist, die eine eigene Subsumtionsleistung der Verwaltungsbehörde verlangt. Insofern verlaufen beide Auskunftsansprüche diametral zueinander.

Die verbindliche Auskunft weist eine hohe Sachnähe zu den (einfachen) Auskunfts- und Beratungspflichten nach § 25 Abs. 1 VwVfG auf. Sie unterscheidet sich gleichwohl insoweit von dieser als sie nicht nur auf die Rechte der Beteiligten im Verwaltungsverfahren ausgerichtet ist, sondern ein ausschließliches Vorverfahrensrecht darstellt und damit ein eigenständiges Verwaltungsverfahren im Vorfeld einer Endentscheidung eröffnet. Zudem ist die verbindliche Auskunft stets antragsgebunden und kann nicht gegen den Willen des Bürgers erteilt werden. Des Weiteren ist der Gegenstand der verbindlichen Auskunft zumeist auf komplizierte Rechtsfragen ausgelegt, während Gegenstand der „einfachen" Auskunfts- und Beratungspflichten vor allem einfache Fragen sein werden. Schließlich differiert auch der Umfang der Beratung, welcher bei § 25 Abs. 1 VwVfG vom Adressaten abhängig ist, bei der verbindlichen Auskunft wiederum adressatenunabhängig erfolgt, mithin sämtliche vorgelegte Rechtsfragen vollumfänglich zu prüfen sind. Selbiges gilt auch für den Auskunftsanspruch im Sozialverwaltungsrecht nach § 15 SGB I, der insofern ein Pendant zu § 25 Abs. 1 VwVfG darstellt.

Der verbindlichen Auskunft sehr nahe steht die verbindliche Zusage nach § 204 AO. Diese ist ebenfalls als Vorverfahrensrecht auf verbindliche juristische Stellungnahmen durch die jeweilige Verwaltungsbehörde gerichtet. Sie unterscheidet sich von der verbindlichen Auskunft gleichwohl in mehrfacher Hinsicht. So kann Antragsteller der verbindlichen Zusage nur der geprüfte Betrieb sein, sodass die verbindliche Zusage immer eine Außenprüfung voraussetzt, jedoch nicht wie die verbindliche Auskunft grundsätzlich von „Jedermann" erhoben werden kann. Außerdem muss es sich bei der verbindlichen Auskunft stets um einen zukünftigen, noch nicht verwirklichten Sachverhalt handeln, während die verbindliche Zusage voraussetzt, dass der Sachverhalt schon einmal verwirklicht wurde. Zuletzt unterscheiden sich beide auch maßgeblich durch ihre unterschiedliche Fernwirkung, die bei der verbindlichen Zusage anders als bei der verbindlichen Auskunft nicht lediglich auf den im Antrag dargestellten zukünftigen Sachverhalt als solchen gerichtet ist.

Die verbindliche Auskunft ist ein Gegenstück zum öffentlich-rechtlichen Vertrag, da diese nicht auf eine Einigung im Gleichordnungsverhältnis, sondern auf eine eigene hoheitliche Maßnahme im Subordinationsverhältnis ausgerichtet ist. Schnittmengen weist sie dagegen mit der Verwaltungserklärung i.S.e. einfachen verwaltungsrechtlichen Willenserklärung auf, sodass sie als besondere Verwaltungserklärung angesehen werden kann.

Die Abgrenzung der verbindlichen Auskunft vom informellen Verwaltungshandeln hat gezeigt, dass diese aufgrund ihrer Verbindlichkeit sowie der Eingliederung in ein förmliches Verwaltungsverfahren nicht nur informellen Charakter haben kann. Dies zeigt sich auch bereits bei einem Blick auf die „klassischen" Handlungsformen informellen Verwaltungshandelns. So ist ein formeller Auskunftsbescheid im Rahmen des informellen Verwaltungshandelns kaum denkbar. Vielmehr ist dieses vor allem durch (verbindliche) Absprachen geprägt.

B. Die verbindliche Auskunft nach § 89 Abs. 2 AO (Kapitel 2)

Die verbindliche Auskunft nach § 89 Abs. 2 AO blickt auf eine lange Entstehungsgeschichte zurück, ehe sie 2006 einer gesetzlichen Regelung zugeführt wurde. Obschon mit der gesetzlichen Regelung prima facie keine durchgreifenden inhaltlichen Änderungen zur vorherigen Auskunftspraxis verbunden waren, hat diese entgegen dem ursprünglichen Ziel des Gesetzgebers zur Schaffung umfassender Rechts- und Planungssicherheit in der Rechtspraxis zu zahlreichen neuen Rechtsstreitigkeiten geführt, die bis heute nicht allesamt adäquat gelöst werden konnten.

Hinsichtlich des Rechtscharakters der verbindlichen Auskunft nach § 89 Abs. 2 AO ist zu konstatieren, dass diese ein hoheitliches Handlungsinstrument ist, bei dem die Finanzverwaltung gegenüber dem Steuerpflichtigen ihre Rechtsauffassung zu einem konkret vorgelegten Sachverhalt einseitig und verbindlich festsetzt. Sie gliedert sich insofern in das Verwaltungsaktinstrumentarium ein, insbesondere mangelt es nicht – entgegen einiger Stimmen in der Literatur und der bis vor einiger Zeit bestehenden Rechtsprechungspraxis – an der Regelung sowie der finalen Außenwirkung. Vielmehr erfüllt die verbindliche Auskunft alle Merkmale des VA i.S.d. § 118 S. 1 AO bzw. § 35 S. 1 VwVfG.

Innerhalb des Verwaltungsaktinstrumentariums stellt die verbindliche Auskunft nach § 89 Abs. 2 AO einen feststellenden VA dar und ist damit weder befehlend noch gestaltend. Dies lässt sich insbesondere darauf zurückführen, dass mit der Erteilung der verbindlichen Auskunft keine Gestattungswirkung bezogen auf ein konkretes Vorhaben einhergeht. Vielmehr zementiert sie lediglich die Rechtslage und trifft insofern verbindliche Feststellungen für das nachgelagerte Verwaltungsverfahren. Zudem stellt sie – jedenfalls im Steuerrecht – nach der überzeugenden h.M. eine Zusicherung i.S.d. § 38 VwVfG dar.

Die Untersuchung der Tatbestands- und Rechtsfolgenseite hat gezeigt, dass sich Gesetzgebung, Finanzverwaltung und Rechtsprechung dafür entschieden haben, die Anforderungen auf Tatbestandsseite besonders hoch anzusetzen. Dies zeigt sich einerseits dadurch, dass von dem Steuerpflichtigen ein sehr umfangreicher Antrag verlangt wird, der der Finanzverwaltung vor allem auch die rechtliche Würdigung derart mustergültig aufbereitet, dass sie theoretisch lediglich mit dem Satz „dem stimmt die Finanzverwaltung zu" antworten könnte. Neben diesen hohen Hürden für die Antragstellung, die in etwa 75 % der Fälle eine professionelle Hilfe durch einen Rechtsanwalt und/oder Steuerberater erforderlich machen, führt auch die extensive Lesart der Ausschlussgründe dazu, dass viele sorgfältig erarbeitete Anträge wieder „herausgefischt" und damit nicht beschieden werden. Erst wenn der Steuerpflichtige alle tatbestandlichen Voraussetzungen erfüllt, kommt ihm die Rechtspraxis auf Rechtsfolgenseite entgegen, indem entgegen dem Ermessen nahelegenden Wortlaut eine Ermessensreduktion auf null konstruiert wird. Insofern lässt sich feststellen, dass die verfahrensrechtlichen Anforderungen teilweise überbetont werden und der Intention der verbindlichen Auskunft nicht vollauf gerecht werden.

Selbst wenn der Steuerpflichtige eine wirksame verbindliche Positivauskunft erhält, wird von ihm verlangt, schnellstmöglich den Sachverhalt zu verwirklichen, um eine rechtlich vollständig gesicherte Position zu haben und alle Vorteile der Positivauskunft für sich geltend machen zu können. Andernfalls droht besonders im eher wenig änderungsfesten Steuerrecht der Entfall der Bindungswirkung. So folgt aus dem Charakter der verbindlichen Auskunft als Zusicherung, dass diese entsprechend § 38 Abs. 3 VwVfG der clausula rebus sic stantibus unterliegt und damit nicht rechtsänderungsfest ist, sodass jede Änderung der Rechtslage zum Entfall der Bindungswirkung führt. Nach Auffassung der Finanzverwaltung gilt dies sogar für die Änderung von Verwaltungsvorschriften, nicht dagegen für Änderungen der Rechtsprechung. Dem ist nach den Darstellungen in dieser Arbeit entgegenzutreten, sodass insoweit einzig eine gesetzliche Novellierung die Bindungswirkung entfallen lässt.

Entscheidet sich der Steuerpflichtige trotz der hohen tatbestandlichen Anforderungen für die Beantragung einer verbindlichen Auskunft, so muss er über gewisse finanzielle Rücklagen verfügen, denn die Auskunftserteilung erfolgt nur gegen Zahlung einer Verwaltungsgebühr. Hinsichtlich der konkreten Gebührenbemessung folgt die Finanzverwaltung analog der Berechnung der Gerichtskosten dem Modell des Gegenstandswerts, sodass sich die Höhe der Gebühr nach den steuerlichen Auswirkungen beim Antragsteller bemisst. Nur subsidiär wird nach dem Zeitwert berechnet. Dies führt in praxi dazu, dass besonders bei hohen Gegenstandswerten und einem geringen Bearbeitungsaufwand ein Missverhältnis von Leistung und Gegenleistung entsteht, weshalb die Gebührenberechnung vor allem der Höhe nach immer wieder massiv kritisiert wird. Letztlich setzt die Kritik hier auf allen Ebenen an, obgleich die Rechtsprechung sämtliche Bedenken bislang profiskalisch abgewehrt hat. Wie diese Untersuchung gezeigt hat, ist die Gebührenpflichtigkeit für verbindliche Auskünfte im Steuerrecht jedoch bereits dem Grunde nach nicht zu rechtfertigen, da zwar grundsätzlich die auch in der verfassungsrechtlichen Judikatur anerkannten Rechtfertigungsgründe der Kostendeckung sowie der Vorteilsabschöpfung vorliegen, das Rechtsstaatsprinzip jedoch gebietet, dass die Auskunftserteilung gebührenfrei sein muss. Damit sind verbindliche Auskünfte im Steuerrecht gebührenfeindlich, sodass es auf die Frage, welchem Gebührenmodell (Gegenstandswert oder Zeitwert) gefolgt werden kann, nicht mehr ankommt.

Der Rechtsschutz auf Primärebene verläuft nach allgemeinen Regeln, sodass der Steuerpflichtige zunächst Einspruch einlegen muss und erst danach Zugang zu den Finanzgerichten erhält. Dabei kann er – je nach der konkreten Konstellation – entweder Anfechtungs-, Verpflichtungs-, Feststellungs- oder Fortsetzungsfeststellungsklage erheben, soweit man die verbindliche Auskunft nach hier vertretener Auffassung als VA ansieht. Mit der Gegenmeinung könnte der Steuerpflichtige lediglich die allgemeine Leistungsklage oder die Feststellungsklage erheben. Weitere exklusiv für die verbindliche Auskunft nach § 89 Abs. 2 AO geltende Besonderheiten ergeben sich insoweit nicht.

Einstweiliger Rechtsschutz in Gestalt einer Regelungsanordnung nach § 114 Abs. 1 Alt. 2 FGO scheitert regelmäßig an der Nichtexistenz eines Anordnungsgrundes, da immer eine unzulässige Vorwegnahme der Hauptsache vorliegt und ein besonderes Bedürfnis in Form der Gefährdung der persönlichen oder wirtschaftlichen Existenz nicht gegeben sein wird. Jedes andere Ergebnis würde zur Schaffung von „vorläufigen verbindlichen Auskünften" führen, die dem Gesetz in allen normierten Fällen fremd sind. Selbst wenn man diese auch ohne gesetzliche Grundlage anerkennen würde, so wäre dem Antragsteller damit kaum gedient, da diese nicht die hinreichende Rechtssicherheit schaffen können, die er für sein Vorhaben benötigt. Insofern können zumeist sämtliche Formen von verbindlichen Auskünften nur im Hauptsacheverfahren erstritten werden.

Als besonders konfliktträchtig hat sich die gerichtliche Kontrolldichte entpuppt. Gerade die Entscheidungen des BFH in den letzten Jahren, in denen dieser unisono von einer eingeschränkten gerichtlichen Kontrolldichte ausgeht, wurden vor allem von der Literatur immer wieder zum Anlass genommen, Kritik zu üben. Diese Arbeit schließt sich der geäußerten Kritik an und geht gerade aufgrund der Gesamtsystematik der steuerrechtlichen Auskunftsansprüche, der Garantie effektiven Rechtsschutzes aus Art. 19 Abs. 4 GG sowie der Intention des Gesetzgebers davon aus, dass eine vollumfängliche gerichtliche Kontrolldichte angezeigt ist und es insofern hinnehmbar erscheint, dass dadurch die Rechtsfragen, die ansonsten im späteren Steuerveranlagungs- und Festsetzungsverfahren zu klären wären, vollständig „nach vorne" verlagert wird.

Aufgrund des Umstands, dass der BFH weiterhin an seiner eingeschränkten Kontroll-Doktrin festhält, rückt der gerichtliche Sekundärrechtsschutz aus Sicht des Steuerpflichtigen in den Fokus des Interesses. Die Untersuchung von möglichen Schadensersatzansprüchen aus Amtshaftung nach § 839 BGB i.V.m. Art. 34 GG hat gezeigt, dass im Falle einer rechtswidrigen Ablehnung der Auskunftserteilung in jedem Fall und ohne hohe Hürden

Schadensersatz verlangt werden kann. Bei einer Verzögerung der Antragsbearbeitung und Bescheidung kann Schadensersatz jedenfalls nach Ablauf von sechs Monaten verlangt werden, die als angemessene Bearbeitungsfrist angesehen werden (müssen), da sich der Gesetzgeber hierfür bewusst entschieden hat bzw. die Auslegung der betreffenden Normen kein anderes Ergebnis zulässt. In der dritten Konstellation der Erteilung einer rechtswidrigen Auskunft wird der Steuerpflichtige mit einem Amtshaftungsanspruch in aller Regel nicht durchdringen, da der *BGH* dem Finanzbeamten zu Recht einen weiten Spielraum zubilligt, der nur bei evidenten Fehlern überschritten ist. Gerade aufgrund der hohen Komplexität der Materie erscheint ein solcher Fall unwahrscheinlich. Damit erweist sich der Sekundärrechtsschutz in dieser dritten Konstellation als unergiebig, womit ein weiteres Argument gefunden scheint, die restriktive Rechtsprechung des *BFH* auf Primärebene zu kritisieren und damit eine volle gerichtliche Überprüfbarkeit anzuerkennen.

Steht dem Steuerpflichtigen ein Anspruch aus Amtshaftung dem Grunde nach zu, so kann dieser in analoger Anwendung von § 254 BGB zu kürzen sein. Maßgeblich ist wiederum in aller Regel nicht das Mitverschulden des Steuerpflichtigen, sondern vielmehr seines Rechts- und/oder Steuerberaters, denn dieser stellt häufig stellvertretend für den Steuerpflichtigen den Antrag. Die Untersuchung hierzu hat gezeigt, dass aufgrund der Komplexität der steuerrechtlichen Materie und dem großen Maße an Rechtsunsicherheit ein Mitverschulden nur bei evidenten Fehlern angenommen werden kann. Plakativ gesprochen müsste der erteilten verbindlichen Auskunft ihre Rechtswidrigkeit geradezu „auf die Stirn geschrieben stehen", damit ein Mitverschulden jedenfalls möglich erscheint. Liegt dieser Fall vor, wird jedoch i.d.R. der Anspruch aus Amtshaftung sogar vollständig ausscheiden („Alles-oder-nichts-Lösung"), sodass nur wenige Anwendungsfälle eines anteiligen Mitverschuldens vorstellbar sind.

Der sozialrechtliche Herstellungsanspruch ist im Steuerrecht nicht anwendbar. Anwendung findet jedoch bei einer erteilten, aber rechtswidrigen verbindlichen Auskunft der allgemeine Folgenbeseitigungsanspruch. Die Untersuchung hat gezeigt, dass dieser mit dem BFH zwar tatbestandlich vorliegen kann, jedoch auf Rechtsfolgenseite lediglich darauf gerichtet ist, die unmittelbaren Folgen zu beseitigen und den Zustand zu schaffen, der ohne die „Falschauskunft" bestehen würde. Er kann allerdings nicht darauf abzielen, den Steuerpflichtigen so zu stellen, wie er im Falle einer rechtmäßigen Positivauskunft stünde. Eine solche Lesart läuft der Intention des allgemeinen Folgenbeseitigungsanspruchs zuwider und würde diesem faktisch das Gepräge eines – auch dem Steuergewohnheitsrecht fremden – Herstellungsanspruchs verleihen, der allerdings aufgrund der besonderen Gegebenheiten einzig im Sozialrecht anerkannt ist.

Hat es der Steuerpflichtige von vornherein unterlassen, für eine riskante Steuergestaltung vorab eine verbindliche Auskunft einzuholen und erleidet er daraufhin einen Schaden, kann er seinen Rechts- und/oder Steuerberater ggf. dafür haftbar machen. Die überzeugende Rechtsprechung des BGH hierzu zeigt, dass die Einholung einer verbindlichen Auskunft nicht generell empfohlen werden muss, sondern nur bei durchgreifenden Rechtsproblemen, die der Berater selbst durch die für ihn vorhandenen Erkenntnismittel nicht zuverlässig lösen kann. Liegt ein solcher Fall vor, besteht auch lediglich eine Hinweispflicht, während die Entscheidung zur Einholung einzig der Mandant zu treffen hat. Ist dabei eine Ablehnung durch den Mandanten nicht nachvollziehbar, so hat der Berater dies trotzdem hinzunehmen und darf nicht aus eigenem Antrieb für den Steuerpflichtigen eine verbindliche Auskunft beantragen. Insoweit fehlt ihm schon die Mandatierung, sodass er damit einen weiteren Haftungsprozess riskieren würde. Insgesamt gesehen ist der Rat zur Erteilung jedoch regelmäßig erforderlich, da der *BGH* retrospektiv nachvollzieht, wie der Finanzbeamte den Antrag auf Erteilung einer verbindlichen Auskunft beschieden hätte, sodass dieser anders als der *BFH* vollumfänglich prüft.

Zusammenfassend lässt sich zur verbindlichen Auskunft nach § 89 Abs. 2 AO konstatieren, dass sie sich grundsätzlich bewährt hat. In erheblicher Art und Weise kritikwürdig ist jedoch die konkrete Handhabung der Norm durch die Rechtspraxis, wie die nur eingeschränkte gerichtliche Kontrolldichte. Dies führt einerseits in vielen Fällen dazu, dass Steuerpflichtige davon abgehalten werden, verbindliche Auskünfte einzuholen und andererseits können diese durch die Gebührenpflicht sehr teuer werden, insbesondere wenn mehrere Instanzen durchlaufen werden müssen. Hier wäre es wünschenswert, wenn insbesondere die Finanzverwaltung die Vorschriften etwas steuerpflichtigenfreundlicher auslegen und noch stärker berücksichtigen würde, dass zwischen der Finanzverwaltung und dem Steuerpflichtigen ein dauerhaftes partnerschaftliches Verhältnis besteht, welches auch verlangt, auf die Interessen des Anderen Rücksicht zu nehmen.

C. Der Bauvorbescheid nach § 73 Abs. 1 S. 1 NBauO (Kapitel 3)

Der Bauvorbescheid ist der historisch erste Anspruch auf Erteilung einer verbindlichen Vorabentscheidung und wurde bereits vom Preußischen

OVG exklusiv für das Bauplanungsrecht geschaffen. Nachdem er mittlerweile eine Erweiterung auf Bauordnungs- und Baunebenrecht erfahren hat, wird er regelmäßig dazu verwendet, vorab über einzelne Fragen des Baugenehmigungsverfahrens eine verbindliche Stellungnahme der Baugenehmigungsbehörde einzuholen.

Die nähere Betrachtung der Rechtsnatur hat gezeigt, dass dieser genauso wie die verbindliche Auskunft nach § 89 Abs. 2 AO ein feststellender VA ist. Die weitere Differenzierung führte zu dem Ergebnis, dass er wie sein Name schon zum Ausdruck bringt ein Vorbescheid ist und damit nicht als vorläufiger VA, Teilgenehmigung oder als Zusicherung ergeht. Gerade von der Zusicherung – als solche die verbindliche Auskunft im Steuerrecht überwiegend angesehen wird – bedurfte es einer eingehenden Abgrenzung. So grenzt sich der Bauvorbescheid nach § 73 Abs. 1 S. 1 NBauO gerade dadurch von der Zusicherung ab, dass er bereits im Umfang der Regelung eine Entscheidung verbindlich vorwegnimmt und nicht bloß den Erlass der späteren Baugenehmigung zusichert. Zudem weist er im Vergleich zur Zusicherung eine höhere Beständigkeit auf, indem er sich gegenüber späteren Änderungen der Rechtslage als weitestgehend sakrosankt erweist.

Auf Tatbestandsseite zeichnet sich der Bauvorbescheid nach § 73 Abs. 1 S. 1 NBauO vor allem durch schlanke und überschaubare Strukturen aus. Insbesondere aufgrund seines Charakters als Vorabauskunft über Teile des Bauvorhabens erfordert er lediglich, dass schriftlich konkrete Rechtsfragen gestellt werden und die zur Beantwortung dieser Fragen erforderlichen rudimentären Bauvorlagen eingereicht werden. Das Sachbescheidungsinteresse erfüllt eine wirksame Filterfunktion und sorgt dafür, dass die Baugenehmigungsbehörde nicht für unlautere und teilweise sogar missbräuchliche Zwecke in Anspruch genommen wird. Gleichwohl ist das Sachbescheidungsinteresse nur dann zu verneinen, wenn einer Bescheidung Gründe entgegenstehen, die sich „schlechthin" nicht ausräumen lassen. Dabei muss es sich jedoch um Gründe handeln, die nicht Gegenstand des Bauvorbescheids- oder Bauantragsverfahrens sind, wie etwa zivilrechtliche Hindernisse. Jede andere Lösung würde der Dispositionsfreiheit des Bauherrn zuwiderlaufen. Lässt sich demnach ein fehlendes Sachbescheidungsinteresse durch die Baugenehmigungsbehörde nicht nachweisen, liegen außerdem auch keine restriktiv zu verstehenden Ausschluss- oder Ablehnungsgründe vor und entspricht das Bauvorhaben dem materiellen Baurecht im Umfang der Bauvoranfrage, so hat der Bauherr einen Anspruch darauf, den Bauvorbescheid zu erhalten. Dies ist insofern Ausfluss aus der Baufreiheit aus Art. 14 GG. Ein Ermessen wird der Baugenehmigungsbehörde somit grundsätzlich nicht eingeräumt, sondern sie hat nur einen eigenen Einschätzungsspielraum bei Ausnahmen und Befreiungen nach § 31 BauGB.

Der Bauvorbescheid ist dem Grunde nach gebührenpflichtig. Bei der Gebührenhöhe wird ein sehr moderater Maßstab angelegt, denn die Maximalgebühr für einen Bauvorbescheid liegt bei 1.620 €, für eine Verlängerung fällt der halbe Betrag von maximal 810 € an. Dabei richtet sich die Gebührenbemessung nach dem konkreten Aufwand, den die Prüfung der Vorlagen bereitet und wird nicht pauschal anhand des Gegenstandswerts bestimmt. Rechtsprechung und Literatur erkennen hierbei die Regelungen der BauGO vollständig an, sodass sich – anders als bei der verbindlichen Auskunft nach § 89 Abs. 2 AO – keinerlei Streitfragen ergeben. Auch nach der hiesigen Betrachtungsweise haben sich die Gebührenregelungen bewährt, sodass es hierzu keiner tiefschürfenden Ausführungen bedurfte.

Der Primärrechtsschutz hat vor allem aus der Perspektive des Dritten hohe Relevanz, denn diesem werden zahlreiche Möglichkeiten eingeräumt, gegen den Bauvorbescheid vorzugehen. Rechtsschutz ist jedoch nur gegen den noch nicht bestandskräftigen Bauvorbescheid möglich, während der schon bestandskräftige Bauvorbescheid nicht mehr angreifbar ist, sondern hierbei nur gegen die Baugenehmigung vorgegangen werden kann. Gleichwohl beginnt die Widerspruchs- und Anfechtungsfrist für den Dritten erst ab Bekanntgabe an diesen zu laufen, sodass bei fehlender Bekanntgabe eine Anfechtung zeitlich gesehen fast ad Infinitum möglich ist. Einzige Grenze ist insoweit grundsätzlich die Verwirkung. Anders ist dies nur, wenn der Dritte vom Bauvorbescheid mittelbar Kenntnis erlangt oder Kenntnis erlangen müsste, denn dann gilt analog die Jahresfrist der §§ 70 Abs. 2, 58 Abs. 2 VwGO.

Aufgrund der mannigfaltigen Rechtsschutzmöglichkeiten durch Dritte hat der Bauherr die Möglichkeit, auf eine umfassende Bekanntgabe des Bauvorbescheids gegenüber Dritten zu drängen. Zudem bleibt es ihm vorbehalten, ob er von der mitunter vorgesehenen Möglichkeit des Absehens von einer Drittbeteiligung Gebrauch macht oder nicht.

Die ebenfalls im Rahmen des Primärrechtsschutzes untersuchte gerichtliche Kontrolldichte erfolgt beim Bauvorbescheid im Umfang seiner Regelung vollumfänglich, sodass eine Letztentscheidungsbefugnis der Baugenehmigungsbehörde nicht besteht. Abweichendes gilt nur dann, wenn ein Dritter den Bauvorbescheid anficht, denn er kann sich nach den allgemeinen Regelungen prozessualen Drittschutzes nur auf diejenigen Regelungen berufen, die individualschützend i.S.d. Schutznormtheorie sind.

Das gerichtliche Sekundärrechtsschutzverfahren wird vor allem in den Konstellationen virulent, in denen die Baugenehmigungsbehörde die Erteilung eines Bauvorbescheids generell verweigert, die Bauvoranfrage nur sehr zögerlich bearbeitet und keine Bescheidung vornimmt oder auch ein rechtswidriger Bauvorbescheid erteilt wird. In allen drei Konstellationen hat der Bauherr dem Grunde nach einen Schadenersatzanspruch. Im Falle der rechtswidrigen Versagung der Erteilung eines Bauvorbescheids hat sich durch die Rechtsprechung des BGH insoweit eine Verschlechterung aus Sicht des Bauherrn ergeben, als bei einer rechtswidrigen Versagung des gemeindlichen Einvernehmens und einer damit korrespondierenden rechtswidrigen Nichtersetzung durch die Baugenehmigungsbehörde beide nicht haften. Deutlich leichter kann der Bauherr daher im Falle der verzögerten Bearbeitung und Bescheidung der Bauvoranfrage Amtshaftungsanprüche geltend machen. Hier wird dieser umfassend geschützt, die Rechtsprechung agiert gar als Treiber hin zu einer besonders zügigen Entscheidung. In der letzten Konstellation der rechtswidrigen Erteilung eines Bauvorbescheids kommt eine Haftung nur dann in Betracht, wenn der handelnde Beamte evidentermaßen eine Rechtsvorschrift falsch angewendet hat und korrespondierend dazu der Bauherr entsprechendes schutzwürdiges Vertrauen entwickeln konnte.

Hinsichtlich des Mitverschuldens nach § 254 BGB ist festzustellen, dass ein Mitverschulden des Entwurfsverfassers dem Bauherrn nur bei offensichtlichen Fehlern zugerechnet werden kann, der Entwurfsverfasser ansonsten aber nicht „klüger sein muss" als die Baugenehmigungsbehörde. Selbiges gilt für den Bauherrn, welchen dann kein Mitverschulden trifft, wenn er die Fehlerhaftigkeit des Bauvorbescheids nicht kannte oder kennen musste. Für das Kennenmüssen gelten allerdings hohe Hürden. In der schlussendlich betrachteten Konstellation, dass ein Dritter einen zulässigen Rechtsbehelf gegen den Bauvorbescheid einlegt, ist der Vertrauensschutz des Bauherrn mitunter erheblich abgesenkt, sodass er davon absehen kann, zwischenzeitlich sämtliche Bauvorlagen bei ungewissem Ausgang des Rechtsstreits fertigen zu lassen. Tut er dies nicht, so trägt er das Risiko, „auf den Kosten sitzen zu bleiben".

D. Gemeinsamkeiten und Unterschiede (Kapitel 4)

Die vergleichende Betrachtung von verbindlicher Auskunft nach § 89 Abs. 2 AO und Bauvorbescheid nach § 73 Abs. 1 S. 1 NBauO hat gezeigt, dass in den Bereichen des Bestehens eines gebundenen Anspruchs, der Entstehung der Bindungswirkung, der Gebührenpflichtigkeit, des Primärrechtsschutzes und des Sekundärrechtsschutzes viele Gemeinsamkeiten bestehen, sodass bei beiden Instituten einige wesentliche Fragen sehr ähnlich beantwortet werden. Auf der anderen Seite wurden allerdings auch Unterschiede deutlich. Dies betrifft vor allem die Antragsvoraussetzungen, das Gebührenberechnungsmodell, die gerichtliche Kontrolldichte, die zeitlichen Vorgaben und den Entfall der Bindungswirkung sowie die Einengung des Anwendungsbereichs. Summa summarum weisen damit beide Institute etwas mehr Unterschiede als Gemeinsamkeiten auf, wobei sich in nahezu allen Bereichen die Regelungen zum Bauvorbescheid i.S.d. § 73 Abs. 1 S. 1 NBauO als deutlich effektiver erweisen als bei der verbindlichen Auskunft nach § 89 Abs. 2 AO. Insofern ist es auch nachvollziehbar, dass die verbindliche Auskunft im Steuerrecht auch vor diesem Hintergrund stark unter Anpassungsdruck gerät und vor allem aus der Beraterschaft und von den Verbänden berechtigte Kritik geübt wird. Anders dagegen beim Bauvorbescheid nach § 73 Abs. 1 S. 1 NBauO. Obgleich auch hier weiterhin Rechtsprobleme existieren und insbesondere mit Blick auf die zunehmende Deregulierung auch kritische Stimmen in den letzten Jahren lauter werden, ist das allgemeine Echo deutlich positiver.

E. Die verbindliche Auskunft im allg. Verwaltungsrecht (Kapitel 5)

Ausgehend von der umfassenden vergleichenden Betrachtung der verbindlichen Auskunft nach § 89 Abs. 2 AO und des Bauvorbescheids nach § 73 Abs. 1 S. 1 NBauO hat sich gezeigt, dass bereits wirksame und effektive Institute im besonderen Verwaltungsrecht existieren, diese jedoch von ihrem Anwendungsbereich her zwangsläufig auf besondere Konstellationen beschränkt sind, sodass sich ein Bedürfnis nach Verallgemeinerung ergibt. Diese Verallgemeinerung kann nicht lediglich in der Formulierung abstrakter allgemeiner Rechtsgrundsätze bestehen, sondern muss sich entweder an die bestehenden Regelungen des allgemeinen Verwaltungsverfahrensrechts „andocken" lassen oder sogar rechtsfortbildend den Versuch unternehmen, einen eigenen Anspruch auf Erteilung einer verbindlichen Auskunft im VwVfG des Bundes zu implementieren.

Für den Rechtscharakter einer verbindlichen Auskunft im allgemeinen Verwaltungsrecht kommen sowohl die Zusicherung als auch der Vorbescheid in Betracht. Soweit man die verbindliche Auskunft als Zusicherung ansähe, so ergäbe sich kein Bedarf für eine Kreation eines gänzlich neuen Anspruchs, denn § 38 VwVfG hält hierfür bereits eine Regelung bereit, die lediglich im Einzelfall noch zu modifizieren wäre. Anders hingegen bei der Annahme eines Vorbescheids, der dem VwVfG bislang gänzlich fremd ist und sich damit auch nicht im Wege der analogen Anwendung der schon bestehenden Normen konstruieren ließe. Diese Arbeit folgt vor allem aufgrund der Rechtsänderungsfestigkeit und der vollumfassenden gerichtlichen Kontrolldichte der Annahme eines Vorbescheids bei der verbindlichen Auskunft im allgemeinen Verwaltungsrecht. Dies auch vor dem Hintergrund, dass dadurch bereits einige „Schwächen" bei der verbindlichen Auskunft im Steuerrecht von vornherein vermieden werden und demgegenüber die Vorzüge des Bauvorbescheids i.S.d. § 73 Abs. 1 S. 1 NBauO in weiten Teilen tranferierbar sind.

Die Betrachtung der Erteilung einer verbindlichen Auskunft außerhalb gesetzlicher Normierung hat gezeigt, dass der dogmatische Begründungsansatz der fehlenden Existenz eines gesetzlichen Verbots nicht zu überzeugen vermag, sondern vielmehr von einer Annexkompetenz im Wege eines argumentum a maiore ad minus auszugehen ist. Bei Annahme einer solchen Annexkompetenz stehen der Erteilung von verbindlichen Auskünften auch grundsätzlich weder der grundrechtliche Gesetzesvorbehalt noch die Wesentlichkeitstheorie des BVerfG entgegen, denn es obliegt stets dem Antragsteller, das weitere Verfahren zu gestalten und er ist es, der sich aus freien Stücken mit der Antragstellung auf die möglichen Nachteile einlässt. Damit entstehen bei der Erteilung verbindlicher Auskünfte bipolar betrachtet keinerlei durchgreifende Bedenken. Anders dagegen im multipolaren Verhältnis, jedenfalls soweit eine Positivauskunft erteilt wird, bei der zugleich ein Eingriff in grundrechtlich geschützte Positionen des Dritten vorliegt. Ist dies der Fall, so greift der grundrechtliche Vorbehalt des Gesetzes, sodass es einer expliziten gesetzlichen Ermächtigung bedarf, die über die Annahme einer Annexkompetenz hinausgeht. Dies gilt jedoch nicht, wenn kein Grundrechtseingriff, sondern lediglich eine Beeinträchtigung der Grundrechtsverwirklichung i.S.d. Wesentlichkeitstheorie vorliegt. Liegt eine solche Konstellation vor, so kann eine verbindliche Auskunft ohne gesetzliche Normierung erteilt werden.

Selbst, wenn durch die Erteilung einer Positivauskunft nicht in Grundrechte Dritter eingegriffen werden würde und damit der grundrechtliche Gesetzesvorbehalt dem Erlass entgegenstünde, so hat der Bürger dennoch keinen Anspruch auf den entsprechenden Erlass der gewünschten verbindlichen Auskunft. Alle möglichen Begründunganssätze (Herleitung aus den Grundrechten, dem Sozialstaatsprinzip aus Art. 20 Abs. 1 GG und dem Rechtsstaatsprinzip aus Art. 20 Abs. 3 GG) laufen insoweit ins Leere und legen vielmehr den Schluss nahe, dass eine solche im Ermessen der Verwaltungsbehörde stünde, sodass sie der Bürger gerichtlich auch nur auf Ermessensfehler nachprüfen kann. Damit hat der Bürger nur den Anspruch auf eine ermessensfehlerfreie Entscheidung, nicht dagegen auf einen Erlass in seinem Sinne, sodass sich die verbindliche Auskunft außerhalb gesetzlicher Normierung für ihn als unergiebig erweist.

Auf tatbestandlicher Ebene hat die Betrachtung der Institute des besonderen Verwaltungsrechts gezeigt, dass der Antrag aus Gründen der Formenakzessorietät stets schriftlich ergehen muss und dabei einerseits wegen der Grundsätze der Rechtsklarheit und Rechtssicherheit konkrete und ausformulierte Rechtsfragen zu stellen sowie andererseits alle für deren Beurteilung notwendigen Anlagen mit einzureichen sind. Dass sich die konkreten Fragen lediglich im Wege der Auslegung aus den Antragsunterlagen ergeben, wird demgegenüber nur zu gerichtlichen Streitigkeiten führen und kann damit zu einer derartigen Verlängerung des gesamten Verfahrens führen, dass die verbindliche Auskunft ihr Ziel nicht mehr erreichen kann. Damit kann durchaus vom Antragsteller verlangt werden, sich klar und deutlich zu positionieren und sein Anliegen so präzise wie möglich vorzutragen. Denn als Herr des Verfahrens hat er auch eine verfahrensleitende Stellung, die insoweit klare Instruktionen verlangt.

Neben einem sorgfältig aufbereiteten Antrag muss der Antragsteller auch über ein berechtigtes Interesse verfügen. Anders als beim Bauvorbescheid nach § 73 Abs. 1 S. 1 NBauO ist hierbei nicht das wirtschaftliche Interesse i.S.e. Dispositionsschutzes maßgeblich, sondern zur besonderen Rechtfertigung der Stufung des Verwaltungsverfahrens bedarf es genauso wie im Steuerrecht einer Rechtsunsicherheit, m.a.W. eines rechtlichen Interesses. Gleichwohl sind an dieses Merkmal keine überhöhten Maßstäbe anzulegen, zumal eine mögliche Gebührenpflicht auch hier das Vorliegen des besonderen Interesses bereits indizieren würde. Obschon damit ein berechtigtes Interesse dem Grunde nach im Regelfall vorliegt, so muss der Antragsteller als eine weitere Ausformung des berechtigten Interesses auch über ein Sachbescheidungsinteresse verfügen, welches sich insofern analog dem Baurecht bemisst und sich damit keine für das allgemeine Verwaltungsrecht zu beachtenden Besonderheiten ergeben.

Liegt auch ein berechtigtes Interesse vor, so muss schlussendlich tatbestandlich noch die Frage des Vorliegens von Ausschluss- und Ablehnungsgründen negativ beantwortet werden. So liegen solche Ausschluss- und Ablehnungsgründe vor allem dann vor, wenn sich die Beantragung einer verbindlichen Auskunft als missbräuchlich erweist. Wann dabei ein Missbrauch vorliegt, lässt sich nicht durch die Formulierung abstrakter Rechtssätze, sondern nur induktiv anhand von Einzelfällen bestimmen. Bei jedem Einzelfall gelten jedoch die abstrakten Maßstäbe, dass die Annahme eines Missbrauchs dann naheliegend ist, wenn das Vorhaben den Leitgedanken der verbindlichen Auskunft (Schaffung von Rechts- und Planungssicherheit, Stufung des Verwaltungsverfahrens zu Vereinfachungszwecken) zuwiderliefe oder zu diesen letztlich überhaupt keinen Bezug aufweist, sondern eine verbindliche Auskunft aus sonstigen Gründen erteilt werden soll. Daneben kann die verbindliche Auskunft auch dann bereits formal abgelehnt werden, wenn die Beurteilung der im Antrag gestellten Fragen nicht ohne die Betrachtung der Auswirkungen der Endentscheidung möglich ist, es mithin durch die verbindliche Auskunft bereits zu einer faktischen Endentscheidung käme.

Ist der Tatbestand erfüllt, so indiziert dies bereits für sich genommen die Erteilung verbindlicher Auskünfte, sodass mindestens – analog dem Steuerrecht – eine Ermessensreduktion auf Null vorliegen würde. Zu beachten ist jedoch, dass aufgrund der Zwecke der verbindlichen Auskunft, dem Rechtsstaatsprinzip aus Art. 20 Abs. 3 GG sowie der Ausstrahlungswirkung der Grundrechte noch darüber hinaus gegangen werden muss und – analog den Vorbescheiden im besonderen Verwaltungsrecht – eine Anspruchsnorm zu konsturieren ist.

Die verbindliche Auskunft ist im allgemeinen Verwaltungsrecht anders als im Steuerrecht nicht genuin gebührenfeindlich. Vielmehr ist eine Verwaltungsgebühr dem Grunde nach zulässig, was sich zuvorderst aus den Grundsätzen der Kostendeckung sowie der Vorteilsabschöpfung ergibt. Bei der Wahl eines Gebührenberechnungsmodells (Gegenstandswert oder Zeitwert) entstehen bezogen auf den Gegenstandswert zwar aufgrund der Möglichkeit der Gebührenpauschalierung grundsätzlich auch aus rechtsstaatlicher Sicht keine Bedenken. Anders ist dies jedoch dann, wenn der Gegenstandswert besonders hoch, der Aufwand für die Verwaltungsbehörde allerdings besonders niedrig ist, denn dann liegt häufig ein offensichtliches Missverhältnis vor, bei welchem auch nach der Rechtsprechung des BVerfG eine Gebührenpauschalierung aus Äquivalenzgesichtspunkten nicht mehr gerechtfertigt werden kann. Ausgehend hiervon ist dem Modell der Zeitwertberechnung damit der Vorzug zu geben. Für die Höhe des Zeitwerts gibt es gute Argumente, sich an den Regelungen des RVG für Rechtsanwälte zumindest zu orientieren, wenn nicht sogar dieselben Werte anzusetzen. Denn im Rahmen von verbindlichen Auskünften sind die Leistungen, die der Rechtsanwalt und der jeweilige Sachbearbeiter erbringen, sehr vergleichbar.

Entscheidet sich der Gesetzgeber vor dem Hintergrund der hier gesammelten Erkenntnisse dafür, eine verbindliche Auskunft gesetzlich zu normieren, so wäre dies aufgrund der besonderen Nähe zu § 25 VwVfG und dem bereits vorhandenen Regelungsregime im Steuerrecht sinnvollerweise als neuer § 25a VwVfG zu formulieren. Entscheidend ist, dass nach Möglichkeit alle tatbestandlichen und außertatbestandlichen Anforderungen direkt in den Normtext implementiert werden und – anders als bei der verbindlichen Auskunft nach § 89 Abs. 2 AO – eine „Flucht in die Rechtsverordnung" vermieden wird.

Abschließend ist zu betonen, dass die Schaffung einer gesetzlichen Grundlage für die verbindliche Auskunft nur dann zielführend sein wird, wenn zeitgleich auch eine Regelung zur Genehmigung geschaffen wird. Arrondierend dazu bieten sich auch Regelungen etwa zur Teilgenehmigung an, da dies zusätzlich dazu beitragen würde, das Fachrecht und das allgemeine Verwaltungsrecht zusammenzuführen.

Literaturverzeichnis

Achterberg, Norbert: Der Verwaltungsvorakt, DÖV 1971, 397 ff.

Altmeppen, Stefan/Kahlen, Christine: IWG – Neue Impulse für den Informationsmarkt. Entwurf der Bundesregierung für ein Gesetz über die Weiterverwendung von Informationen öffentlicher Stellen, MMR 2006, 499 ff.

Apitz, Wilfried: Verbindliche Auskunft auf Grund gesetzlicher Grundlage (§ 89 Abs. 2 AO), StBp 2007, 101 ff.

Bäcker, Carsten (2012): Bindendes, Allzubindendes. – Zur Akzessorietät der öffentlich-rechtlichen Zusage –, VerwArch 103 (2012), 558 ff.

Bauer, Harmut: Zum Gesetzesvorbehalt für die Handlungsform des Verwaltungsakts, NVwZ 1987, 112 f.

Baum, Michael: Gebührenpflicht für verbindliche Auskünfte. Anmerkungen zum BMF-Schreiben v. 12. 3. 2007, NWB Steuer- und Wirtschaftsrecht Fach 2, 9293 ff.

ders.: Verbindliche Auskunft nach § 89 Abs. 2 AO. Steuer-Auskunftsverordnung und Anwendungserlass regeln Einzelheiten, NWB Steuer- und Wirtschaftsrecht Fach 2, 9725 ff.

ders.: Zuständigkeit für die Erteilung verbindlicher Auskünfte nach § 89 AO. Anmerkungen zum BMF-Schreiben v. 3. 5. 2007, NWB Steuer- und Wirtschaftsrecht Fach 2, 9311 ff.

Beaucamp, Gay: Zur Notwendigkeit vorläufiger Verwaltungsakte, JA 2010, 247 ff.

Beckmann, Martin/Durner, Wolfgang/Mann, Thomas/Röckinghausen, Marc: Kommentar zum Umweltrecht, Band I, Stand: 1.7.2018, Ergänzungslieferung: 87.

Beck´scher Online-Kommentar AO, Hrsg. Pfirrmann, Volker/Rosenke, Torsten/Wagner, Klaus J, Stand: 1.1.2017, Edition: 1 (zitiert: Bearbeiter, in: BeckOK AO).

Beck´scher Online-Kommentar Bauordnungsrecht Baden-Württemberg: Hrsg. Spannowsky, Willi/Uechtritz, Michael, Stand: 1.7.2017, Edition: 3 (zitiert: Bearbeiter, in: BeckOK BW LBO).

Beck´scher Online-Kommentar Bauordnungsrecht Hessen: Hsrg. Spannowsky, Willi/Eiding, Lutz, Stand: 1.4.2017, Edition: 4 (zitiert: Bearbeiter, in: BeckOK HBO).

Beck´scher Online-Kommentar Bauordnungsrecht Niedersachsen: Hrsg. Spannowsky, Willi/Otto, Christian W., Stand: 1.12.2017, Edition: 7 (zitiert: Bearbeiter, in: BeckOK NBauO).

Beck´scher Online-Kommentar GG: Hrsg. Epping, Volker/Hillgruber, Christian, Stand: 1.6.2017, Edition 33 (zitiert: Bearbeiter, in: BeckOK GG).

Beck´scher Online-Kommentar Informations- und Medienrecht: Hrsg. Gersdorf, Hubertus/Paal, Boris P./Bornemann, Roland, Stand: 1.11.2016, Edition: 14 (zitiert: Bearbeiter, in: BeckOK Informations- und Medienrecht).

Beck´scher Online-Kommentar Sozialrecht: Hrsg. Rolfs, Christian/Giesen, Richard/Kreikebohm, Ralf/Udsching, Peter, Stand: 1.3.2008, Edition: 9 (zitiert: Bearbeiter, in: BeckOK Sozialrecht).

Beck´scher Online-Kommentar VwVfG mit VwVG und VwZG: Hrsg. Bader, Johann/Ronellenfitsch, Michael, Stand: 1.1.2017, Edition: 34 (zitiert: Bearbeiter, in: BeckOK VwVfG).

Beermann, Albert/Gosch, Dietmar: Kommentar zur Abgabenordnung und zur Finanzgerichtsordnung (mit Nebengesetzen; EuGH-Verfahrensrecht), Stand: 1.7.2018, Ergänzungslieferung 140.

Bergan, Maik; Martin, Sascha: Rechtsschutz gegen eine Negativauskunft nach § 89 Abs. 2 AO; zugleich Anmerkung zum Urteil des BFH v. 29.2.2012, IX R 11/11, DStR 2012, 1272, DStR 2012, 2164 ff.

Bergkemper, Winfried: Anrufungsauskunft nach § 42e EStG als feststellender Verwaltungsakt i.S. des § 118 AO, zugleich Anmerkung zum Urteil des BFH v. 30.4.2009, VI R 54/07, FR 2010, 42 ff., FR 2010, 45 f.

Beyer, Dirk: Antrag auf verbindliche Auskunft. Das besondere Interesse i.S.d. § 89 Abs. 2 AO für eine verbindliche Auskunft und Gebührenpflicht bei rechtswidriger Nichterteilung, AO-StB 2010, 217 ff.

Beyer, Helmut: Die Rechtsprechung des Reichsgerichtshofs und des Bundesgerichtshofs zur Amtshaftung für behördliche Auskunft, DVBl 1962, 613 ff.

Birk, Dieter: Gebühren für die Erteilung von verbindlichen Auskünften der Finanzverwaltung, NJW 2007, 1325 ff.

ders.: Die Finanzverwaltung als steuerlicher Berater – Die verbindliche Auskunft als kostenpflichtige Hilfestellung bei der Steuerplanung, in: Festschrift zum zehnjährigen Bestehen von P+P Pöllath + Partners, 2008, S. 161 ff.

Blömer, Wilhelm Marcus: Zweifelsfragen im Zusammenhang mit der Gebührenpflicht verbindlicher Auskünfte, DStR 2008, 1867 ff.

Blumers, Wolfgang: Auskunft, verbindlich nach Belieben der Verwaltung?, DB 2018, 1108 ff.

Bödden, Guido: Planungssicherheit im Steuerrecht - Brennpunkte der verbindlichen Auskunft iS von § 89 Abs. 2 AO, ködi 2016, 19652 ff.

Bohl, Johannes: Der ewige Kampf des Rechtsanwalts um die Akteneinsicht, NVwZ 2005, 133 ff.

Bohne, Eberhard: Der informale Rechtsstaat. Eine empirische und rechtliche Untersuchung zum Gesetzesvollzug unter besonderer Berücksichtigung des Immissionsschutzes, 1981, zugl. Köln, Univ., Diss. 1980.

ders.: Informales Verwaltungs- und Regierungshandeln als Instrument des Umweltschutzes, VerwArch 75 (1984), 343 ff.

Bomhard, Nikolaus von: Auskunft und Zusage im Steuerrecht, 1988, zugl. Regensburg, Univ., Diss. 1988.

Borggreve, Carlo: Auskünfte und Zusagen über Besteuerungsgrundlagen (Teil I), AO-StB 2007, S. 77 ff.

ders.: Auskünfte und Zusagen über Besteuerungsgrundlagen (Teil II), AO-StB 2008, S. 108 ff.

ders.: Gebührenpflicht bei verbindlichen Auskünften. Kritische Anmerkungen zur Stellungnahme des BMF, AO-StB 2008, 272 ff.

Bornheim, Wolfgang: Grenzen und Möglichkeiten der tatsächlichen Verständigung. Voraussetzungen und Formalien – Wann kann man sich von ihr lösen?, AO-StB 2004, 363 ff.

Boujong, Karlheinz: Schadensersatz- und Entschädigungsansprüche wegen fehlerhafter Bauleitplanung und rechtswidriger Bauverwaltungsakte nach der Rechtsprechung des Bundesgerichtshofs, WiVerw 1991, 59 ff.

Breuer, Rüdiger: Grundrechte als Anspruchsnormen, in: Festgabe aus Anlaß des 25jährigen Bestehens des Bundesverwaltungsgerichts, 1978, S. 89 ff.

Brohm, Winfried: Rechtsstaatliche Vorgaben für informelles Verwaltungshandeln, DVBl 1994, 133 ff.

Brühl, Manuel/Süß, Christian: Die neuen §§ 163 und 89 AO: Alte Probleme beseitigt – neue geschaffen?, DStR 2016, 2617 ff.

Bruschke, Gerhard: Die verbindliche Auskunft nach § 89 Abs. 2 AO, DStZ 2007, 267 ff.

ders.: Verbindliche Auskunft des Finanzamts – Rechtliche Grundlage und Kostenfolge, ZSteu 2007, 36 f.

ders.: Verbindliche Auskunft des Finanzamtes nach § 89 Abs. 2 AO, SteuK 2012, 179 ff.

Bubenzer, Fritz: Das Auskunftsverfahren im Steuerrecht, StuW 1949, 389 ff.

Buciek, Klaus: Bindende Erklärungen der Finanzverwaltung, DStZ 1999, 389 ff.

Bull, Hans Peter/Mehde, Veith: Allgemeines Verwaltungsrecht mit Verwaltungslehre, 9. Auflage 2015.

Bulling, Manfred: Kooperatives Verwaltungshandeln (Vorverhandlungen, Arrangements, Agreements und Verträge) in der Verwaltungspraxis, DÖV 1989, 277 ff.

Bumke, Christian: Der Folgenbeseitigungsanspruch, JuS 2005, 22 ff.

Burchert, Bernd: Neufassung der Verwaltungsanweisung zur verbindlichen Auskunft. – Anmerkungen zum BMF-Schreiben vom 29.12.2003, IV A 4 – S 0430 – 7/03, BStBl I 2003, S. 742 –, INF 2004, 178 ff.

Burgi, Martin: Verwaltungsverfahrensrecht zwischen europäischem Umsetzungsdruck und nationalem Gestaltungswillen, JZ 2010, 105 ff.

Burgi, Martin/Durner, Wolfgang: Modernisierung des Verwaltungsverfahrensrechts durch Stärkung des VwVfG. Transparenz, Bürgerfreundlichkeit und Perspektiven der Bürgerbeteiligung insbesondere in Verfahren der Eröffnungskontrolle, 2012.

Burianek, Jiri: Die sogenannte Vorabzustimmung im atomrechtlichen Genehmigungsverfahren – ein zulässiges Instrument der Verwaltung?, NJW 1987, 2727 ff.

Burmeister, Joachim: Selbstbindungen der Verwaltung. Zur Wirksamkeit des rechtsstaatlichen Übermaßverbots, des Gleichheitssatzes und des Vertrauensschutzprinzips, DÖV 1981, 503 ff.

Burmeister, Joachim: Verträge und Absprachen zwischen der Verwaltung und Privaten, VVDStRL 52 (1993), 190 ff.

Cornils, Matthias: Richterrecht statt Gesetz – Die Entwicklung des verfassungsunmittelbaren Presseauskunftsanspruchs, AfP 2016, 205 ff.

Creifelds, Carl/Weber, Klaus: Rechtswörterbuch, 22. Auflage 2017.

Dalichau, Beatrice: Auskünfte und Zusagen der Finanzverwaltung. Modalitäten – zivilrechtlicher Schadensersatz – Verhältnis zur Steuerberatung, 2003, zugl. Augsburg, Univ., Diss. 2003.

Dann, Wilfried: Die verbindliche Auskunft in Deutschland im Vergleich zu Rechtsauskünften von Finanzbehörden in anderen europäischen Ländern, in: Festschrift für Wolfgang Ritter zum 70. Geburtstag, 1997, S. 53 ff.

Dannecker, Achim/Werder, Alexander: Mehrfache Gebühren für eine verbindliche Auskunft?, BB 2011, 2268 ff.

dies.: Entwicklungen bei der verbindlichen Auskunft, BB 2017, 284 ff.

Degenhardt, Christoph: Veränderungssperre und baurechtlicher Vorbescheid, DVBl 1981, 994 ff.

Desens, Marc: Zurechnung amtshaftungsrechtlicher Verantwortung bei mehreren Hoheitsträgern. – Zur Neuausrichtung der Haftungsmaßstäbe bei rechtswidrig versagtem Einvernehmen der Gemeinde (§ 36 BauGB) –, DÖV 2009, 197 ff.

Detterbeck, Steffen: Vorrang und Vorbehalt des Gesetzes, Jura 2002, 235 ff.

ders.: Allgemeines Verwaltungsrecht mit Verwaltungsprozessrecht. 16. Auflage 2018.

Di Fabio, Udo: Grundrechte im präzeptoralen Staat, JZ 1993, 689 ff.

ders.: Die Ermessensreduzierung – Fallgruppen, Systemüberlegungen und Prüfprogramm –, VerwArch 86 (1995), 214 ff.

Dietlein, Johannes: Verwaltungsrecht – "Handlungsform-Vorbehalt" für den Erlaß eines feststellenden Verwaltungsaktes, JA 1992, 220 ff.

ders./Thiel, Markus: Altes und Neues zum Vorbescheid. Rechtsfragen des immissionsschutzrechtlichen Vorbescheides in gestuften Anlagenzulassungsverfahren, DV 38 (2005), 211 ff.

Dißars, Ulf-Christian/Bürkle, Michael: Die gesetzliche Regelung der verbindlichen Auskunft nach § 89 Abs. 2 bis 5 AO, StB 2007, 54 ff.

Dix, Alexander: Mehr Bürgerrechte im Melderecht, DuD 2006, 678 ff.

Dornheim, Bertram: Gibt es einen Anspruch auf eine (bestimmte) verbindliche Auskunft?, BB 2012, 2926 ff.

Dörr, Alexander: Informationsansprüche gegenüber dem Staat zuzurechnenden Unternehmen, 2015, zugl. Tübingen, Univ., Diss. 2014.

Dreier, Horst: Kommentar zum Grundgesetz, Band II: Artikel 20-82, 3. Aufl. 2015.

Drescher, Rolf-Dieter: Erfordernis einer gesetzlichen Grundlage für den Erlaß feststellender Verwaltungsakte, DVBl 1986, 727 ff.

ders.: Rechtsprobleme des baurechtlichen Vorbescheids, 1993, zugl. Berlin, Univ., Diss. 1992.

Drüen, Klaus-Dieter: Der Aufbruch zu einer neuen Steuerkultur, DStR 2010, 2 ff.

ders.: Kooperation im Besteuerungsverfahren, FR 2011, 101 ff.

Dürr, Hansjochen: Rechtsnatur und Bindungswirkung des Bauvorbescheids – BVerwG, NJW 1984, 1473 und 1474, JuS 1984, 770 ff.

ders.: Die Entwicklung des öffentlichen Baunachbarrechts, DÖV 2001, 625 ff.

Eberle, Carl-Eugen: Arrangements im Verwaltungsverfahren, DV 17 (1984), 439 ff.

Eckhoff, Rolf: Vom konfrontativen zum kooperativen Steuerstaat, StuW 1996, 107 ff.

Ehlers, Dirk: Die Klagearten und besonderen Sachentscheidungsvoraussetzungen im Kommunalverfassungsstreitverfahren, NVwZ 1990, 105 ff.

ders./Pünder, Hermann: Allgemeines Verwaltungsrecht, 15. Auflage 2015.

Ehmann, Frank/Karmanski, Carsten/Kuhn-Zuber, Gabriele: Gesamtkommentar Sozialrechtsberatung, 2. Auflage 2018 (zitiert Bearbeiter, in: Gesamtkommentar Sozialrechtsberatung).

Eich, Andreas: Die tatsächliche Verständigung im Steuerverfahren und Steuerstrafverfahren, 1992, zugl. Köln, Univ., Diss. 1992.

Eilers, Stephan: Der Fiskus als Krisengewinnler – zur Unzulässigkeit von Auskunftsgebühren in Sanierungsfällen, in: Festschrift für Michael Streck zum 70. Geburtstag, 2011, S. 305 ff.

Emmerich-Fritsche, Angelika: Kritische Thesen zur Legaldefinition des Verwaltungsaktes, NVwZ 2006, 762 ff.

Engel, Christoph: Planungssicherheit für Unternehmen durch Verwaltungsakt, 1992, zugl. Tübingen, Univ., Diss. 1992.

Epping, Volker: Grundrechte, 7. Auflage 2017.

Erbguth, Wilfried/Schubert, Mathias: Öffentliches Baurecht (mit Bezügen zum Umwelt- und Raumplanungsrecht), 6. Auflage 2014.

Erfmeyer, Klaus: Bindungswirkung rechtswidriger allgemeiner Zusagen in entsprechender Anwendung der §§ 38 Abs. 2, 48 VwVfG?, DVBl 1999, 1625 ff.

Erichsen, Hans-Uwe: Die Zusage, Jura 1991, 109 ff.

Ermisch, Hans-Jürgen: Bau- und immissionsschutzrechtlicher Vorbescheid – taugliche Instrumente zur Rechtssicherung für den Vorhabenträger?, NordÖR 2013, 49 ff.

Ernst, Christian: Die Verwaltungserklärung, 2008, zugl. Kiel, Univ., Diss. 2007.

Ernst, Werner/Zinkahn, Willy/Bielenberg, Walter/Krautzberger, Michael: Kommentar zum Baugesetzbuch, Stand: 1.8.2018, Ergänzungslieferung: 130.

Eyermann, Erich: Kommentar zur Verwaltungsgerichtsordnung, 15. Auflage 2019.

Fatouros, Nikos: Die neue Gebührenpflicht für verbindliche Auskünfte i.S.v. § 89 Abs. 2 AO. Zugleich Anmerkung zum BMF-Schreiben v. 12. 3. 2007, IV A 4 – S 0224/07/0001, BStBl I 2007, 227, DStZ 2007, 382 ff.

Fehling, Michael/Kastner, Berthold/Störmer, Rainer: Handkommentar zum Verwaltungsrecht (VwVfG, VwGO, Nebengesetze), 4. Auflage 2016.

Feldmann, Franz Josef: Teilgenehmigung und Vorbescheid im atomrechtlichen Genehmigungsverfahren, ET 1984, 775 ff.

Flick, Hans: Verpflichtung des FA zur Auskunftserteilung?, FR 1959, 502.

ders.: Die verbindliche Auskunft in der Steuerberaterpraxis, in: Festschrift für Klaus Offerhaus zum 65. Geburtstag, 1999, S. 849 ff.

Fluck, Jürgen: Probleme des gestuften Baugenehmigungsverfahrens. – Die Klage gegen die Baugenehmigung bei nichtbestandskräftigem Bauvorbescheid –, VerwArch 80 (1989), 223 ff.

Franckenstein, Georg Freiherr v.u.z.: Die Haftung für baurechtliche Auskünfte, BauR 2003, 807 ff.

Franke, Verona/Cölln, Hans-Hinrich von: Drum prüfe, wer sich (ewig) bindet – Zur Bindungswirkung einer verbindlichen Auskunft nach § 89 AO, BB 2008, 584 ff.

Gailus, Ulrich: Die Zulässigkeit des Widerrufs der Bebauungsgenehmigung aufgrund einer Veränderungssperre, NVwZ 1990, 536 ff.

Gallois, Franz-Peter: Sachlicher Schutzbereich der Amtspflicht und Verschulden des Bauherrn bei einer rechtswidrig erteilten und später aufgehobenen Baugenehmigung. Zugleich Anmerkung zu Johlen/Beutling, BauR 2002, 263 und BGH, BauR 2002, 292, BauR 2002, 884 ff.

Gern, Alfons: Die Ermessensreduzierung auf Null, DVBl 1987, 1194 ff.

Goerlich, Helmut: Zur Reichweite des Bauvorbescheids, NVwZ 1985, 90 ff.

Golombek, Stephan: Zum Umfang der richterlichen Inhaltskontrolle einer verbindlichen Auskunft – ein Rettungsversuch, BB 2015, 1946 ff.

Görisch, Christoph: Die Inhalte des Rechtsstaatsprinzips, JuS 1997, 988 ff.

Gräber, Fritz: Kommentar zur Finanzgerichtsordnung (mit Nebengesetzen), 8. Auflage 2015.

Groh, Kathrin: Die Zusicherung als sichere Handlungsform in der kooperierenden Verwaltung?, DÖV 2012, 582 ff.

Große-Suchsdorf, Ulrich: Kommentar zur Niedersächsischen Bauordnung, 9. Auflage 2013.

Groth, Klaus-Martin/Graupeter, Uwe: Steine statt Brot – Die Rechtsprechung der Brandenburgischen Verwaltungsgerichte zur Bescheidungsfähigkeit von Bauvorbescheidsanträgen, BauR 2000, 1691 ff.

Grotherr, Siegfried: Verbindliche Auskunft und Auskunftsverfahren im Konflikt mit dem europäischen Beihilferecht?, EWS 2015, 67 ff.

Grünning, Klaus: Auskunftsansprüche des Bürgers – Auskunftspflichten in der freien Wirtschaft und in der öffentlichen Verwaltung, VR 1991, 8 ff.

Guckelberger, Annette: Behördliche Zusicherungen und Zusagen, DÖV 2004, 357 ff.

dies.: Die Rechtsfigur der Genehmigungsfiktion, DÖV 2010, 109 ff.

Gusy, Christoph: Gesetzesvorbehalte im Grundgesetz, JA 2002, 610 ff.

Hagen, Jürgen: Verbindliche Auskünfte über die steuerliche Beurteilung von noch nicht verwirklichten Sachverhalten, StW 2007, 219 ff.

Hahn, Hartmut: Zur Erforderlichkeit einer Reform des Auskunftsverfahrens – rechtsdogmatische und steuerpolitische Überlegungen, DStZ 2003, 69 ff.

Hain, Karl-Eberhard/Schlette, Volker/Schmitz, Thomas: Ermessen und Ermessensreduktion – ein Problem im Schnittpunkt zwischen Verfassungs- und Verwaltungsrecht, AöR 122 (1997), 32 ff.

Hannig, Tim: Steuerplanungssicherheit und Verfahrensbeschleunigung durch Nutzung kooperativer Handlungsinstrumente, NWB Steuer- und Wirtschaftsrecht 2015, 2166 ff.

Hans, Adrian: Verfassungsrechtliche Zweifelsfragen der Gebührenpflicht für verbindliche Auskünfte (§ 89 Abs. 3-5 AO), DStZ 2007, 421 ff.

Hartz, Wilhelm: Die kollidierenden Interessen des Steuerfiskus und der Steuerpflichtigen im Lichte der Rechtsprechung des Bundesfinanzhofs, StbJb 1955/56, 83 ff.

ders.: Zur Lehre von der Bindung des Finanzamts an Zusagen über die künftige Sachbehandlung im Lichte einiger neuer Urteile des BFH, DB 1962, 248 ff.

Hattstein, Ulrich: Verwaltungsrechtliche Betreuungspflichten, 1999, zugl. Mannheim, Univ., Diss. 1999.

Haueisen, Fritz: Akteneinsicht im Verwaltungsverfahren, NJW 1967, 2291 ff.

Hauth, Michael: Der Vorbescheid – Plädoyer für eine "praxisorientierte Dogmatik", BauR 2010, 32 ff.

Hauth, Michael: Zur Bindungswirkung des Vorbescheides. Anmerkung zum Beschluss des Hessischen VGH vom 21.7.2011 – 3 B 1281/11 –, BauR 2012, 885 ff.

Hebeler, Timo/Schäfer, Björn: "Versprechungen" der Verwaltung, Jura 2010, 881 ff.

Heimpel, Silvia: Der Bauvorbescheid – zur Zukunftsfähigkeit eines Rechtsinstituts, 2012, zugl. Saarbrücken, Univ., Diss. 2012.

Heintz, Veris-Pascal: Amtshaftung bei überlanger Verfahrensdauer im Genehmigungsverfahren, LKRZ 2013, 279 ff.

Hellermann, Johannes: Das gemeindliche Einvernehmen (§ 36 BauGB), Jura 2002, 589 ff.

Henneke, Hans-Günter: 30 Jahre LVwG, 20 Jahre VwVfG – Stabilität und Flexibilität des Verwaltungshandelns, DÖV 1997, 768 ff.

Hennig, Matthias: Die Haftung der öffentlichen Hand für rechtswidrig erteilte Bauvorbescheide – der praktische Fall, BauR 2003, 194 ff.

Hermanns, Caspar David/Hönig, Dietmar: Die Bindungswirkung von Teilgenehmigungen im Verhältnis zur abschließenden Baugenehmigung unter besonderer Berücksichtigung des § 79 LBO SH, NordÖR 2001, 92 ff.

Herrmann, Klaus: Haftungsfolgen bei rechtswidriger Versagung des gemeindlichen Einvernehmens, KommJur 2004, 286 ff.

Heun, Werner: Die Zulässigkeit öffentlich-rechtlicher Verträge im Bereich der Kommunalabgaben – Zum Verbot des Vertrags als Handlungsform im Abgabenrecht –, DÖV 1989, 1053 ff.

Hey, Johanna: Steuerplanungssicherheit als Rechtsproblem, 2002, zugl. Köln, Univ., Habil. 2002.

Hoffmann-Becking, Michael: Der feststellende Verwaltungsakt. Zugleich eine Besprechung der Entscheidung des BVerwG vom 29. Dezember 1969, BVerwGE 34, 353, DÖV 1972, 196 ff.

Hoffmann-Riem, Wolfgang/Schmidt-Assmann, Eberhard/Voßkuhle, Andreas: Grundlagen des Verwaltungsrechts. Band II: Informationsordnung, Verwaltungsverfahren, Handlungsformen, 2. Auflage 2012.

Hömig, Dieter/Wolff, Heinrich Amadeus: Handkommentar zum Grundgesetz für die Bundesrepublik Deutschland, 12. Auflage 2018.

Hong, Mathias: Verbot der endgültigen und Gebot der vorläufigen Vorwegnahme der Hauptsache im verwaltungsgerichtlichen Eilverfahren, NVwZ 2012, 468 ff.

ders.: Das Recht auf Informationszugang nach dem Informationsfreiheitsgesetz als Recht zur Mobilisierung der demokratischen Freiheit, NVwZ 2016, 953 ff.

Hoppe, Werner/Bönker, Christian/Grotefels, Susan: Öffentliches Baurecht. Raumordnungsrecht, Städtebaurecht, Bauordnungsrecht. 4. Auflage 2010.

Horst, Julian: Die verbindliche Auskunft nach § 89 Abgabenordnung, 2010, zugl. Münster, Univ., Diss. 2009.

Hübschmann, Walter/Hepp, Ernst/Spitaler, Armin/Söhn, Hartmut: Kommentar zur Abgabenordnung und zur Finanzgerichtsordnung, Stand: 1.8.2018, Nachlieferung: 248.

Immesberger, Helmut: Problematik von Auskunft und Zusage im Steuerrecht, NJW 1970, 1116 ff.

Ipsen, Jörn: Verbindlichkeit, Bestandskraft und Bindungswirkung von Verwaltungsakten, DV 17 (1984), 169 ff.

ders.: Allgemeines Verwaltungsrecht mit Grundzügen des Verwaltungsprozessrechts, 10. Auflage 2017.

Isensee, Josef/Kirchhof, Paul: Handbuch des Staatsrechts I – Historische Grundlagen, 3. Aufl. 2003.

dies.: Handbuch des Staatsrechts II – Verfassungsstaat, 3. Aufl. 2004.

dies.: Handbuch des Staatsrechts IV – Aufgaben des Staates, 3. Aufl. 2006.

Isensee, Josef/Kirchhof, Paul: Handbuch des Staatsrechts V – Rechtsquellen, Organisation, Finanzen, 3. Aufl. 2007.

Jakobs, Michael: Zur Abgrenzung der verwaltungsrechtlichen Zusage von Auskunft und Vorbescheid, Jura 1985, 234 ff.

Jann, Martin: Untersuchung und Stellungnahme der Confederation Fiscale Europeenne (CFE) – Rechtsauskünfte von Finanzbehörden im europäischen Vergleich, IStR 1995, 115 ff.

Jarass, Hans: Bindungs- und Präklusionswirkung von Teilgenehmigung und Vorbescheid. – Zugleich ein Beitrag zum Regelungsgegenstand dieser Akte –, UPR 1983, 241 ff.

Jehlin, Alexander/Schmidt, Stephan H.: Tagungsbericht 15. Münchner Unternehmenssteuerforum, DStR-Beih 2015, 2 ff.

Jeremias, Christoph: Erfordernis einer Rechtsgrundlage für vom Adressaten beantragte feststellende Verwaltungsakte? Plädoyer für eine Abkehr von der bisherigen höchstrichterlichen Rechtsprechung, DVBl 2014, 1047 ff.

Jochum, Astrid: Auskunfts- und Hinweispflichten bei der Wahrnehmung hoheitlicher Aufgaben, NVwZ 1987, 460 ff.

Jochum, Heike: Empfiehlt es sich, die Abgabenordnung 1977 vom sogenannten "Korrekturdualismus" zu befreien?, StW 2006, 91 ff.

dies.: Verbindliche Auskunft in Steuersachen – Bestandskraft und Korrektur, in: Festschrift für Wilfried Fiedler zum 70. Geburtstag, 2011, 793 ff.

dies.: Die verbindliche Auskunft: Kupierter Verwaltungsakt oder Zusicherung der künftigen steuerlichen Behandlung?, DStZ 2013, 544 ff.

Johlen, Heribert/Beutling, Alexander: Schadensersatzanspruch des Bauherrn bei einer rechtswidrig erteilten und später aufgehobenen Baugenehmigung, BauR 2002, 263 ff.

Joisten, Christian/Bergmann, Malte: Wann darf das Finanzamt die Erteilung einer verbindlichen Auskunft ablehnen?, FR 2014, 923 ff.

Jörißen, Ann-Erika: Die Gebührenpflicht für die Bearbeitung einer verbindlichen Auskunft. Überblick über die Regelungen des § 89 Abs. 3 bis 5 AO, AO-StB 2007, 183 ff.

Kahl, Wolfgang: Grundrechtsschutz durch Verfahren in Deutschland und in der EU, VerwArch 95 (2004), 1 ff.

ders./Waldhoff, Christian/Walter, Christian: Bonner Kommentar zum Grundgesetz, Ordner 5 – Art. 20, Stand: 1.6.2018, Ergänzungslieferung: 191 (zitiert: Bearbeiter, in: Bonner Kommentar GG).

Kaligin, Thomas: Der Auskunftserlaß vom 24. 6. 1987. Teil I: Anwendungsbereiche der verbindlichen Zusage, DStZ 1988, 367 ff.

ders.: Der Auskunftserlaß vom 24. 6. 1987. Teil II: Beantragung, Erteilung und Bindungswirkung der Zusage, DStZ 1988, 396 ff.

Kamphausen, Peter Wilhelm: Rechtsprobleme bei Auskünften von Verwaltungsbehörden an den Bürger, 1983, zugl. Bochum, Univ., Diss. 1983.

Kellner, Hubert: Auskünfte und Zusagen über künftige Verwaltungsakte, 1965, zugl. Münster, Univ., Diss. 1965.

Keß, Thomas/Zillmer, Inga-Kristin: Zur Gebührenpflicht der verbindlichen Auskunft bei Umstrukturierungen – Teuer erkaufte Rechtssicherheit?, DStR 2008, 1466 ff.

Keusen, Miriam/Krämer, Jens M.: Wie erhalte ich eine verbindliche Auskunft in Luxemburg? Neue Regelungen ab dem 1.1.2015, IStR 2015, 279 ff.

Kirchhof, Ferdinand: Der Verwaltungsakt auf Zustimmung, DVBl 1985, 651 ff.

Kirchhof, Paul: Verwalten und Zeit: Über gegenwartsbezogenes, rechtzeitiges und zeitgerechtes Verwalten, 1975.

ders.: Die Methoden zur Sicherung des zukünftigen Verwaltungsverhaltens, in: Festschrift für Wolfgang Spindler, 2011, S. 463 ff.

Klass, Tobias: Vertrauensschutz im Steuerrecht außerhalb von verbindlicher Auskunft und verbindlicher Zusage, DB 2010, 2464 ff.

Klein, Franz: Kommentar zur Abgabenordnung, 14. Auflage 2018.

Klingler, Eberhard: Rat und Beratung in der deutschen öffentlichen Verwaltung, 1965, zugl. Würzburg, Univ., Diss. 1965.

Kloepfer, Michael/Lenski, Sophie-Charlotte: Die Zusicherung im Zuwendungsrecht, NVwZ 2006, 501 ff.

Kluth, Winfried: Rechtsfragen der verwaltungsrechtlichen Willenserklärung. Auslegung, Bindung, Widerruf, Anfechtung, NVwZ 1990, 608 ff.

Kment, Martin/Braun, Annette: Immissionsschutzrecht – Grundlagen mit Fällen, Teil 1, Jura 2011, 414 ff.

Knack, Hans-Joachim/Henneke, Hans-Günter: Kommentar zum Verwaltungsverfahrensgesetz, 10. Auflage 2014.

Knemeyer, F.-L.: Auskunftsanspruch und behördliche Auskunftsverweigerung. – Ermessen oder Abwägung – Zur neuen Informanten-Rechtsprechung des BVerwG v. 3. 9. 1991, JZ 1992, 348 ff.

Knickrehm, Sabine/Kreikebohm, Ralf/Waltermann, Reimund: Kommentar zum Sozialrecht, 5. Auflage 2017.

Koch, C./Kohlrust, R. : Verbindliche Auskünfte im Steuerrecht, DB 1962, 649 ff.

Köhler, Karl Friedrich: Die Informationsrechte der Beteiligten im sozialrechtlichen Verwaltungsverfahren, 2014.

Kolbeck, Guido: Bauvoranfrage und Bauvorbescheid, 2010, zugl. Hannover, Univ., Diss. 2009.

Kollmann, Andreas: Zur Bindungswirkung von Verwaltungsakten, DÖV 1990, 189 ff.

König, Hans-Günther: Der feststellende Verwaltungsakt, BayVBl 1987, 261 ff.

König, Klaus: Rechtliche und tatsächliche Formen des Verwaltungshandelns. In: Verwaltungsrundschau, VR 1990, 401 ff.

König, Ulrich/Cöster, Thilo: Kommentar zur Abgabenordnung, 3. Auflage 2014.

Kopp, Ferdinand; Ramsauer, Ulrich: Kommentar zum Verwaltungsverfahrensgesetz, 19. Auflage 2018.

Körner, Anne/Leitherer, Stephan/Mutschler, Bernd: Kasseler Kommentar zum Sozialversicherungsrecht, Stand: 1.5.2018, Ergänzungslieferung: 99.

Kottke, Klaus: Verbindliche Zusage und tatsächliche Verständigung – Unterschiede und Gemeinsamkeiten, DB 1999, 820 ff.

Krabbe, Helmut: Auskünfte mit Bindungswirkung nach Treu und Glauben, DB 1987, 2067 ff.

Kracht, Harald: Feststellender Verwaltungsakt und konkretisierende Verfügung, 2002, zugl. Bonn, Univ., Diss. 2001.

Krahmer, Utz/Trenk-Hinterberger, Peter: Kommentar zum Sozialgesetzbuch I, Allgemeiner Teil, 3. Auflage 2014.

Krekeler, Jan: Verbindliche Auskunft. Reichweite, Kosten, Rechtsschutz, BLJ 2016, 24 ff.

Krieger, Kai: Das Recht des Bürgers auf behördliche Auskunft, 1972, zugl. Hamburg, Univ., Diss. 1971.

Krohn, Günter: Haftungsrechtlicher Vertrauensschutz bei rechtswidrigen baurechtlichen Genehmigungen, in: Festschrift für Karlheinz Boujong zum 65. Geburtstag, 1996, S. 573 ff.

ders./De Witt, Siegfried: Schadensersatz wegen nicht erteilten Bauvorbescheids, NVwZ 2005, 1387 ff.

Krumm, Marcel: Verbindliche Auskunft und gerichtliche Kontrolle. Zu den Voraussetzungen und Grenzen einer administrativen Letztentscheidungskompetenz bei verbindlichen Auskünften, DStR 2011, 2429 ff.

Kuchler, Ferdinand/Erhard, Johannes: Bauvorbescheid bei freigestellten Vorhaben. Zugleich ein Beitrag zum Anwendungsbereich des Art. 70 Abs. 3 BayBO, BayVBl 2004, 652 ff.

Küffner, Thomas/Zugmaier, Oliver: Gebührenpflicht für verbindliche Auskünfte – Einspruch einlegen!, DStR 2007, 2307 f.

Kühn, Rolf/Wedelstädt, Alexander von: Kommentar zur Abgabenordnung und zur Finanzgerichtsordnung, 22. Auflage 2018.

Kunig, Philip: Das Rechtsstaatsprinzip. Überlegungen zu seiner Bedeutung für das Verfassungsrecht der Bundesrepublik Deutschland, 1986, zugl. Hamburg, Univ., Habil. 1985.

ders.: Verträge und Absprachen zwischen Verwaltung und Privaten, DVBl 1992, 1193 ff.

ders.: Der Rechtsstaat, in: Festschrift 50 Jahre Bundesverfassungsgericht, Band II, 2001, S. 421 ff.

Kutscheidt, Ernst: Das gestufte Genehmigungsverfahren – Glanz und Elend eines Rechtsinstituts, in: Festschrift für Horst Sendler zum Abschied aus seinem Amt, 1991, S. 303 ff.

Ladeur, Karl-Heinz/Gostomzyk, Tobias: Der Gesetzesvorbehalt im Gewährleistungsstaat, DV 36 (2003), 141 ff.

Lahme, Stefan/Reiser, Hagen: Verbindliche Auskünfte und Gebührenpflicht – eine erste Analyse, BB 2007, 408 ff.

Lahme, Stefan/Reiser, Hagen: Verbindliche Auskunft und Gebührenpflicht – Update zum Beitrag in BB 2007, 408, BB 2007, 1361 ff.

Lansnicker, Frank/Schwirtzek, Thomas: Die Amtshaftung der Bauordnungs- und Bauplanungsbehörden in der Rechtsprechung des BGH, NVwZ 1996, 745 ff.

Laubinger, Hans-Werner: Die Verwaltung als Helfer des Bürgers – Gedanken zur behördlichen Betreuungspflicht, in: Demokratie und Verwaltung – 25 Jahre Hochschule für Verwaltungswissenschaften Speyer, 1972, S. 439 ff.

ders.: Grundrechtsschutz durch Gestaltung des Verwaltungsverfahrens, VerwArch 73 (1982), 60 ff.

Lauesen, Niels: Verbindlicher Vorabbescheid in Steuerfragen – in Dänemark, DStZ 1987, 147 ff.

Leisner, Walter Georg: Notwendigkeit eines Moratoriums? Verfassungsrechtliche Bedenken gegen Informationsrechte nach dem Verbraucherinformationsgesetz (VIG) – insbesondere § 5 S. 5, 6, § 5 Abs. 1 S. 2 und § 6 Abs. 3 VIG, GewArch 2014, 57 ff.

Lipphardt, Hanns-Rudolf: Grundrechte und Rechtsstaat, EuGRZ 1986, 149 ff.

Löher, Andrea: Das Verwaltungsverfahren im Spannungsfeld zwischen Gewährleistungsauftrag und Beschleunigungsbestreben. Eine Untersuchung der Auswirkungen einer Reduktion der staatlichen Präventivkontrolle, 2013, zugl. Trier, Univ., Diss. 2013.

Mangoldt, Hermann von/Klein, Friedrich/Starck, Christian: Kommentar zum Grundgesetz, Band 2: Artikel 20 bis 82, 7. Auflage 2018.

Mann, Jürgen: Das gestufte Verwaltungsverfahren im Baurecht, 1992, zugl. Mannheim, Univ., Diss. 1991.

Martens, Joachim: Die Rechtsprechung zum Verwaltungsverfahrensrecht, NVwZ 1983, 717 ff.

Martini, Ruben: Die zivilrechtliche Haftung von Steuerberatern, AO-StB 2016, 140 ff.

Masing, Johannes: Transparente Verwaltung: Konturen eines Informationsverwaltungsrechts, VVDStRL 63 (2004), 377 ff.

Maunz, Theodor; Dürig, Günter: Kommentar zum Grundgesetz, Stand: 1.1.2018, Ergänzungslieferung: 82.

Maurer, Hartmut: Rechtsstaatliches Prozessrecht, in: Festschrift 50 Jahre Bundesverfassungsgericht, Band II, 2001, S. 467 ff.

ders./Waldhoff, Christian: Allgemeines Verwaltungsrecht, 19. Auflage 2017.

Mayer, Gerd: Die Zusage nach der Abgabenordnung 1977, 1991, zugl. Tübingen, Univ., Diss. 1991.

Mayer, Otto: Zur Lehre vom öffentlichrechtlichen Vertrag, AöR 3 (1888), 3 ff.

Mehde, Veith: Formelle Einbußen beim Rechtsschutz durch "vereinfachte Verfahren", AnwBl 2015, 748 ff.

Menger, Christian-Friedrich: Höchstrichterliche Rechtsprechung zum Verwaltungsrecht, VerwArch 50 (1959), 387 ff.

Merten, Detlef: Auskunftsanspruch und Auskunftsbescheid im Sozialrecht, VSSR 1 (1973), 66 ff.

Metz, Rainer: Verbraucherinformationsrechte: Umkämpfte Transparenz bei "Ross und Reitern", VuR 2013, 41 f.

Misera, Hans-Ulrich/Baum, Michael: Verbindliche Auskünfte im Besteuerungsverfahren, Ubg 2008, 221 ff.

Mrozynski, Peter: Kommentar zum Sozialgesetzbuch I, 5. Auflage 2014.

Müller-Waack, Gerhard: Die Auskunftspflicht der Verwaltungsbehörden im Zusammenhang mit Verwaltungsverfahren, 1980, zugl. Bielefeld, Univ., Diss. 1980.

Niemann, Ursula: Steuerliche Absicherung langfristiger Dispositionen – ein Gesetzgebungsvorschlag, StbJb 1987/88, 391 ff.

Nöcker, Gregor: Allgemeine Auskunfts- und Beratungspflichten der Finanzbehörden. Untersuchung des Umfangs anhand eines Beispielsfalls zur Steuererklärung, AO-StB 2010, 305 ff.

Obermayer, Klaus: Der Verwaltungsakt als Gegenstand von Zusagen und Rechtsauskünften, NJW 1962, 1465 ff.

ders.: Rechtsprobleme der Zusicherung nach § 38 VwVfG, in: Festschrift für Theodor Maunz zum 80. Geburtstag, 1981, S. 247 ff.

Oberregierungsrat Dr. Ritter: Die Erteilung von Rechtsauskünften in Steuersachen. Unter Berücksichtigung von Rechtsmittelbelehrung und Zolltarifauskunft, NJW 1957, 1822 ff.

Oebbecke, Janbernd: Beratung durch Behörden, DVBl 1994, 147 ff.

Olgemöller, Herbert: Steuerplanung und verbindliche Auskunft, AG 2014, 393 ff.

ders./Wollweber, Markus: Rechtsbehelfsempfehlung Nr. 613/08: Die (neue) verbindliche Auskunft als Verwaltungsakt, Stbg 2008, 206.

Ortloff, Karsten-Michael: Zur Bindungswirkung des baurechtlichen Vorbescheids bei nachfolgender Änderung der Sach- oder Rechtslage, NVwZ 1983, 705 ff.

Ossenbühl, Fritz: Verwaltungsverfahren zwischen Verwaltungseffizienz und Rechtsschutzauftrag, NVwZ 1982, 465 ff.

ders.: Grundrechtsschutz im und durch Verfahrensrecht, in: Fritz Ossenbühl, ausgewählte Abhandlungen, 1994, S. 245 ff.

Osterloh, Lerke: Erfordernis gesetzlicher Ermächtigung für Verwaltungshandeln in der Form des Verwaltungsakts?, JuS 1983, 280 ff.

dies.: Verbindliche Auskunft eines Finanzamts außerhalb der Außenprüfung, JuS 1991, 160 f.

Papier, Hans-Jürgen: Zur verwaltungsgerichtlichen Kontrolldichte, DÖV 1986, 621 ff.

Pfeiffer, Thomas: Anspruch auf Erteilung einer verbindlichen Zusage außerhalb der gesetzlich normierten Fälle. Zugleich eine Anmerkung zum BMF-Schreiben vom 24. 6. 1987, DB 1987, S. 1465, DB 1987, 2380 ff.

Pieroth, Bodo: Die planende Verwaltung zwischen Geheimhaltung und Öffentlichkeit, JuS 1981, 625 ff.

Pitschas, Rainer: Verwaltungsverantwortung und Verwaltungsverfahren. Strukturprobleme, Funktionsbedingungen und Entwicklungsperspektiven eines konsensualen Verwaltungsrechts, 1990, zugl. München, Univ., Habil. 1988.

Prömper, Stefan: Bundesgebührengesetz und Zeitgebühr. – Neue Bedeutung für ein hergebrachtes Rechtsinstitut –, DÖV 2016, 293 ff.

Pünder, Hermann: Grundlagen des Verwaltungsverfahrensrechts, JuS 2011, 289 ff.

Püttner, Robert: Verfassungsmäßigkeit der Gebührenerhebung für verbindliche Auskünfte, NWB Steuer- und Wirtschaftsrecht 2011, 684 ff.

Raeschke-Kessler, Hilmar/Eilers, Stephan: Die grundrechtliche Dimension des Beteiligungsgebots in § 13 II VwVfG – Zur Verfahrensbeteiligung als Grundrechtssicherung, NVwZ 1988, 37 ff.

Rapp, Benjamin: Zulässigkeit eines Antrags auf Erteilung einer verbindlichen Auskunft bei Auseinanderfallen von Handlungs- und Wirkungsebene, FR 2017, 520 ff.

Rätke, Bernd: Die verbindliche Auskunft nach § 89 AO, BBK 2009, 951 ff.

Redeker, Helmut: Bauvorbescheid und aufschiebende Wirkung von Rechtsmitteln, NVwZ 1998, 589.

Redeker, Konrad/Oertzen, Hans-Joachim von: Kommentar zur Verwaltungsgerichtsordnung, 16. Auflage 2014.

Reichelt, Thomas: Der Vorbescheid im Verwaltungsverfahren: Zur Verwendung als allgemeines verwaltungsverfahrensrechtliches Institut in gestuften Genehmigungsverfahren, 1989, zugl. Gießen, Univ., Diss. 1989.

Reifenrath, Gerhard: Auskünfte und Zusagen im System des Verwaltungshandelns, 1967, zugl. Köln, Univ., Diss. 1967.

Reimer, Franz: Juristische Methodenlehre, 1. Auflage 2016.

Riedel, Erwin: Haftung oder Bindung der Behörden bei Auskünften und Zusagen nach Treu und Glauben, 1982.

Ripken, Thomas: Die verbindliche Auskunft als Mittel der Rechtssicherheit, StW 2003, 275 ff.

Robbers, Gerhard: Schlichtes Verwaltungshandeln – Ansätze zu einer dogmatischen Strukturierung, DÖV 1987, 273 ff.

Rohlfing, Bernd: Amtshaftung bei rechtswidriger Versagung/Verzögerung von Genehmigungen, BauR 2006, 947 ff.

Rohwer-Kahlmann, Harry: Behördliche Zusagen und Vertrauensschutz, DVBl 1962, 622 ff.

Rolshoven, Michael: Baugenehmigung im Eilverfahren?, BauR 2003, 646 ff.

Rose, Gerd: Steuerliche Absicherung langfristiger Dispositionen – ein Gesetzgebungsvorschlag, StbJb 1987/88, 363 ff.

ders.: Steuerrechtssprünge und betriebswirtschaftliche Steuerplanung, in: Festschrift für Günter Wöhe, 1989, S. 289 ff.

Rösel, Frank: Stellungnahme zum Thema "Verbindliche Auskünfte" bei den Berliner Steuergesprächen am 7.11.2016, FR 2017, 186 ff.

Roser, Frank: Die verbindliche Auskunft in der GmbH-Beratung. Sinn und Risiko: Wissenswertes für den GmbH-Berater, GmbH-StB 2016, 244 ff.

Rossi, Matthias: Informationsfreiheitsgesetz, 1. Auflage 2006.

ders.: Das Informationsfreiheitsrecht in der gerichtlichen Praxis, DVBl 2010, 554 ff.

Säcker, Franz Jürgen/Rixecker, Roland/Oetker, Hartmut/Limperg, Bettina: Münchner Kommentar zum Bürgerlichen Gesetzbuch, Band VI, 7. Auflage 2018.

Salzwedel, Jürgen: Vorbescheid und Teilerrichtungsgenehmigung im Gewerbe- und Atomrecht. – Bindungswirkung für nachfolgende wasserrechtliche Entscheidungen –, ZfW 1973, 85 ff.

Sangmeister, Bernd: Bindung des Finanzamts an eine Zusage. Anmerkungen zu dem Urteil IX 259/80 des Hessischen FG vom 20.6.1986, DStZ 1987, 235.

Sauter, Helmut: Kommentar Landesbauordnung für Baden-Württemberg, Stand: 1.12.2012, Ergänzungslieferung: 42.

Sauthoff, Michael: Erweiterung der Feststellungswirkung einer Baugenehmigung über das gesetzliche Prüfprogramm hinaus. Zugleich Anmerkung zu OVG Koblenz, Urteil v. 22.11.2011 – 8 A 10636/11 –, BauR 2012, 781, BauR 2013, 415 ff.

Schenke, Wolf-Rüdiger: Probleme der modernen Leistungsverwaltung, DÖV 1989, 365 ff.

Scherer, Joachim: Verwaltung und Öffentlichkeit, 1978.

Scherer, Stephan: Münchener Anwaltshandbuch Erbrecht, 5. Auflage 2018.

Schily, Otto: Die Europäisierung der Innenpolitik, NVwZ 2000, 883 ff.

Schimmelpfennig, Hans-Christoph: Vorläufige Verwaltungsakte, 1989, zugl. München, Univ., Diss. 1988.

Schlabach, Erhard: Bundesgebührengesetz – Rückblick und Ausblick, NVwZ 2013, 1443 ff.

Schlick, Wolfgang: Die Rechtsprechung des BGH zu den öffentlich-rechtlichen Ersatzleistungen – Teil 2: Amtshaftung, NJW 2009, 3487 ff.

Schlick, Wolfgang: Die Rechtsprechung des BGH zu den öffentlich-rechtlichen Ersatzleistungen – Amtshaftung, NJW 2011, 3341 ff.

Schmaltz, Karsten: Überlegungen zum Gegenstand des Bauvorbescheids, BauR 2007, 975 ff.

Schmidt, Walter: Die Verwaltungsgerichtsbarkeit an den Grenzen des Verwaltungsrechtsschutzes, NJW 1978, 1769 ff.

Schmidt-Assmann, Eberhard: Institute gestufter Verwaltungsverfahren: Vorbescheid und Teilgenehmigung. – Zum Problem der Verfahrensrationalität im administrativen Bereich –, in: Festgabe aus Anlaß des 25jährigen Bestehens des Bundesverwaltungsgerichts, 1978, S. 569 ff.

ders.: Grundrechtsschutz durch Verfahrensgestaltung – Perspektive oder nur Erinnerungsposten?, in: Liber Amicorum Hans-Uwe Erichsen zum 70. Geburtstag am 15. Oktober 2004, 2004, S. 207 ff.

Schmidt-Bleibtreu, Bruno/Hofmann, Hans/Henneke, Hans-Günter: Kommentar zum Grundgesetz, 14. Auflage 2017.

Schmidt-De Caluwe, Rainer: Der sozialrechtliche Herstellungsanspruch: eine Untersuchung der Entstehung und Entwicklung eines besonderen Haftungstatbestands im Sozialrecht, 1992, zugl. Gießen, Univ., Diss. 1991.

Schmitt, Joachim/Hörtnagl, Robert/Stratz, Rolf-Christian: Kommentar zum Umwandlungsgesetz, Umwandlungssteuergesetz, 8. Auflage 2018.

Schneider, Hans-Josef: Die Bindungswirkung des Bauvorbescheids und der Vertrauensschutz des Bauherrn, BauR 1988, 13 ff.

Schoch, Friedrich: Der Entwurf eines Informationsweiterverwendungsgesetzes des Bundes, NVwZ 2006, 872 ff.

ders.: Die behördliche Befugnis zum Handeln durch Verwaltungsakt, Jura 2010, 670 ff.

ders.: Der Folgenbeseitigungsanspruch im Spiegel der Rechtsprechung der letzten 25 Jahre, DV 44 (2011), 397 ff.

ders.: Informationsfreiheitsgesetz, 2. Auflage 2016.

ders./Schneider, Jens-Peter/Bier, Wolfgang: Kommentar zur Verwaltungsgerichtsordnung, Stand: 1.9.2018, Ergänzungslieferung: 35.

Scholz, Karsten: Rechtssicherheit für (Vertrags-)Ärzte durch Verfahren, MedR 2015, 572 ff.

Schröder, Meinhard: Die Behandlung von Bauanträgen mit außerhalb des Prüfprogramms der Genehmigungsbehörde liegenden Mängeln. – Zugleich eine Anmerkung zum Urteil des Bayerischen Verwaltungsgerichtshofs vom 19. 1. 2009, Az. 2 BV 08.2567 (BayVBl. 2009, 507 f.), BayVBl 2009, 495 ff.

Schröder, Ulrich Jan: Der vorläufige Verwaltungsakt, Jura 2010, 255 ff.

Schwarz, Bernhard/Pahlke, Armin: Kommentar zur Abgabenordnung und zur Finanzgerichtsordnung, Stand: 1.5.2018, Ergänzungslieferung: 182.

Schwarze, Jürgen: Administrative Leistungsfähigkeit als verwaltungsrechtliches Problem, DÖV 1980, 581 ff.

Schwintowski, Hans-Peter: Juristische Methodenlehre, 1. Auflage 2005.

Seer, Roman: Verträge, Vergleiche und sonstige Verständigungen im deutschen Steuerrecht, StuW 1995, 213 ff.

ders.: Verständigungen im Steuerverfahren, 1996, zugl. Köln, Univ., Habil. 1996.

ders.: Steuerplanungssicherheit durch Zusage – Zum Auskunftserlass vom 29.12.2003, in: Festschrift für Klaus Korn zum 65. Geburtstag, 2005, S. 707 ff.

ders.: Die Rolle des Steuerberaters im kooperativen Rechtsstaat. In: Symposium für Jürgen Pelka zum 65. Geburtstag, 2010, S. 35 ff.

ders.: Chancen und Risiken von verbindlichen Auskünften, StbJb 2012/13, 557 ff.

ders.: Informationsaustausch innerhalb der EU über sog. ATR/APA, in: Festschrift für Dietmar Gosch zum Ausscheiden aus dem Richteramt, 2016, 387 ff.

ders.: Verbindliche Auskunft nach § 89 Abs. 2-7 AO. Fortbestehende Mängel auch nach den Änderungen durch das Gesetz zur Modernisierung des Besteuerungsverfahrens, SteuerStud 2016, 601 ff.

ders.: Verbindliche Auskunft, FR 2017, 161 ff.

Seewald, Otfried: Die Gestaltungsfreiheit der Verwaltung – Ermessen und unbestimmter Rechtsbegriff, Jura 1980, 175 ff.

Sellner, Dieter: Gestuftes Genehmigungsverfahren, Schadensvorsorge, verwaltungsgerichtliche Kontrolldichte. Zum Wyhl-Urteil des BVerwG, NVwZ 1986, 616 ff.

Selmer, Peter/Schulze-Osterloh, Lerke: Der Vorbescheid im verwaltungsrechtlichen Genehmigungsverfahren, JuS 1981, 393 ff.

Simon, Hans-Jörg: Die neue Gebührenpflicht für die Bearbeitung von verbindlichen Auskünften, DStR 2007, 557 ff.

Spilker, Bettina: Verfassungsrechtliche Anforderungen an eine gesetzliche Regelung der verbindlichen Auskunft, StuW 2013, 19 ff.

Spitaler, Armin: Verbindliche Zusicherungen im Steuerrecht, BB 1961, 1333 ff.

Starck, Christian: Das Grundgesetz nach fünfzig Jahren: bewährt und herausgefordert, JZ 1999, 473 ff.

Stark, Thorsten: Die Verfassungsmäßigkeit der Auskunftsgebühr, DB 2007, 2333 ff.

Staudinger, Julius von: Kommentar zum Bürgerlichen Gesetzbuch. Buch 2: Recht der Schuldverhältnisse (§§ 839, 839a – Unerlaubte Handlungen 4, Amtshaftung), Neubearbeitung 2013.

Steinberg, Rudolf: Komplexe Verwaltungsverfahren zwischen Verwaltungseffizienz und Rechtsschutzauftrag, DÖV 1982, 619 ff.

Steinberg, Wilhelm: Die Selbstbindung der Finanzverwaltung. – Verbindliche Auskünfte, Zusicherungen und Zusagen –, 1981.

Stelkens, Paul/Bonk, Heinz Joachim/Sachs, Michael: Kommentar zum Verwaltungsverfahrensgesetz, 9. Auflage 2018.

Stemplewski, Niclas: Kooperation im Steuerverfahren am Beispiel der verbindlichen Auskunft, BB 2012, 2220 ff.

Stern, Klaus: Handbuch des Staatsrechts II – Staatsorgane, Staatsfunktionen, 1980.

ders.: Grundbegriffe und Grundlagen des Staatsrechts, Strukturprinzipien der Verfassung, 2. Auflage 1984.

ders.: Die clausula rebus sic stantibus im Verwaltungsrecht, in: Festschrift zum 65. Geburtstag von Paul Mikat, 1989, S. 775 ff.

Stollmann, Frank/Beaucamp, Guy: Öffentliches Baurecht, 11. Auflage 2017.

Strotkamp, Erwin: Zusagen im Verwaltungsrecht – unter besonderer Berücksichtigung von Zusagen im Beamten- und Steuerrecht, 1966, zugl. Würzburg, Univ., Diss. 1966.

Strunk, Günther: Erweiterter Vertrauenstatbestand bei erlangter verbindlicher Auskunft trotz nachträglicher Gesetzesänderung?, Stbg 2014, 159 ff.

Stüer, Bernhard: Amtshaftung bei rechtswidrigem Bauvorbescheid, BauR 2000, 1431 ff.

ders.: Handbuch des Bau- und Fachplanungsrechts, 5. Auflage 2015.

Thiele, Philipp J.: Die Neuerungen der verbindlichen Auskunft durch das Gesetz zur Modernisierung des Besteuerungsverfahrens, FR 2016, 947 ff.

Thiele, Willi: Akteneinsicht, Auskunfts- und Beratungspflicht bei Behörden, DÖD 1978, 65 ff.

Tiedemann, Paul: Der vorläufige Verwaltungsakt in der Leistungsverwaltung, DÖV 1981, 786 ff.

Tipke, Klaus: Bindung an Zusagen und Auskünfte, StuW 1962, 699 ff.

ders.: Zu Gerd Roses Bemühen um mehr Steuerplanungssicherheit. Ein Beitrag aus juristischer Sicht, in: Festschrift für Gerd Rose zum 65. Geburtstag, 1991, S. 92 ff.

Tipke, Klaus/Kruse, Heinrich Wilhelm: Kommentar zur Abgabenordnung und zur Finanzgerichtsordnung, Stand: 1.6.2018, Ergänzungslieferung: 152.

Towfigh, Emanuel V.: "Nur erst, wenn dir die Form ganz klar ist, wird dir der Geist klar werden." – Zum grundgesetzlichen Gebot der Normenklarheit, JA 2015, 81 ff.

Troidl, Thomas: Akteneinsicht im Verwaltungsrecht. Informationszugang gemäß VwVfG, VwGO, UIG, VIG, IFG u.a., 2013.

Vogelsang, Martin/Zartmann, Monika: Ende des gestuften Verfahrens?, NVwZ 1993, 855 ff.

Voßkuhle, Andreas: Grundwissen – Öffentliches Recht: Der Grundsatz des Vorbehalts des Gesetzes, JuS 2007, 118 f.

Voßkuhle, Andreas/Kaiser, Anna-Bettina: Grundwissen – Öffentliches Recht: Der Folgenbeseitigungsanspruch, JuS 2012, 1079 ff.

Wagner, Regine/Knittel, Stefan/Baier, Gerhard: Soziale Krankenversicherung, Pflegeversicherung, Stand: 1.3.2018, Ergänzungslieferung: 98.

Wahl, Rainer: Fehlende Kodifizierung der förmlichen Genehmigungsverfahren im Verwaltungsverfahrensgesetz, NVwZ 2002, 1192 ff.

Wallerath, Maximilian: Allgemeines Verwaltungsrecht, 6. Auflage 2009.

Walter, Robert/Schmitt Glaeser, Walter: Partizipation an Verwaltungsentscheidungen, VVDStRL 31 (1973), 180 ff.

Weber, Albrecht: Vorbescheid und Teilgenehmigung im Atomrecht. – Zugleich ein Beitrag zur Lehre vom Teilverwaltungsakt –, DÖV 1980, 397 ff.

Weber, Sebastian: Bauvorbescheid und vorläufiger Rechtsschutz, DVBl 2010, 958 ff.

Wegener, Bernhard: Der geheime Staat – Arkantradition und Informationsfreiheitsrecht, 2006.

Wehner, André: Informationszugangsfreiheit zu staatlichen Quellen. Der Paradigmenwechsel zur publikumsoffenen, transparenten Verwaltung im demokratischen Verfassungsstaat europäisch-atlantischer Prägung, 2012.

Werder, Alexander/Dannecker, Achim: Verfassungsmäßigkeit der Auskunftsgebühr, BB 2011, 1443 ff.

dies.: Entwicklungen bei der verbindlichen Auskunft, BB 2013, 284 ff.

dies.: Entwicklungen bei der verbindlichen Auskunft, BB 2015, 1687 ff.

Werner, Fritz: Verwaltungsrecht als konkretisiertes Verfassungsrecht, DVBl 1959, 527 ff.

Wernicke, Konrad: Der Vorbescheid im Wasserrecht, DVBl 1977, 914 ff.

Wienbracke, Mike: Gebührenpflicht für verbindliche Auskünfte. Anmerkungen zum Urteil des FG Baden-Württemberg vom 20. 5. 2008 – 1 K 46/07, NWB Steuer- und Wirtschaftsrecht Fach 2, 9877 ff.

ders.: Gebühr für verbindliche Auskunft (§ 89 III – V AO) verfassungsgemäß?, NVwZ 2007, 749 ff.

Wilk, Edgar; Beyer-Petz, Ines: Die neue Steuerberatervergütungsverordnung, DStR 2012, 2508 ff.

Wissenschaftlicher Arbeitskreis „Steuerrecht“ DWS: Recht auf Information und Auskunft im Besteuerungsverfahren, 2017.

Wittreck, Fabian: Das Sachbescheidungsinteresse im Verwaltungsverfahren. – Eine Analyse anhand der neueren verwaltungsgerichtlichen Rechtsprechung –, BayVBl 2004, 193 ff.

Wustmann, Ulrich: Gesetz zur Verbesserung der gesundheitsbezogenen Verbraucherinformation – Verbraucherinformationsgesetz (VIG) – Rechtsprechungsübersicht, BayVBl 2015, 181 ff.

Zeidler, Karl: Empfiehlt es sich, die bestehenden Grundsätze über Auskunft und Zusagen in der Verwaltung beizubehalten?, Gutachten für den 44. Deutschen Juristentag 1962.

Ziekow, Jan: Verwaltungsverfahrensgesetz, 3. Auflage 2013.